Coleção
LEIS ESPECIAIS
para concursos

Dicas para realização de provas com questões de concursos e jurisprudência do STF e STJ inseridas artigo por artigo

Coordenação:
LEONARDO GARCIA

10

DIREITO AMBIENTAL

Constituição de 1988 e Leis 6.938/1981, 9.433/1997, 9.605/1998, 9.985/2000, 12.187/2009 e 12.651/2012

Coleção
LEIS ESPECIAIS
para **concursos**
Dicas para realização de provas com questões de concursos
e jurisprudência do STF e STJ inseridas artigo por artigo
Coordenação:
LEONARDO GARCIA

10

Leonardo Garcia
Romeu Thomé

DIREITO AMBIENTAL

Constituição de 1988 e Leis 6.938/1981,
9.433/1997, 9.605/1998, 9.985/2000,
12.187/2009 e 12.651/2012

13ª Edição | revista atualizada ampliada

2021

EDITORA *Jus*PODIVM
www.editorajuspodivm.com.br

EDITORA *Jus*PODIVM
www.editorajuspodivm.com.br

Rua Território Rio Branco, 87 – Pituba – CEP: 41830-530 – Salvador – Bahia
Tel: (71) 3045.9051
• Contato: https://www.editorajuspodivm.com.br/sac

Diagramação: Futura *(rogerio@futuraeditoracao.com)*

Capa: Ana Caquetti

D598 Direito ambiental / Leonardo Garcia, Romeu Thomé. – 13. ed. rev., atual. e ampl. – Salvador: Editora JusPodivm, 2021.
656 p. (Leis Especiais para Concursos / coordenador Leonardo Garcia)

Bibliografia.
ISBN 978-65-5680-565-8.

1. Direito ambiental. 2. Legislação. I. Garcia, Leonardo. II. Thomé, Romeu. III. Título.

CDD 341.347

A Jesus Cristo, meu Senhor e Salvador.

Aos meus pais, pela confiança e amor contínuo.

Aos meus irmãos que, mesmo de longe,
sabem do meu amor e admiração por eles.

À Germana, amor da minha vida, grande responsável
pelo meu crescimento profissional e espiritual.

Ao pequeno Rafael, alegria para todos os dias.

Ao Newton Stabile, um dos melhores professores que já tive.
Sua sabedoria no lidar com as pessoas me encanta.

Aos meus alunos, força sempre. Nunca desistam dos sonhos!

Leonardo Garcia

Ao meu filho Arthur, o mais lindo elo entre
as presentes e as futuras gerações.

À Marcela, fonte inesgotável de amor e dedicação.

Aos meus pais, Ronaldo e Rosária, que plantaram a semente.

Aos meus avós maternos.
Ulisses (in memoriam) e Edite (in memoriam),
reservatórios naturais de carinho e sabedoria.

Aos meus avós paternos, Romeu (in memoriam)
e Gilda (in memoriam), sinergia de bondade e alegria.

Aos meus irmãos, Bruno e Mariana,
espécies raras e eternos companheiros.

A Deus, por tudo.

Romeu Thomé

Proposta da Coleção *Leis Especiais para Concursos*

A Coleção *Leis Especiais para Concursos* tem como objetivo preparar os candidatos para os principais certames do país.

Pela experiência adquirida ao longo dos anos, dando aulas nos principais cursos preparatórios do país, percebi que a grande maioria dos candidatos lê apenas as leis especiais, deixando os manuais para as matérias mais cobradas, como constitucional, administrativo, processo civil, civil etc. Isso ocorre pela falta de tempo do candidato ou porque faltam no mercado livros específicos (para concursos) em relação a tais leis.

Nesse sentido, a *Coleção Leis Especiais para Concursos* tem a intenção de suprir uma lacuna no mercado, preparando os candidatos para questões relacionadas às leis específicas, que vêm sendo cada vez mais contempladas nos editais.

Em vez de somente ler a Lei Seca, o candidato terá dicas específicas de concursos em cada artigo (ou capítulo ou título da lei), questões de concursos mostrando o que os examinadores estão exigindo sobre cada tema e, sobretudo, os posicionamentos do STF, STJ e TST (principalmente aqueles publicados nos informativos de jurisprudência). As instituições que organizam os principais concursos utilizam os informativos e as notícias (publicados na página virtual de cada tribunal) para elaborar as questões de concursos. Por isso a necessidade de se conhecer (e bem!) a jurisprudência dos tribunais superiores.

Assim, o que se pretende com a presente coleção é preparar o leitor, de modo rápido, prático e objetivo, para enfrentar as questões de prova envolvendo as leis específicas.

Boa sorte!

Leonardo Garcia
Coordenador da coleção

Nota dos autores à 13ª edição

Esta obra une nossos esforços intelectuais em busca do ideal comum de oferecer aos estudantes abordagem objetiva, didática e desmitificada acerca dos principais temas de Direito Ambiental, disciplina cuja relevância é indiscutivelmente crescente no cenário jurídico nacional e internacional.

Reunimos experiências acadêmicas e profissionais na tentativa de apresentar texto que atenda às necessidades de estudantes e profissionais, em conformidade com a atual jurisprudência dos Tribunais Superiores, sem olvidar as abordagens doutrinárias mais recorrentes em concursos públicos.

Com base nos editais dos principais concursos públicos, de modo a abranger os temas mais cobrados nas provas, optamos por analisar minuciosamente a Lei 6.938/81 (Lei de Política Nacional do Meio Ambiente); a Lei 9.433/1997 (Lei de Recursos Hídricos); a Lei 12.651/2012 (Código Florestal, com as alterações implementadas pelas Leis 12.727, de 17 de outubro de 2012, e 13.465, de 11 de julho de 2017); a Lei 9.985/00 (Sistema Nacional de Unidades de Conservação da Natureza) e a Lei 9.605/98 (Lei de Crimes Ambientais), diplomas estruturantes do ordenamento jurídico ambiental nacional. Além disso, consideramos fundamental abordar também os princípios de direito ambiental, as competências constitucionais em matéria ambiental, o capítulo do meio ambiente na Constituição de 1988 e a competência envolvendo crimes ambientais, pois, apesar de não codificados, são imprescindíveis para a compreensão da disciplina e para o sucesso nos certames.

Neste volume, procuramos ainda destacar em negrito, no texto das leis analisadas, trechos que julgamos centrais, com o intuito de facilitar a sua compreensão.

Esperamos cumprir nosso objetivo e contribuir para o sucesso dos leitores.

Sumário

Abreviaturas utilizadas nas referências e nos comentários

AIA	–	Avaliação de Impacto Ambiental
APP	–	Área de Preservação Permanente
CAR	–	Cadastro Ambiental Rural
CF	–	Constituição Federal
CONAMA	–	Conselho Nacional do Meio Ambiente
CRA	–	Cota de Reserva Ambiental
CRF	–	Cota de Reserva Florestal
CRFB/1988	–	Constituição da República Federativa do Brasil de 1988
DJ	–	Diário da Justiça
EIA	–	Estudo de Impacto Ambiental
IBAMA	–	Instituto Brasileiro do Meio Ambiente e dos Recursos Naturais Renováveis
ICMBio	–	Instituto Chico Mendes de Conservação da Biodiversidade
LI	–	Licença de Instalação
LO	–	Licença de Operação
LP	–	Licença Prévia
LPNMA	–	Lei de Política Nacional do Meio Ambiente

MP	–	Ministério Público
PMFS	–	Plano de Manejo Florestal Sustentável
PSA	-	Pagamento por Serviços Ambientais
PSS	–	Plano de Suprimento Sustentável
REsp	–	Recurso Especial
RIMA	–	Relatório de Impacto Ambiental
RL	–	Área de Reserva Legal
SISNAMA	–	Sistema Nacional do Meio Ambiente
SNUC	–	Sistema Nacional de Unidades de Conservação da Natureza
STF	–	Supremo Tribunal Federal
STJ	–	Superior Tribunal de Justiça
TCFA	–	Taxa de Controle e Fiscalização Ambiental

CAPÍTULO I

Princípios Fundamentais do Direito Ambiental

I. INTRODUÇÃO

1. Princípios específicos de proteção ambiental

O direito ambiental, ciência dotada de autonomia científica, apesar de apresentar caráter interdisciplinar, obedece a princípios específicos, que têm como escopo fundamental orientar o desenvolvimento e a aplicação de políticas públicas direcionadas à utilização racional dos recursos naturais e à proteção do meio ambiente.

2. Princípios → primazia formal e material sobre as regras jurídicas

Os princípios, cuja função sistematizadora do ordenamento jurídico é evidente, têm primazia formal e material sobre as regras jurídicas, impondo padrões e limites à ordem jurídica vigente. Importante destacar ainda sua função normogenética na medida em que atuam na elaboração das regras jurídicas. Perante eventuais antagonismos existentes entre valores constitucionais, deve-se fazer o juízo de adequação de princípios e a ponderação de valores.

De acordo com o **Supremo Tribunal Federal**:

> A superação de antagonismos existentes entre princípios e valores constitucionais há de resultar da utilização de critérios que permitam ao Poder Público (e, portanto, aos magistrados e Tribunais), ponderar e avaliar, *"hic et nunc"*, em função de determinado contexto e sob uma perspectiva axiológica concreta, qual deva ser o direito a preponderar no caso, considerada a situação de conflito ocorrente, desde que, no entanto, (...) a utilização do método da ponderação de bens e interesses não importe em esvaziamento do conteúdo essencial dos direitos fundamentais, dentre os quais avulta, por sua significativa

importância, o direito à preservação do meio ambiente. (STF, ADI 3540 MC/DF, Rel. Min. Celso de Mello, 1º.9.2005).

Aplicação em concurso:

- **(PGE/AL – 2009 – CESPE)**

  "Não há possibilidade de correlação de mais de um princípio na análise de um caso concreto de dano ambiental."

  A afirmativa está errada.

- **(PGE/AL – 2009 – CESPE)**

  "Se, na análise de determinado problema, houver a colisão de dois princípios ambientais, um deverá prevalecer e o outro será obrigatoriamente derrogado."

  A afirmativa está errada.

3. Importante: não há consenso na doutrina sobre os princípios de direito ambiental.

O quadro a seguir demonstra, a título ilustrativo, o dissenso na sistematização dos princípios aplicáveis ao direito ambiental, cujo tratamento, nada obstante a existência de princípios fundamentais norteadores, recebe diferenciado enfoque quantitativo e especialmente terminológico.

Autores	Princípios abordados
Paulo Affonso Leme Machado[1]	1. Princípio do direito ao meio ambiente equilibrado 2. Princípio do direito à sadia qualidade de vida 3. Princípio da sustentabilidade 4. Princípio do acesso equitativo aos recursos naturais 5. Princípios usuário-pagador e poluidor-pagador 6. Princípio da precaução 7. Princípio da prevenção 8. Princípio da reparação 9. Princípio da informação 10. Princípio da participação 11. Princípio da obrigatoriedade da intervenção do poder público

1. MACHADO, Paulo Afonso Leme. *Direito Ambiental Brasileiro.* 23 ª ed. São Paulo: Malheiros. 2015.

Autores	Princípios abordados
Édis Milaré[2]	1. Princípio do ambiente ecologicamente equilibrado como direito/dever fundamental da pessoa humana 2. Princípio da solidariedade intergeracional 3. Princípio da natureza pública da proteção ambiental 4. Princípio da prevenção e da precaução 5. Princípio da consideração da variável ambiental no processo decisório de políticas de desenvolvimento 6. Princípio do controle do poluidor pelo Poder Público 7. Princípio do poluidor-pagador 8. Princípio do usuário-pagador 9. Princípio do protetor-recebedor 10. Princípio da função socioambiental da propriedade 11. Princípio da participação comunitária 12. Princípio da proibição de retrocesso ambiental 13. Princípio da cooperação entre os povos
Luís Paulo Sirvinskas[3]	1. Princípio do direito humano 2. Princípio do desenvolvimento sustentável 3. Princípio democrático ou da participação 4. Princípio da prevenção (precaução ou cautela) 5. Princípio do equilíbrio 6. Princípio do limite 7. Princípio do poluidor-pagador, do usuário-pagador e do protetor-recebedor 8. Princípio do não retrocesso ou da proibição de retrocesso 9. Princípio da responsabilidade social
Paulo de Bessa Antunes[4]	1. Princípio da dignidade da pessoa humana 2. Princípio do desenvolvimento 3. Princípio democrático 4. Princípio da precaução 5. Princípio da prevenção 6. Princípio do equilíbrio 7. Princípio da capacidade de suporte 8. Princípio da responsabilidade 9. Princípio do poluidor-pagador

2. MILARÉ, Édis. *Direito do ambiente.* 10ª ed. São Paulo: RT, 2015.
3. SIRVINSKAS, Luís Paulo. *Manual de direito ambiental.* 11ª ed. São Paulo: Saraiva, 2013.
4. ANTUNES, Paulo de Bessa. *Direito ambiental.* 17ª ed. São Paulo: Atlas, 2015.

Autores	Princípios abordados
Celso Antônio Pacheco Fiorillo[5]	1. Princípio do desenvolvimento sustentável 2. Princípio do poluidor – pagador 3. Princípio da prevenção 4. Princípio da participação (de acordo com o autor, a informação e a educação ambiental fazem parte deste princípio) 5. Princípio da ubiquidade
Princípios mais cobrados em concursos	1. Princípio do desenvolvimento sustentável 2. Princípio da precaução 3. Princípio da prevenção 4. Princípio do poluidor-pagador 5. Princípio da participação

Aplicação em concurso:

- **(Procurador do Estado MT 2011– FCC)**

  "São princípios do Direito Ambiental:

  A) poluidor pagador, usuário pagador e autonomia da vontade.

  B) prevenção, taxatividade e poluidor pagador.

  C) função socioambiental da propriedade, usuário pagador e precaução.

  D) vedação de retrocesso, prevenção e insignificância.

  E) capacidade contributiva, função socioambiental da propriedade e desenvolvimento sustentável."

  Gabarito: letra "c".

II. PRINCÍPIO DO DESENVOLVIMENTO SUSTENTÁVEL

1. **Vertentes** → Considerado o *"prima principium"* do Direito Ambiental[6], o desenvolvimento sustentável tem como pilar a harmonização das seguintes vertentes:

   - Crescimento econômico;
   - Preservação ambiental;
   - Equidade social;

5. FIORILLO, Celso Antônio Pacheco. *Curso de Direito Ambiental*. 8ª ed. Saraiva: São Paulo. 2007.

6. SAMPAIO, 2003. p. 47.

O desenvolvimento somente é considerado sustentável quando as três vertentes acima apresentadas são efetivamente respeitadas simultaneamente. Ausente qualquer um desses elementos, não há que se falar em desenvolvimento sustentável.

2. **Conferência de Estocolmo (1972)** → a ideia de desenvolvimento socioeconômico em harmonia com a preservação ambiental emergiu da Conferência de Estocolmo, em 1972, marco histórico na discussão dos problemas ambientais. Designado à época como "abordagem do ecodesenvolvimento" e posteriormente renomeado "desenvolvimento sustentável", o conceito vem sendo continuamente aprimorado.[7]

   Desenvolvimento sustentável, segundo a Comissão Mundial sobre o Meio Ambiente e Desenvolvimento (*World Comission on Environment and Development*) significa "**um desenvolvimento que faz face às necessidades das gerações presentes sem comprometer a capacidade das gerações futuras na satisfação de suas próprias necessidades**". Assim, as gerações presentes devem buscar o seu bem-estar através do crescimento econômico e social, mas sem comprometer os recursos naturais fundamentais para a qualidade de vida das futuras gerações.

3. **Princípios 4 e 5 da Declaração da Rio/92** → A Declaração do Rio/92, documento elaborado na ECO 92 (Conferência das Nações Unidas para o Meio Ambiente e o Desenvolvimento), endossa o conceito fundamental de desenvolvimento sustentável, que associa as aspirações compartilhadas por todos os países ao progresso econômico e social com a necessidade de uma consciência ecológica. De acordo com o Princípio 4 da Declaração da Rio/92, "para se alcançar o desenvolvimento sustentável, a **proteção do meio ambiente** deve constituir **parte integrante do processo de desenvolvimento** e não pode ser considerada isoladamente em relação a ele".

   Já o princípio 5 da Declaração do Rio/92 dispõe claramente sobre a vertente social do desenvolvimento sustentável ao afirmar que "todos os Estados e todos os indivíduos, como **requisito indispensável para o desenvolvimento sustentável**, devem cooperar na tarefa essencial de **erradicar a pobreza**, de forma a reduzir as disparidades nos padrões de vida e melhor atender às necessidades da maioria da população do mundo."

---

7. A expressão *ecodesenvolvimento* continua a ser bastante usada em diversos países europeus, latino-americanos e asiáticos. O presidente do Equador proclamou os anos 90 como a "Década do Ecodesenvolvimento".

4. O desenvolvimento sustentável na Constituição de 1988

4.1. Art. 170 da CRFB/1988 → a necessidade do equilíbrio entre "crescimento econômico", "preservação ambiental" e "equidade social" está expressa na Constituição de 1988. O artigo 170, integrante do título dedicado à ordem econômica e financeira, dispõe que:

> **Art. 170 da CRFB/1988:** A ordem econômica, fundada na valorização do trabalho humano e na livre iniciativa, tem por fim assegurar a todos existência digna, conforme os ditames da justiça social, observados os seguintes princípios:
>
> I – soberania nacional;
>
> **II – propriedade privada;**
>
> **III – função social da propriedade;**
>
> IV – livre concorrência;
>
> V – defesa do consumidor;
>
> VI – **defesa do meio ambiente,** inclusive mediante tratamento diferenciado conforme o impacto ambiental dos produtos e serviços e de seus processos de elaboração e prestação;
>
> **VII – redução das desigualdades regionais e sociais;**
>
> VIII – busca do pleno emprego;
>
> IX – tratamento favorecido para as empresas de pequeno porte constituídas sob as leis brasileiras e que tenham sua sede e administração no País.
>
> Parágrafo único. É assegurado a todos o livre exercício de qualquer atividade econômica, independentemente de autorização de órgãos públicos, salvo nos casos previstos em lei.

O inciso VI do artigo 170 apresenta a ***defesa do meio ambiente*** como ***princípio da ordem econômica.*** Trata-se de comando que indica a necessidade de harmonização entre atividade econômica e preservação ambiental.

Já o princípio da ***propriedade privada***, disposto no inciso II, do artigo 170, é um valor constitutivo da sociedade brasileira, fundada no modo capitalista de produção[8] e corolário da livre iniciativa, representando claramente o incentivo ao crescimento econômico consagrado constitucionalmente.

8. DERANI, 2008. p. 238.

Todavia, para evitar abusos na utilização da propriedade em prejuízo da coletividade, a Constituição da República prevê mecanismos como a aplicação do princípio da ***função social da propriedade*** (art. 170, III), que representa o incentivo constitucional à preservação ambiental (como a proteção de áreas com vegetação nativa) e ao respeito às questões sociais (como a observância da legislação trabalhista), em consonância com o artigo 186 da Constituição de 1988, que estabelece os requisitos para que uma propriedade rural cumpra sua função social.

Depreende-se o princípio do desenvolvimento sustentável da análise conjunta dos incisos II e III do artigo 170 da Constituição: de um lado, o incentivo ao crescimento econômico representado pelo princípio da propriedade privada; de outro, a proteção ambiental e a equidade social representadas pelo princípio da função social da propriedade (função socioambiental da propriedade).

Por fim, estabelece o inciso VII do artigo 170, como princípio da ordem econômica, a ***redução das desigualdades regionais e sociais.*** Ora, como alcançar a meta constitucional de eliminação da pobreza e redução das desigualdades sociais sem crescimento econômico? Seria praticamente impossível. Conclui-se que se impõe o desenvolvimento econômico das nações atrelado à melhor distribuição de renda para se alcançar a erradicação dos problemas sociais. Mais uma vez estamos nos referindo a pilares do desenvolvimento sustentável presentes no artigo 170 da Constituição de 1988: crescimento econômico e equidade social (obviamente conciliados com a preservação ambiental).

Aplicação em concurso:

- **(Analista Judiciário TRF 3 - 2019 - FCC)**

  "O conceito de desenvolvimento sustentável, tal como tratado no Relatório Brundtland, elaborado pela Comissão Mundial sobre o Meio Ambiente e Desenvolvimento criada pela Assembleia das Nações Unidas em 1983, predica que

  A) o modelo ecologicamente sustentável não se compatibiliza com desenvolvimento econômico, cabendo uma escolha ética pelo primeiro por parte das futuras gerações.

  B) os recursos naturais são finitos e toda forma de desenvolvimento que utilize esses insumos deve ser tida como deletéria.

  C) o desenvolvimento pressupõe degradação, daí porque os países mais desenvolvidos devem ser taxados e a receita revertida para países que optaram por preservar sua biodiversidade.

D) se deve adequar, compulsoriamente, a velocidade das mudanças tecnológicas à capacidade de absorção pelo ecossistema dos impactos correspondentes.

E) se deve satisfazer as necessidades presentes, sem comprometer a capacidade das gerações futuras de suprir suas próprias necessidades."

Gabarito: Letra "e".

- **(Delegado de Polícia Civil GO 2018 – UEG)**

"Ao asseverar sobre a proteção do meio ambiente, a Constituição Federal de 1988

A) adotou uma visão estrita para o vocábulo "meio ambiente", pois reconhece a proteção do patrimônio natural em seu artigo 225.

B) deixou de aludir expressamente ao desenvolvimento sustentável, apesar de ele poder ser inferido do artigo 170, VI, quando se refere ao meio ambiente como princípio que rege a ordem econômica.

C) buscou limitar as atividades nucleares, ao exigir que o licenciamento ambiental de novas usinas dependa de lei estadual específica, por meio da qual se defina sua localização.

D) recepcionou a Lei de Política Nacional do Meio Ambiente, ao exigir o relatório ambiental preliminar de todos os empreendimentos potencialmente causadores de significativa degradação do meio ambiente.

E) ensejou uma maior flexibilidade para a definição, a manutenção e a modificação dos limites de unidades de conservação da natureza, o que pode ser feito por ato do Poder Executivo."

Gabarito: Letra "b".

- **(Juiz Substituto TJ/SC 2015 FCC)**

"Um pesquisador desenvolveu uma técnica de cultivo de ostra pela qual a produção aumenta em 75%, trazendo, assim, real ganho econômico ao produtor. A nova técnica exaure os recursos naturais necessários ao cultivo da ostra em 30 anos. A nova técnica

A) poderá ser admitida pelo órgão ambiental, desde que haja o licenciamento ambiental da atividade

B) poderá ser admitida pelo órgão ambiental, desde que o licenciamento ambiental seja conduzido por um Estudo de Impacto Ambiental e respectivo Relatório de Impacto Ambiental

C) não poderá ser admitida pelo órgão ambiental, uma vez que fere o Princípio do Desenvolvimento Sustentável

D) não poderá ser admitida pelo órgão ambiental por ferir o Princípio da Taxatividade Ambiental

E) poderá ser admitida pelo órgão ambiental, independentemente de prévio Estudo de Impacto Ambiental, por representar aumento de produção ao empreendedor"

Gabarito: Letra "c".

- **(Juiz Federal – TRF 5ª Região 2011 – CESPE)**

  "O direito ambiental é dotado de instrumentos que o capacitam a atuar na ordem econômica, e, nesse sentido, a PNMA visa, entre outros objetivos, assegurar adequado padrão de desenvolvimento socioeconômico ao país."

  A afirmativa está correta.

- **(Juiz Federal – TRF 5ª Região 2011 – CESPE)**

  "Ainda que a CF não considere expressamente a defesa do meio ambiente como princípio que rege a atividade econômica, a livre iniciativa somente pode ser praticada observadas as regras constitucionais que tratam do tema."

  A afirmativa está errada. O artigo 170, VI da Constituição de 1988 prevê expressamente a defesa do meio ambiente como princípio da ordem econômica.

- **(AGU-Procurador Federal 2010 – CESPE)**

  "A proteção do meio ambiente é um princípio da ordem econômica, o que limita as atividades da iniciativa privada".

  A afirmativa está correta.

4.2. *Caput* do artigo 225 da CRFB/1988 → prevê o princípio do desenvolvimento sustentável.

> **Art. 225.** Todos têm direito ao **meio ambiente ecologicamente equilibrado**, bem de uso comum do povo e **essencial à sadia qualidade de vida**, impondo-se ao Poder Público e à coletividade o dever de defendê-lo e **preservá-lo para as presentes e futuras gerações.**

4.3. Aplicação pelo STF com base na CRFB/1988 → a Constituição de 1988, que prevê o modo de produção capitalista e incentiva o crescimento econômico, também determina seja observada, simultaneamente, a função social da propriedade e a preservação dos recursos naturais para que haja condições dignas de vida também para as futuras gerações. Neste sentido o **Supremo Tribunal Federal**:

> "A QUESTÃO DO DESENVOLVIMENTO NACIONAL (CF, ART. 3º, II) E A NECESSIDADE DE PRESERVAÇÃO DA INTEGRIDADE DO MEIO AMBIENTE (CF, ART. 225): O PRINCÍPIO DO DESENVOLVIMENTO SUSTENTÁVEL COMO FATOR DE OBTENÇÃO DO JUSTO EQUILÍBRIO ENTRE AS EXIGÊNCIAS DA ECONOMIA E AS DA ECOLOGIA. – O **princípio**

do desenvolvimento sustentável, além de impregnado de caráter eminentemente constitucional, encontra suporte legitimador em compromissos internacionais assumidos pelo Estado brasileiro e **representa fator de obtenção do justo equilíbrio entre as exigências da economia e as da ecologia**, subordinada, no entanto, a invocação desse postulado, quando ocorrente situação de conflito entre valores constitucionais relevantes, a uma condição inafastável, cuja observância não comprometa nem esvazie o conteúdo essencial de um dos mais significativos direitos fundamentais: **o direito à preservação do meio ambiente, que traduz bem de uso comum da generalidade das pessoas, a ser resguardado em favor das presentes e futuras gerações.**" (STF, ADI 3.540-MC, Rel. Min. Celso de Mello, DJ 03/02/06)

Aplicação em concurso:

- **(Exame de Ordem 2009.2 – CESPE)**

  "Em conformidade com o princípio do desenvolvimento sustentável, o direito ao desenvolvimento deve ser exercido de modo a permitir que sejam atendidas as necessidades do tempo presente sem comprometer as necessidades das gerações futuras."

  A afirmativa está correta.

- **(Magistratura Federal TRF 3ª região/2018 – adaptada)**

  "A respeito dos princípios que sustentam o direito ambiental brasileiro, marque V ou F:

– O princípio do desenvolvimento sustentável envolve a substituição de norma de expansão quantitativa por uma melhoria qualitativa como caminho para o progresso, trazendo a integração entre a proteção ambiental e o desenvolvimento econômico para o benefício das presentes e futuras gerações."

  A afirmativa é verdadeira.

5. Princípio da equidade intergeracional ou solidariedade intergeracional

A Constituição Federal determina ao Poder Público e à coletividade o dever de preservação dos recursos naturais em benefício não apenas das gerações presentes, mas também **das gerações futuras**, em comando que consubstancia o **princípio da equidade intergeracional**, referido por alguns autores como princípio da solidariedade intergeracional.

Aplicação em concurso:

- **(Analista Legislativo – Consultor Legislativo – Câmara dos Deputados 2014 – CESPE)**

"A efetividade do princípio do desenvolvimento sustentável relaciona-se com a ética solidária entre as gerações, de modo que a utilização econômica dos recursos naturais não renováveis pelas gerações atuais não deverá esgotá-los, bem como deverá manter-se em patamares mínimos".

A afirmativa está correta.

- **(Magistratura estadual/RR – 2015 – FCC)**

"Tomando por fato real e cientificamente comprovado que o rápido avanço do desmatamento irregular da floresta amazônica é um fator gerador da grave e crescente crise hídrica que atinge as regiões nordeste e sudeste brasileiras, essa atividade

A) está amparada pelo Princípio do Usuário Pagador.

B) está amparada pelo Princípio do Poluidor Pagador.

C) fere o Princípio da Solidariedade Intergeracional.

D) fere o Princípio da Taxatividade.

E) fere o Princípio da Fragmentariedade."

Gabarito: letra "c".

III. PRINCÍPIO DO AMBIENTE ECOLOGICAMENTE EQUILIBRADO COMO DIREITO FUNDAMENTAL DA PESSOA HUMANA

1. **Previsto no caput do art. 225 da CRFB/1988** → embora não previsto no rol de direitos e deveres individuais e coletivos do artigo 5º da Constituição Federal, o legislador constituinte consagrou, no *caput* do artigo 225, o meio ambiente ecologicamente equilibrado como direito fundamental indisponível da pessoa humana.[9]

> **Art. 225.** Todos têm **direito ao meio ambiente ecologicamente equilibrado**, bem de uso comum do povo e essencial à sadia qualidade de vida, impondo-se ao Poder Público e à coletividade o dever de defendê-lo e preservá-lo para as presentes e futuras gerações.

2. **Reconhecimento nas conferências internacionais** → O meio ambiente equilibrado foi reconhecido como direito humano pela Declaração de Estocolmo das Nações Unidas sobre o Ambiente Humano de 1972, segundo a qual "o homem tem o direito fundamental à liberdade, à igualdade, e ao desfrute de adequadas condições de vida em um meio cuja qualidade lhe

---

9. Artigo 5º, § 2º, da CF 88: "Os direitos e garantias expressos nesta Constituição não excluem outros decorrentes do regime e dos princípios por ela adotados, ou dos tratados internacionais em que a República Federativa do Brasil seja parte."

permita levar uma vida digna e gozar de bem-estar e tem a solene obrigação de proteger e melhorar esse meio para as gerações presentes e futuras". A Declaração do Rio sobre Meio Ambiente e Desenvolvimento de 1992 reafirmou a jusfundamentalidade desse direito,[10] ou a sua qualidade de direito humano que se irradia para os sistemas nacionais como um dever proteção jusfundamental.[11]

3. O direito a um meio ambiente equilibrado está **intimamente ligado ao direito fundamental à vida e à proteção da dignidade da vida humana**, garantindo, sobretudo, condições adequadas de qualidade de vida, protegendo a todos contra os abusos ambientais de qualquer natureza. Como salienta Édis Milaré[12] "o reconhecimento do direito a um meio ambiente sadio configura-se, na verdade, como extensão do direito à vida, quer sob o enfoque da própria existência física e saúde dos seres humanos, quer quanto ao aspecto da dignidade desta existência – a qualidade de vida –, que faz com que valha a pena viver".[13]

O **Supremo Tribunal Federal** tem afirmado que o direito ao meio ambiente ecologicamente equilibrado "constitui uma prerrogativa jurídica de titularidade coletiva" e um "direito de terceira geração", fundado no princípio da solidariedade. No entender do Tribunal, esse direito "constitui um momento importante no processo de desenvolvimento, expansão e reconhecimento dos direitos humanos, caracterizados, enquanto valores fundamentais indisponíveis, pela nota de uma essencial inexauribilidade". (STF. MS 22.164/SP. Rel: Celso de Mello, DJ, Brasília, 17 novembro 1995).

▶ **STF**

> **RECURSO EXTRAORDINÁRIO. REPERCUSSÃO GERAL. TEMA 999. CONSTITUCIONAL. DANO AMBIENTAL. REPARAÇÃO. IMPRESCRITIBILIDADE.** (...) 4. **O meio ambiente deve ser considerado patrimônio comum de toda humanidade, para a garantia de sua integral proteção, especialmente em relação às gerações futuras.** Todas as condutas do Poder Público estatal devem ser direcionadas no sentido de integral proteção

10. Princípio I: "Os seres humanos estão no centro das preocupações com o desenvolvimento sustentável. Têm direito a uma vida saudável e produtiva, em harmonia com a natureza."
11. A Carta da Terra, resultado do evento conhecido como "Fórum Rio +5", realizado no Rio de Janeiro com o objetivo de avaliar o resultado da Política Ambiental nos cincos anos seguintes à ECO 92, também destaca a fundamentalidade do meio ambiente equilibrado em seu Princípio 4, que dispõe: " Estabelecer justiça e defender sem discriminação o direito de todas as pessoas à vida, à liberdade e à segurança dentro de um ambiente adequado à saúde humana e ao bem-estar espiritual".
12. MILARÉ, 2006. p.158/159.
13. Dada a importância desse princípio, Édis Milaré o trata com status de cláusula pétrea.

legislativa interna e de adesão aos pactos e tratados internacionais protetivos desse **direito humano fundamental de 3ª geração**, para evitar prejuízo da coletividade em face de uma afetação de certo bem (recurso natural) a uma finalidade individual. (...) (STF. RE 654833. Órgão julgador: Tribunal Pleno. Rel.: Min. Alexandre de Moraes. Julgamento: 20.04.2020. Publ: 24.06.2020).

Aplicação em concurso:

- **(Procurador do Estado / Ceará – 2008 – CESPE)**

  "O princípio do meio ambiente ecologicamente equilibrado é tratado na Constituição Federal como

  A) uma norma programática cuja efetividade fica condicionada ao progresso econômico e à distribuição de renda.

  B) um direito fundamental da pessoa humana, direcionado ao desfrute de condições de vida adequadas em um ambiente saudável.

  C) um princípio geral de alcance limitado e restrito às áreas de proteção ambiental.

  D) um direito difuso, mas não-exigível, em função de sua generalidade, inconsistência e definição imprecisa. E um direito social, coletivo e transgeracional cuja efetividade é ampla, irrestrita e incondicionada e cujo alcance estende-se a todas as formas de vida."

  Gabarito: letra "b".

- **(Exame de Ordem 2008.1 – CESPE)**

  "A Constituição consagra o direito ao meio ambiente ecologicamente equilibrado fora do Título II, que se refere aos direitos e garantias fundamentais."

  A afirmativa está correta.

4. Importa registrar, por oportuno, que o princípio do ambiente ecologicamente equilibrado já estava previsto no nosso ordenamento antes da promulgação da CRFB/88. A Lei de Política Nacional do Meio Ambiente inaugurou, em 1981, o tratamento desse princípio para proteger a dignidade da pessoa humana, nos termos dos **artigos 2º e 4º da Lei 6.938/81**.[14]

14. A Lei 6.938/81 dispõe sobre a Política Nacional do Meio Ambiente. "Art. 2º. A Política Nacional do Meio Ambiente tem por objetivo a preservação, melhoria e recuperação da qualidade ambiental propícia à vida, visando assegurar, no País, condições ao desenvolvimento socioeconômico, aos interesses da segurança nacional e à proteção da dignidade da vida humana, atendidos os seguintes princípios..."

IV. PRINCÍPIO DA PREVENÇÃO E DA PRECAUÇÃO

1. **Evitar a concretização de danos ambientais é melhor que remediá-los** → essa é a ideia chave dos princípios da prevenção e da precaução, já que as sequelas de um dano ao meio ambiente muitas vezes são graves e irreversíveis. O princípio da prevenção e o princípio da precaução podem ser considerados os alicerces do direito ambiental, tendo em vista a tendência atual do direito internacional do meio ambiente, orientado mais no sentido da prevenção do que no da reparação.[15]

2. **Sinônimos ou divergentes?** → importa registrar que alguns juristas tratam os princípios da prevenção e da precaução como sinônimos. Outros, embora reconheçam algumas diferenças, preferem a utilização única do termo "prevenção", por ser mais abrangente que "precaução".[16] Em nosso entendimento, há características próprias que os diferenciam, como veremos a seguir.

3. **Princípio da prevenção** → princípio orientador do Direito Ambiental, que enfatiza a prevalência de medidas que previnam (e não simplesmente reparem) a degradação ambiental. Como o princípio da prevenção busca evitar a concretização do dano, esse fim é alcançado através da implementação de medidas preventivas.

   Ressalte-se que o princípio da prevenção não é aplicado em qualquer situação de perigo de dano. O princípio da prevenção se apoia na **certeza científica do impacto ambiental** de determinada atividade. Caso não haja certeza científica, o princípio a ser aplicado será o da precaução, conforme será estudado.

   De acordo com o princípio da prevenção, as medidas necessárias para evitar o dano ambiental devem ser adotadas porque as consequências de se iniciar determinado ato, prosseguir com ele ou suprimi-lo são conhecidas. O nexo causal é cientificamente comprovado.

---

15. PARGA Y MASEDA, 2001.
16. Édis Milaré, por sua vez, propõe uma distinção entre prevenção e precaução. Para ele, "Prevenção é substantivo do verbo prevenir, e significa ato ou efeito de antecipar-se, chegar antes; induz uma conotação de generalidade, simples antecipação no tempo, é verdade, mas com intuito conhecido" e "Precaução é substantivo do verbo precaver-se (do Latim prae = tomar cuidado), e sugere cuidados antecipados, cautela para que uma atitude ou ação não venha a resultar em efeitos indesejáveis. A diferença etimológica e semântica (estabelecida pelo uso) sugere que prevenção é mais ampla do que precaução e que, por seu turno, precaução é atitude ou medida antecipatória voltada preferencialmente para casos concretos". *Direito do Ambiente.* 4ª ed. São Paulo: Revista dos Tribunais, 2006. p.165.

Aplicação em concurso:

- **(PGE/AL –2009 – CESPE)**

  "O princípio da prevenção aplica-se a eventos incertos e prováveis causadores de dano ambiental."

  A afirmativa está errada.

3.1. Princípio da prevenção e EIA → O princípio da prevenção é o maior alicerce, por exemplo, do Estudo de Impacto Ambiental – E.I.A.– (art. 225, § 1º, inciso IV, da CF/88) realizado pelos interessados antes de iniciada uma atividade potencialmente degradadora do meio ambiente, dentre outras medidas preventivas a serem exigidas pelos órgãos públicos[17-18].

De acordo com a Constituição Federal:

> **Art. 225.** Todos têm direito ao meio ambiente ecologicamente equilibrado, bem de uso comum do povo e essencial à sadia qualidade de vida, impondo-se ao Poder Público e à coletividade o dever de defendê-lo e preservá-lo para as presentes e futuras gerações.
>
> § 1º – Para assegurar a efetividade desse direito, incumbe ao Poder Público:
>
> (...)
>
> IV – exigir, na forma da lei, para instalação de obra ou atividade potencialmente causadora de significativa degradação do meio ambiente, **estudo prévio de impacto ambiental**, a que se dará publicidade;

Aplicação em concurso:

- **(MPE/RR 2017 – CESPE)**

  "Para a realização de determinada atividade econômica, a pessoa física interessada solicitou ao órgão estadual ambiental competente a licença necessária. Entretanto, por ser a atividade econômica considerada potencialmente causadora de degradação ao meio ambiente, o referido ente público informou ao interessado da necessidade do prévio estudo de impacto ambiental. Na situação apresentada, a realização do referido estudo consagra a aplicação do princípio ambiental

---

17. Outro exemplo: o inciso V do § 1º do art. 225 da Constituição Federal, que impõe ao Poder Público a tarefa de *"controlar a produção, a comercialização e o emprego de técnicas, métodos e substâncias que comportam riscos para a vida, a qualidade de vida e o meio ambiente."*
18. Em direito internacional, tal princípio é reconhecido na Declaração de Estocolmo de 1972 (princípio 6 e 21) e na Declaração do Rio de 1992 (princípio 2).

A) do usuário-pagador.

B) da precaução.

C) da prevenção.

D) do poluidor-pagador".

Gabarito: letra "c".

- **(Magistratura Estadual Minas Gerais – 2014)**

  "O estudo prévio de impacto ambiental constitui exigência feita pelo poder público em cumprimento ao princípio da prevenção, de ordem constitucional."

  A afirmativa está correta.

4. **Princípio da precaução** → foi proposto formalmente na Conferência do Rio 92. O Princípio da Precaução é a garantia contra os riscos potenciais que, de acordo com o estágio atual do conhecimento, não podem ser ainda identificados. No caso de ausência da certeza científica formal, a existência do risco de um dano sério ou irreversível requer a implementação de medidas que possam prever este dano.

   Princípio 15 da Declaração do Rio 92 – Com o fim de proteger o meio ambiente, os Estados deverão aplicar amplamente o critério da **precaução** de acordo com suas capacidades. Quando haja **perigo de dano grave e irreversível**, a **falta de certeza científica absoluta não deverá ser utilizada como razão para postergar a adoção de medidas eficazes para impedir a degradação do meio ambiente**.

   Nesse sentido, a **ausência de certeza científica absoluta não deve servir de pretexto para postergar a adoção de medidas efetivas de modo a evitar a degradação ambiental**. Vale dizer, a incerteza científica milita em favor do ambiente, transferindo-se ao interessado o ônus de provar que as intervenções pretendidas não são perigosas e/ou poluentes. Este princípio tem sido muito utilizado em ações civis públicas, seja requerendo a paralisação de obras, seja requerendo a proibição de explorações que possam causar, ainda que hipoteticamente, danos ao meio ambiente.

   A aplicação do princípio da precaução deve ainda limitar-se aos casos de riscos graves e irreversíveis, e não a riscos de qualquer natureza (o que inviabilizaria o próprio desenvolvimento científico e econômico).

   Em suma, o princípio da precaução traz na sua essência uma verdadeira *"ética do cuidado"*, que não se satisfaz apenas com a ausência de certeza dos malefícios, mas privilegia a conduta humana que menos agrida, ainda que eventualmente, o meio natural.[19]

Paulo Affonso Leme Machado[20] aponta, nesse sentido, que "na dúvida, opta-se pela solução que proteja imediatamente o ser humano e conserve o meio ambiente (*in dubio pro salute ou in dubio pro natura*)".

Aplicação em concurso:

- **(Magistratura Estadual SP 2017 – Vunesp)**

  "Em relação ao princípio da precaução, é correto afirmar

  A) o uso de técnicas e pesquisas de organismos geneticamente modificáveis não deve ser regulado pelo princípio da precaução e sim pelo princípio da prevenção.

  B) implica a ideia de um conhecimento completo sob os efeitos de determinada técnica – domínio científico – sobre causas e efeitos de seu uso e, em razão do potencial lesivo já diagnosticado, impõe que se evite a ocorrência desses danos já conhecidos.

  C) objetiva regular o uso de técnicas sob as quais não há um domínio seguro de seus efeitos.

  D) foi aceito pela doutrina e jurisprudência brasileiras com o advento da Lei nº 11.105/2005 quando foi explicitado no ordenamento jurídico."

  Gabarito: letra "c".

- **(Magistratura Federal – TRF 3ª região 2016)**

  "O princípio da prevenção está intimamente relacionado ao brocardo jurídico "in dubio contra projectum" e, segundo jurisprudência das Cortes Superiores, impõe o reconhecimento da inversão do ônus da prova."

  A afirmativa está errada.

- **(CESGRANRIO – Petrobras – Profissional Junior – Direito/2015)**

  "1 – Sr. W pretende realizar empreendimento econômico em imóvel de sua propriedade, necessitando das devidas autorizações de órgãos ambientais. Ao realizar vistoria no local e nas adjacências, os técnicos ambientais apontaram dúvidas quanto às danosas consequências da atividade preconizada para o ambiente. Nesse caso, deve ser observado o princípio da(o)

  A) precaução, pois in dubio pro natura

  B) publicidade, pois in dubio pro homine

---

19. Des. Federal Ivan Lira de Carvalho, Apel. em MS. 2003.82.00.005899-2, TRF 5, DJ. 12/01/2006.
20. *Direito Ambiental Brasileiro*. São Paulo: Malheiros, 1999, p. 57/58.

C) cooperação, pois in dubio pro natura

D) desenvolvimento sustentável, pois in dubio pro homine

E) estudo prévio de impacto ambiental, pois in dubio pro homine"

Gabarito: letra "A".

Algumas leis nacionais fazem menção expressa ao princípio da precaução, como a Lei de Biossegurança (Lei 11.105/2005), que elenca como diretrizes, em seu artigo 1º, "o estímulo ao avanço científico na área de biossegurança e biotecnologia, a proteção à vida e à saúde humana, animal e vegetal, e **a observância do princípio da precaução** para a proteção do meio ambiente", e a Lei de Política Nacional sobre Mudança do Clima (Lei 12.187/2009) que, nos termos do seu artigo 3º, deverá observar "os **princípios da precaução**, da prevenção, da participação cidadã, do desenvolvimento sustentável e o das responsabilidades comuns, porém diferenciadas (...)." A Lei de Desastres Ambientais (Lei 12.608/2012), no §2º do seu artigo 2º., refere-se implicitamente ao princípio da precaução ao dispor que "a incerteza quanto ao risco de desastre não constituirá óbice para a adoção das medidas preventivas e mitigadoras da situação de risco." Em qualquer risco de desastre a incerteza já autoriza a adoção de medidas obrigatórias de prevenção e mitigação de dano.[21]

4.1. Princípio da Precaução e inversão do ônus da prova →Paulo Affonso Leme Machado afirma que "em certos casos, em face da incerteza científica, a relação de causalidade é presumida com o objetivo de evitar a ocorrência de dano. Então, uma aplicação estrita do princípio da precaução **inverte o ônus normal da prova e impõe ao autor potencial provar, com anterioridade, que sua ação não causará danos ao meio ambiente**"[22]. No mesmo sentido o eminente Ministro do STJ Antônio Herman Benjamin:

> "Com isso, pode-se dizer que o princípio da precaução inaugura uma nova fase para o próprio Direito Ambiental. Nela já não cabe aos titulares de direitos ambientais provar efeitos negativos (= ofensividade) de empreendimentos levados à apreciação do Poder Público ou do Poder Judiciário, como é o caso dos instrumentos filiados ao regime de simples prevenção (p. ex., o Estudo de Impacto Ambiental); por razões várias que não podem aqui ser analisadas (a disponibilidade de

21. O Brasil ratificou, incorporando ao seu ordenamento jurídico, três diplomas internacionais que mencionam o princípio da precaução: a Convenção sobre Diversidade Biológica, a Declaração do Rio de Janeiro sobre Meio Ambiente e Desenvolvimento, e o Protocolo de Kyoto à Convenção-Quadro sobre Mudanças do Clima.
22. KISS, Alexandre *apud* MACHADO, 2004. p. 69.

> informações cobertas por segredo industrial nas mãos dos empreendedores é apenas uma delas), impõe-se aos degradadores potenciais o ônus de corroborar a inofensividade de sua atividade proposta, principalmente naqueles casos onde eventual dano possa ser irreversível, de difícil reversibilidade ou de larga escala. Noutro prisma, a precaução é o motor por trás da alteração radical que o tratamento de atividades potencialmente degradadoras vem sofrendo nos últimos anos. **Firmando-se a tese – inclusive no plano constitucional – de que há um dever genérico e abstrato de não-degradação do meio ambiente, inverte-se, no campo dessas atividades, o regime de ilicitude, já que, nas novas bases jurídicas, esta se presume até prova em contrário.** (in Responsabilidade Civil pelo Dano Ambiental, Revista de Direito Ambiental, São Paulo, v. 9, ano 3, p. 17-18, jan/mar. 1998).

Esse é o entendimento do STJ. Para o referido tribunal, *"aquele que cria ou assume o risco de danos ambientais tem o dever de reparar os danos causados e, em tal contexto, transfere-se a ele todo o encargo de provar que sua conduta não foi lesiva. Cabível, na hipótese, a inversão do ônus da prova que, em verdade, se dá em prol da sociedade, que detém o direito de ver reparada ou compensada a eventual prática lesiva ao meio ambiente – artigo 6º, VIII, do CDC c/c o artigo 18, da lei nº 7.347/85."* (REsp 1049822/RS, Rel. Ministro Francisco Falcão, Primeira Turma, DJe 18/05/2009).

Citando expressamente o Princípio da Precaução, julgou o STJ:

> "PROCESSUAL CIVIL E AMBIENTAL – AÇÃO CIVIL PÚBLICA – DANO AMBIENTAL – ADIANTAMENTO DE HONORÁRIOS PERICIAIS PELO PARQUET – MATÉRIA PREJUDICADA – INVERSÃO DO ÔNUS DA PROVA – ART. 6º, VIII, DA LEI 8.078/1990 C/C O ART. 21 DA LEI 7.347/1985 – PRINCÍPIO DA PRECAUÇÃO. (...) Justifica-se a inversão do ônus da prova, transferindo para o empreendedor da atividade potencialmente perigosa o ônus de demonstrar a segurança do emprendimento, a partir da interpretação do art. 6º, VIII, da Lei 8.078/1990 c/c o art. 21 da Lei 7.347/1985, conjugado ao Princípio Ambiental da Precaução." (STJ, REsp 972902 / RS, Rel. Min. Eliana Calmon, DJe 14/09/2009).

- **Atenção:** O princípio da precaução pressupõe a inversão do ônus probatório, competindo a quem supostamente promoveu o dano ambiental comprovar que não o causou ou que a substância lançada ao meio ambiente não lhe é potencialmente lesiva.[23]

---

23. Jurisprudência em teses. STJ, março de 2015, n. 30.

Observação interessante: Nesse julgado a Min. Eliana Calmon, em verdadeiro diálogo de fontes, permitiu a interdisciplinariedade entre o direito do consumidor e o direito ambiental.[24]

> **"Vê-se que há uma interdisciplinariedade entre as normas de proteção ao consumidor e as referentes à defesa dos direitos coletivos.** No caso das ações civis ambientais, entendo que o caráter público e coletivo do bem jurídico tutelado – e não a eventual hipossuficiência do autor da demanda em relação ao réu –, nos leva à conclusão de que alguns dos direitos do consumidor também devem ser estendidos ao autor daquelas ações, afinal essas buscam resguardar (e muitas vezes reparar!) o patrimônio público de uso coletivo, consubstanciado no meio ambiente. A essas normas agrega-se o Princípio da Precaução. Esse preceitua que o meio ambiente deve ter em seu favor o benefício da dúvida no caso de incerteza (por falta de provas cientificamente relevantes) sobre o nexo causal entre determinada atividade e um efeito ambiental negativo. Incentiva-se, assim, a antecipação de ação preventiva, ainda que não se tenha certeza sobre a sua necessidade e, por outro lado, proíbe-se as atuações potencialmente lesivas, mesmo que essa potencialidade não seja cientificamente indubitável. **Além desse conteúdo substantivo, entendo que o Princípio da Precaução tem ainda uma importante concretização adjetiva: a inversão do ônus da prova.** De acordo com o princípio da precaução, deve-se tomar as medidas necessárias para se evitar o dano ambiental por não se conhecer as conseqüências ou reflexos que determinado ato, ou empreendimento, ou aplicação científica causarão ao meio ambiente no espaço e/ou no tempo. Há incerteza científica não dirimida quanto ao impacto ambiental de determinada atividade."

Aplicação em concurso:

- **(Juiz Federal TRF 2ª Região – 2018 – IBFC)**

  "A respeito do princípio da precaução em relação ao Direito Ambiental, é correto afirmar que:

  A) o ônus da prova sobre a ocorrência do dano ambiental e sua autoria e do autor da ação civil pública.

  B) os riscos são certos e o perigo de dano é concreto.

  C) o Poder Público deve comprovar que os riscos existem, e que a pessoa que explora a atividade foi a causadora do dano.

  D) ele se confunde com o princípio da prevenção.

24. Nesse sentido: STJ. REsp 1.060.753-SP, **Rel. Min. Eliana Calmon, julgado em 1º/12/2009.**

E) compete a quem supostamente promoveu o dano ambiental comprovar que não o causou ou que a substância lançada ao meio ambiente não lhe é potencialmente lesiva".

Gabarito: letra "e".

- **(Magistratura estadual/MS – 2015 – Vunesp)**

"Um dos princípios produzidos em Conferências Internacionais sobre o Meio Ambiente e que serve para construção normativa ambiental afirma que: 'Quando houver perigo de dano grave ou irreversível, a falta de certeza científica absoluta não deverá ser utilizada como razão para que seja adiada a adoção de medidas eficazes em função dos custos para impedir a degradação ambiental'. Esta afirmação representa o princípio da

A) Responsabilidade comum, porém, diferenciada.

B) Responsabilidade integral.

C) Precaução.

D) Prevenção.

E) Informação."

Gabarito: letra "c".

- **(MPF – Procurador da República/2015)**

"Qual a alternativa que corresponde ao princípio da prevenção e não ao princípio da precaução em matéria ambiental:

A) A falta de certeza científica quanto à provocação de dano ambiental sério ou irreversível por uma atividade indica que esta deve ser controlada, restringida ou proibida;

B) O dano ambiental conhecido ou provável deve ser corrigido ou evitado na origem, tratando-se desde logo suas causas;

C) A ausência de certeza científica quanto à possibilidade de dano ambiental não é suficiente para afastar a exigência de medidas para evitá-lo ou restringi-lo;

D) É ao responsável pelo empreendimento que cabe demonstrar com antecedência e razoável segurança científica que a atividade não provocará dano ambiental insuportável"

Gabarito: letra "B".

- **(Juiz Federal TRF 1ª Região – 2011 – CESPE) (Discursiva)**

"Com base no direito ambiental, discorra sobre os princípios do poluidor-pagador, da precaução e da prevenção, bem como sobre as condições específicas da responsabilização penal da pessoa jurídica."

- **(AGU-Procurador Federal 2010 – CESPE)**

  "O princípio da precaução refere-se à ação preventiva e deve embasar medidas judiciais e administrativas tendentes a evitar o surgimento de atos atentatórios ao meio ambiente".

  A afirmativa está correta.

5. Conclusão → diante de tais constatações, é possível delinear uma diferença entre o princípio da prevenção e o princípio da precaução. O princípio da prevenção é aplicado quando são conhecidos os males provocados ao meio ambiente decorrentes de atividades potencialmente predadoras ou poluidoras (atividades sabidamente perigosas). Como exemplo, temos as atividades de mineração, nas quais os impactos sobre o meio ambiente são conhecidos. Por outro lado, quando não se conhece o impacto de atividades potencialmente causadoras de degradação ambiental deve ser aplicado o princípio da precaução, ou seja, como não se tem certeza quanto aos possíveis efeitos negativos, por precaução, impõem-se restrições ou impede-se a intervenção no meio ambiente até que se comprove que a atividade não acarreta efeitos adversos ao meio ambiente. Podemos citar como exemplo as discussões sobre os impactos, ainda desconhecidos, dos alimentos transgênicos (OGM) e da radiofrequência das antenas de telefonia celular ao meio ambiente e à saúde humana.

Aplicação em concurso:

- **(Magistratura Estadual/RS – 2016 – Faurgs)**

  "Entre o princípio da precaução e da prevenção, na realidade, existe diferença de grau e não tanto de espécie. O princípio da precaução passa a noção de maior certeza sobre os efeitos de determinada técnica e leva em consideração o potencial lesivo, determinando-se que sejam evitados os danos já conhecidos. Já com o princípio da prevenção, planeja-se regular o uso de técnicas sobre as quais não há uma certeza quanto aos efeitos, procurando-se evitar os resultados danosos, com a lógica do *in dubio* pro natura ou *in dubio* pro ambiente."

  A afirmativa está errada.

6. Quadro comparativo

	PREVENÇÃO	PRECAUÇÃO
Objetivo	Evitar a concretização do dano.	Evitar a concretização do dano.
Situação de incidência	Quando existe certeza científica sobre o impacto ambiental da atividade.	Quando ausente certeza científica absoluta sobre o risco da ocorrência de danos ao meio ambiente e Casos de riscos graves e irreversíveis ao meio ambiente.
Reconhecimento no Direito Internacional	Declaração de Estocolmo 1972 (princípios 6 e 21); Declaração do Rio de 1992 (princípio 2);	Declaração do Rio de 1992 (princípio 15).
Previsão constitucional	Art. 225, § 1º, inciso IV, CRFB: "exigir, na forma da lei, para instalação de obra ou atividade potencialmente causadora de significativa degradação do meio ambiente, estudo prévio de impacto ambiental, a que se dará publicidade".	Art. 225, *caput*, CRFB 88: "(...) para as presentes e futuras gerações". Se as medidas de precaução não forem adotadas hoje, as futuras gerações poderão ser as mais prejudicadas caso os danos se concretizem.
Exemplos	Estudos de Impacto Ambiental das atividades de extração mineral.	Transgênicos (OGM); Radiofrequência das antenas de base de telefonia celular.

Aplicação em concurso:

- **Obs. 1:** São princípios muito cobrados em concursos!

- **Obs. 2:** O CESPE diferencia os princípios.

- **(Procurador do Estado BA 2014 – CESPE)**

  "O princípio da precaução poderá ser aplicado como um dos argumentos para a suspensão, pelo o órgão competente, da licença prévia da empresa, caso se identifique risco de dano ambiental".

  A afirmativa é verdadeira.

- **(MPE/SC 2014 – FEPESE)**

  "Admitindo-se a existência de distinção entre os princípios da precaução e da prevenção, pode-se afirmar que uma Ação Civil Pública visando a proibição do comércio de determinado produto transgênico, sobre o qual ainda paira incerteza científica a respeito das consequências de seu uso à saúde humana e ao equilíbrio do meio ambiente, estaria fundamentada no princípio da prevenção."

  A afirmativa é falsa, pois a situação descrita na assertiva tem espeque no princípio da precaução, que se diferencia do princípio da prevenção.

- **(Exame de Ordem 2012.1 – FGV – prova reaplicada em Duque de Caxias/RJ)**

  "Uma empresa de telefonia celular deseja instalar uma antena próxima a uma floresta localizada no município de Cantinho Feliz. A antena produzirá uma quantidade significativa de energia eletromagnética. Com base no exposto, assinale a alternativa correta.

  A) Como a energia é incolor e inodora, e é praticamente imperceptível a olho nu, não pode ser considerada potencialmente poluente. Logo, o Poder Público não pode exigir licenciamento e estudo prévio de impacto ambiental à empresa de telefonia, porque não há como comprovar o risco de impacto ambiental.

  B) Como não há certeza científica sobre a existência de riscos ambientais causados pela poluição eletromagnética, o princípio da prevenção deve ser invocado, e a empresa de telefonia deverá solicitar ao Município de Cantinho Feliz que faça o licenciamento e que elabore o estudo prévio de impacto ambiental.

  C) O direito ao meio ambiente ecologicamente equilibrado é visto pelos tribunais superiores como um direito fundamental e possui viés antropocêntrico. Logo, se a área não for habitada por seres humanos, o Poder Público não poderá exigir licenciamento e estudo prévio de impacto ambiental.

  D) Caso haja licenciamento e estudo prévio de impacto ambiental para avaliar a possível instalação da antena, o órgão competente não estará necessariamente obrigado a marcar a audiência pública. Entretanto, ela pode ser requerida por abaixo-assinado subscrito por, no mínimo, 50 cidadãos, por entidade civil ou pelo Ministério Público."

  Gabarito: letra "d".

- **(Procurador do Estado AL 2009 – CESPE)**

  "Para o licenciamento e a instalação de antenas de telefonia (estações radiobase) nas proximidades de escolas e hospitais, deve-se levar em conta o princípio ambiental

  A) do poluidor-pagador e do usuário-pagador.

  B) da educação ambiental e do desenvolvimento sustentável.

C) da prevenção e da precaução.

D) da competência federativa municipal e estadual.

E) *in dubio* pro tecnologia."

Gabarito: letra "c".

V. PRINCÍPIO DO POLUIDOR-PAGADOR

1. O princípio do poluidor-pagador, considerado como fundamental na política ambiental, pode ser entendido como um instrumento econômico que exige do poluidor, uma vez identificado, suportar as despesas de prevenção, reparação e repressão dos danos ambientais.

2. ***Internalização dos custos*** → *para* sua aplicação, os custos sociais externos que acompanham o processo de produção (*v.g.* valor econômico decorrentes de danos ambientais) devem ser internalizados, ou seja, o custo resultante da poluição deve ser assumido pelos empreendedores de atividades potencialmente poluidoras, nos custos da produção. Assim, o causador da poluição arcará com os custos necessários à diminuição, eliminação ou neutralização do dano ambiental. Nesse sentido, doutrina Cristiane Derani[25] que: "durante o processo produtivo, além do produto a ser comercializado, são produzidas **'externalidades negativas'**. São chamadas externalidades porque, embora resultantes da produção, são recebidas pela coletividade, ao contrário do lucro, que é percebido pelo produtor privado. Daí a expressão 'privatização de lucros e socialização de perdas', quando identificadas as externalidades negativas. Com a aplicação deste princípio procura-se corrigir este custo adicionado à sociedade, impondo-se sua internalização".

Aplicação em concurso:

- **(Procurador do Estado SE 2017 – CESPE)**

  "Determinada indústria têxtil elimina seus componentes químicos no rio que abastece uma cidade, alterando as características do meio ambiente e prejudicando a segurança e o bem-estar da população. Nesse caso, o princípio ambiental que determina o dever da indústria de arcar com as consequências econômicas da atividade descrita é o princípio

  A) da precaução

  B) da equidade intergeracional

  C) da prevenção

25. DERANI, 2008. p. 142-143.

D) do poluidor-pagador

E) do usuário-pagador."

Gabarito: letra "d".

- **(Analista Legislativo – Consultor Legislativo – Câmara dos Deputados 2014 – CESPE)**

  "Entre as finalidades do princípio do poluidor-pagador, destaca-se a imposição ao poluidor da obrigação de recuperar e (ou) indenizar os danos ambientais causados".

  A afirmativa está correta.

- **(OAB Nordeste 2007.2 – CESPE)**

  "Consoante o princípio do poluidor-pagador, a definição dos custos de produção de determinada empresa poluidora não pode levar em consideração os custos sociais externos decorrentes de sua atividade poluente, sob pena de cometimento de infração administrativa ambiental."

  A afirmativa está errada.

- **(Magistratura estadual / PA– 2007 – FGV)**

  "A orientação do princípio poluidor-pagador é pela internalização das externalidades ambientais negativas das atividades potencialmente poluidoras, buscando evitar a socialização dos ônus e a privatização dos bônus."

  A afirmativa está correta.

  → **Comentário da questão pela FGV:** *"A orientação do princípio poluidor-pagador é pela internalização das externalidades ambientais negativas das atividades potencialmente poluidoras, buscando evitar a socialização dos ônus e a privatização dos bônus". Ao promover a internalização das externalidades ambientais negativas, o princípio do poluidor-pagador objetiva imputar ao poluidor – ou potencial poluidor – o custo social da poluição por ele gerada – ou que possa ser por ele gerada. Sempre que os custos sociais externos (de prevenção, reparação e/ou repressão) que acompanham os processos produtivos (externalidades negativas) não são arcados pelos agentes econômicos ("privatização de lucros"), eles são suportados pela coletividade ("socialização de perdas")."*

3. **O Princípio 16 da Declaração do Rio de 1992** também tratou da matéria estabelecendo que *"as autoridades nacionais deveriam procurar fomentar a internalização dos custos ambientais e o uso de instrumentos econômicos, tendo em conta o critério de que o que contamina deve, em princípio, arcar com os custos da contaminação, tendo devidamente em conta o interesse público e sem distorcer o comércio nem as invenções internacionais".*

4. **Não se limita a tolerar a poluição mediante um preço** → vale ressaltar, porém, que o princípio do poluidor-pagador não se limita a tolerar a poluição mediante um preço, nem se limita a compensar os danos causados, mas, ao reverso, busca evitar a ocorrência de dano ambiental. Desse modo, o princípio do poluidor-pagador não se restringe a compensar o dano ao meio ambiente, na medida em que exige que sejam englobados os custos necessários para a precaução e prevenção dos danos, assim como sua adequada repressão. A correta interpretação do princípio do poluidor-pagador deverá ser: *"poluiu, então deve suportar os danos"*, e não *"pagou, então tem o direito de poluir"*. Nesse viés, o princípio do poluidor-pagador não pode ser interpretado, em hipótese alguma, como um instrumento que "autoriza a poluição" ou que permita a "compra do direito de poluir."

Aplicação em concurso:

- **(Juiz Federal da 5ª Região – 2006 – CESPE)**

  "O princípio do poluidor pagador autoriza o ato poluidor mediante pagamento."

  A afirmativa está errada.

- **(Procurador Federal – 2006 – CESPE)**

  "O princípio do poluidor pagador impõe ao poluidor a obrigação de recuperar e (ou) indenizar os danos causados por sua atividade."

  A afirmativa está correta.

- **(Juiz Federal – TRF 4ª Região – 2006 – CESPE)**

  "O princípio do poluidor-pagador, amplamente reconhecido no direito ambiental, está, única e exclusivamente, direcionado para a reparação do dano ambiental."

  A afirmativa está errada. O princípio do poluidor-pagador direciona-se primariamente a evitar a ocorrência de dano ambiental e, desse modo, o poluidor deve também suportar as despesas necessárias à prevenção e à repressão dos danos ambientais.

5. **O princípio do poluidor-pagador está inserido na Constituição Federal** → No Brasil, o princípio do poluidor-pagador está inserido na Constituição Federal, que obriga o explorador de recursos minerais a recuperar o meio ambiente degradado (art. 225, § 2º) e estabelece sanções penais e administrativas aos infratores, independentemente da obrigação de reparar os danos causados (art. 225, § 3º).

"Art. 225. Todos têm direito ao meio ambiente ecologicamente equilibrado, bem de uso comum do povo e essencial à sadia qualidade de vida, impondo-se ao Poder Público e à coletividade o dever de defendê-lo e preservá-lo para as presentes e futuras gerações.

(...)

§ 2º – Aquele que explorar recursos minerais fica **obrigado a recuperar o meio ambiente degradado**, de acordo com solução técnica exigida pelo órgão público competente, na forma da lei.

§ 3º – As condutas e atividades consideradas lesivas ao meio ambiente sujeitarão os infratores, pessoas físicas ou jurídicas, a **sanções penais e administrativas, independentemente da obrigação de reparar os danos causados**."

Aplicação em concurso:

- **(Magistratura Estadual SC 2013)**

  "No âmbito do direito ambiental, sobre o princípio do poluidor-pagador é **correto** afirmar:

  A) A interpretação desse princípio traz como resultado as seguintes afirmações: "pagar para poder poluir", "poluir mediante pagamento" ou "pagar para evitar a contaminação".

  B) O referido princípio estabelece uma liceidade para o ato poluidor, mediante o ressarcimento pecuniário correspondente: "poluo, mas pago".

  C) A Constituição Federal de 1988 acolheu referido princípio ao determinar que as condutas e atividades consideradas lesivas ao meio ambiente sujeitarão os infratores a sanções penais e administrativas, independentemente da responsabilidade civil (art. 225, § 3°).

  D) A Comunidade Econômica Europeia não possui qualquer disciplina ou definição sobre o princípio do poluidor-pagador.

  E) As pessoas físicas ou jurídicas produtoras de bens e serviços de grande interesse social estão protegidas da aplicação do princípio do poluidor-pagador."

  Gabarito: letra "c"

6. **Poluidor-pagador na Lei de Política Nacional de Meio Ambiente** → O princípio já havia sido incluído na Política Nacional de Meio Ambiente (Lei nº 6.938, de 31 de agosto de 1981), em seu art. 4º, VII, visando *"à imposição, ao poluidor e ao predador, da obrigação de recuperar e/ou indenizar os danos causados..."*. Completa ainda a mesma lei no art. 14, § 1º que *"é o poluidor obrigado independente da existência de culpa, a indenizar ou reparar os danos causados ao meio ambiente e a terceiros, afetados por sua atividade."*

Aplicação em concurso:

- **(Magistratura Estadual MG 2014)**

  "Na aplicação do princípio do poluidor-pagador, a cobrança de um preço pelos danos causados ao meio ambiente só pode ser efetuada sobre fatos que tenham respaldo em lei, sob pena de se outorgar ao agente o direito de poluir".

  A afirmativa está correta.

- **(MPF – Procurador da República 2012)**

  "Analise os itens abaixo e responda em seguida:

I. A previsão do direito ao meio ambiente sadio e ecologicamente equilibrado, na Constituição brasileira de 1988, identifica-se com a concepção de uma "Constituição dirigente", segundo a qual o Estado deve desempenhar um papel primordial na promoção e na realização de direitos e benefícios titularizados pela coletividade.

II. A concepção econômica de externalidades negativas encontra-se na estrutura dos princípios do poluidor pagador e do usuário pagador, traduzindo a necessidade de internalização dos prejuízos sociais nos custos de produção, de forma a atrair para o empreendedor o dever de adotar medidas de prevenção e controle de possível deterioração de recursos ambientais decorrente de sua atividade produtiva.

III. O princípio do poluidor pagador tem índole exclusivamente reparatória ou ressarcitória, traduzindo a ideia de que o empreendedor que polui deve arcar com os ônus dai decorrentes mediante a adoção de medidas de correção ou reparação do ambiente degradado.

IV. O princípio do poluidor pagador não tem força normativa, representando apenas uma expectativa de entronização no sistema jurídico, despida de carga de coercibilidade.

A) Os itens II e IV são falsos.

B) Todos os itens são verdadeiros.

C) Somente o item III é falso.

D) Os itens I e II são verdadeiros."

Gabarito: letra "d". A assertiva I está correta. De acordo com o artigo 225 da Constituição de 1988, cabe ao Poder Público e à coletividade o dever de defender e preservar o meio ambiente ecologicamente equilibrado para as presentes e futuras gerações. Um dos sujeitos ativos responsáveis pela defesa do meio ambiente está definido, de forma inquestionável, pela Carta Magna: o Estado. A assertiva II também está correta. O princípio do poluidor-pagador pode ser entendido como um instrumento econômico que exige do poluidor, uma vez identificado, suportar as despesas de prevenção, reparação e repressão dos danos ambientais.

- **(Exame de Ordem 2009.2 – CESPE)**

  "O ressarcimento do dano ambiental deve ocorrer, preferencialmente, mediante indenização em dinheiro, e, secundariamente, pela reparação natural do ambiente degradado."

  A afirmativa está errada. De acordo com o artigo 4º, VII, da Lei 6.938/81, o poluidor deve primeiramente recuperar os danos causados e, caso o dano seja irreparável, parcial ou totalmente, deverá ressarci-lo mediante indenização.

- **(PGM/Aracaju/Procurador/2008)**

  "O princípio do poluidor-pagador foi acolhido pela Lei da Política Nacional do Meio Ambiente, que estabeleceu, como um de seus fins, a imposição, ao poluidor e ao predador, da obrigação de recuperar e/ou indenizar os danos causados. Em consonância com essa lei, a Constituição Federal de 1988 dispõe que as condutas e atividades consideradas lesivas ao meio ambiente sujeitarão os infratores, pessoas jurídicas, a sanções penais e administrativas, independentemente da obrigação de reparar os danos causados. Ainda com base no referido princípio, o ordenamento jurídico brasileiro prevê que, às pessoas físicas que praticarem tais condutas lesivas, cabe apenas a obrigação de arcar com as multas impostas pelo órgão público competente, já que as mesmas não dispõem de meios adequados à recuperação do passivo ambiental."

  A alternativa está errada. Dispõe o § 3º do art. 225 da CF que as condutas e atividades consideradas lesivas ao meio ambiente sujeitarão os infratores, pessoas físicas ou jurídicas, a sanções penais e administrativas, independentemente da obrigação de reparar os danos causados.

VI. PRINCÍPIO DO USUÁRIO-PAGADOR

1. **Poluidor-pagador x Usuário-pagador** → o princípio do usuário-pagador traduz em uma evolução do princípio do poluidor-pagador. Apresentam traços distintos, mas, na verdade, são complementares.

2. **Este princípio estabelece que o usuário de recursos naturais deve pagar por sua utilização.**

   Os recursos naturais devem estar sujeitos à aplicação de instrumentos econômicos para que o seu uso e aproveitamento se processem em benefício da coletividade[26]. A ideia é de definição de valor econômico ao bem natural com intuito de racionalizar o seu uso e evitar seu desperdício.

---

26. BRAGA, Edson Tavares. *Poluidor-pagador, uma necessidade ambiental*. <www.advogados.adv.br/artigos>.

A apropriação desses recursos por parte de um ou de vários indivíduos, públicos ou privados, devem proporcionar à coletividade o direito a uma compensação financeira pela utilização de recursos naturais, bens de uso comum.

Os recursos naturais são bens da coletividade e o seu uso deve assegurar uma compensação financeira a ser vertida para a própria coletividade, desimportando se houve ou não dano ao meio ambiente. Nessa perspectiva, o indivíduo paga pela utilização de recursos naturais escassos e não necessariamente pelo dano causado ao meio ambiente (reparação).

Aplicação em concurso:

- **(Magistratura Federal TRF 3ª região/2018 – adaptada)**

  "O princípio usuário-pagador pressupõe uma prática ilícita daquele que utiliza o recurso ambiental, sendo possível a exigência de pagamento quando houver o cometimento de faltas ou infrações".

  A afirmativa é falsa.

3. **A Política Nacional do Meio Ambiente** (Lei 6.938/81) em seu artigo 4º, inciso VII, impôs ao usuário *"contribuição pela utilização de recursos ambientais com fins econômicos."*

   A cobrança pelo uso da água em indústrias que trabalham com este recurso natural no processo produtivo exemplifica a aplicabilidade do princípio do usuário-pagador. De acordo com a Lei 9.433/97 (Política Nacional de Recursos Hídricos), a água constitui um recurso natural limitado, dotado de valor econômico (art. 1º, II) e a cobrança pelo uso de recursos hídricos objetiva a) reconhecer a água como bem econômico e dar ao usuário uma indicação de seu real valor; e b) incentivar a racionalização do uso da água (art. 19).

4. **Doutrina** → Paulo Affonso Leme Machado destaca que "o princípio do usuário-pagador não é uma punição, pois **mesmo inexistindo qualquer ilicitude no comportamento do pagador ele pode ser implementado**." De acordo com o brilhante jurista, para tornar obrigatório o pagamento pelo uso do recurso não há necessidade de ser provado que o usuário está cometendo faltas ou infrações.[27]

27. MACHADO, 2004. p. 54.

▶ **STF**[28]

"**Compensação por Empreendimentos de Significativo Impacto Ambiental** – O relator asseverou que a definição do valor do financiamento compartilhado não é arbitrária, uma vez que o órgão licenciador, cuja atuação está jungida aos princípios elencados no art. 37 da CF, deve estrita observância aos dados técnicos do EIA/RIMA, cabendo ao Poder Judiciário impedir, no caso concreto, os excessos ocasionais quanto à sua fixação. No ponto, destacou que o valor mínimo da compensação foi fixado em 0,5% dos custos totais com a implantação do empreendimento ante a impossibilidade de o legislador ordinário prever o grau do impacto ambiental provocado por essa implantação, restando atendido o que previsto no inciso IV do art. 225 da CF, que exigiu a elaboração de prévio estudo de impacto ambiental para a validade de qualquer obra ou atividade potencialmente causadora de significativa degradação ao meio ambiente. **Também considerou que o dispositivo hostilizado densifica o princípio do usuário-pagador, que impõe ao empreendedor a obrigação de responder pelas medidas de prevenção de impactos ambientais que possam decorrer da implementação da atividade econômica, razão pela qual a inexistência de efetivo dano ambiental não exime o empreendedor do compartilhamento dos custos dessas medidas.** Por fim, afastou o argumento de desrespeito ao princípio da razoabilidade, dado que a compensação ambiental é instrumento adequado ao fim visado pela CF de preservação do meio ambiente; não há outro meio eficaz para atingir tal finalidade; e o encargo imposto é compensado pelos benefícios que derivam de um meio ambiente ecologicamente garantido em sua higidez. Após, pediu vista dos autos o Min. Marco Aurélio. ADI 3378/DF, rel. Min. Carlos Britto, 14.6.2006. (ADI-3378) (Informativo 431 STF)".

Aplicação em concurso:

- **(Magistratura Estadual SP 2014 – Vunesp)**

  "Novamente quanto ao tema dos princípios do Direito Ambiental, o que determina que aquele que se utiliza ou usufrui de algum recurso natural deve arcar com os custos necessários para possibilitar tal uso configura o princípio

  A) do usuário-pagador.

  B) da função socioambiental da propriedade.

28. Obs: para o Ministro Celso de Mello (ADI 3378-DF), do STF, acompanhado por outros renomados juristas, a cobrança da compensação ambiental origina-se da aplicação do princípio do poluidor-pagador (vide Cap. V, comentários ao artigo 36).

C) do poluidor-pagador.

D) do desenvolvimento sustentável."

Gabarito: letra "a".

- **(Procurador da República – Concurso 24)**

  "A obrigação de que o autor de empreendimento de significativo impacto ambiental apoie a implantação e manutenção de Unidade de Conservação da Natureza é aplicação do princípio "usuário-pagador"".

  A afirmativa está correta.

VII. PRINCÍPIO DA OBRIGATORIEDADE DE ATUAÇÃO (INTERVENÇÃO) ESTATAL/PRINCÍPIO DA NATUREZA PÚBLICA DA PROTEÇÃO AMBIENTAL

1. **Artigo 225 da Constituição de 1988 → cabe ao Poder Público** e à coletividade **o dever de defender e preservar o meio ambiente** ecologicamente equilibrado para as presentes e futuras gerações. Um dos sujeitos ativos responsáveis pela defesa do meio ambiente está definido, de forma inquestionável, pela Carta Magna: **o Estado.** Observa Celso Antonio Pacheco Fiorillo[29] que "a noção e o conceito de desenvolvimento, formados num Estado de concepção liberal, alteraram-se, porquanto não mais encontravam guarida na sociedade moderna. Passou-se a reclamar um papel ativo do Estado no socorro dos valores ambientais, conferindo outra noção ao conceito de desenvolvimento".

Aplicação em concurso:

- **(Magistratura Estadual PA 2007 – FGV)**

  "O artigo 225 da Constituição da República consagra o princípio da intervenção estatal obrigatória na defesa do meio ambiente."

  A afirmativa está correta.

2. **Princípio 17 da Declaração de Estocolmo de 1972** → o princípio da natureza pública da proteção ambiental decorre do princípio 17 da Declaração de Estocolmo de 1972, que traz em seu texto a seguinte redação: *"Deve-se confiar às instituições nacionais competentes a tarefa de planejar, administrar ou controlar a utilização dos recursos ambientais dos estados, com o fim de melhorar a qualidade do meio ambiente".*

---

29. FIORILLO, 2006. p.28.

3. **Natureza indisponível do meio ambiente** → a atuação obrigatória do Estado decorre da natureza indisponível do meio ambiente, cuja proteção é reconhecida hoje como indispensável à dignidade e à vida de toda pessoa – núcleo essencial dos direitos fundamentais (art. 225, *caput* e § 1º da CF, e art. 2º, I da Lei nº 6.938/81).

   O poder estatal, segundo a CF, deve intervir obrigatoriamente para:

   a) preservar e restaurar os processos ecológicos essenciais e prover o manejo ecológico das espécies e ecossistemas;

   b) preservar a diversidade e a integridade genética do país;

   c) definir em todas as unidades da federação, espaços que deverão ser protegidos;

   d) exigir o estudo prévio sobre impacto ambiental.

4. **Formas de intervenção indireta do Estado na economia** → a Constituição Federal dispõe em seu artigo 174 sobre as formas de intervenção **indireta** do Estado na economia, determinando a atuação do Estado como **agente normativo e regulador**, exercendo as funções de **fiscalização, incentivo e planejamento**.

   Os instrumentos de intervenção indireta do Estado são imprescindíveis para a implementação de políticas públicas ambientalmente corretas. Eficiente **fiscalização** das atividades econômicas potencialmente degradadoras com a aplicação de pesadas **multas** ambientais ou **incentivos fiscais** para as empresas ambientalmente responsáveis são exemplos de meios titularizados pelo Poder Público para "incentivar" a efetiva preservação do meio ambiente, evitando a concretização do dano ambiental.

   Já nos casos de degradação ambiental, outros instrumentos devem ser utilizados pelo Poder Público, como a aplicação de **sanções administrativas** previstas em lei (multas, suspensão da licença ambiental, embargo da atividade, dentre outras).

   Convém, nesse ponto, rememorar norma prevista na **Lei Complementar 140, de 08 de dezembro de 2011**, segundo a qual "nos casos de iminência ou ocorrência de degradação da qualidade ambiental, o ente federativo que tiver conhecimento do fato deverá determinar medidas para evitá-la, fazer cessá-la ou mitigá-la, comunicando imediatamente ao órgão competente [para o licenciamento ambiental] para as providências cabíveis."[30] Esse dispositivo igualmente ilustra a implementação do princípio da obrigatoriedade de intervenção estatal.

Impõe-se acentuar que a preservação do meio ambiente ecologicamente equilibrado consubstancia **dever do Estado**. O relevante papel de proteção ambiental exercido pelo Poder Público não fica restrito apenas à atuação do Poder Executivo. Nesse sentido o princípio 11 da Declaração do Rio/92: *"Os Estados deverão* ***promulgar leis eficazes sobre o meio ambiente."***

Aplicação em concurso:

- **(Juiz Federal TRF 1ª Região – 2009 – CESPE)**

  "O princípio da natureza pública da proteção ambiental

  A) aponta para a incompatibilidade irredutível entre o interesse público e a iniciativa privada, condicionando esta à discricionariedade daquele e distribuindo às camadas mais pobres da população, de forma equitativa, o acesso aos recursos naturais.

  B) fundamenta-se, no que se refere à defesa da desapropriação das terras e dos meios produtivos, na proteção ao patrimônio histórico, ao ambiente cultural e ao ambiente do trabalho.

  C) resume os esforços da esfera política na manutenção do equilíbrio dinâmico dos sistemas socioambientais passíveis de serem utilizados no processo de justa repartição da renda e de reforma agrária.

  D) decorre da previsão legal que considera o meio ambiente como valor a ser necessariamente assegurado e protegido para uso de todos.

  E) foi descaracterizado pelo neoliberalismo, em razão de ter sido enunciado pelo governo soviético em decorrência do acidente de Chernobyl, quando, pelo descaso do Soviete Supremo, não havia leis de proteção ambiental que salvaguardassem a segurança das populações humanas no entorno das usinas nucleares.

  Gabarito: letra "d". A designação deste princípio como princípio da natureza pública da proteção ambiental é feita por Édis Milagre.

VIII. Princípio da participação comunitária (popular) / Princípio democrático

1. **Dever da sociedade** → o princípio da participação comunitária decorre do direito de todos ao meio ambiente ecologicamente equilibrado e

30. Art. 17, parágrafo 2º, da LC 140/11.

do regime jurídico do ambiente como bem de uso comum do povo, **impondo a toda a sociedade o dever de atuar na sua defesa**.

2. **Princípio nº 10 da Declaração do Rio de 1992 (ECO – 92)** → estabelece que *"a melhor maneira de tratar questões ambientais é assegurar a participação, no nível apropriado, de todos os cidadãos interessados. No nível nacional, cada indivíduo deve ter acesso adequado a informações relativas ao meio ambiente de que disponham as autoridades públicas, inclusive informações sobre materiais e atividades perigosas em suas comunidades, bem como a oportunidade de participar de processos de tomada de decisões. Os Estados devem facilitar e estimular a conscientização e a participação pública, colocando a informação à disposição de todos. Deve ser propiciado acesso efetivo a procedimentos judiciais e administrativos, inclusive no que diz respeito à compensação e reparação de danos"*

3. **Art. 225, *caput*, da CRFB/1988** → No Brasil, o princípio foi inserido no art. 225, *caput*, da CRFB/1988, quando ali se prescreve ao Poder Público e ***à coletividade*** o dever de defender e preservar o meio ambiente para as presentes e futuras gerações.

   Desse modo, a sociedade, como titular do direito ao meio ambiente ecologicamente equilibrado, passou a dispor de alguns mecanismos de participação direta na proteção da qualidade de vida e na preservação do meio ambiente para as presentes e futuras gerações.

   Primeiramente, destaca-se a participação dos cidadãos nos processos de criação do direito ambiental, com a iniciativa popular nos procedimentos legislativos. Ademais, discussões instauradas pela coletividade por meio de audiências públicas e a atuação de representantes da sociedade civil em órgãos dotados de poderes normativos ou deliberativos (conselhos e comitês) igualmente ilustram o efetivo papel desempenhado pela coletividade.

   Em segundo lugar, a participação de interessados se dá na formulação e na execução de políticas ambientais, como por intermédio da atuação de representantes da sociedade civil em órgãos colegiados responsáveis pela formulação de diretrizes de políticas públicas, na discussão de estudos de impacto ambiental em audiências públicas e também nas hipóteses de realização de plebiscitos, conforme prevê a Constituição Federal.

   E, finalmente, a participação ocorre por intermédio do Poder Judiciário e do Ministério Público, com a utilização de instrumentos processuais e administrativos, dentre os quais assumem relevo o inquérito civil público e a ação civil pública ambiental.

Convém ressaltar dispositivo previsto na **Lei Complementar 140, de 08 de dezembro de 2011**, segundo o qual qualquer pessoa legalmente identificada, ao constatar infração ambiental decorrente de empreendimento ou atividade utilizadores de recursos ambientais, efetiva ou potencialmente poluidores, pode dirigir representação ao órgão ambiental licenciador, para efeito do exercício de seu poder de polícia.[31]

Desse modo, a participação comunitária se dá em três esferas: legislativa, administrativa e processual.[32-33]

Medidas legislativas	Plebiscito (art. 14, I, CRFB/1988) Referendo (art. 14, II, CRFB/1988) Iniciativa popular (art. 14, III, CRFB/1988)
Medidas administrativas	Direito de informação (art. 5º, XXXIII, CRFB/1988) Direito de petição (art. 5º, XXXIV, CRFB/1988) Estudo prévio de impacto ambiental (EIA) (art. 225, IV, CRFB/1988)[34]
Medidas processuais	Ação Popular (art. 5º, LXXIII, CRFB/1988) Ação Civil Pública (art. 129, III, CRFB/1988)

O direito à participação pressupõe o direito de informação, na medida em que existe ligação direta entre ambos. Édis Milagre[35] doutrina nesse sentido, apontando que "os cidadãos com acesso à informação têm melhores condições de atuar sobre a sociedade, de articular mais eficazmente desejos e ideias e de tomar parte ativa nas decisões que lhes interessam diretamente."

Aplicação em concurso:

- **(PGE/AL – 2009– CESPE)**

  "O princípio da participação popular na proteção do meio ambiente é assegurado por meio das audiências públicas em procedimentos de licenciamento e de estudo de impacto de vizinhança."

31. Art. 17, parágrafo 1º, da LC 140/11.
32. ANTUNES, 2000. p. 26-28.
33. Vide comentários ao art. 9º, da Lei 6.938/81 (Capítulo III).
34. Vide comentários ao art. 9º, da Lei 6.938/81 (Capítulo III).
35. MILARÉ, 2006. p. 163.

A afirmativa está correta. Observem que o CESPE cita o princípio ora como "participação popular", ora como "participação comunitária".

- **(Procurador Federal– 2007 – CESPE)**

  "O princípio da participação da população na proteção do meio ambiente está previsto na Constituição Federal e na ECO-92."

  A alternativa está correta.

- **(Juiz Federal – TRF 5 – 2005 – CESPE)**

  "Os princípios da participação comunitária e da equidade intergeracional têm sede constitucional, uma vez que a Constituição brasileira estabelece a faculdade de a coletividade praticar atos com vistas à proteção do meio ambiente e sua preservação em prol das presentes e futuras gerações."

  O item está errado, pois, conforme vimos, a coletividade não tem a faculdade de preservar o meio ambiente para as futuras gerações, e sim o "dever". Apenas como observação, o princípio da equidade intergeracional está relacionado com a necessidade de preservar os recursos naturais para o benefício das gerações futuras.

- **(IBAMA – 2005 – CESPE)**

  "As audiências públicas em processos de licenciamento atendem ao princípio da participação."

  A afirmativa está correta.

  "Programas de conservação de espécies ameaçadas de extinção com realização de campanhas de esclarecimento, formação de agentes-mirins e associação de amigos da espécie ameaçada obedecem aos princípios da informação e da participação."

  A afirmativa está correta.

4. O princípio da participação popular também é tratado por alguns autores como "**Princípio democrático**".

Aplicação em concurso:

- **(TJ/SC – 2007)**

  "O princípio democrático assegura a participação de todos os cidadãos na elaboração das políticas públicas ambientais, sendo materializado por instrumentos processuais e procedimentais, dentre esses o estudo prévio de impacto ambiental."

  A afirmativa está correta.

IX. PRINCÍPIO DA INFORMAÇÃO

1. **O direito à participação pressupõe o direito de informação** → Há uma interdependência lógica entre eles: só haverá participação popular

caso haja acesso às informações ambientais. Édis Milaré[36] doutrina nesse sentido, apontando que "os cidadãos com acesso à informação têm melhores condições de atuar sobre a sociedade, de articular mais eficazmente desejos e ideias e de tomar parte ativa nas decisões que lhes interessam diretamente."

Aplicação em concurso:

- **(IBAMA – 2005 – CESPE)**

  "O princípio da informação e o princípio da participação são independentes, de forma que esse segundo princípio pode ser obedecido mesmo se o outro for descumprido."

  A afirmativa está errada.

2. O direito à informação encontra-se previsto expressamente no **Princípio nº 10 da Declaração do Rio/92 (Eco/92):**

> "A melhor maneira de tratar questões ambientais é assegurar a participação, no nível apropriado, de todos os cidadãos interessados. **No nível nacional, cada indivíduo deve ter acesso adequado a informações relativas ao meio ambiente de que disponham as autoridades públicas, inclusive informações sobre materiais e atividades perigosas em suas comunidades, bem como a oportunidade de participar de processos de tomada de decisões.** Os Estados devem facilitar e estimular a conscientização e a participação pública, colocando a informação à disposição de todos. Deve ser propiciado acesso efetivo a procedimentos judiciais e administrativos, inclusive no que diz respeito à compensação e reparação de danos."

3. De acordo com a **Constituição da República (artigo 5º, XXXIII)**, "todos têm direito a receber dos órgãos públicos informações de seu interesse particular, ou de interesse coletivo ou geral, que serão prestadas no prazo da lei, sob pena de responsabilidade, ressalvadas aquelas cujo sigilo seja imprescindível à segurança da sociedade e do Estado." Não remanescem dúvidas sobre o interesse coletivo ou geral das informações pertinentes ao meio ambiente, motivo pelo qual esses dados devem ser amplamente divulgados e publicados pelo Poder Público.

36. MILARÉ, 2006. p.163.

4. **Publicidade do EIA** → tamanha a importância da informação em matéria ambiental que a Constituição de 1988 determina, expressamente, a publicidade do Estudo Prévio de Impacto Ambiental (EIA)[37]:

> Art. 225. (...)
>
> IV – exigir, na forma da lei, para instalação de obra ou atividade potencialmente causadora de significativa degradação do meio ambiente, **estudo prévio de impacto ambiental, a que se dará publicidade.**

Aplicação em concurso:

- **(Procurador Federal – 2007 – CESPE)**
  "O estudo de impacto ambiental (EIA) e o seu relatório (RIMA) são documentos técnicos de caráter sigiloso, de forma a impedir danos às empresas concorrentes da obra pública em estudo."
  A afirmativa está errada.

- **(Procurador do Estado / ES – 2008 – CESPE)**
  "A instalação de obra ou atividade causadora, mesmo que apenas potencialmente, de significativa degradação do meio ambiente deve ser precedida por estudo de impacto ambiental, exigindo-se, ainda, o atendimento ao princípio da publicidade."
  A afirmativa está correta.

5. Tratando-se o meio ambiente de interesse difuso, qualquer indivíduo, independentemente da comprovação de interesse específico, terá acesso às informações que tratem de matéria ambiental, mediante requerimento escrito, no qual assumirá a obrigação de não utilizar as informações colhidas para fins comerciais, sob as penas da lei civil, penal, de direito autoral e de propriedade industrial, assim como de citar as fontes, caso, por qualquer meio, venha a divulgar os aludidos dados.[38]

Aplicação em concurso:

- **(Procurador do Estado/BA – 2014 – CESPE)**
  "O acesso à informação ambiental é um princípio de direito ambiental previsto tanto na CRFB/1988 quanto em normas infraconstitucionais".
  A afirmativa está correta.

---

37. Vide comentários ao art. 9º, da Lei 6.938/81 (Capítulo III).
38. Art. 2º, parágrafo 1º, da Lei 10.650/2003.

- **(PGE-PE 2009 – CESPE)**

  "O direito ambiental constrói-se sobre princípios que informam a aplicação da legislação ambiental. Muitos deles estão colocados no texto da legislação, outros são frutos de tratados e convenções internacionais. Considere que uma empresa de telefonia celular deseje implantar uma antena única em uma área de relevante interesse ecológico de um município, concentrando nela toda a transmissão da energia eletromagnética não ionizante e a certeza científica de que as ondas dos celulares e estações radiobase causam aquecimento no corpo dos seres que se encontram próximos a eles na razão do inverso do quadrado da distância. A respeito da situação hipotética acima e da incerteza de que há outros efeitos possíveis ainda não comprovados, assinale a opção correta.

  A) Pelo princípio da prevenção, não há necessidade de EIA/RIMA.

  B) Pelo princípio da precaução, não há necessidade de EIA/RIMA.

  C) Pelo princípio da proteção ambiental como um direito fundamental, não há necessidade de EIA se no local não há ocupação humana.

  D) Pelo princípio da função social da propriedade, só há necessidade de EIA se a área for pública.

  E) Pelo princípio da informação, cidadãos interessados podem obter informação a respeito da intensidade do campo eletromagnético gerado no local."

  Gabarito: letra "e".

- **(Procurador do Estado / ES – 2008 – CESPE)**

  "São considerados norteadores do direito ambiental, entre outros, os princípios: do direito à sadia qualidade de vida, do desenvolvimento sustentável, do acesso equitativo aos recursos naturais, da precaução e da informação."

  A afirmativa está correta.

X. PRINCÍPIO DA EDUCAÇÃO AMBIENTAL

1. O princípio da educação ambiental materializa notável instrumento que cumpre a função de esclarecer e envolver a comunidade no processo de responsabilidade com o meio ambiente, com a finalidade de desenvolver a percepção da necessidade de proteger o meio ambiente.

2. A educação ambiental tem sede constitucional, no art. **225, §1º, inciso VI, da CRFB/1988**, segundo o qual incumbe ao Poder Público "*promover a educação ambiental em todos os níveis de ensino e a conscientização pública para a preservação do meio ambiente.*"

- **(PGE/AL– 2009 – CESPE)**

  "Com o objetivo de garantir o direito ao meio ambiente ecologicamente equilibrado, a CF estabeleceu que, para assegurar esse direito, incumbe ao poder público promover a educação ambiental em todos os níveis de ensino e a conscientização pública para a preservação do meio ambiente."

A afirmativa está correta.

3. A **Lei nº 6.938/81 (PNMA), no art. 2º, inciso X,** estabelece, como **princípio da Política Nacional do Meio Ambiente**, *"a educação ambiental a todos os níveis de ensino, inclusive a educação da comunidade, objetivando capacitá-la para participação ativa na defesa do meio ambiente".*

4. **Lei Complementar 140, de 08 de dezembro de 2011→** define como competência tanto da União, quanto dos Estados e dos Municípios, promover e orientar a educação ambiental em todos os níveis de ensino e a conscientização pública para a proteção do meio ambiente.[39]

5. Pela sua relevância, foi instituída a **Política Nacional de Educação Ambiental (Lei n º 9.795 / 1999**). Neste diploma legal, a educação ambiental é concebida como um conjunto de *"processos por meio dos quais o indivíduo e a coletividade constroem valores sociais, conhecimentos, habilidades, atitudes e competências voltadas para a conservação do meio ambiente, bem de uso comum do povo, essencial à sadia qualidade de vida e sua sustentabilidade"* (artigo 1º).

6. A educação ambiental guarda correlação com a efetiva participação dos cidadãos no controle do Estado e da iniciativa privada com vistas à preservação do meio ambiente, na medida em que permite o pleno exercício da cidadania ambiental. Não havendo educação ambiental, impossível se exigir da sociedade uma efetiva participação na preservação dos recursos naturais. Tanto é assim que um dos objetivos fundamentais da educação ambiental é *"o incentivo à participação individual e coletiva, permanente e responsável, na preservação do equilíbrio do meio ambiente, entendendo-se a defesa da qualidade ambiental como valor inseparável do exercício da cidadania"* (Lei n º 9.795/99, art. 5º, inc. IV).

Aplicação em concurso:

- **(Exame de Ordem 2009.2 – CESPE)**

  "Além de buscar a conscientização pública para a preservação do meio ambiente, o poder público tem o encargo de promover a educação ambiental em todos os níveis de ensino."

  A alternativa está correta.

---

39. Art. 7º, XI, art. 8º, XI e art. 9, XI, da LC 140/11.

XI. PRINCÍPIO DA FUNÇÃO SOCIOAMBIENTAL DA PROPRIEDADE

1. **Previsão constitucional** → a Constituição de 1988 condicionou o direito de propriedade à sua função social, de sorte que, não cumprida a função social ambiental, o proprietário se vê impedido do livre exercício de sua propriedade. Está bem claro no art. 5º, XXII e XXIII da Constituição Federal que *"é garantido o direito de propriedade"* e esta *"atenderá a sua função social"*.

   Ademais, dentre os princípios que regem as atividades econômicas, encontra-se prevista, no inciso III do artigo 170, a função social da propriedade. Em relação à propriedade rural o artigo 186 da CRFB/1988 dispõe restar cumprida sua função social quando atendidos simultaneamente os seguintes requisitos: a) aproveitamento racional e adequado; b) utilização adequada dos recursos naturais disponíveis e preservação do meio ambiente; c) observação das disposições que regulam as relações de trabalho; d) exploração que favoreça o bem-estar dos proprietários e trabalhadores. É inequívoco que o exercício do direito de propriedade está condicionado à preservação do meio ambiente em prol da coletividade que, de acordo com o seu artigo 225, tem direito a um meio ambiente ecologicamente equilibrado.

   Importa acentuar que o direito à propriedade, principalmente a partir da CRFB/1988/88, perdeu o caráter absoluto, ilimitado e inatingível, qualificados pela concepção individualista do Código Civil de 1916, ganhando, hodiernamente, uma roupagem social como fator de progresso e bem-estar de todos.

   O Código Civil de 2002 determina que o direito de propriedade deve ser exercido em consonância com as suas finalidades econômicas e sociais e de modo que sejam preservados, de conformidade com o estabelecido em lei especial, a flora, a fauna, as belezas naturais, o equilíbrio ecológico e o patrimônio histórico e artístico, bem como evitada a poluição do ar e das águas.[40]

   Desse modo, quando se afirma que a propriedade deve ser dotada de função social, na verdade impõe-se ao proprietário o dever de exercer o seu direito não unicamente em seu próprio e exclusivo interesse, mas, principalmente, em benefício da coletividade, preservando o meio ambiente. É precisamente o cumprimento da função social que legitima o exercício do direito de propriedade pelo seu titular.

---

40. Artigo 1228, parágrafo 1º, do Código Civil.

► **STJ**

> "(...) Com efeito, o atendimento pleno da **função social da propriedade** requer que a propriedade seja aproveitada de modo racional e adequado, os recursos naturais disponíveis sejam adequadamente utilizados e a preservação do meio ambiente seja observada. Desse modo, **o art. 186 está perfeitamente harmonizado com os arts. 5º, XXII, e 225 da CRFB/1988**, pelos quais o agricultor não se escusa do dever de preservar o meio ambiente a pretexto de exercer seu direito constitucional de propriedade. Isso porque, ao mesmo tempo em que o art. 225 da CRFB/1988 prevê a titularidade coletiva do direito ao meio ambiente, determina também que é dever de toda a sociedade defendê-lo e preservá-lo, nela incluído, portanto, o próprio agricultor, que está constitucionalmente comprometido com a exploração sustentável da agricultura.(...)." (STJ. REsp 1.287.068-RR, Rel. Min. Herman Benjamin, julgado em 10/9/2013).

2. **Comportamentos positivos e negativos** → Eros Roberto Grau[41] doutrina a respeito, esclarecendo que "a admissão do princípio da função social (e ambiental) da propriedade tem como consequência básica fazer com que a propriedade seja efetivamente exercida para beneficiar a coletividade e o meio ambiente (aspecto positivo), não bastando apenas que não seja exercida em prejuízo de terceiros ou da qualidade ambiental (aspecto negativo). Por outras palavras, a função social e ambiental não constitui um simples limite ao exercício do direito de propriedade, como aquela restrição tradicional, por meio da qual se permite ao proprietário, no exercício do seu direito, fazer tudo o que não prejudique a coletividade e o meio ambiente. Diversamente, a função social e ambiental vai mais longe e autoriza até que se imponha ao proprietário comportamentos positivos, no exercício do seu direito, para que a sua propriedade concretamente se adeque à preservação do meio ambiente."

   A título de exemplo, é através desse princípio que se impõe ao proprietário rural o dever de manutenção, preservação, recuperação e recomposição da vegetação em Áreas de Preservação Permanente (APP) e Área de Reserva Legal[42], ainda quando não tenha sido ele o responsável pelo desmatamento. Trata-se, pois, de uma obrigação *propter rem*, isto é, a obrigação se prende ao titular do direito real (seja proprietário ou possuidor).

---

41. Princípios Fundamentais de Direito Ambiental. *Revista de Direito Ambiental*, Ed. Revista dos Tribunais, nº 02, p. 50 1997.
42. Institutos previstos no Código Florestal (Lei 12.651/2012).

▶ **STJ**

"É de elementar inferência, dessarte, que a obrigação de conservação é automaticamente transferida do alienante ao adquirente, independentemente deste último ter responsabilidade pelo dano ambiental. Mais a mais, a doutrina tem entendido, à luz do dispositivo referido, que a manutenção da área destinada à reserva legal é obrigação *propter rem*, ou seja, decorre da relação existente entre o devedor e a coisa, de modo que o ônus de conservação do imóvel é automaticamente transferido do alienante ao adquirente, independentemente deste último ter responsabilidade pelo dano ambiental. Eventual prejuízo deverá ser discutido, por meio de ação própria entre o adquirente e o alienante que efetivamente provocou o dano." (STJ, Resp 217.858, voto do Rel. Min. Franciulli Netto, DJ 19.12.2003)

Aplicação em concurso:

- **(MPE/RR 2017 – CESPE)**

"Segundo a CF, a propriedade rural deve cumprir a denominada função social. Para o cumprimento dessa função, a CF prevê o cumprimento de determinadas exigências, como a

A) priorização da propriedade coletiva.

B) limitação de dimensão equivalente ao módulo rural.

C) exploração que favoreça o bem-estar do proprietário e dos trabalhadores.

D) manutenção da propriedade sem nenhum controle estatal".

Gabarito: letra "c".

- **(Procurador do Estado/MT – 2016 – FCC)**

"O direito de propriedade de bem imóvel rural:

A) é absoluto, não se submetendo a qualquer tipo de controle Estatal.

B) deve ser exercido de acordo com sua função social, que se traduz na obrigação de repartição do ganho auferido com a produção do imóvel rural.

C) não se relaciona com a função social da propriedade rural.

D) encontra seu contorno jurídico estabelecido pela função social da propriedade.

E) deve priorizar a propriedade coletiva."

Gabarito: letra "d".

- **(Magistratura Estadual MG 2014)**

  "O princípio da função socioambiental da propriedade determina que o seu uso seja condicionado ao bem-estar social, sem, contudo, impor comportamentos positivos ao proprietário para o exercício de seu direito."

  A afirmativa está errada.

- **(Magistratura Estadual PA 2014 – Vunesp)**

  "É correto afirmar que

  A) o proprietário tem a faculdade de usar, gozar e dispor da coisa e o direito de reavê-la do poder de quem quer que injustamente a possua ou detenha desde que esse possuidor/detentor não esteja respeitando o princípio da função socioambiental do bem.

  B) o conceito de função socioambiental da propriedade é aplicável especificamente à propriedade privada, em zona urbana ou rural, sendo inseparável do requisito obrigatório do uso racional da propriedade e dos recursos naturais que lhe são integrantes.

  C) a jurisprudência do Superior Tribunal de Justiça vem reconhecendo que a função socioambiental da propriedade é princípio constitucional e, no caso da propriedade rural, engloba exclusivamente a utilização adequada dos recursos naturais e a exploração favorável ao bem-estar dos proprietários e trabalhadores.

  D) o descumprimento da função socioambiental da propriedade, por não ser contrário ao fixado no art. 225 da Constituição Federal de 1988, autoriza o esvaziamento do conteúdo mínimo do direito de propriedade sem a exigência de pagamento de indenização.

  E) o direito de propriedade deve ser exercido em consonância com as suas finalidades econômicas e sociais e de modo que sejam preservados, de conformidade com o estabelecido em lei especial, entre outros bens ambientais, a flora, a fauna e as belezas naturais, em atendimento ao princípio da função socioambiental da propriedade."

  Gabarito: letra "e".

- **(Juiz Federal – TRF 5ª Região 2011 – CESPE)**

  "A CF estabelece regras mediante as quais a função social da propriedade urbana submete-se à necessidade de preservação ambiental, contudo, com relação à propriedade rural, o texto constitucional nada diz a esse respeito, embora disponha sobre a obrigatoriedade de existirem normas infraconstitucionais que estipulem critérios sobre o tema."

  A alternativa está errada. Vide artigos 170, VI e 186 da Constituição de 1988.

- **(PGE Mato Grosso 2011– FCC)**

  "Considere os seguintes requisitos:

I. Aproveitamento racional e adequado.
II. Utilização adequada dos recursos naturais disponíveis.
III. Preservação do meio ambiente.
IV. Observância da legislação trabalhista.
V. Exploração que favoreça o bem-estar dos proprietários e dos trabalhadores.

Cumpre a função social a propriedade rural que atende simultaneamente os requisitos

A) I, II, III, IV e V.

B) I, II, III e IV, apenas.

C) I, II, III e V, apenas.

D) I, II, IV e V, apenas.

E) I, III, IV e V, apenas."

Gabarito: letra "a", nos termos do artigo 186 da CRFB/1988.

XII. PRINCÍPIO DA COOPERAÇÃO ENTRE OS POVOS

1. A Constituição da República, em seu art. 4º, inciso IX, estabelece como princípio da República Federativa do Brasil nas relações internacionais a *"cooperação entre os povos para o progresso da humanidade".*

Este princípio é de vital importância, uma vez que fenômenos poluidores geralmente ultrapassam a fronteira de uma nação[43], atingindo outro território (v.g. emissão de gases causadores do efeito estufa).

Neste princípio está incluída a cooperação no sentido de repassar os conhecimentos de tecnologia e conhecimentos de proteção do ambiente obtidos pelos países mais avançados e que têm possibilidade econômica de investir e obter resultados nas pesquisas ambientais.

---

43. Sobre a ausência de fronteiras nos casos de danos ambientais, alguns autores fazem referência ao **princípio da ubiquidade**. De acordo com o Dicionário Aurélio Buarque de Holanda, ubiqüidade quer dizer: "propriedade ou estado de ubíquo ou onipresente; ubiquação; onipresença". Por sua vez, ubíquo significa "que está presente em toda parte, onipresente." Assim, em Direito Ambiental, tem-se que, pelo princípio da ubiqüidade, o bem ambiental é onipresente, de forma que uma agressão ao meio ambiente em determinada localidade é capaz de trazer reflexos negativos a todo o planeta. O meio ambiente deve ser levado em consideração antes e durante a realização de qualquer atividade que venha a ser desenvolvida, de qualquer natureza. Decorre da tutela constitucional da vida e da qualidade de vida.

2. A Lei 9.605/98 (dispõe sobre sanções penais e administrativas derivadas de condutas e atividades lesivas ao meio ambiente) dedicou o Capítulo VII integralmente à *"cooperação internacional para a preservação do meio ambiente"* visando o intercâmbio com outros países, no que concerne ao meio ambiente, quanto à produção de provas, exame de objetos e lugares, informações sobre pessoas e coisas, presença temporária de pessoas presas, cujas declarações tenham relevância para a decisão de uma causa e outras formas de assistência permitidas pela legislação em vigor ou pelos tratados de que o Brasil seja parte.[44]

3. **Princípio 24 da Declaração de Estocolmo/72** → o reconhecimento do princípio da cooperação entre os povos não importa renúncia à soberania do Estado.

   PRINCÍPIO 24: Todos os países, grandes ou pequenos, devem empenhar-se com espírito de cooperação e em pé de igualdade na solução das questões internacionais relativas à proteção e melhoria do meio. É indispensável cooperar mediante acordos multilaterais e bilaterais e por outros meios apropriados, a fim de evitar, eliminar ou reduzir, e controlar eficazmente os efeitos prejudiciais que as atividades que se realizem em qualquer esfera possam acarretar para o meio, levando na devida conta a soberania e os interesses de todos os Estados.

4. **Conferência do Rio/92** → o mesmo entendimento é ratificado no **Princípio 2** da Declaração do Rio:

> "os Estados, de conformidade com a Carta das Nações Unidas e os princípios da lei Internacional, possuem o direito soberano de explorar seus próprios recursos segundo suas próprias políticas ambientais e de desenvolvimento, e a responsabilidade de assegurar que as atividades realizadas dentro de sua jurisdição ou sob seu controle não causem danos ao meio ambiente de outros Estados ou de zonas que estejam fora dos limites da jurisdição nacional."

XIII. PRINCÍPIO DO CONTROLE DO POLUIDOR PELO PODER PÚBLICO/ PRINCÍPIO DO LIMITE

1. Édis Milaré[45] ensina que o referido princípio "resulta de intervenções necessárias à manutenção, preservação e restauração dos recursos ambientais com vista à sua utilização racional e disponibilidade permanente."

---

44. Art. 77.
45. MILARÉ, 2006. p.160.

Cabe ao Estado, através do exercício do seu poder de polícia, fiscalizar e orientar os particulares quanto aos limites em usufruir o meio ambiente, conscientizando-os sobre a importância de observar sempre o bem-estar da coletividade, como também promover termos de ajustamento de conduta, visando pôr termo às atividades nocivas.

No Brasil, o princípio do limite encontra respaldo em diversas leis infraconstitucionais (v.g., art. 5º, § 6º, da Lei 7.347/85; art. 7º, XII, art. 8º, XII e art. 9º, XII, da Lei Complementar 140, de 08 de dezembro de 2011) e na própria Constituição Federal que, expressamente, diz ser incumbência do Poder Público *"controlar a produção, a comercialização e o emprego de técnicas, métodos e substâncias que comportem risco para a vida, a qualidade de vida e o meio ambiente"* (art. 225, § 1º, V).

XIV. PRINCÍPIO DA VEDAÇÃO DO RETROCESSO ECOLÓGICO/EFEITO *CLIQUET* AMBIENTAL

1. Uma vez dotado o direito ao meio ambiente ecologicamente equilibrado de status de direito fundamental, **as garantias de proteção ambiental já conquistadas não podem retroagir.** É inadmissível o recuo da salvaguarda ambiental para níveis de proteção inferiores aos já consagrados, a não ser que as circunstâncias de fato sejam significativamente alteradas. A expressão efeito *cliquet* é francesa e se origina da prática de alpinismo. Define um movimento que só permite que o alpinista siga para cima, ou seja, suba.

O princípio da vedação do retrocesso ecológico, também conhecido por efeito *cliquet* ambiental, tem por escopo obstar medidas legislativas e executivas que implementem um efeito ***cliquet*** (na concepção jurídica esse termo francês assume acepção de 'não retrocesso') ou um efeito catraca, em relação ao direito ambiental. Os poderes públicos devem atuar sempre no sentido de avançar progressivamente na proteção dos recursos naturais. Segundo o Superior Tribunal de Justiça, "essa argumentação busca estabelecer um piso mínimo de proteção ambiental, para além do qual devem rumar as futuras medidas normativas de tutela, impondo limites a impulsos revisionistas da legislação."[46]

2. A aplicação do princípio da vedação do retrocesso não deve significar o engessamento, pelo Poder Judiciário, da atuação dos Poderes Legislativo ou Executivo, em respeito ao princípio da separação de poderes.

46. <http://www.stj.gov.br/portal_stj/publicacao>. Acesso em 20/06/2010.

A orientação jurisprudencial no sentido do afastamento da cláusula de vedação de retrocesso funda-se, exatamente, no respeito à separação dos poderes.

▶ **STF**

> O Princípio da vedação do retrocesso não se sobrepõe ao princípio democrático no afã de transferir ao Judiciário funções inerentes aos Poderes Legislativo e Executivo, nem justifica afastar arranjos legais mais eficientes para o desenvolvimento sustentável do país como um todo. (...) (STF. ADI 4903, julgada em 28 de fevereiro de 2018).

3. De toda forma, mesmo levando em consideração que o "espaço de prognose e decisão" legislativo é variável, ainda mais no marco dos direitos socioambientais e das políticas públicas para a sua realização, não se pode admitir que em nome da liberdade de conformação do legislador o valor jurídico dos direitos fundamentais acabe sendo totalmente esvaziado.

Assim, caso um dos poderes atue de forma a eliminar por completo o conteúdo protetivo de normas ou a suprimir estruturas administrativas ambientais já consolidadas, sem substituí-las por outras que ofereçam garantias com eficácia similar, ou sem apresentar alternativas compensatórias que busquem a manutenção do equilíbrio ambiental, restará configurada a ofensa ao princípio da vedação do retrocesso ecológico.

▶ **STF**

> (...) a Resolução do COEMA/CE nº 02/2019 flexibilizou a determinação constitucional ao dispensar o licenciamento de atividades potencialmente poluidoras e afastou-se da disciplina elaborada pela União. Sobre a dispensa do licenciamento ambiental, Talden Farias pondera que "na realidade, além de nociva ao meio ambiente, na prática a dispensa representa a perda do controle ambiental" 4. Nessa linha, a atuação normativa estadual flexibilizadora caracteriza violação do direito fundamental ao meio ambiente ecologicamente equilibrado e afronta à obrigatoriedade da intervenção do Poder Público em matéria ambiental. Configura, ainda, inobservância do princípio da proibição de retrocesso em matéria socioambiental e dos princípios da prevenção e da precaução. Constato, pois, a inconstitucionalidade material do artigo 8º da Resolução do COEMA/CE nº 02/2019. (STF. ADI 6288, julgada em 23 de novembro de 2020).

A proibição de retrocesso deve atuar, em termos gerais, como uma garantia constitucional do cidadão contra a ação do Poder Legislativo e do Poder Executivo, no intuito de proteger os seus direitos fundamentais consagrados pelo ordenamento jurídico.

Aplicação em concurso:

- **(Promotor – MP/BA – 2010)**

– "O princípio da proibição do retrocesso ecológico limita a discricionariedade do legislador a só legislar progressivamente, com o fito de não diminuir ou mitigar o direito fundamental ao Meio Ambiente."

– "O princípio do mínimo existencial ecológico postula que, por trás da garantia constitucional do mínimo existencial, subjaz a ideia de que a dignidade humana está intrinsecamente relacionada à qualidade ambiental. Ao conferir dimensão ecológica ao núcleo normativo, assenta premissa de que não existe patamar mínimo de bem-estar sem respeito ao direito fundamental do meio ambiente sadio."

Ambas as afirmativas são verdadeiras.

XV. PRINCÍPIO DO PROTETOR-RECEBEDOR

1. **Ideia central do princípio do protetor recebedor** → recompensar, economicamente, as iniciativas que contribuam, sob alguma forma, para a proteção do meio ambiente. **Receberá** determinado incentivo econômico **aquele que proteger** o meio ambiente.

2. **Previsão legal:** artigo 6º, inciso II da Lei 12.305/2010 (Lei de Política Nacional de Resíduos Sólidos).

3. A utilização de incentivos econômicos apresenta-se como relevante complementação dos mecanismos tradicionais de comando e controle, inserindo no ordenamento jurídico instrumentos incitativos. Recompensar condutas ambientalmente adequadas pode, inclusive, ser mais eficaz que punir condutas ambientalmente danosas.[47]

4. No Brasil, o **pagamento por serviços ambientais** configura um dos mais contemporâneos instrumentos econômicos de proteção ambiental. O seu objetivo é remunerar proprietários rurais conservacionistas que participam de projetos na condição de provedores de serviços ambientais, tais como reflorestamento, conservação de áreas verdes e de vegetação de nascentes. O pagamento por serviços ambientais tem como fundamento o princípio do protetor-recebedor.

   A Política Nacional de Pagamento por Serviços Ambientais foi instituída pela Lei 14.119, de 13 de janeiro de 2021 e tem como um de seus objetivos

47. Nesse sentido: MILARÉ, 2015, p. 271.

reconhecer as iniciativas individuais ou coletivas que favoreçam a manutenção, a recuperação ou a melhoria dos serviços ecossistêmicos, por meio de retribuição monetária ou não monetária. Uma das diretrizes da PNPSA é o atendimento ao princípio do provedor-recebedor,[48] diretamente atrelado ao princípio do protetor-recebedor.

Aplicação em concurso:

- **(Juiz Estadual PB 2015 – CESPE)**

  "Com relação ao direito ambiental em uma perspectiva econômica, à PNMA e à PNRH, assinale a opção correta.

  A) Apesar de a PNRH estabelecer que a água é um recurso dotado de valor econômico, os institutos previstos na lei não são suficientes para se efetivar o uso econômico desse recurso.

  B) A lei que instituiu a PNMA é silente em estabelecer instrumentos que regulem a atividade econômica de iniciativa privada que causar dano ao meio ambiente.

  C) O princípio do protetor-recebedor, que se refere ao pagamento por serviços ambientais, não é previsto expressamente na lei que instituiu a PNMA.

  D) A CF regulamenta a fruição do meio ambiente como bem apropriável e valorável.

  E) O pagamento por serviços ambientais é fundamentado no princípio do poluidor-pagador, pois aquele que vier a causar dano ao meio ambiente deverá ser obrigado, primeiramente, a indenizar ou a reparar o dano causado."

  Gabarito: letra "c". O princípio do protetor-recebedor atinente ao pagamento por serviços ambientais não foi previsto na Lei da Política Nacional de Meio Ambiente, mas sim na Lei 12.305/2010, a Lei da Política Nacional de Resíduos Sólidos, expressamente no artigo 6º, II.

- **(Juiz Estadual/AP – 2014 – FCC)**

  "Uma indústria emissora de gases poluentes possui projeto para se instalar em zona industrial cuja capacidade de suporte de poluição já está saturada. Nesse caso, em obediência ao princípio

  A) do protetor-recebedor, o projeto deverá ser rejeitado pelo órgão ambiental.

  B) do usuário pagador, o projeto deverá ser aprovado pelo órgão ambiental.

48 Art. 5º, I da Lei 14.119/2021.

C) da participação comunitária, o projeto deverá ser rejeitado pelo órgão ambiental.

D) da prevenção, o projeto deverá ser rejeitado pelo órgão ambiental.

E) do poluidor pagador, o projeto deverá ser aprovado pelo órgão ambiental".

Gabarito: letra "d".

CAPÍTULO II
O meio ambiente na Constituição de 1988

I. COMPETÊNCIAS CONSTITUCIONAIS EM MATÉRIA AMBIENTAL

I.1 INTRODUÇÃO

1. A Constituição Federal tratou de repartir as competências entre todos os entes da federação brasileira. Quanto ao critério de relação entre os entes federativos, o modelo adotado no Brasil é denominado **federalismo cooperativo**, por haver relação de coordenação entre a União e os demais entes. Importante lembrar que tanto a União, quanto os Estados, o Distrito Federal e os Municípios são dotados de *autonomia* (art. 18, CRFB/1988/88), poder de Estado cuja fonte se encontra delineada na própria Constituição Federal. A autonomia desdobra-se em capacidades estatais de auto-organização, de autogoverno, legislativa, administrativa, financeira e tributária.

Aplicação em concurso:

- **(Juiz Federal da 5ª Região – 2005 – CESPE)**

  Foram elaboradas questões com o seguinte enunciado: "A Constituição brasileira de 1988 adotou o modelo de federalismo cooperativo, estabelecendo a coexistência de competências privativas e de competências comuns, distribuídas entre os diversos entes políticos. No tocante à implementação de políticas públicas, a Constituição fixou um rol de competências materiais, sublinhando o objetivo geral do poder público na execução das tarefas enunciadas."

2. Princípio da predominância do interesse → na repartição de competências, o critério norteador será o *princípio da predominância do interesse,* de modo que à União caberão aquelas matérias de predominante *interesse nacional* (geral); aos Estados matérias de predominante *interesse regional*; e aos Municípios matérias de predominante *interesse local.* A predominância do interesse local não significa ausência de interesse regional ou nacional, mas a preponderância do interesse público do Município sobre eventuais interesses dos demais entes. Nesse mesmo sentido a decisão do Supremo Tribunal Federal, ao afirmar que

> [...] as expressões "interesse local", do art. 30, I, da Constituição Federal (CF), e "peculiar interesse", das Constituições anteriores, se equivalem e **não significam interesse exclusivo do Município, mas preponderante**. (STF. Informativo 870. RE 194704/MG. Rel. Min. Carlos Velloso. Julg.: 29.06.2017).

3. **Competência legislativa e competência material** → a doutrina perfaz uma bipartição da competência em *competência legislativa* e *competência material (ou administrativa).*

   A **competência legislativa** se expressa no poder outorgado a cada ente federado para a elaboração das leis e atos normativos. A **competência material**, por sua vez, cuida da atuação concreta do ente, através do exercício do poder de polícia.

I.2. A COMPETÊNCIA LEGISLATIVA EM MATÉRIA AMBIENTAL

I.2.1 COMPETÊNCIA LEGISLATIVA PRIVATIVA

1. A ***competência legislativa privativa***, prevista no art. 22 da CRFB/1988, é aquela entregue à União, com possibilidade de delegação.

   Importante perceber que quando o tema se refere à **exploração econômica de recursos naturais energéticos** (como os recursos minerais, atividades nucleares e as águas para geração de energia), a competência legislativa é privativa da União, mesmo porque, nesses casos, os referidos bens são da União (ex: recursos minerais, art. 20, IX, CRFB/1988) ou estão relacionados com atividades monopolizadas pela União (ex: atividades nucleares, art. 177, V, da CRFB/1988). Já nos casos de **proteção dos recursos naturais**, diferentemente, a competência legislativa é concorrente, sendo atribuída a todos os entes federados (*vide* a seguir item II.4).

Art. 22. Compete privativamente à União legislar sobre:

(...)

IV – **águas, energia**, informática, telecomunicações e radiodifusão;

(...)

X – **regime dos portos, navegação lacustre, fluvial, marítima**, aérea e aeroespacial;

(...)

XII – **jazidas, minas, outros recursos minerais** e metalurgia;

(...)

XIV – populações indígenas;

(...)

XVIII – sistema estatístico, sistema cartográfico e de geologia nacionais;

(...)

XXVI – **atividades nucleares** de qualquer natureza;

(...)

Parágrafo único. Lei complementar poderá autorizar os Estados a legislar sobre questões específicas das matérias relacionadas neste artigo.

2. **Parágrafo único do art. 22** → na competência legislativa privativa existe a possibilidade de delegação, pois a teor do artigo 22, parágrafo único, da CRFB/1988, lei complementar poderá autorizar os Estados a legislar sobre questões específicas das matérias relacionadas no artigo.

   Ressalte-se que a autorização, mediante lei complementar, aos Estados para legislar sobre matérias do artigo 22 tem que ser específica, sendo vedada a delegação genérica de toda uma matéria.

   Por fim, o fato de ser da União o poder legiferante não significa, em princípio, que só a ela caiba a fiscalização.

3. **Jurisprudência**

> AÇÃO DIRETA DE INCONSTITUCIONALIDADE – NORMAS INSCRITAS NA CONSTITUIÇÃO DO ESTADO DO RIO GRANDE DO SUL QUE IMPÕEM RESTRIÇÕES À IMPLANTAÇÃO, NO ESPAÇO TERRITORIAL DAQUELA UNIDADE DA FEDERAÇÃO, DE INSTALAÇÕES INDUSTRIAIS DESTINADAS À PRODUÇÃO DE ENERGIA NUCLEAR E QUE ESTABELECEM VEDAÇÃO AO TRANSPORTE, AO DEPÓSITO OU À DISPOSIÇÃO FINAL DE REJEITOS RADIOATIVOS PRODUZIDOS POR OUTROS ESTADOS OU POR PAÍSES ESTRANGEIROS – TEMA QUE SE INCLUI NA ESFERA DE COMPETÊNCIA PRIVATIVA DA UNIÃO FEDERAL PARA LEGISLAR SOBRE ATIVIDADES NUCLEARES DE QUALQUER NATUREZA (CF, ART. 22, XXVI) – USURPAÇÃO, PELO ESTADO – MEMBRO, DA COMPETÊNCIA CONSTITUCIONALMENTE RESERVADA À UNIÃO FEDERAL – OFENSA AO ART. 22, XXVI, DA CONSTITUIÇÃO DA REPÚBLICA – LIMITAÇÕES AO PODER CONSTITUINTE DECORRENTE – PRERROGATIVA QUE NÃO SE REVESTE DE CARÁTER ABSOLUTO – MEDIDA CAUTELAR ANTERIORMENTE DEFERIDA PELO PLENÁRIO DESTA SUPREMA CORTE – REAFIRMAÇÃO DA

JURISPRUDÊNCIA CONSOLIDADA PELO SUPREMO TRIBUNAL FEDERAL NO MATÉRIA – PRECEDENTES – PARECER DA PROCURADORIA-GERAL DA REPÚBLICA PELA INCONSTITUCIONALIDADE – AÇÃO DIRETA JULGADA PROCEDENTE.

Ao dispor sobre a partilha de competências estatais, a Constituição Federal (CF) outorgou à União, em caráter privativo, a prerrogativa de legislar sobre "atividades nucleares de qualquer natureza" (CF, art. 22, XXVI) (1). **Não obstante a indiscutível repercussão ambiental da utilização da energia nuclear, a própria CF excepcionou** — dentre os diversos aspectos relacionados à competência comum partilhada entre ela e os Estados-membros e o Distrito Federal referentes à proteção ao meio ambiente e ao combate à poluição — **a disciplina normativa pertinente às atividades e instalações nucleares, cuja regulamentação está inserida no domínio legislativo privativo da União.** Com esse entendimento, o Plenário, por maioria, declarou a inconstitucionalidade dos arts. 256 e 257 da Constituição do Estado do Rio Grande do Sul (STF. ADI 330, rel. Min. Celso de Melo. Publ.: 30.11.2020).

Aplicação em concurso:

- **(Procurador do Estado SE 2017 – CESPE)**

  "A câmara municipal de Aracaju, preocupada com o risco de acidentes ambientais e com a saúde da população, publicou uma lei decretando a impossibilidade, nos limites do município, de instalação de empresas que lidem com materiais nucleares, bem como de realização de atividades que envolvam esses materiais. Nesse caso, considerando-se a legislação pertinente, a norma municipal publicada é

  A) constitucional, pois compete aos municípios legislar sobre assuntos de interesse local

  B) inconstitucional, uma vez que a competência sobre o assunto é concorrente à União, aos estados e ao DF

  C) inconstitucional, já que a competência sobre o assunto é supletiva dos estados

  D) inconstitucional, haja vista que a competência sobre o assunto é privativa da União

  E) constitucional, porque a competência sobre o assunto é concorrente à União, aos estados, ao DF e aos municípios."

  Gabarito: letra "d".

- **(Magistratura Estadual PR 2014 – PUC/PR)**

  "A competência para legislar sobre atividades nucleares de qualquer natureza é privativa da União, podendo a Lei complementar autorizar os Estados a legislar sobre questões específicas."

A afirmativa está correta. Vide inciso XXVI e parágrafo único do artigo 22 da CRFB/1988

- **(Exame de Ordem 2011.1 – FGV)**

  "A competência para legislar sobre defesa dos recursos naturais é privativa da União, pois é matéria de interesse nacional."

  A alternativa está errada. Nos termos do artigo 24, inciso VI da Constituição de 1988, "Compete à União, aos Estados e ao Distrito Federal legislar concorrentemente sobre florestas, caça, pesca, fauna, conservação da natureza, defesa do solo e dos recursos naturais, proteção do meio ambiente e controle da poluição." A competência para legislar sobre defesa dos recursos naturais é, portanto, concorrente.

- **(Juiz Federal – TRF 5ª Região 2011 – CESPE)**

  "É competência comum da União, dos estados, do DF e dos municípios registrar, acompanhar e fiscalizar as concessões de direitos de pesquisa e exploração de recursos minerais em seus territórios bem como legislar sobre jazidas, minas, outros recursos minerais e metalurgia.".

  A afirmativa está errada. A competência para legislar sobre jazidas, minas, outros recursos minerais e metalurgia é exclusiva da União, nos termos do artigo 22, XII da Constituição de 1988.

- **(PGE-PE 2009 – CESPE)**

  "Os estados podem legislar concorrentemente sobre jazidas e minas encontradas em seus territórios."

  A afirmativa está errada. De acordo com o art. 22, XII da CRFB/1988, a competência é privativa da União.

I.2.2 COMPETÊNCIA LEGISLATIVA EXCLUSIVA

1. A ***competência legislativa exclusiva***, inserida no art. 25, parágrafos 2º e 3º, pertence aos Estados (com exclusão dos demais entes). Detém o Estado autonomia política e administrativa (art. 18, "caput", c/c art. 25 da CRFB/1988), o que sustenta sua competência legiferante.

> **Art. 25.** Os Estados organizam-se e regem-se pelas Constituições e leis que adotarem, observados os princípios desta Constituição.
>
> (...)
>
> § 2º – Cabe aos Estados explorar diretamente, ou mediante concessão, os serviços locais de gás canalizado, na forma da lei, vedada a edição de medida provisória para a sua regulamentação.

> § 3º – Os Estados poderão, mediante lei complementar, instituir regiões metropolitanas, aglomerações urbanas e microrregiões, constituídas por agrupamentos de municípios limítrofes, para integrar a organização, o planejamento e a execução de funções públicas de interesse comum.

2. **Parágrafo 2º** → envolve matéria específica. Trata da exploração direta, ou mediante concessão, dos serviços de **gás canalizado**.

3. **Competência privativa e competência exclusiva**

   Boa parte da doutrina diferencia a competência privativa da exclusiva. Assim, a competência privativa seria aquela que possibilita a delegação a outros entes. Por sua vez, a competência exclusiva é aquela que não permite a delegação. Ou seja, a delegabilidade seria o marco de diferenciação entre as competências privativas e exclusivas. Mas, de modo contrário, há autores que também não admitem a diferenciação[1].

4. **Municípios** → vale lembrar que, muito embora ao Município não tenha a CRFB/1988 instituído competência legislativa exclusiva em matéria ambiental, nos termos do art. 30, I da CRFB/1988, compete aos Municípios *"legislar sobre assuntos de interesse local"*[2], desde que comprove que o interesse se restringe ao âmbito do seu território.

Aplicação em concurso:

- **(Ministério Público do Amazonas – 2007 – CESPE)**

  "O município possui competência legislativa concorrente para, juntamente com os estados, legislar sobre florestas, caça e pesca, independentemente de interesse local."

  A afirmativa está errada. O Município só pode legislar se houver o interesse local.

I.2.3. COMPETÊNCIA LEGISLATIVA REMANESCENTE (OU RESERVADA)

> **Art. 25.** (...)
>
> § 1º – São reservadas aos Estados as competências que não lhes sejam vedadas por esta Constituição.

---

1. Neste sentido, por exemplo, é a posição de Fernanda Dias Menezes de Almeida in *Competências na Constituição de 1988*. São Paulo: Atlas. 1991. p. 86/87.
2. Nesse sentido: LEITE, José Rubens Morato; CANOTILHO, José Joaquim Gomes. 2007. p.212.

A Constituição determina que são reservadas aos Estados as competências legislativas que não lhes sejam vedadas pela Constituição, podendo, assim, os Estados legislar sobre todas as matérias que não lhes estiverem vedadas implícita ou explicitamente[3].

A atribuição de competência remanescente aos Estados evita lacunas no sistema de repartição de competências, uma vez que esgotadas todas as hipóteses de competência originariamente conferidas pela Constituição Federal à União, aos próprios Estados e aos Municípios, a matéria que ainda restar sem delineamento expresso ou implícito será de competência dos Estados por força da competência remanescente a eles atribuída pelo § 1º do art. 25 da CRFB/1988. O transporte intermunicipal (entre os Municípios), por exemplo, é de competência dos Estados exatamente em razão da competência remanescente que lhes foi outorgada pela Constituição Federal.

I.2.4. COMPETÊNCIA LEGISLATIVA CONCORRENTE

1. Pela ***competência legislativa concorrente***, com fundamento no art. 24 da CRFB/1988, caberá à União, aos Estados e ao Distrito Federal legislar, em concorrência, sobre determinados assuntos, dentre eles os relacionados à **proteção do meio ambiente e dos recursos naturais**:

   ▶ **STJ**:

   > DIREITO ADMINISTRATIVO E AMBIENTAL. REGULAMENTAÇÃO DO ACESSO A FONTES DE ABASTECIMENTO DE ÁGUA. **É possível que decreto e portaria estaduais disponham sobre a obrigatoriedade de conexão do usuário à rede pública de água, bem como sobre a vedação ao abastecimento por poço artesiano, ressalvada a hipótese de inexistência de rede pública de saneamento básico.** Os estados membros da Federação possuem domínio de águas subterrâneas (art. 26, I, da CF), **competência para legislar sobre a defesa dos recursos naturais e a proteção do meio ambiente (art. 24, VI, da CF)** e poder de polícia para precaver e prevenir danos ao meio ambiente (art. 23, VI e XI, da CF). Assim, a intervenção desses entes sobre o tema não só é permitida como também imperativa. Vale acrescentar que o inciso II do art. 12 da Lei 9.433/1997 condiciona a extração de água do subterrâneo à respectiva outorga, o que se justifica pela notória escassez do bem, considerado como recurso limitado, de domínio público e de expressivo valor econômico. Nesse contexto, apesar de o art. 45 da Lei 11.445/2007 admitir soluções individuais de abastecimento de

---

3. MORAES, 2004. p. 302.

água, a interpretação sistemática do dispositivo não afasta o poder normativo e de polícia dos estados no que diz respeito ao acesso às fontes de abastecimento de água e à determinação de conexão obrigatória à rede pública. REsp 1.306.093-RJ, Rel. Min. Herman Benjamin, julgado em 28/5/2013.

Art. 24. Compete à União, aos Estados e ao Distrito Federal legislar concorrentemente sobre:

(...)

VI – **florestas, caça, pesca, fauna, conservação da natureza, defesa do solo e dos recursos naturais, proteção do meio ambiente e controle da poluição;**

VII – **proteção ao patrimônio** histórico, cultural, artístico, turístico e paisagístico;

VIII – **responsabilidade por dano ao meio ambiente**, ao consumidor, a bens e direitos de valor artístico, estético, histórico, turístico e paisagístico;

Aplicação em concurso:

- **(Magistratura Federal – TRF 2ª região 2017)**

  "Assinale a opção correta:

  A) O Estado membro possui competência concorrente para legislar sobre a proteção do meio ambiente e sobre a defesa dos recursos naturais e, nessa linha, pode regular as condições de utilização das águas subterrâneas, que são bens dos Estados.

  B) A competência para legislar sobre águas e sobre o meio ambiente é privativa da União.

  C) O Estado membro pode disciplinar o uso de águas subterrâneas apenas se a União não tiver lei específica sobre o tema.

  D) Apenas mediante autorização prevista em Lei Complementar, o Estado membro pode disciplinar o uso de águas subterrâneas.

  E) Como compete à União dispor sobre o sistema nacional de gerenciamento de recursos hídricos, é vedado aos Estados disciplinar o uso de águas subterrâneas."

  Gabarito: letra "a".

- **(Magistratura/DF – 2016 – CESPE – adaptada)**

  "A União detém competência privativa para legislar sobre jazidas, minas, caça, pesca e atividades nucleares de qualquer natureza, nos termos da carta constitucional."

A afirmativa está errada. Compete à União, aos Estados e ao Distrito Federal legislar concorrentemente sobre caça e pesca, nos termos do art. 24, VI da CRFB/1988.

- **(Delegado de Polícia Civil/PA – 2016 – Funcab – adaptada)**

  "Compete à União, aos Estados e ao Distrito Federal legislar concorrentemente sobre florestas, caça, pesca, fauna, conservação da natureza, defesa do solo e dos recursos naturais, proteção do meio ambiente e controle da poluição, inclusive jazidas, minas e outros recursos minerais."

  A afirmativa está errada. A competência para legislar sobre jazidas, minas e outros recursos minerais é privativa da União, nos termos do art. 22, XII da CRFB/1988.

- **(Magistratura estadual/RR – 2015 – FCC)**

  "A competência para legislar sobre controle da poluição é

  A) privativa da União.

  B) privativa dos Estados e Distrito Federal.

  C) concorrente entre a União e os Estados e Distrito Federal.

  D) privativa dos Municípios.

  E) privativa do Conselho Nacional do Meio Ambiente (CONAMA)."

  Gabarito: letra "c".

- **(AGU 2012 – CESPE)**

  "Compete privativamente à União legislar sobre florestas, conservação da natureza, defesa do solo e dos recursos naturais".

  A afirmativa está errada. Veja o inc. VI do art. 24 da CF. A competência é concorrente e não privativa. (No mesmo sentido questão do concurso para a Magistratura Federal – TRF 5ª Região – 2009 – CESPE).

- **(Juiz Federal – TRF 5ª Região 2011 – CESPE)**

  "Se determinado estado da Federação editar lei instituindo código florestal, a referida lei deverá ser considerada inconstitucional, visto que cabe à União, em caráter privativo, legislar sobre a matéria.."

  A afirmativa está errada, nos termos do artigo 24, VI da Constituição de 1988.

2. **Normas gerais** → a competência legislativa concorrente tem como característica a atribuição de uma mesma matéria a mais de um ente federativo. Nesse contexto e de forma a evitar conflitos na edição de normas ao mesmo tempo e sobre o mesmo assunto entre os entes, **a competência da União limitar-se-á a estabelecer normas gerais (art.**

24, § 1º da CRFB/1988), que deverá ser observada por todos. A norma geral estabelece conceitos, princípios e procedimentos básicos a serem seguidos pelos demais entes da federação na edição de suas normas próprias.

Aplicação em concurso:

(Ministério Público da Bahia – 2018 – CEFET)

"No que tange à temática ambiental (competência ambiental), marque a alternativa correta

A) A União detém competência privativa para legislar sobre jazidas, minas, caça, pesca e atividades nucleares de qualquer natureza, nos termos da Carta Magna.

B) As normas gerais no âmbito da competência concorrente são atribuídas à União.

C) Compete exclusivamente à União legislar acerca da responsabilidade por dano ao meio ambiente.

D) No âmbito da legislação concorrente, os estados não podem legislar sobre matéria ainda não tratada pela União.

E) Mesmo que exista atuação normativa geral por parte da União, o estado-membro pode tratar, em caráter pleno, das normas gerais."

Gabarito: letra "b".

I.2.4.1. COMPETÊNCIA LEGISLATIVA CONCORRENTE SUPLETIVA OU PLENA

Art. 24. (...)

§ 1º – No âmbito da legislação concorrente, a competência da União limitar-se-á a estabelecer normas gerais.

§ 2º – A competência da União para legislar sobre normas gerais não exclui a competência suplementar dos Estados.

§ 3º – Inexistindo lei federal sobre normas gerais, os Estados exercerão a competência legislativa plena, para atender a suas peculiaridades.

§ 4º – A superveniência de lei federal sobre normas gerais suspende a eficácia da lei estadual, no que lhe for contrário.

1. A competência legislativa supletiva decorre da inércia da União em editar a lei federal sobre normas gerais, adquirindo então os Estados e o Distrito Federal **competência plena** para a edição de normas gerais e de normas específicas sobre os assuntos relacionados no artigo 24 da Constituição (art. 24, § 3º)[4].

2. O Supremo Tribunal Federal reconhece a **competência legislativa plena** dos Estados em matéria de proteção ambiental no caso se ausência de norma geral da União. Vejamos:

> Nesse contexto [de competência legislativa concorrente], cabe à União editar normas gerais que traçam um plano, sem estabelecer pormenores. A competência legislativa dos Estados-membros e do Distrito Federal é de caráter suplementar [CF, art. 24, § 2º (5)]. Todavia, **diante da ausência de lei com normas gerais, o Estado-Membro pode legislar amplamente, até que seja editada referida lei** [CF, art. 24, §§ 3º e 4º (6)]. (STF. Informativo 872. ADI 2030. Rel. Min. Gilmar Mendes, Julgamento em 09.08.2017).

3. O Ministro Alexandre de Morais, do Supremo Tribunal Federal, relator da decisão na ADI 4988 publicada em 05.10.2018, sintetizou o tema ao afirmar que "a competência legislativa concorrente cria o denominado "**condomínio legislativo**" entre a União e os Estados-Membros, cabendo à primeira a edição de normas gerais sobre as matérias elencadas no art. 24 da Constituição Federal." E aos segundos, continua ele, "o exercício da **competência complementar** – quando já existente norma geral a disciplinar determinada matéria (CF, art. 24, § 2º) – e da **competência legislativa plena (supletiva)** – quando inexistente norma federal a estabelecer normatização de caráter geral (CF, art. 24, § 3º).

Aplicação em concurso:

- **(PGE-PE 2009 – CESPE)**

  "Mesmo que exista atuação normativa por parte da União, o estado-membro pode tratar das normas gerais."

  A afirmativa está errada.

4. Superveniência de lei federal → a superveniência de lei federal sobre normas gerais suspende a eficácia da lei estadual (ou distrital), no que lhe for contrário (art. 24, § 4º da CRFB/1988). A referida disposição comprova a inexistência de hierarquia entre leis de esferas distintas da federação, conclusão que se deduz pela consequência expressa de mera suspensão da eficácia da lei estadual no ponto que ela for contrária à lei federal superveniente. A edição posterior de norma geral contrária à já existente lei estadual ou distrital não tem o condão de revogá-la,

4. Nesse mesmo sentido: MORAES, 2004. p. 301.

mas apenas o de suspender a eficácia da parte que contrariar a norma geral, por ser o modelo que deve prevalecer. A norma geral posterior e a norma estadual já editada podem, inclusive, coexistir, desde, é claro, que preenchida a condição de não contrariedade à norma federal.

Aplicação em concurso:

- **(MPE/RO 2017 – FMP)**

  "Assinale a alternativa CORRETA

  A) Compete à União, aos Estados e ao Distrito Federal legislar concorrentemente sobre proteção do meio ambiente.

  B) Compete privativamente à União legislar sobre responsabilidade por dano ao meio ambiente.

  C) As condutas e as atividades consideradas lesivas ao meio ambiente sujeitarão os infratores, exclusivamente pessoas físicas, a sanções penais e administrativas.

  D) Os Estados poderão legislar sobre proteção do meio ambiente, desde que autorizados por Lei Complementar.

  E) É competência comum da União, dos Estados, do Distrito Federal e dos Municípios legislar sobre responsabilidade por dano ao meio ambiente."

  Gabarito: letra "a".

- **(Magistratura estadual/SC – 2015 – FCC)**

  "Determinado Estado da Federação possui uma legislação sobre flora. A União, após intenso debate legislativo, trouxe em lei federal normas gerais sobre a mesma matéria tratada na lei estadual. A lei estadual

  A) fica revogada no que for contrário à legislação federal superveniente.

  B) está automaticamente revogada.

  C) pode ser revogada pelo Poder Legislativo Estadual.

  D) continua em vigor, mesmo os dispositivos que sejam contrários ao texto da lei federal.

  E) fica com a eficácia suspensa no que for contrário à legislação federal superveniente."

  Gabarito: letra "e".

5. Competência do Município

Os municípios também terão competência legislativa, nos termos do art. 30, I e II da CRFB/1988, para *"legislar sobre assuntos de interesse local"* e *"suplementar a legislação federal e a estadual no que couber"*. Cabe destacar que tal atribuição do Município **não consta expressamente do artigo 24** da Constituição de 1988, não se tratando, portanto, de competência concorrente.

Art. 30. Compete aos Municípios:

I – legislar sobre assuntos de interesse local;

II – suplementar a legislação federal e a estadual no que couber;

► **STF**

LEI MUNICIPAL CONTESTADA EM FACE DE CONSTITUIÇÃO ESTADUAL. POSSIBILIDADE DE CONTROLE NORMATIVO ABSTRATO POR TRIBUNAL DE JUSTIÇA (CF, ART. 125, § 2º). COMPETÊNCIA DO MUNICÍPIO PARA DISPOR SOBRE PRESERVAÇÃO E DEFESA DA INTEGRIDADE DO MEIO AMBIENTE.

"(...) além de a Constituição conferir a competência material aos Estados e Municípios para proteger o meio ambiente e combater a poluição em qualquer de suas formas (art. 23, VI), ela, Constituição Federal, também na matéria, **confere a competência de ordem legislativa** (...)" (...) Parece claro, na minha análise, que o meio ambiente está incluído no conjunto de **atribuições legislativas e administrativas municipais** e, em realidade, os Municípios formam um elo fundamental na complexa cadeia de proteção ambiental. (...) É através dos Municípios que se pode implementar o princípio ecológico de agir localmente, pensar globalmente. (...) Nesse sentido, é de assinalar que os direitos de terceira geração (ou de novíssima dimensão), que materializam poderes de titularidade coletiva atribuídos, genericamente, e de modo difuso, a todos os integrantes dos agrupamentos sociais, consagram o princípio da solidariedade e constituem, por isso mesmo, ao lado dos denominados direitos de quarta geração (como o direito ao desenvolvimento e o direito à paz), um momento importante no processo de expansão e de reconhecimento dos direitos humanos, qualificados estes, enquanto valores fundamentais indisponíveis, como prerrogativas impregnadas de uma natureza essencialmente inexaurível, consoante proclama autorizado magistério doutrinário (Celso Lafer, Desafios: ética e política, p. 239, 1995, Siciliano). (STF. RE 673.681/SP. Rel. Min. Celso de Mello. Public.: DJe de 16.12.2014).

Questão muito discutida refere-se ao conceito de "interesse local". A princípio, qualquer assunto que interesse ao Município interessa, direta ou indiretamente, aos Estados e à União. Por esse ponto de vista, o

Município nunca legislaria, pois qualquer assunto seria do interesse do Estado e da União.

Para tentar dirimir eventuais conflitos de competência, importante lembrar inicialmente que não há antinomia entre interesses locais e interesses gerais, ou seja, eles podem conviver harmonicamente[5]. Assim, para a definição da competência em determinado caso concreto, deverá ser utilizado o **princípio da predominância do interesse** (e não o da exclusividade do interesse, pois em determinados assuntos o interesse nunca será exclusivo de um ente federado). A predominância do interesse local não significa ausência de interesse regional ou nacional, mas a preponderância do interesse público do Município sobre eventuais interesses dos demais entes.

▶ **STF**

as expressões "interesse local", do art. 30, I, da Constituição Federal (CF), e "peculiar interesse", das Constituições anteriores, se equivalem e **não significam interesse exclusivo do Município, mas preponderante**. (STF. Informativo 870. RE 194704/MG. Rel. Min. Carlos Velloso. Julg.: 29.06.2017).

▶ **STF**

RECURSO EXTRAORDINÁRIO EM AÇÃO DIRETA DE INCONSTITUCIONALIDADE ESTADUAL. LIMITES DA COMPETÊNCIA MUNICIPAL. LEI MUNICIPAL QUE PROÍBE A QUEIMA DE PALHA DE CANA-DE-AÇÚCAR E O USO DO FOGO EM ATIVIDADES AGRÍCOLAS. LEI MUNICIPAL Nº 1.952, DE 20 DE DEZEMBRO DE 1995, DO MUNICÍPIO DE PAULÍNIA. RECONHECIDA REPERCUSSÃO GERAL. ALEGAÇÃO DE VIOLAÇÃO AOS ARTIGOS 23, CAPUT E PARÁGRAFO ÚNICO, Nº 14, 192, § 1º E 193, XX E XXI, DA CONSTITUIÇÃO DO ESTADO DE SÃO PAULO E ARTIGOS 23, VI E VII, 24, VI E 30, I E II DA CRFB.

O município é competente para legislar sobre o meio ambiente, com a União e o Estado-membro, no limite do seu interesse local e desde que esse regramento seja harmônico com a disciplina estabelecida pelos demais entes federados (CF, art. 24, VI, c/c o art. 30, I e II). (...). (Informativo 776 do STF. RE 586.224/SP. Órgão Julgador: Tribunal Pleno. Rel. Min. Luiz Fux. Public: DJe 08.05.2015).

Aplicação em concurso:

- **(Exame de Ordem 2012.2 – FGV)**

"Considerando a repartição de competências ambientais estabelecida na Constituição Federal, assinale a alternativa correta.

5. CRETELLA JÚNIOR. p. 1889.

A) Deverá ser editada lei ordinária com as normas para a cooperação entre a União e os Estados, o Distrito Federal e os Municípios para o exercício da competência comum de defesa do meio ambiente.

B) A exigência de apresentação, no processo de licenciamento ambiental, de certidão da Prefeitura Municipal sobre a conformidade do empreendimento com a legislação de uso e ocupação do solo decorre da competência do município para o planejamento e controle do uso, do parcelamento e da ocupação do solo urbano.

C) Legislar sobre proteção do meio ambiente e controle da poluição é de competência concorrente da União, dos Estados, do Distrito Federal e dos Municípios, com fundamento no artigo 24 da Constituição Federal.

D) A competência executiva em matéria ambiental não alcança a aplicação de sanções administrativas por infração à legislação de meio ambiente."

A afirmativa correta: letra "b". O artigo 30 da Constituição de 1988 prevê, em seu inciso VIII, como competência dos municípios, "promover, no que couber, adequado ordenamento territorial, mediante planejamento e controle do uso, do parcelamento e da ocupação do solo urbano". A partir da determinação constitucional, as normas ambientais em vigor estabelecem a relação entre o consentimento estatal para a exploração de recursos naturais e o planejamento do uso do solo urbano. Vejamos o que estabelece o artigo 10, parágrafo 1º, da Resolução CONAMA 237/97, que dispõe sobre o licenciamento ambiental: "no procedimento de licenciamento ambiental deverá constar, obrigatoriamente, a certidão da Prefeitura Municipal, declarando que o local e o tipo de empreendimento ou atividade estão em conformidade com a legislação aplicável ao uso e ocupação do solo e, quando for o caso, a autorização para supressão de vegetação e a outorga para o uso da água, emitidas pelos órgãos competentes."

- **(PGE-PE 2009 – CESPE)**

  "O município não está elencado no artigo constitucional que trata da competência concorrente, mas pode legislar acerca do tema meio ambiente."

  A afirmativa está correta.

- **(Exame de Ordem 2009.1 – CESPE)**

  "Compete à União, aos estados e ao DF legislar sobre florestas, caça, pesca, fauna, conservação da natureza, proteção do meio ambiente e controle da poluição. Aos municípios cabe suplementar a legislação federal e a estadual, no que couber."

  A afirmativa está correta.

I.2.5. COMPETÊNCIA LEGISLATIVA SUPLEMENTAR OU COMPLEMENTAR

1. **Estados e Distrito Federal** → como desdobramento da competência concorrente, de acordo com a ***competência legislativa suplementar*** caberá aos Estados e ao Distrito Federal (art. 24, § 2º da CRFB/1988) legislarem sobre normas em complementação às normas gerais já existentes.

   Os Estados têm competência legislativa suplementar de normas gerais estabelecidas pelo governo federal. Como exemplo, podemos citar a Lei de Política Nacional do Meio Ambiente (Lei 6.938/81), norma geral em matéria ambiental, mas que não exclui a competência suplementar do Estado.

> **Art. 24.** (...)
>
> § 1º – No âmbito da legislação concorrente, a competência da União limitar-se-á a estabelecer normas gerais.
>
> § 2º – A competência da União para legislar sobre normas gerais não exclui a competência suplementar dos Estados.

2. **Decorrência dos parágrafos do art. 24** → na hipótese de a União estabelecer normas específicas para aplicação nos Estados e DF, sua atuação será inconstitucional, por invasão da competência desses entes federativos. A União deve respeitar as especificidades de cada ente da federação.

   Da mesma forma, os Estados e DF, ao suplementarem as normas gerais, não poderão contrariar as mesmas, sob pena de inconstitucionalidade, por existir entre elas uma relação de subordinação.

   ▸ **STF**

   > "Compete aos Estados, em relação ao controle ambiental, dentro de seus limites territoriais, estabelecer os índices de poluição toleráveis. Ao CONAMA, Órgão Federal especializado, compete estipular os índices máximos de poluição suportáveis, fixando, em conseqüência, um mínimo a ser exigido, o que não impede aos Estados formular exigências maiores a respeito, dentro dos limites de seus territórios. Igualmente, o Superior Tribunal de Justiça entendeu que multa aplicada por excessiva emissão de fumaça dos veículos compatibiliza-se com o típico poder de polícia, inserindo-se na legítima competência do Estado-membro." (STF – Agravo de Instrumento n. 0149742-0/040-RJ – Rel. Min. Néri da Silveira, j. 20.3.96).

Ao declarar a inconstitucionalidade do artigo 2º da Lei Federal 9.055/1995, que regulamentava a extração, industrialização, utilização e comercialização do **amianto (asbesto)** da variedade crisotila (asbesto branco), a Corte Constitucional entendeu que, no caso, a "competência legislativa dos Estados não é plena, e sim suplementar. Por isso, **a norma estadual não pode confrontar a norma federal, de modo a provocar o seu afastamento**." Afirmou que uma lei estadual, ao regular aspectos da exploração do amianto relacionados a produção e consumo, proteção do meio ambiente e controle da poluição e proteção e defesa da saúde, não excede dos limites da **competência suplementar** dos Estados, no tocante a essas matérias. Ainda segundo o **Supremo Tribunal Federal,**

> Ao impor um nível de proteção mínima a ser observado em todos os Estados da Federação, a Lei nº 9.055/1995 não pode ser interpretada como obstáculo à maximização dessa proteção, conforme escolha dos Estados, individualmente considerados. (Informativo 886 do STF. ADI 3406. ADI 3470. Rel. Min. Rosa Weber. Julgamento em 29.11.2017).

3. Estados e Municípios estão autorizados a legislar desde que mantenham ou ampliem o piso legal mínimo de proteção ambiental estabelecido pela norma geral da União, observados os princípios da razoabilidade e da proporcionalidade.

▶ **STF**

> **CONSTITUCIONAL. FEDERALISMO E RESPEITO ÀS REGRAS DE DISTRIBUIÇÃO DE COMPETÊNCIA. LEI ESTADUAL 289/2015 DO ESTADO DO AMAZONAS. PROIBIÇÃO DO USO DE ANIMAIS PARA O DESENVOLVIMENTO, EXPERIMENTOS E TESTES DE PRODUTOS COSMÉTICOS, DE HIGIENE PESSOAL, PERFUMES E SEUS COMPONENTES. COMPETÊNCIA LEGISLATIVA CONCORRENTE DO ESTADO EM MATÉRIA DE PROTEÇÃO AMBIENTAL (ART. 24, VI, CF). NORMA ESTADUAL AMBIENTAL MAIS PROTETIVA, SE COMPARADA COM A LEGISLAÇÃO FEDERAL SOBRE A MATÉRIA. INCONSTITUCIONALIDADE FORMAL. NÃO OCORRÊNCIA. PRECEDENTES. IMPROCEDÊNCIA DA AÇÃO.**
> 1. As regras de distribuição de competências legislativas são alicerces do federalismo e consagram a fórmula de divisão de centros de poder em um Estado de Direito. Princípio da predominância do interesse. 2. A Constituição Federal de 1988, presumindo de forma absoluta para algumas matérias a presença do **princípio da predominância do interesse,** estabeleceu, a priori, diversas competências para cada um dos entes federativos – União, Estados-Membros, Distrito Federal e Municípios – e, a partir dessas opções, pode ora acentuar maior centralização de poder, principalmente na própria União (CF, art. 22), ora permitir uma maior descentralização nos Estados-Membros e nos Municípios (CF, arts. 24 e 30, inciso I). 3. A Lei 289/2015 do Estado do Amazonas, ao

proibir a utilização de animais para desenvolvimento, experimentos e testes de produtos cosméticos, de higiene pessoal, perfumes e seus componentes, não invade a competência da União para legislar sobre normas gerais em relação à proteção da fauna. Competência legislativa concorrente dos Estados (art. 24, VI, da CF). 4. A sobreposição de opções políticas por graus variáveis de proteção ambiental constitui circunstância própria do estabelecimento de competência concorrente sobre a matéria. Em linha de princípio, **admite-se que os Estados editem normas mais protetivas ao meio ambiente, com fundamento em suas peculiaridades regionais e na preponderância de seu interesse**, conforme o caso. Precedentes. 5. Ação Direta de Inconstitucionalidade conhecida e julgada improcedente. (**STF.** Tribunal Pleno. ADI 5.996, Rel. Min. Alexandre de Moraes, Publ: 03.04.2020).

Art. 30. Compete aos Municípios:

I – legislar sobre assuntos de interesse local;

II – **suplementar** a legislação federal e a estadual no que couber;

1. **Municípios** → os municípios também terão competência legislativa nos termos do art. 30, II da CRFB/1988 para *"**suplementar** a legislação federal e a estadual no que couber"*. Os assuntos nos quais os Municípios poderão assim proceder são os de interesse local (art. 30, I). Assim, podem preencher lacunas e adaptar normas emanadas pela União e pelos Estados à realidade local[6].

   Para o **Supremo Tribunal Federal,**

   > [...] a matéria é de competência concorrente (...) sobre a qual a União expede normas gerais. Os Estados e o Distrito Federal editam normas suplementares e, na ausência de lei federal sobre normas gerais, editam normas para atender a suas peculiaridades (2). **Por sua vez, os Municípios, com base no art. 30, I e II, da CF (3), legislam naquilo que for de interesse local**, suplementando a legislação federal e a estadual no que couber. (STF. Informativo 870. RE 194704/MG. Rel. Min. Carlos Velloso. Julgamento em 29.06.2017).

2. **Legislação municipal mais restritiva →** para suplementar a legislação federal ou estadual, os municípios podem legislar de maneira mais protetiva do meio ambiente, observados os princípios da razoabilidade e proporcionalidade, e desde que o faça de maneira fundamentada.

---

6. LEITE, José Rubens Morato; CANOTILHO, José Joaquim Gomes. 2007. p.212.

▶ **STF**

> "o **Estado e o Município devem respeitar o padrão normativo estabelecido na norma geral** e tomar tal standard de proteção ambiental como piso legal protetivo mínimo, de tal modo que – a prevalecer esse argumento – **apenas estaria autorizado a atuar para além de tal referencial normativo, e não para aquém**". (ADI 5.475, Plenário Virtual. Publ: DJe de 3.6.2020).

A competência dos Municípios também foi reconhecida pela Lei de Política Nacional do Meio Ambiente (Lei 6.938/81) em seu artigo 6º, parágrafos 1º e 2º, que estabelecem que os Municípios, observadas as normas e os padrões federais e estaduais, também poderão elaborar as normas supletivas e complementares relacionadas com o meio ambiente (*Vide no Cap. III os comentários sobre o art. 6º da LPNMA*).

Aplicação em concurso:

- **(Magistratura Federal – TRF 4ª Região 2016)**

  "Assinale a alternativa correta. Acerca da competência de legislar em matéria ambiental prevista na Constituição:

  A) É de competência concorrente entre União, Estados e Municípios a edição de normas gerais acerca de proteção do meio ambiente e controle de poluição.

  B) Inexiste competência da União para legislar sobre proteção ambiental em porção territorial limitada a um Estado ou que não tenha alcance em todo o território nacional, como, por exemplo, a vedação de pesca em um único estado da federação.

  C) Segundo posicionamento firmado pelo Supremo Tribunal Federal, viola a Constituição Federal a edição de norma estadual que vise a suprimir requisito legal previsto em lei federal mais restritivo para determinada modalidade de licenciamento ambiental, sem justificada peculiaridade local.

  D) É de competência concorrente entre União, Estados e Municípios a edição de normas de responsabilidade por danos ao meio ambiente.

  E) Todas as alternativas anteriores estão corretas."

  Gabarito: letra "c".

- **(Consultor Legislativo – Câmara dos Deputados 2014 – CESPE)**

  "O meio ambiente ecologicamente equilibrado, bem de uso comum da sociedade, constitui direito difuso, e, por sua relevância, o legislador constituinte reservou à União a competência privativa para legislar acerca da matéria."

A alternativa está errada.

- **(Magistratura Estadual PA 2014 – Vunesp)**

"Em relação às competências dos entes federados em matéria ambiental, é CORRETO afirmar que

A) os Estados Federados, que se organizam e regem-se pelas Constituições e leis que adotarem, desde que observados os princípios da Constituição Federal de 1988, têm reservadas para si as competências que não lhe forem vedadas, cabendo destaque para legislar sobre o planejamento e a promoção da defesa permanente contra as calamidades públicas, em especial secas e inundações, de forma a atender à necessidade de resiliência às mudanças climáticas.

B) a Constituição Federal de 1988, importante marco da proteção ao meio ambiente ecologicamente equilibrado, é expressa ao prever a competência concorrente da União, dos Estados, do Distrito Federal e dos Municípios para legislar sobre florestas, caça, pesca, fauna, conservação da natureza, jazidas, defesa do solo e dos recursos naturais, proteção do meio ambiente e controle da poluição, proteção ao patrimônio histórico, entre outros temas.

C) os Municípios, como importantes entes da Federação, têm competência privativa para legislar sobre proteção ao patrimônio cultural, artístico, turístico e paisagístico, desde que observadas as normas e a ação fiscalizadora federal e estadual.

D) no âmbito da legislação concorrente, a competência da União para legislar sobre normas gerais não exclui a competência suplementar dos Estados-membros que, na falta de lei federal sobre normas gerais, terão competência legislativa plena, sendo certo que a eficácia das normas gerais da lei estadual se condiciona à compatibilidade do seu conteúdo com as normas gerais da lei federal superveniente.

E) a União tem competência privativa para legislar sobre águas, energia, jazidas e minas, bem como atividades nucleares de qualquer natureza, entre outros temas, o que não afasta a competência delegada dos Estados-membros, mas exclui a competência suplementar do Distrito Federal e dos Municípios."

Gabarito: letra "d", nos termos do artigo 24, §§ 2º, 3º e 4º da CRFB/1988.

- **(MPE MS 2013)**

"À luz da competência para legislar em matéria ambiental, é correto afirmar que:

A) Em matéria ambiental, não há competência legislativa privativa e suplementar do Município.

B) Os Estados, no âmbito da legislação concorrente, não podem legislar sobre matéria ainda não tratada pela União.

C) Compete privativamente à União legislar sobre floresta, caça e pesca, com fulcro no princípio da predominância do interesse.

D) As normas gerais no âmbito da competência concorrente são atribuídas à União.

E) Mesmo que exista atuação normativa por parte da União, o Estado-membro também pode tratar das normas gerais que não atendam somente suas peculiaridades."

Gabarito: letra "d", nos termos do art. 24, parágrafo 1º, da CRFB/1988/88.

I.3. A COMPETÊNCIA MATERIAL (OU ADMINISTRATIVA) EM MATÉRIA AMBIENTAL

A competência material não confere poder para legislar sobre matérias por ela abrangidas, ao contrário da competência legislativa, mas somente atribui o poder de execução. Divide-se em: exclusiva e comum.

I.3.1. COMPETÊNCIA MATERIAL EXCLUSIVA

1. Por ***competência material exclusiva*** entendem-se as inerentes à União, em razão de versarem sobre matérias de interesse geral (art. 21 da CRFB/1988). Tal competência para execução é percebida através dos verbos utilizados no art. 21 da CRFB/1988: "prover", "editar", "autorizar", "promover", "administrar", "organizar" etc.

2. Como competência material exclusiva da União, em matéria ambiental, estampada no art. 21 da CRFB/1988, temos, regra geral, situações relacionadas à **exploração econômica dos recursos naturais energéticos** (pois os casos de proteção ambiental estão inseridos no art. 23, como competência comum):

> **Art. 21.** Compete à União:
>
> (...)
>
> IX – elaborar e executar planos nacionais e regionais de ordenação do território e de desenvolvimento econômico e social;
>
> (...)
>
> XII – explorar, diretamente ou mediante autorização, concessão ou permissão:

(...)

b) os **serviços e instalações de energia elétrica e o aproveitamento energético dos cursos de água**, em articulação com os Estados onde se situam os potenciais hidroenergéticos;

(...)

XV – organizar e manter os serviços oficiais de estatística, geografia, geologia e cartografia de âmbito nacional;

(...)

XIX – instituir sistema nacional de gerenciamento de **recursos hídricos e definir critérios de outorga** de direitos de seu uso;

XX – instituir diretrizes para o desenvolvimento urbano, inclusive habitação, saneamento básico e transportes urbanos;

(...)

XXIII – explorar os **serviços e instalações nucleares** de qualquer natureza e exercer monopólio estatal sobre a pesquisa, a lavra, o enriquecimento e reprocessamento, a industrialização e o comércio de minérios nucleares e seus derivados, atendidos os seguintes princípios e condições:

a) toda atividade nuclear em território nacional somente será admitida para fins pacíficos e mediante aprovação do Congresso Nacional;

b) sob regime de permissão, são autorizadas a comercialização e a utilização de radioisótopos para a pesquisa e usos médicos, agrícolas e industriais;

c) sob regime de permissão, são autorizadas a produção, comercialização e utilização de radioisótopos de meia-vida igual ou inferior a duas horas;

d) a responsabilidade civil por danos nucleares independe da existência de culpa;

(...)

XXV – estabelecer as áreas e as condições para o exercício da **atividade de garimpagem**, em forma associativa.

3. Releva ressaltar a especificidade do inciso XII do art. 21, acima transcrito. Nada obstante os demais incisos do referido dispositivo conterem matérias de competência exclusiva da União, a admissão de exploração direta ou *mediante autorização, concessão ou permissão* da exploração dos serviços nele tratados representa clara possibilidade de delegação do exercício da competência, o que tecnicamente representa competência material privativa, por não excluir o exercício da competência a outra pessoa.

Aplicação em concurso:

(Magistratura Estadual MT 2014 – FMP)

"É competência exclusiva da União legislar sobre responsabilidade civil por dano ao meio ambiente."

A alternativa está correta. O artigo 24, VIII da CRFB/1988 dispõe sobre a competência legislativa concorrente concedida à União, aos Estados e ao Distrito Federal para legislar sobre responsabilidade civil por dano ao meio ambiente.

- **(Juiz Federal – TRF 5ª Região 2011 – CESPE)**

  "A pesquisa e a lavra de recursos minerais e o aproveitamento de energia hidráulica constituem atividades da esfera de competência da União. Assim, uma vez que os recursos minerais pertencem a esse ente federativo, e não ao proprietário do solo, cabe à administração federal autorizar sua exploração."

  A alternativa está correta.

- **(PGE/AL– 2009 – CESPE)**

  "Uma empresa, com o objetivo de explorar comercialmente material radioativo existente em município brasileiro, formulou pedido de licenciamento ambiental aos órgãos municipal, estadual e federal. A direção dessa empresa crê que um desses órgãos ou alguns deles deverão resolver as pendências administrativas e permitir a exploração do material radioativo.

  Nessa situação hipotética, considerando a competência dos entes federados, é correto afirmar que o empreendedor agiu

  A) corretamente, pois se trata de hipótese de competência concorrente ambiental.

  B) corretamente, pois se trata de hipótese de competência comum ambiental.

  C) corretamente, pois se trata de hipótese de competência legislativa estadual e administrativa municipal.

  D) incorretamente, pois se trata de hipótese de competência da União.

  E) incorretamente, pois se trata de hipótese de competência exclusiva do município."

  Gabarito: letra "d".

I.3.2. COMPETÊNCIA MATERIAL COMUM

1. A ***competência material comum*** é atribuída conjuntamente à União, Estados, DF e Municípios, através do art. 23 da CRFB/1988, no intuito de promover a execução de diretrizes, políticas e preceitos **relativos à proteção ambiental**, bem como para exercer o poder de polícia.

Desta forma, trata-se de competência material comum repartida entre os entes da federação para o cumprimento de tarefas em forma de cooperação. A proteção dos recursos naturais será mais eficiente se todos os entes federados estiverem envolvidos e atuarem de forma integrada.

Nos termos do art. 23, temos:

> **Art. 23** da CF: É competência comum da União, dos Estados, do Distrito Federal e dos Municípios:
>
> (...)
>
> VI – **proteger o meio ambiente e combater a poluição** em qualquer de suas formas;
>
> VII – **preservar as florestas, a fauna e a flora;**
>
> VIII – fomentar a produção agropecuária e organizar o abastecimento alimentar;
>
> IX – promover programas de construção de moradias e a melhoria das condições habitacionais e de **saneamento básico**;
>
> X – **combater as causas da pobreza** e os fatores de marginalização, promovendo a integração social dos setores desfavorecidos;
>
> XI – **registrar, acompanhar e fiscalizar as concessões de direitos de pesquisa e exploração de recursos hídricos e minerais** em seus territórios;
>
> (...)
>
> Parágrafo único. **Leis complementares fixarão normas para a cooperação entre a União e os Estados, o Distrito Federal e os Municípios**, tendo em vista o equilíbrio do desenvolvimento e do bem-estar em âmbito nacional.

2. Importante uma leitura atenta do referido artigo. Os concursos estão exigindo o conhecimento das competências comuns estampadas no art. 23 da CRFB/1988.

Aplicação em concurso:

- **(Magistratura Estadual CE 2018 – CESPE)**

  "Considerando a disciplina constitucional sobre proteção e repartição de competências em matéria ambiental, assinale a opção correta

  A) A competência para legislar sobre responsabilidade por dano ao meio ambiente pertence, privativamente, à União.

B) A alteração e a supressão de espaços territoriais devem ser feitas por ato administrativo dos órgãos da administração pública responsáveis pela gestão e pelo controle das áreas de preservação permanente e de reserva legal.

C) O combate a qualquer forma de poluição faz parte da competência administrativa comum da União, dos estados, do Distrito Federal e dos municípios.

D) A localização de usina que irá operar com reator nuclear deve ser aprovada pelo Poder Executivo do estado onde será instalada, de acordo com os ditames estabelecidos por lei estadual.

E) A defesa do meio ambiente é princípio que rege a ordem econômica, sendo vedado tratamento diferenciado quanto ao impacto ambiental de produtos e serviços e de seus processos de elaboração e prestação."

Gabarito: letra "c".

- **(Magistratura Estadual AM – 2016 – CESPE – adaptada)**

  "É da competência concorrente da União, dos estados e do DF proteger o meio ambiente e combater a poluição em qualquer de suas formas."

  *A afirmativa está errada. A competência para proteger o meio ambiente e combater a poluição em qualquer de suas formas é **comum**, e não concorrente. (art.23, VI, CRFB/1988).*

- **(Exame de Ordem – 2015.2 – FGV)**

  "O Município Z deseja implementar política pública ambiental, no sentido de combater a poluição das vias públicas. Sobre as competências ambientais distribuídas pela Constituição, assinale a afirmativa correta.

  A) União, Estados, Distrito Federal e Municípios têm competência material ambiental comum, devendo leis complementares fixar normas de cooperação entre os entes.

  B) Em relação à competência material ambiental, em não sendo exercida pela União e nem pelo Estado, o Município pode exercê-la plenamente.

  C) O Município só pode exercer sua competência material ambiental nos limites das normas estaduais sobre o tema.

  D) O Município não tem competência material em direito ambiental, por falta de previsão constitucional, podendo, porém, praticar atos por delegação da União ou do Estado."

  Gabarito: letra "a", nos termos do art. 23, VI e VII, c/c parágrafo único, da Constituição de 1988.

- **(Procurador da República – 15º Concurso)**

  "É da competência da União Federal: Cuidar, com exclusividade, da saúde e da assistência pública, proteger o meio ambiente e os documentos, obras e outros bens de valor histórico, artístico e cultural."

A afirmativa está errada. Situam-se na competência material comum entre todos os entes federados, e não exclusiva da União.

> *"Art. 23 da CF: É competência comum da União, dos Estados, do Distrito Federal e dos Municípios:*
>
> *II – cuidar da saúde e assistência pública, da proteção e garantia das pessoas portadoras de deficiência;*
>
> *III – proteger os documentos, as obras e outros bens de valor histórico, artístico e cultural, os monumentos, as paisagens naturais notáveis e os sítios arqueológicos;*
>
> VI – proteger o meio ambiente e combater a poluição em qualquer de suas formas; "

- **(Procurador da República – 14º Concurso)**

  "Compete privativamente à União legislar sobre águas e energia, bem como o controle da poluição visando conservar a natureza e proteger o meio ambiente."

  A afirmativa está errada. Embora, de acordo com o art. 22, IV, da CF, a competência legislativa sobre águas e energia seja privativa da União (exploração de recursos naturais energéticos), a competência material para combater a poluição e proteger o meio ambiente é comum a todos os entes federados (art. 23, VI, CRFB/1988).

3. **Parágrafo único do art. 23 →** Nos termos do parágrafo único do art. 23 da Constituição de 1988 "leis complementares fixarão normas para a cooperação entre a União e os Estados, o Distrito Federal e os Municípios, tendo em vista o equilíbrio do desenvolvimento e do bem-estar em âmbito nacional." Com o intuito de reforçar, em âmbito administrativo, o denominado federalismo cooperativo, foi editada a **Lei Complementar 140, de 08 de dezembro de 2011**, que "fixa normas, nos termos dos incisos III, VI e VII do caput e do parágrafo único do art. 23 da Constituição Federal, para a cooperação entre a União, os Estados, o Distrito Federal e os Municípios nas ações administrativas decorrentes do exercício da competência comum relativas à proteção das paisagens naturais notáveis, à proteção do meio ambiente, ao combate à poluição em qualquer de suas formas e à preservação das florestas, da fauna e da flora; e altera a Lei nº 6.938, de 31 de agosto de 1981."

   Além de incentivar a gestão descentralizada das questões ambientais, a referida norma tem como objetivo harmonizar as políticas e ações administrativas para evitar a sobreposição de atuação entre os entes federados e garantir a uniformidade da política ambiental em todo o território nacional.

Todavia, ainda que apresente uma lista de ações de cooperação de competência de cada ente federado (artigos 7º, 8º e 9º), conflitos poderão surgir, em razão da competência comum em matéria ambiental. Celso Antônio Pacheco Fiorillo[7] estabelece alguns critérios interessantes para a solução de tais controvérsias: "Por vezes, o fato de a competência ser comum a todos os entes federados poderá tornar difícil a tarefa de discernir qual a norma administrativa mais adequada a uma determinada situação. Os critérios que deverão ser verificados para tal análise são: a) o critério da preponderância do interesse; e b) o critério da colaboração (cooperação) entre os entes da Federação, conforme determina o já transcrito parágrafo único do art. 23. Desse modo, deve-se buscar, como regra, privilegiar a norma que atenda de forma mais efetiva ao interesse comum."

▶ Jurisprudência

O **STF**, analisando liminar em conflito sobre competência administrativa comum, decidiu:

> "Vê-se, portanto, considerada a repartição constitucional de competências em matéria ambiental, que, na eventualidade de surgir conflito entre as pessoas políticas no desempenho de atribuições que lhes sejam comuns – como sucederia, p. ex., no exercício da competência material a que aludem os incisos VI e VII do art. 23 da Constituição –, **tal situação de antagonismo resolver-se-á mediante aplicação do critério da preponderância do interesse** e, quando tal for possível, pela utilização do critério da cooperação entre as entidades integrantes da Federação.
>
> (...)
>
> Isso significa que, concorrendo projetos da União Federal e do Estado-membro visando à instituição, em determinada área, de reserva extrativista, o conflito de atribuições será suscetível de resolução, caso inviável a colaboração entre tais pessoas políticas, pela aplicação do critério da preponderância do interesse, valendo referir – como já assinalado – que, ordinariamente, os interesses da União revestem-se de maior abrangência.
>
> (...)
>
> Isso tudo evidencia, em princípio, notadamente em face da norma de competência exclusiva inscrita no art. 21, IX, da Constituição da República, o caráter preponderante (porque mais abrangente) do interesse da União Federal em tema ambiental, em ordem a reconhecer-se-lhe,

7. FIORILLO, 2006. p. 79.

ordinariamente, precedência, se e quando concorrerem, relativamente à mesma área, projetos federais e estaduais eventualmente conflitantes, ressalvada, no entanto, a possibilidade constitucional – sempre desejável – de cooperação entre a União, os Estados, o Distrito Federal e os Municípios, nos termos de lei complementar da própria União, cujas normas considerarão, para efeito da referida colaboração, o equilíbrio do desenvolvimento e do bem-estar em âmbito nacional (CRFB/1988, art. 23, parágrafo único)." (**STF**, AC 1255, Rel. Min. Celso de Mello, DJ 22.6.2006, Informativo 432)

▸ **STF**

as expressões "interesse local", do art. 30, I, da Constituição Federal (CF), e "peculiar interesse", das Constituições anteriores, se equivalem e **não significam interesse exclusivo do Município, mas preponderante**. (STF. Informativo 870. RE 194704/MG. Rel. Min. Carlos Velloso. Julg.: 29.06.2017).

4. É muito importante diferenciar a competência legislativa da competência material.

Aplicação em concurso:

- **(MPF\Procurador da República – 22 º concurso)**

  "Por serem bens da União, a competência legislativa para regular os recursos minerais e seu aproveitamento é federal, muito embora, no que concerne à competência material, a Carta de 1988 tenha-a conferido aos outros níveis de Governo."

  A afirmativa está correta. Como vimos, somente a União terá competência para legislar sobre recursos minerais (art. 22, XII), mas a competência material será de todos os entes (art. 23, XI).

- **(Magistratura Estadual RS 2012)**

  "A Constituição Federal considera o meio ambiente como bem de uso comum do povo e essencial à qualidade de vida. Sobre a competência de o Poder Público preservá-lo e defendê-lo, considere as assertivas abaixo.

I. A competência executiva é comum aos três níveis de Governo.

II. A competência legislativa é privativa da União.

III. Aos Estados cabe suplementar a legislação federal.

Quais são corretas?

A) Apenas I.

B) Apenas II.

C) Apenas III.

D) Apenas I e III.

E) I, II e III".

Gabarito: letra "d", nos termos dos artigos 23, VI e VII e 24, VI c/c parágrafo 2º da CRFB/1988.

- **(Magistratura Estadual PI 2012 – CESPE)**

  "Acerca do conceito de ambiente, da competência em matéria ambiental e dos instrumentos jurisdicionais de defesa do ambiente, assinale a opção correta.

  A) A CF atribui competência legislativa concorrente à União, aos estados e ao DF para legislar acerca de proteção do ambiente, sendo vedado aos municípios editar leis desse teor.

  B) O patrimônio histórico, artístico e cultural insere-se no âmbito do ambiente cultural, e os conjuntos urbanos e os sítios de valor arqueológico e paisagístico, na esfera do ambiente natural.

  C) A proteção do ambiente e o combate à poluição em qualquer de suas formas, assim como a preservação das florestas, da fauna e da flora, são matérias da competência material comum da União, dos estados, do DF e dos municípios.

  D) O mandado de injunção tem por objeto a regulamentação das prerrogativas inerentes à nacionalidade, à soberania e à cidadania, não sendo, pois, instrumento aplicável a temas ambientais.

  E) É cabível o mandado de segurança individual em matéria ambiental, mas não o coletivo, pois o objeto deste deve guardar vínculo com os fins próprios da categoria que a entidade impetrante represente, ou seja, o direito nele defendido deve estar compreendido nas atividades exercidas pelos associados da impetrante."

  Gabarito: letra "c". Vide art. 23, VI da CRFB/1988.

5. Sobre as discussões envolvendo a competência legislativa privativa da União e a competência administrativa comum, veja decisão do **STF** no seguinte caso:

> "Ação direta de inconstitucionalidade. Lei distrital n. 3.460. Instituição do Programa de Inspeção e Manutenção de Veículos em uso no âmbito do Distrito Federal. Alegação de violação do disposto no artigo 22, inciso XI, da Constituição do Brasil. Inocorrência. O ato normativo impugnado não dispõe sobre trânsito ao criar serviços públicos necessários à proteção do meio ambiente por meio do controle de gases poluentes emitidos pela frota de veículos do Distrito Federal. **A alegação do requerente de afronta ao disposto no artigo 22, XI,**

> **da Constituição do Brasil não procede. A lei distrital apenas regula como o Distrito Federal cumprirá o dever-poder que lhe incumbe – proteção ao meio ambiente. O DF possui competência para implementar medidas de proteção ao meio ambiente, fazendo-o nos termos do disposto no artigo 23, VI, da CB/88.** Ação Direta de Inconstitucionalidade julgada improcedente." (ADI 3.338, Rel. p/ o ac. Min. Eros Grau, DJ 06/09/07)

Finalmente, para melhor visualização da repartição de competências analisadas, temos[8]:

<table>
<tr><th>Ente da federação</th><th colspan="2">Tipo de competência</th></tr>
<tr><td rowspan="4">União</td><td rowspan="2">Competência legislativa</td><td>privativa (art. 22)</td></tr>
<tr><td>concorrente (art. 24)</td></tr>
<tr><td rowspan="2">Competência material</td><td>exclusiva (art. 21)</td></tr>
<tr><td>comum (art. 23)</td></tr>
<tr><td rowspan="6">Estados e DF</td><td rowspan="5">Competência legislativa</td><td>exclusiva (art. 25, § 2º e 3º)</td></tr>
<tr><td>remanescente (art. 25, § 1º)</td></tr>
<tr><td>concorrente (art. 24)</td></tr>
<tr><td>suplementar/complementar (art. 24, § 2º)</td></tr>
<tr><td>supletiva/plena (art. 24, § 3º)</td></tr>
<tr><td>Competência material</td><td>comum (art. 23)</td></tr>
<tr><td rowspan="4">Municípios</td><td rowspan="3">Competência legislativa</td><td>concorrente (implícita) (art. 30, I e II)</td></tr>
<tr><td>suplementar /complementar (art. 30, II)</td></tr>
<tr><td>exclusiva (art. 30, I)</td></tr>
<tr><td>Competência material</td><td>comum (art. 23)</td></tr>
</table>

8. Nesse sentido: LEITE, José Rubens Morato; CANOTILHO, José Joaquim Gomes. 2007. p.206-207.

II. O CAPÍTULO DO MEIO AMBIENTE NA CONSTITUIÇÃO DE 1988 (ART. 225)

> **CAPÍTULO VI**
> **DO MEIO AMBIENTE**
>
> **Art. 225.** Todos têm direito ao meio ambiente ecologicamente equilibrado, bem de uso comum do povo e essencial à sadia qualidade de vida, impondo-se ao Poder Público e à coletividade o dever de defendê-lo e preservá-lo para as presentes e futuras gerações.

1. **Constitucionalização da proteção do meio ambiente.** Com o advento da Constituição da República Federativa do Brasil de 1988 as normas de proteção ambiental são alçadas à categoria de normas constitucionais com a elaboração de capítulo especialmente dedicado à proteção do meio ambiente, tema que permeia todo o texto constitucional. A constitucionalização do meio ambiente no Brasil proporcionou um verdadeiro salto qualitativo em relação às normas de proteção ambiental. Os grandes princípios ambientais são içados ao patamar constitucional, assumindo um posto eminente, ao lado das grandes liberdades públicas e dos direitos fundamentais. A Carta Magna de 1988 inova, portanto, em relação às Constituições anteriores, que apenas abordavam os recursos naturais sob o enfoque utilitarista, e nunca protecionista.[9]

   A Constituição de 1988 protege o meio ambiente equilibrado tanto como direito subjetivo, quanto como direito objetivo. Pela dimensão objetiva, reconhece o direito ao meio ambiente equilibrado como dever ou tarefa estatal. Pela dimensão subjetiva, admite o meio ambiente equilibrado como direito individual e de liberdade de cada indivíduo de acesso, uso e gozo de um ambiente saudável.

2. **Direito difuso.** O meio ambiente ecologicamente equilibrado consubstancia direito de "todos". O legislador constituinte originário optou por esclarecer, já no início do Capítulo dedicado ao meio ambiente, tratar-se de um interesse de caráter transindividual, por extrapolar o âmbito particular, individual. Todos nós, de forma indistinta, somos interessados na preservação do meio ambiente saudável, direito fundamental intrinsecamente vinculado ao direito à vida. Não restam dúvidas de que o

---

9. THOMÉ, Romeu. Manual de Direito Ambiental. Salvador: Juspodivm.

direito à integridade do meio ambiente constitui, portanto, prerrogativa jurídica de titularidade coletiva, e não individual.[10]

3. **Direito fundamental ao meio ambiente equilibrado.** Importante lembrar que os direitos fundamentais não são apenas aqueles previstos no artigo 5º da Carta Magna. Admite-se a existência de direitos fundamentais não previstos no Título II (Dos direitos e garantias fundamentais), como, por exemplo, a anterioridade eleitoral (art. 16 da CRFB/1988), a irretroatividade da lei tributária (art. 150, III, "a" da CRFB/1988) e o direito ao meio ambiente ecologicamente equilibrado (art. 225 da CRFB/1988). Tais direitos são também fundamentais por repercutirem sobre a estrutura básica do Estado e da sociedade, caracterizando a chamada fundamentalidade material.

4. **Princípios de direito ambiental.** Inúmeros princípios podem ser extraídos da análise do *caput* do artigo 225 da CRFB/1988. São eles: desenvolvimento sustentável, equidade intergeracional, obrigatoriedade de atuação estatal e participação comunitária. Todos eles foram devidamente abordados no Capítulo I desta obra.

▶ **STF**

CÓDIGO FLORESTAL E CONSTITUCIONALIDADE

O Colegiado destacou que o art. 225 da Constituição Federal estabelece que "todos têm direito ao meio ambiente ecologicamente equilibrado, bem de uso comum do povo e essencial à sadia qualidade de vida, impondo-se ao Poder Público e à coletividade o dever de defendê-lo e preservá-lo para as presentes e futuras gerações". Sob essa perspectiva, o meio ambiente assume função dúplice no microssistema jurídico, na medida em que se consubstancia simultaneamente **em direito e em dever dos cidadãos**, os quais se posicionam, paralelamente, também de forma simultânea, como **credores e como devedores da obrigação de proteção** respectiva.

Outrossim, o homem é parte indissociável do meio ambiente. Por intermédio das interações genéticas biologicamente evolutivas que se sucederam nos últimos milhares de anos, o meio ambiente produziu a espécie humana, cuja vida depende dos recursos nele contidos. Nesse ponto, nem os mais significativos avanços tecnológicos permitirão ao homem, em algum momento futuro, dissociar-se do meio ambiente,

10. STF: MS 22.164, Rel. Min. Celso de Mello, DJ 17.11.1995.

na medida em que a atividade humana inventiva e transformadora depende da matéria nele contida, sob todas as suas formas.

A capacidade de os indivíduos desestabilizarem o equilíbrio do conjunto de recursos naturais que lhes fornece a própria existência tem gerado legítimas preocupações, as quais se intensificaram no último século. Afinal, recursos naturais são escassos; determinados danos são irreversíveis ou extremamente agressivos à natureza; alterações climáticas tornaram-se problema real; e a poluição se alastra pelos grandes centros, entre outras evidências empíricas da crise ambiental. Portanto, o foco no crescimento econômico sem a devida preocupação ecológica consiste em ameaça presente e futura para o progresso das nações e até mesmo para a sobrevivência da espécie humana. O homem apenas progride como ser biológico e como coletividade quando se percebe como produto – e não proprietário – do meio ambiente.

Por outro lado, as políticas públicas ambientais devem conciliar-se com outros valores democraticamente eleitos pelos legisladores, como o mercado de trabalho, o desenvolvimento social, o atendimento às necessidades básicas de consumo dos cidadãos etc. Dessa forma, não é adequado desqualificar determinada regra legal como contrária ao comando constitucional de defesa do meio ambiente (CF, art. 225), ou mesmo sob o genérico e subjetivo rótulo de "retrocesso ambiental", ignorando as diversas nuances que permeiam o processo decisório do legislador, democraticamente investido da função de apaziguar interesses conflitantes por meio de regras gerais e objetivas. Não se deve desprezar que **a mesma Constituição que protege o meio ambiente também exorta o Estado brasileiro a garantir a livre iniciativa (CF, artigos 1º, IV, e 170) e o desenvolvimento nacional (CF, art. 3º, II), a erradicar a pobreza e a marginalização, e a reduzir as desigualdades sociais e regionais (CF, artigos 3º, III, e 170, VII), a proteger a propriedade (CF, artigos 5º, "caput" e XXII, e 170, II), a buscar o pleno emprego (CF, artigos 170, VIII, e 6º) e a defender o consumidor (CF, artigos 5º, XXXII, e 170, V).**

O desenho institucional das políticas públicas ambientais suscita, assim, o duelo valorativo entre a proteção ambiental e a tutela do desenvolvimento, tendo como centro de gravidade o bem comum e a pessoa humana, num cenário de escassez. **Portanto, o desenvolvimento econômico e a preservação do meio ambiente não são políticas intrinsicamente antagônicas.**

Nessa medida, a preservação dos recursos naturais para as gerações futuras não pode significar a ausência completa de impacto do homem na natureza, consideradas as carências materiais da geração atual e também a necessidade de gerar desenvolvimento econômico suficiente para assegurar uma travessia confortável para os nossos descendentes. Meio ambiente e desenvolvimento econômico encerram conflito normativo aparente, a envolver diversas nuances, em especial a **justiça intergeracional**, demandando escolhas trágicas a serem realizadas pelas instâncias democráticas, e não pela convicção de juízes, por mais bem-intencionados que sejam.

Ademais, o princípio da vedação ao retrocesso não se sobrepõe ao princípio democrático, no afã de transferir ao Judiciário funções inerentes aos Poderes Legislativo e Executivo, e nem justifica afastar arranjos legais mais eficientes para o desenvolvimento sustentável do país como um todo, na linha do que decidido no RE 586.224/SP. (STF. Informativo 892. ADC 42/DF, rel. Min. Luiz Fux, julgamento em 28.2.2018).

Aplicação em concurso:

- **(MPE CE 2020 - CESPE)**

  "Com relação ao tratamento constitucional dado à questão ambiental, é correto afirmar que a Constituição Federal de 1988

  A) prevê a preservação do meio ambiente ecologicamente equilibrado como dever apenas de parte da coletividade e obrigação do poder público.

  B) confere juridicidade ao valor ético da alteridade, objetivando uma pretensão universal de solidariedade social, ao tratar das gerações futuras e dos animais como sujeitos de direito.

  C) estabelece que o meio ambiente ecologicamente equilibrado é não só um direito, mas também um dever de toda a coletividade e do poder público.

  D) reconhece o direito ao meio ambiente ecologicamente equilibrado, um direito fundamental de segunda geração, segundo a jurisprudência do STF.

  E) estabelece que o direito ao meio ambiente ecologicamente equilibrado corresponde ao princípio do desenvolvimento sustentável, com suas facetas cultural, social e econômica".

  Gabarito: letra "c".

- **(Magistratura Estadual RJ 2016 – Vunesp – adaptada)**

  "O reconhecimento material do direito fundamental ao ambiente justifica-se na medida em que tal direito é extensão do direito à vida, sob os aspectos da saúde e da existência digna com qualidade de vida, ostentando o *status* de cláusula pétrea, consoante entendimento do STF."

Gabarito: V.

- **(Delegado de Polícia Civil GO 2017 – CESPE)**

  "No que concerne à Constituição Federal de 1988 (CF) e ao meio ambiente, assinale a opção correta

  A) Entende-se a previsão constitucional de um meio ambiente ecologicamente equilibrado tanto como um direito fundamental quanto como um princípio jurídico fundamental que orienta a aplicação das regras legais.

  B) O princípio da livre iniciativa impede que o poder público fiscalize entidades dedicadas à pesquisa e à manipulação de material genético.

  C) O estudo prévio de impacto ambiental será dispensado nos casos de obras públicas potencialmente causadoras de significativa degradação ambiental quando elas forem declaradas de utilidade pública ou de interesse social.

  D) Os espaços territoriais especialmente protegidos, definidos e criados por lei ambiental, poderão ser suprimidos por meio de decreto do chefe do Poder Executivo municipal para permitir a moradia de população de baixa renda em área urbana.

  E) A competência para proteger o meio ambiente e combater a poluição em todas as suas formas é concorrente entre a União, os estados, o Distrito Federal (DF) e os municípios, de modo que a ação administrativa do órgão ambiental da União prevalece sobre a ação dos demais entes federativos."

  Gabarito: letra "a".

§ 1º Para assegurar a efetividade desse direito, incumbe ao Poder Público:

I – preservar e restaurar os processos ecológicos essenciais e prover o manejo ecológico das espécies e ecossistemas;

1. **"Preservação" e "restauração" têm significados diversos. Preservação** é o conjunto de métodos, procedimentos e políticas que visem à proteção, a longo prazo, das espécies, habitats e ecossistemas, além da manutenção dos processos ecológicos, prevenindo a simplificação dos sistemas naturais. **A restauração** dos processos ecológicos essenciais significa a restituição de um ecossistema ou de uma população silvestre degradada o mais próximo possível da sua condição original.[11]

11. Art. 2º, V, XIV da Lei 9.985/00.

2. **Processos ecológicos essenciais.** Quando a Constituição se refere aos **processos ecológicos essenciais** sua intenção é proteger os processos vitais que tornam possíveis as inter-relações entre os seres vivos e o meio ambiente.[12] Para José Afonso da Silva são processos vitais a manutenção das cadeias alimentares, os ciclos das águas, do carbono, do oxigênio, do hidrogênio, do nitrogênio, dos minerais, a produção humana de alimentos, de energia, e de materiais orgânicos, inorgânicos e sintéticos com que se fazem vestuários, abrigos e ferramentas.

3. **Manejo ecológico das espécies e dos ecossistemas.** Manejar significa administrar, dirigir, gerir. O manejo das espécies e dos ecossistemas consiste na gestão, pelo Poder Público, da biodiversidade, ou seja, da variabilidade de organismos vivos de todas as origens, inseridas aí as diferentes plantas, animais e micro-organismos, os genes que os contêm, assim como os ecossistemas de que fazem parte. É incumbência do Poder Público (e de toda a coletividade) proteger o meio ambiente, mantendo-o saudável e, caso seja verificado algum tipo de impacto ao ecossistema, restituí-lo o máximo possível ao seu estado original.

> II – preservar a diversidade e a integridade do patrimônio genético do País e fiscalizar as entidades dedicadas à pesquisa e manipulação de material genético;

1. **Patrimônio genético** é definido pela Lei 13.123/2015 como "informação de origem genética de espécies vegetais, animais, microbianas ou espécies de outra natureza, incluindo substâncias oriundas do metabolismo destes seres vivos."

2. **Competência da União.** Nos termos do inciso XXIII do artigo 7º da Lei Complementar 140/2011, compete à União gerir o patrimônio genético e o acesso ao conhecimento tradicional associado, respeitadas as atribuições setoriais. Nesse sentido, dispõe a Lei 13.123/2015 tratar-se de competência da União a "gestão, o controle e a fiscalização do acesso ao patrimônio genético existente no País ou ao conhecimento tradicional associado para fins de pesquisa ou desenvolvimento tecnológico e a exploração econômica de produto acabado ou material reprodutivo oriundo desse acesso".[13]

---

12. FERREIRA, 2007, p. 231.
13. Artigo 3º da Lei 13.123/2015.

3. A **Lei 13.123, de 20 de maio de 2015,** regulamentada pelo Decreto 8.772, de 11 de maio de 2016, dispõe sobre o acesso ao patrimônio genético, a proteção e o acesso ao conhecimento tradicional associado e a repartição de benefícios para a conservação e uso sustentável da biodiversidade.

4. Desde logo cumpre alertar que esta Lei **não se aplica ao patrimônio genético humano**, tema abordado pela Lei 11.105/2005.

5. Vale lembrar que a utilização sustentável dos componentes da diversidade biológica e a repartição justa e equitativa dos benefícios derivados da utilização dos recursos genéticos, mediante, inclusive, o acesso adequado aos recursos genéticos e a transferência adequada de tecnologias pertinentes é um dos objetivos da **Convenção sobre Diversidade Biológica**.

6. Disposições sobre o acesso aos recursos genéticos e aos conhecimentos tradicionais estão também presentes no Decreto 4.339/02, que institui princípios e diretrizes para a implementação da **Política Nacional da Biodiversidade**:

> Componente 5 – Acesso aos Recursos Genéticos e aos Conhecimentos Tradicionais Associados e Repartição de Benefícios: alinha diretrizes que promovam o acesso controlado, com vistas à agregação de valor mediante pesquisa científica e desenvolvimento tecnológico, e a distribuição dos benefícios gerados pela utilização dos recursos genéticos, dos componentes do patrimônio genético e dos conhecimentos tradicionais associados, de modo que sejam compartilhados, de forma justa e equitativa, com a sociedade brasileira e, inclusive, com os povos indígenas, com os quilombolas e com outras comunidades locais.

7. A Lei 13.123/2015 e o Decreto 8.772/2016 protegem o **conhecimento tradicional** das comunidades indígenas, das comunidades locais e dos agricultores tradicionais, associado ao patrimônio genético, contra a utilização e exploração ilícita e outras ações lesivas. O Estado reconhece **o direito das populações** indígenas, das comunidades tradicionais e dos agricultores tradicionais **de participar da tomada de decisões** no âmbito nacional, sobre assuntos relacionados à conservação e ao uso sustentável de seus conhecimentos tradicionais associados ao patrimônio genético do País. Não se pode olvidar que o **conhecimento tradicional associado ao patrimônio genético integra o patrimônio cultural brasileiro**.

III – definir, em todas as unidades da Federação, espaços territoriais e seus componentes a serem especialmente protegidos, sendo a alteração e a supressão permitidas somente através de lei, vedada qualquer utilização que comprometa a integridade dos atributos que justifiquem sua proteção;

1. Compete ao Poder Público instituir espaços territoriais protegidos em função de seus atributos ambientais relevantes, devendo assegurar sua relativa imodificabilidade e sua utilização sustentável.[14]

2. **Princípio da reserva legal.** Uma vez instituída uma área ambientalmente protegida (como uma unidade de conservação da natureza), seja por decreto do Executivo ou por lei formal, a **redução dos seus limites (alteração) ou a sua supressão total somente serão permitidas através de lei específica.** O intuito do Constituinte é de dificultar o procedimento legal de alteração ou supressão de uma área ambientalmente protegida, e de facilitar a criação das mesmas, em respeito ao preceito constitucional de proteção do meio ambiente ecologicamente equilibrado.

   O tema será enfrentado nos Capítulos específicos desta obra, onde abordamos importantes espaços especialmente protegidos, como a área de preservação permanente e a área de reserva legal (Lei 12.651/2012) e as unidades de conservação na natureza (Lei 9.985/20000).

Aplicação em concurso:

- **(AGU 2012 – CESPE)**

  "São matérias sujeitas ao princípio da reserva legal a alteração e a supressão do regime jurídico pertinente aos espaços territoriais especialmente protegidos, ainda que sua delimitação tenha sido determinada por decreto."

  Gabarito: V

- **(Procurador do Estado MG 2012 – Fumarc)**

  "A respeito do Direito Ambiental Brasileiro, assinale a alternativa INCORRETA:

  A) Para assegurar a efetividade do direito ao meio ambiente, incumbe ao Poder Público definir, em todas as unidades da Federação, espaços territoriais e seus componentes a serem especialmente protegidos, sendo a alteração e a supressão permitidas através de ato do Poder

14. SILVA, 2003, p. 230.

Público, vedada qualquer utilização que comprometa a integridade dos atributos que justifiquem sua proteção.

B) Todos têm direito ao meio ambiente ecologicamente equilibrado, bem de uso comum do povo e essencial à sadia qualidade de vida, impondo-se ao Poder Público e à coletividade o dever de defendê-lo e preservá-lo para as presentes e futuras gerações.

C) A Floresta Amazônica brasileira, a Mata Atlântica, a Serra do Mar, o Pantanal Mato-Grossense e a Zona Costeira são patrimônio nacional, e sua utilização far-se-á, na forma da lei, dentro de condições que assegurem a preservação do meio ambiente, inclusive quanto ao uso dos recursos naturais.

D) São indisponíveis as terras devolutas ou arrecadadas pelos Estados, por ações discriminatórias, necessárias à proteção dos ecossistemas naturais.

E) As usinas que operem com reator nuclear deverão ter sua localização definida em lei federal, sem o que não poderão ser instaladas.

Gabarito: letra "a".

- **(Procurador do Estado AM 2016 – CESPE)**

  "Caso pretenda delimitar um espaço protegido em seu território, o estado do Amazonas poderá fazê-lo mediante decreto, mas somente por lei poderá reduzi-lo ou suprimi-lo."

  Gabarito: V.

> IV – exigir, na forma da lei, para instalação de obra ou atividade potencialmente causadora de significativa degradação do meio ambiente, estudo prévio de impacto ambiental, a que se dará publicidade;

1. **O Estudo Prévio de Impacto Ambiental (EIA)** é uma modalidade de Avaliação de Impacto Ambiental (AIA) e deve ser realizado para subsidiar o procedimento de licenciamento ambiental de atividades consideradas efetiva ou potencialmente causadoras de **significativa degradação** do meio ambiente. Trata-se de relevante instrumento da Lei de Política Nacional do Meio Ambiente. Remetemos o leitor ao Capítulo III, que aborda o tema.

2. Para o licenciamento de atividades (privadas ou públicas) que apresentem **grande potencial de degradação ambiental, deve ser realizado previamente** o Estudo de Impacto Ambiental **(EIA)**. Já nos casos de atividades menos complexas e com baixo potencial de impacto ao meio

ambiente, outros estudos serão exigidos pelo órgão ambiental competente (exemplo: plano e projeto de controle ambiental).

3. **EIA/RIMA e prevenção.** O princípio da prevenção é o maior alicerce do Estudo de Impacto Ambiental – E.I.A. – (art. 225, parágrafo 1º, inciso IV, da Constituição de 1988) realizado pelos interessados antes de iniciada uma atividade potencialmente degradadora do meio ambiente, dentre outras medidas preventivas a serem exigidas pelos órgãos públicos.

- **STF:**

AÇÃO DIRETA DE INCONSTITUCIONALIDADE. CONSTITUCIONAL E AMBIENTAL. REGRAS DE DISTRIBUIÇÃO DE COMPETÊNCIAS LEGISLATIVAS. LEI 5.067/2007 DO ESTADO DO RIO DE JANEIRO QUE DISPÕE SOBRE O ZONEAMENTO ECOLÓGICO-ECONÔMICO E DEFINE CRITÉRIOS PARA A IMPLANTAÇÃO DA ATIVIDADE DE SILVICULTURA ECONÔMICA NO ESTADO. ESTUDO DE IMPACTO AMBIENTAL. INCONSTITUCIONALIDADE DE NORMAS ESTADUAIS RESTRITIVAS QUE DISPENSAM A ELABORAÇÃO DE EIA/RIMA NOS TERMOS PREVISTOS PELA LEGISLAÇÃO FEDERAL.

(...) A legislação federal estipula disciplina geral que parece não deixar margem para as restrições estabelecidas pela lei estadual no que concerne à exigibilidade da elaboração de EIA/RIMA. Não se admite que, no uso de sua competência residual, defina o Estado regramento que implica seja afastada a aplicação do determinado pelas normas gerais federais. Inconstitucionalidade da lei estadual que, a título de complementação das normas gerais editadas pela União, dispensa a elaboração de EIA/RIMA nos termos por ela previstos. Precedente. (...) (STF. ADI 4069. Rel. Min. Edson Fachin. Public.: DJe de 24.09.2020).

AÇÃO DIRETA DE INCONSTITUCIONALIDADE. ART. 187 DA CONSTITUIÇÃO DO ESTADO DO ESPÍRITO SANTO. RELATÓRIO DE IMPACTO AMBIENTAL. APROVAÇÃO PELA ASSEMBLÉIA LEGISLATIVA. VÍCIO MATERIAL. AFRONTA AOS ARTIGOS 58, § 2º, E 225, § 1º, DA CONSTITUIÇÃO DO BRASIL. 1. É inconstitucional preceito da Constituição do Estado do Espírito Santo que submete o Relatório de Impacto Ambiental – RIMA – ao crivo de comissão permanente e específica da Assembleia Legislativa. 2. A concessão de autorização para desenvolvimento de atividade potencialmente danosa ao meio ambiente consubstancia ato do Poder de Polícia – ato da Administração Pública – entenda-se ato do Poder Executivo. 3. Ação julgada procedente para declarar inconstitucional o trecho final do artigo § 3º do artigo

187 da Constituição do Estado do Espírito Santo.[15] (ADI n. 1.505-ES. Relator: Min. Eros Grau. Publ. DJ 04.03.2005).

Aplicação em concurso:

- **(Procurador do Estado SP 2012 – FCC)**

  "Segundo o § 1º do artigo 225 da Constituição Federal, são deveres específicos do Poder Público na tutela do meio ambiente,

  A) preservar e restaurar os processos ecológicos essenciais e prover o manejo ecológico das espécies e ecossistemas e exigir, na forma da lei, para instalação de obra ou atividade potencialmente causadora de significativa degradação do meio ambiente, estudo prévio de impacto ambiental, a que se dará publicidade.

  B) autorizar, por decreto do executivo federal, a produção, a comercialização e o emprego de técnicas, métodos e substâncias que comportem risco para a vida, a qualidade de vida e o meio ambiente e desenvolver a Zona Costeira.

  C) preservar a diversidade e a integridade do patrimônio genético do País e fiscalizar as entidades dedicadas à pesquisa e manipulação de material genético e definir, por decreto do executivo federal, a localização de usinas que operem com reatores nucleares.

  D) definir, na Floresta Amazônica brasileira, espaços territoriais e seus componentes a serem especialmente protegidos sendo a alteração e a supressão permitidas por decreto do executivo federal, vedada qualquer utilização que comprometa a integridade dos atributos que justifiquem sua proteção.

  E) preservar a diversidade e a integridade do patrimônio genético do País e fiscalizar as entidades dedicadas à pesquisa e manipulação de material genético e disciplinar o uso de biocidas que garantam o uso adequado de tecnologia transgênica."

  Gabarito: letra "a".

- **(FGV – Exame de Ordem 2017.1)**

  "A sociedade empresária Asfalto Joia S/A, vencedora de licitação realizada pela União, irá construir uma rodovia com quatro pistas de rolamento, ligando cinco estados da Federação. Sobre o licenciamento ambiental e o estudo de impacto ambiental dessa obra, assinale a afirmativa correta.

  A) Em caso de instalação de obra ou atividade potencialmente causadora de significativa degradação do meio ambiente, é exigível a realização de Estudo Prévio de Impacto Ambiental (EIA), sem o qual não é possível se licenciar nesta hipótese.

---

15. Nesse mesmo sentido: ADI 3252 MC/RO, rel. Min. Gilmar Mendes, 6.4.2005.

B) O licenciamento ambiental dessa obra é facultativo, podendo ser realizado com outros estudos ambientais diferentes do Estudo prévio de Impacto Ambiental (EIA), visto que ela se realiza em mais de uma unidade da Federação.

C) O Relatório de Impacto Ambiental (RIMA), gerado no âmbito do Estudo prévio de Impacto Ambiental (EIA), deve ser apresentado com rigor científico e linguagem técnica, a fim de permitir, quando da sua divulgação, a informação adequada para o público externo.

D) Qualquer atividade ou obra, para ser instalada, dependerá da realização de Estudo prévio de Impacto Ambiental (EIA), ainda que não seja potencialmente causadora de significativa degradação ambiental."

Gabarito: letra "a".

V – controlar a produção, a comercialização e o emprego de técnicas, métodos e substâncias que comportem risco para a vida, a qualidade de vida e o meio ambiente;

1. O constituinte estabeleceu os fundamentos para a gestão dos riscos em matéria ambiental. Ensina Helini Sivini Ferreira[16] que, "nesse sentido, toda e qualquer atividade que possa vir a comprometer a integridade do direito ao meio ambiente ecologicamente equilibrado deve ser devidamente avaliada pelo Poder Público, com o propósito de afastar ou minorar os riscos que dela possam decorrer." Em decorrência desse controle exercido pelo poder público, alguns doutrinadores relacionam esse inciso ao princípio do limite.

VI – promover a educação ambiental em todos os níveis de ensino e a conscientização pública para a preservação do meio ambiente;

1. **Princípio da educação ambiental.** Tem a finalidade de desenvolver a percepção da coletividade sobre a necessidade de utilização racional e adequada dos recursos naturais. O princípio da educação ambiental foi abordado no Capítulo I da presente obra.

Aplicação em concurso:

- **(Magistratura Estadual PI 2011 – CESPE)**

16. FERREIRA. *In:* CANOTILHO, 2007, p. 248.

"Em consonância com o princípio da participação e informação, a CF determina expressamente que o poder público promova a educação ambiental em todos os níveis de ensino."

Gabarito: V.

VII – proteger a fauna e a flora, vedadas, na forma da lei, as práticas que coloquem em risco sua função ecológica, provoquem a extinção de espécies ou submetam os animais a crueldade.

1. Ao se referir à relevante função ecológica da **fauna e da flora**, a Carta Magna reportou-se ao papel desempenhado pelos animais e plantas no ecossistema, possibilitando seu perfeito funcionamento.[17]

Há uma série de normas infraconstitucionais que regulamenta o texto constitucional, como a Lei 12.651/2012 (Código Florestal), a Lei 9.985/2000 (SNUC) e a Lei 9.605/1998 (Lei de Crimes Ambientais). Vejamos, a título de exemplo, a previsão do artigo 32 da Lei de Crimes Ambientais:

> Art. 32. Praticar ato de abuso, maus-tratos, ferir ou mutilar animais silvestres, domésticos ou domesticados, nativos ou exóticos:
>
> Pena – detenção, de três meses a um ano, e multa.
>
> § 1º Incorre nas mesmas penas quem realiza experiência dolorosa ou cruel em animal vivo, ainda que para fins didáticos ou científicos, quando existirem recursos alternativos.
>
> § 1º. A Quando se tratar de cão ou gato, a pena para as condutas descritas no caput deste artigo será de reclusão, de 2 (dois) a 5 (cinco) anos, multa e proibição da guarda. (Incluído pela Lei 14.064, de 30/09/2020).
>
> § 2º A pena é aumentada de um sexto a um terço, se ocorre morte do animal.

De acordo com o § 1º do artigo 32 da Lei de Crimes Ambientais, incorre na mesma pena (detenção de três meses a um ano e multa) quem realiza **experiência dolorosa ou cruel em animal vivo (vivissecção),** ainda que para fins didáticos ou científicos, **quando existirem recursos alternativos**.

17. FERREIRA. *In:* CANOTILHO, 2007, p. 257.

Importante destacar, ainda, que o **Supremo Tribunal Federal** já analisou a constitucionalidade de inúmeras normas estaduais que buscavam regulamentar atividades que envolviam a utilização de animais.

Uma decisão[18] paradigmática relacionada à crueldade contra animais é a que analisa a constitucionalidade da denominada "**farra do boi**", prática catarinense que consiste em "pegas e correrias de boi pelo mato afora, em época santa", em que "o boi é tornado objeto sacrificial, oferecido como hóstia repartida aos consortes".[19]

A análise do tema gira em torno de dois direitos garantidos constitucionalmente: o **exercício das manifestações culturais** e a **proteção do meio ambiente** (mais especificamente da fauna).

Há quem defenda a tese de que tal prática estaria calcada no artigo 215, *caput* da Constituição de 1988, segundo o qual "o Estado garantirá a todos o pleno exercício dos direitos culturais e acesso às fontes da cultura nacional e apoiará e incentivará a valorização e a difusão das manifestações culturais". Além de uma tradição cultural do Estado de Santa Catarina, constituiria a farra do boi patrimônio imaterial do povo brasileiro protegido pelo artigo 216 da Constituição Federal.[20]

Outra corrente afirma que farra do boi vai de encontro aos preceitos constitucionais de proteção do meio ambiente, contrariando especificamente a previsão do inciso VII, parágrafo 1º do artigo 225 da Constituição de 1988 que veda expressamente práticas que submetam os animais a crueldade.

Para o Ministro do Supremo Tribunal Federal, Francisco Rezek (Relator do Recurso Extraordinário 153.531/SC), não se trata de uma manifestação cultural com "abusos avulsos", mas sim uma prática abertamente violenta e cruel para com animais, afrontando preceitos constitucionais, especialmente o artigo 225, parágrafo 1º, inciso VII da Carta Magna.

Não há dúvidas de que as manifestações culturais devam ser protegidas e estimuladas, desde que não sejam realizadas a partir de práticas cruéis contra animais. Nesse sentido afirma o Ministro Marco Aurélio que "a prática [da farra do boi] chegou a um ponto a atrair, realmente, a incidência do disposto no inciso VII do artigo 225 da Constituição Federal."

O Supremo Tribunal Federal, por maioria, deu provimento ao recurso, nos termos do voto do Ministro Relator, considerando a farra do boi prática que submete os animais a crueldade, proibindo a sua realização.[21]

---

18. STF: RE 153.531/SC.
19. LACERDA, p. 119. (In: STF: RE 153.531/SC).
20. Essa tese foi encampada pelo Ministro Maurício Corrêa em seu voto no RE 153.531/SC.
21. Vencido o Ministro Maurício Corrêa.

Também as normas estaduais que regulamentavam as **brigas de galo** foram expressamente repudiadas pelo Supremo Tribunal Federal, por se apresentarem em situação de **conflito ostensivo com a Constituição de 1988**.

Posicionamento semelhante foi adotado pelo Supremo Tribunal Federal no julgamento da ADI 4983, realizado em 06 de outubro de 2016, para declarar a **inconstitucionalidade** da Lei 15.299/2013 do Estado do Ceará, que regulamentava a atividade de **"vaquejada"**, em que uma dupla de vaqueiros montados em cavalos distintos busca derrubar um touro dentro de uma área demarcada.[22] Para o STF, "a crueldade intrínseca à 'vaquejada' não permite a prevalência do valor cultural como resultado desejado pelo sistema de direitos fundamentais da Constituição". Assim, o sentido da expressão 'crueldade' previsto na parte final do inciso VII do § 1º do artigo 225 da CRFB/1988 alcançaria a tortura e os maus-tratos infligidos aos bovinos durante a prática impugnada, tornando intolerável a conduta humana autorizada pela norma estadual atacada.

2. **Emenda Constitucional 96/2017.** A declaração de inconstitucionalidade da lei cearense que regulamentava a vaquejada não foi, todavia, o capítulo final da disputa entre aqueles que consideram a atividade como legítima manifestação cultural e aqueles que afirmam tratar-se de prática cruel contra os animais. No dia 6 de junho de 2017 foi promulgada a **Emenda Constitucional 96/2017, acrescentando o § 7º ao artigo 225 da Constituição Federal** para determinar que práticas desportivas que utilizem animais não são consideradas cruéis. De acordo com o referido parágrafo,

> Para fins do disposto na parte final do inciso VII do § 1º deste artigo [225], **não se consideram cruéis as práticas desportivas que utilizem animais, desde que sejam manifestações culturais**, conforme o § 1º do art. 215 desta Constituição Federal, registradas como bem de natureza imaterial integrante do patrimônio cultural brasileiro, devendo ser regulamentadas por lei específica que assegure o bem-estar dos animais envolvidos.

A partir de então, práticas como o rodeio e a vaquejada passam a não ser mais consideradas cruéis para fins de aplicação do disposto no artigo 225, § 1º, VII da Constituição de 1988.[23]

---

22. Decisão transcrita ao final do Capítulo.
23. Foi decretada pelo Congresso Nacional e sancionada pelo Presidente da República a Lei 13.364, de 29 de novembro de 2016, que **eleva o rodeio**, a vaquejada, bem como as respectivas expressões artístico-culturais, **à condição de manifestação cultural nacional e de patrimônio cultural imaterial**.

Abordaremos em capítulos específicos as normas infraconstitucionais de proteção da fauna e da flora no País.

Aplicação em concurso:

- **(FGV – Exame de Ordem 2016.2 – Prova reaplicada Salvador-BA)**

  "Luiz Periquito, famoso colecionador de pássaros, é surpreendido pela autoridade ambiental municipal em sua propriedade, a qual lavra auto de infração tendo em vista a posse de animais silvestres sem autorização legal, objeto de caça, bem como indícios de maus-tratos aos animais. Sobre o caso e tendo em vista a proteção à fauna no ordenamento jurídico brasileiro, assinale a afirmativa correta.

  A) A atuação da autoridade municipal é inválida, já que a competência legislativa e material para tratar sobre caça, pesca e fauna é exclusiva da União Federal.

  B) O auto de infração está irregular, uma vez que a fauna não foi objeto de tutela constitucional e a Lei nº 5.197/67 (Lei de Proteção à Fauna) não disciplina especificamente o tema de caça e maus-tratos.

  C) O auto de infração está correto, uma vez que a Constituição de 1988 veda qualquer forma de caça no território brasileiro, seja esportiva ou caça de controle.

  D) A conduta de Luiz Periquito está em desconformidade com a Constituição de 1988, já que há expressa vedação constitucional às práticas que submetam os animais à crueldade, na forma da lei."

  Gabarito: letra "d".

§ 2º Aquele que explorar recursos minerais fica obrigado a recuperar o meio ambiente degradado, de acordo com solução técnica exigida pelo órgão público competente, na forma da lei.

1. **Princípio do poluidor-pagador.** A norma constitucional concretiza o princípio do poluidor-pagador, pois traz uma exigência dirigida ao poluidor para que assuma todas as consequências derivadas do dano ambiental. Esse princípio se traduz na obrigação de reparar os danos e prejuízos, sendo inclusive denominado por alguns doutrinadores como "princípio da reparação" ou "princípio da responsabilidade".

   O princípio já havia sido incluído na Política Nacional de Meio Ambiente brasileira (Lei 6.938/1981) em seu artigo 4º, VII, visando "à imposição, ao poluidor e ao predador, da obrigação de recuperar e/ou indenizar os danos causados...". Prevê ainda, em seu artigo 14, § 1º, que "é o poluidor obrigado independente da existência de culpa, a indenizar ou reparar os danos causados ao meio ambiente e a terceiros, afetados por sua atividade."

Aplicação em concurso:

- **(Magistratura Federal – TRF 3ª região 2018)**

  "Considerando o artigo 225 da Constituição Federal, assinale a alternativa CORRETA:

  A) Cabe ao Poder Público o controle e a fiscalização da atividade mineradora, especialmente sobre a poluição causada, havendo discricionariedade quanto à aplicação de penalidades administrativas e penais, quando houver a integral reparação do dano pelo poluidor.

  B) Aquele que explorar recursos minerais está obrigado a reparar o meio ambiente, devendo reabilitar o solo contaminado e recuperar integralmente as condições em que se encontrava antes do exercício da atividade, sob pena de imposição de sanções penais e administrativas.

  C) A exploração dos recursos minerais está condicionada à reparação do meio ambiente degradado, de acordo com solução técnica exigida pelo órgão público competente, na forma da lei.

  D) Incumbe ao Poder Público proteger a fauna e a flora, vedadas as práticas que coloquem em risco sua função ecológica, provoquem a extinção de espécies ou submetam os animais a qualquer crueldade, inclusive quando utilizados para a prática desportiva ou outras formas de manifestações culturais".

  Gabarito: letra "c".

§ 3º As condutas e atividades consideradas lesivas ao meio ambiente sujeitarão os infratores, pessoas físicas ou jurídicas, a sanções penais e administrativas, independentemente da obrigação de reparar os danos causados.

1. **Tríplice responsabilização ambiental.** A Constituição de 1988 prevê a possibilidade de responsabilização do poluidor, em decorrência do mesmo dano ambiental, nas esferas penal, administrativa e civil. Desta forma, de acordo com o § 3º do artigo 225, as condutas e atividades consideradas lesivas ao meio ambiente podem sujeitar os infratores, pessoas físicas ou jurídicas, simultaneamente, a sanções penais e administrativas, independentemente da obrigação de reparar os danos causados.

Aplicação em concurso:

- **(Procurador do Estado PR 2015 – PUC – adaptada)**

  "No que toca à pessoa jurídica, o direito positivo brasileiro não acolhe a denominada tríplice responsabilidade por ação ou omissão lesiva ao meio ambiente, restringindo-a ao campo da responsabilidade civil e administrativa."

  Gabarito: F.

- **(Magistratura Estadual RS 2016 – Faurgs – adaptada)**

  "A cláusula contida no § 3º do artigo 225 da Constituição Federal consagra o regime da tríplice responsabilização do poluidor, deixando patente o amplo feixe de imputações a que se sujeita o causador do agravo ambiental."

  Gabarito: V.

- **(FGV – Exame de Ordem 2016.1)**

  "Pedro, em visita a determinado Município do interior do Estado do Rio de Janeiro, decide pichar e deteriorar a fachada de uma Igreja local tombada, por seu valor histórico e cultural, pelo Instituto Estadual do Patrimônio Histórico-Cultural – INEPAC, autarquia estadual. Considerando o caso em tela, assinale a afirmativa correta.

  A) Pedro será responsabilizado apenas administrativamente, com pena de multa, uma vez que os bens integrantes do patrimônio cultural brasileiro não se sujeitam, para fins de tutela, ao regime de responsabilidade civil ambiental, que trata somente do meio ambiente natural.

  B) Pedro será responsabilizado administrativa e penalmente, não podendo ser responsabilizado civilmente, pois o dano, além de não poder ser considerado de natureza ambiental, não pode ser objeto de simultânea recuperação e indenização.

  C) Pedro, por ter causado danos ao meio ambiente cultural, poderá ser responsabilizado administrativa, penal e civilmente, sendo admissível o manejo de ação civil pública pelo Ministério Público, demandando a condenação em dinheiro e o cumprimento de obrigação de fazer.

  D) Pedro, além de responder administrativa e penalmente, será solidariamente responsável com o INEPAC pela recuperação e indenização do dano, sendo certo que ambos responderão de forma subjetiva, havendo necessidade de inequívoca demonstração de dolo ou culpa por parte de Pedro e dos servidores públicos responsáveis."

  Gabarito: letra "c".

§ 4º A Floresta Amazônica brasileira, a Mata Atlântica, a Serra do Mar, o Pantanal Mato-Grossense e a Zona Costeira são patrimônio nacional, e sua utilização far-se-á, na forma da lei, dentro de condições que assegurem a preservação do meio ambiente, inclusive quanto ao uso dos recursos naturais.

1. **Macrorregiões consideradas patrimônio nacional.** A Floresta Amazônica, a Mata Atlântica,[24] a Serra do Mar, o Pantanal Mato-Grossense e a Zona Costeira[25-26-27] são ecossistemas considerados patrimônio nacional pela Constituição de 1988, o que significa dizer que sua utilização far-se-á na forma da lei e dentro de condições que assegurem a preservação dos seus atributos biológicos.

   A Carta Magna, ao se referir expressamente a essas riquíssimas macrorregiões, pretendeu enfatizar a sua importância ambiental estabelecendo uma proteção genérica, assegurando, por exemplo, a defesa de interesses do Brasil diante de eventuais ingerências estrangeiras.

2. **Patrimônio nacional não é sinônimo de bem da União.** Importante ressaltar que tais macrorregiões não constituem, por si só, Unidades de Conservação da Natureza regidas pela Lei 9.985/00, tampouco podem ser considerados bens da União. Segundo José Afonso da Silva, "declara a Constituição que os complexos ecossistemas referidos no seu art. 225, § 4º, são patrimônio nacional. Isso não significa transferir para a União

---

24. *Vide* Lei 11.428/2006, que dispõe sobre a utilização e proteção da vegetação nativa do Bioma Mata Atlântica.
25. A Zona Costeira brasileira, considerada patrimônio nacional pela Constituição de 1988, corresponde ao espaço geográfico de interação do ar, do mar e da terra, incluindo seus recursos renováveis ou não, abrangendo uma faixa marítima e uma faixa terrestre, com os seguintes limites: I – faixa marítima: espaço que se estende por doze milhas náuticas, medido a partir das linhas de base, compreendendo, dessa forma, a totalidade do mar territorial; II – faixa terrestre: espaço compreendido pelos limites dos Municípios que sofrem influência direta dos fenômenos ocorrentes na zona costeira. (Art. 3º do Decreto 5.300/04).
26. *Vide* Lei 7.661/88, que Institui o Plano Nacional de Gerenciamento Costeiro.
27. Nos termos do parágrafo único do artigo 7º da Lei Complementar 140, de 08 de dezembro de 2011 "o licenciamento dos empreendimentos cuja localização compreenda concomitantemente áreas das faixas terrestre e marítima da zona costeira será de atribuição da União exclusivamente nos casos previstos em tipologia estabelecida por ato do Poder Executivo, a partir de proposição da Comissão Tripartite Nacional, assegurada a participação de um membro do Conselho Nacional do Meio Ambiente (Conama) e considerados os critérios de porte, potencial poluidor e natureza da atividade ou empreendimento."

o domínio sobre as áreas particulares, estaduais e municipais situadas nas regiões mencionadas."[28]

A Constituição utiliza o termo "patrimônio" no seu sentido mais amplo, determinando que o Poder Público zele pela proteção daquelas áreas que são considerados bens de uso comum de toda a coletividade, patrimônio de todos, e não apenas do Poder Público. Desta forma, as macrorregiões relacionadas no texto constitucional não devem ser consideradas como pertencentes ao patrimônio disponível da União, mas sim como bens de interesse difuso cuja preservação é interesse de toda a coletividade, de forma indistinta.

▶ **STF**

RECURSO EXTRAORDINÁRIO – ESTAÇÃO ECOLOGICA – RESERVA FLORESTAL NA SERRA DO MAR – PATRIMÔNIO NACIONAL (CF, ART. 225, PAR.4.) – LIMITAÇÃO ADMINISTRATIVA QUE AFETA O CONTEUDO ECONOMICODO DIREITO DE PROPRIEDADE – DIREITO DO PROPRIETARIO A INDENIZAÇÃO – DEVER ESTATAL DE RESSARCIR OS PREJUIZOS DE ORDEM PATRIMONIAL SOFRIDOS PELO PARTICULAR – RE NÃO CONHECIDO. (...) "o preceito consubstanciado no art. 225, parágrafo 4º, da Carta da República, além de não haver convertido em bens públicos os imóveis particulares abrangidos pelas florestas e pelas matas nele referidas (Mata Atlântica, Serra do Mar, Floresta Amazônica brasileira), também não impede a utilização, pelos próprios particulares, dos recursos naturais existentes naquelas áreas que estejam sujeitas ao domínio privado, desde que observadas as prescrições legais e respeitadas as condições necessárias a preservação ambiental." (STF. RE 134.297/SP, Rel. Min. Celso de Mello, DJ 22.09.1995).

CRIME CONTRA A MATA ATLÂNTICA: COMPETÊNCIA. [...] A Turma considerou que a inclusão da Mata Atlântica no "patrimônio nacional", a que alude o mencionado art. 225, § 4º, da CRFB/1988, fez-se para a proteção do meio ambiente ecologicamente equilibrado a que a coletividade brasileira tem direito, configurando, assim, uma proteção genérica à sociedade, que também interessa à União, mas apenas genericamente, não sendo capaz, por si só, de atrair a competência da Justiça Federal (...). (RE 300.244-SC, rel. Min. Moreira Alves, 20.11.2001. (RE-300244). Informativo nº 251 do STF).

---

28. Comentário contextual à Constituição. São Paulo: Malheiros, 2007, p. 844. *In:* CC 99.294-RO, Rel. Min. Maria Thereza de Assis Moura, julgado em 12/8/2009. STJ.

▶ **STJ**

COMPETÊNCIA. DESMATAMENTO. FLORESTA AMAZÔNICA. A questão está em definir a competência para processar e julgar o crime de desmatamento da floresta amazônica em terreno objeto de propriedade particular. A Seção conheceu do conflito e declarou competente o juízo de Direito, o suscitante, ao entendimento de que não há que confundir patrimônio nacional com bem da União. Aquela locução revela proclamação de defesa de interesses do Brasil diante de eventuais ingerências estrangeiras. Tendo o crime de desmatamento ocorrido em propriedade particular, área que já pertenceu, mas hoje não mais, a parque estadual, não há que se falar em lesão a bem da União. Ademais, como o delito não foi praticado em detrimento do IBAMA, que apenas fiscalizou a fazenda do réu, ausente prejuízo para a União. (CC 99.294-RO, Rel. Min. Maria Thereza de Assis Moura, julgado em 12/8/2009. Informativo 402 do STJ).

Aplicação em concurso:

- **(AGU 2012 – CESPE)**

  "Apesar de a floresta amazônica, a mata atlântica, a serra do Mar, o pantanal mato-grossense e a zona costeira serem, conforme dispõe a CRFB/1988, patrimônio nacional, não há determinação constitucional que converta em bens públicos os imóveis particulares situados nessas áreas".

  Gabarito: V.

- **(Procurador do Estado SP 2012 – FCC)**

  "O artigo 225 da Constituição Federal estabelece que constituem patrimônio nacional, com utilização prevista na forma da lei, dentro de condições que assegurem a preservação do meio ambiente, inclusive quanto ao uso dos recursos naturais, as seguintes regiões do Brasil:

  A) a Floresta Amazônica brasileira, a Mata Atlântica, o Cerrado, a Serra do Mar, o Pantanal Mato-Grossense e a Zona Costeira.

  B) a Floresta Amazônica brasileira, a Mata Atlântica, a Caatinga, o Pantanal Mato-Grossense e a Zona Costeira.

  C) a Floresta Amazônica brasileira, a Mata Atlântica, a Serra do Mar, o Pantanal Mato-Grossense e a Zona Costeira.

  D) a Floresta Amazônica brasileira, a Mata Atlântica, a Serra do Mar, o Pantanal Mato-Grossense e o Pampa gaúcho.

  E) a Floresta Amazônica brasileira, a Mata Atlântica, a Caatinga, o Cerrado, o Pampa gaúcho e a Zona Costeira."

  Gabarito: letra "c".

- **(Delegado de Polícia Civil PA 2016 – Funcab – adaptada)**

  "A Constituição da República Federativa do Brasil de 1988 dispõe que a Floresta Amazônica brasileira, a Mata Atlântica, a Serra do Mar, a Caatinga, o Pantanal Mato-Grossense e a Zona Costeira são patrimônio nacional, e sua utilização far-se-á, na forma da lei, dentro de condições que assegurem a preservação do meio ambiente, inclusive quanto ao uso dos recursos naturais."

  Gabarito: F.

§ 5º São indisponíveis as terras devolutas ou arrecadadas pelos Estados, por ações discriminatórias, necessárias à proteção dos ecossistemas naturais.

1. **As terras devolutas** são terras existentes no território brasileiro que não se incorporaram legitimamente ao domínio particular, bem como as já incorporadas ao patrimônio público, porém não afetadas a qualquer uso público.[29] Integram, regra geral, a categoria de bens públicos dominicais por não terem qualquer destinação pública. Sabe-se ainda que os bens dominicais, não estando afetados a finalidade pública específica, são alienáveis (disponíveis) por meio de institutos do direito privado (compra e venda, permuta, doação) ou do direito público (investidura, legitimação de posse etc). São bens públicos que, regra geral, pertencem aos Estados (art. 26, IV, c/c art. 20, II, da CRFB/1988).

2. **Terras devolutas necessárias à proteção dos ecossistemas naturais**. Há uma importante exceção constitucional às regras tradicionalmente adotadas para as terras devolutas, prevista no artigo 225, § 5º da CRFB/1988. Este parágrafo aborda uma espécie de terra devoluta com característica específica: necessária à proteção dos ecossistemas naturais. As terras devolutas indispensáveis à preservação ambiental são bens da União (art. 20, II da CRFB/1988) e podem ser classificadas como bens públicos de uso especial, por possuírem destinação pública específica, qual seja, a proteção dos ecossistemas naturais. Por se tratarem de bens públicos afetados a uma destinação pública, e em virtude de expressa previsão constitucional (artigo 225, § 5º da CRFB/1988), as terras devolutas necessárias à proteção dos ecossistemas naturais são bens públicos indisponíveis, outra característica dos bens públicos de uso especial. (THOMÉ, Romeu. Manual de Direito Ambiental. Ed. Juspodivm).

29. DI PIETRO, 2010, p. 718.

A primeira parte do § 5º do artigo 225 trata das terras que ainda não sofreram um processo discriminatório,[30] ou seja, diz respeito às terras devolutas propriamente ditas.[31] A segunda parte do parágrafo aborda as terras já agregadas ao patrimônio do Poder Público. Observa-se que, em qualquer caso, serão indisponíveis aquelas necessárias à proteção dos ecossistemas naturais.

Aplicação em concurso:

- **(MPE/RR 2017 – adaptada)**

  "São disponíveis as terras devolutas mesmo que necessárias à proteção de ecossistemas naturais."

  Gabarito: F.

§ 6º As usinas que operem com reator nuclear deverão ter sua localização definida em lei federal, sem o que não poderão ser instaladas.

1. A exploração de potenciais energéticos que tenham como fontes minerais nucleares encontra-se submetida a regime específico e de natureza constitucional.[32] Os recursos minerais são bens da União e a competência para legislar sobre atividades nucleares de qualquer natureza também é privativa da União, de acordo com os artigos 20, IX e 22, XXVI da Constituição de 1988.

2. **Atividade nuclear é monopólio da União.** Depreende-se da análise do artigo 177, V e de seu parágrafo 1º, que apenas a União poderá realizar as atividades de pesquisa, lavra, enriquecimento processamento, industrialização e comércio de minérios e minerais nucleares e seus derivados, não havendo qualquer possibilidade de sua exploração por agentes econômicos que não estejam associados à estrutura do Estado.

   Toda a atividade nuclear desenvolvida no país está exclusivamente centralizada na União, com exceção dos radioisótopos, cuja produção, comercialização e utilização poderão ser autorizadas sob o regime de

30. Segundo DI PIETRO, "o objetivo do processo discriminatório é separar as terras públicas das particulares, mediante verificação da legitimidade dos títulos de domínio particulares, apurando, por exclusão, as terras do domínio público". (2010, p. 721).
31. O processo de discriminação de terras devolutas é disciplinado pelo Decreto-lei 9.760/46.
32. FERREIRA. *In:* CANOTILHO, 2007, p. 306.

permissão, conforme as alíneas "b" e "c" do inciso XXIII do *caput* do artigo 21 da CRFB/1988 (art. 177, V).[33]

Tratando-se os minerais nucleares de bens da União, cuja exploração é monopólio desse ente estatal, as **usinas que operem com reator nuclear deverão ter sua localização definida em lei federal**, sem o que não poderão ser instaladas[34]. Desta forma, lei estadual que disciplinar a localização dessas usinas será flagrantemente inconstitucional.

► **STF**

ENERGIA NUCLEAR. Arguição de inconstitucionalidade de preceito de Constituição estadual, que subordina a construção, no respectivo território, de instalações industriais para produção de energia nuclear à autorização da Assembleia Legislativa, ratificada por plebiscito. Alegação de ofensa à competência privativa da União (CRFB/1988, art. 21, XXIII). Mantida a competência exclusiva da União para legislar sobre atividades nucleares de qualquer natureza (CRFB/1988, art. 22, XXVI), aplicáveis ao caso os precedentes da Corte produzidos sob a égide da Constituição Federal de 1967. Ao estabelecer a prévia aprovação da Assembleia Legislativa estadual, ratificada por plebiscito, como requisito para a implantação de instalações industriais para produção de energia nuclear no Estado, invade a Constituição catarinense a competência legislativa privativa da União. (STF. ADI 329, Rel. Min. Ellen Gracie, Publ.: DJ de 28-5-04).

ATIVIDADES NUCLEARES E COMPETÊNCIA DA UNIÃO. O Tribunal, por maioria, julgou procedente pedido formulado em ação direta ajuizada pelo Governador do Estado de São Paulo para declarar a inconstitucionalidade da Lei paulista 6.263/88, que prevê medidas de polícia sanitária para o setor de energia nuclear no território da referida unidade federada. Entendeu-se que a norma estadual invade a competência da União para legislar sobre atividades nucleares (CRFB/1988, art. 22, XXVI), na qual se inclui a competência para fiscalizar a execução dessas atividades e legislar sobre essa fiscalização. Aduziu-se competir, também, à União, explorar os serviços e instalações nucleares de qualquer natureza e exercer monopólio estatal sobre a pesquisa, a lavra, o enriquecimento e reprocessamento, a industrialização e o comércio de minérios nucleares e seus derivados, atendidos os princípios e condições que estabelece (CRFB/1988, art. 21, XXIII). Observou-se que toda a atividade nuclear desenvolvida no

33. Nesse sentido decisão do STF: ADI 1575/SP, rel. Min. Joaquim Barbosa, 7.4.2010.
34. Art. 225, parágrafo 6º da CRFB/1988.

país, portanto, está exclusivamente centralizada na União, com exceção dos radioisótopos, cuja produção, comercialização e utilização poderão ser autorizadas sob o regime de permissão, conforme as alíneas b e c do inciso XXIII do *caput* do art. 21 da CRFB/1988 (art. 177, V, com a redação dada pela EC 49/2006). Vencidos os Ministros Marco Aurélio, Celso de Mello e Ayres Britto que julgavam o pleito improcedente, por considerar que a lei impugnada não incidiria na esfera da competência federal, limitando-se a viabilizar, no âmbito do Estado de São Paulo, medidas que tornassem efetiva a proteção do meio ambiente e a defesa da saúde, matérias em relação às quais haveria situação de condomínio legislativo entre a União e os Estados-membros. (STF. ADI 1575/SP, rel. Min. Joaquim Barbosa, 7.4.2010).

Aplicação em concurso:

- **(Exame de Ordem 2012.1 – FGV – prova reaplicada em Duque de Caxias/RJ)**

  "Imagine que três municípios, localizados em diferentes estados membros da federação brasileira, estejam interessados em abrigar a instalação de uma usina de energia que opera com reatores nucleares. A respeito do tema, é correto afirmar que

  A) o Congresso Nacional irá definir, mediante a edição de lei, qual município receberá a usina nuclear.

  B) após a escolha do local para a instalação da usina nuclear, o município que a receber deverá criar a legislação que disciplinará seu funcionamento, bem como o plano de evacuação da população em caso de acidentes, por ser assunto de relevante interesse local.

  C) em razão do princípio da predominância do interesse, a União deverá legislar sobre o tema, após ouvir e sabatinar obrigatoriamente o Ministro de Minas e Energia no Congresso Nacional, versando sobre os riscos ambientais que a usina pode trazer ao meio ambiente e à população de cada município postulante.

  D) a CRFB não estabelece expressamente qual ente da federação deverá legislar sobre o tema energia nuclear. Mas, em razão do acidente nuclear de Chernobyl, a doutrina defende que apenas a União deverá criar normas sobre regras de segurança de usinas nucleares."

  Gabarito: letra "a".

- **(Procurador do Estado SE 2017 – CESPE)**

  "A câmara municipal de Aracaju, preocupada com o risco de acidentes ambientais e com a saúde da população, publicou uma lei decretando a impossibilidade, nos limites do município, de instalação de empresas que lidem com materiais nucleares, bem como de realização de atividades que envolvam esses materiais. Nesse caso, considerando-se a legislação pertinente, a norma municipal publicada é

A) constitucional, pois compete aos municípios legislar sobre assuntos de interesse local.

B) inconstitucional, uma vez que a competência sobre o assunto é concorrente à União, aos estados e ao DF.

C) inconstitucional, já que a competência sobre o assunto é supletiva dos estados.

D) inconstitucional, haja vista que a competência sobre o assunto é privativa da União.

E) constitucional, porque a competência sobre o assunto é concorrente à União, aos estados, ao DF e aos municípios."

Gabarito: letra "d".

§ 7º Para fins do disposto na parte final do inciso VII do § 1º deste artigo, não se consideram cruéis as práticas desportivas que utilizem animais, desde que sejam manifestações culturais, conforme o § 1º do art. 215 desta Constituição Federal, registradas como bem de natureza imaterial integrante do patrimônio cultural brasileiro, devendo ser regulamentadas por lei específica que assegure o bem-estar dos animais envolvidos.

1. **Emenda Constitucional 96/2017.** No dia 6 de junho de 2017 foi promulgada a Emenda Constitucional 96/2017, que acrescentou o § 7º ao artigo 225 da Constituição Federal para determinar que práticas desportivas que utilizem animais não são consideradas cruéis. A partir de então, práticas como o rodeio e a vaquejada, elevadas à condição de manifestação cultural nacional e de patrimônio cultural imaterial pela Lei 13.364/2016, não são mais vedadas pela Constituição de 1988.

Aplicação em concurso:

- **(Procurador do Estado PGE/SC 2018 - Fepese)**

  "De acordo com a Constituição Federal, as práticas desportivas que utilizem animais:

  A) são totalmente vedadas, pois submetem os animais a crueldade.

  B) são vedadas, pois entre proteger o patrimônio cultural brasileiro e o bem-estar dos animais envolvidos, a Constituição Federal, em favor do meio ambiente, vedou totalmente as práticas desportivas com animais.

C) não se consideram cruéis, desde que sejam manifestações culturais, registradas como bem de natureza imaterial integrante do patrimônio cultural brasileiro, devendo ser regulamentadas por lei específica que assegure o bem-estar dos animais envolvidos.

D) não se consideram cruéis, desde que sejam manifestações desportivas, devendo ser regulamentadas por lei complementar que assegure o bem-estar dos animais envolvidos.

E) não se consideram cruéis, desde que sejam manifestações desportivas, registradas como bem de natureza imaterial integrante do patrimônio cultural brasileiro, devendo ser regulamentadas por lei ordinária que assegure o bem-estar dos animais envolvidos."

Gabarito: letra "c".

- **(Analista Legislativo/AP 2020 - FCC)**

"No tocante à proteção constitucional do meio ambiente, considere:

I. Aquele que explorar recursos minerais fica obrigado a recuperar o meio ambiente degradado, de acordo com solução técnica exigida pelo órgão público competente, na forma da lei.

II. As condutas e atividades consideradas lesivas ao meio ambiente sujeitarão os infratores, pessoas físicas ou jurídicas, a sanções penais e administrativas, independentemente da obrigação de reparar os danos causados.

III. São disponíveis as terras devolutas ou arrecadadas pelos Estados, por meio de ações discriminatórias, necessárias à proteção dos ecossistemas naturais.

IV. As usinas que operem com reator nuclear deverão ter sua localização definida em lei federal, sem o que só poderão ser instaladas por autorização excepcional dos Estados membros em que se encontrem.

V. Para assegurar a efetividade do direito ao meio ambiente ecologicamente equilibrado, incumbe ao Poder Público, entre outros deveres, preservar a diversidade e a integridade do patrimônio genético do País e fiscalizar as entidades dedicadas à pesquisa e manipulação de material genético.

Está correto o que se afirma APENAS em

A) I, II e III.

B) III, IV e V.

C) II, IV e V.

D) I, III e IV.

E) I, II e V."

Gabarito: letra "e".

CAPÍTULO III
Política Nacional do Meio Ambiente (Lei nº 6.938, de 31 de agosto de 1981)

Dispõe sobre a Política Nacional do Meio Ambiente, seus fins e mecanismos de formulação e aplicação, e dá outras providências.

Art. 1º – Esta lei, com fundamento nos incisos VI e VII do art. 23 e no art. 225 da Constituição, **estabelece a Política Nacional do Meio Ambiente**, seus fins e mecanismos de formulação e aplicação, constitui o Sistema Nacional do Meio Ambiente (SISNAMA) e institui o Cadastro de Defesa Ambiental.

1. Norma geral sobre proteção ambiental

A Política Nacional do Meio Ambiente, instituída pela **Lei 6.938, de 31 de agosto de 1981**, recepcionada pela Constituição da República de 1988, afigura-se como norma geral sobre proteção ambiental, estabelecendo princípios, objetivos e instrumentos para a implementação da preservação dos recursos naturais no País, além de instituir o Sistema Nacional do Meio Ambiente – SISNAMA.

Aplicação em concurso:

- **(Juiz Federal – TRF 5ª Região 2011 – CESPE)**

  "As diretrizes da PNMA, dispostas na Lei nº 6.938/1981, orientam a ação do governo federal no que se refere à qualidade ambiental e à manutenção do equilíbrio ecológico, cabendo aos estados, ao DF e aos municípios, no exercício de sua autonomia político-legislativa, estabelecer livremente as normas e os planos ambientais por meio de leis próprias."

  A afirmativa está errada. Estados, DF e municípios devem observar as normas gerais estabelecidas pela Lei 6.938/81.

2. Artigo 23 da Constituição de 1988

Art. 23. É competência comum da União, dos Estados, do Distrito Federal e dos Municípios:

(...)

VI – proteger o meio ambiente e combater a poluição em qualquer de suas formas;

VII – preservar as florestas, a fauna e a flora;

Como analisado no Capítulo II, a ***competência material comum*** é atribuída simultaneamente à União, Estados, DF e Municípios, através do art. 23 da CRFB/1988, no intuito de promover a execução de diretrizes, políticas e preceitos relativos à proteção do meio ambiente, bem como para exercer o poder de polícia ambiental. Trata-se de competência material comum repartida entre todos os entes da federação para o cumprimento de tarefas em forma de cooperação. A atribuição dessa competência a vários entes da federação é justificada pela sobreposição de interesses acerca do tema.

Cabe, portanto, à União, aos Estados, ao Distrito Federal e aos Municípios implementar a política nacional do meio ambiente e, para o exercício dessa competência administrativa, deverão observar os princípios, objetivos e instrumentos instituídos pela Lei 6.938/81, diploma normativo que estabelece os padrões mínimos a serem especificados no âmbito da territorialidade de cada ente da federação.

DA POLÍTICA NACIONAL DO MEIO AMBIENTE

Art. 2º – A **Política Nacional do Meio Ambiente** tem por **objetivo a preservação, melhoria e recuperação da qualidade ambiental propícia à vida**, visando assegurar, no País, **condições ao desenvolvimento sócio-econômico**, aos **interesses da segurança nacional** e à **proteção da dignidade da vida humana**, atendidos os seguintes **princípios:**

I – **ação governamental** na manutenção do equilíbrio ecológico, considerando o meio ambiente como um patrimônio público a ser necessariamente assegurado e protegido, tendo em vista o uso coletivo;

II – **racionalização do uso** do solo, do subsolo, da água e do ar;

III – **planejamento e fiscalização** do uso dos recursos ambientais;

IV – **proteção dos ecossistemas**, com a preservação de áreas representativas;

V – **controle e zoneamento** das atividades potencial ou efetivamente poluidoras;

VI – **incentivos ao estudo e à pesquisa** de tecnologias orientadas para o uso racional e a proteção dos recursos ambientais;

VII – **acompanhamento do estado** da qualidade ambiental;

VIII – **recuperação** de áreas degradadas;

IX – **proteção de áreas** ameaçadas de degradação;

X – **educação ambiental** a todos os níveis de ensino, inclusive a educação da comunidade, objetivando capacitá-la para participação ativa na defesa do meio ambiente.

1. Objetivo geral da Política Nacional do Meio Ambiente

No artigo 2º, *caput*, a Lei de Política Nacional do Meio Ambiente (**LPNMA**) estabelece como **objetivo geral** "a preservação, melhoria e recuperação da qualidade ambiental propícia à vida" para, em seguida, no artigo 4º, estabelecer seus **objetivos específicos**.

2. "Princípios" da LPNMA

Os incisos do artigo 2º relacionam, sobretudo, programas, metas ou modalidades de ação, e não verdadeiramente "princípios", como normalmente estamos habituados a analisar. De acordo com Milaré[1] "os princípios da Política Nacional do Meio Ambiente não se confundem nem se identificam com os princípios de Direito do Ambiente" (analisados no Cap. I). "São formulações distintas, embora convirjam para o mesmo grande alvo, a qualidade ambiental e a sobrevivência do Planeta; por conseguinte, eles não poderão ser contraditórios."

Aplicação em concurso:

- **(Magistratura Estadual RJ 2017 – CESPE – adaptada)**

  "A recuperação de áreas degradadas é exigida das mineradoras por previsão constitucional expressa e, sob aspectos gerais, é prevista na lei como um dos princípios da PNMA."

  A afirmativa está correta. Vide o art. 225, § 2º da CRFB/1988 e o art. 2º, VIII da Lei de Política Nacional do Meio Ambiente (Lei 6.938/1981).

- **(MPE/SC 2014 – FEPESE)**

  "O objetivo geral da Política Nacional do Meio Ambiente divide-se em preservação, melhoramento e recuperação do meio ambiente, visando compatibilizar o desenvolvimento econômico-social com a preservação da qualidade do meio ambiente e do equilíbrio ecológico."

  A afirmativa está correta.

---

1. MILARÉ, 2007. p. 315.

- **(Magistratura Estadual CE 2014 – FCC)**

  "A Política Nacional do Meio Ambiente tem por objetivo a preservação, melhoria e recuperação da qualidade ambiental propícia à vida, visando assegurar no País

  A) o aparelhamento do Estado no controle das atividades poluidoras e degradadoras, principalmente do bioma amazônico.

  B) condições ao desenvolvimento socioeconômico, aos interesses da segurança nacional e à proteção da dignidade da vida humana.

  C) a estabilidade agrícola.

  D) a permanência de espécies ameaçadas de extinção.

  E) a livre concorrência sustentável."

  Gabarito: letra "b".

- **(Procurador AL SP 2010 – FCC)**

  "Os princípios gerais da Política Nacional do Meio Ambiente têm por objetivo a preservação, a melhoria e a recuperação da qualidade ambiental propícia à vida, visando assegurar, no País, condições ao desenvolvimento socioeconômico, aos interesses da segurança nacional e à proteção da dignidade da vida humana. Não se insere, dentre esses princípios,

  A) o planejamento e a fiscalização do uso dos recursos ambientais e a proteção de áreas ameaçadas de degradação.

  B) o acompanhamento pelo estado da qualidade ambiental e a proteção dos ecossistemas, com a preservação de áreas representativas.

  C) o controle e o mapeamento das atividades e serviços dos entes federados, ainda que não potencial ou efetivamente poluidoras.

  D) a incentivo ao estudo e à pesquisa de tecnologias orientadas para o uso racional e a proteção dos recursos ambientais.

  E) a racionalização do uso do solo, do subsolo, da água e do ar e a recuperação de áreas degradadas."

  Gabarito: letra "c"

Art. 3º – Para os fins previstos nesta Lei, entende-se por:

I – **meio ambiente**, o conjunto de condições, leis, influências e interações de ordem física, química e biológica, que permite, abriga e rege a vida em todas as suas formas;

II – **degradação da qualidade ambiental**, a alteração adversa das características do meio ambiente;

III – **poluição,** a degradação da qualidade ambiental resultante de atividades que direta ou indiretamente:

a) prejudiquem a saúde, a segurança e o bem-estar da população;

b) criem condições adversas às atividades sociais e econômicas;

c) afetem desfavoravelmente a biota;

d) afetem as condições estéticas ou sanitárias do meio ambiente;

e) lancem matérias ou energia em desacordo com os padrões ambientais estabelecidos;

IV – **poluidor,** a pessoa física ou jurídica, de direito público ou privado, responsável, direta ou indiretamente, por atividade causadora de degradação ambiental;

V – **recursos ambientais**: a atmosfera, as águas interiores, superficiais e subterrâneas, os estuários, o mar territorial, o solo, o subsolo, os elementos da biosfera, a fauna e a flora.

1. O artigo 3º apresenta uma série de **definições e conceitos** relevantes para a compreensão não somente da Lei 6.938/81, mas também de outras importantes normas ambientais. A Lei 9.985/00 (Sistema Nacional de Unidades de Conservação), por exemplo, utiliza-se da expressão "degradação ambiental" em seu artigo 22-A, cujo conceito é apresentado pelo artigo 3º, II, da Lei 6.938/81.

2. Meio ambiente

O conceito de meio ambiente disposto no inciso I deve ser interpretado de forma abrangente, em consonância com a Constituição de 1988, no sentido de inserir os aspectos sociais, culturais e econômicos, além dos aspectos de ordem física, química e biológica, expressamente mencionados. O entendimento de "meio ambiente" deve ser amplo, aglutinador, envolvendo e interconectando os aspectos biológicos, físicos, econômicos, sociais, culturais, enfim, os aspectos que conjuntamente formam o "ambiente" (*vide* o princípio do desenvolvimento sustentável: Cap. I, item II). A resolução CONAMA 306/2002, por exemplo, expressamente conceitua "meio ambiente" como sendo o "conjunto de condições, leis, influências e interações de ordem **física, química, biológica, social, cultural e urbanística**, que permite, abriga e rege a vida em todas as suas formas".

De acordo com a doutrina[2], podemos classificar o meio ambiente em:

a) **meio ambiente natural**: ou também chamado de físico, constituído pelo solo, água, ar, flora, fauna;

b) **meio ambiente cultural (arts. 215 e 216 da CRFB/1988):** integrado pelo patrimônio histórico, artístico, arqueológico, paisagístico e turístico;

c) **meio ambiente artificial (arts. 182; 183 da CRFB/1988):** consubstanciado no conjunto de edificações (espaço urbano) e equipamentos públicos (ruas, praças, áreas verdes, etc)

d) **meio ambiente do trabalho (arts. 7º, XXII; 200, VIII da CRFB/1988):** integra a proteção do homem em seu local de trabalho, com observância às normas de segurança. Envolve saúde, prevenção de acidentes, dignidade da pessoa humana, salubridade e condições de exercício saudável do trabalho.

2.1. Jurisprudência

O **STF** também adotou esta classificação:

"(...) a atividade econômica, considerada a disciplina constitucional que a rege, está subordinada, dentre outros princípios gerais, àquele que privilegia a "defesa do meio ambiente" (CRFB/1988, art. 170, VI), que traduz conceito amplo e abrangente das noções de **meio ambiente natural**, de **meio ambiente cultural**, de **meio ambiente artificial** (espaço urbano) e de **meio ambiente laboral**. Os instrumentos jurídicos de caráter legal e de natureza constitucional objetivam viabilizar a tutela efetiva do meio ambiente, para que não se alterem as propriedades e os atributos que lhe são inerentes, o que provocaria inaceitável comprometimento da saúde, segurança, cultura, trabalho e bem-estar da população, além de causar graves danos ecológicos ao patrimônio ambiental, considerado este em seu aspecto físico ou natural." (**STF**, ADI 3.540-MC, Rel. Min. Celso de Mello, DJ 03/02/06)

Aplicação em concurso:

- **(Magistratura Estadual ES 2012 – CESPE)**

  "Com relação ao conceito de meio ambiente e dano ambiental, assinale a opção correta.

  A) Conforme o Protocolo de Cartagena, dano ambiental é o prejuízo causado ao ambiente, que é definido, segundo o referido acordo, como

2. Nesse sentido: FIORILLO, 2007. p. 22 a 25.

conjunto dinâmico e interativo que compreende a cultura, a natureza e as construções humanas.

B) Dano ambiental é todo impacto causado ao ambiente, que é caracterizado como o conjunto de elementos bióticos e abióticos que interagem e mutuamente influenciam a dinâmica dos sistemas autopoiéticos.

C) Meio ambiente é definido como o conjunto de interações, condições, leis e influências físicas e bioquímicas que origina e mantém a vida em todas as suas formas, e dano ambiental, como o prejuízo transgeracional, de acordo com a PNMA.

D) A definição legal de meio ambiente encontra-se no próprio texto constitucional, que se refere ao ambiente cultural, natural, artificial e do trabalho; o conceito legal de dano ambiental, fundado na teoria do risco, materializa-se no conceito de ecocídio: sendo o direito ao ambiente ecologicamente equilibrado direito fundamental do ser humano, as condutas lesivas ao ambiente devem ser consideradas crimes contra a humanidade.

E) Meio ambiente é definido como o conjunto de condições, leis, influências e interações de ordem física, química e biológica que permite, abriga e rege a vida em todas as suas formas; a definição de dano ambiental infere-se a partir dos conceitos legais de poluição e degradação."

Gabarito: letra "e".

- **(AGU-Procurador Federal 2010 – CESPE)**

  "O meio ambiente é um direito difuso, direito humano fundamental de terceira geração, mas não é classificado como patrimônio público."

  A afirmativa está errada. O meio ambiente é classificado como patrimônio público, de acordo com o artigo 2º, I, da Lei 6.938/81.

- **(Procurador do Município de Natal – 2008 – CESPE)**

  "A CF dispõe que o meio ambiente não se limita apenas ao conjunto formado por solo, água, ar atmosférico, flora e fauna, mas envolve também todos os elementos responsáveis pelo equilíbrio dinâmico entre os seres vivos e o meio em que estes vivem, formando o meio ambiente natural. A CF ainda define

I. o meio ambiente cultural, composto pelo patrimônio histórico, artístico, arqueológico, paisagístico, turístico e científico e pelas sínteses culturais que integram o universo das práticas sociais das relações de intercâmbio entre o homem e a natureza.

II. o meio ambiente artificial, constituído de edificações, equipamentos, rodovias e demais elementos que formam o espaço urbano.

III. o meio ambiente do trabalho, formado pelo conjunto dos bens, instrumentos, interações antrópico-societárias de natureza material e imaterial a partir das quais o proletariado exerce as suas atividades laborais.

Assinale a opção correta.

A) Apenas o item I está certo.

B) Apenas o item III está certo.

C) Apenas os itens I e II estão certos.

D) Apenas os itens II e III estão certos."

Gabarito: letra "a".

*"**Comentário:** esta questão foi objeto de recurso por parte de vários candidatos. Inicialmente o gabarito tratava a letra "c" como correta. Posteriormente, foi alterada para a letra "a". Veja as justificativas apresentadas pelo CESPE: "Questão 58 – alterada de "c" para "a". A partir de 1988, quando a CF estabeleceu que "todos têm direito a um meio ambiente ecologicamente equilibrado", é que tal aspecto se constitui em "um bem de uso comum do povo". A Carta Magna não está se referindo apenas aos recursos naturais (água, solo, ar, fauna, flora, etc.), mas a um conceito mais amplo e abrangente, que "tutela a vida em todas as suas formas", contemplando componentes artificiais, tais como, ruas, praças, bens culturais artificiais, dentre outros. Esse novo conceito de meio ambiente inclui o que se chama de "meio ambiente artificial", responsável pelo ecossistema social, e tem a responsabilidade de proteção dos componentes artificiais urbanos. Além disso, tem influência direta na qualidade de vida das pessoas. No entanto, a utilização do termo "define", no enunciado da questão, apenas pode ser buscado se for conjugado com o disposto no estatuto das cidades e, ainda, de acordo com conceitos doutrinários. Assim sendo, como a questão se referiu expressamente ao conceito contido na CF, não é possível realizar uma interpretação extensiva."*

- **(Juiz Federal da 4ª Região – 2004 – CESPE)**

"O meio ambiente cultural é constituído pelo patrimônio artístico, histórico, turístico, paisagístico, arqueológico, espeleológico e cultural, que envolve bens de natureza material e imaterial, considerados individualmente ou em conjunto, portadores de referência à identidade, à ação, à memória dos diferentes grupos formadores da sociedade. Um instrumento de sua proteção é o tombamento, do qual se valeram a UNESCO e o governo brasileiro para preservar o Plano Piloto de Brasília, considerado patrimônio histórico da humanidade."

A afirmativa está correta. Importante lembrar que o Decreto-Lei 25/1937, que organiza a proteção do patrimônio histórico e artístico nacional, dispõe que "são também sujeitos a tombamento os monumentos naturais, bem como os sítios e paisagens que importe conservar e proteger pela feição notável com que tenham sido dotados pela natureza ou agenciados pela indústria humana.[3]"

3. Poluidor

O conceito de "poluidor" abrange pessoas **físicas**, pessoas **jurídicas** de **direito privado** (ex: empresas), pessoas jurídicas de **direito público** (ex: entes federados), e é relevante para a análise de temas como a responsabilidade civil por dano ao meio ambiente (*vide* comentários ao art. 14). Importante ressaltar ainda que poluidor é aquele responsável **direta ou indiretamente** pela degradação ambiental, o que amplia ainda mais o conceito e, consequentemente, o rol de responsáveis pelos danos ambientais.

Para o fim de apuração do nexo de causalidade no dano ambiental e de eventual solidariedade passiva, equiparam-se quem faz, quem não faz quando deveria fazer, quem não se importa que façam, quem cala quando lhe cabe denunciar, quem financia para que façam e quem se beneficia quando outros fazem.[4]

À guisa de exemplo, no caso de dano ambiental causado por um particular (responsável direto) a um espaço especialmente protegido, como uma unidade de conservação da natureza, o Estado poderá responder solidariamente na esfera cível caso reste comprovado que ele tenha sido omisso em seu dever de controle e fiscalização, contribuindo assim, ao menos indiretamente, para a ocorrência do dano ambiental.[5] Nesse caso, tanto o responsável direto (particular) quanto o indireto (Estado) poderão figurar no polo passivo de uma ação civil de reparação de dano ao meio ambiente.

Aplicação em concurso:

- **(MPE/SP 2013 – Vunesp)**

  "Para os fins da Lei n.º 6.938, de 31 de agosto de 1981, que dispõe sobre a Política Nacional do Meio Ambiente, entende-se por

I. meio ambiente o conjunto de condições, leis, influências e interações de ordem física, química, estética, urbana e paisagística que permite, abriga e rege a vida em todas as suas formas;

---

3. Art. 1º, parágrafo 2º, do Decreto-Lei 25/1937.
4. STJ. REsp 1.071.741/SP. Rel Min. Herman Benjamin. Publ. DJe 16/12/2010.
5. Nesse sentido, *vide* decisão do STJ no REsp 1.071.741/SP. Rel Min. Herman Benjamin. Publ. DJe 16/12/2010.

II. poluidor a pessoa física ou jurídica, de direito público ou privado, responsável, direta ou indiretamente, por atividade causadora de degradação ambiental;

III. poluição a degradação da qualidade ambiental resultante de atividades que direta ou indiretamente, entre outras, prejudiquem a saúde, a segurança e o bem-estar da população e criem condições adversas às atividades sociais e econômicas;

IV. degradação da qualidade ambiental a alteração, adversa ou não, das características do meio ambiente;

V. recursos ambientais a atmosfera, as águas interiores, superficiais e subterrâneas, os estuários, o mar territorial, o solo, o subsolo, os elementos da biosfera, a fauna e a flora.

Está CORRETO somente o contido nos itens

A) I, II e IV.

B) III, IV e V.

C) II, III e V.

D) II, III e IV.

E) I, IV e V."

Gabarito: letra "c", nos termos do art. 3º da Lei 6.938/81.

- **(MPE/SE/Promotor/2010)**

  "Poluição e poluidor são conceitos doutrinários não definidos na lei da PNMA."

  A afirmativa está errada.

DOS OBJETIVOS DA POLÍTICA NACIONAL DO MEIO AMBIENTE

Art. 4º – A Política Nacional do Meio Ambiente **visará**:

I – à **compatibilização do desenvolvimento econômico-social** com a **preservação da qualidade do meio ambiente** e do equilíbrio ecológico;

II – à **definição de áreas prioritárias** de ação governamental relativa à qualidade e ao equilíbrio ecológico, atendendo aos interesses da União, dos Estados, do Distrito Federal, dos Territórios e dos Municípios;

III – ao **estabelecimento de critérios e padrões de qualidade ambiental** e de normas relativas ao uso e manejo de recursos ambientais;

IV – **ao desenvolvimento de pesquisas e de tecnologias** nacionais orientadas para o uso racional de recursos ambientais;

V – à **difusão de tecnologias de manejo do meio ambiente**, à divulgação de dados e informações ambientais e à formação de uma consciência pública sobre a necessidade de preservação da qualidade ambiental e do equilíbrio ecológico;

VI – à **preservação e restauração dos recursos ambientais** com vistas à sua utilização racional e disponibilidade permanente, concorrendo para a manutenção do equilíbrio ecológico propício à vida;

VII – à **imposição, ao poluidor e ao predador, da obrigação de recuperar e/ou indenizar os danos causados** e, ao usuário, da contribuição pela utilização de recursos ambientais com fins econômicos.

1. Objetivos específicos da política nacional do meio ambiente (art. 4º)

I. à compatibilização do desenvolvimento econômico-social com a preservação da qualidade do meio ambiente e do equilíbrio ecológico;

Os três pilares do conceito de desenvolvimento sustentável despontam de forma clara no inciso I: o desenvolvimento econômico, a equidade social e a preservação do meio ambiente (*vide* Cap. I, item II).

Aplicação em concurso:

- **(MPE/SE/Promotor/2010 – CESPE)**

  "É objetivo da PNMA a compatibilização do desenvolvimento econômico-social com a preservação da qualidade do meio ambiente e do equilíbrio ecológico."

  A afirmativa está correta.

II. à definição de áreas prioritárias de ação governamental relativa à qualidade e ao equilíbrio ecológico, atendendo aos interesses da União, dos Estados, do Distrito Federal, dos Territórios e dos Municípios;

De acordo com o princípio da obrigatoriedade de intervenção estatal, é dever do Poder Público defender e preservar o meio ambiente (art. 225, caput, da CR 88). A partir da Constituição de 1988, uma das principais funções estatais é a de planejamento (art. 174, caput, CR 88) e, de acordo com uma interpretação sistêmica da Carta Magna, o "planejamento sustentável" deve ocorrer através da elaboração de políticas públicas de preservação ambiental e da definição de áreas prioritárias de ação governamental em matéria ambiental.

III. ao estabelecimento de critérios e padrões de qualidade ambiental e de normas relativas ao uso e manejo de recursos ambientais;

O estabelecimento de padrões de qualidade ambiental seria, grosso modo, a definição da linha divisória entre o impacto ambiental tolerável pela coletividade e o dano ambiental. Definidos através de estudos técnicos específicos para cada tipo de atividade e inseridos nas normas ambientais, são eles essenciais para possibilitar a responsabilização dos agentes degradadores do meio ambiente (*vide* comentários ao art. 9º, item 1.1).

IV. ao desenvolvimento de pesquisas e de tecnologias nacionais orientadas para o uso racional de recursos ambientais;

Mais uma vez destaca-se a importância da atuação do Estado como agente normativo e regulador, exercendo as funções de incentivo e planejamento (art. 174, *caput*, CRFB/1988). O Estado, utilizando-se de instrumentos econômicos, pode incentivar o desenvolvimento de pesquisas e tecnologias orientadas para o uso racional de recursos naturais, caso não as desenvolva diretamente através de seus órgãos, contribuindo assim para a implementação do desenvolvimento sustentável.

V. à difusão de tecnologias de manejo do meio ambiente, à divulgação de dados e informações ambientais e à formação de uma consciência pública sobre a necessidade de preservação da qualidade ambiental e do equilíbrio ecológico;

Três importantes princípios de Direito Ambiental estruturam o inciso V do art. 4º, da LPNMA: os princípios da informação, da educação ambiental e da participação (*vide* Cap. I, itens VIII, IX e X). Um Estado socioambiental de Direito depende da participação popular, que complementa a atuação estatal em prol da preservação do meio ambiente. Todavia, a participação popular na defesa ambiental depende da formação de uma consciência pública que, por sua vez, está diretamente ligada à educação ambiental e à divulgação de dados e informações ambientais.

VI. à preservação e restauração dos recursos ambientais com vistas à sua utilização racional e disponibilidade permanente, concorrendo para a manutenção do equilíbrio ecológico propício à vida;

A Lei de Política Nacional do Meio Ambiente, seguindo a tendência do Direito Ambiental Internacional, insere como um de seus objetivos a preservação dos recursos ambientais. Tendo em vista a vulnerabilidade do meio ambiente, o objetivo é evitar a concretização do dano ambiental. Trata-se da aplicação dos princípios da prevenção e da precaução (*vide* Cap. I, item IV).

Já nos casos de impacto ao meio ambiente, de acordo com a PNMA, buscar-se-á a **restauração** dos recursos, ou seja, deve-se tentar recompor, restituir o ecossistema degradado o mais próximo possível da sua condição original.

VII. à imposição, ao poluidor e ao predador, da obrigação de recuperar e/ou indenizar os danos causados e, ao usuário, da contribuição pela utilização de recursos ambientais com fins econômicos.

A recomposição integral do meio ambiente degradado é, muitas vezes, inviável, em decorrência da fragilidade do ecossistema. Assim, caso não seja possível restaurar os recursos ambientais degradados, ao poluidor será imposta a obrigação de **recuperar** os danos causados, na maior medida possível, ou seja, de restituir o ecossistema a uma condição não degradada, que pode até mesmo ser diferente de sua condição original.

Caso o dano seja irrecuperável, caberá ao poluidor **indenizar** os danos causados por meio do pagamento de um montante em dinheiro, que deverá ser revertido à preservação do meio ambiente. Trata-se da responsabilização civil do poluidor pelo dano ambiental causado (*vide* comentários ao art. 14) e da aplicação do princípio do poluidor-pagador (*vide* Cap. I, item V).

Já o usuário de recursos naturais deverá contribuir pela utilização dos mesmos (princípio do usuário-pagador). Como analisado no Capítulo I (item VI), a ideia é de definição de valor econômico ao bem natural com intuito de racionalizar o seu uso e evitar seu desperdício. A apropriação desses recursos por parte de um ou de vários indivíduos, públicos ou privados, devem proporcionar à coletividade o direito a uma compensação financeira pela utilização de recursos naturais, bens de uso comum.

▶ **STJ:**

> **ACP. DANO AMBIENTAL. REFLORESTAMENTO.** Na origem, o MP estadual, ora recorrente, ajuizou ação civil pública (ACP) em desfavor do ora recorrido. Argumenta o MP que o recorrido desmatou área de um hectare de mata nativa de cerrado. Em função disso, pleiteia a sua condenação a pagar indenização, a reflorestar a área danificada, não mais proceder à intervenção da área e averbar a reserva legal na propriedade. A sentença julgou parcialmente procedentes os pedidos; não determinou, contudo, a indenização pecuniária pelo

dano causado, o que também foi negado em sede de apelação. Daí, a questão dirimida no REsp estava em saber se é possível cumular ordem para que o responsável promova a recuperação de área desmatada e seja condenado a reparar, em dinheiro, o dano causado ao meio ambiente. Inicialmente, observou a Min. Relatora ser a Segunda Seção deste Superior Tribunal competente para processar e julgar causas nas quais se discute responsabilidade civil, salvo a do Estado. Desse modo, entendeu ser possível, em **ACP ambiental, a cumulação de pedidos de condenação à obrigação de fazer (reflorestamento de área) e de pagamento pelo dano material causado.** Assinalou que o mecanismo processual da ACP é adequado para que se pleiteiem, cumulativamente, a reparação pecuniária do dano causado e o cumprimento de obrigação de fazer tendente à recuperação da área atingida pelo desmatamento. Assim, tanto pelo ponto de vista do Direito processual, como do Direito material, entendeu ser cabível a reforma do acórdão recorrido. Diante disso, a Turma conheceu parcialmente do recurso e, na parte conhecida, deu-lhe provimento. (STJ. REsp 1.181.820-MG, Rel. Min. Nancy Andrighi, julgado em 7/10/2010. Informativo 450, STJ).

Aplicação em concurso:

- **(Magistratura Estadual RJ 2017 – CESPE – adaptada)**

  "São metas da PNMA o estabelecimento de padrões de qualidade ambiental e o incentivo à criação de tecnologia voltada para a melhoria da qualidade ambiental."

  A afirmativa está errada. O estabelecimento de padrões de qualidade ambiental é objetivo da PNMA (e não meta). Os incentivos à produção e instalação de equipamentos e a criação ou absorção de tecnologia, voltados para a melhoria da qualidade ambiental, são instrumentos da PNMA (art. 9º, V, Lei 6938/81).

- **(PGE/MG 2012 – Fumarc)**

  "Acerca da Política Nacional do Meio Ambiente, assinale a alternativa INCORRETA:

  A) A Política Nacional do Meio Ambiente tem por objetivo a preservação, melhoria e recuperação da qualidade ambiental propícia à vida, visando assegurar, no País, condições ao desenvolvimento sócio-econômico, aos interesses da segurança nacional e à proteção da dignidade da vida humana.

  B) Meio ambiente é o conjunto de condições, leis, influências e interações de ordem física, química e biológica, que permite, abriga e rege a vida em todas as suas formas.

C) É competência concorrente da União, dos Estados, do Distrito Federal e dos Municípios proteger o meio ambiente e combater a poluição em qualquer de suas formas.

D) Poluidor é a pessoa física ou jurídica, de direito público ou privado, responsável, direta ou indiretamente, por atividade causadora de degradação ambiental.

E) A Política Nacional do Meio Ambiente visará à compatibilização do desenvolvimento econômico-social com a preservação da qualidade do meio ambiente e do equilíbrio ecológico."

Gabarito: letra "C".

- **(Advogado do BDMG 2011 – FUMARC)**

Dentre outras medidas, a Política Nacional do Meio Ambiente visará, EXCETO:

A) à compatibilização do desenvolvimento econômico-social com a preservação da qualidade do meio ambiente e do equilíbrio ecológico.

B) à definição de áreas prioritárias de ação governamental relativa à qualidade e ao equilíbrio ecológico, atendendo aos interesses municipais e de cada cidadão.

C) ao estabelecimento de critérios e padrões da qualidade ambiental e de normas relativas ao uso e manejo de recursos ambientais.

D) ao desenvolvimento de pesquisas e de tecnologias nacionais orientadas para o uso racional de recursos ambientais.

Gabarito: letra "b" (nos termos do art. 4º da Lei 6.938/81).

Art. 5º – As diretrizes da Política Nacional do Meio Ambiente serão formuladas em normas e planos, destinados a orientar a ação dos Governos da União, dos Estados, do Distrito Federal, dos Territórios e dos Municípios no que se relaciona com a preservação da qualidade ambiental e manutenção do equilíbrio ecológico, observados os princípios estabelecidos no art. 2º desta Lei.

Parágrafo único – As atividades empresariais públicas ou privadas serão exercidas em consonância com as diretrizes da Política Nacional do Meio Ambiente.

DO SISTEMA NACIONAL DO MEIO AMBIENTE

Art. 6º – Os órgãos e entidades da União, dos Estados, do Distrito Federal, dos Territórios e dos Municípios, bem como as fundações instituídas pelo Poder Público, responsáveis pela proteção e melhoria da qualidade ambiental, constituirão o Sistema Nacional do Meio Ambiente – SISNAMA, assim estruturado:

I – **órgão superior**: o Conselho de Governo, com a função de assessorar o Presidente da República na formulação da política nacional e nas diretrizes governamentais para o meio ambiente e os recursos ambientais;

II – **órgão consultivo e deliberativo**: o Conselho Nacional do Meio Ambiente (CONAMA), com a finalidade de assessorar, estudar e propor ao Conselho de Governo, diretrizes de políticas governamentais para o meio ambiente e os recursos naturais e deliberar, no âmbito de sua competência, sobre normas e padrões compatíveis com o meio ambiente ecologicamente equilibrado e essencial à sadia qualidade de vida;

III – **órgão central**: a Secretaria do Meio Ambiente da Presidência da República, com a finalidade de planejar, coordenar, supervisionar e controlar, como órgão federal, a política nacional e as diretrizes governamentais fixadas para o meio ambiente;

IV – órgãos executores: o Instituto Brasileiro do Meio Ambiente e dos Recursos Naturais Renováveis – IBAMA e o Instituto Chico Mendes de Conservação da Biodiversidade – Instituto Chico Mendes, com a finalidade de executar e fazer executar a política e as diretrizes governamentais fixadas para o meio ambiente, de acordo com as respectivas competências;

V – **órgãos seccionais**: os órgãos ou entidades estaduais responsáveis pela execução de programas, projetos e pelo controle e fiscalização de atividades capazes de provocar a degradação ambiental;

VI – **órgãos locais**: os órgãos ou entidades municipais, responsáveis pelo controle e fiscalização dessas atividades, nas suas respectivas jurisdições;

§ 1º Os Estados, na esfera de suas competências e nas áreas de sua jurisdição, elaborarão normas supletivas e complementares e padrões relacionados com o meio ambiente, observados os que forem estabelecidos pelo CONAMA.

§ 2º Os Municípios, observadas as normas e os padrões federais e estaduais, também poderão elaborar as normas mencionadas no parágrafo anterior.

§ 3º Os órgãos central, setoriais, seccionais e locais mencionados neste artigo deverão fornecer os resultados das análises efetuadas e sua fundamentação, quando solicitados por pessoa legitimamente interessada.

§ 4º De acordo com a legislação em vigor, é o Poder Executivo autorizado a criar uma Fundação de apoio técnico científico às atividades do IBAMA.

1. Finalidade do SISNAMA

A finalidade da criação de um Sistema Nacional de Meio Ambiente é estabelecer uma rede de agências governamentais, nos diversos níveis da federação, visando a assegurar mecanismos capazes de, eficientemente, implementar a política nacional do meio ambiente.

▶ **Atenção:** a LPNMA inclui como integrantes do SISNAMA também os órgãos estaduais (seccionais) e municipais (locais), e não apenas órgãos da União.

Aplicação em concurso:

- **(MPE/SE/Promotor/2010 – CESPE)**

  "O SISNAMA congrega os órgãos e as instituições ambientais da União, dos estados e dos municípios; o DF não compõe esse sistema."

  A afirmativa está errada.

- **(Ministério Público/AM 2007 – CESPE)**

  "O SISNAMA é constituído pelos órgãos e entidades da União, dos estados, do DF e dos municípios e pelas fundações instituídas pelo poder público, responsáveis pela proteção e melhoria da qualidade ambiental."

  A afirmativa está correta. Importante destacar que questão idêntica foi cobrada pelo CESPE no concurso para a magistratura federal 2009 (TRF 5ª Região).

- **(Ministério Público/AM 2007 – CESPE)**

  "O SISNAMA possui estrutura federativa."

  A afirmativa está correta.

2. Estrutura do SISNAMA

▶ **Atenção:** à estrutura administrativa do SISNAMA e à função de cada órgão (incisos I a VI).

Estrutura do Sistema Nacional do Meio Ambiente (SISNAMA)		
Órgão(s) do SISNAMA	Composição	Função e/ou finalidade
Órgão Superior	Conselho de Governo	Assessorar o Presidente da República na formulação da política nacional e nas diretrizes governamentais para o meio ambiente e os recursos ambientais.

Estrutura do Sistema Nacional do Meio Ambiente (SISNAMA)		
Órgão Consultivo e Deliberativo	Conselho Nacional do Meio Ambiente (CONAMA)	Assessorar, estudar e propor ao Conselho de Governo, diretrizes de políticas governamentais para o meio ambiente e os recursos naturais e deliberar, no âmbito de sua competência, sobre normas e padrões compatíveis com o meio ambiente ecologicamente equilibrado e essencial à sadia qualidade de vida.
Órgão Central	Secretaria do Meio Ambiente da Presidência da República[6]	Planejar, coordenar, supervisionar e controlar, como órgão federal, a política nacional e as diretrizes governamentais fixadas para o meio ambiente.
Órgãos Executores	Instituto Brasileiro do Meio Ambiente e dos Recursos Naturais Renováveis (IBAMA) e o Instituto Chico Mendes de Conservação da Biodiversidade (Instituto Chico Mendes).[7]	Executar e fazer executar a política e as diretrizes governamentais fixadas para o meio ambiente, de acordo com as respectivas competências.
Órgãos Seccionais	Órgãos ou entidades estaduais	Responsáveis pela execução de programas, projetos e pelo controle e fiscalização de atividades capazes de provocar a degradação ambiental.
Órgãos Locais	Órgãos ou entidades municipais	Responsáveis pelo controle e fiscalização dessas atividades, nas suas respectivas jurisdições.

Aplicação em concurso:

- **(MPE/SE/Promotor/2010 – CESPE)**

  O SISNAMA possui dois órgãos superiores e cinco órgãos locais.

  A afirmativa está errada.

6. A Secretaria do Meio Ambiente da Presidência da República (SEMA) foi transformada em Ministério do Meio Ambiente por força do artigo 21 da Lei n. 8.490/92.
7. Decreto 99.274/1990, art. 3º, IV (com redação dada pelo Decreto 6.792/2009).

- **(Procurador do Estado do Amapá 2006 – CESPE)**

  "Compõem o SISNAMA: o Conselho de Governo, a Câmara de Políticas dos Recursos Naturais, o Grupo Executivo do Setor Pesqueiro (GESPE), o Conselho Nacional de Meio Ambiente (CONAMA), o Instituto Brasileiro de Meio Ambiente e dos Recursos Naturais Renováveis (IBAMA), o Conselho Nacional da Amazônia Legal e o Conselho Nacional da Mata Atlântica."

  A afirmativa está incorreta.

2.1. Órgão superior: o Conselho de Governo

Órgão de assessoramento imediato ao Presidente da República na formulação da política nacional e nas diretrizes governamentais para o meio ambiente.

Aplicação em concurso:

- **(AL/SP/Procurador/2010- FCC)**

  "É órgão superior do Sistema Nacional do Meio Ambiente – Sisnama (Lei nº 6.938/81), com a função de assessorar o Presidente da República na formulação da política nacional e nas diretrizes governamentais para o meio ambiente e os recursos ambientais:

  A) a entidade estadual responsável pela execução de programas ambientais.

  B) a Secretaria do Meio Ambiente da Presidência da República.

  C) o Conselho Nacional do Meio Ambiente – Conama.

  D) o Conselho de Governo.

  E) o Instituto Brasileiro do Meio Ambiente e Recursos Naturais Renováveis – IBAMA."

  Gabarito: letra "d"

2.2. Órgão consultivo e deliberativo: o Conselho Nacional do Meio Ambiente (CONAMA)

▶ **Atenção:** à competência normativa do CONAMA (art. 6º, II; art. 8º).

Tal competência decorre do poder regulamentar da Administração Pública e, portanto, não pode ser confundido com poder legislativo. O CONAMA tem poder regulamentar (e não poder legislativo). Assim, edita normas ambientais complementares à lei, visando à sua fiel execução, não podendo contrariá-la. Nesse sentido afirma José dos Santos

Carvalho Filho[8] que "ao poder regulamentar não cabe contrariar a lei (*contra legem*), pena de sofrer invalidação. Seu exercício somente pode dar-se *secundum legem*, ou seja, em conformidade com o conteúdo da lei e nos limites que esta impuser."[9] Assim, as normas ambientais editadas pelo CONAMA (ex. resoluções) devem estar sempre de acordo com as leis formais ambientais e com a Constituição de 1988.

Estruturalmente o CONAMA compõe-se de[10]:

> I – Plenário;
>
> II – Comitê de Integração de Políticas Ambientais-CIPAM;
>
> III – Câmaras Técnicas-CTs;
>
> IV – Grupos de Trabalho-GTs;
>
> V – Grupos Assessores-GAs; e
>
> VI – Câmara Especial Recursal-CER.

Integram o Plenário do CONAMA[11]:

> I – o Ministro de Estado do Meio Ambiente, que o presidirá;
>
> II – o Secretário-executivo do Ministério do Meio Ambiente, que será o seu secretário-executivo;
>
> III – um representante do Instituto Brasileiro do Meio Ambiente e dos Recursos Naturais Renováveis-IBAMA, e um do Instituto Chico Mendes de Conservação da Biodiversidade;
>
> IV – um representante da Agência Nacional de Águas-ANA;
>
> V – um representante de cada um dos Ministérios, das Secretarias da Presidência da República e dos Comandos Militares do Ministério da Defesa, indicados pelos respectivos titulares;
>
> VI – um representante de cada um dos Governos Estaduais e do Distrito Federal, indicados pelos respectivos governadores;
>
> VII – oito representantes dos Governos Municipais que possuam órgão ambiental estruturado e Conselho de Meio Ambiente com caráter deliberativo, sendo:

8. CARVALHO FILHO, 2008. p 49.
9. Sobre poder regulamentar: STJ, Resp 3.667-SC, 1ª Turma, Rel. Min. Pedro Acioli, 1990.
10. Decreto 99.274/1990, com redação dada pelo Decreto nº 6.792/2009, e alterado em 17/11/2011 pela Portaria 452 do Ministério do Meio Ambiente (art. 2º).
11. Art. 5º, do Decreto 99.274/1990, com nova redação dada pelo artigo 3º da Portaria 452 do Ministério do Meio Ambiente, de 17/11/2011.

a) um representante de cada região geográfica do País;

b) um representante da Associação Nacional de Órgãos Municipais de Meio Ambiente – ANAMMA;

c) dois representantes de entidades municipalistas de âmbito nacional;

VIII – 22 representantes de entidades de trabalhadores e da sociedade civil, sendo:

a) dois representantes de entidades ambientalistas de cada uma das regiões geográficas do País;

b) um representante de entidade ambientalista de âmbito nacional;

c) três representantes de associações legalmente constituídas para a defesa dos recursos naturais e do combate à poluição, de livre escolha do Presidente da República;

d) um representante de entidade profissional, de âmbito nacional, com atuação na área ambiental e de saneamento, indicado pela Associação Brasileira de Engenharia Sanitária e Ambiental – Abes;

e) um representante de trabalhadores indicado pelas centrais sindicais e confederações de trabalhadores da área urbana (Central Única dos Trabalhadores-CUT, Força Sindical, Confederação Geral dos Trabalhadores-CGT, Confederação Nacional dos Trabalhadores na Indústria-CNTI e Confederação Nacional dos Trabalhadores no Comércio-CNTC), escolhido em processo coordenado pela CNTI e CNTC;

f) um representante dos trabalhadores da área rural, indicado pela Confederação Nacional dos Trabalhadores na Agricultura – Contag;

g) um representante das populações tradicionais, escolhido em processo coordenado pelo Centro Nacional de Desenvolvimento Sustentável das Populações Tradicionais-CNPT/IBAMA;

h) um representante da comunidade indígena indicado por entidade que represente os povos indígenas do Brasil;

i) um representante da comunidade científica, indicado pela Sociedade Brasileira para o Progresso da Ciência – SBPC;

j) um representante do Conselho Nacional de Comandantes Gerais das Polícias Militares e Corpos de Bombeiros Militares – CNCG;

k) um representante da Fundação Brasileira para a Conservação da Natureza-FBCN;

IX – oito representantes de entidades empresariais, sendo:

a) três representantes indicados pela Confederação Nacional da Indústria-CNI;

b) um representante indicado pela Confederação Nacional da Agricultura-CNA;

c) dois representantes indicados pela Confederação Nacional do Comércio-CNC;

d) um representante indicado pela Confederação nacional do Transporte-CNT; e

e) um representante indicado pelo Setor Florestal.

X – um membro honorário indicado pelo Plenário.

§ 1º Integram também o Plenário do CONAMA, na condição de conselheiros convidados, sem direito a voto:

I – um representante do Ministério Público Federal;

II – um representante dos Ministérios Públicos Estaduais, indicado pelo Conselho Nacional dos Procuradores-Gerais de Justiça; e

III – um representante da Comissão de Meio Ambiente e Desenvolvimento Sustentável da Câmara dos Deputados.

Aplicação em concurso:

- **(Magistratura Estadual PA 2019 - CESPE)**

  "O CONAMA faz parte do SISNAMA. Considerando-se a composição do SISNAMA e as suas atribuições, é correto afirmar que o CONAMA

  A) tem como finalidade deliberar, no âmbito de sua competência, sobre normas e padrões compatíveis com o meio ambiente ecologicamente equilibrado e essencial à sadia qualidade de vida.

  B) tem a função de assessorar o presidente da República na formulação da política nacional e nas diretrizes governamentais para o meio ambiente e os recursos ambientais.

  C) tem a finalidade de planejar, coordenar, supervisionar e controlar, como órgão federal, a política nacional e as diretrizes governamentais fixadas para o meio ambiente.

  D) é órgão federal que detém a responsabilidade de fazer executar a política e as diretrizes governamentais fixadas para o meio ambiente.

  E) é órgão interestadual que detém a responsabilidade de executar programas e projetos e controlar e fiscalizar atividades capazes de provocar degradação ambiental."

  Gabarito: letra "a"

- **(Juiz Federal – TRF 5ª Região 2009 – CESPE)**

  "Integram o plenário do CONAMA, na qualidade de conselheiros permanentes, um representante do MP Federal e três representantes dos MPs estaduais, indicados pelo procurador-geral da República."

  A afirmativa está incorreta. Eles integram o plenário do CONAMA na condição de conselheiros convidados.

2.3. Órgão central: Ministério do Meio Ambiente (antiga Secretaria do Meio Ambiente da Presidência da República)

A Secretaria do Meio Ambiente da Presidência da República (SEMA) foi transformada em Ministério do Meio Ambiente por força do artigo 21 da Lei n. 8.490/92.

Aplicação em concurso:

- **(Magistratura Estadual PR 2014 – PUC /PR)**

  "O SISNAMA tem como órgão central o IBAMA, com a finalidade de executar e fazer executar, como órgão federal, a política e diretrizes governamentais fixadas para o meio ambiente".

  A afirmativa está errada.

2.4. Órgãos executores: o Instituto Brasileiro do Meio Ambiente e dos Recursos Naturais Renováveis – IBAMA e o Instituto Chico Mendes de Conservação da Biodiversidade – ICMBio

Se ao CONAMA (inciso II) compete, dentre outras atribuições, a elaboração de normas ambientais, ao IBAMA e ao ICMBio cabe executá-las, de acordo com suas respectivas competências (no âmbito federal), por exemplo através da aplicação de multas ambientais aos responsáveis por dano ao meio ambiente.

O Instituto Brasileiro do Meio Ambiente e dos Recursos Naturais Renováveis (IBAMA) é uma **autarquia federal** de regime especial **vinculada ao Ministério do Meio Ambiente**, criada pela Lei nº 7.735, de 22 de fevereiro de 1989. O órgão tem **autonomia administrativa e financeira**, sede em Brasília e jurisdição em todo o território nacional, e é administrado por um presidente e por cinco diretores.[12]

Podemos apontar como principais atribuições do IBAMA:

a) exercer o poder de polícia ambiental;

12. www.ibama.gov.br/institucional.

b) executar ações das políticas nacionais de meio ambiente, referentes às atribuições federais, relativas ao licenciamento ambiental, ao controle da qualidade ambiental, à autorização de uso dos recursos naturais e à fiscalização, monitoramento e controle ambiental;

▶ **Atenção:** A execução das ações referentes à **política nacional de unidades de conservação** da natureza (Lei 9.985/00), por sua vez, passou a ser **atribuição do Instituto Chico Mendes de Conservação da Biodiversidade – ICMBio**, autarquia federal vinculada ao Ministério do Meio Ambiente. Portanto, as ações ambientais de âmbito federal relacionadas às unidades de conservação passaram a ser competência do Instituto Chico Mendes, permanecendo o IBAMA com a possibilidade de exercício supletivo do poder de polícia ambiental nos casos de omissão do referido Instituto.[13]

Aplicação em concurso:

- **(Magistratura Estadual CE 2018 – CESPE)**

  "O IBAMA e o Instituto Chico Mendes de Conservação da Biodiversidade são órgãos que têm por finalidade executar e fazer executar a política e as diretrizes governamentais fixadas para o meio ambiente".

  A afirmativa está correta.

- **(Procurador do Município de Manaus/AM 2018 – CESPE)**

  "O IBAMA e o ICMBio são considerados órgãos superiores do SISNAMA".

  A afirmativa está incorreta.

- **(Juiz Federal – TRF 5ª Região 2009 – CESPE)**

  "Cabe ao IBAMA, como órgão central do SISNAMA, prover os serviços de apoio técnico e administrativo do CONAMA."

  A afirmativa está incorreta.

- **(Procurador Federal 2006 – CESPE)**

  "O IBAMA é uma fundação pública dotada de personalidade jurídica de direito público, com autonomia financeira e administrativa."

  A afirmativa está incorreta. Ela não é uma fundação pública, mas sim uma autarquia federal.

13. Vide artigo 6º, III, da Lei 9.985/00 (Lei que institui o Sistema Nacional de Unidades de Conservação da Natureza).

2.5 Órgãos Seccionais: os órgãos ou entidades estaduais

Os órgãos ambientais estaduais de meio ambiente, legalmente constituídos, são altamente relevantes para a implementação da política nacional do meio ambiente tendo em vista a extensão territorial do país[14]. A eles compete grande parte das atividades de controle ambiental.

▶ **Atenção:** a LPNMA inclui como integrantes do SISNAMA também os órgãos estaduais, e não apenas órgãos da União.

2.6 Órgãos Locais: os órgãos ou entidades municipais

▶ **Importante:** o Município estará inserido na estrutura do SISNAMA a partir do momento em que criar, através de Lei, seu Conselho de Meio Ambiente[15]. Além disso, deverá dispor de profissionais legalmente habilitados.

▶ **Atenção:** a LPNMA inclui como integrantes do SISNAMA também os órgãos municipais, e não apenas órgãos da União.

Aplicação em concurso:

(MPE/SE 2010 – CESPE – adaptada)

"O SISNAMA congrega os órgãos e as instituições ambientais da União, dos estados e dos municípios; o DF não compõe esse sistema."

A afirmativa está incorreta.

3. Parágrafos 1º e 2º

Os parágrafos 1º e 2º, do artigo 6º, reafirmam a competência legislativa concorrente e suplementar dos Estados e Municípios em matéria ambiental (artigo 24, VI, e parágrafos 1º e 2º da Constituição de 1988), já analisada no Capítulo II, item II.4.

Aplicação em concurso:

- **(MPE/SE/Promotor/2010 – CESPE)**

  "Órgãos municipais estão impedidos de elaborar normas ambientais."

14. Nesse sentido: MILARÉ, 2007. p. 296.
15. Exemplo: Conselho Municipal do Meio Ambiente do Município de Belo Horizonte (art. 14, da Lei municipal 4.253/85).

A afirmativa está errada.

- **(Magistratura estadual MG 2003/2004)**

  "A legislação municipal pode definir penalidades pelo não cumprimento de medidas necessárias à preservação ou correção dos inconvenientes e danos causados pela degradação da qualidade ambiental."

  A afirmativa está correta.

- **(Magistratura estadual MG 2003/2004)**

  "Os Municípios, observadas as normas e os padrões federais e estaduais, também poderão elaborar normas supletivas e complementares e padrões relacionados com o meio ambiente, observados, ainda, os que forem estabelecidos pelo CONAMA."

  A afirmativa está correta.

Art. 7º – revogado

Art. 8º – Compete ao CONAMA:

I – estabelecer, mediante proposta do IBAMA, normas e critérios para o licenciamento de atividades efetiva ou potencialmente poluidoras, a ser concedido pelos Estados e supervisionado pelo IBAMA;

II – determinar, quando julgar necessário, a realização de estudos das alternativas e das possíveis conseqüências ambientais de projetos públicos ou privados, requisitando aos órgãos federais, estaduais e municipais, bem assim a entidades privadas, as informações indispensáveis para apreciação dos estudos de impacto ambiental, e respectivos relatórios, no caso de obras ou atividades de significativa degradação ambiental, especialmente nas áreas consideradas patrimônio nacional.

III – (Revogado pela Lei 11.941, de 2009)

IV – homologar acordos visando à transformação de penalidades pecuniárias na obrigação de executar medidas de interesse para a proteção ambiental; (VETADO);

V – determinar, mediante representação do IBAMA, a perda ou restrição de benefícios fiscais concedidos pelo Poder Público, em caráter geral ou condicional, e a perda ou suspensão de participação em linhas de financiamento em estabelecimentos oficiais de crédito;

VI – estabelecer, privativamente, normas e padrões nacionais de controle da poluição por veículos automotores, aeronaves e embarcações, mediante audiência dos Ministérios competentes;

VII – estabelecer normas, critérios e padrões relativos ao controle e à manutenção da qualidade do meio ambiente com vistas ao uso racional dos recursos ambientais, principalmente os hídricos.

Parágrafo único. O Secretário do Meio Ambiente é, sem prejuízo de suas funções, o Presidente do CONAMA.

▶ **Atenção:** às competências do CONAMA, sobretudo à competência normativa (*vide* comentários ao art. 6, II)

Aplicação em concurso:

- **(PGE/AM/Procurador/2010 – FCC)**

  "Considere as seguintes afirmações a respeito das funções e competências legais do Conselho Nacional do Meio Ambiente – Conama, no âmbito do Sistema Nacional do Meio Ambiente:

I. Compete ao Conama expedir normas sobre critérios e padrões para controle e manutenção da qualidade do meio ambiente.

II. O Conama exerce função consultiva e de assessoramento ao Presidente da República na formulação de diretrizes e políticas de proteção do meio ambiente.

III. Compete ao Conama expedir licenças ambientais e fiscalizar obras e empreendimentos relativamente a sua adequação à legislação ambiental, no âmbito federal.

Está correto somente o que se afirma em

A) I.

B) II.

C) I e II.

D) I e III.

E) II e III."

Gabarito: letra "a"

- **(Ministério Público/AM 2007 – CESPE)**

  "Compete ao CONAMA estabelecer, privativamente, normas e padrões nacionais de controle da poluição causada por veículos automotores, aeronaves e embarcações, mediante audiência dos ministérios competentes."

  A afirmativa está correta (inciso VI).

DOS INSTRUMENTOS DA POLÍTICA NACIONAL DO MEIO AMBIENTE

Art. 9º – São **instrumentos da Política Nacional do Meio Ambiente:**

I – o estabelecimento de padrões de qualidade ambiental;

II – o zoneamento ambiental;

III – a avaliação de impactos ambientais;

IV – o licenciamento e a revisão de atividades efetiva ou potencialmente poluidoras;

V – os incentivos à produção e instalação de equipamentos e a criação ou absorção de tecnologia, voltados para a melhoria da qualidade ambiental;

VI – a criação de espaços territoriais especialmente protegidos pelo Poder Público federal, estadual e municipal, tais como áreas de proteção ambiental, de relevante interesse ecológico e reservas extrativistas;

VII – o sistema nacional de informações sobre o meio ambiente;

VIII – o Cadastro Técnico Federal de Atividades e Instrumentos de Defesa Ambiental;

IX – as penalidades disciplinares ou compensatórias ao não cumprimento das medidas necessárias à preservação ou correção da degradação ambiental.

X – a instituição do Relatório de Qualidade do Meio Ambiente, a ser divulgado anualmente pelo Instituto Brasileiro do Meio Ambiente e Recursos Naturais Renováveis – IBAMA;

XI – a garantia da prestação de informações relativas ao Meio Ambiente, obrigando-se o Poder Público a produzi-las, quando inexistentes;

XII – o Cadastro Técnico Federal de atividades potencialmente poluidoras e/ou utilizadoras dos recursos ambientais.

XIII – instrumentos econômicos, como concessão florestal, servidão ambiental, seguro ambiental e outros.

1. INSTRUMENTOS DA PNMA

A Lei 6.938/81 estabelece princípios, objetivos gerais e específicos de proteção ambiental e organiza a estrutura administrativa ambiental através do Sistema Nacional de Meio Ambiente. Contudo, tornava-se necessária a criação de instrumentos capazes de contribuir efetivamente para a implementação da política nacional do meio ambiente, para que aqueles princípios e objetivos fossem alcançados. Tais instrumentos estão previstos no artigo 9º da lei. Vejamos:

1.1 O ESTABELECIMENTO DE PADRÕES DE QUALIDADE AMBIENTAL (INCISO I)

Estabelecer padrões de qualidade ambiental significa definir os parâmetros socialmente toleráveis para a utilização dos bens naturais. Sabemos que praticamente toda atividade humana causa algum tipo de impacto ao meio ambiente. Entretanto, qual o limite aceitável de impacto ambiental para determinadas atividades? A definição desse limite, através de análises técnicas e científicas, configura o padrão de qualidade ambiental.

▶ **Obs. 1:** As normas (Resoluções do CONAMA) estabelecem os padrões de qualidade ambiental. Os níveis de impacto acima do padrão serão considerados nocivos (poluição), de acordo com o art. 3º, III, "e", da Lei 6.938/81;

▶ **Obs. 2:** Para o licenciamento das atividades que impactam o meio ambiente devem ser observados os padrões de emissão e os padrões de qualidade ambiental.

„ **Exemplo:** os padrões de qualidade das águas são fixados pela Resolução CONAMA 357/2005, que "dispõe sobre a classificação dos corpos de água e diretrizes ambientais para o seu enquadramento, bem como estabelece as condições e padrões de lançamento de efluentes".

1.2 O ZONEAMENTO AMBIENTAL (INCISO II)

Zoneamento ambiental, também conhecido por "Zoneamento Ecológico-Econômico-ZEE", é definido por Milaré[16] como "o resultado de estudos conduzidos para o conhecimento sistematizado de características, fragilidades e potencialidades do meio, a partir de aspectos ambientais escolhidos em espaço geográfico delimitado." O objetivo é conhecer a vocação ambiental e econômica de cada área, de cada região, através de levantamento geológico e estudos técnicos, para que se possam organizar, de maneira vinculada, as decisões dos agentes públicos e privados quanto a planos, programas, projetos e atividades que, direta ou indiretamente, utilizem recursos naturais.

Busca-se, com a realização do zoneamento ambiental, o uso racional dos recursos naturais. Os seres humanos, ao desenvolverem suas atividades,

16. MILARÉ, 2009. p 361.

devem levar em conta as características ambientais de cada região, planejando e ordenando o uso e a ocupação do solo e a utilização dos recursos naturais.

Esclarece Paulo Affonso Leme Machado[17] que "o zoneamento consiste em dividir o território em parcelas nas quais se autorizam determinadas atividades ou interdita-se, de modo absoluto ou relativo, o exercício de outras atividades".

A **Lei Complementar 140, de 08 de dezembro de 2011**, reafirmou a competência dos entes federados para a elaboração do zoneamento ambiental. Compete à União elaborar o zoneamento ambiental de âmbito nacional ou regional e aos Estados o zoneamento de âmbito estadual. Já no âmbito local, ao Município cabe a elaboração do Plano Diretor, observando os zoneamentos ambientais.[18]

Aplicação em concurso:

- **(Magistratura estadual/PE – 2015 – FCC)**

  "José é proprietário da Fazenda Santa Rita, cuja principal atividade econômica é a piscicultura. O Estado no qual a fazenda está inserida possui Zoneamento Ambiental, anterior ao início da citada atividade, que disciplina a atividade de forma diversa da praticada na Fazenda Santa Rita. A atividade

  A) pode continuar a ser desenvolvida, uma vez que a competência para o Zoneamento Ambiental é exclusiva da União.

  B) deve ser suspensa até que haja a ratificação do Zoneamento Ambiental Estadual pelo Município.

  C) pode continuar a ser desenvolvida, uma vez que o Zoneamento Ambiental não é norma cogente.

  D) deve ser adequada às normas do Zoneamento Ambiental, sob pena de paralisação da atividade.

  E) pode continuar a ser desenvolvida, uma vez que a competência para o Zoneamento Ambiental é exclusiva do Município."

  Gabarito: letra "d".

- **(PGE/AC 2012 – FMP)**

  "Nos termos da Lei Federal n.º 6.938/81, NÃO constitui instrumento da Política Nacional do Meio Ambiente:

  A) o zoneamento ambiental.

17. MACHADO, 2004. p. 177.
18. Art. 7º, IX; art. 8º, IX; art. 9, IX, da Lei Complementar 140/11.

B) o estudo de impacto de vizinhança.

C) o sistema nacional de informações sobre o meio ambiente.

D) o Cadastro Técnico Federal de Atividades e Instrumentos de Defesa Ambiental."

Gabarito: letra "B".

- **(Juiz Federal – TRF 1ª Região 2011 – CESPE)**

"A tutela do meio ambiente envolve a institucionalização de normas, o estabelecimento de objetivos e princípios claros, a identificação de instrumentos efetivos de proteção bem como a organização de uma estrutura que possa realmente implementar a política ambiental. A respeito desse tema, assinale a opção correta.

A) O relatório de qualidade do meio ambiente, instrumento da Política Nacional do Meio Ambiente, é entendido como aplicação do princípio da responsabilização.

B) Os instrumentos ambientais relacionados ao exercício do poder de polícia não podem ensejar impactos no custo da produção, mesmo que em defesa do meio ambiente.

C) O padrão de qualidade ambiental é instrumento abrangente que representa uma análise do impacto de certo empreendimento na ocasião de sua instalação.

D) A criação de zonas estritamente industriais envolvendo a instalação de polos cloroquímicos é matéria que se encontra na esfera da competência concorrente entre a União e os estados.

E) O zoneamento econômico ecológico constitui instrumento de organização territorial, de caráter obrigatório e vinculado."

Gabarito: letra "E".

- **(Juiz Federal – TRF 5ª Região 2011 – CESPE)**

"O zoneamento ambiental constitui um dos instrumentos da PNMA para evitar a ocupação desordenada do solo urbano ou rural, razão por que cabe exclusivamente à União definir, em todas as unidades da Federação, espaços territoriais e seus componentes a serem especialmente protegidos."

A afirmativa está errada. Não compete apenas à União a definição de espaços territoriais a serem especialmente protegidos, mas sim a todos os entes federados (Poder Público), nos termos do artigo 225, parágrafo 1º, III da Constituição de 1988.

- **(Juiz Federal – TRF 5ª Região 2011 – CESPE)**

"Considera-se zoneamento ambiental a definição do entorno de uma unidade de conservação, onde as atividades humanas se sujeitam a normas e restrições específicas, a fim de que se reduzam os impactos negativos sobre a unidade."

A afirmativa está errada. Ela trata sobre a definição de Zona de Amortecimento (art. 25 da Lei 9.985/00-SNUC), e não sobre zoneamento ambiental.

- **(Juiz Federal – 1ª Região – 2009 – CESPE)**

"O zoneamento ambiental

A) é instrumento de gestão do qual dispõem o governo, o setor produtivo e a sociedade, cujo fim específico é delimitar geograficamente áreas territoriais com o objetivo de estabelecer regimes especiais de uso, gozo e fruição da propriedade, em nível regional, estadual ou municipal.

B) é uma divisão analítica e disciplinadora da legislação ambiental do uso, gozo e fruição do solo, planejado com o objetivo de compartimentar a gestão dos recursos ambientais.

C) é espécie de controle estatal capaz de ordenar o funcionamento dos ecossistemas e a evolução das mudanças climáticas, de forma a compatibilizar as determinantes sistêmicas com os interesses e direitos ambientais e sociais e tornar possível o crescimento sustentável.

D) é instrumento de organização do território a ser obrigatoriamente seguido na implantação de planos, obras e atividades públicas e privadas, estabelecendo medidas e padrões de proteção ambiental destinados a assegurar a qualidade ambiental dos recursos hídricos e do solo e a conservação da biodiversidade, com objetivo de garantir o desenvolvimento sustentável e a melhoria das condições de vida da população.

E) é instrumento político de natureza punitiva que visa disciplinar as atividades antrópicas e a ocupação urbana.

Gabarito: letra "A".

1.3 A AVALIAÇÃO DE IMPACTOS AMBIENTAIS – AIA (INCISO III)

▶ **Atenção:** instituto muito cobrado em provas de concursos públicos.

A implantação de qualquer atividade que de alguma forma cause impacto (modifique) ao meio ambiente é condicionada a uma avaliação prévia (AIA) para que se possa, primeiramente, autorizar ou não o empreendimento e, em um segundo momento, exigir do empreendedor as medidas necessárias para corrigir, mitigar e/ou compensar os efeitos negativos que elas poderão acarretar ao ecossistema. Tais estudos subsidiarão os órgãos ambientais competentes para a análise dos requerimentos de licença ambiental[19].

- **Conceito:** "Instrumento de política ambiental, formado por um conjunto de procedimentos capaz de assegurar, desde o início do processo, que se faça um exame sistemático dos impactos ambientais de uma ação proposta (projeto, programa, plano ou política) e de suas alternativas, e que os resultados sejam apresentados de forma adequada ao público e aos responsáveis pela tomada de decisão, e por eles considerados. Além disso, os procedimentos devem garantir a adoção das medidas de proteção do meio ambiente determinadas, no caso de decisão sobre a implantação do projeto."[20]

Aplicação em concurso:

- **(Magistratura estadual MG – 2004/2005)**

  "O impacto ambiental é um dos requisitos a serem considerados nos projetos básico e executivo de obras ou empreendimentos potencialmente causadores de degradação do meio ambiente."

  A afirmativa está correta.

Importante lembrar que há gradações de impactos ambientais. Algumas atividades modificam pouco os recursos naturais, enquanto outras acarretam a eles significativos impactos. Em decorrência disto, as normas ambientais apresentam diferentes espécies de Avaliação de Impactos Ambientais (AIA), sendo que alguns tipos de estudos menos complexos são previstos para o caso de atividades de baixo impacto, e outros, mais complexos, para as atividades consideradas potencialmente causadoras de significativa degradação do meio ambiente (exemplo: EIA – Estudo de Impacto Ambiental).[21]

---

19. De acordo com a Resolução CONAMA 237/97, artigo 1º, III, "Estudos Ambientais são todos e quaisquer estudos relativos aos aspectos ambientais relacionados à localização, instalação, operação e ampliação de uma atividade ou empreendimento, apresentado como subsídio para a análise da licença requerida, tais como: relatório ambiental, plano e projeto de controle ambiental, relatório ambiental preliminar, diagnóstico ambiental, plano de manejo, plano de recuperação de área degradada e análise preliminar de risco."
20. Vocabulário básico de meio ambiente, 1990. p. 33.
21. Resolução CONAMA 237/97, art. 3º, parágrafo único: "O órgão ambiental competente, verificando que a atividade ou empreendimento não é potencialmente causador de significativa degradação do meio ambiente, definirá os estudos ambientais pertinentes ao respectivo processo de licenciamento."

▶ **Atenção:** Avaliação de impactos ambientas – A.I.A. (art. 9º, III) é gênero, de que são espécies todos os estudos relativos aos aspectos ambientais apresentados como subsídio para a análise de Licença Ambiental, como: relatório ambiental, plano e projeto de controle ambiental, Estudo de Impacto Ambiental – E.I.A., plano de manejo, plano de recuperação da área degradada – P.R.A.D.[22] Portanto, não confundir a AIA (gênero) com o EIA (espécie).

AIA: EIA (art. 225, parágrafo 1º, IV, CRFB/1988);

– Plano de manejo;

– Relatório ambiental;

– Plano e projeto de controle ambiental;

– Plano de recuperação da área degradada – PRAD;

– (outros)

1.3.1 ESTUDO PRÉVIO DE IMPACTO AMBIENTAL (EIA OU EPIA)

O Estudo Prévio de Impacto Ambiental (EIA) é uma modalidade de Avaliação de Impacto Ambiental (AIA) e deve ser realizado para subsidiar o procedimento de licenciamento ambiental de atividades consideradas efetiva ou potencialmente causadoras de **significativa degradação** do meio ambiente. Trata-se de relevante instrumento da Lei de Política Nacional do Meio Ambiente, previsto, inclusive, na Constituição de 1988:

> Art. 225. (...)
>
> § 1º – Para assegurar a efetividade desse direito, incumbe ao Poder Público:
>
> (...)
>
> IV – exigir, na forma da lei, para instalação de obra ou atividade potencialmente causadora de significativa degradação do meio ambiente, **estudo prévio de impacto ambiental**, a que se dará publicidade;

Desta forma, para o licenciamento de atividades (privadas ou públicas) que apresentem **grande potencial de degradação ambiental**, **deve ser realizado previamente** o Estudo de Impacto Ambiental **(EIA)**. Já nos casos de atividades menos complexas e com baixo potencial de impacto ao meio ambiente, outros estudos serão exigidos pelo órgão ambiental competente (exemplo: plano e projeto de controle ambiental). Vejamos

22. MILARÉ, 2007. p.361.

o que determina a Resolução CONAMA 237/97, que regulamenta o licenciamento ambiental:

> **Art. 3º.** A licença ambiental para empreendimentos e atividades consideradas **efetiva ou potencialmente causadoras de significativa degradação** do meio **dependerá** de prévio estudo de impacto ambiental e respectivo relatório de impacto sobre o meio ambiente (**EIA/RIMA**), ao qual dar-se-á publicidade, garantida a realização de audiências públicas, quando couber, de acordo com a regulamentação.
>
> **Parágrafo único.** O órgão ambiental competente, verificando que a atividade ou empreendimento não é potencialmente causador de significativa degradação do meio ambiente, definirá os estudos ambientais pertinentes ao respectivo processo de licenciamento.

▶ **Importante:** sobre EIA/RIMA, vide Resolução **CONAMA 01/86,** que dispõe sobre critérios básicos e diretrizes gerais para a avaliação de impacto ambiental.

▶ **STF**

> (...) A legislação federal estipula disciplina geral que parece não deixar margem para as restrições estabelecidas pela lei estadual no que concerne à exigibilidade da elaboração de EIA/RIMA. Não se admite que, no uso de sua competência residual, defina o Estado regramento que implica seja afastada a aplicação do determinado pelas normas gerais federais. **Inconstitucionalidade da lei estadual que, a título de complementação das normas gerais editadas pela União, dispensa a elaboração de EIA/RIMA nos termos por ela previstos. Precedente.** (...) (STF. ADI 4069. Rel. Min. Edson Fachin. Public.: DJe de 24.09.2020).

Aplicação em concurso:

- **(FGV – Exame de Ordem 2017.1)**

  "A sociedade empresária Asfalto Joia S/A, vencedora de licitação realizada pela União, irá construir uma rodovia com quatro pistas de rolamento, ligando cinco estados da Federação. Sobre o licenciamento ambiental e o estudo de impacto ambiental dessa obra, assinale a afirmativa correta.

  A) Em caso de instalação de obra ou atividade potencialmente causadora de significativa degradação do meio ambiente, é exigível a realização de Estudo Prévio de Impacto Ambiental (EIA), sem o qual não é possível se licenciar nesta hipótese.

  B) O licenciamento ambiental dessa obra é facultativo, podendo ser realizado com outros estudos ambientais diferentes do Estudo prévio de Impacto Ambiental (EIA), visto que ela se realiza em mais de uma unidade da Federação.

C) O Relatório de Impacto Ambiental (RIMA), gerado no âmbito do Estudo prévio de Impacto Ambiental (EIA), deve ser apresentado com rigor científico e linguagem técnica, a fim de permitir, quando da sua divulgação, a informação adequada para o público externo.

D) Qualquer atividade ou obra, para ser instalada, dependerá da realização de Estudo prévio de Impacto Ambiental (EIA), ainda que não seja potencialmente causadora de significativa degradação ambiental."

Gabarito: letra "a".

- **(Delegado de Polícia/PE – 2016 – CESPE)**

"Conforme previsto na CF, é necessária a realização de estudo prévio de impacto ambiental antes da implantação de empreendimentos e de atividades consideradas efetiva ou potencialmente causadoras de degradação ambiental, que constitui exigência que atende ao princípio do(a)

A) prevenção.

B) poluidor-pagador.

C) proibição do retrocesso ambiental.

D) participação comunitária.

E) usuário-pagador."

Gabarito: letra "a".

- **(Magistratura estadual/PE – 2015 – FCC)**

"Analisando o pedido de licenciamento ambiental de um empreendimento imobiliário, o órgão ambiental competente exigiu um estudo ambiental simplificado (EAS) por não haver potencial de significativa degradação do meio ambiente. Tal exigência é

A) legal, uma vez que todo o licenciamento ambiental de empreendimento imobiliário é conduzido por meio de um estudo ambiental simplificado.

B) ilegal, pois o estudo ambiental simplificado não pode ser exigido pelo órgão ambiental no licenciamento.

C) ilegal, uma vez que o estudo de impacto ambiental e respectivo relatório (EIA-RIMA) é exigido pelo ordenamento jurídico para a construção de qualquer empreendimento imobiliário.

D) ilegal, pois todas as atividades que gerem qualquer impacto negativo ao meio ambiente devem ter o respectivo licenciamento ambiental conduzido a partir de um estudo de impacto ambiental e respectivo relatório (EIA-RIMA).

E) legal, diante da ausência de potencial para significativa degradação do meio ambiente."

Gabarito: letra "E". Vide art. 3º, parágrafo único da Resolução CONAMA 237/97.

- **(Exame de Ordem 2015.3 – FGV)**

  "Determinada sociedade empresária consulta seu advogado para obter informações sobre as exigências ambientais que possam incidir em seus projetos, especialmente no que tange à apresentação e aprovação de Estudo Prévio de Impacto Ambiental e seu respectivo Relatório (EIA/RIMA). Considerando a disciplina do EIA/RIMA pelo ordenamento jurídico, assinale a afirmativa correta.

  A) O EIA/RIMA é um estudo simplificado, integrante do licenciamento ambiental, destinado a avaliar os impactos ao meio ambiente natural, não abordando impactos aos meios artificial e cultural, pois esses componentes, segundo pacífico entendimento doutrinário e jurisprudencial, não integram o conceito de "meio ambiente".

  B) O EIA/RIMA é exigido em todas as atividades e empreendimentos que possam causar impactos ambientais, devendo ser aprovado previamente à concessão da denominada Licença Ambiental Prévia.

  C) O EIA/RIMA, além de ser aprovado entre as Licenças Ambientais Prévia e de Instalação, tem a sua metodologia e o seu conteúdo regrados exclusivamente por Resoluções do Conselho Nacional do Meio Ambiente (CONAMA), podendo a entidade / o órgão ambiental licenciador dispensá-lo segundo critérios discricionários e independentemente de fundamentação, ainda que a atividade esteja prevista em Resolução CONAMA como passível de EIA/RIMA.

  D) O EIA-RIMA é um instrumento de avaliação de impactos ambientais, de natureza preventiva, exigido para atividades/empreendimentos não só efetiva como potencialmente capazes de causar significativa degradação, sendo certo que a sua publicidade é uma imposição Constitucional (CRFB/1988)."

  Gabarito: letra "D". O Estudo Prévio de Impacto Ambiental (EIA) é uma modalidade de Avaliação de Impacto Ambiental (AIA) e deve ser realizado para subsidiar o procedimento de licenciamento ambiental de atividades consideradas efetiva ou potencialmente causadoras de **significativa degradação** *do meio ambiente. Resta evidente a* **vocação preventiva** *do EIA, já que deve ser elaborado antes do início da execução do projeto do empreendimento. De acordo com o artigo 225, parágrafo 1º, IV da Constituição de 1988, incumbe ao Poder Público exigir, para instalação de obra ou atividade potencialmente causadora de significativa degradação do meio ambiente, estudo prévio de impacto ambiental-EIA, a que se dará publicidade.*

- **(Magistratura Federal – TRF 2ª Região 2014)**

  "Em relação ao estudo prévio de impacto ambiental:

  A) Trata-se de estudo a ser exigido como condição prévia à operação de qualquer atividade potencialmente causadora de dano ambiental.

B) Trata-se de estudo inspirado pelos princípios da precaução e da prevenção, cujo resultado vincula a administração ambiental e que deve ser realizado previamente à instalação de qualquer atividade comprovadamente causadora de impacto ambiental.

C) Trata-se de estudo a ser exigido, no curso do licenciamento ambiental, como condição prévia à instalação de obra ou atividade potencialmente causadora de degradação significativa ao meio ambiente.

D) Trata-se de estudo de natureza vinculativa, a ser exigido como condição prévia à instalação de obra potencialmente causadora de degradação significativa do meio ambiente e, assim, caso não recomende a obra, inviabilizada estará a concessão da licença.

E) Trata-se de estudo inspirado pelo princípio da precaução, de caráter obrigatório em qualquer procedimento de licenciamento ambiental."

Gabarito: letra "c".

- **(Magistratura Estadual AP 2014 – FCC)**

"O Estudo de Impacto Ambiental e respectivo relatório (EIA-RIMA)

A) são desprovidos de conteúdo mínimo previamente fixado pelo ordenamento jurídico.

B) é a única modalidade de avaliação de impacto ambiental admitida pelo ordenamento jurídico brasileiro.

C) é exigido no licenciamento de obra ou atividade potencialmente causadora de significativo impacto ambiental.

D) é exigido apenas no licenciamento de usinas geradoras de energia.

E) é exigido no licenciamento de obra ou atividade potencialmente causadora de qualquer impacto ambiental."

Gabarito: letra "c", de acordo com o artigo 225, § 1º, IV da CRFB/1988.

- **(Juiz Federal – TRF 2ª Região 2011 – CESPE)**

"A tutela do meio ambiente, devido à complexidade que engendra, envolve definição de políticas públicas, utilização adequada de instrumentos de prevenção e controle das atividades econômicas e atuação constante do poder público. Acerca desse tema, assinale a opção correta.

A) O estudo de impacto ambiental exigido por órgão ambiental competente pode ser objeto de reforma judicial.

B) Entre as atribuições do Conselho Nacional do Meio Ambiente, integrante do Sistema Nacional de Meio Ambiente, inclui-se o desenvolvimento de projetos para o uso racional e sustentável de recursos naturais e para melhorar a qualidade de vida da população.

C) Comparado à avaliação de impacto ambiental, o estudo de impacto ambiental tem abrangência restrita.

D) O estudo de impacto ambiental tem natureza jurídica de ato administrativo ambiental.

E) A autorização para o funcionamento de atividade potencialmente degradadora do ambiente independe da localização do empreendimento ou de estudos preliminares de uso do solo."

Gabarito: letra "c".

- **(Procurador Federal-AGU 2010 – CESPE)**

"Os estudos de impacto ambiental são exigidos, na forma da lei, nos casos de significativa degradação ambiental."

A afirmativa está correta (art. 225, parágrafo 1º, IV, da CRFB/1988).

Mas afinal, **quais seriam as atividades consideradas potencialmente causadoras de significativa degradação** do meio ambiente e que necessitariam, portanto, de EIA para obterem a licença ambiental? A Resolução CONAMA 01/86, no seu artigo 2º, apresenta uma lista (**exemplificativa**) de atividades com tais características, como: estradas de rodagem com duas ou mais faixas de rolamento; ferrovias; portos e terminais de minério, petróleo e produtos químicos; oleodutos, gasodutos e minerodutos, dentre outras. Tratando-se de um rol exemplificativo, nada obsta que o órgão ambiental competente exija o EIA de atividades potencialmente impactantes que não figurem na listagem do artigo supra citado[23].

▶ **Obs. 1:** Cabe ao empreendedor providenciar a realização do EIA para posterior apresentação ao órgão ambiental licenciador. Correrão por conta do proponente do projeto todas as despesas e custos referentes à realização do estudo de impacto ambiental.

▶ **Obs. 2:** Para a realização do EIA o empreendedor poderá contratar empresa de consultoria cujos membros deverão possuir, conforme exige o inciso I do art. 17 da Lei 6.938/81, inscrição no Cadastro Técnico Federal de Atividades, administrado pelo IBAMA. A empresa contratada será responsável tecnicamente pelos resultados do estudo.

O EIA não vincula a decisão do órgão ambiental competente. O órgão ambiental não fica obrigado a acatar as conclusões do EIA. O Estudo de Impacto Ambiental exerce a relevante função de subsidiar o procedimento de licenciamento ambiental de atividades consideradas efetiva

23. No mesmo sentido: MILARÉ, 2007, p. 370.

ou potencialmente causadoras de significativa degradação do meio ambiente.

A norma ambiental refere-se, ainda, ao **RIMA (Relatório de Impacto Ambiental)**. Trata-se de um documento que reflete as conclusões do estudo de impacto ambiental (EIA) de forma clara e acessível aos interessados. A ideia é traduzir as informações do EIA (que normalmente é complexo, redigido em linguagem técnica) através da utilização de linguagem simples, mapas, quadros e gráficos, com o intuito de explicitar as vantagens e desvantagens do projeto, bem como todas as conseqüências ambientais de sua implementação.

Ao facilitar a compreensão dos resultados do EIA pela sociedade, o **RIMA** cumpre o importante papel de viabilizar a efetivação do princípio da **informação** e do princípio democrático (ou da **participação comunitária**) em matéria ambiental (*vide* Capítulo I, itens VIII e IX).

▶ **Atenção 1: audiências públicas**. Ao determinar a execução do estudo de impacto ambiental e apresentação do RIMA, o órgão ambiental competente, sempre que julgar necessário, ou quando for solicitado por entidade civil, pelo Ministério Público, ou por cinquenta ou mais cidadãos, promoverá a realização de audiência pública para informação sobre o projeto e seus impactos ambientais. O objetivo é expor aos interessados o conteúdo do projeto em análise, dirimir dúvidas e recolher críticas e sugestões dos presentes, em observância ao princípio da participação comunitária (vide Capítulo I, item VIII). As audiências Públicas ambientais são regulamentas pela Resolução CONAMA 09/1987.

▶ **Atenção 2:** os apontamentos levantados em **audiência pública, que tem caráter consultivo**, não vinculam a decisão da administração pública.

▶ **Atenção 3: PUBLICIDADE DO EIA/RIMA.** Tanto ao **EIA** quanto ao **RIMA** deverá ser dada **publicidade**, ou seja, todos os interessados deverão ter acesso a estes documentos, respeitado o sigilo industrial (*vide* art. 225, §1º, IV, CRFB/1988; e art. 3º, Resolução CONAMA 237/97).

O licenciamento ambiental das atividades que utilizam recursos naturais decorre do poder de polícia da Administração Pública. Os consentimentos estatais, como as licenças, também decorrem do poder de polícia administrativo e representam resposta positiva da administração pública aos pedidos formulados por indivíduos interessados em exercer determinada atividade que dependa do referido consentimento, como a utilização de recursos naturais.

▶ **STF**

EMENTA: AÇÃO DIRETA DE INCONSTITUCIONALIDADE. ART. 187 DA CONSTITUIÇÃO DO ESTADO DO ESPÍRITO SANTO. RELATÓRIO DE IMPACTO AMBIENTAL. APROVAÇÃO PELA ASSEMBLÉIA LEGISLATIVA. VÍCIO MATERIAL. AFRONTA AOS ARTIGOS 58, § 2º, E 225, § 1º, DA CONSTITUIÇÃO DO BRASIL.

1. É inconstitucional preceito da Constituição do Estado do Espírito Santo que submete o Relatório de Impacto Ambiental – RIMA – ao crivo de comissão permanente e específica da Assembléia Legislativa.

2. A concessão de autorização para desenvolvimento de atividade potencialmente danosa ao meio ambiente **consubstancia ato do Poder de Polícia – ato da Administração Pública – entenda-se ato do Poder Executivo**.

3. Ação julgada procedente para declarar inconstitucional o trecho final do artigo § 3º do artigo 187 da Constituição do Estado do Espírito Santo.[24] (STF. ADI n. 1.505-ES. Relator: Min. Eros Grau. Julgamento: 24/11/2004)

Aplicação em concurso:

- **(Exame de Ordem 2020.1 - FGV)**

"Efeito Estufa Ltda., sociedade empresária que atua no processamento de alimentos, pretende instalar nova unidade produtiva na área urbana do Município de Ar Puro, inserida no Estado Y. Para esse fim, verificou que a autoridade competente para realizar o licenciamento ambiental será a do próprio Município de Ar Puro. Sobre o caso, assinale a opção que indica quem deve realizar o estudo de impacto ambiental."

A) O Município de Ar Puro.

B) O Estado Y.

C) O IBAMA.

D) Profissionais legalmente habilitados, às expensas do empreendedor.

Gabarito: letra "d".

- **(Magistratura Estadual MS 2020 - FCC)**

"A audiência pública no processo de licenciamento ambiental

A) é obrigatória, independentemente do grau de impacto do empreendimento ou da atividade licenciada.

24. Nesse mesmo sentido: ADI 3252 MC/RO, rel. Min. Gilmar Mendes, 6.4.2005.

B) deve ser realizada no início do processo de licenciamento ambiental para colheita de críticas e sugestões e, ao final do processo, para a respectiva devolutiva.

C) será realizada na sede do órgão ambiental responsável pelo licenciamento ambiental.

D) não obriga o órgão responsável pelo licenciamento ambiental a acolher as contribuições dela decorrentes, desde que apresente justificativa.

E) ocorre em momento anterior à elaboração do EIA-RIMA."

Gabarito: letra "d".

- **(Magistratura Estadual PA 2019 - CESPE)**

"No caso de uma empresa que pretenda iniciar atividade de mineração no estado do Pará, o EIA exigido para licenciar essa atividade deverá ser custeado

A) pelo órgão licenciador, o que envolve trabalhos e inspeções de campo, análises de laboratório e estudos técnicos e científicos.

B) pela empresa, competindo ao órgão licenciador a elaboração do RIMA.

C) pela empresa, competindo ao órgão licenciador a elaboração desse estudo.

D) pela empresa, assim como lhe compete a elaboração desse estudo e do RIMA.

E) pelo órgão licenciador, assim como lhe compete a elaboração do RIMA, mas, ao término do processo, ele será ressarcido pela empresa."

Gabarito: letra "d".

- **(Magistratura Estadual RJ 2019 - VUNESP)**

"A audiência pública tem por fim expor aos interessados o conteúdo do projeto ou empreendimento em exame e do seu respectivo RIMA. Sobre essa temática, é correto afirmar que

A) é realizada quando o órgão de meio ambiente licenciador julgar necessário ou quando solicitado por 40 ou mais cidadãos.

B) o fator político não influi no processo de tomada de decisão.

C) havendo sua solicitação e, na hipótese do órgão estadual não realizá-la, a licença concedida não terá validade.

D) a participação popular é vinculante e condicionante da decisão administrativa.

E) a ata da audiência pública vincula o parecer final do licenciador quanto à admissibilidade do exame do projeto."

Gabarito: letra "c", nos termos do artigo 2º, § 2º, da Resolução 9/1987 do Conama.

- **(Magistratura Estadual SC 2017 – FCC)**

  "Os apontamentos levantados em audiência pública

  A) não vinculam o órgão licenciador, que tem o dever, por outro lado, de justificar tecnicamente o não acolhimento das sugestões.

  B) vinculam o órgão licenciador, que tem o dever, portanto, de acolher as sugestões.

  C) são votados e vinculam o órgão licenciador os que obtiverem maioria simples.

  D) são votados e vinculam o órgão licenciador os que obtiverem maioria absoluta.

  E) são votados e vinculam o órgão licenciador os que obtiverem quorum de 2/3."

  Gabarito: letra "a".

- **(Juiz Federal – TRF 5ª Região – 2015)**

  "A respeito do EIA-RIMA, assinale a opção correta.

  A) A Resolução CONAMA n.° 1/1986 traz rol taxativo de atividades para cujo licenciamento ambiental é imprescindível o prévio EIA-RIMA.

  B) Entre outras hipóteses, a audiência pública para análise e discussão de EIA-RIMA será realizada quando houver solicitação de cinquenta ou mais cidadãos.

  C) A multidisciplinaridade da equipe habilitada para realização do EIA-RIMA não é mais um requisito exigível devido a mudanças nas normas de regência.

  D) Constatados impactos negativos de um empreendimento, o EIA-RIMA definirá, obrigatoriamente, medidas mitigadoras, tais como cursos de educação ambiental à comunidade.

  E) Os estados e municípios não podem legislar sobre o EIA, pois se trata de matéria de competência da União, atualmente delegada por lei ao CONAMA."

  Gabarito: letra "b".

- **(MPF/Procurador da República – 2015) "Atente para as seguintes afirmações relacionadas à audiência pública:**

I. As audiências públicas são uma forma de assegurar a participação popular na condução dos interesses públicos, ainda que as deliberações, opiniões, sugestões, críticas ou informações nela emitidas não sejam vinculantes para o Ministério Público.

II. Quando a realização de audiência pública referente ao estudo prévio de impacto ambiental e respectivo relatório for requerida pelo Ministério Público, a rejeição precisa ser devidamente fundamentada.

III. O Ministério Público poderá receber auxílio de entidades públicas para custear a realização de audiências públicas, mediante termo de cooperação ou procedimento específico, com a devida prestação de contas.

IV. Audiências públicas correspondem ao princípio republicano, inclusive porque buscam a adoção da melhor alternativa, e ao princípio democrático, pois permitem a participação popular.

V. Estão previstas audiências públicas em âmbito municipal em relação à implantação de empreendimentos com efeitos potencialmente negativos sobre o meio ambiente natural ou construído.

Assinale a alternativa certa:

A) Corretas estão apenas as afirmações I, II, III e IV.

B) Corretas estão apenas as afirmações I, II e V.

C) Corretas estão apenas as afirmações III, IV e V.

D) Corretas estão apenas as afirmações I, III, IV e V".

Gabarito: letra "D". A assertiva "II" está incorreta. Quando requerida pelo Ministério Público, a solicitação de realização de audiência pública não pode ser indeferida pelo órgão ambiental competente. Já em relação à assertiva III, que está correta, cabe uma rápida observação: O Ministério Público regulamentou sua competência de promover audiências públicas para auxiliar nos procedimentos sob sua responsabilidade. A regulamentação se deu em resolução aprovada pelo Plenário do Conselho Nacional do Ministério Público (CNMP). De acordo com a norma, o MP poderá receber auxílio de entidades públicas para custear a realização dessas reuniões, mediante termo de cooperação ou procedimento específico, com a devida prestação de contas.[25]

- **(Procurador do Estado BA 2014 – CESPE)**

  "A realização de audiência pública durante o procedimento de licenciamento ambiental é obrigatória caso haja solicitação de cinquenta ou mais cidadãos."

  A afirmativa está correta.

- **(Exame de Ordem 2013.2 – FGV)**

  "Em determinado Estado da federação é proposta emenda à Constituição, no sentido de submeter todos os Relatórios de Impacto Ambiental à comissão permanente da Assembleia Legislativa. Com relação ao caso proposto, assinale a afirmativa correta.

25. Disponível em <http://amp-mg.jusbrasil.com.br/noticias/3040967/ministerio-publico-regulamenta-audiencias-publicas>. Acesso em 04 dez. 2015.

A) Os Relatórios e os Estudos de Impacto Ambiental são realizados exclusivamente pela União, de modo que a Assembleia Legislativa não é competente para analisar os Relatórios.

B) A análise e a aprovação de atividade potencialmente causadora de risco ambiental são consubstanciadas no poder de polícia, não sendo possível a análise do Relatório de Impacto Ambiental pelo Poder Legislativo.

C) A emenda é constitucional, desde que de iniciativa parlamentar, uma vez que incumbe ao Poder Legislativo a direção superior da Administração Pública, incluindo a análise e a aprovação de atividades potencialmente poluidoras.

D) A emenda é constitucional, desde que seja de iniciativa do Governador do Estado, que detém competência privativa para iniciativa de emendas sobre organização administrativa, judiciária, tributária e ambiental do Estado."

Gabarito: letra **"b".**

- **(Magistratura Federal – TRF 1ª Região 2013 – CESPE)**

  "É taxativa a listagem contida em resolução federal que enumera as atividades cujo licenciamento dependerá obrigatoriamente da elaboração de EIA/RIMA. Tal rol cria presunção absoluta de que essas atividades são causadoras de significativa degradação ambiental."

  A afirmativa está incorreta.

- **(Advogado da União – AGU 2012– CESPE)**

  "A concessão de licenciamento para desenvolvimento de atividade potencialmente danosa ao meio ambiente constitui ato do poder de polícia, sendo a análise dos EIAs atividade própria do Poder Executivo."

  A afirmativa está correta.

- **(Advogado da União – AGU 2012– CESPE)**

  "Lei estadual pode dispensar a realização de EIA se restar comprovado, por perícia, que determinada obra não apresenta potencial poluidor."

  A afirmativa está incorreta.

- **(Exame de Ordem 2011.1 – FGV)**

  "Assinale a alternativa correta quanto ao licenciamento ambiental e ao acesso aos dados e informações existentes nos órgãos e entidades integrantes do Sisnana.

  A) A exigência de Estudo Prévio de Impacto Ambiental para aterros sanitários depende de decisão discricionária do órgão ambiental, que avaliará no caso concreto o potencial ofensivo da obra.

  B) Uma pessoa jurídica com sede na França poderá solicitar, aos órgãos integrantes do Sisnama, mediante requerimento escrito, mesmo sem comprovação de interesse específico, informações sobre resultados de monitoramento e auditoria nos sistemas de controle de poluição e de atividades potencialmente poluidoras das empresas brasileiras.

C) Um cidadão brasileiro pode solicitar informações sobre a qualidade do meio ambiente em um município aos órgãos integrantes do Sisnama, mediante a apresentação de título de eleitor e comprovação de domicílio eleitoral no local.

D) Caso a área que sofrerá o impacto ambiental seja considerada estratégica para o zoneamento industrial nacional de petróleo e gás e em áreas do pré-sal, o órgão ambiental poderá elaborar estudo prévio de impacto ambiental sigiloso."

Gabarito oficial: letra "b".

Comentário:

A alternativa "a" está incorreta. A exigência de Estudo Prévio de Impacto Ambiental para aterros sanitários é determinação prevista no artigo 2º, X da Resolução CONAMA 01/86. Trata-se, portanto, de ato vinculado, não cabendo análise de conveniência e oportunidade pela Administração Pública ambiental.

A alternativa "b" está correta. Tratando-se o meio ambiente de interesse difuso, qualquer pessoa pode ter acesso às informações sobre o meio ambiente, em respeito ao princípio da informação. Nos termos do artigo 11 da Resolução CONAMA 01/86, "respeitado o sigilo industrial, assim solicitando e demonstrando pelo interessado, o Relatório de Impacto Ambiental-RIMA será acessível ao público." Além disso, a Lei 10.650/03 determina em seu artigo 2º, parágrafo 1º, que "qualquer indivíduo, independentemente da comprovação de interesse específico, terá acesso às informações de que trata esta Lei, mediante requerimento escrito, no qual assumirá a obrigação de não utilizar as informações colhidas para fins comerciais, sob as penas da lei civil, penal, de direito autoral e de propriedade industrial, assim como de citar as fontes, caso, por qualquer meio, venha a divulgar os aludidos dados".

A alternativa "c" está incorreta. O dever de informação ambiental pelo Poder Público não está condicionado à apresentação de título de eleitor e comprovação de domicílio eleitoral no local.

A alternativa "d" está incorreta. De acordo com o artigo 225, parágrafo 1º, IV da Constituição de 1988, compete ao poder público "exigir, na forma da lei, para instalação de obra ou atividade potencialmente causadora de significativa degradação do meio ambiente, estudo prévio de impacto ambiental, a que se dará publicidade". Portanto, toda atividade de grande potencial impactante ao meio ambiente deve apresentar o EIA/RIMA ao órgão ambiental competente. A elaboração do referido estudo compete ao empreendedor, e não ao órgão ambiental. Além disso, trata-se de documento público, e não sigiloso.

1.4. O LICENCIAMENTO E A REVISÃO DE ATIVIDADES EFETIVA OU POTENCIALMENTE POLUIDORAS (INCISO IV)

A utilização dos recursos naturais, bens de uso comum do povo e essenciais à sadia qualidade de vida, depende de prévio consentimento do Poder Público. O meio ambiente é qualificado como patrimônio público a ser necessariamente assegurado e protegido tendo em vista o uso coletivo[26]e, portanto, inexiste direito subjetivo à sua livre utilização.[27]

O consentimento estatal para a utilização de recursos naturais é dado através do procedimento de licenciamento ambiental, importante instrumento de gestão ambiental, na medida em que, por meio dele, o Poder Público exerce o controle prévio sobre as atividades que possam de alguma forma impactar o meio ambiente, buscando com isso a implementação dos princípios do desenvolvimento sustentável, da prevenção e da precaução.

O licenciamento ambiental das atividades que utilizam recursos naturais decorre do poder de polícia da Administração Pública. De acordo com José dos Santos Carvalho Filho[28], poder de polícia "é a prerrogativa de direito público que, calcada na lei, autoriza a Administração Pública a restringir o uso e o gozo da liberdade e da propriedade em favor do interesse da coletividade." Os consentimentos estatais, como as licenças, também decorrem do poder de polícia administrativo e representam resposta positiva da administração pública aos pedidos formulados por indivíduos interessados em exercer determinada atividade que dependa do referido consentimento, como a utilização de recursos naturais.

▸ **STF:**

> AÇÃO DIRETA DE INCONSTITUCIONALIDADE. ART. 187 DA CONSTITUIÇÃO DO ESTADO DO ESPÍRITO SANTO. RELATÓRIO DE IMPACTO AMBIENTAL. APROVAÇÃO PELA ASSEMBLÉIA LEGISLATIVA. VÍCIO MATERIAL. AFRONTA AOS ARTIGOS 58, § 2º, E 225, § 1º, DA CONSTITUIÇÃO DO BRASIL. 1. É inconstitucional preceito da Constituição do Estado do Espírito Santo que submete o Relatório de Impacto Ambiental – RIMA – ao crivo de comissão permanente e específica da Assembleia Legislativa. 2. A concessão de autorização para desenvolvimento de atividade potencialmente danosa ao meio ambiente **consubstancia ato do Poder de Polícia – ato da Administração Pública – entenda-se ato do Poder Executivo**. 3. Ação julgada procedente para declarar inconstitucional o trecho final do artigo § 3º do artigo 187 da Constituição do Estado do Espírito Santo.[29] (ADI n. 1.505-ES. Relator: Min. Eros Grau. Publ. DJ 04.03.2005)

26. Lei 6.938/81, artigo 2º, I.
27. MILARÉ, 2007. p. 404.
28. CARVALHO FILHO, 2002. p . 61.
29. Nesse mesmo sentido: ADI 3252 MC/RO, rel. Min. Gilmar Mendes, 6.4.2005.

Aplicação em concurso:

- **(Advogado da União 2012 – CESPE)**

  "A concessão de licenciamento para desenvolvimento de atividade potencialmente danosa ao meio ambiente constitui ato do poder de polícia, sendo a análise dos EIAs atividade própria do Poder Executivo."

  A afirmativa está correta.

1.4.1 CONCEITO

Licenciamento ambiental pode ser definido como um "**procedimento administrativo** destinado a licenciar atividades ou empreendimentos utilizadores de recursos ambientais, efetiva ou potencialmente poluidores ou capazes, sob qualquer forma, de causar degradação ambiental".[30-31]

▶ **Importante:** analisar atentamente a Resolução CONAMA 237/97 e a Lei Complementar 140, de 08 de dezembro de 2011, que dispõem sobre a revisão e complementação dos procedimentos e critérios utilizados para o licenciamento ambiental.

▶ **Obs. 1:** o **licenciamento** é um **procedimento administrativo** cujas fases ou etapas estão prevista no artigo 10, da Resolução CONAMA 237/97.

▶ **Obs. 2:** uma das etapas do licenciamento ambiental é a apresentação, pelo empreendedor, dos **estudos ambientais**[32] pertinentes (**AIA**)[33], dando-se a eles a devida publicidade (artigo 3º; e artigo 10, II, da Resolução CONAMA 237/97).

---

30. Artigo 2º, I da Lei Complementar 140/2011.
31. Nos termos do artigo 1º, I, da Resolução CONAMA 237/97, licenciamento ambiental é o "**procedimento administrativo** pelo qual o órgão ambiental competente licencia a **localização, instalação, ampliação e a operação** de empreendimentos e atividades **utilizadoras de recursos ambientais**, consideradas efetiva ou potencialmente poluidoras ou daquelas que, sob qualquer forma, possam causar degradação ambiental, considerando as disposições legais e regulamentares e as normas técnicas aplicáveis ao caso".
32. A expressão estudos ambientais refere-se tanto ao Estudo Prévio de Impacto Ambiental-EIA, quanto a outros documentos técnicos semelhantes, tais como o Plano de Controle Ambiental-PCA, o Relatório de Controle Ambiental-RCA, Plano de Recuperação de Áreas Degradadas-PRAD etc, exigidos pelo órgão ambiental para o licenciamento de atividades modificadoras do meio ambiente, nos termos das normas ambientais vigentes.
33. *Vide* comentários ao artigo 9º, item 1.3.

▶ **Obs. 3:** após a conclusão de todas as etapas do licenciamento ambiental (procedimento administrativo), **a Administração Pública** expedirá a **Licença Ambiental**, ato administrativo pelo qual o órgão ambiental competente estabelece as condições, restrições e medidas de controle ambiental que deverão ser obedecidas pelo empreendedor. Portanto, **não confundir "licenciamento ambiental"** (procedimento administrativo) **com "licença ambiental"** (ato administrativo).

▶ **Obs. 4:** não é apenas a instalação de um empreendimento que depende de licenciamento ambiental. A localização, a ampliação e a operação também estão condicionadas a ele.

Aplicação em concurso:

- **(Procurador do Estado MT 2016 – FCC)**

  "Uma Usina produtora de etanol e açúcar localizada no Estado do Mato Grosso pretende ampliar sua produção em 150 mil toneladas/ano de moagem de cana-de-açúcar. Para tanto, sob o ponto de vista ambiental

  A) está dispensada de novo licenciamento ambiental, bastando comunicar a ampliação para anotação na licença de operação existente.

  B) deverá submeter a ampliação pretendida ao licenciamento ambiental conduzido por um Estudo de Impacto Ambiental e respectivo Relatório de Impacto no Meio Ambiente (EIA-RIMA).

  C) deverá submeter a ampliação pretendida ao licenciamento ambiental.

  D) está dispensada de novo licenciamento ambiental, sendo que a ampliação será considerada por ocasião da renovação da licença de operação.

  E) deverá submeter a ampliação pretendida ao licenciamento ambiental conduzido por um Plano de Colheita elaborado com observância da legislação ambiental."

  Gabarito: letra "C". A ampliação de estabelecimentos e atividades utilizadores de recursos ambientais, efetiva ou potencialmente poluidores ou capazes, sob qualquer forma, de causar degradação ambiental dependerão de prévio licenciamento ambiental. No caso de ampliação de empreendimento já em funcionamento, não é exigida a apresentação de EIA/RIMA (por se tratar de um estudo prévio ao início do empreendimento).

- **(Exame de Ordem 2016.3 – FGV)**

  "A sociedade empresária Xique-Xique S.A. pretende instalar uma unidade industrial metalúrgica de grande porte em uma determinada cidade. Ela possui outras unidades industriais do mesmo porte em outras localidades.

Sobre o licenciamento ambiental dessa iniciativa, assinale a afirmativa correta.

A) Como a sociedade empresária já possui outras unidades industriais do mesmo porte e da mesma natureza, não será necessário outro licenciamento ambiental para a nova atividade utilizadora de recursos ambientais, se efetiva ou potencialmente poluidora.

B) Para uma nova atividade industrial utilizadora de recursos ambientais, se efetiva ou potencialmente poluidora, é necessária a obtenção da licença ambiental, por meio do procedimento administrativo denominado licenciamento ambiental.

C) Se a sociedade empresária já possui outras unidades industriais do mesmo porte, poderá ser exigido outro licenciamento ambiental para a nova atividade utilizadora de recursos ambientais, se efetiva ou potencialmente poluidora, mas será dispensada a realização de qualquer estudo ambiental, inclusive o de impacto ambiental, no processo de licenciamento.

D) A sociedade empresária só necessitará do alvará da prefeitura municipal autorizando seu funcionamento, sendo incabível a exigência de licenciamento ambiental para atividades de metalurgia."

Gabarito: letra "B".

1.4.2 TIPOS DE LICENÇAS AMBIENTAIS[34]

As etapas do procedimento de licenciamento ambiental compreendem a concessão de duas licenças preliminares (Licença Prévia e Licença de Instalação) e a licença final (Licença de Operação)[35]. A Licença de Operação somente será concedida após a verificação do cumprimento das exigências previstas nas licenças preliminares.

I. **Licença Prévia (LP)** – concedida na fase preliminar do planejamento do empreendimento ou atividade aprovando sua localização e concepção, atestando a viabilidade ambiental e estabelecendo os requisitos básicos e condicionantes a serem atendidos nas próximas fases de sua implementação;

II. **Licença de Instalação (LI)** – autoriza a instalação do empreendimento ou atividade de acordo com as especificações constantes dos planos, programas e projetos aprovados, incluindo as medidas de controle ambiental e demais condicionantes, da qual constituem motivo determinante;

34. Artigo 8º, da Resolução CONAMA 237/97.

35. Artigo 8º, da Resolução CONAMA 237/97.

III. Licença de Operação (LO) – autoriza a operação da atividade ou empreendimento, após a verificação do efetivo cumprimento do que consta das licenças anteriores, com as medidas de controle ambiental e condicionantes determinados para a operação.

Aplicação em concurso:

- **(Procurador do Município de Manaus/AM 2018 – CESPE)**

  "Concedida na fase preliminar do planejamento do empreendimento, a licença de instalação atesta a viabilidade ambiental e estabelece os requisitos básicos e condicionantes a serem atendidos nas próximas fases de implementação do projeto".

  A afirmativa está errada

- **(Magistratura Estadual/RR – 2015 – FCC)**

  "A licença prévia,

  A) autoriza a instalação do empreendimento ou atividade de acordo com as especificações constantes dos planos, programas e projetos aprovados, incluindo as medidas de controle ambiental e demais condicionantes, da qual constituem motivo determinante.

  B) autoriza a operação da atividade ou empreendimento com as medidas de controle ambiental e condicionantes determinadas para a operação.

  C) autoriza a instalação do empreendimento ou atividade e a respectiva operação.

  D) é concedida na fase de planejamento do empreendimento ou atividade, restringindo-se a aprovar a respectiva localização.

  E) é concedida na fase preliminar do planejamento do empreendimento ou atividade aprovando sua localização e concepção, atestando a viabilidade ambiental e estabelecendo os requisitos básicos e condicionantes a serem atendidos nas próximas fases de sua implementação."

  Gabarito: letra "E", nos termos do artigo 8º, I da Resolução 237 do CONAMA.

- **(Exame de Ordem 2014.2 – FGV)**

  "Kellen, empreendedora individual, obtém, junto ao órgão municipal, licença de instalação de uma fábrica de calçados.

  A respeito da hipótese formulada, assinale a afirmativa correta.

  A) A licença não é válida, uma vez que os municípios têm competência para a análise de estudos de impacto ambiental, mas não para a concessão de licença ambiental.

B) Com a licença de instalação obtida, a fábrica de calçados poderá iniciar suas atividades de produção, gerando direito adquirido pelo prazo mencionado na licença expedida pelo município.

C) A licença é válida, porém não há impedimento que um Estado e a União expeçam licenças relativas ao mesmo empreendimento, caso entendam que haja impacto de âmbito regional e nacional, respectivamente.

D) Para o início da produção de calçados, é imprescindível a obtenção de licença de operação, sendo concedida após a verificação do cumprimento dos requisitos previstos nas licenças anteriores."

Gabarito: letra "d".

- **(Magistratura Estadual PR 2014 – PUC/PR)**

  "A licença de instalação autoriza a operação da atividade ou empreendimento, sendo concedida após a realização de vistoria e da confirmação do funcionamento dos sistemas de controle ambiental".

  A afirmativa está errada.

- **(PGE/MG 2012 – Fumarc)**

  Acerca do Licenciamento Ambiental, assinale a alternativa correta:

  A) A Licença de Operação autoriza a instalação do empreendimento ou atividade de acordo com as especificações constantes dos planos, programas e projetos aprovados, incluindo as medidas de controle ambiental e demais condicionantes, da qual constituem motivo determinante

  B) A Licença de Instalação aprova a localização e concepção do empreendimento, atestando a viabilidade ambiental e estabelecendo os requisitos básicos e condicionantes a serem atendidos nas próximas fases de sua implementação.

  C) A construção, instalação, ampliação e funcionamento de estabelecimentos e atividades utilizadores de recursos ambientais, efetiva ou potencialmente poluidores ou capazes, sob qualquer forma, de causar degradação ambiental dependerão de prévio licenciamento ambiental.

  D) O Estudo de Impacto Ambiental será realizado por equipe multidisciplinar dos órgãos ambientais responsáveis pelo licenciamento.

  E) A Licença Prévia autoriza a operação do empreendimento ou atividade.

  Gabarito: letra "C".

1.4.3 COMPETÊNCIA PARA LICENCIAR

A competência material (administrativa) em matéria ambiental é comum, de acordo com o artigo 23, VI, da Constituição de 1988. Assim, compete a todos os entes federados atuar administrativamente nas questões referentes à proteção ambiental, desde que a atuação de um não macule a competência de outro.

No que tange ao licenciamento ambiental, as três esferas de governo (União, estados, DF e municípios) estão habilitadas a licenciar empreendimentos com impactos ambientais[36]. Todavia devem criar, através de lei, seus Conselhos de Meio Ambiente, com caráter deliberativo e participação social e, ainda, possuir em seus quadros profissionais legalmente habilitados[37].

A competência específica para o licenciamento ambiental deve recair, no caso concreto, apenas ao ente federado competente, tendo em vista não haver possibilidade de licenciamento ambiental simultâneo. Segundo o artigo 7º da Resolução CONAMA 237/97, "os empreendimentos e atividades serão **licenciados em um único nível de competência**, conforme estabelecido nos artigos anteriores." Ratifica tal entendimento o *caput* do artigo 13 da Lei Complementar 140, de 08 de dezembro de 2011, ao estabelecer que "os empreendimentos e atividades são licenciados ou autorizados, ambientalmente, por um único ente federativo (...)".

A definição do ente federativo competente para o licenciamento deve ser fixada em cada caso concreto, e para tanto se faz necessária a utilização de critérios definidores de competência.

Aplicação em concurso:

- **(AGU – Procurador Federal 2013 – CESPE)**

  "No âmbito da cooperação entre os entes da Federação, a competência para a atividade administrativa de licenciamento ambiental pertence a um único ente federativo, sem prejuízo da possibilidade de delegação dessa competência, desde que o ente delegado disponha de órgão ambiental capacitado e de conselho de meio ambiente."

  A assertiva é verdadeira, nos termos do artigo 13 c/c artigo 5º da Lei Complementar 140/2011.

- **(MPF/Procurador da República 2013)**

  "De acordo com o ordenamento jurídico em vigor, o licenciamento ambiental dá-se em um só nível de competência, sob a responsabilidade de um único ente político, sem prejuízo de que outros entes federativos eventualmente interessados se manifestem, sem força vinculante."

  A afirmativa está correta.

36. Resolução CONAMA 237/97, artigo 4º, 5º, e 6º.
37. Resolução CONAMA 237/97, artigo 20.

▶ **Atenção:** A Lei Complementar 140, de 08 de dezembro de 2011, apresenta algumas alterações em relação aos critérios de definição de competência até então adotados pela Resolução CONAMA 237/97. Para um melhor entendimento da matéria, elaboramos abaixo quadros que possibilitam a comparação entre as referidas normas.

– **Competência do órgão federal** para licenciar empreendimentos e atividades com significativo impacto ambiental:

LICENCIAMENTO AMBIENTAL Competência da UNIÃO para atividades:	
Art. 4º da Res. CONAMA 237/97	Art. 7º da LC 140/11
localizadas ou desenvolvidas conjuntamente no Brasil e em país limítrofe;	localizados ou desenvolvidos conjuntamente no Brasil e em país limítrofe;
no mar territorial; na plataforma continental; na zona econômica exclusiva;	no mar territorial, na plataforma continental ou na zona econômica exclusiva;
em terras indígenas;	em terras indígenas;
em unidades de conservação do domínio da União;	em unidades de conservação instituídas pela União, exceto em Áreas de Proteção Ambiental (APAs);
localizadas ou desenvolvidas em dois ou mais Estados	localizados ou desenvolvidos em 2 (dois) ou mais Estados
cujos impactos ambientais diretos ultrapassem os limites territoriais do País ou de um ou mais Estados;	que atendam tipologia estabelecida por ato do Poder Executivo, a partir de proposição da Comissão Tripartite Nacional, assegurada a participação de um membro do Conselho Nacional do Meio Ambiente (Conama), e considerados os critérios de porte, potencial poluidor e natureza da atividade ou empreendimento; [38]

38. Vide Decreto 8.437/2015, que estabelece tipologias de empreendimentos e atividades cujo licenciamento ambiental será de competência da União.

LICENCIAMENTO AMBIENTAL Competência da UNIÃO para atividades:	
Art. 4º da Res. CONAMA 237/97	Art. 7º da LC 140/11
destinados a pesquisar, lavrar, produzir, beneficiar, transportar, armazenar e dispor material radioativo, em qualquer estágio, ou que utilizem energia nuclear em qualquer de suas formas e aplicações, mediante parecer da Comissão Nacional de Energia Nuclear – CNEN;	destinados a pesquisar, lavrar, produzir, beneficiar, transportar, armazenar e dispor material radioativo, em qualquer estágio, ou que utilizem energia nuclear em qualquer de suas formas e aplicações, mediante parecer da Comissão Nacional de Energia Nuclear (CNEN);
bases ou empreendimentos militares, quando couber, observada a legislação específica.	de caráter militar, excetuando-se do licenciamento ambiental, nos termos de ato do Poder Executivo, aqueles previstos no preparo e emprego das Forças Armadas, conforme disposto na Lei Complementar nº 97, de 9 de junho de 1999.
-	cuja localização compreenda concomitantemente áreas das faixas terrestre e marítima da zona costeira, exclusivamente nos casos previstos em tipologia estabelecida por ato do Poder Executivo, a partir de proposição da Comissão Tripartite Nacional, assegurada a participação de um membro do Conselho Nacional do Meio Ambiente (Conama) e considerados os critérios de porte, potencial poluidor e natureza da atividade ou empreendimento.

A Lei Complementar 140/2011 ratifica o entendimento de que não há um único critério a ser observado para a definição de competência licenciatória dos entes federados.

Em cumprimento ao disposto no art. 7º, *caput*, inciso XIV, "h" da Lei Complementar 140/2011, o **Decreto 8.437, de 22 de abril de 2015,** estabelece tipologias de empreendimentos e atividades cujo licenciamento ambiental será de competência da União. Serão licenciados pelo órgão ambiental federal competente empreendimentos ou atividades como a pavimentação e ampliação de capacidade de rodovias federais com extensão igual ou superior a duzentos quilômetros (art. 3º, I, "b"), a implantação de ferrovias federais (art. 3º, II, "a") e usinas hidrelétricas com capacidade instalada igual ou superior a trezentos megawatt (art. 3º, VII, "a").

Além de reformular o critério do alcance dos impactos ambientais diretos do empreendimento, mantém aqueles adotados pela Resolução CONAMA 237/97 para a definição da competência da União, como o da dominialidade do bem e o do ente instituidor de uma unidade de conservação da natureza (com exceção das APAs).

▶ **Atenção:** uma das principais novidades está relacionada ao licenciamento de empreendimentos e atividades em unidades de conservação da natureza.

Fica evidente a prevalência do critério **do ente federativo instituidor da unidade de conservação** para a definição da competência licenciatória, ou seja, compete à (o órgão ambiental da) União promover o licenciamento ambiental de empreendimentos e atividades localizadas ou desenvolvidas em unidades de conservação instituídas pela União. Da mesma forma, competirá ao Estado ou ao Município licenciar atividades localizadas ou desenvolvidas em unidades de conservação instituídas, respectivamente, pelo Estado ou pelo Município.[39] Desta forma, o licenciamento de uma atividade, por exemplo, em uma Reserva Extrativista federal, deve ser aprovada pela União (por meio de seu órgão ambiental competente), ente federativo instituidor da unidade de conservação. Esse é o critério a ser utilizado para a definição de competência em relação a todos os tipos de unidades de conservação, **exceto para as Áreas de Proteção Ambiental-APAs.**

Optou o legislador por atribuir **critério diverso de definição de competências** apenas a essa modalidade de unidade de conservação. Nos termos da Lei Complementar 140/2011, **utiliza-se para as APAs critérios específicos pré-estabelecidos** nos artigos 7º, 8º e 9º. Estabelece a referida norma:

> Art. 12. Para fins de licenciamento ambiental de atividades ou empreendimentos utilizadores de recursos ambientais, efetiva ou potencialmente poluidores ou capazes, sob qualquer forma, de causar degradação ambiental, e para autorização de supressão e manejo de vegetação, **o critério do ente federativo instituidor da unidade de conservação não será aplicado às Áreas de Proteção Ambiental (APAs).**

39. Art. 7º, XIV e XV; art. 8, XV e XVI; art. 9, XIV e XV, da Lei Complementar 140/2011.

> Parágrafo único. A definição do ente federativo responsável pelo licenciamento e autorização a que se refere o caput, **no caso das APAs, seguirá os critérios previstos** nas alíneas "a", "b", "e", "f" e "h" do inciso XIV do art. 7º, no inciso XIV do art. 8º e na alínea "a" do inciso XIV do art. 9º.

Como consequência, temos que, no caso da APA, o órgão ambiental competente para licenciar uma atividade não será, necessariamente, o órgão ambiental do ente que instituiu aquela unidade de conservação. A título de exemplo, em uma APA estadual em que seja necessário o licenciamento de uma atividade que cause ou possa causar impacto ambiental de âmbito local, a competência será do órgão ambiental do Município (critério previsto no art. 9º, XIV, "a" da Lei Complementar 140/2011[40]), nos termos do parágrafo único do artigo 12 supra descrito, e não do órgão ambiental estadual, ente instituidor da unidade de conservação. O critério utilizado para a APA, nesse caso, foi o do alcance impacto ambiental direto da atividade.

Aplicação em concurso:

- **(Magistratura Estadual RO 2019 - Vunesp)**

  "A construção, instalação, ampliação e funcionamento de estabelecimentos e atividades utilizadores de recursos ambientais, efetiva ou potencialmente poluidores ou capazes, sob qualquer forma, de causar degradação ambiental, dependerão de prévio licenciamento ambiental. Acerca do tema, pode-se afirmar que

  A) as atividades que causem ou possam causar impacto ambiental de âmbito local são licenciadas pelo IBAMA.

  B) compete ao Município licenciar atividades localizadas em Áreas de Proteção Ambiental (APAS) instituídas pelo Município.

  C) o decurso dos prazos de licenciamento, sem a emissão da licença ambiental, implica sua emissão tácita e autoriza a prática de ato que dela dependa ou decorra.

  D) a União é competente para promover o licenciamento ambiental de empreendimentos e atividades localizados em terras indígenas.

---

40. Na hipótese de que trata a alínea "a" do inciso XIV do art. 9º, a aplicação desta Lei Complementar dar-se-á a partir da edição da decisão do respectivo Conselho Estadual (art. 18, parágrafo 2º, da Lei Complementar 140/2011). Enquanto não forem estabelecidas as tipologias de que tratam os §§ 1º e 2º do artigo 18, os processos de licenciamento e autorização ambiental serão conduzidos conforme a legislação em vigor (art. 18, parágrafo 3º, da Lei Complementar 140/2011).

E) a licença de localização caracteriza a fase preliminar do processo de licenciamento, da qual se segue a licença de operação".

Gabarito: letra "D", de acordo com o artigo 7º, XIV, c, da Lei Complementar 140/2011, são ações administrativas da União a promoção do licenciamento ambiental de empreendimentos e atividades localizados ou desenvolvidos em terras indígenas.

- **(Delegado de Polícia Civil/PE – 2016 – CESPE)**

"Determinada sociedade empresária pretende realizar, no mar territorial que banha o município de Recife – PE, atividade potencialmente causadora de significativa degradação ambiental. Nessa situação, de acordo com a Lei Complementar n.º 140/2011, o licenciamento ambiental dessa atividade será promovido pelo(a)

A) município de Recife ou, caso ele não possua órgão ambiental capacitado para promover esse licenciamento, pelo estado de Pernambuco.

B) União.

C) município de Recife.

D) estado de Pernambuco.

E) estado de Pernambuco ou, caso ele não possua conselho de meio ambiente, pela União."

Gabarito: letra "B". (Art. 7º, XIV, "b" da Lei Complementar 140/2011).

- **(Defensor Público/AM – 2013 – FCC)**

"São ações administrativas da União promover o licenciamento ambiental de empreendimentos e atividades

A) localizados ou desenvolvidos em unidades de conservação instituídas pela União, exceto em Áreas de Proteção Ambiental (APAs).

B) localizados ou desenvolvidos em dois ou mais Municípios.

C) de alto impacto ambiental.

D) localizados ou desenvolvidos em rios federais.

E) localizados ou desenvolvidos em terras quilombolas."

Gabarito: letra "a", nos termos do artigo 7º, XIV, alínea "d" da Lei Complementar 140/2011.

– **Competência dos órgãos municipais** para licenciar empreendimentos e atividades:

LICENCIAMENTO AMBIENTAL **Competência dos MUNICÍPIOS para atividades:**	
ART. 6º da Res. CONAMA 237/97	Art. 9º da LC 140/11
de impacto ambiental local;	que causem ou possam causar impacto ambiental de âmbito local, conforme tipologia definida pelos respectivos Conselhos Estaduais de Meio Ambiente, considerados os critérios de porte, potencial poluidor e natureza da atividade;
que lhe forem delegadas pelo Estado por instrumento legal ou convênio, ouvidos os órgãos competentes da União, dos Estados e do Distrito Federal, quando couber.	–
–	localizados em unidades de conservação instituídas pelo Município, exceto em Áreas de Proteção Ambiental (APAs).

A Lei Complementar 140/2011 mantém o critério do **alcance dos impactos ambientais diretos do empreendimento** (aliado aos critérios de porte, potencial poluidor e natureza da atividade) para a definição de competência do órgão ambiental municipal (art. 9º, XIV, "a"). Assim, serão licenciados pelo órgão ambiental municipal os empreendimentos que, além de apresentarem impactos ambientais diretos locais, se enquadrem na tipologia específica definida pelo Conselho Estadual de Meio Ambiente.[41] A LC 140/11 determina que os Conselhos Estaduais de Meio Ambiente estabeleçam tipologia específica, com base em estudos técnicos que considerem os critérios de porte, potencial poluidor e natureza da atividade, caracterizando os tipos de atividades que causam ou possam causar impacto ambiental de âmbito local passíveis de serem licenciados pelos municípios.

Aplicação em concurso:

- **(MPE/AP 2012 – FCC)**

"Sobre o licenciamento ambiental, instrumento da Política Nacional do Meio Ambiente, a Lei Complementar nº 140, de 08/12/2011, dispõe que

41. Portanto, de acordo com a LC 140/2011, nem sempre as atividades de impacto local serão licenciadas pelo órgão ambiental municipal. Elas só o serão caso constem na lista definida pelo Conselho Estadual de Meio Ambiente.

A) a atuação supletiva ou subsidiária é aquela pela qual o ente da Federação se substitui ao ente federativo originariamente detentor da competência para exercer o licenciamento ambiental.

B) cabe aos Municípios o licenciamento ambiental das atividades ou empreendimentos que causem ou possam causar impacto ambiental de âmbito local, conforme tipologia definida pelos respectivos conselhos estaduais do meio ambiente, segundo critérios fixados nesta Lei.

C) cabe aos Municípios o licenciamento ambiental das atividades ou empreendimentos que causem ou possam causar impacto ambiental de âmbito local, conforme tipologia definida pelo respectivo Conselho Municipal do Meio Ambiente, segundo critérios fixados nesta Lei.

D) a supressão de vegetação será sempre autorizada pelo Estado. Todavia, se a União for o ente federativo competente para o licenciamento ambiental, a ela caberá conceder a autorização para a supressão da vegetação.

E) a cooperação dos entes federativos no licenciamento ambiental se dará apenas por meio de convênios."

Gabarito: letra "b".

– **Competência dos órgãos estaduais** para licenciar empreendimentos e atividades:

LICENCIAMENTO AMBIENTAL Competência dos ESTADOS para atividades:	
Art. 5º da Res. CONAMA 237/97	**Art. 8º da LC 140/11**
localizados ou desenvolvidos em mais de um Município;	
em unidades de conservação de domínio estadual ou do Distrito Federal;	localizados ou desenvolvidos em unidades de conservação instituídas pelo Estado, exceto em Áreas de Proteção Ambiental (APAs);
localizados ou desenvolvidos nas florestas e demais formas de vegetação natural de preservação permanente relacionadas no artigo 2º da Lei nº 4.771/65 (Código Florestal), e em todas as que assim forem consideradas por normas federais, estaduais ou municipais;	

LICENCIAMENTO AMBIENTAL Competência dos ESTADOS para atividades:	
Art. 5º da Res. CONAMA 237/97	**Art. 8º da LC 140/11**
cujos impactos ambientais diretos ultrapassem os limites territoriais de um ou mais Municípios;	
delegados pela União aos Estados ou ao Distrito Federal, por instrumento legal ou convênio.	
	utilizadores de recursos ambientais, efetiva ou potencialmente poluidores ou capazes, sob qualquer forma, de causar degradação ambiental, ressalvado o disposto nos arts. 7º e 9º.

A nova tipologia, prevista na Lei Complementar 140/2011, identificará as atividades cuja competência licenciatória será do órgão ambiental da União (art. 7º, XIV, "h", da LC 140/11) e do órgão ambiental municipal (art. 9º, VIX, "a", da LC 140/11). A competência licenciatória dos órgãos ambientais estaduais passa a ter **caráter residual**, ou seja, todos os empreendimentos que não sejam de competência da União (critérios do art. 7º) e nem dos Municípios (critérios do art. 9º) deverão ser licenciados pelo órgão ambiental dos Estados-membros. É o que determina a novel Lei Complementar 140/2011:

> Art. 8º. São ações administrativas dos Estados:
>
> XIV- promover o licenciamento ambiental de atividades ou empreendimentos utilizadores de recursos ambientais, efetiva ou potencialmente poluidores ou capazes, sob qualquer forma, de causar degradação ambiental, ressalvado o disposto nos arts. 7º e 9º;

Frise-se que a definição da competência licenciatória com base na delimitação do impacto ambiental depende do estabelecimento das referidas tipologias pela Comissão Tripartite Nacional e pelos Conselhos Estaduais de Meio Ambiente.[42]

▶ **Obs. 1: ATENÇÃO à relação entre "licenciamento" e "fiscalização":**

42. Art. 18, parágrafo 3º, da LC 140/11.

Até 8 de dezembro de 2011 (data da publicação da Lei Complementar 140/2011), restava clara uma nítida desvinculação entre a competência para licenciar e a competência para fiscalizar atividades potencialmente poluidoras, ou seja, a competência para fiscalizar não ficava adstrita à competência para licenciar a atividade. Uma vez concedida a licença ambiental, cabia, regra geral, ao órgão ambiental estadual fiscalizar as atividades licenciadas com o intuito de mantê-las dentro das condições e limites estipulados no licenciamento. Todavia, inerte o órgão estadual competente, e nos termos do art. 10, §3º, da Lei 6.938/81 (revogado pelo artigo 21 da LC 140/11) possuía o IBAMA (órgão federal) competência supletiva para tal fiscalização, mesmo tendo o licenciamento sido concedido pelo órgão estadual. Vale relembrar que a competência material (ou administrativa) em seara ambiental é comum.

Todavia, a Lei Complementar 140, de 8 de dezembro de 2011, apresenta novo entendimento, **relacionando a competência para o exercício do poder de polícia ambiental à competência para o licenciamento ambiental** da atividade. Desta forma, **o poder de polícia administrativo deve ser exercido pelo órgão responsável pelo licenciamento**. Nos termos do seu artigo 17:

> Art. 17. **Compete ao órgão responsável pelo licenciamento ou autorização**, conforme o caso, de um empreendimento ou atividade, **lavrar auto de infração ambiental e instaurar processo administrativo** para a apuração de infrações à legislação ambiental cometidas pelo empreendimento ou atividade licenciada ou autorizada.

A norma prevista na Lei Complementar 140/2011 não impede, todavia, o exercício da fiscalização pelos demais entes federados, nos termos da previsão constitucional da competência comum material para a proteção do meio ambiente (artigo 23, inciso VI, da Constituição de 1988). Com isso, inerte o ente federado licenciador, poderá outro atuar supletivamente no exercício do poder de polícia ambiental, substituindo aquele originariamente detentor das atribuições previstas em lei.

► **STJ:**

> Não há falar em competência exclusiva de um ente da federação para promover medidas protetivas. Impõe-se amplo aparato de fiscalização a ser exercido pelos quatro entes federados, independentemente do local onde a ameaça ou o dano estejam ocorrendo, bem como da competência para o licenciamento. (REsp 1.479.316/SE, Rel. Min. Humberto Martins, Segunda Turma, julgado em 20/08/2015, DJe 01/09/2015).

Determina a Lei Complementar que, no caso de atuação de mais de um órgão ambiental, **prevalecerá o auto de infração ambiental lavrado por aquele órgão que detenha a atribuição de licenciamento.**

> Art. 17, § 3º O disposto no ***caput*** deste artigo **não impede o exercício pelos entes federativos da atribuição comum de fiscalização** da conformidade de empreendimentos e atividades efetiva ou potencialmente poluidores ou utilizadores de recursos naturais com a legislação ambiental em vigor, **prevalecendo o auto de infração ambiental lavrado por órgão que detenha a atribuição de licenciamento ou autorização a que se refere o *caput*.**

- **STJ:**

> A prerrogativa de fiscalizar as atividades nocivas ao meio ambiente concede ao Instituto Brasileiro do Meio Ambiente e dos Recursos Naturais Renováveis – IBAMA interesse jurídico suficiente para exercer seu poder de polícia administrativa, ainda que o bem esteja situado dentro de área cuja competência para o licenciamento seja do município ou do estado. (REsp 1530546/AL – decisão monocrática, Rel. Ministro Herman Benjamin, julgado em 16/03/2016, DJe 09/05/2016).
>
> Ante a omissão do órgão estadual na fiscalização, mesmo que outorgante da licença ambiental, o IBAMA pode exercer o seu poder de polícia administrativa, já que não se confunde a competência para licenciar com a competência para fiscalizar. (REsp 1346734/SC – decisão monocrática, Rel. Ministro Napoleão Nunes Maia Filho, julgado em 07/12/2016, DJe 12/12/2016).

Aplicação em concurso:

- **(Magistratura Federal – TRF 2ª região 2017)**

"Em relação à competência para o licenciamento ambiental é correto afirmar que:

A) O ente que não tem competência para licenciar a atividade tampouco poderá aplicar medidas de polícia sobre ela.

B) Atividades localizadas em faixa de até 50 km da fronteira serão sempre licenciadas pela União.

C) Atividades que captem água de rios federais serão sempre licenciadas pela União.

D) Em regra, o ente competente para o licenciamento de uma atividade será competente para aplicar sanções administrativas ambientais à pessoa responsável pela atividade.

E) O licenciamento ambiental de qualquer atividade conduzida por concessionária de serviço público federal será de competência da União."

Gabarito: letra "d".

- **(Magistratura Federal – TRF 2ª região 2017)**

  "O licenciamento ambiental de atividade de produção de petróleo compete:

  A) À União, ao Estado e ao município onde estiver localizada a atividade, pois, pelo art. 23, VI, da Constituição Federal, a competência para proteção do meio ambiente é comum e o múltiplo licenciamento é mais apto a proteger o bioma.

  B) Exclusivamente à União, pois se trata de atividade sujeita constitucionalmente a monopólio federal.

  C) A resposta depende da localização da atividade. Assim, por exemplo, se a atividade estiver localizada no mar, a competência será sempre da União, se estiver localizada em terra, a competência será sempre do Estado.

  D) A resposta depende da localização e da natureza exata da atividade. Assim, por exemplo, se a atividade estiver localizada no mar territorial, a competência será da União. Se a atividade estiver localizada no continente, fora de terras indígenas, parques nacionais, divisas com outros estados ou fronteiras internacionais e não se tratar de unidade de produção de recurso não convencional de petróleo, a competência será do Estado.

  E) À União e ao Estado onde estiver localizada a atividade, por força do artigo 10 da Lei 6.938/81 (Lei da Política Nacional do Meio Ambiente)."

  Gabarito: letra "d".

- **(Procurador do Estado BA 2014 – CESPE)**

  "Uma empresa brasileira de exploração de gás e petróleo, pretendendo investir na exploração de gás de xisto, obteve autorização de pesquisa do órgão competente e identificou, no início das primeiras pesquisas exploratórias, um potencial razoável para a exploração do gás em determinada área federal. Apesar de ainda não dispor de tecnologia que garantisse totalmente a proteção ambiental da área de exploração, principalmente, no que tange à água subterrânea, a empresa obteve a licença prévia para proceder à exploração de gás de xisto.

  Com base nessa situação hipotética, nas normas de proteção ao meio ambiente e na jurisprudência, julgue o item seguinte.

  O município é impedido de fiscalizar as atividades da empresa, dada a competência federal para o licenciamento ambiental da área."

  A assertiva é falsa.

- **(Exame de Ordem 2013-2 – FGV)**

  "Técnicos do IBAMA, autarquia federal, verificaram que determinada unidade industrial, licenciada pelo Estado no qual está localizada, está causando degradação ambiental significativa, vindo a lavrar auto de infração pelos danos cometidos. Sobre o caso apresentado e aplicando as regras de licenciamento e fiscalização ambiental previstas na Lei Complementar n. 140/2011, assinale a afirmativa correta.

A) Há irregularidade no licenciamento ambiental, uma vez que em se tratando de atividade que cause degradação ambiental significativa, o mesmo deveria ser realizado pela União.

B) É ilegal a fiscalização realizada pelo IBAMA, que só pode exercer poder de polícia de atividades licenciadas pela União, em sendo a atividade regularmente licenciada pelo Estado.

C) É possível a fiscalização do IBAMA o qual pode, inclusive, lavrar auto de infração, que, porém, não prevalecerá caso o órgão estadual de fiscalização também lavre auto de infração.

D) Cabe somente à União, no exercício da competência de fiscalização, adotar medidas para evitar danos ambientais iminentes, comunicando imediatamente ao órgão competente, em sendo a atividade licenciada pelo Estado."

Gabarito: letra "C". De acordo com o artigo 17, caput e parágrafo 3º, da Lei Complementar 140/2011, todos os entes federados são competentes (por meio de seus órgãos ambientais respectivos) para fiscalizar determinada atividade e lavrar auto de infração, mesmo que não seja o ente competente para licenciar a atividade. Todavia, caso haja mais de um auto de infração, de entes federados diversos, prevalecerá aquele lavrado por órgão que detenha a atribuição de licenciamento ambiental. Na questão em tela, prevalecerá o auto de infração do órgão ambiental estadual, uma vez que foi o responsável pelo licenciamento ambiental da unidade industrial.

1.4.4 PRAZOS DE ANÁLISE PARA A CONCESSÃO DAS LICENÇAS AMBIENTAIS

Há prazo para o órgão ambiental competente analisar o pedido de licenciamento ambiental feito pelos interessados. O prazo será de até **6 meses** a contar do protocolo de requerimento do empreendedor. Importante observar que, nos casos em que houver EIA/RIMA e/ou audiência pública, ou seja, nos casos de licenciamento de atividades potencialmente causadoras de significativa degradação ambiental (normalmente mais complexos), o órgão ambiental competente poderá estabelecer prazo de até **12 meses**.[43] Nos termos da Lei Complementar 140/2011, os órgãos

43. Artigo 14, da Resolução CONAMA 237/97.

licenciadores devem observar os prazos estabelecidos para tramitação dos processos de licenciamento.[44]

A contagem do prazo será suspensa durante a elaboração dos estudos ambientais complementares ou preparação de esclarecimentos pelo empreendedor. Ratifica tal entendimento o parágrafo 2º do artigo 14 da Lei Complementar 140/2011, segundo o qual "as exigências de complementação de informações, documentos ou estudos feitas pela autoridade licenciadora suspendem o prazo de aprovação, que continua a fluir após o seu atendimento integral pelo empreendedor."

Vale destacar que o **decurso dos prazos** de licenciamento, sem a emissão da licença ambiental, **não implica emissão tácita** nem tampouco autoriza a prática de ato que dela dependa ou decorra. Nesses casos, **instaura-se a competência supletiva** dos demais entes federados.

1.4.5 PRAZOS DE VALIDADE DAS LICENÇAS (REVISÃO DE ATIVIDADES POTENCIALMENTE POLUIDORAS)

As licenças ambientais não são perenes, ou seja, elas têm prazos de validade e precisam ser renovadas.[45] As atividades que utilizam recursos naturais precisam ser constantemente fiscalizadas e, de tempos em tempos, comprovar sua adequação às normas ambientais e aos novos padrões de qualidade ambiental, que podem ser alterados de acordo com as inovações tecnológicas e científicas.

Assim, de acordo com o artigo 18 da Resolução CONAMA 237/97:

> I – O prazo de validade da **Licença Prévia (LP)** deverá ser, no mínimo, o estabelecido pelo cronograma de elaboração dos planos, programas e projetos relativos ao empreendimento ou atividade, **não podendo ser superior a 5 (cinco) anos.**
>
> II – O prazo de validade da **Licença de Instalação (LI)** deverá ser, no mínimo, o estabelecido pelo cronograma de instalação do empreendimento ou atividade, **não podendo ser superior a 6 (seis) anos.**
>
> III – O prazo de validade da **Licença de Operação (LO)** deverá considerar os planos de controle ambiental e será de, **no mínimo, 4 (quatro) anos e, no máximo, 10 (dez) anos**.

---

44. Artigo 14, *caput*, da LC 140/11.
45. De acordo com FIORILLO (2007. p. 411), caracterizam-se por uma "estabilidade temporária".

Aplicação em concurso:

- **(Magistratura Estadual RS 2018 – VUNESP – adaptada)**

  Quanto ao licenciamento ambiental, marque V ou F:

  "O prazo de validade da Licença Prévia (LP) não pode ser superior a 3 (três) anos".

  A afirmativa está incorreta.

- **(Magistratura Estadual RS 2018 – VUNESP – adaptada)**

  Quanto ao licenciamento ambiental, marque V ou F:

  "O prazo de validade da Licença de Instalação (LI) deverá ser o estabelecido pelo cronograma de instalação do empreendimento ou atividade, não podendo ser superior a 5 (cinco) anos."

  A afirmativa está incorreta.

1.4.6 MODIFICAÇÃO, SUSPENSÃO E CANCELAMENTO DA LICENÇA AMBIENTAL

Seja em respeito ao princípio da supremacia do interesse público sobre o privado, seja em decorrência da má-fé do empreendedor, seja pela superveniência de irregularidades de atividades já licenciadas, pode uma licença ambiental ser modificada, suspensa ou cancelada antes de findo o seu prazo de validade. O artigo 19 da Resolução CONAMA 237/97 apresenta três hipóteses:

> I – violação ou inadequação de quaisquer condicionantes ou normas legais;
>
> II – omissão ou falsa descrição de informações relevantes que subsidiaram a expedição da licença;
>
> III – superveniência de graves riscos ambientais e de saúde.

▶ **STJ:**

> AMBIENTAL. ATIVIDADES MADEIREIRAS. CADASTRO EM SISTEMA PRÓPRIO DE CONTROLE E PROTEÇÃO. REQUISITOS PARA O CADASTRAMENTO. DESCUMPRIMENTO. EVENTUAL OCORRÊNCIA DE FRAUDE NA OPERAÇÃO DO SISTEMA. SUSPENSÃO DO CADASTRO E DA LICENÇA AMBIENTAL SEM MANIFESTAÇÃO DA EMPRESA AFETADA. CONTRADITÓRIO E AMPLA DEFESA DIFERIDOS. POSSIBILIDADE. BUSCA PELA PRESERVAÇÃO AMBIENTAL.
>
> 1. Trata-se de recurso ordinário em mandado de segurança interposto por Indústria e Comércio de madeiras Ferrazzo Ltda., com fundamento na alínea "b" do inciso II do artigo 105 da Constituição da República

vigente, contra acórdão do Tribunal de Justiça do Mato Grosso que reconheceu a legalidade das Portarias n. 72/2006 e 105/2006, as quais são responsáveis pela instalação sindicância para a operação de fatos supostamente fraudulentos e pela suspensão do cadastro da empresa recorrente junto ao CC-Sema por descumprimento de requisitos legais. 2. Nas razões recursais, sustenta a recorrente, em síntese, que "as restrições [a ela] impostas (suspensão de suas atividades), proveniente das aludidas portarias, configuram flagrante sanção administrativa, sem, contudo, ter-lhe possibilitado o exercício de seu direito constitucional de defesa, em total desrespeito ao devido processo legal" (fl. 281). Alega, ainda, que tais medidas são desprovidas de razoabilidade. 3. A empresa impetrante (ora recorrente) teve seu cadastro junto ao CC-Sema – Cadastro de Consumidores de Produtos Florestais – suspenso em razão de suposta divergência entre os estoques de madeira declarados pela recorrente e os efetivamente comercializados. 4. O CC-Sema tem por objetivo o controle dos empreendimentos destinados a extração, coleta, beneficiamento, transformação, industrialização, armazenagem e consumo de produtos, subprodutos ou matéria-prima originária de qualquer formação florestal. 5. O cadastramento junto ao CC-Sema permite que as empresas consumidoras tenham acesso ao Sisflora – Sistema de Comercialização e Transporte de Produtos Florestais, que é o sistema responsável pela organização operacional das atividades de cadastro, licenciamento, transporte, comercialização e reposição florestal, com a maioria das atividades realizadas por meios virtuais (internet). 6. Para se cadastrar no CC-Sema, o usuário deve apresentar uma série de documentos, dentre eles a Declaração de Estoque de Toras de Origem Florestal Nativa e a Declaração de Estoque de Produtos Madeireiros. Os estoques declarados podem ser homologados após a apresentação de certidão ou declaração do Ibama, facultando-se a realização de vistorias quando haja indícios de inexatidão de dados. 7. A confirmação da regularidade dos dados da empresa e da sua declaração de estoque são condições suficientes para habilitar a empresa a emitir as Guias Florestais e efetuar normalmente suas transações comerciais. 8. Ocorre que algumas empresas vieram a ser suspensas por suspeitas de fraude na inserção de créditos de madeira. Ficou provado, no âmbito administrativo, que um estagiário do órgão competente estava inserindo créditos para madeireiras que não correspondiam a situação real de estoque (tendo sido descumprido, portanto, requisito de cadastramento – compatibilidade entre estoque declarado e estoque existente). 9. Entre as empresas que tiveram o acesso ao CC-Sema suspenso está a recorrente – suspensa, conseqüentemente, também a licença ambiental. 10. A suspensão do cadastro, no caso, encontra amparo não só na necessidade genérica de preservação do meio ambiente (art. 225 da Constituição da República vigente) – na medida em que as atividades que envolvem a extração e comercialização de madeira são potencialmente lesivas ao patrimônio ambiental –, mas também na norma específica do art. 19 da Resolução Conama n. 237/97 – pela qual "[o] órgão ambiental competente, mediante decisão motivada, poderá modificar os condicionantes e as medidas de controle e adequação, suspender ou cancelar uma licença expedida, quando ocorrer: I – violação ou inadequação de quaisquer condicionantes ou normas legais; II – omissão ou falsa descrição de informações relevantes que subsidiaram a expedição da licença; III -superveniência de graves riscos ambientais e de saúde". No caso em tela, há enquadramento nos três incisos. 11. Não há ofensa ao princípio do devido processo legal porque, embora a suspensão da licença tenha se dado em caráter inicial, sem a possibilidade de manifestação da recorrente, o contraditório e a ampla defesa serão (ou deverão ser) respeitados durante a sindicância aberta para averiguar as fraudes (Portarias n. 72/2006 e 105/2006). Trata-se, portanto, de contraditório e ampla defesa diferidos, e não inexistentes. 12. Recurso ordinário não provido. (STJ: RMS 25.488/MT, Rel. Ministro Mauro Campbell Marques, 2a turma, julgado em 01/09/2009, DJe 16/09/09).

Aplicação em concurso:

- **(Magistratura Estadual PR 2014 – PUC/PR)**

"Acerca do Licenciamento Ambiental, do Estudo de Impacto Ambiental (EIA) e do Relatório de Impacto ao Meio Ambiente (RIMA), é CORRETO afirmar que:

A) A elaboração do EIA e do RIMA é realizada pela equipe técnica multidisciplinar do órgão ambiental competente, correndo por conta do empreendedor todas as despesas e custos respectivos.

B) Pode ser dispensada a realização do EIA no processo de licenciamento caso o órgão ambiental considere inexistente o risco de significativa degradação ambiental, vez que se trata de ato discricionário não sujeito a controle judicial.

C) Sendo indisponível o direito ao meio ambiente ecologicamente equilibrado e em razão do princípio da publicidade, é obrigatória a realização de audiência pública no processo de licenciamento ambiental.

D) As conclusões do EIA não vinculam a decisão do órgão ambiental competente, que pode conceder a licença de operação mesmo em caso de EIA/RIMA desfavorável (no todo ou em parte)."

Gabarito: letra "d".

- **(Exame de Ordem 2012.2 – FGV)**

  "Um shopping center, que possui cerca de 250 lojas e estacionamento para dois mil veículos, foi construído há doze anos sobre um antigo aterro sanitário e, desde sua inauguração, sofre com a decomposição de material orgânico do subsolo, havendo emissão diária de gás metano, em níveis considerados perigosos à saúde humana, podendo causar explosões. Em razão do caso exposto, assinale a alternativa correta:

  A) Como o shopping foi construído há mais de cinco anos, a obrigação de elaborar estudo prévio de impacto ambiental e de se submeter a licenciamento já prescreveu. Assim o empreendimento poderá continuar funcionando.

  B) A licença de operação ambiental tem prazo de validade de dez anos. Logo o shopping já cumpriu com suas obrigações referentes ao licenciamento e ao estudo prévio de impacto ambiental, e poderá continuar com suas atividades regularmente.

  C) A decomposição de material orgânico continua ocorrendo, e é considerada perigosa à saúde humana e ao meio ambiente. Logo, o shopping center em questão poderá ser obrigado pelo órgão ambiental competente a adotar medidas para promover a dispersão do gás metano, de forma a minimizar ou anular os riscos ambientais, mesmo que já possua licença de operação válida.

  D) Caso o shopping center possua licença de operação válida, não poderá ser obrigado pelo órgão ambiental competente, no caso exposto, a adotar novas medidas para a dispersão do gás metano. Apenas no momento da renovação de sua licença de operação poderá ser obrigado a adquirir novo equipamento para tal fim."

  Gabarito: letra "c".

- **(Magistratura Federal – TRF 1ª Região 2013 – CESPE)**

  "A licença ambiental com prazo de validade determinado é ato administrativo definitivo, e, por isso, confere ao administrado o direito de exercer a atividade na forma do licenciamento, sem revisão, até a expiração do prazo".

  A afirmativa está incorreta.

- **(Juiz Federal-TRF 5ª Região 2009 – CESPE)**

  "Acerca do licenciamento ambiental, assinale a opção correta.

  A) A construção, instalação, ampliação e funcionamento de atividades utilizadoras de recursos ambientais, consideradas efetiva ou potencialmente poluidoras, dependerão de prévio licenciamento dos órgãos federais que compõem o SISNAMA.

B) Compete ao IBAMA, órgão executor do SISNAMA, o licenciamento ambiental dos empreendimentos e atividades cujos impactos ambientais ultrapassem os limites territoriais de um ou mais municípios, bem como dos empreendimentos delegados pela União aos estados ou ao DF, por instrumento legal ou convênio.

C) Poderá ser concedida a cientistas, pertencentes a instituições científicas, oficiais ou oficializadas, ou por estas indicadas, licença especial para a coleta de espécimes da fauna silvestre, em qualquer época. Aos cientistas das instituições nacionais que tenham, por lei, a atribuição de coletar material zoológico para fins científicos serão concedidas licenças permanentes.

D) Para a expedição das diversas modalidades de licença ambiental (licença prévia, licença de instalação e licença de operação), o órgão ambiental competente não poderá estabelecer prazos de análise diferenciados, devendo, todos eles, observar o prazo máximo de doze meses a contar do ato de protocolar o requerimento até seu deferimento ou indeferimento.

E) A licença de instalação autoriza, após as verificações necessárias, o início da atividade licenciada e o funcionamento de seus equipamentos de controle de poluição, de acordo com o previsto na licença prévia."

Gabarito: letra "c" (vide art. 14, da lei 5.197/67 – Lei de proteção à fauna).

- **(Procurador da República – 24º Concurso)**

"Após a concessão de licença prévia pela secretaria de meio ambiente estadual, para a construção de uma usina hidrelétrica, o Instituto Brasileiro do Meio Ambiente e dos Recursos Naturais Renováveis (IBAMA) e a Fundação Nacional do Índio (FUNAI) notificam o empreendedor para que complete o estudo de impacto ambiental em relação à população indígena que pode ser afetada. Antes do término do prazo para a complementação, a secretaria estadual concede ao empreendedor licença de instalação. Sobre esta situação, qual a alternativa correta:

A) O órgão estadual não poderia conceder licença de instalação antes de licença de operação.

B) Eventuais deficiências do estudo de impacto ambiental não se discutem mais, a partir do momento em que se concede a licença de instalação.

C) É possível invalidar a licença prévia mesmo tendo sido concedida a licença de instalação.

D) Não se pode fazer exigências relativas a interesses da União, pois o empreendimento foi submetido a órgão estadual."

Gabarito: letra "C".

1.5. A CRIAÇÃO DE ESPAÇOS TERRITORIAIS ESPECIALMENTE PROTEGIDOS PELO PODER PÚBLICO FEDERAL, ESTADUAL E MUNICIPAL (INCISO VI)

Tamanha a relevância da preservação e da conservação de ecossistemas naturais através da criação de espaços especialmente protegidos que a Constituição de 1988, de forma expressa no artigo 225, parágrafo 1º, determina como incumbência do Poder Público:[46]

> III – definir, em todas as unidades da Federação, **espaços territoriais e seus componentes a serem especialmente protegidos**, sendo a alteração e a supressão permitidas somente através de lei, vedada qualquer utilização que comprometa a integridade dos atributos que justifiquem sua proteção;

Há uma série de espaços ambientalmente relevantes protegidos pelas normas ambientais nacionais e podemos destacar, dentre eles:

- Áreas de Preservação Permanente – APP (artigo 3º, II, e artigo 4º do Código Florestal)[47];
- Áreas de Reserva Legal (artigo 3º, III, e artigo 12 do Código Florestal)[48];
- Unidades de Conservação da Natureza (Lei 9.985/2000)[49];

▶ **Importante:** analisar atentamente os artigos 3º, II e III, 4º e 12 do Código Florestal (Lei 12.651/2012), que tratam sobre a APP e a Reserva Legal, e os artigos da Lei do SNUC – Sistema Nacional de Unidades de Conservação da Natureza (Lei 9.985/00), muito cobrados nos concursos públicos.

Cabe observar que o dever de utilizar o instrumento da Política Nacional do Meio ambiente previsto no inciso VI do artigo 9º da Lei 6.938/81 é do Poder Público. Conclui-se que todos os entes federados são competentes para definir espaços territoriais e seus componentes a serem especialmente protegidos. Consolidando tal entendimento, a **Lei Complementar 140, de 08 de dezembro de 2011**, reconhece como ação administrativa da União (art. 7º, X), dos Estados (art. 8º, X) e dos municípios (art. 9º, X) definirem seus espaços protegidos no âmbito de sua competência.

46. *Vide* comentários aos artigos 2º e 3º do Código Florestal no Capítulo IV.
47. *Vide* comentários aos artigos 3º, II e 4º, do Novo Código Florestal no Capítulo IV.
48. *Vide* comentários aos artigos 3º, III e 12, do Novo Código Florestal no Capítulo IV.
49. *Vide* comentários à Lei 9.985/2000 no Capítulo V.

1.6. SISTEMA NACIONAL DE INFORMAÇÕES SOBRE O MEIO AMBIENTE (INCISO VII)

O SINIMA, instrumento responsável pela gestão da informação no âmbito do SISNAMA, é de fundamental importância tanto para o Poder Público, que precisa das informações para implementar a gestão ambiental nas três esferas de governo, quanto para a sociedade, que terá subsídios para participar ativamente na proteção do meio ambiente, bem de interesse difuso. Trata-se de instrumento criado como expressão dos princípios da "obrigatoriedade de intervenção estatal", da "informação" e do princípio "democrático", em matéria ambiental.

Nos termos da **Lei Complementar 140, de 08 de dezembro de 2011**, compete à **União** organizar e manter, com a colaboração dos órgãos e entidades da administração pública dos Estados, do Distrito Federal e dos Municípios, o Sistema Nacional de Informação sobre Meio Ambiente (Sinima). Já os **Estados-membros** devem prestar informações à União para a formação e atualização do Sistema, competindo a eles, ainda, organizar e manter, com a colaboração dos órgãos municipais competentes, o Sistema Estadual de Informações sobre Meio Ambiente. Os **Municípios**, por sua vez, além de organizar e manter o Sistema Municipal de Informações sobre Meio Ambiente, devem também prestar informações aos Estados e à União para a formação e atualização dos Sistemas Estadual e Nacional de Informações sobre Meio Ambiente.[50] Com tais determinações, que articulam o sistema de informações ambientais dos entes federados, a Lei Complementar 140/2011 tonifica esse relevante instrumento da Política Nacional do Meio Ambiente.

1.7. INSTRUMENTOS ECONÔMICOS, COMO CONCESSÃO FLORESTAL, SERVIDÃO AMBIENTAL, SEGURO AMBIENTAL E OUTROS (INCISO XIII)

Frente à dificuldade de fiscalização e controle das atividades potencialmente degradadoras do meio ambiente, constata-se a urgente necessidade de implementação de mecanismos complementares para a efetividade das políticas econômicas ambientalmente corretas.

Um dos mecanismos mais estudados atualmente é a utilização de instrumentos econômicos de proteção ambiental com o objetivo de incitar a adoção de gestões "ecológicas". Tais instrumentos podem ser utilizados como forma de:

50. Art. 7º, VIII; art. 8º, VII e VIII; art. 9, VII e VIII, da LC 140/11.

A) incentivar a preservação ambiental, como nos casos de concessão de benefícios econômicos àqueles que preservam o meio ambiente (ex: servidão ambiental);

B) desestimular atividades poluidoras, por exemplo através do aumento de tributos (extrafiscalidade), ou redução de subsídios governamentais;

C) assegurar a reparação de danos ambientais através da exigência de garantias (ex: seguro ambiental).

Aplicação em concurso:

- **(Magistratura Federal – TRF 3ª região 2018)**

  "De acordo com o artigo 9º da Lei nº 6.938/81, NÃO são instrumentos da Política Nacional do Meio Ambiente:

  A) O estabelecimento de padrões de qualidade ambiental, o zoneamento e a avaliação de impactos ambientais.

  B) Os órgãos e entidades que constituem o Sistema Nacional do Meio Ambiente – SISNAMA.

  C) Os incentivos à criação de tecnologia voltados para a melhoria da qualidade ambiental e os instrumentos econômicos, como concessão florestal, servidão ambiental e seguro ambiental.

  D) O sistema nacional de informações sobre o meio ambiente e o Cadastro Técnico Federal de Atividades e Instrumentos de Defesa Ambiental."

  Gabarito: letra "b".

- **(Magistratura Estadual RS/2016 – Faurgs – adaptada)**

  "Os instrumentos da Política Nacional do Meio Ambiente, originariamente previstos no artigo 9° da Lei n° 6.938/1981, são, entre outros: estabelecimento de padrões de qualidade ambiental; zoneamento ambiental; avaliação de impactos ambientais; licenciamento e revisão de atividades efetiva ou potencialmente poluidoras; incentivos à produção e instalação de equipamentos e à criação ou absorção de tecnologia, voltados para a melhoria da qualidade ambiental; cadastro técnico federal de atividades e instrumentos de defesa ambiental; sistema nacional de informações sobre o meio ambiente."

  A afirmativa está correta.

- **(Magistratura estadual/MS – 2015 – Vunesp)**

  "Os instrumentos da Política Nacional do Meio Ambiente são, dentre outros:

  A) o sistema regional de informações sobre o meio ambiente.

B) o relatório de qualidade do Meio Ambiente a ser divulgado trimestralmente pelo IBAMA – Instituto Brasileiro do Meio Ambiente e Recursos Naturais Renováveis.

C) o Cadastro Técnico Estadual de atividades afetas ao licenciamento ambiental.

D) o licenciamento e a revisão de atividades efetiva ou potencialmente poluidoras.

E) a garantia da prestação de informações relativas ao Meio Ambiente, facultando-se ao Poder Público produzi-las, quando inexistentes."

Gabarito: letra "D", de acordo com o artigo 9º, IV da Lei 6.938/1981.

- **(Procurador Judicial da Prefeitura Recife/PE 2014 – FCC)**

"São instrumentos da política nacional do meio ambiente:

A) sistema nacional de informações sobre o meio ambiente, crédito rural e avaliação de impactos ambientais.

B) seguro ambiental, relatório de qualidade do meio ambiente e concessão florestal.

C) zoneamento ambiental, licenciamento e planejamento agrícola.

D) avaliação de impactos ambientais, cooperativismo e zoneamento ambiental.

E) criação de espaços territoriais, associativismo e licenciamento."

Gabarito: letra "b", de acordo com o art. 9º, X e XIII da Lei 6.938/1981.

Art. 9º-A. O proprietário ou possuidor de imóvel, pessoa natural ou jurídica, pode, por instrumento público ou particular ou por termo administrativo firmado perante órgão integrante do Sisnama, limitar o uso de toda a sua propriedade ou de parte dela para preservar, conservar ou recuperar os recursos ambientais existentes, instituindo servidão ambiental.

§ 1º O instrumento ou termo de instituição da servidão ambiental deve incluir, no mínimo, os seguintes itens:

I – memorial descritivo da área da servidão ambiental, contendo pelo menos um ponto de amarração georreferenciado;

II – objeto da servidão ambiental;

III – direitos e deveres do proprietário ou possuidor instituidor;

IV – prazo durante o qual a área permanecerá como servidão ambiental.

§ 2º A servidão ambiental não se aplica às Áreas de Preservação Permanente e à Reserva Legal mínima exigida.

§ 3º A restrição ao uso ou à exploração da vegetação da área sob servidão ambiental deve ser, no mínimo, a mesma estabelecida para a Reserva Legal.

§ 4º Devem ser objeto de averbação na matrícula do imóvel no registro de imóveis competente:

I – o instrumento ou termo de instituição da servidão ambiental;

II – o contrato de alienação, cessão ou transferência da servidão ambiental.

§ 5º Na hipótese de compensação de Reserva Legal, a servidão ambiental deve ser averbada na matrícula de todos os imóveis envolvidos.

§ 6º É vedada, durante o prazo de vigência da servidão ambiental, a alteração da destinação da área, nos casos de transmissão do imóvel a qualquer título, de desmembramento ou de retificação dos limites do imóvel.

§ 7º As áreas que tenham sido instituídas na forma de servidão florestal, nos termos do art. 44-A da Lei nº 4.771, de 15 de setembro de 1965, passam a ser consideradas, pelo efeito desta Lei, como de servidão ambiental.

Art. 9º-B. A servidão ambiental poderá ser onerosa ou gratuita, temporária ou perpétua.

§ 1º O prazo mínimo da servidão ambiental temporária é de 15 (quinze) anos.

§ 2º A servidão ambiental perpétua equivale, para fins creditícios, tributários e de acesso aos recursos de fundos públicos, à Reserva Particular do Patrimônio Natural – RPPN, definida no art. 21 da Lei nº 9.985, de 18 de julho de 2000.

§ 3º O detentor da servidão ambiental poderá aliená-la, cedê-la ou transferi-la, total ou parcialmente, por prazo determinado ou em caráter definitivo, em favor de outro proprietário ou de entidade pública ou privada que tenha a conservação ambiental como fim social.

Art. 9º-C. O contrato de alienação, cessão ou transferência da servidão ambiental deve ser averbado na matrícula do imóvel.

§ 1º O contrato referido no caput deve conter, no mínimo, os seguintes itens:

I – a delimitação da área submetida a preservação, conservação ou recuperação ambiental;

II – o objeto da servidão ambiental;

III – os direitos e deveres do proprietário instituidor e dos futuros adquirentes ou sucessores;

IV – os direitos e deveres do detentor da servidão ambiental;

V – os benefícios de ordem econômica do instituidor e do detentor da servidão ambiental;

VI – a previsão legal para garantir o seu cumprimento, inclusive medidas judiciais necessárias, em caso de ser descumprido.

§ 2º São deveres do proprietário do imóvel serviente, entre outras obrigações estipuladas no contrato:

I – manter a área sob servidão ambiental;

II – prestar contas ao detentor da servidão ambiental sobre as condições dos recursos naturais ou artificiais;

III – permitir a inspeção e a fiscalização da área pelo detentor da servidão ambiental;

IV – defender a posse da área serviente, por todos os meios em direito admitidos.

§ 3º São deveres do detentor da servidão ambiental, entre outras obrigações estipuladas no contrato:

I – documentar as características ambientais da propriedade;

II – monitorar periodicamente a propriedade para verificar se a servidão ambiental está sendo mantida;

III – prestar informações necessárias a quaisquer interessados na aquisição ou aos sucessores da propriedade;

IV – manter relatórios e arquivos atualizados com as atividades da área objeto da servidão;

V – defender judicialmente a servidão ambiental.

1. Servidão ambiental

A Lei 12.651, de 25 de maio de 2012 (Código Florestal), dá nova redação ao artigo 9º-A, além de incluir os artigos 9º-B e 9º-C à Lei 6.938/81.

Pela servidão ambiental, prevista no **artigo 9º-A da LPNMA**, o proprietário ou possuidor de imóvel rural, pessoa natural ou jurídica, voluntariamente limita o uso de toda a sua propriedade ou de parte dela para preservar, conservar ou recuperar os recursos ambientais existentes.

O instrumento ou termo de instituição da servidão ambiental deve incluir, ao menos, os seguintes itens:

I – memorial descritivo da área da servidão ambiental, contendo pelo menos um ponto de amarração georreferenciado;

II – objeto da servidão ambiental;

III – direitos e deveres do proprietário ou possuidor instituidor;

IV – prazo durante o qual a área permanecerá como servidão ambiental.

Para efeito de comprovação da servidão ambiental, tanto o instrumento de sua instituição quanto o contrato de alienação, cessão ou transferência da servidão ambiental devem ser **averbados na matrícula do imóvel** no registro de imóveis competente.

Por se tratar de relevante instrumento de proteção ambiental, caso haja transmissão, desmembramento ou retificação dos limites do imóvel, é vedada a alteração da destinação da área em que foi instituída a servidão ambiental durante o prazo de sua vigência.

A servidão ambiental pode ser estabelecida por prazo determinado (**temporária**) ou não (**perpétua**). No caso de **servidão ambiental temporária**, o prazo mínimo de sua vigência é de **quinze anos.**[51] Pode ainda a servidão ambiental ser **onerosa** ou **gratuita**.

Compete ao proprietário do imóvel em que foi instituída a servidão ambiental (imóvel serviente) manter e proteger a área sob servidão ambiental, além de prestar contas ao detentor da servidão sobre as condições da área. É dever do proprietário do imóvel serviente, além disso, permitir a inspeção e a fiscalização da área pelo detentor da servidão ambiental, e defender a posse da área serviente.

Já o **detentor da servidão ambiental** deve monitorar periodicamente a propriedade serviente, certificando-se da manutenção da servidão na área objeto do contrato e manter relatórios atualizados com as atividades da área objeto da servidão. Deve ainda prestar informações aos interessados na aquisição ou aos sucessores da propriedade, documentar as características ambientais da propriedade e defender judicialmente a servidão ambiental.[52]

Aplicação em concurso:

- **(MPE/RR 2017 – CESPE)**

  "Um possuidor de um imóvel rural instituiu servidão ambiental perpétua, gratuitamente, por instrumento particular, limitando o uso de parte da propriedade, com o objetivo de conservar recursos ambientais existentes. Na situação apresentada, a servidão instituída consiste em instrumento

  A) técnico da PNAMA, mas deveria ter sido instituída pelo prazo determinado de, no mínimo, quinze anos.

---

51. Art. 9-B, *caput* e parágrafo 1º, da Lei 6.938/81.
52. Art. 9-C, parágrafo 3º, da Lei 6.938/81.

B) econômico da PNAMA e não se aplica à área de preservação permanente nem à reserva legal mínima exigida.

C) técnico da PNAMA, mas deveria ter sido instituída pelo proprietário do imóvel.

D) econômico da PNAMA e não poderia ter sido instituída por instrumento particular."

Gabarito: letra "b".

- **(Procurador do Estado SE 2017 – CESPE)**

"Murilo recebeu como herança um imóvel rural localizado no bioma cerrado. Sem ter como explorá-lo economicamente de forma direta, buscou uma alternativa temporária para auferir do imóvel alguma renda. Assim, por instrumento particular, delimitou temporariamente uma área de sua propriedade, sobre cujo uso fez incidirem limitações, com a finalidade de preservar, conservar e recuperar os recursos naturais ali existentes. Com relação a essa situação hipotética e à política nacional de meio ambiente, assinale a opção correta

A) Após um período de dez anos, o poder público terá direito de preempção sobre o bem imóvel referido.

B) A área à qual incidem as limitações de uso deve corresponder a, no máximo, 35% do total da propriedade.

C) Foi instituído, na área delimitada por Murilo, um direito de superfície.

D) Foi instituída, na área delimitada por Murilo, uma servidão ambiental.

E) Na área delimitada por Murilo, foi instituída uma reserva particular do patrimônio natural."

Gabarito:

- **(Magistratura Estadual/DF – 2016 – CESPE – adaptada)**

"Como forma de recuperar os danos ambientais existentes, o proprietário ou possuidor de imóvel poderá instituir servidão ambiental por instrumento público, particular ou por termo administrativo, exceto em áreas de preservação permanente e exceto em relação à reserva legal mínima exigida."

A afirmativa está correta, nos termos do artigo 9º-A, caput e parágrafo 2º da Lei 6.938/1981.

- **(Magistratura Estadual/DF – 2016 – CESPE – adaptada)**

"O detentor que tenha recebido a servidão ambiental, de forma gratuita, em razão do caráter personalíssimo dessa, não poderá aliená-la a título oneroso e em caráter definitivo."

A afirmativa está errada.

- **(Magistratura Estadual/RS 2016 – Faurgs)**

  "A servidão ambiental poderá ser onerosa ou gratuita. As servidões serão temporárias, devendo respeitar o prazo mínimo de 15 anos; todavia, não poderão ser perpétuas, considerando o princípio da solidariedade intergeracional."

  A afirmativa está errada.

- **(Magistratura Estadual/SC – 2015 – FCC)**

  "O proprietário da Fazenda Santa Rita instituiu uma servidão ambiental, pelo prazo de 05 anos, em área de 150 hectares de sua propriedade dotada de relevante interesse ecológico. Após 02 anos, a fazenda foi desmembrada. A servidão ambiental

  A) permanecerá sem alteração de destinação durante seu prazo de vigência.

  B) será extinta.

  C) é nula, uma vez que não existe no ordenamento jurídico brasileiro servidão ambiental temporária.

  D) poderá ser mantida a critério dos novos proprietários.

  E) será extinta em um prazo máximo de 01 ano."

  Gabarito: letra "a". Nos termos do artigo 9º-A, § 6º da Lei 6.938/1981, é vedada, durante o prazo de vigência da servidão ambiental, a alteração da destinação da área, nos casos de transmissão do imóvel a qualquer título, de desmembramento ou de retificação dos limites do imóvel. Complementa o artigo 9º-B, caput e § 1º, que a servidão ambiental poderá ser onerosa ou gratuita, temporária ou perpétua e que prazo mínimo de duração da temporária é de 15 (quinze) anos.

► **Atenção:** o Código Florestal (Lei 12.651/2012) instituiu a **Cota de Reserva Ambiental – CRA**, título nominativo representativo de área com vegetação nativa, existente ou em processo de recuperação, sob regime de **servidão ambiental. As CRA** poderão ser negociadas com proprietários cujas terras apresentem percentual de vegetação nativa inferior ao mínimo legalmente exigido. Desta forma, as normas ambientais buscam atribuir valor à vegetação nativa preservada, prevendo mecanismos para a remuneração daqueles que contribuem para a proteção dos recursos naturais (*vide* comentários aos artigos 44 a 50 do Código Florestal no Capítulo IV desta obra).

Art. 10 – A construção, instalação, ampliação e funcionamento de estabelecimentos e atividades utilizadores de recursos ambientais, efetiva ou potencialmente poluidores ou capazes, sob qualquer forma, de causar degradação ambiental dependerão de prévio licenciamento ambiental. (Redação dada pela Lei Complementar nº 140, de 2011)

§ 1º Os pedidos de licenciamento, sua renovação e a respectiva concessão serão publicados no jornal oficial, bem como em periódico regional ou local de grande circulação, ou em meio eletrônico de comunicação mantido pelo órgão ambiental competente. (Redação dada pela Lei Complementar nº 140, de 2011)

§ 2º (Revogado). (Redação dada pela Lei Complementar nº 140, de 2011)

§ 3º (Revogado). (Redação dada pela Lei Complementar nº 140, de 2011)

§ 4º (Revogado). (Redação dada pela Lei Complementar nº 140, de 2011)

▶ **STJ:**

> "Administrativo. Meio ambiente – Obra potencialmente agressiva – Licença do SISNAMA – lei 6.938/81, art. 10. Em havendo obra potencialmente ofensiva ao meio-ambiente, reserva-se aos integrantes do SISNAMA, a competência para avaliar o alegado potencial. Acórdão fincado na assertiva de que a obra impugnada está livre de autorização do SISNAMA, porque leva em conta os cuidados exigidos para a preservação do meio-ambiente. Tal aresto efetuou juízo de valor, penetrando a competência do SISNAMA e maltratando o artigo 10, da lei 6.938/81." (STJ, REsp. 114549 / PR, Rel. Min. Humberto Gomes de Barros, DJ 24/11/1997)

▶ **Obs. 1:** em relação ao licenciamento ambiental, *vide* comentários sobre o artigo 9º, item 1.4

▶ **Obs. 2:** As ações de licenciamento, registro, autorizações, concessões e permissões relacionadas à fauna, à flora, e ao controle ambiental são de **competência exclusiva dos órgãos integrantes do Sistema Nacional do Meio Ambiente**[53].

Art. 11 – Compete ao IBAMA propor ao CONAMA normas e padrões para implantação, acompanhamento e fiscalização do licenciamento previsto no artigo anterior, além das que forem oriundas do próprio CONAMA.

§ 1º – (Revogado pela Lei Complementar nº 140, de 2011)

53. Artigo 17-L.

§ 2º – Inclui-se na competência da fiscalização e controle a análise de projetos de entidades, públicas ou privadas, objetivando a preservação ou a recuperação de recursos ambientais, afetados por processos de exploração predatórios ou poluidores

Art. 12 – As entidades e órgãos de financiamento e incentivos governamentais condicionarão a aprovação de projetos habilitados a esses benefícios ao licenciamento, na forma desta Lei, e ao cumprimento das normas, dos critérios e dos padrões expedidos pelo CONAMA.

Parágrafo único – As entidades e órgãos referidos no "caput" deste artigo deverão fazer constar dos projetos a realização de obras e aquisição de equipamentos destinados ao controle de degradação ambiental e à melhoria da qualidade do meio ambiente.

1. Relação entre "licenciamento ambiental" e "incentivos financeiros governamentais"

A LPNMA mais uma vez utiliza-se de um instrumento econômico para induzir comportamentos ambientalmente corretos. Aqui, ela condiciona a concessão de incentivos e de financiamentos públicos à comprovação do licenciamento ambiental e ao cumprimento das normas ambientais em vigor. De fato, seria incoerente a concessão, pelo Poder Público, de benefícios econômicos a empreendedores que degradam o meio ambiente.

Art. 13 – O Poder Executivo incentivará as atividades voltadas ao meio ambiente, visando:

I – ao desenvolvimento, no País, de pesquisas e processos tecnológicos destinados a reduzir a degradação da qualidade ambiental;

II – à fabricação de equipamentos antipoluidores;

II – a outras iniciativas que propiciem a racionalização do uso de recursos ambientais.

Parágrafo único – Os órgãos, entidades, e programas do Poder Público, destinados ao incentivo das pesquisas científicas e tecnológicas, considerarão, entre as suas metas prioritárias, o apoio aos projetos que visem a adquirir e desenvolver conhecimentos básicos e aplicáveis na área ambiental e ecológica.

Art. 14 – Sem prejuízo das penalidades definidas pela legislação federal, estadual e municipal, o não cumprimento das medidas necessárias à preservação ou correção dos inconvenientes e danos causados pela degradação da qualidade ambiental sujeitará os transgressores:

I – à multa simples ou diária, nos valores correspondentes, no mínimo, a 10 (dez) e, no máximo, a 1.000 (mil) Obrigações Reajustáveis do Tesouro Nacional – ORTNs, agravada em casos de reincidência específica, conforme dispuser o regulamento, vedada a sua cobrança pela União se já tiver sido aplicada pelo Estado, Distrito Federal, Territórios ou pelos Municípios.

II – à perda ou restrição de incentivos e benefícios fiscais concedidos pelo Poder Público;

III – à perda ou suspensão de participação em linhas de financiamento em estabelecimentos oficiais de crédito;

IV – à suspensão de sua atividade.

§ 1º – Sem obstar a aplicação das penalidades previstas neste artigo, é o poluidor obrigado, independentemente da existência de culpa, a indenizar ou reparar os danos causados ao meio ambiente e a terceiros, afetados por sua atividade. O Ministério Público da União e dos Estados terá legitimidade para propor ação de responsabilidade civil e criminal, por danos causados ao meio ambiente.

§ 2º – No caso de omissão da autoridade estadual ou municipal, caberá ao Secretário do Meio Ambiente a aplicação das penalidades pecuniárias previstas neste artigo.

§ 3º – Nos casos previstos nos incisos II e III deste artigo, o ato declaratório da perda, restrição ou suspensão será atribuição da autoridade administrativa ou financeira que concedeu os benefícios, incentivos ou financiamento, cumprindo resolução do CONAMA.

§ 5º A execução das garantias exigidas do poluidor não impede a aplicação das obrigações de indenização e reparação de danos previstas no § 1º deste artigo.

1. Multa com base no artigo 14, I

▸ **STJ:**

DIREITO ADMINISTRATIVO. AUTO DE INFRAÇÃO E APLICAÇÃO DE MULTA COM BASE NO ART. 14, I, DA LEI N. 6.938/1981.

O art. 14, I, da Lei n. 6.938/1981, por si só, constitui fundamento suficiente para embasar a autuação de infração e a aplicação de multa administrativa em decorrência de queimada não autorizada. A Lei n. 6.938/1981, que dispõe sobre a Política Nacional do Meio Ambiente, prevê no art. 14, I, a aplicação de multa simples ou diária, com a especificação do respectivo valor, para os casos de "não cumprimento das medidas necessárias à preservação ou correção dos inconvenientes e danos causados pela degradação da qualidade ambiental". A hipótese de queimadas ilegais insere-se nesse dispositivo legal, que constitui base suficiente para a imposição da multa por degradação do meio ambiente, não sendo válido o argumento de que se trata de norma genérica, tampouco a conclusão de que não poderia embasar a aplicação da penalidade. Ademais, qualquer exceção a essa proibição geral, além de estar prevista expressamente em lei federal, deve ser interpretada restritivamente pelo administrador e pelo magistrado. (REsp 996.352-PR, Rel. Min. Castro Meira, julgado em 5/2/2013).

2. Responsabilidade civil objetiva por dano ao meio ambiente (artigo 14, parágrafo 1º)

A palavra *responsabilidade* deriva etimologicamente de *responsável*, que se origina do latim *responsus*, do verbo *respondere* (responder, pagar), que transmite a ideia de reparar, recuperar, compensar, ou pagar pelo que fez.

Inicialmente é importante lembrar que em caso de dano ao meio ambiente há possibilidade de responsabilidade simultânea nas esferas civil, penal e administrativa, em relação a um mesmo ato danoso, de acordo com o art. 225, §3º, da Constituição[54]. Entretanto, no presente tópico, estudaremos somente a **responsabilidade civil** por danos ao meio ambiente.

De acordo com o art. 927 do Código Civil, que trata da responsabilidade civil extracontratual, "aquele que, por ato ilícito (arts. 186 e 187), causar dano a outrem, fica obrigado a repará-lo". Assim, aquele que causar dano ao meio ambiente deverá repará-lo.

No caso dos danos ambientais a responsabilidade civil está prevista no art. 4º, VII, da Lei LPNMA: "imposição ao poluidor da obrigação de RECUPERAR e/ou INDENIZAR os danos causados."

Como vimos na análise do art. 4º, ao poluidor será imposta a obrigação de **recuperar** os danos causados, na maior medida possível. Caso o dano seja irrecuperável, caberá ao poluidor **indenizar** os danos causados por meio do pagamento de um montante em dinheiro, que deverá ser revertido à preservação do meio ambiente.

A **responsabilidade civil em matéria ambiental é objetiva**. Para que se entenda o seu significado, importante relembrar que em sede de

54. Art. 225, parágrafo 3º da CR 88: "as condutas e atividades consideradas lesivas ao meio ambiente sujeitarão os infratores, pessoas físicas ou jurídicas, as sanções penal e administrativa, independentemente da obrigação de reparar os danos causados".

responsabilidade civil extracontratual pode-se destacar duas teorias: a) responsabilidade subjetiva; b) responsabilidade objetiva.

A) Teoria subjetiva

É baseada na **ideia de culpa** (*lato sensu*). O nexo de imputação é uma atuação culposa, imputada ao agente a título de dolo ou culpa.

Pressupostos (art. 927, CC[55]):

I) ato ilícito (dolo/culpa)

II) dano

III) nexo causal

B) Teoria objetiva

É baseada na **ideia de risco da atividade.** De acordo com a teoria objetiva (que é utilizada nos casos de responsabilidade por danos ambientais), **não há que se analisar a existência de ato ilícito (dolo/culpa)**.

Pressupostos (art. 927, § único, CC[56]):

I) dano

II) nexo causal

A ideia de culpa tornou-se insuficiente por deixar muitas situações de dano sem reparação, como nos casos de danos ambientais. A teoria objetiva surge para facilitar a reparação do dano em determinadas situações específicas, pois se na teoria subjetiva são três os pressupostos a serem comprovados para que haja responsabilização civil, na teoria objetiva são exigidos apenas dois (dano e nexo causal), com dispensa do elemento subjetivo.

Importante ressaltar que a regra geral do Código Civil é a da responsabilidade subjetiva, devendo a vítima provar a culpa do agente (art. 927, "caput"). Quando o intuito do legislador for o de aplicar a teoria objetiva,

---

55. **Art. 927, do C.C. 2002**: "Aquele que, por ato ilícito (arts. 186 e 187), causar dano a outrem, fica obrigado a repará-lo."**Art. 186, do C.C. 2002**: "Aquele que, por ação ou omissão voluntária, negligência ou imprudência, violar direito e causar dano a outrem, ainda que exclusivamente moral, comete ato ilícito."
56. **Art. 927, parágrafo único, do C.C. 2002**: "Haverá obrigação de reparar o dano, independentemente da existência de culpa, nos casos especificados em lei, ou quando a atividade normalmente desenvolvida pelo autor do dano implicar, por sua natureza, risco para os direitos de outrem."

por se tratar de casos excepcionais, deve haver previsão expressa em lei (art. 927, § único, CC).

No caso de **dano ambiental** não há dúvida sobre a aplicabilidade da **responsabilidade civil objetiva**. Há previsão expressa. De acordo com o **art. 14, parágrafo 1º da Lei 6938/81**, "é o poluidor obrigado, **independentemente da existência de culpa**, a indenizar e reparar os danos causados ao meio ambiente e a terceiros, efetuados por sua atividade." Desta forma, deve-se comprovar apenas que: a) houve efetivamente um **dano** ambiental e, b) a relação de causa e efeito entre a conduta (fato) do agente e o dano (**nexo causal**), para que haja responsabilização civil. Consequentemente, é irrelevante a análise da vontade expressa de causar dano, ou da negligência, imprudência ou imperícia que acarretem dano ambiental, ou seja, irrelevante a licitude ou não da atividade que causa dano ao meio ambiente. Tais elementos não são exigidos para efeito de responsabilização civil ambiental.

Todavia, **há correntes distintas sobre a responsabilidade objetiva** em matéria ambiental, podendo-se apontar como mais importantes a teoria objetiva calcada **no risco criado** e a teoria objetiva calcada no **risco integral**.

A) *Teoria objetiva calcada no risco criado*

- Admitem-se as excludentes do nexo causal:

I. caso fortuito/força maior

II. fato exclusivo da vítima[57]

III. fato de terceiro

- O risco é qualificado pelo seu efeito de permitir a contraprova de excludente de responsabilidade;
- É posicionamento minoritário na jurisprudência e na doutrina em seara ambiental[58].

B) *Teoria objetiva calcada no risco integral*

- É uma responsabilidade objetiva agravada, extremada, que não admite a existência de excludentes do nexo causal. De acordo com

57. Para Sergio Cavalieri Filho (2004. p. 83), "a boa técnica recomenda falar em *fato exclusivo da vítima*, em lugar de culpa exclusiva. O problema, como se viu, desloca-se para o terreno do nexo causal, e não da culpa."
58. Defende esta corrente: RODRIGUES, Marcelo Abelha, 2005. p. 293.

Cavalieri Filho, "o dever de indenizar se faz presente tão-só em face do dano, ainda nos casos de culpa exclusiva da vítima, fato de terceiro, caso fortuito ou de força maior. Dado o seu rigor extremo, o nosso Direito só adotou essa teoria em casos excepcionais (...)"[59], como nos danos ambientais e nos danos decorrentes de atividade nuclear[60].

- Esta teoria funda-se na ideia de que o poluidor deve assumir todos os riscos inerentes à atividade que pratica[61].
- É posicionamento majoritário[62] na jurisprudência e na doutrina em seara ambiental[63].

▶ **STJ:**

DIREITO AMBIENTAL. RESPONSABILIDADE CIVIL OBJETIVA POR DANO AMBIENTAL PRIVADO.

O particular que deposite resíduos tóxicos em seu terreno, expondo-os a céu aberto, em local onde, apesar da existência de cerca e de placas de sinalização informando a presença de material orgânico, o acesso de outros particulares seja fácil, consentido e costumeiro, responde objetivamente pelos danos sofridos por pessoa que, por conduta não dolosa, tenha sofrido, ao entrar na propriedade, graves queimaduras decorrentes de contato com os resíduos. A responsabilidade civil por danos ambientais, seja por lesão ao meio ambiente propriamente dito (dano ambiental público), seja por ofensa a direitos individuais (dano ambiental privado), é **objetiva, fundada na teoria do risco integral, em face do disposto no art. 14, § 1º, da Lei 6.938/1981, que consagra o princípio do poluidor-pagador**. A responsabilidade objetiva fundamenta-se na noção de risco social, que está implícito em determinadas atividades, como a indústria, os meios de transporte de massa, as fontes de energia. Assim, a responsabilidade objetiva, calcada na teoria do risco, é uma imputação atribuída por lei a determinadas pessoas para ressarcirem os danos

59. CAVALIERI FILHO, 2004. p. 147-148.
60. CAVALIERI FILHO, 2004. p. 153-154.
61. Para MILARÉ (2007, p. 907), "(...) o simples fato de existir a atividade produz o dever de reparar, uma vez provada a conexão causal entre dita atividade e o dano dela advindo. Segundo esse sistema, só haverá exoneração de responsabilidade quando: a) o dano não existir; b) o dano não guardar relação de causalidade com a atividade da qual emergiu o risco."
62. SILVA, José Afonso da, 2003. P.313.
63. Defendem esta corrente: a) NERY Júnior, Nelson. *A responsabilidade civil por dano ecológico e a ação civil pública, Justitia* 126/170; b) MILARÉ, 2007. p. 907; c) CAVALIERI FILHO, 2004. p. 153-154.

provocados por atividades exercidas no seu interesse e sob seu controle, sem que se proceda a qualquer indagação sobre o elemento subjetivo da conduta do agente ou de seus prepostos, bastando a relação de causalidade entre o dano sofrido pela vítima e a situação de risco criada pelo agente. Imputa-se objetivamente a obrigação de indenizar a quem conhece e domina a fonte de origem do risco, devendo, em face do interesse social, responder pelas consequências lesivas da sua atividade independente de culpa. Nesse sentido, a teoria do risco como cláusula geral de responsabilidade civil restou consagrada no enunciado normativo do parágrafo único do art. 927 do CC, que assim dispôs: "Haverá obrigação de reparar o dano, independentemente de culpa, nos casos especificados em lei, ou quando a atividade normalmente desenvolvida pelo autor do dano implicar, por sua natureza, risco para os direitos de outrem". **A teoria do risco integral constitui uma modalidade extremada da teoria do risco em que o nexo causal é fortalecido de modo a não ser rompido pelo implemento das causas que normalmente o abalariam (v.g. culpa da vítima; fato de terceiro, força maior)**. Essa modalidade é excepcional, sendo fundamento para hipóteses legais em que o risco ensejado pela atividade econômica também é extremado, como ocorre com o dano nuclear (art. 21, XXIII, "c", da CF e Lei 6.453/1977). **O mesmo ocorre com o dano ambiental (art. 225, *caput* e § 3º, da CF e art. 14, § 1º, da Lei 6.938/1981), em face da crescente preocupação com o meio ambiente. Nesse mesmo sentido, extrai-se da doutrina que, na responsabilidade civil pelo dano ambiental, não são aceitas as excludentes de fato de terceiro, de culpa da vítima, de caso fortuito ou de força maior**. Nesse contexto, a colocação de placas no local indicando a presença de material orgânico não é suficiente para excluir a responsabilidade civil. (STJ. REsp 1.373.788-SP, Rel. Min. Paulo de Tarso Sanseverino, julgado em 6/5/2014).

DANO AMBIENTAL. CORTE DE ÁRVORES NATIVAS EM ÁREA DE PROTEÇÃO AMBIENTAL. RESPONSABILIDADE OBJETIVA. 1. Controvérsia adstrita à legalidade da imposição de multa, por danos causados ao meio ambiente, com respaldo na responsabilidade objetiva, consubstanciada no corte de árvores nativas. 2. A Lei de Política Nacional do Meio **Ambiente** (Lei 6.938/81) adotou a sistemática da **responsabilidade civil objetiva (art. 14, parágrafo 1º)** e foi integralmente recepcionada pela ordem jurídica atual, de sorte que é **irrelevante e impertinente a discussão da conduta do agente (culpa ou dolo) para atribuição do dever de indenizar.** 3. A adoção pela lei da responsabilidade civil objetiva significou apreciável avanço no combate à devastação do meio ambiente, uma vez que, sob esse sistema, **não se leva em conta, subjetivamente, a conduta do causador do dano, mas a ocorrência do resultado prejudicial ao homem e ao ambiente.**

Assim sendo, para que se observe a obrigatoriedade da reparação do dano **é suficiente, apenas, que se demonstre o nexo causal entre a lesão infligida ao meio ambiente e a ação ou omissão do responsável pelo dano.** 4. **O art. 4º, VII, da Lei nº 6.938/81 prevê expressamente o dever do poluidor ou predador de recuperar e/ou indenizar** os danos causados, além de possibilitar o reconhecimento da responsabilidade, repise-se, objetiva, do poluidor em indenizar ou reparar os danos causados ao meio ambiente ou aos terceiros afetados por sua atividade, como dito, independentemente da existência de culpa, consoante se infere do art. 14, § 1º, da citada lei. 5. A aplicação de multa, na hipótese de dano ambiental, decorre do poder de polícia – mecanismo de frenagem de que dispõe a Administração Pública para conter ou coibir atividades dos particulares que se revelarem nocivas, inconvenientes ao bem-estar social, ao desenvolvimento e à segurança nacional, como sói acontecer na degradação ambiental. (STJ. RESP-578797/RS; Min. Luiz Fux (1122) Primeira Turma. Data de Julgamento 05/08/2004. Data de Publicação: 20/09/2004).

▶ **Atenção 1:** a **responsabilidade por dano ambiental é objetiva, informada pela teoria do risco integral,** sendo o nexo de causalidade o fator aglutinante que permite que o risco se integre na unidade do ato, sendo descabida a invocação, pela empresa responsável pelo dano ambiental, de excludentes de responsabilidade civil para afastar sua obrigação de indenizar.[64]

▶ **STJ:**

RESPONSABILIDADE CIVIL POR DANO AMBIENTAL. DANOS DECORRENTES DO ROMPIMENTO DE BARRAGEM. ACIDENTE AMBIENTAL OCORRIDO, EM JANEIRO DE 2007, NOS MUNICÍPIOS DE MIRAÍ E MURIAÉ, ESTADO DE MINAS GERAIS. **TEORIA DO RISCO INTEGRAL. NEXO DE CAUSALIDADE**.

1. Para fins do art. 543-C do Código de Processo Civil: a) **a responsabilidade por dano ambiental é objetiva, informada pela teoria do risco integral**, sendo o nexo de causalidade o fator aglutinante que permite que o risco se integre na unidade do ato, **sendo descabida a invocação, pela empresa responsável pelo dano ambiental, de excludentes de responsabilidade civil para afastar sua obrigação de indenizar; b) em decorrência do acidente, a empresa deve recompor os danos materiais e morais causados** e c) na fixação da indenização por danos morais, recomendável que o arbitramento seja feito caso a caso e com moderação, proporcionalmente ao grau de culpa, ao nível

64. Jurisprudência em teses. STJ, março de 2015, n. 30.

socioeconômico do autor, e, ainda, ao porte da empresa, orientando-se o juiz pelos critérios sugeridos pela doutrina e jurisprudência, com razoabilidade, valendo-se de sua experiência e bom senso, atento à realidade da vida e às peculiaridades de cada caso, de modo que, de um lado, não haja enriquecimento sem causa de quem recebe a indenização e, de outro, haja efetiva compensação pelos danos morais experimentados por aquele que fora lesado. 2. No caso concreto, recurso especial a que se nega provimento. (STJ. REsp 1374284/MG. Min. Luis Felipe Salomão. Public. DJe 05/09/2014).

Aplicação em concurso:

- **(Magistratura Federal – TRF 3ª região 2018 – adaptada)**

  A respeito da responsabilidade por dano ecológico, marque V ou F:

  "Pela teoria do risco integral é suficiente a demonstração do nexo causal e do dano para que exista o dever de repará-lo, exceto em caso de ações de particulares praticadas de forma clandestina".

  A afirmativa está errada.

- **(Magistratura Federal – TRF 3ª região 2018 – adaptada)**

  A respeito da responsabilidade por dano ecológico, marque V ou F:

  "Segundo a teoria do risco criado, a responsabilidade pelo dano ecológico é objetiva, admitindo-se as excludentes de culpa da vítima e força maior".

  A afirmativa está correta.

- **(Magistratura Estadual RS 2018 – Vunesp)**

  "Supondo-se que um grande navio com cargas explodiu em um porto brasileiro, despejando milhões de litros de óleo e metanol que causou a degradação do meio ambiente marinho, inviabilizando a pesca pelos moradores próximos ao local, pois o Poder Público estabeleceu uma proibição temporária da pesca em razão da poluição ambiental. Em razão disso, os pescadores prejudicados ingressaram com ação judicial, calcado em responsabilidade civil. De acordo com a jurisprudência dominante do STJ, assinale a alternativa correta

  A) Os proprietários do navio e as empresas adquirentes das cargas transportadas pelo navio que explodiu respondem solidariamente pelos danos morais e materiais suportados pelos pescadores prejudicados

  B) Para demonstração da legitimidade para vindicar indenização por dano ambiental que resultou na redução da pesca na área atingida, basta que o autor tenha o registro de pescador profissional

  C) A responsabilidade por dano ambiental é objetiva, informada pela teoria do risco integral, sendo o nexo de causalidade o fator aglutinante que permite que o risco se integre na unidade do ato, sendo descabida a invocação, pela empresa responsável pelo dano ambiental, de excludentes de responsabilidade civil para afastar sua obrigação de indenizar

D) Não será devida indenização aos pescadores se restar comprovada pela empresa responsável pela carga que o acidente foi decorrente de caso fortuito ou força maior

E) É devida a indenização por lucros cessantes ainda que o período de proibição da pesca em razão do acidente ambiental coincida com o período de "defeso", em que por lei seja vedada a atividade pesqueira."

Gabarito: letra "c".

- **(Procurador do Município de Manaus/AM 2018 – CESPE)**

"De acordo com o STJ, a responsabilidade por dano ambiental é objetiva e regida pela teoria do risco integral".

A afirmativa está correta.

- **(Magistratura Federal – TRF 3ª região 2018)**

"A Lei de Política Nacional do Meio Ambiente obriga a reparação dos danos causados pelo poluidor à fauna, à flora e ao meio ambiente, devendo ser demonstrada a culpa em sua conduta, exceto em caso de prejuízo causado pela atividade nuclear."

A afirmativa está errada.

- **(MPE/MG 2017 – FUNDEP – adaptada)**

"A responsabilidade por dano ambiental é objetiva, informada pela teoria do risco integral, sendo o nexo de causalidade o fator aglutinante que permite que o risco se integre na unidade do ato, sendo descabida a invocação, pela empresa responsável pelo dano ambiental, de excludentes de responsabilidade civil para afastar sua obrigação de indenizar."

A afirmativa está correta.

- **(MPE/MG 2017 – FUNDEP – adaptada)**

"A alegação de culpa exclusiva de terceiro pelo acidente, como excludente de responsabilidade, deve ser afastada, ante a incidência da teoria do risco integral e da responsabilidade objetiva ínsita ao dano ambiental, responsabilizando-se o degradador em decorrência do princípio do poluidor-pagador."

A afirmativa está correta.

- **(Delegado de Polícia – PE/2016 – CESPE)**

"A responsabilidade civil por grave acidente ambiental ocorrido em uma região de determinado estado da Federação será

A) subjetiva, informada pela teoria do risco proveito.

B) objetiva, informada pela teoria do risco criado.

C) objetiva, informada pela teoria do risco integral.

D) subjetiva, informada pela teoria do risco criado.

E) subjetiva, informada pela teoria do risco integral."

Gabarito: letra "e".

- **(Magistratura Federal – TRF 3ª região 2016 – adaptada)**

  "Tratando-se de direito difuso, a reparação civil de danos ambientais assume grande amplitude, com profundas implicações na espécie de responsabilidade do degradador, que é objetiva e fundada no simples risco ou no simples fato da atividade danosa, independentemente da culpa do agente causador do dano."

  A afirmativa está correta.

▶ **Importante:** relembrar o conceito de poluidor, pois será ele o responsável pela reparação e/ou indenização do dano ambiental causado (*vide* comentários ao art. 3º, item 3):

Lei 6938/81, art. 3º, IV – considera-se poluidor "a pessoa **física ou jurídica**, de **Direito Público ou privado**, responsável, **direta ou indiretamente**, por atividade causadora de degradação ambiental."

▶ **Atenção 2:** o Poder Público também pode responder por dano causado ao meio ambiente decorrente de **ato comissivo** seu (art. 37, § 6º, c/c art. 225, *caput*, da CRFB/1988; e art. 3º, IV, da LPNMA), aplicando-se, nesse caso, a teoria objetiva do risco administrativo, que equipara-se à teoria objetiva calcada no risco criado.

▶ **Atenção 3:** nos casos de dano ambiental decorrente de **ato omissivo** do Poder Público, a responsabilidade também será **objetiva**, de acordo com posicionamento mais recente do Superior Tribunal de Justiça.

▶ **STJ:**

> (...) 13. A Administração é solidária, **objetiva** e ilimitadamente responsável, nos termos da Lei 6.938/1981, por danos urbanístico-ambientais **decorrentes da omissão do seu dever de controlar e fiscalizar**, na medida em que contribua, direta ou indiretamente, tanto para a degradação ambiental em si mesma, como para o seu agravamento, consolidação ou perpetuação, tudo sem prejuízo da adoção, contra o agente público relapso ou desidioso, de medidas disciplinares, penais,

civis e no campo da improbidade administrativa.(STJ. REsp 1071741/SP. Rel Min. Herman Benjamin. Publl. DJe 16/12/2010).

▶ **Atenção 4:** Em matéria de proteção ambiental, há responsabilidade civil do Estado quando a omissão de cumprimento adequado do seu dever de fiscalizar for determinante para a concretização ou o agravamento do dano causado.[65]

Aplicação em concurso:

- **(Magistratura Estadual PA 2019 - CESPE)**

  "Com base na jurisprudência do STJ, é correto afirmar que, em matéria de proteção ambiental em que se verifiquem omissão no cumprimento de fiscalizar, por falta de recursos, e, em consequência, o agravamento do dano causado, o Estado

  A) poderá ser civilmente responsabilizado, em razão da sua omissão no dever de fiscalizar.

  B) não poderá ser responsabilizado, pois quem deve ser responsabilizado pelo dano é quem o causou.

  C) poderá ser criminalmente responsabilizado, em razão da sua omissão no dever de fiscalizar.

  D) poderá ser administrativamente responsabilizado, em razão da sua omissão.

  E) não poderá ser responsabilizado, pois ao caso se aplica o princípio da reserva do possível."

  Gabarito: letra "a".

- **(Exame de Ordem 2014.3 – FGV)**

  "No curso de obra pública, a Administração Pública causa dano em local compreendido por área de preservação permanente.

  Sobre o caso apresentado, assinale a opção que indica de quem é a responsabilidade ambiental.

  A) Em se tratando de área de preservação permanente, que legalmente é de domínio público, o ente só responde pelos danos ambientais nos casos de atuação com dolo ou culpa grave.

  B) Em se tratando de área de preservação permanente, a Administração Pública responderá de forma objetiva pelos danos causados ao meio ambiente, independentemente das responsabilidades administrativa e penal.

---

65. Jurisprudência em teses. STJ, março de 2015, n. 30.

C) Em se tratando de dano ambiental cometido dentro de área de preservação permanente, a Administração Pública não tem responsabilidade, sob pena de confusão, recaindo sobre o agente público causador do dano, independentemente das responsabilidades administrativa e penal.

D) Trata-se de caso de responsabilidade subjetiva solidária de todos aqueles que contribuíram para a prática do dano, inclusive do agente público que determinou a prática do ato."

Gabarito: letra "b".

- **(Defensor Público RR 2013 – CESPE)**

"Em matéria de proteção ambiental, o Estado não pode ser responsabilizado, mesmo quando a omissão de cumprimento adequado do seu dever de fiscalizar for determinante para a concretização ou o agravamento do dano causado pelo seu causador direto."

A afirmativa está errada.

▶ **Atenção 5:** a responsabilidade civil ambiental é **solidária**, ou seja, todos os responsáveis diretos ou indiretos pelo dano causado responderão solidariamente pelos danos ao meio ambiente. Afirma o STJ que "os responsáveis pela degradação ambiental são coobrigados solidários, formando-se, em regra, nas ações civis públicas ou coletivas **litisconsórcio facultativo**".[66]

▶ **STJ:**

PROCESSUAL CIVIL E CIVIL. AÇÃO CIVIL PÚBLICA. **DANOS AO MEIO AMBIENTE**. REPARAÇÃO. **RESPONSABILIDADE SOLIDÁRIA**. DENUNCIAÇÃO DA LIDE. PRECEDENTES. 1. Mostra-se induvidosa a **responsabilidade solidária e objetiva** da recorrente, consoante entenderam as instâncias ordinárias, pelo que seria meramente facultativa a denunciação da lide, pois nada impede que a contratante se volte, posteriormente, contra a contratada, ou outra pessoa jurídica ou física, para o ressarcimento da reparação a que vier a ser condenada. (...) (**STJ**. RESP-67285/SP; Relator Min. Castro Meira. Segunda Turma. Julgamento: 03/06/2004; Publ.03/09/2007)

RECURSO ESPECIAL. AÇÃO CIVIL PÚBLICA. POLUIÇÃO AMBIENTAL. EMPRESAS MINERADORAS. CARVÃO MINERAL. ESTADO DE SANTA CATARINA. REPARAÇÃO. RESPONSABILIDADE DO ESTADO POR OMISSÃO. **RESPONSABILIDADE SOLIDÁRIA**. RESPONSABILIDADE SUBSIDIÁRIA.

66. Jurisprudência em teses. STJ, março de 2015, n. 30.

(...) 4. **Havendo mais de um causador de um mesmo dano ambiental, todos respondem solidariamente pela reparação**, na forma do art. 942 do Código Civil. (STJ. RESP-**647493**/SC; Min. João Otávio de Noronha. Segunda Turma. Data de Julgamento 22/05/2007. Data de Publicação: DJ 22/10/2007).

Aplicação em concurso:

- **(Magistratura Estadual RO 2019 – Vunesp - adaptada)**

  "Os responsáveis pela degradação ambiental são coobrigados solidários, formando-se, em regra, nas ações civis públicas ou coletivas, litisconsórcio necessário."

  A afirmativa está errada.

- **(MPE/MG 2017 – FUNDEP)**

  "A responsabilidade por danos ambientais é solidária entre o poluidor direto e o indireto, o que permite que a ação seja ajuizada contra qualquer um deles, sendo facultativo o litisconsórcio."

  A afirmativa está correta.

- **(Magistratura Estadual SP 2017 – Vunesp)**

  "Considerando-se que o artigo 942 do Código Civil estabelece a possibilidade de responsabilidade civil solidária e, ainda, o disposto no artigo 3º, inciso IV, da Lei nº 6.938/81, tem-se que no âmbito do direito ambiental

  A) haverá a regra de solidariedade, mas a indenização poderá ser mitigada ante a prova da ação de outros sujeitos ativos que sejam danosas ao meio ambiente, para além daquela provocada pelos agentes poluidores responsabilizados.

  B) haverá solidariedade entre os causadores do dano sem necessidade da mensuração da ação ou omissão de cada um, no nexo de causalidade, sendo exigível, todavia, a unidade do elemento subjetivo.

  C) havendo mais de um causador do dano, todos respondem solidariamente, não sendo relevante a discussão sobre a mensuração subjetiva de cada um no nexo de causalidade plúrimo.

  D) havendo mais de um causador de um dano ambiental, todos respondem solidariamente, na medida de sua contribuição para o nexo causal plúrimo."

▶ **Atenção 6:** haverá responsabilidade solidária do Estado quando, devendo agir para evitar o dano ambiental, mantém-se inerte ou atua de forma deficiente, contribuindo para o dano, ainda que indiretamente.

► **STJ:**

> **MEIO AMBIENTE. LEGITIMIDADE PASSIVA. ESTADO. A jurisprudência do STJ firmou-se no sentido de reconhecer a legitimidade passiva de pessoa jurídica de direito público** (no caso, estado-membro) na ação que busca a responsabilidade pela degradação do meio ambiente, **em razão da conduta omissiva quanto a seu dever de fiscalizá-lo**. Essa orientação coaduna-se com o art. 23, VI, da CF/1988, que firma ser competência comum da União, estados, Distrito Federal e municípios a proteção do meio ambiente e o combate à poluição em qualquer de suas formas. Anote-se que o art. 225, caput, da CF/1988 prevê o direito de todos a um meio ambiente ecologicamente equilibrado, além de impor ao Poder Público e à coletividade o dever de defendê-lo e preservá-lo em benefício das presentes e futuras gerações. (STJ. AgRg no REsp 958.766-MS, Rel. Min. Mauro Campbell Marques, julgado em 16/3/2010. Informativo 427 do STJ).

► **Atenção 7:** nos casos de dano ambiental decorrentes da omissão do poder público no exercício do poder de polícia, a responsabilidade civil do Estado é **solidária, mas de execução subsidiária.** Deve-se cobrar a reparação do dano primeiramente do degradador principal (responsável direto pelo dano ambiental). Caso ele não quite sua dívida, o Estado será convocado a fazê-lo.

► **STJ:**

> A Administração é solidária, objetiva e ilimitadamente responsável, nos termos da Lei 6.938/1981, por danos urbanístico-ambientais decorrentes da omissão do seu dever de controlar e fiscalizar, na medida em que contribua, direta ou indiretamente, tanto para a degradação ambiental em si mesma, como para o seu agravamento, consolidação ou perpetuação (...). **No caso de omissão de dever de controle e fiscalização, a responsabilidade ambiental solidária da Administração é de execução subsidiária (ou com ordem de preferência).** A responsabilidade solidária e de execução subsidiária significa que o Estado integra o título executivo sob a condição de, como devedor-reserva, só ser convocado a quitar a dívida se o degradador original, direto ou material (= devedor principal) não o fizer, seja por total ou parcial exaurimento patrimonial ou insolvência, seja por impossibilidade ou incapacidade, inclusive técnica, de cumprimento da prestação judicialmente imposta, assegurado, sempre, o direito de regresso (art. 934 do Código Civil), com a desconsideração da personalidade jurídica (art. 50 do Código Civil)."(*Vide* REsp 1.071.741 -SP, STJ – 2ª Turma, Rel. Min. Herman Benjamin, julgado em: 24/03/2009, DJe: 16/12/2010).

Aplicação em concurso:

- **(Magistratura Estadual RJ 2016 – Vunesp)**

  "A responsabilidade civil do Estado, por dano ambiental, em caso de omissão de cumprimento adequado do seu dever de fiscalizar, será

  A) solidária, se a omissão for determinante para concretização ou agravamento do dano, porém de execução subsidiária.

  B) solidária, independentemente da omissão ser determinante para concretização ou agravamento do dano, pois a responsabilidade é subjetiva.

  C) subsidiária, se a omissão for determinante para concretização ou agravamento do dano, pois a responsabilidade é subjetiva.

  D) solidária, ainda que a omissão não seja determinante para concretização ou agravamento do dano.

  E) subsidiária, independentemente da omissão ser determinante para concretização ou agravamento do dano."

  Gabarito: letra "a".

▶ **Atenção 8:** segundo a teoria objetiva, regra geral, deve-se comprovar o "dano" e o "nexo causal" para que haja responsabilização civil. Entretanto, em situações especiais em que se pretenda a pronta proteção do bem ambiental, o Superior Tribunal de Justiça admite exceção à regra com a **possibilidade de dispensa da necessidade de comprovação do elemento "nexo causal"**, por exemplo, no caso de adquirente de imóvel já danificado.

▶ **STJ:**

> **MEIO AMBIENTE. INDENIZAÇÃO. ADQUIRENTE.** Trata-se de ação civil pública (ACP) na qual o MP objetiva a recuperação de área degradada devido à construção de usina hidrelétrica, bem como indenização pelo dano causado ao meio ambiente. A Turma entendeu que a responsabilidade por danos ambientais é objetiva e, como tal, não exige a comprovação de culpa, bastando a constatação do dano e do nexo de causalidade. Contudo, **não obstante a comprovação do nexo de causalidade ser a regra, em algumas situações dispensa-se tal necessidade em prol de uma efetiva proteção do bem jurídico tutelado**. É isso que ocorre na esfera ambiental, nos casos em que o adquirente do imóvel é responsabilizado pelos danos ambientais causados na propriedade, independentemente de ter sido ele ou o dono anterior o real causador dos estragos. A responsabilidade por danos ao meio ambiente, além de objetiva, também é solidária. **A possibilidade de responsabilizar o novo adquirente de imóvel já**

danificado apenas busca dar maior proteção ao meio ambiente, tendo em vista a extrema dificuldade de precisar qual foi a conduta poluente e quem foi seu autor. Assim, na espécie, conforme a análise das provas feitas pelo Tribunal a quo, foi possível verificar o real causador do desastre ambiental, ficando ele responsável por reparar o dano, ainda que solidariamente com o atual proprietário do imóvel danificado. (REsp 1.056.540-GO, Min. Eliana Calmon, julgado em 25/8/2009. (Informativo 404 STJ)

DEMARCAÇÃO. RESERVA LEGAL. AVERBAÇÃO. Na espécie, em ação civil pública (ACP), o tribunal *a quo* manteve sentença de procedência do pedido, determinando a demarcação e averbação de reserva legal, pois o fato de ter havido desmatamento, mesmo que realizado por antecessores, não afastaria a obrigação de instituir a reserva. No REsp, o recorrente aponta violação, entre outros temas, do art. 14, § 1º, da Lei n. 6.938/1981, alegando que não se poderia impor a obrigação de reparar dano ambiental a particular adquirente de imóvel já com o mencionado dano, porquanto **ausente o nexo de causalidade**, o que o isentaria da responsabilidade. Conforme explicitou o Min. Relator, em nosso sistema normativo (art. 16 e parágrafos da Lei n. 4.771/1965 – Código Florestal – e art. 99 da Lei n. 8.171/1991), a obrigação de demarcar, averbar e restaurar a área de reserva legal nas propriedades rurais constitui limitação administrativa ao uso da propriedade privada, a qual se destina a tutelar o meio ambiente, que deve ser defendido e preservado. Ademais, por ter como **fonte a própria lei e por incidir sobre as propriedades em si, configura dever jurídico (obrigação *ex lege*) que se transfere automaticamente com a transferência do domínio (obrigação *propter rem*)**, podendo, em consequência, ser imediatamente exigível do proprietário atual independentemente de qualquer indagação a respeito da boa-fé do adquirente ou de outro nexo causal que não o que se estabelece pela titularidade do domínio. Ressaltou, ainda, que o percentual legal de reserva florestal tem por base a totalidade da área rural (art. 16 da Lei n. 4.771/1965), e não a parcela da área onde ainda existia vegetação. Nesse contexto, a Turma conheceu parcialmente do recurso e, nessa parte, negou-lhe provimento. (STJ. REsp 1.179.316-SP, Rel. Min. Teori Albino Zavascki, julgado em 15/6/2010. Informativo 439 do STJ)

Aplicação em concurso:

- **(Magistratura Federal – TRF 2ª região 2017 – adaptada)**

  "Por falta de nexo de causalidade, não se pode impor a obrigação de recuperar a degradação ambiental ao atual proprietário do imóvel, quando ele não a causou".

  A assertiva está errada.

- **(Magistratura Estadual MG 2014)**

"O princípio da reparação tem por fundamento a responsabilidade subjetiva do agente. Logo, se afastada a ilicitude administrativa de um ato lesivo ao meio ambiente, não haverá a correspondente responsabilidade civil pelos danos causados."

A afirmativa está incorreta.

- **(Magistratura Federal – TRF 4ª Região 2014)**

1. "Conforme orientação dominante do Superior Tribunal de Justiça, a responsabilidade por dano ambiental é objetiva, informada pela teoria do risco integral, sendo descabida a invocação, pela empresa responsável pelo dano ambiental, de excludentes de responsabilidade civil para afastar a sua obrigação de indenizar."
2. "A responsabilidade por dano ambiental pressupõe, além da demonstração de dolo ou culpa, a existência de uma atividade econômica que implique riscos para a saúde e para o meio ambiente, impondo-se ao empreendedor a obrigação de prevenir tais riscos (princípio da prevenção) e de internalizá-los em seu processo produtivo (princípio do poluidor-pagador)."

Gabarito: 1-V; 2-F.

- **(Magistratura Federal – TRF 2ª Região 2014)**

"Em relação à responsabilidade pela reparação do dano ambiental é correto afirmar que:

A) Tem caráter objetivo, justificado pela doutrina à luz da incidência do princípio da precaução, e não admite regresso.

B) É objetiva quando o dano é genuíno e puramente ecológico, ao que se chama de princípio do poluidor pagador.

C) É objetiva para o poluidor que causar danos ao meio ambiente e também em relação aos danos a terceiros afetados por sua atividade, ainda que já recuperado o ambiente atingido.

D) Passou a ser objetiva com a aprovação da Constituição de 1988 e a adoção, no bojo da Lei Maior, de capítulo dedicado ao meio ambiente.

E) É objetiva, integral, solidária, com nexo diluído (ou mesmo apagado) e sem excludente, em razão do princípio da responsabilidade comum e indiferenciada."

Gabarito: letra "c".

- **(MPE/SC 2014 – FEPESE)**

"Para a responsabilização civil em caso de dano ambiental, é dispensável a comprovação da existência de dolo, sendo necessária, no entanto, a demonstração da culpa, em qualquer uma de suas três modalidades."

A afirmativa está incorreta.

- **(Exame de Ordem 2013.1 – FGV)**

"João, militante ambientalista, adquire chácara em área rural já degradada, com o objetivo de cultivar alimentos orgânicos para consumo próprio. Alguns meses depois, ele é notificado pela autoridade ambiental local de que a área é de preservação permanente. Sobre o caso, assinale a afirmativa correta.

A) João é responsável pela regeneração da área, mesmo não tendo sido responsável por sua degradação, uma vez que se trata de obrigação *propter rem*.

B) João somente teria a obrigação de regenerar a área caso soubesse do dano ambiental cometido pelo antigo proprietário, em homenagem ao princípio da boa-fé.

C) O único responsável pelo dano é o antigo proprietário, causador do dano, uma vez que João não pode ser responsabilizado por ato ilícito que não cometeu.

D) Não há responsabilidade do antigo proprietário ou de João, mas da Administração Pública, em razão da omissão na fiscalização ambiental quando da transmissão da propriedade."

Gabarito: letra "A". Caso verificada a degradação da vegetação de APP, deverá o atual proprietário/possuidor/ocupante do imóvel recompor a vegetação suprimida (ressalvados os usos autorizados pelo Código Florestal – Lei 12.651/2012), mesmo que não tenha sido ele o responsável pela supressão. Resta claro que a obrigação de recomposição da vegetação (seja em APP, seja em Reserva Legal) tem **natureza real** *e é* **transmitida ao sucessor** *no caso de transferência de domínio ou posse do imóvel rural. Ao dispor expressamente neste sentido, o Código Florestal adota o posicionamento da jurisprudência majoritária, que considera* ***propter rem*** *a obrigação de recuperação da área ambientalmente degradada, ou seja, obrigação que segue o imóvel.*

- **(Juiz Federal TRF 2ª Região – 2011 – CESPE)**

"A responsabilidade em caso de dano ao ambiente é reconhecida, no artigo 225 da CF, como princípio de proteção ambiental e deve ser repartida entre o poder público, a sociedade e o particular. Com relação a esse assunto, assinale a opção correta.

A) Para se determinar a responsabilidade por risco em matéria ambiental, é suficiente a demonstração do estabelecimento de causalidade entre a ação e o dano.

B) O poder público, como principal protetor do ambiente, não pode responder por danos ambientais.

C) Em matéria ambiental, o dano só estará sujeito a reparação e indenização quando se referir à responsabilidade civil por dano ambiental.

D) Na avaliação do dano ambiental, devem ser considerados o prejuízo causado pelo empreendimento a uma pluralidade de pessoas, a impossibilidade ou a dificuldade de sua reparação, a duração da sua repercussão em termos temporais e sua possibilidade de valoração.

E) Na esfera ambiental, a responsabilidade objetiva pode ser proposta em caráter exclusivo pelo MP."

Gabarito: letra "d".

- **(Procurador da República – 24 º Concurso – prova subjetiva)**

  "A propósito da "Responsabilidade Civil e Reparação do Dano Ecológico", discorra sobre:

  A) Conceito de Dano Ecológico.

  B) Responsabilidade Civil do poluidor/predador, inclusive as hipóteses de caso fortuito e força maior."

▶ **Atenção 9:** aplicação da **inversão do ônus da prova** nas ações ambientais → reconhecimento pelo STJ.

> **"DANO AMBIENTAL – DIREITO DO SUPOSTO POLUIDOR – PRINCÍPIO DA PRECAUÇÃO – INVERSÃO DO ÔNUS DA PROVA. (...) O princípio da precaução pressupõe a inversão do ônus probatório, competindo a quem supostamente promoveu o dano ambiental comprovar que não o causou ou que a substância lançada ao meio ambiente não lhe é potencialmente lesiva.** 4. Nesse sentido e coerente com esse posicionamento, é direito subjetivo do suposto infrator a realização de perícia para comprovar a ineficácia poluente de sua conduta, não sendo suficiente para torná-la prescindível informações obtidas de sítio da internet. 5. A prova pericial é necessária sempre que a prova do fato depender de conhecimento técnico, o que se revela aplicável na seara ambiental ante a complexidade do bioma e da eficácia poluente dos produtos decorrentes do engenho humano. 6. Recurso especial provido para determinar a devolução dos autos à origem com a anulação de todos os atos decisórios a partir do indeferimento da prova pericial. (STJ, REsp 1060753 / SP, Rel. Min. Eliana Calmon, DJe 14/12/2009)

Aplicação em concurso:

- **(Magistratura Estadual RJ 2017 – CESPE)**

  "O MP ajuizou ACP por dano ambiental contra um estado federado que permitiu a uma empresa agrícola reflorestar uma grande área degradada com mudas de árvores transgênicas. O MP alegou que, quando crescessem, tais árvores poderiam ter impacto na hidrologia da região, entre outras repercussões desconhecidas, por serem mudas modificadas. Na defesa, o réu alegou que a empresa agrícola tinha de ser citada em litisconsórcio necessário; que o MP não se desincumbiu do ônus de provar o dano à hidrologia do terreno; que a utilização das mudas transgênicas decorreu de força maior, por terem as nativas sido destruídas em um incêndio pouco antes da época própria para o plantio. Nessa situação hipotética, de acordo com a jurisprudência do STJ

  A) a responsabilidade por dano ambiental é objetiva, mas será afastada se for comprovada a ocorrência da alegada excludente de responsabilidade civil do ente federado por motivo de força maior;

  B) o valor a ser arbitrado para a reparação civil dos danos ambientais deverá ser alto o suficiente para caracterizar punição ao infrator;

  C) é aplicável o princípio da precaução, impondo-se a inversão do ônus probatório;

  D) procede o argumento de que a empresa privada deve ser incluída no polo passivo, por se tratar de litisconsórcio necessário."

  Gabarito: letra "c".

► **Atenção 10:** Segundo decisões do **Supremo Tribunal Federal** e do **Superior Tribunal de Justiça**, por se tratar de um direito fundamental, inerente à vida, a qualidade do meio ambiente é essencial e deve, inclusive, ser protegido pelo manto da **imprescritibilidade**:

► **STJ:**

> **RECURSO EXTRAORDINÁRIO. REPERCUSSÃO GERAL. TEMA 999. CONSTITUCIONAL. DANO AMBIENTAL. REPARAÇÃO. IMPRESCRITIBILIDADE.** 1. Debate-se nestes autos **se deve prevalecer o princípio da segurança jurídica**, que beneficia o autor do dano ambiental diante da inércia do Poder Público; **ou se devem prevalecer os princípios constitucionais de proteção, preservação e reparação do meio ambiente**, que beneficiam toda a coletividade. 2. Em nosso ordenamento jurídico, **a regra é a prescrição da pretensão reparatória. A imprescritibilidade, por sua vez, é exceção.** Depende, portanto, de fatores externos, que o ordenamento jurídico reputa inderrogáveis pelo tempo. 3. **Embora**

a Constituição e as leis ordinárias não disponham acerca do prazo prescricional para a reparação de danos civis ambientais, sendo regra a estipulação de prazo para pretensão ressarcitória, **a tutela constitucional a determinados valores impõe o reconhecimento de pretensões imprescritíveis**. 4. O meio ambiente deve ser considerado patrimônio comum de toda humanidade, para a garantia de sua integral proteção, especialmente em relação às gerações futuras. Todas as condutas do Poder Público estatal devem ser direcionadas no sentido de integral proteção legislativa interna e de adesão aos pactos e tratados internacionais protetivos desse direito humano fundamental de 3ª geração, para evitar prejuízo da coletividade em face de uma afetação de certo bem (recurso natural) a uma finalidade individual. 5. **A reparação do dano ao meio ambiente é direito fundamental indisponível**, sendo imperativo o reconhecimento da imprescritibilidade no que toca à recomposição dos danos ambientais. 6. Extinção do processo, com julgamento de mérito, em relação ao Espólio de Orleir Messias Cameli e a Marmud Cameli Ltda, com base no art. 487, III, b do Código de Processo Civil de 2015, ficando prejudicado o Recurso Extraordinário. Afirmação de tese segundo a qual **"É imprescritível a pretensão de reparação civil de dano ambiental".** (STF. RE 654.833-AC. Rel. Min. Alexandre de Moraes. Publ. 24.06.2020).

▸ **STJ:**

Cuida-se, originariamente, de ação civil pública (ACP) com pedido de reparação dos prejuízos causados pelos ora recorrentes à comunidade indígena, tendo em vista os danos materiais e morais decorrentes da extração ilegal de madeira indígena. (...) O dano ambiental refere-se àquele que oferece grande risco a toda humanidade e à coletividade, que é a titular do bem ambiental que constitui direito difuso. Destacou a Min. Relatora que a reparação civil do dano ambiental assumiu grande amplitude no Brasil, com profundas implicações, na espécie, de responsabilidade do degradador do meio ambiente, inclusive imputando-lhe **responsabilidade objetiva**, fundada no simples risco ou no simples fato da atividade danosa, independentemente da culpa do agente causador do dano. **O direito ao pedido de reparação de danos ambientais, dentro da logicidade hermenêutica, também está protegido pelo manto da imprescritibilidade, por se tratar de direito inerente à vida, fundamental e essencial à afirmação dos povos, independentemente de estar expresso ou não em texto legal.** No conflito entre estabelecer um prazo prescricional em favor do causador do dano ambiental, a fim de lhe atribuir segurança jurídica e estabilidade com natureza eminentemente privada, e tutelar de forma mais benéfica bem jurídico coletivo, indisponível, fundamental, que antecede todos os demais direitos – pois sem ele não há vida, nem saúde, nem trabalho, nem lazer – o último prevalece, por óbvio, concluindo pela **imprescritibilidade do direito à reparação do dano ambiental.** Mesmo que o pedido seja genérico, havendo elementos suficientes nos autos, pode o magistrado determinar, desde já, o montante da reparação. (REsp 1.120.117-AC, Rel. Min. Eliana Calmon, julgado em 10/11/2009. Informativo 415 STJ).

► **Atenção 11:** Não há direito adquirido a poluir ou degradar o meio ambiente, não existindo permissão ao proprietário ou posseiro para a continuidade de práticas vedadas pelo legislador.[67]

► **STJ:**

Súmula 613: "Não se admite a aplicação da teoria do fato consumado em tema de direito ambiental".

► **Atenção 12:** O STJ admite a condenação simultânea e cumulativa das obrigações de fazer, de não fazer e de indenizar na reparação integral do meio ambiente.[68]

DIREITO PROCESSUAL CIVIL E AMBIENTAL. CUMULAÇÃO DAS OBRIGAÇÕES DE RECOMPOSIÇÃO DO MEIO AMBIENTE E DE COMPENSAÇÃO POR DANO MORAL COLETIVO. Na hipótese de ação civil pública proposta em razão de dano ambiental, é possível que a sentença condenatória imponha ao responsável, **cumulativamente, as obrigações de recompor o meio ambiente degradado e de pagar quantia em dinheiro a título de compensação por dano moral coletivo.** Isso porque vigora em nosso sistema jurídico o princípio da reparação integral do dano ambiental, que, ao determinar a responsabilização do agente por todos os efeitos decorrentes da conduta lesiva, permite a cumulação de obrigações de fazer, de não fazer e de indenizar. (...) REsp 1.328.753-MG, Rel. Min. Herman Benjamin, julgado em 28/5/2013. Info. 526.

► **Atenção 13:** É **cabível o ressarcimento por dano moral coletivo** decorrente de degradação ao meio ambiente.

► **STJ:**

"É **cabível, em tese, por violação a direitos transindividuais, a condenação por dano moral coletivo**, como categoria autônoma de dano,

67. Jurisprudência em teses. STJ, março de 2015, n. 30.
68. Jurisprudência em teses. STJ, março de 2015, n. 30.

a qual não se relaciona necessariamente com aqueles tradicionais atributos da pessoa humana (dor, sofrimento ou abalo psíquico)." (REsp 1.349.188/RJ, Rel. Min. Luis Felipe Salomão, DJe 22/06/2016. REsp 1.293.606/MG, Rel. Min. Luis Felipe Salomão, DJe 26/09/2014).

▶ **STJ:**

AGRAVO INTERNO NO AGRAVO EM RECURSO ESPECIAL. CIVIL. DANO MORAL. CONTAMINAÇÃO AMBIENTAL. PRETENSÃO REPARATÓRIA. PRAZO PRESCRICIONAL. TERMO INICIAL. CIÊNCIA INEQUÍVOCA DE QUE A DOENÇA DECORREU DA POLUIÇÃO. AGRAVO INTERNO NÃO PROVIDO. (...) 2. **Considera-se como termo a quo da contagem do prazo prescricional quinquenal** previsto no art. 27 do CDC, **para ajuizamento de ação de reparação de dano moral decorrente de prejuízos à saúde advindos do acidente ambiental, a data da ciência inequívoca pelo autor de que a doença diagnosticada (câncer) decorreu da contaminação do solo e do lençol** freático por produtos químicos lançados pela ré. A notificação pública da poluição ambiental não pode ser considerada como termo inicial da contagem do referido prazo prescricional, porquanto os efeitos nocivos à saúde da população não surgiram imediatamente a ela, mas nos anos subsequentes. 3. Agravo regimental a que se nega provimento. (AgRg no AgRg no AREsp 608324/RS. Rel. Min. Raul Araújo. Publ. DJe 17/05/2016).

▶ **STJ:**

Súmula 37: São cumuláveis as indenizações por dano material e moral oriundos do mesmo fato.

Aplicação em concurso:

- **(Magistratura Estadual RO 2019 – Vunesp - adaptada)**

  "A responsabilidade civil não admite a condenação simultânea e cumulativa das obrigações de fazer, de não fazer e de indenizar na reparação integral do meio ambiente".

  A afirmativa está errada.

- **(Magistratura Federal – TRF 4ª Região/2016)**

  "Dadas as assertivas abaixo, assinale a alternativa correta. Segundo a jurisprudência dominante do Superior Tribunal de Justiça:

I. Considerando que o dano moral se fundamenta na dor e no sofrimento psíquico, é impossível a sua constatação em ação civil pública ambiental, diante da indeterminabilidade e da transindividualidade dos sujeitos passivos.

II. O dano moral coletivo prescinde da comprovação de dor e abalo psíquico, em se tratando de lesão a direitos difusos e coletivos.

III. É possível a condenação em dano moral coletivo ambiental se provados a dor e o abalo psíquico sofridos pela comunidade atingida.

A) Está correta apenas a assertiva I.

B) Está correta apenas a assertiva II.

C) Está correta apenas a assertiva III.

D) Estão corretas todas as assertivas.

E) Nenhuma assertiva está correta."

Gabarito: letra "b".

- **(Magistratura Federal – TRF 4ª região/2016 – adaptada)**

  *"Segundo a jurisprudência majoritária do Superior Tribunal de Justiça, embora seja possível, em tese, a cumula***ção da obrigação de reparar o dano ambiental (obrigação de fazer) com a de indenizar, esta última não será devida se houver resta***uração completa do bem lesado".*

  A afirmativa está correta.

- **(Magistratura Estadual RJ/2016 – Vunesp)**

  "As queimadas frequentemente são utilizadas, sem autorização, para desmatamento de mata nativa, e representam a negação da modernidade da agricultura e pecuária brasileiras, confrontando-se com os fundamentos mais elementares do Direito Ambiental. Quem queima, ao fazê-lo, afeta, degrada ou destrói o meio ambiente, o que lhe impõe alguns deveres. Quanto à possibilidade de cumulação no pedido de obrigação de fazer, de não fazer (reparar a área afetada) e de pagar quantia certa (indenização), a jurisprudência do STJ tem se firmado no sentido de permitir

  A) a cumulação de obrigações de fazer, de não fazer e de indenizar, na busca da proteção mitigada.

  B) a cumulação de obrigações de fazer, de não fazer e de indenizar, que têm natureza conglobante, na busca da proteção integral do meio ambiente.

  C) a cumulação de obrigações de fazer, de não fazer e de indenizar, que têm natureza de obrigação de eficácia real.

  D) a cumulação de obrigações de fazer, de não fazer e indenizar, que têm natureza conglobante.

  E) a cumulação de obrigações de fazer, de não fazer e de indenizar, que têm natureza *propter rem*, na busca da proteção integral do meio ambiente."

  Gabarito: letra "e".

- **(FMP – Defensor Público – PA/2015)**

  "É admissível nas ações civis públicas ambientais, além do pedido de abstenção de determinada atividade lesiva ao meio ambiente, a condenação cumulativa por danos morais e materiais ambientais".

  A afirmativa está correta.

▶ **Atenção 14:** A indenização por dano material oriunda de responsabilidade civil objetiva extracontratual, tem, como termo inicial da correção monetária, a data do evento danoso.[69]

Art. 15 – O poluidor que expuser a perigo a incolumidade humana, animal ou vegetal, ou estiver tornando mais grave situação de perigo existente, fica sujeito à pena de reclusão de 1 (um) a 3 (três) anos e multa de 100 (cem) a 1.000 (mil) MVR.

§ 1º A pena e aumentada até o dobro se:

I – resultar:

a) dano irreversível à fauna, à flora e ao meio ambiente;

b) lesão corporal grave;

II – a poluição é decorrente de atividade industrial ou de transporte;

III – o crime é praticado durante a noite, em domingo ou em feriado.

§ 2º Incorre no mesmo crime a autoridade competente que deixar de promover as medidas tendentes a impedir a prática das condutas acima descritas.

Art. 16 – (revogado)

1. Os ilícitos previstos na LPNMA foram transformados em infrações administrativas ou em crimes ambientais pela Lei 9.605/98. Remetemos o leitor aos comentários da Lei de Crimes Ambientais (Cap. VI).

Art. 17 – Fica instituído, sob a administração do Instituto Brasileiro do Meio Ambiente e Recursos Naturais Renováveis – IBAMA:

I – Cadastro Técnico Federal de Atividades e Instrumentos de Defesa Ambiental, para registro obrigatório de pessoas físicas ou jurídicas que se

69. STJ. AgInt nos EDcl nos EREsp 1312355/MS. Rel. Min. Luis Felipe Salomão. Publ. DJe 21/10/2016.

dedicam a consultoria técnica sobre problemas ecológicos e ambientais e à indústria e comércio de equipamentos, aparelhos e instrumentos destinados ao controle de atividades efetiva ou potencialmente poluidoras;

II – Cadastro Técnico Federal de Atividades Potencialmente Poluidoras ou Utilizadoras de Recursos Ambientais, para registro obrigatório de pessoas físicas ou jurídicas que se dedicam a atividades potencialmente poluidoras e/ou à extração, produção, transporte e comercialização de produtos potencialmente perigosos ao meio ambiente, assim como de produtos e subprodutos da fauna e flora.

Art. 17-A. São estabelecidos os preços dos serviços e produtos do Instituto Brasileiro do Meio Ambiente e dos Recursos Naturais Renováveis – IBAMA, a serem aplicados em âmbito nacional, conforme Anexo a esta Lei.

1. Segundo Édis Milaré, os cadastros previstos no artigo 17 funcionam como uma espécie de censo ambiental, destinados a conhecer os profissionais, sua habilitação técnica e as tecnologias de controle da poluição, além de subsidiar a formação do Sistema Nacional de Informações sobre o Meio Ambiente (art. 9, VII). Servem ainda para que se conheçam as pessoas físicas ou jurídicas potencialmente poluidoras, permitindo uma melhor fiscalização pelos órgãos ambientais e pela sociedade.

Aplicação em concurso:

- **(Hemobras 2008 – CESPE)**

  "Na elaboração do EIA e de seu respectivo relatório, a equipe multidisciplinar responsável é contratada pelo empreendedor. Os componentes da equipe, sejam pessoas físicas ou jurídicas, devem estar devidamente registrados no Cadastro Técnico Federal de Atividades e Instrumentos de Defesa Ambiental, gerido pelo IBAMA. Como essa equipe é tecnicamente responsável pelos resultados apresentados naquele documento, ela não deve manter qualquer relação direta com o contratante, devendo o órgão licenciador competente intermediar todos os contatos entre as partes, bem como o pagamento dos serviços prestados por esta ao empreendedor."

  A assertiva está incorreta apenas em relação à segunda parte. A equipe multidisciplinar realmente é contratada pelo empreendedor e seus componentes devem estar cadastrados no Cadastro Técnico Federal de Atividades e Instrumentos de Defesa Ambiental, gerido pelo IBAMA, conforme exigência do inciso I do art. 17 da Lei 6.938/91 (vide comentários ao art. 9, item 1.3.1).

▶ ***Obs:*** *A inobservância do disposto nos incisos I e II do art. 17 acarretará nas infrações previstas no artigo 17-i.*

- **(MPF/Procurador Federal 2013 – CESPE)**

  "O Cadastro Técnico Federal de Atividades Potencialmente Poluidoras ou Utilizadoras de Recursos Ambientais, instrumento da Política Nacional do Meio Ambiente, destina-se ao registro obrigatório de pessoas físicas ou jurídicas que se dediquem a atividades potencialmente poluidoras, e (ou) à extração, à produção, ao transporte e à comercialização de produtos potencialmente perigosos ao meio ambiente, assim como de produtos e subprodutos da fauna e flora, de modo que o descumprimento dessa obrigação enseja a aplicação de multa administrativa".

  A assertiva é verdadeira.

Art. 17-B. Fica instituída a Taxa de Controle e Fiscalização Ambiental – TCFA, cujo fato gerador é o exercício regular do poder de polícia conferido ao Instituto Brasileiro do Meio Ambiente e dos Recursos Naturais Renováveis – IBAMA para controle e fiscalização das atividades potencialmente poluidoras e utilizadoras de recursos naturais.

§ 1º Revogado.

§ 2º Revogado.

Art. 17-C. É sujeito passivo da TCFA todo aquele que exerça as atividades constantes do Anexo VIII desta Lei.

§ 1º O sujeito passivo da TCFA é obrigado a entregar até o dia 31 de março de cada ano relatório das atividades exercidas no ano anterior, cujo modelo será definido pelo IBAMA, para o fim de colaborar com os procedimentos de controle e fiscalização.

§ 2º O descumprimento da providência determinada no § 1º sujeita o infrator a multa equivalente a vinte por cento da TCFA devida, sem prejuízo da exigência desta.

§ 3º Revogado.

Art. 17-D. A TCFA é devida por estabelecimento e os seus valores são os fixados no Anexo IX desta Lei.

§ 1º Para os fins desta Lei, consideram-se:

I – microempresa e empresa de pequeno porte, as pessoas jurídicas que se enquadrem, respectivamente, nas descrições dos incisos I e II do *caput* do art. 2º da Lei nº 9.841, de 5 de outubro de 1999;

II – empresa de médio porte, a pessoa jurídica que tiver receita bruta anual superior a R$ 1.200.000,00 (um milhão e duzentos mil reais) e igual ou inferior a R$ 12.000.000,00 (doze milhões de reais);

III – empresa de grande porte, a pessoa jurídica que tiver receita bruta anual superior a R$ 12.000.000,00 (doze milhões de reais).

§ 2º O potencial de poluição (PP) e o grau de utilização (GU) de recursos naturais de cada uma das atividades sujeitas à fiscalização encontram-se definidos no Anexo VIII desta Lei.

§ 3º Caso o estabelecimento exerça mais de uma atividade sujeita à fiscalização, pagará a taxa relativamente a apenas uma delas, pelo valor mais elevado.

Art. 17-E. É o IBAMA autorizado a cancelar débitos de valores inferiores a R$ 40,00 (quarenta reais), existentes até 31 de dezembro de 1999.

Art. 17-F. São isentas do pagamento da TCFA as entidades públicas federais, distritais, estaduais e municipais, as entidades filantrópicas, aqueles que praticam agricultura de subsistência e as populações tradicionais.

Art. 17-G. A TCFA será devida no último dia útil de cada trimestre do ano civil, nos valores fixados no Anexo IX desta Lei, e o recolhimento será efetuado em conta bancária vinculada ao IBAMA, por intermédio de documento próprio de arrecadação, até o quinto dia útil do mês subsequente.

Parágrafo único. Revogado.

§ 2º Os recursos arrecadados com a TCFA terão utilização restrita em atividades de controle e fiscalização ambiental.

Art. 17-H. A TCFA não recolhida nos prazos e nas condições estabelecidas no artigo anterior será cobrada com os seguintes acréscimos:

I – juros de mora, na via administrativa ou judicial, contados do mês seguinte ao do vencimento, à razão de um por cento;

II – multa de mora de vinte por cento, reduzida a dez por cento se o pagamento for efetuado até o último dia útil do mês subseqüente ao do vencimento;

III – encargo de vinte por cento, substitutivo da condenação do devedor em honorários de advogado, calculado sobre o total do débito inscrito como Dívida Ativa, reduzido para dez por cento se o pagamento for efetuado antes do ajuizamento da execução.

§ 1º-A. Os juros de mora não incidem sobre o valor da multa de mora.

§ 1º Os débitos relativos à TCFA poderão ser parcelados de acordo com os critérios fixados na legislação tributária, conforme dispuser o regulamento desta Lei.

1. TCFA – Taxa de Controle e Fiscalização Ambiental (constitucionalidade)

A Lei 9.960/00 criou a Taxa de Fiscalização Ambiental, inserindo os artigos 17-B, 17-C, 17-D, 17-F, 17-G, 17-H e 17-I na Lei 6.938/81. Desde a criação da TCFA surgiram questionamentos acerca da constitucionalidade do tributo, inclusive com a impugnação dos referidos artigos perante o STF via impetração de ação direta de inconstitucionalidade. Na ADI 2178-8/DF, a Suprema Corte declarou inconstitucional a Lei n. 9.960/2000.

Entretanto, no mesmo ano foi sancionada a Lei 10.165, de 27 de dezembro de 2.000, instituindo a Taxa de Controle e Fiscalização Ambiental (TCFA) e extirpando as inconstitucionalidades da norma anterior. Tendo por fato gerador o serviço de controle das atividades potencialmente poluidoras e a fiscalização da utilização de recursos naturais, a taxa é calculada em função da potencialidade poluidora da atividade exercida pelo contribuinte, e foi declarada constitucional pelo Supremo Tribunal Federal:

- **STF:**

> "A hipótese de incidência da taxa é a fiscalização de atividades poluidoras e utilizadoras de recursos ambientais, exercida pelo IBAMA (Lei 6.938/81, art. 17-B, com a redação da Lei 10.165/00). Tem-se, pois, **taxa que remunera o exercício do poder de polícia do Estado**. Não há invocar o argumento no sentido de que a taxa decorrente do poder de polícia fica 'restrita aos contribuintes cujos estabelecimentos tivessem sido efetivamente visitados pela fiscalização', por isso que, registra Sacha Calmon parecer, fl. 377 essa questão já foi resolvida, pela negativa, pelo Supremo Tribunal Federal, que deixou assentada em diversos julgados a suficiência da manutenção, pelo sujeito ativo, de órgão de controle em funcionamento (cf., *inter plures*, RE 116.518 e RE 230.973). Andou bem a Suprema Corte brasileira em não aferrar-se ao método antiquado da vistoria porta a porta, abrindo as portas do Direito às inovações tecnológicas que caracterizam a nossa era'. **Destarte, os que exercem atividades de impacto ambiental tipificadas na lei sujeitam-se à fiscalização do IBAMA, pelo que são contribuintes da taxa decorrente dessa fiscalização**, fiscalização que consubstancia, vale repetir, o poder de polícia estatal." (RE 416.601. Voto do Min. Carlos Velloso, julgamento em 10/08/05, DJ de 30/09/05).

No mérito, manteve-se o entendimento do acórdão recorrido:

> "TRIBUTÁRIO. CONSTITUCIONAL. TAXA DE CONTROLE E FISCALIZAÇÃO AMBIENTAL – **TFCA**. LEI N. 10.165/2000. 1. O fato gerador da taxa está diretamente vinculado à prestação do serviço público e o sujeito passivo é quem o utiliza ou quem o tem a sua disposição. 2.

A **TCFA**, na forma da Lei n. 10.165, de 2000, tem por **fato gerador o serviço prestado de exercício de poder de polícia, consistente no controle e fiscalização das atividades potencialmente poluidoras e fiscalizadoras de recursos naturais (art. 17-B), e por sujeito passivo quem exerce as atividades** constantes de seu Anexo VIII (art. 17-C). 3. O **cálculo do valor da nova taxa** será efetuado a partir de critério variado, **em função da potencialidade poluidora da atividade** exercida pelo contribuinte, e não de sua receita bruta (Anexo IX). Inexistência de ofensa ao princípio da isonomia. 4. **Constitucionalidade e legalidade da exação, que se encontra em harmonia com os arts. 145, inciso II, da Constituição e 78 do Código Tributário Nacional**."

A TCFA é definida pelo cruzamento do grau de poluição e utilização ambiental com o porte da empresa e deve ser paga trimestralmente pelo empreendedor. Quanto maior o porte do empreendimento e o grau de poluição da atividade, maior será o valor devido a título de TCFA. O grau de poluição e utilização ambiental, bem como os valores para cada porte são definidos, conforme a categoria da atividade, no Anexo VIII da Lei 10.165/2000.[70] Nesse sentido decisão do Tribunal Regional Federal da 5ª Região ao afirmar que "(...) a cobrança da TCFA relaciona-se com a dimensão, com o potencial de poluição e com o grau de utilização de recursos naturais da empresa, justificando-se uma cobrança maior daquelas que demandem, em razão de sua extensão, uma maior intensidade da atividade fiscalizadora prestada pelo IBAMA." (AMS 80384/AL. 30.09.2002).

Aplicação em concurso:

- **(Procurador do Estado AC 2014 – FMP)**

"Sobre a Taxa de Controle e Fiscalização Ambiental (TCFA) prevista na Lei da Política Nacional do Meio Ambiente, assinale a alternativa CORRETA.

A) O fato gerador da TCFA é o exercício regular do poder de polícia conferido a todos os órgãos integrantes do Sistema Nacional do Meio Ambiente (SISNAMA) para o controle e a fiscalização das atividades potencialmente poluidoras e utilizadoras de recursos naturais.

B) É sujeito passivo da TCFA todo aquele que exerça as atividades potencialmente poluidoras e utilizadoras de recursos ambientais previstas no anexo VIII da Lei Federal nº 6.938/1981.

C) A TCFA é devida em razão de cada atividade individualmente exercida e não por estabelecimento.

70. <http://servicos.ibama.gov.br/cogeq/>. Acesso em 01/02/2010.

D) São isentas do pagamento da TCFA as entidades públicas federais, distritais, estaduais e municipais, as entidades filantrópicas, as fundações públicas ou privadas, as entidades declaradas de utilidade pública pela União, pelo Distrito Federal, pelos Estados ou pelos Municípios, aqueles que praticam agricultura de subsistência e as populações tradicionais."

Gabarito: letra "b", nos termos do artigo 17-C da Lei 6.938/1981.

- **(Juiz Federal – TRF 5ª Região 2009 – CESPE)**

"A lei que dispõe sobre a PNMA prevê a instituição de uma taxa de controle e fiscalização ambiental, a ser cobrada pelos diversos órgãos estaduais e municipais de meio ambiente, cujo fato gerador é o exercício regular do poder de polícia para controle e fiscalização das atividades potencialmente poluidoras e utilizadoras de recursos naturais."

A assertiva está incorreta. A cobrança da TCFA é de competência do IBAMA, órgão federal, e não dos órgãos estaduais e municipais (vide artigos 17-B e 17-G).

Art. 17-I. As pessoas físicas e jurídicas que exerçam as atividades mencionadas nos incisos I e II do art. 17 e que não estiverem inscritas nos respectivos cadastros até o último dia útil do terceiro mês que se seguir ao da publicação desta Lei incorrerão em infração punível com multa de:

I – R$ 50,00 (cinqüenta reais), se pessoa física;

II – R$ 150,00 (cento e cinqüenta reais), se microempresa;

III – R$ 900,00 (novecentos reais), se empresa de pequeno porte;

IV – R$ 1.800,00 (mil e oitocentos reais), se empresa de médio porte;

V – R$ 9.000,00 (nove mil reais), se empresa de grande porte. Parágrafo único. Revogado.

Art. 17-L. As ações de licenciamento, registro, autorizações, concessões e permissões relacionadas à fauna, à flora, e ao controle ambiental são de competência exclusiva dos órgãos integrantes do Sistema Nacional do Meio Ambiente.

Art. 17-M. Os preços dos serviços administrativos prestados pelo IBAMA, inclusive os referentes à venda de impressos e publicações, assim como os de entrada, permanência e utilização de áreas ou instalações nas unidades de conservação, serão definidos em portaria do Ministro de Estado do Meio Ambiente, mediante proposta do Presidente daquele Instituto.

Art. 17-N. Os preços dos serviços técnicos do Laboratório de Produtos Florestais do IBAMA, assim como os para venda de produtos da flora, serão, também, definidos em portaria do Ministro de Estado do Meio Ambiente, mediante proposta do Presidente daquele Instituto.

Art. 17-O. Os proprietários rurais que se beneficiarem com redução do valor do Imposto sobre a Propriedade Territorial Rural - ITR, com base em Ato Declaratório Ambiental - ADA, deverão recolher ao IBAMA a importância prevista no item 3.11 do Anexo VII da Lei nº 9.960, de 29 de janeiro de 2000, a título de Taxa de Vistoria.

§ 1º-A. A Taxa de Vistoria a que se refere o *caput* deste artigo não poderá exceder a dez por cento do valor da redução do imposto proporcionada pelo ADA.

§ 1º A utilização do ADA para efeito de redução do valor a pagar do ITR é obrigatória.

§ 2º O pagamento de que trata o *caput* deste artigo poderá ser efetivado em cota única ou em parcelas, nos mesmos moldes escolhidos pelo contribuinte para o pagamento do ITR, em documento próprio de arrecadação do IBAMA.

§ 3º Para efeito de pagamento parcelado, nenhuma parcela poderá ser inferior a R$ 50,00 (cinqüenta reais).

§ 4º O inadimplemento de qualquer parcela ensejará a cobrança de juros e multa nos termos dos incisos I e II do *caput* e §§ 1º-A e 1º, todos do art. 17-H desta Lei.

§ 5º Após a vistoria, realizada por amostragem, caso os dados constantes do ADA não coincidam com os efetivamente levantados pelos técnicos do IBAMA, estes lavrarão, de ofício, novo ADA, contendo os dados reais, o qual será encaminhado à Secretaria da Receita Federal, para as providências cabíveis.

Art. 17-P. Constitui crédito para compensação com o valor devido a título de TCFA, até o limite de sessenta por cento e relativamente ao mesmo ano, o montante efetivamente pago pelo estabelecimento ao Estado, ao Município e ao Distrito Federal em razão de taxa de fiscalização ambiental.

§ 1º Valores recolhidos ao Estado, ao Município e ao Distrital Federal a qualquer outro título, tais como taxas ou preços públicos de licenciamento e venda de produtos, não constituem crédito para compensação com a TCFA.

§ 2º A restituição, administrativa ou judicial, qualquer que seja a causa que a determine, da taxa de fiscalização ambiental estadual ou distrital compensada com a TCFA restaura o direito de crédito do IBAMA contra o estabelecimento, relativamente ao valor compensado.

Art. 17-Q. É o IBAMA autorizado a celebrar convênios com os Estados, os Municípios e o Distrito Federal para desempenharem atividades de fiscalização ambiental, podendo repassar-lhes parcela da receita obtida com a TCFA.

1. **Taxa estadual e municipal de controle e fiscalização ambiental (artigo 17-P)**

   Os Estados membros e os Municípios também podem criar suas taxas de controle ambiental, como o fez o Estado de Minas Gerais por meio da Lei 14.940/03, instituindo a TFAMG (Taxa de Controle e Fiscalização Ambiental do Estado de Minas Gerais), cujo fato gerador é o exercício regular do poder de polícia para controle e fiscalização das atividades potencialmente poluidoras e utilizadoras de recursos naturais.

   De acordo com o artigo 17-P da LPNMA, parte do montante efetivamente pago pelo empreendedor ao Estado ou ao Município constitui crédito para compensação com o valor devido a título de TCFA (federal).

2. Há possibilidade da realização de **parceria entre a União, os Estados, o DF e os Municípios, através de convênios**, para a realização das atividades de fiscalização ambiental (artigo 17-Q).

- **STF:**

  TRIBUTÁRIO. AGRAVO REGIMENTAL NO RECURSO ESPECIAL. IMPRESCINDIBILIDADE DA AVERBAÇÃO PARA O DEFERIMENTO DA ISENÇÃO DE ITR DECORRENTE DO RECONHECIMENTO DA ÁREA DE RESERVA LEGAL. AGRAVO REGIMENTAL DA SOCIEDADE EMPRESÁRIA A QUE SE NEGA PROVIMENTO.

  1. Este Superior Tribunal de Justiça firmou o entendimento de que ser **inexigível, para as áreas de preservação permanente, a apresentação do Ato Declaratório Ambiental com vistas à isenção do ITR**. Porém, tratando-se de **área de reserva legal, é imprescindível a sua averbação no respectivo registro imobiliário** 2. Agravo Regimental da Sociedade Empresária a que se nega provimento. (STJ. AgRg no REsp 1429841. Rel. Min. Napoleão Nunes Maia Filho. Publ.: DJe 25/02/2019).

Aplicação em concurso:

- **(Magistratura Estadual/RS 2016 – Faurgs – adaptada)**

  "O Conselho Nacional do Meio Ambiente é autorizado a celebrar convênios com os Estados, os Municípios e o Distrito Federal para que desempenhem atividades de fiscalização ambiental, podendo repassar-lhes parcela da receita obtida com a Taxa de Controle e Fiscalização Ambiental (TCFA)."

  A afirmativa está errada (vide art. 17-Q da Lei 6.938/1981).

- **(Magistratura Estadual/MG – 2004)**

  "O IBAMA está legalmente autorizado a celebrar convênios com os Estados, os Municípios e o Distrito Federal para desempenhar atividades de fiscalização ambiental."

  A afirmativa está correta (art. 17-Q da Lei 6.938/1981).

Art. 18 - (revogado)

Art. 19 - Ressalvado o disposto nas Leis nos 5.357, de 17 de novembro de 1967, e 7.661, de 16 de maio de 1988, a receita proveniente da aplicação desta Lei será recolhida de acordo com o disposto no art. 4º da Lei nº 7.735, de 22 de fevereiro de 1989.

Art. 20 - Esta Lei entrará em vigor na data de sua publicação.

CAPÍTULO IV
Código Florestal
(Lei nº 12.651, de 25 de maio de 2012)

Dispõe sobre a proteção da vegetação nativa; altera as Leis nos 6.938, de 31 de agosto de 1981, 9.393, de 19 de dezembro de 1996, e 11.428, de 22 de dezembro de 2006; revoga as Leis nºs 4.771, de 15 de setembro de 1965, e 7.754, de 14 de abril de 1989, e a Medida Provisória nº 2.166-67, de 24 de agosto de 2001; e dá outras providências.

CAPÍTULO I
DISPOSIÇÕES GERAIS

Art. 1º. (Vetado). Art. 1º -A. Esta Lei estabelece normas gerais sobre a proteção da vegetação, áreas de Preservação Permanente e as áreas de Reserva Legal; a exploração florestal, o suprimento de matéria-prima florestal, o controle da origem dos produtos florestais e o controle e prevenção dos incêndios florestais, e prevê instrumentos econômicos e financeiros para o alcance de seus objetivos. (Incluído pela Lei nº 12.727, de 2012).

Parágrafo único. Tendo como objetivo o desenvolvimento sustentável, esta Lei atenderá aos seguintes princípios: (Incluído pela Lei nº 12.727, de 2012).

I – afirmação do compromisso soberano do Brasil com a preservação das suas florestas e demais formas de vegetação nativa, bem como da biodiversidade, do solo, dos recursos hídricos e da integridade do sistema climático, para o bem estar das gerações presentes e futuras; (Incluído pela Lei nº 12.727, de 2012).

II – reafirmação da importância da função estratégica da atividade agropecuária e do papel das florestas e demais formas de vegetação nativa na sustentabilidade, no crescimento econômico, na melhoria da qualidade de vida da população brasileira e na presença do País nos mercados nacional e internacional de alimentos e bioenergia; (Incluído pela Lei nº 12.727, de 2012).

III – ação governamental de proteção e uso sustentável de florestas, consagrando o compromisso do País com a compatibilização e harmonização entre o uso produtivo da terra e a preservação da água, do solo e da vegetação; (Incluído pela Lei nº 12.727, de 2012).

IV – responsabilidade comum da União, Estados, Distrito Federal e Municípios, em colaboração com a sociedade civil, na criação de políticas para a preservação e restauração da vegetação nativa e de suas funções ecológicas e sociais nas áreas urbanas e rurais; (Incluído pela Lei nº 12.727, de 2012).

V – fomento à pesquisa científica e tecnológica na busca da inovação para o uso sustentável do solo e da água, a recuperação e a preservação das florestas e demais formas de vegetação nativa; (Incluído pela Lei nº 12.727, de 2012).

VI – criação e mobilização de incentivos econômicos para fomentar a preservação e a recuperação da vegetação nativa e para promover o desenvolvimento de atividades produtivas sustentáveis. (Incluído pela Lei nº 12.727, de 2012).

Art. 2º – As **florestas existentes no território nacional e as demais formas de vegetação nativa**, reconhecidas de utilidade às terras que revestem, **são bens de interesse comum** a todos os habitantes do País, exercendo-se os **direitos de propriedade com as limitações** que a legislação em geral e especialmente esta Lei estabelecem.

§ 1º Na utilização e exploração da vegetação, as **ações ou omissões contrárias às disposições desta Lei** são consideradas **uso irregular da propriedade**, aplicando-se o procedimento sumário previsto no **inciso II do art. 275 da Lei nº 5.869, de 11 de janeiro de 1973 – Código de Processo Civil**[1], sem prejuízo da responsabilidade civil, nos termos do **§ 1º do art. 14 da Lei nº 6.938, de 31 de agosto de 1981**, e das sanções administrativas, civis e penais.

§ 2º As obrigações previstas nesta Lei **têm natureza real e são transmitidas ao sucessor**, de qualquer natureza, no caso de transferência de domínio ou posse do imóvel rural.

Art. 3º – Para os efeitos desta Lei, entende-se por:

I – **Amazônia Legal:** os Estados do Acre, Pará, Amazonas, Roraima, Rondônia, Amapá e Mato Grosso e as regiões situadas ao norte do paralelo 13º S, dos Estados de Tocantins e Goiás, e ao oeste do meridiano de 44º W, do Estado do Maranhão;

II – **Área de Preservação Permanente – APP:** área protegida, coberta ou não por vegetação nativa, com a função ambiental de preservar os recursos hídricos, a paisagem, a estabilidade geológica e a biodiversidade, facilitar o fluxo gênico de fauna e flora, proteger o solo e assegurar o bem-estar das populações humanas;

III – **Reserva Legal**: área localizada no interior de uma propriedade ou posse rural, delimitada nos **termos do art. 12**, com a função de assegurar o **uso econômico de modo sustentável** dos recursos naturais do imóvel rural,

1. **Obs.:** o procedimento sumário não foi comtemplado no novo CPC/15.

auxiliar a **conservação e a reabilitação** dos processos ecológicos e promover a **conservação** da biodiversidade, bem como o **abrigo e a proteção** de fauna silvestre e da flora nativa;

IV – **área rural consolidada**: área de imóvel rural com ocupação antrópica **preexistente a 22 de julho de 2008,** com edificações, benfeitorias ou **atividades agrossilvipastoris,** admitida, neste último caso, **a adoção do regime de pousio**;

V – **pequena propriedade ou posse rural familiar**: aquela explorada mediante o trabalho pessoal do agricultor familiar e empreendedor familiar rural, incluindo os assentamentos e projetos de reforma agrária, e que atenda ao disposto no art. 3º da Lei nº 11.326, de 24 de julho de 2006;

VI – **uso alternativo do solo**: **substituição de vegetação nativa e formações sucessoras por outras coberturas do solo**, como atividades agropecuárias, industriais, de geração e transmissão de energia, de mineração e de transporte, assentamentos urbanos ou outras formas de ocupação humana;

VII – **manejo sustentável**: **administração da vegetação natural** para a obtenção de benefícios econômicos, sociais e ambientais, respeitando-se os mecanismos de sustentação do ecossistema objeto do manejo e considerando-se, cumulativa ou alternativamente, a utilização de múltiplas espécies madeireiras ou não, de múltiplos produtos e subprodutos da flora, bem como a utilização de outros bens e serviços;

VIII - **utilidade pública**:

a) as atividades de segurança nacional e proteção sanitária;

b) as **obras de infraestrutura** destinadas às concessões e aos serviços públicos de transporte, sistema viário, inclusive aquele **necessário aos parcelamentos de solo urbano** aprovados pelos Municípios, saneamento, energia, telecomunicações, radiodifusão, bem como **mineração, exceto, neste último caso, a extração de areia, argila, saibro e cascalho;**

c) atividades e obras de **defesa civil**;

d) atividades que comprovadamente proporcionem melhorias na proteção das funções ambientais referidas no inciso II deste artigo;

e) **outras atividades similares** devidamente caracterizadas e motivadas em procedimento administrativo próprio, quando inexistir alternativa técnica e locacional ao empreendimento proposto, **definidas em ato do Chefe do Poder Executivo federal**;

IX – **interesse social**:

a) as atividades imprescindíveis à **proteção da integridade da vegetação nativa**, tais como prevenção, combate e controle do fogo, controle da erosão, erradicação de invasoras e proteção de plantios com espécies nativas;

b) a **exploração agroflorestal sustentável** praticada na pequena propriedade ou posse rural familiar ou por povos e comunidades tradicionais, desde que não descaracterize a cobertura vegetal existente e não prejudique a função ambiental da área;

c) a implantação de **infraestrutura pública** destinada a esportes, lazer e atividades educacionais e culturais ao ar livre em áreas urbanas e rurais consolidadas, observadas as condições estabelecidas nesta Lei;

d) a **regularização fundiária** de assentamentos humanos ocupados predominantemente por população de baixa renda em áreas urbanas consolidadas, observadas as condições estabelecidas na Lei nº 11.977, de 7 de julho de 2009;

e) implantação de instalações necessárias à **captação e condução de água** e de efluentes tratados para projetos cujos recursos hídricos são partes integrantes e essenciais da atividade;

f) as atividades de pesquisa **e extração de areia, argila, saibro e cascalho**, outorgadas pela autoridade competente;

g) **outras atividades similares** devidamente caracterizadas e motivadas em procedimento administrativo próprio, quando inexistir alternativa técnica e locacional à atividade proposta, **definidas em ato do Chefe do Poder Executivo federal**;

X – **atividades eventuais ou de baixo impacto ambiental**:

a) abertura de **pequenas vias de acesso interno** e suas pontes e pontilhões, quando necessárias à travessia de um curso d'água, ao acesso de pessoas e animais para a obtenção de água ou à retirada de produtos oriundos das atividades de manejo agroflorestal sustentável;

b) implantação de instalações necessárias à **captação e condução de água** e efluentes tratados, desde que comprovada a outorga do direito de uso da água, quando couber;

c) implantação de trilhas para o desenvolvimento do **ecoturismo**;

d) construção de **rampa de lançamento de barcos** e pequeno ancoradouro;

e) construção de **moradia de agricultores familiares**, remanescentes de comunidades quilombolas e outras populações extrativistas e tradicionais em áreas rurais, onde o abastecimento de água se dê pelo esforço próprio dos moradores;

f) construção e manutenção de **cercas** na propriedade;

g) **pesquisa científica** relativa a recursos ambientais, respeitados outros requisitos previstos na legislação aplicável;

h) coleta de produtos não madeireiros para fins de subsistência e produção de mudas, como sementes, castanhas e frutos, respeitada a legislação específica de acesso a recursos genéticos;

i) **plantio de espécies nativas produtoras** de frutos, sementes, castanhas e outros produtos vegetais, desde que não implique supressão da vegetação existente nem prejudique a função ambiental da área;

j) **exploração agroflorestal e manejo florestal sustentável, comunitário e familiar,** incluindo a extração de produtos florestais não madeireiros, desde que não descaracterizem a cobertura vegetal nativa existente nem prejudiquem a função ambiental da área;

k) **outras ações ou atividades similares**, reconhecidas como eventuais e de baixo impacto ambiental em ato do **Conselho Nacional do Meio Ambiente - CONAMA ou dos Conselhos Estaduais de Meio Ambiente**;

XI - (VETADO);

XII - **vereda**: fitofisionomia de savana, encontrada em solos hidromórficos, usualmente com a palmeira arbórea Mauritiaflexuosa - buriti emergente, sem formar dossel, em meio a agrupamentos de espécies arbustivo-herbáceas; (Redação pela Lei nº 12.727, de 2012).

XIII - **manguezal**: ecossistema litorâneo que ocorre em terrenos baixos, sujeitos à ação das marés, formado por vasas lodosas recentes ou arenosas, às quais se associa, predominantemente, a vegetação natural conhecida como mangue, com influência fluviomarinha, típica de solos limosos de regiões estuarinas e com dispersão descontínua ao longo da costa brasileira, entre os Estados do Amapá e de Santa Catarina;

XIV - **salgado ou marismas tropicais hipersalinos**: áreas situadas em regiões com frequências de inundações intermediárias entre marés de sizígias e de quadratura, com solos cuja salinidade varia entre 100 (cem) e 150 (cento e cinquenta) partes por 1.000 (mil), onde pode ocorrer a presença de vegetação herbácea específica;

XV - **apicum**: áreas de solos hipersalinos situadas nas regiões entremarés superiores, inundadas apenas pelas marés de sizígias, que apresentam salinidade superior a 150 (cento e cinquenta) partes por 1.000 (mil), desprovidas de vegetação vascular;

XVI - **restinga**: depósito arenoso paralelo à linha da costa, de forma geralmente alongada, produzido por processos de sedimentação, onde se encontram diferentes comunidades que recebem influência marinha, com cobertura vegetal em mosaico, encontrada em praias, cordões arenosos, dunas e depressões, apresentando, de acordo com o estágio sucessional, estrato herbáceo, arbustivo e arbóreo, este último mais interiorizado;

XVII - **nascente**: afloramento natural do lençol freático que apresenta perenidade e dá início a um curso d'água;

XVIII - **olho d'água**: afloramento natural do lençol freático, mesmo que intermitente;

XIX – **leito regular**: a calha por onde correm regularmente as águas do curso d'água durante o ano;

XX – **área verde urbana**: espaços, públicos ou privados, com predomínio de vegetação, preferencialmente nativa, natural ou recuperada, previstos no Plano Diretor, nas Leis de Zoneamento Urbano e Uso do Solo do Município, indisponíveis para construção de moradias, destinados aos propósitos de recreação, lazer, melhoria da qualidade ambiental urbana, proteção dos recursos hídricos, manutenção ou melhoria paisagística, proteção de bens e manifestações culturais;

XXI – **várzea de inundação ou planície de inundação**: áreas marginais a cursos d'água sujeitas a enchentes e inundações periódicas;

XXII – **faixa de passagem de inundação**: área de várzea ou planície de inundação adjacente a cursos d'água que permite o escoamento da enchente;

XXIII – **relevo ondulado**: expressão geomorfológica usada para designar área caracterizada por movimentações do terreno que geram depressões, cuja intensidade permite sua classificação como relevo suave ondulado, ondulado, fortemente ondulado e montanhoso.

XXIV – **pousio**: prática de interrupção temporária de atividades ou usos agrícolas, pecuários ou silviculturais, por no máximo 5 (cinco) anos, para possibilitar a recuperação da capacidade de uso ou da estrutura física do solo; (Incluído pela Lei nº 12.727, de 2012).

XXV – **áreas úmidas**: pantanais e superfícies terrestres cobertas de forma periódica por águas, cobertas originalmente por florestas ou outras formas de vegetação adaptadas à inundação; (Incluído pela Lei nº 12.727, de 2012).

XXVI – **área urbana consolidada**: aquela de que trata o inciso II do caput do art. 47 da Lei nº 11.977, de 7 de julho de 2009; e (Incluído pela Lei nº 12.727, de 2012).

XXVII – **crédito de carbono**: título de direito sobre bem intangível e incorpóreo transacionável (Incluído pela Lei nº 12.727, de 2012).

Parágrafo único. Para os fins desta Lei, **estende-se o tratamento dispensado aos imóveis a que se refere o inciso V** deste artigo às propriedades e posses rurais **com até 4 (quatro) módulos fiscais** que desenvolvam atividades agrossilvipastoris, **bem como às terras indígenas demarcadas**[2] **e às demais áreas tituladas**[3] **de povos e comunidades tradicionais** que façam uso coletivo do seu território.

2. A expressão "demarcadas" foi declarada inconstitucional pelo STF na ADC 42.
3. A expressão "tituladas" foi declarada inconstitucional pelo STF na ADC 42.

1. Introdução

Os ecossistemas florestais encontram-se sob enorme pressão, sobretudo nos países em desenvolvimento, detentores das maiores florestas tropicais do mundo. Fatores como a expansão da fronteira agrícola para a plantação de soja, cana-de-açúcar e para a exploração de atividades agropecuárias colocam em risco enormes extensões de matas nativas. A pressão migratória exercida por populações marginalizadas, por madeireiras e garimpos ilegais contribuem enormemente para aumentar a lista de fatores adversos à saúde das florestas[4].

No Brasil, a alta complexidade ecológica dos ecossistemas florestais e sua riqueza genética, aliados à preocupação com a pressão sobre eles, exigem um efetivo arcabouço jurídico de proteção ambiental e um sistema administrativo eficiente.

2. Competências constitucionais

O artigo 23 da Constituição da República de 1988 determina a competência material (ou administrativa) comum em matéria florestal. Trata-se de competência administrativa repartida entre os entes da federação para o cumprimento de tarefas em forma de cooperação (sobre a competência comum, *vide* Cap. II, item III.2):

> Art. 23. É competência comum da União, dos Estados, do Distrito Federal e dos Municípios:
>
> (...)
>
> VII – **preservar as florestas**, a fauna e a **flora**;

Já a competência legislativa concorrente sobre as questões florestais está prevista no artigo 24 da Carta Magna:

> Art. 24. Compete à União, aos Estados e ao Distrito Federal legislar concorrentemente sobre:
>
> (...)
>
> VI – **florestas**, caça, pesca, fauna, conservação da natureza, defesa do solo e dos recursos naturais, proteção do meio ambiente e controle da poluição;
>
> (...)
>
> § 1º – No âmbito da legislação concorrente, a competência da União limitar-se-á a estabelecer normas gerais.

---

4. ANTUNES, 2000. p. 252.

§ 2º – A competência da União para legislar sobre normas gerais não exclui a competência suplementar dos Estados.

(...)

Vimos no Cap. II, item II.4, que a competência legislativa concorrente tem como característica a atribuição de uma mesma matéria a mais de um ente federativo. Nesse contexto e de forma a evitar conflitos na edição de normas ao mesmo tempo e sobre o mesmo assunto entre os entes, **a competência da União limitar-se-á a estabelecer normas gerais (art. 24, § 1º da CRFB/1988)**, que deverá ser observada por todos.

A **Lei 12.651, de 25 de maio de 2012**[5] **(Código Florestal)** é norma geral, editada pela União, voltada à proteção e uso sustentável das florestas e das demais formas de vegetação nativa e, como tal, padroniza conceitos, princípios e procedimentos que devem ser observados e especificados pelos demais entes federativos no exercício de suas competências ambientais.

Aplicação em concurso:

- **(AGU – Advogado da União 2012 – CESPE)**

  "Compete privativamente à União legislar sobre florestas, conservação da natureza, defesa do solo e dos recursos naturais."

  A afirmativa está incorreta. Trata-se de competência concorrente (art. 24, VI, da CRFB/1988).

- **(Magistratura Federal – TRF 1ª Região 2011 – CESPE)**

  "Em matéria de proteção às florestas, a competência de legislar dos estados é suplementar."

  A afirmativa está incorreta.

3. Importante ressaltar que o Código Florestal não se restringe à proteção das florestas. Ele tem por objetivo a proteção das **florestas e demais formas de vegetação nativa**.

4. Art. 2º, *caput:*"(...) **bens de interesse comum** a todos os habitantes do País (...)"

Observa Paulo Affonso Leme Machado que *"o Código Florestal antecipou-se à noção de interesse difuso, e foi precursor da Constituição Federal quando conceituou meio ambiente como bem de uso comum (...)."*[6] Afirma Machado que as florestas vêm sendo consideradas "bens

5. Alterada pela Lei nº 12.727, de 2012.
6. MACHADO, 2004. p. 697.

comuns de todos os habitantes do país" desde o Código Florestal de 1934 (art. 1º), passando pelo Código de 1965 (art. 1º), até a previsão do artigo 2º do Código Florestal de 2012. Para o ilustre professor, o conceito de "bem comum" sempre foi levado em conta, no sentido de determinar o exercício dos direitos de propriedade com as limitações que a legislação em geral estabelece.[7]

5. O Código Florestal impõe **limitações ao exercício do direito de propriedade**, seja através da previsão da instituição de Áreas de Preservação Permanente (APP) ou de Áreas de Reserva Legal, que deverão ser protegidas pelo proprietário/possuidor devido à relevância ambiental da vegetação ali situada (*vide* comentários aos artigos 4º e 12, do Código Florestal).

▶ **Importante:** as limitações ao exercício da propriedade estão fundadas no princípio constitucional da função socioambiental da propriedade (*vide* Cap I, item XI).

▶ **Aplicação pelo TJ/SP.** As restrições impostas pelo Código Florestal, relativas ao corte de árvores, consideradas necessárias ou intangíveis, não constituem ofensa ao direito de propriedade. (TJSP, RDA 64/184)

Aplicação em concurso:

- **(Magistratura Estadual PB 2015 – CESPE)**

  "A função socioambiental da propriedade está prevista no Código Civil como um limite às faculdades do proprietário."

  A afirmativa está correta. O artigo 1228, § 1º do Código Civil de 2002, dispõe que "o direito de propriedade deve ser exercido em consonância com as suas finalidades econômicas e sociais e de modo que sejam preservados, de conformidade com o estabelecido em lei especial, a flora, a fauna, as belezas naturais, o equilíbrio ecológico e o patrimônio histórico e artístico, bem como evitada a poluição do ar e das águas".

- **(Magistratura Estadual MT 2014 – FMP)**

  "Considere as regras previstas na Lei n. 12.651/12.

I. As florestas existentes no território nacional e as demais formas de vegetação nativa são bens de interesse comum a todos os habitantes do país,

---

7. MACHADO, Paulo Affonso Leme. Inovações na legislação brasileira: a proteção das florestas. In: *Veredas do Direito*, Belo Horizonte, v. 10, n. 19, p. 11-21. Janeiro/Junho de 2013, p. 14.

exercendo-se os direitos de propriedade com as limitações decorrentes da legislação pertinente.

II. As áreas rurais cujos respectivos possuidores estejam de boa-fé prescindem, independentemente da metragem, de reserva legal.

III. É considerada atividade de interesse social para os fins de ocupação da área de preservação permanente a implantação de trilhas para o desenvolvimento do ecoturismo.

IV. A obrigação de recompor a área de preservação permanente tem natureza real e é transmitida ao sucessor no caso de transferência de domínio ou posse do imóvel rural.

V. É permitido o acesso de pessoas e animais às áreas de preservação permanente para obtenção de água e para realização de atividades de baixo impacto ambiental.

A) Todas as alternativas estão incorretas.

B) São incorretas as alternativas I e V.

C) São corretas as alternativas III e IV.

D) São corretas as alternativas I, IV e V.

E) São corretas as alternativas I, II e III."

Gabarito: letra "d". Vide artigo 2º, caput, § 2º e artigo 9º da Lei 12.651/2012.

6. **Obrigações de natureza real (*propter rem*).** As obrigações decorrentes do Código Florestal têm natureza real **e são transmitidas ao sucessor**, de qualquer natureza, no caso de transferência de domínio ou posse do imóvel rural. (Art. 2º, § 2º). Assim, o adquirente de um imóvel rural que tenha a vegetação de APP (Área de Preservação Permanente) degradada, será o responsável pela sua recuperação.

▶ **STJ:**

> **Súmula 623 do STJ:** As obrigações ambientais possuem natureza *propter rem*, sendo admissível cobrá-las do proprietário ou possuidor atual e/ou dos anteriores, à escolha do credor.

7. Atentar para os elementos constantes nas definições dos incisos do artigo 3º.

▶ **Exemplos:**

II. **Área de Preservação Permanente – APP:** área protegida, **coberta ou não por vegetação nativa**, com a função ambiental de preservar os recursos hídricos, a paisagem, a estabilidade geológica e a biodiversidade, facilitar o fluxo gênico de fauna e flora, proteger o solo e assegurar o bem-estar das populações humanas;

III. **Reserva Legal**: área localizada no interior de uma propriedade ou posse rural, delimitada nos **termos do art. 12**, com a função de assegurar o **uso econômico de modo sustentável** dos recursos naturais do imóvel rural, auxiliar a **conservação e a reabilitação** dos processos ecológicos e promover a **conservação** da biodiversidade, bem como o **abrigo e a proteção** de fauna silvestre e da flora nativa;

VII. **Manejo sustentável**: **administração da vegetação natural** para a obtenção de benefícios econômicos, sociais e ambientais, respeitando-se os mecanismos de sustentação do ecossistema objeto do manejo e considerando-se, cumulativa ou alternativamente, a utilização de múltiplas espécies madeireiras ou não, de múltiplos produtos e subprodutos da flora, bem como a utilização de outros bens e serviços;

IV. **Área rural consolidada**: área de imóvel rural com ocupação antrópica **preexistente a 22 de julho de 2008,** com edificações, benfeitorias ou **atividades agrossilvipastoris,** admitida, neste último caso, **a adoção do regime de pousio**;

Aplicação em concurso:

- **(Magistratura Estadual CE 2018 – CESPE – adaptada)**

  "Com base no Código Florestal – Lei n.º 12.651/2012 –, marque verdadeiro ou falso:

  Para que uma área protegida seja considerada área de preservação permanente é necessário que ela seja totalmente coberta de vegetação nativa e que esteja localizada no interior de uma propriedade ou de uma posse rural".

  A assertiva é falsa.

- **(Magistratura Estadual CE 2018 – CESPE – adaptada)**

  "Com base no Código Florestal – Lei n.º 12.651/2012 –, marque verdadeiro ou falso:

  A exploração econômica de recursos naturais em área de reserva legal é expressamente proibida".

  A assertiva é falsa.

- **(Magistratura Estadual CE 2018 – CESPE – adaptada)**

  "Com base no Código Florestal – Lei n.º 12.651/2012 –, marque verdadeiro ou falso:

Os projetos de reforma agrária não estão contemplados no conceito de pequena propriedade rural familiar, caracterizada pela exploração da terra mediante o trabalho pessoal do agricultor familiar".

A assertiva é falsa.

- **(Advocacia Geral da União 2016 – CESPE)**

  "A reserva legal de propriedade ou posse rural define-se como área protegida com a principal função ambiental de preservar os recursos hídricos, a paisagem e a estabilidade geológica no imóvel."

  A assertiva é falsa.

- **(MPE/RS 2016)**

  "Assinale a alternativa que NÃO está de acordo com o disposto na Lei Federal nº 12.651/2012 do Código Florestal

  A) Área de Preservação Permanente – APP: área protegida, coberta ou não por vegetação nativa, com a função ambiental de preservar os recursos hídricos, a paisagem, a estabilidade geológica e a biodiversidade, facilitar o fluxo gênico de fauna e flora, proteger o solo e assegurar o bem-estar das populações humanas.

  B) Reserva Legal: área localizada no interior de uma propriedade ou posse urbana com a função de assegurar o uso econômico de modo sustentável dos recursos naturais do imóvel, auxiliar a conservação e a reabilitação dos processos ecológicos e promover a conservação da biodiversidade, bem como o abrigo e a proteção de fauna silvestre e da flora nativa.

  C) Uso Alternativo do Solo: substituição de vegetação nativa e formações sucessoras por outras coberturas do solo, como atividades agropecuárias, industriais, de geração e transmissão de energia, de mineração e de transporte, assentamentos urbanos ou outras formas de ocupação humana.

  D) Manejo Sustentável: administração da vegetação natural para a obtenção de benefícios econômicos, sociais e ambientais, respeitando-se os mecanismos de sustentação do ecossistema objeto do manejo e considerando-se, cumulativa ou alternativamente, a utilização de múltiplas espécies madeireiras ou não, de múltiplos produtos e subprodutos da flora, bem como a utilização de outros bens e serviços.

  E) Área Verde Urbana: espaços, públicos ou privados, com predomínio de vegetação, preferencialmente nativa, natural ou recuperada, previstos no Plano Diretor, nas Leis de Zoneamento Urbano e Uso do Solo do Município, indisponíveis para construção de moradias, destinados aos propósitos de recreação, lazer, melhoria da qualidade ambiental urbana, proteção dos recursos hídricos, manutenção ou melhoria paisagística, proteção de bens e manifestações culturais."

Gabarito: letra "b", de acordo com previsão do artigo 3º, III da Lei 12.651/2012.

- **(MPE/SC 2016)**

"Segundo a Lei n. 12.651/12, considera-se Área de Preservação Permanente, em zonas rurais ou urbanas, para os efeitos desta Lei, as faixas marginais de qualquer curso d'água natural perene e intermitente, excluídos os efêmeros, desde a borda da calha do leito regular, em largura mínima de: trinta metros, para os cursos d'água de menos de dez metros de largura; sessenta metros, para os cursos d'água que tenham de dez a cinquenta metros de largura".

A assertiva é falsa.

- **(MPE/MS 2014)**

"Considere as seguintes afirmações relativas à Área de Preservação Permanente (APP), em conformidade com o Novo Código Florestal, Lei nº 12.651/12, com as alterações da Lei nº 12.727/12.

A) A APP pode estar coberta por vegetação nativa ou por vegetação exótica.

B) Independentemente do tipo de APP, descabe indenização ao proprietário rural que deva ter em seu imóvel tal área protegida.

C) O novo Código Florestal ocupa-se da APP em zonas rurais, não da existente nas zonas urbanas.

D) Áreas já desmatadas perdem sua característica de Área de Preservação Permanente.

E) A APP tem a função de facilitar o fluxo gênico de fauna e flora, constituindo-se tal transmissão genética exclusiva dessa área protegida."

Gabarito: letra "a", nos termos do artigo 3º, II do Código Florestal.

CAPÍTULO II
DAS ÁREAS DE PRESERVAÇÃO PERMANENTE

Seção I
Da Delimitação das Áreas de Preservação Permanente

Art. 4º - Considera-se Área de Preservação Permanente, em **zonas rurais ou urbanas**, para os efeitos desta Lei:

I – as **faixas marginais de qualquer curso d'água natural perene e intermitente**, excluídos os efêmeros, **desde a borda da calha do leito regular**, em largura mínima de: (Incluído pela Lei nº 12.727, de 2012).

a) 30 (trinta) metros, para os cursos d'água de menos de 10 (dez) metros de largura;

b) 50 (cinquenta) metros, para os cursos d'água que tenham de 10 (dez) a 50 (cinquenta) metros de largura;

c) 100 (cem) metros, para os cursos d'água que tenham de 50 (cinquenta) a 200 (duzentos) metros de largura;

d) 200 (duzentos) metros, para os cursos d'água que tenham de 200 (duzentos) a 600 (seiscentos) metros de largura;

e) 500 (quinhentos) metros, para os cursos d'água que tenham largura superior a 600 (seiscentos) metros;

II – as áreas no **entorno dos lagos e lagoas naturais**, em faixa com largura mínima de:

a) 100 (cem) metros, em zonas rurais, exceto para o corpo d'água com até 20 (vinte) hectares de superfície, cuja faixa marginal será de 50 (cinquenta) metros;

b) 30 (trinta) metros, em zonas urbanas;

III – as áreas no **entorno dos reservatórios d'água artificiais**, decorrentes de barramento ou represamento de cursos d'água naturais, **na faixa definida na licença ambiental do empreendimento**; (Incluído pela Lei nº 12.727, de 2012).

IV – as áreas no **entorno das nascentes e dos olhos d'água perenes**, qualquer que seja sua situação topográfica, no raio mínimo de 50 (cinquenta) metros;

V – as **encostas** ou partes destas com declividade superior a 45º, equivalente a 100% (cem por cento) na linha de maior declive;

VI – as **restingas**, como fixadoras de dunas ou estabilizadoras de mangues;

VII – os **manguezais**, em toda a sua extensão;

VIII – as **bordas dos tabuleiros ou chapadas**, até a linha de ruptura do relevo, em faixa nunca inferior a 100 (cem) metros em projeções horizontais;

IX – no **topo de morros, montes, montanhas e serras**, com altura mínima de 100 (cem) metros e inclinação média maior que 25º, as áreas delimitadas a partir da curva de nível correspondente a 2/3 (dois terços) da altura mínima da elevação sempre em relação à base, sendo esta definida pelo plano horizontal determinado por planície ou espelho d'água adjacente ou, nos relevos ondulados, pela cota do ponto de sela mais próximo da elevação;

X – as áreas em **altitude superior a 1.800 (mil e oitocentos) metros**, qualquer que seja a vegetação;

XI – em **veredas**, a faixa marginal, em projeção horizontal, com largura mínima de 50 (cinquenta) metros, a partir do limite do espaço brejoso e encharcado.

§ 1º **Não será exigida Área de Preservação Permanente** no entorno de reservatórios artificiais de água que não decorram de barramento ou represamento de cursos d'água naturais. (Redação dada pela Lei nº 12.727, de 2012).

§ 2º (Revogado). (Redação dada pela Lei nº 12.727, de 2012).

§ 3º (VETADO).

§ 4º Nas acumulações naturais ou artificiais de água com superfície **inferior a 1 (um) hectare**, fica **dispensada a reserva da faixa de proteção** prevista nos incisos II e III do caput, vedada nova supressão de áreas de vegetação nativa, salvo autorização do órgão ambiental competente do Sistema Nacional do Meio Ambiente – Sisnama. (Redação dada pela Lei nº 12.727, de 2012).

§ 5º É admitido, para a **pequena propriedade** ou posse rural familiar, de que trata o inciso V do art. 3º desta Lei, o **plantio de culturas temporárias e sazonais de vazante** de ciclo curto na faixa de terra que fica exposta no período de vazante dos rios ou lagos, **desde que não implique supressão de novas áreas de vegetação nativa, seja conservada a qualidade da água e do solo e seja protegida a fauna silvestre.**

§ 6º Nos imóveis rurais **com até 15 (quinze) módulos fiscais**, é admitida, nas áreas de que tratam os incisos I e II do caput deste artigo, a **prática da aquicultura** e a infraestrutura física diretamente a ela associada, **desde que**:

I – sejam adotadas práticas sustentáveis de manejo de solo e água e de recursos hídricos, garantindo sua qualidade e quantidade, de acordo com norma dos Conselhos Estaduais de Meio Ambiente;

II – esteja de acordo com os respectivos planos de bacia ou planos de gestão de recursos hídricos;

III – seja realizado o licenciamento pelo órgão ambiental competente;

IV – o imóvel esteja inscrito no Cadastro Ambiental Rural – CAR.

V – não implique novas supressões de vegetação nativa. (Incluído pela Lei nº 12.727, de 2012).

§ 7º (VETADO).

§ 8º (VETADO).

§ 9º (VETADO). (Incluído pela Lei nº 12.727, de 2012).

Art. 5º – Na implantação de reservatório d'água artificial destinado a geração de energia ou abastecimento público, é obrigatória a aquisição, desapropriação ou instituição de servidão administrativa pelo empreendedor **das Áreas de Preservação Permanente criadas em seu entorno**, conforme estabelecido no licenciamento ambiental, observando-se a faixa mínima de **30 (trinta) metros e máxima de 100 (cem) metros em área rural**, e a faixa mínima de **15 (quinze) metros e máxima de 30 (trinta) metros em área urbana**. (Redação dada pela Lei nº 12.727, de 2012).

§ 1º Na implantação de reservatórios d'água artificiais de que trata o caput, o empreendedor, no âmbito do **licenciamento** ambiental, elaborará **Plano Ambiental de Conservação e Uso do Entorno do Reservatório**, em conformidade com termo de referência expedido pelo órgão competente do Sistema Nacional do Meio Ambiente – SISNAMA, **não podendo exceder a dez por cento do total da Área de Preservação Permanente.** (Redação dada pela Lei nº 12.727, de 2012).

§ 2º O Plano Ambiental de Conservação e Uso do Entorno de Reservatório Artificial, para os empreendimentos licitados a partir da vigência desta Lei, **deverá ser apresentado ao órgão ambiental concomitantemente com o Plano Básico Ambiental** e aprovado até o início da operação do empreendimento, **não constituindo a sua ausência impedimento para a expedição da licença de instalação.**

§ 3º (VETADO).

Art. 6º – Consideram-se, ainda, de **preservação permanente, quando declaradas de interesse social por ato do Chefe do Poder Executivo**, as áreas cobertas com florestas ou outras formas de vegetação destinadas a **uma ou mais das seguintes finalidades**:

I – conter a erosão do solo e mitigar riscos de enchentes e deslizamentos de terra e de rocha;

II – proteger as restingas ou veredas;

III – proteger várzeas;

IV – abrigar exemplares da fauna ou da flora ameaçados de extinção;

V – proteger sítios de excepcional beleza ou de valor científico, cultural ou histórico;

VI – formar faixas de proteção ao longo de rodovias e ferrovias;

VII – assegurar condições de bem-estar público;

VIII – auxiliar a defesa do território nacional, a critério das autoridades militares.

IX – proteger áreas úmidas, especialmente as de importância internacional.

1. Conceito de Área de Preservação Permanente (APP)

É a área protegida, coberta ou não por vegetação nativa, com a função ambiental de preservar os recursos hídricos, a paisagem, a estabilidade geológica e a biodiversidade, facilitar o fluxo gênico de fauna e flora, proteger o solo e assegurar o bem-estar das populações humanas.[8]

São áreas destinadas exclusivamente à proteção de suas funções ecológicas[9] caracterizadas, como regra geral, pela intocabilidade e vedação de uso econômico direto.

▶ **Importante:** Tanto as propriedades rurais quanto as propriedades urbanas estão obrigadas a preservar as APPs (*vide* art. 4º, *caput).*

▶ **Atenção**: Há exceções à sua intocabilidade, ou seja, respeitadas determinadas condições, a vegetação em APP (ou parte dela) poderá ser suprimida (*vide* artigo 8º).

Aplicação em concurso:

- **(Magistratura Estadual CE 2018 – CESPE – adaptada)**

  "Com base no Código Florestal – Lei n.º 12.651/2012 –, marque verdadeiro ou falso:

  Uma área coberta de florestas e que exerce a função de proteger várzeas pode ser considerada de preservação permanente se declarada de interesse social por ato do chefe do Poder Executivo."

  A assertiva é verdadeira.

- **(MPE/RO 2017 – FMP)**

  "São consideradas áreas de preservação permanente

  A) áreas no entorno dos lagos e lagoas naturais, em faixa com largura mínima de 50 (cinquenta) metros, em zonas urbanas.

  B) as encostas ou partes destas com declividade superior a 30°, equivalente a 50% na linha de maior declive.

  C) as áreas em altitude superior a 500 (quinhentos) metros, compostas de vegetação nativa.

  D) pantanais e planícies pantaneiras.

---

8. Art. 3º, II, do Novo Código Florestal.
9. FERREIRA, 2007. p. 240.

E) as áreas no entorno das nascentes e dos olhos d'água perenes, qualquer que seja sua situação topográfica, no raio mínimo de 50 (cinquenta) metros."

Gabarito: letra "e".

- **(Procurador do Estado SE 2017 – CESPE)**

"A área protegida possuidora ou não de vegetação nativa com o intuito de, além de garantir o bem-estar da população humana, preservar também a biodiversidade, a paisagem, os recursos hídricos e a estabilidade geológica, bem como assegurar a proteção do solo e facilitar o fluxo gênico da fauna e da flora, é denominada

A) reserva biológica

B) reserva particular do patrimônio nacional

C) área de preservação permanente

D) reserva legal

E) área de proteção ambiental."

Gabarito: letra "c".

Área de Preservação Permanente traduz **limitação restritiva calcada no princípio constitucional da função socioambiental da propriedade**. *Limitação restritiva,* pois nos casos de APP em propriedades privadas, não há a desapropriação do bem (*limitação supressiva*), mas apenas a restrição da utilização da propriedade privada, calcada na sua função social.[10]

▶ **Importante:** a ausência de vegetação não descaracteriza a área como sendo uma APP. A área com característica e função de APP, **coberta ou não por vegetação,** será considerada como tal e merecerá proteção. Caso a APP não esteja coberta por vegetação, caberá ao proprietário/possuidor do imóvel a recuperação da área degradada.[11] A obrigação de recomposição da vegetação tem **natureza real** e é **transmitida ao sucessor (obrigação *propter rem*)** no caso de transferência de domínio ou posse do imóvel rural (*vide* art. 7º).

Aplicação em concurso:

- **(Procurador da República – 22º Concurso – Prova subjetiva)**

"Acerca das chamadas "áreas de preservação permanente", descritas no Código Florestal, responda os itens abaixo:

10. THOMÉ, Romeu. *Manual de Direito Ambiental*. 3ª ed. Ed. Juspodivm, 2013.
11. *Vide* comentários sobre a responsabilidade civil por dano ao meio ambiente no Cap. III (LPNMA), comentários ao artigo 14; e no presente capítulo, nos comentários ao artigo 7º.

A) Qual a natureza jurídica das referidas áreas?

B) Podem as mencionadas áreas ser conceituadas como uma das categorias dos "espaços territoriais especialmente protegidos" a que alude o inciso III do § 1º do art. 225 da Constituição da República?"

- **(Exame de Ordem 2013.1 – FGV)**

"João, militante ambientalista, adquire chácara em área rural já degradada, com o objetivo de cultivar alimentos orgânicos para consumo próprio. Alguns meses depois, ele é notificado pela autoridade ambiental local de que a área é de preservação permanente. Sobre o caso, assinale a afirmativa correta.

A) João é responsável pela regeneração da área, mesmo não tendo sido responsável por sua degradação, uma vez que se trata de obrigação *propter rem*.

B) João somente teria a obrigação de regenerar a área caso soubesse do dano ambiental cometido pelo antigo proprietário, em homenagem ao princípio da boa-fé.

C) O único responsável pelo dano é o antigo proprietário, causador do dano, uma vez que João não pode ser responsabilizado por ato ilícito que não cometeu.

D) Não há responsabilidade do antigo proprietário ou de João, mas da Administração Pública, em razão da omissão na fiscalização ambiental quando da transmissão da propriedade."

Gabarito: letra "a".

2. **Constituição de 1988:** as APPs estão inseridas no *status* de *espaço territorial especialmente protegido* previsto no art. 225, parágrafo 1º, III, da CR 88.

3. **Formas de instituição de uma APP**

A) Por lei (art. 4º do Código Florestal).

As APPs são instituídas por lei em função de sua localização (art. 4º). Nesse caso, por se tratar de vegetação situada em áreas fundamentais para a prevenção contra erosão do solo, assoreamento, proteção do curso dos rios e das nascentes, como, por exemplo, as matas ciliares, o próprio Código Florestal se encarregou de torná-las áreas ambientalmente protegidas.

▶ **Atenção**: a largura mínima da vegetação das matas ciliares listadas no artigo 4º, I, "a" a "e" deve ser observada. Quanto mais largo o curso d´água, mais larga será a Área de Preservação Permanente.

► **STF:**

O Supremo Tribunal Federal, em 28/02/2018, julgou parcialmente procedente a ADC 42 para dar interpretação conforme ao art. 4º, IV, para fixar a interpretação de que os entornos das nascentes e dos **olhos d'água intermitentes também configuram Área de Preservação Permanente**. Assim, o entorno das nascentes e olhos d´água **perenes** (perpétuos, duradouros) **ou intermitentes** (descontínuos, intervalados) são consideradas APP.

B) Por ato declaratório do Poder Executivo (art. 6º do Código Florestal).

As APPs podem ainda ser instituídas em função de sua destinação (art. 6º). Nesse caso, deverão ser declaradas de interesse social, e consideradas de preservação permanente, por ato do Chefe do Poder Executivo. Assim, uma área pode ser declarada como de preservação permanente através de **decreto** do chefe do Executivo (Federal, Estadual ou Municipal).

Aplicação em concurso:

- **(Magistratura Estadual/AM 2016 – CESPE)**

"Considerando que se confere especial proteção ambiental a áreas com características ambientais relevantes, assinale a opção correta.

A) Pode haver, indistintamente, APPs e áreas de reserva legal em propriedades urbanas e rurais.

B) A identificação física de determinadas APPs depende da edição de ato normativo, sendo outras APPs identificáveis por sua localização, a partir de mera aplicação do Código Florestal.

C) Nas unidades de conservação situadas em áreas particulares, é de direito privado o regime jurídico especial de proteção que impõe restrições ao uso do solo.

D) A criação de espaços territoriais especialmente protegidos constitui uma das metas da Política Nacional do Meio Ambiente.

E) Segundo o Código Florestal, as APPs são áreas protegidas, cobertas por vegetação nativa, com a função de preservar os recursos hídricos e a biodiversidade."

Gabarito: letra "b".

Seção II
Do Regime de Proteção das Áreas de Preservação Permanente

Art. 7º – A vegetação situada em Área de Preservação Permanente **deverá ser mantida pelo proprietário da área, possuidor ou ocupante a qualquer título, pessoa física ou jurídica, de direito público ou privado.**

§ 1º Tendo ocorrido **supressão de vegetação** situada em Área de Preservação Permanente, **o proprietário da área, possuidor ou ocupante a qualquer título é obrigado a promover a recomposição da vegetação, ressalvados os usos autorizados previstos nesta Lei.**

§ 2º A obrigação prevista no § 1º tem **natureza real e é transmitida ao sucessor** no caso de transferência de domínio ou posse do imóvel rural.

§ 3º No caso de **supressão não autorizada de vegetação realizada após 22 de julho de 2008, é vedada a concessão de novas autorizações** de supressão de vegetação **enquanto não cumpridas as obrigações previstas no § 1º.**

Art. 8º – A intervenção ou a **supressão de vegetação nativa** em Área de Preservação Permanente somente ocorrerá nas hipóteses de **utilidade pública, de interesse social ou de baixo impacto ambiental** previstas nesta Lei.

§ 1º A supressão de vegetação nativa protetora de **nascentes, dunas e restingas** somente poderá ser autorizada em **caso de utilidade pública.**

§ 2º A intervenção ou a supressão de vegetação nativa em Área de Preservação Permanente de que tratam os incisos VI e VII do caput do art. 4º **poderá ser autorizada, excepcionalmente, em locais onde a função ecológica do manguezal esteja comprometida, para execução de obras habitacionais e de urbanização**, inseridas em projetos de **regularização fundiária de interesse social, em áreas urbanas consolidadas ocupadas por população de baixa renda.**

§ 3º É **dispensada a autorização do órgão ambiental** competente para a execução, em **caráter de urgência**, de atividades de segurança nacional e obras de interesse da defesa civil **destinadas à prevenção e mitigação de acidentes em áreas urbanas.**

§ 4º Não haverá, em qualquer hipótese, direito à regularização de futuras intervenções ou supressões de vegetação nativa, além das previstas nesta Lei.

Art. 9º – É **permitido o acesso de pessoas e animais** às Áreas de Preservação Permanente para **obtenção de água** e para realização de **atividades de baixo impacto ambiental.**

1. Artigo 7º, *caput*

Importante lembrar que não apenas o proprietário deverá adotar as providências para a manutenção da Área de Preservação Permanente, mas tal incumbência cabe igualmente ao possuidor ou ocupante do imóvel.

2. Supressão da vegetação em Área de Preservação Permanente

A **supressão de vegetação em APP deve ser, por óbvio, uma exceção.** De acordo com **o artigo 8º** do Código Florestal, a supressão de vegetação em APP poderá ser autorizada pelo órgão ambiental competente somente nos casos de **utilidade pública**, ou de **interesse social**, ou em situações **de baixo impacto ambiental.**

- **Requisitos:**

I. autorização do órgão ambiental estadual competente;

II. casos de utilidade pública: a) as atividades de segurança nacional e proteção sanitária; b) as **obras de infraestrutura** destinadas às concessões e aos serviços públicos de transporte, sistema viário, inclusive aquele **necessário aos parcelamentos de solo urbano** aprovados pelos Municípios, saneamento, telecomunicações, radiodifusão, bem como **mineração, exceto, neste último caso, a extração de areia, argila, saibro e cascalho**; c) atividades e obras de **defesa civil**; d) atividades que comprovadamente proporcionem melhorias na proteção das funções ambientais das APP's; e) **outras atividades similares** devidamente caracterizadas e motivadas em procedimento administrativo próprio, quando inexistir alternativa técnica e locacional ao empreendimento proposto, **definidas em ato do Chefe do Poder Executivo Federal**.

III. casos de interesse social: a) as atividades imprescindíveis à **proteção da integridade da vegetação nativa**, tais como prevenção, combate e controle do fogo, controle da erosão, erradicação de invasoras e proteção de plantios com espécies nativas; b) a **exploração agroflorestal sustentável** praticada na pequena propriedade ou posse rural familiar ou por povos e comunidades tradicionais, desde que não descaracterize a cobertura vegetal existente e não prejudique a função ambiental da área; c) a implantação de **infraestrutura pública** destinada a esportes, lazer e atividades educacionais e culturais ao ar livre em áreas urbanas e rurais consolidadas; d) a

regularização fundiária de assentamentos humanos ocupados predominantemente por população de baixa renda em áreas urbanas consolidadas; e) implantação de instalações necessárias à **captação e condução de água** e de efluentes tratados para projetos cujos recursos hídricos são partes integrantes e essenciais da atividade; f) as atividades de pesquisa **e extração de areia, argila, saibro e cascalho**, outorgadas pela autoridade competente; g) **outras atividades similares** devidamente caracterizadas e motivadas em procedimento administrativo próprio, quando inexistir alternativa técnica e locacional à atividade proposta, **definidas em ato do Chefe do Poder Executivo Federal**;

IV. **atividades eventuais ou de baixo impacto ambiental:** a) abertura de **pequenas vias de acesso interno** e suas pontes e pontilhões, quando necessárias à travessia de um curso d'água, ao acesso de pessoas e animais para a obtenção de água ou à retirada de produtos oriundos das atividades de manejo agroflorestal sustentável; b) implantação de instalações necessárias à **captação e condução de água** e efluentes tratados, desde que comprovada a outorga do direito de uso da água, quando couber; c) implantação de trilhas para o desenvolvimento do **ecoturismo**; d) construção de **rampa de lançamento de barcos** e pequeno ancoradouro; e) construção de **moradia de agricultores familiares**, remanescentes de comunidades quilombolas e outras populações extrativistas e tradicionais em áreas rurais, onde o abastecimento de água se dê pelo esforço próprio dos moradores; f) construção e manutenção de **cercas** na propriedade; g) **pesquisa científica** relativa a recursos ambientais, respeitados outros requisitos previstos na legislação aplicável; h) coleta de produtos não madeireiros para fins de subsistência e produção de mudas, como sementes, castanhas e frutos; i) **plantio de espécies nativas produtoras** de frutos, sementes, castanhas e outros produtos vegetais, desde que não implique supressão da vegetação existente nem prejudique a função ambiental da área; j) **exploração agroflorestal e manejo florestal sustentável, comunitário e familiar,** incluindo a extração de produtos florestais não madeireiros, desde que não descaracterizem a cobertura vegetal nativa existente nem prejudiquem a função ambiental da área; k) **outras ações ou atividades similares**, reconhecidas como eventuais e de baixo impacto ambiental em ato do **Conselho Nacional do Meio Ambiente – CONAMA ou dos Conselhos Estaduais de Meio Ambiente.**

▶ **STJ:**

Confirma o **Superior Tribunal de Justiça** ser "descabida a supressão de vegetação em Área de Preservação Permanente – APP que não se enquadra nas hipóteses previstas no art. 8º do Código Florestal (utilidade pública, interesse social e baixo impacto ambiental)".[12]

▶ **STF:**

Além das hipóteses previstas no artigo 8º do Código Florestal, o Supremo Tribunal Federal, em 28/02/2018, julgou parcialmente procedente a ADC 42 para dar interpretação conforme a Constituição de 1988 ao art. 3º, VIII e IX, de modo a se condicionar a intervenção excepcional em APP, por interesse social ou utilidade pública, à **inexistência de alternativa técnica e/ou locacional** à atividade proposta.

Aplicação em concurso:

- **(Procurador do Estado MT 2016 – FCC)**

"Para viabilizar a construção de um local necessário à realização de competições esportivas estaduais, segundo a Lei Federal nº 12.651/2012,

A) não poderá haver intervenção ou supressão de vegetação nativa em área de preservação permanente.

B) poderá haver supressão de vegetação nativa em área de preservação permanente, exceto vegetação nativa protetora de nascente, duna ou restinga.

C) poderá haver supressão de vegetação nativa em área de preservação permanente, exceto vegetação nativa protetora de nascente.

D) poderá haver intervenção ou supressão de vegetação nativa em área de preservação permanente.

E) poderá haver intervenção em área de preservação permanente, desde que não haja supressão de vegetação nativa."

Gabarito: letra "d", nos termos do artigo 8º, c/c artigo 3º, VIII, "b" da Lei 12.651/2012.

- **(Defensor Público AM 2013 – FCC)**

"A intervenção ou a supressão de vegetação nativa em área de preservação permanente

12. TJ. EREsp 1394025. Relator Min. Luis Felipe Salomão. Publ. DJE 13/12/2017.

A) poderá ser autorizada, excepcionalmente, nas restingas estabilizadoras de mangues e nos manguezais, em locais onde a função ecológica do manguezal esteja comprometida, para execução de obras habitacionais e de urbanização, inseridas em projetos de regularização fundiária de interesse social, em áreas urbanas consolidadas ocupadas por população de baixa renda.

B) não será autorizada.

C) somente ocorrerá nas hipóteses de utilidade pública e de interesse social.

D) protetora de nascentes, dunas e restingas somente poderá ser autorizada em caso de interesse social.

E) poderá ser autorizada desde que haja solicitação tecnicamente fundamentada do proprietário ou possuidor do imóvel."

Gabarito: letra "a", de acordo com o artigo 8º, § 2º, combinado com os incisos VI e VII do artigo 4º do Código Florestal.

- **(Procurador do Estado AC 2014 – FMP)**

  "A intervenção ou a supressão de vegetação nativa em área de preservação permanente somente poderá ser autorizada em caso de utilidade pública".

  A assertiva é falsa.

▶ **Importante:** não confundir a SUPRESSÃO DE VEGETAÇÃO EM APP com a SUPRESSÃO DA ÁREA DE PRESERVAÇÃO PERMANENTE. A supressão de uma ÁREA ambientalmente protegida, como a APP, só pode ser autorizada mediante lei, de acordo com a Constituição de 1988:

> Art. 225. (...)
>
> § 1º – Para assegurar a efetividade desse direito, incumbe ao Poder Público:
>
> (...)
>
> III – definir, em todas as unidades da Federação, espaços territoriais e seus componentes a serem especialmente protegidos, **sendo a alteração e a supressão permitidas somente através de lei**, vedada qualquer utilização que comprometa a integridade dos atributos que justifiquem sua proteção;

Portanto, uma vez instituída uma APP, seja por lei, seja por decreto do Chefe do Executivo, ela (a área protegida) só poderá ser suprimida ou alterada através de lei formal, de acordo com o artigo 225 da Constituição de 1988. Já a supressão da vegetação de uma APP pode ser autorizada por ato administrativo do órgão ambiental estadual competente, como prevê o artigo 8º, do Código Florestal, desde que respeitados os requisitos previstos em lei, pois a área protegida continuaria a existir, mesmo com a supressão de (parte de) sua vegetação.

▶ **Recomendação de leitura: STF**: ADI 3540 (Rel. Min. Celso de Mello, 1º.9.2005)

> Supressão de Vegetação em Área de Preservação Permanente e Autorização Administrativa – 2 Em seguida, tendo em conta que o art. 4º, *caput*, alterado pela MP, **admite a supressão de vegetação, e não de APP, e asseverando que somente a alteração e a supressão desta, bem como do regime jurídico que institui, delimita e disciplina esse espaço protegido, é que se submetem ao princípio da reserva legal,** consubstanciado no art. 225, § 1º, III, da CRFB/1988, **concluiu-se prescindir de lei, em sentido formal, o ato administrativo que, vinculado à norma legal que disciplina determinado espaço territorial protegido, decide sobre obras ou atividades a serem nele realizados**. Se assim não fosse, estar-se-ia subvertendo o sistema constitucional das competências, atribuindo ao Legislativo o que seria de competência do Executivo. Em razão desses motivos, reputou-se ausente a plausibilidade jurídica da pretensão. (...) Por conseguinte, cassou-se a liminar concedida, **restaurando-se a eficácia e a aplicabilidade do diploma legislativo** impugnado. Vencidos os Ministros Carlos Britto e Marco Aurélio que referendavam a decisão liminar. O Min. Nelson Jobim, Presidente, reformulou sua decisão para acompanhar o voto do relator. (Informativo do STF n. 399. Ref. **ADI 3540 MC/DF**, rel. Min. Celso de Mello, 1º.9.2005)

Aplicação em concurso:

- **(Procurador da República – 22º Concurso – Prova subjetiva)**

  "Em que circunstância pode dar-se a supressão da vegetação das áreas consideradas de preservação permanente?"

  Caso verificada a degradação da vegetação de APP, deverá o atual proprietário/possuidor/ocupante do imóvel recompor a vegetação suprimida (ressalvados os usos autorizados pelo Código Florestal), mesmo que não tenha sido ele o responsável pela supressão. A obrigação de recomposição da vegetação tem **natureza real** *e é* **transmitida ao sucessor** *no caso de transferência de domínio ou posse do imóvel rural.*

▶ **Importante:** a obrigação de recuperar a degradação ambiental é do titular da propriedade do imóvel, mesmo que não tenha contribuído para a deflagração do dano, tendo em conta sua **natureza *propter rem*.**[13]

Aplicação em concurso:

- **(Magistratura Estadual RJ 2017 – CESPE)**

  "O MP ajuizou ACP por dano ambiental contra um cidadão, por ter sido constatada edificação em área de preservação permanente dentro de sua propriedade. O órgão pediu a condenação na forma de obrigação de fazer a reparação in natura e de pagamento de indenização em pecúnia. Em sua defesa, o réu alegou que a edificação foi feita pelo proprietário anterior, que a área era previamente desmatada e que comprou o imóvel desconhecendo a condição de APP daquele local. Nessa situação hipotética

  A) as obrigações do réu em relação à APP têm natureza *propter rem*.

  B) não haverá responsabilização se for comprovado que a APP estava desmatada antes da edificação.

  C) por se tratar de APP, é correto concluir que o imóvel estava situado em zona rural.

  D) eventual condenação terá de abranger ou o pedido de reparação in natura ou o de reparação em pecúnia, sob pena de *bis in idem*."

  Gabarito: letra "a".

- **(Procurador Jurídico – Prefeitura Ilhéus/BA 2016 – CONSULTEC)**

  "Sobre Direito Ambiental, é incorreto afirmar

  A) A vegetação situada em Área de Preservação Permanente deverá ser mantida pelo proprietário da área, possuidor ou ocupante a qualquer título, pessoa física ou jurídica, de direito público ou privado.

  B) Tendo ocorrido supressão de vegetação situada em Área de Preservação Permanente, cabe, apenas ao proprietário da área, a obrigação de promover a recomposição da vegetação, ressalvados os usos autorizados previstos na Lei nº 12.651/12.

  C) Tendo ocorrido supressão de vegetação situada em Área de Preservação Permanente, o proprietário da área, possuidor ou ocupante a

13. Jurisprudência em teses. STJ, março de 2015, n. 30.

qualquer título, é obrigado a promover a recomposição da vegetação, ressalvados os usos autorizados previstos na Lei nº 12.651/12.

D) No caso de supressão de vegetação situada em Área de Preservação Permanente, a obrigação tem natureza real e é transmitida ao sucessor no caso de transferência de domínio ou posse do imóvel rural.

E) A supressão de vegetação nativa protetora de nascentes, dunas e restingas somente poderá ser autorizada em caso de utilidade pública."

Gabarito: letra "b".

- **(Exame de Ordem 2015.3 – FGV)**

"João acaba de adquirir dois imóveis, sendo um localizado em área urbana e outro, em área rural. Por ocasião da aquisição de ambos os imóveis, João foi alertado pelos alienantes de que os imóveis contemplavam Áreas de Preservação Permanente (APP) e de que, por tal razão, ele deveria buscar uma orientação mais especializada, caso desejasse nelas intervir.

Considerando a disciplina legal das Áreas de Preservação Permanente (APP), bem como as possíveis preocupações gerais de João, assinale a afirmativa correta.

A) As APPs não são passíveis de intervenção e utilização, salvo decisão administrativa em sentido contrário de órgão estadual integrante do Sistema Nacional de Meio Ambiente – SISNAMA, uma vez que não há preceitos legais abstratamente prevendo exceções à sua preservação absoluta e integral.

B) As hipóteses legais de APP, com o advento do denominado "Novo Código Florestal" – Lei nº 12.651/2012 –, foram abolidas em âmbito federal, subsistindo apenas nos casos em que os Estados e Municípios assim as exijam legalmente.

C) As APPs são espaços territoriais especialmente protegidos, comportando exceções legais para fins de intervenção, sendo certo que os Estados e os Municípios podem prever outras hipóteses de APP além daquelas dispostas em normas gerais, inclusive em suas Constituições Estaduais e Leis Orgânicas, sendo que a supressão irregular da vegetação nela situada gera a obrigação do proprietário, possuidor ou ocupante a qualquer título de promover a sua recomposição, obrigação esta de natureza *propter rem*.

D) As APPs, assim como as reservas legais, não se aplicam às áreas urbanas, sendo certo que a Lei Federal nº 12.651/2012 ("Novo Código Florestal"), apesar de ter trazido significativas mudanças no seu regime, garantiu as APPs para os imóveis rurais com mais de 100 hectares."

Gabarito: letra "C".

▶ **Atenção 1:** nos termos da Lei Complementar 140, de 08 de dezembro de 2011, compete aos Estados aprovar o manejo e a supressão de vegetação, de florestas e formações sucessoras em: imóveis rurais; atividades ou empreendimentos licenciados ou autorizados, ambientalmente, pelo Estado[14];

▶ **Atenção 2**: nos termos da Lei Complementar 140, de 08 de dezembro de 2011, **compete à União** aprovar o manejo e a supressão de vegetação, de florestas e formações sucessoras em "atividades ou empreendimentos **licenciados ou autorizados**, ambientalmente, **pela União**"[15];

▶ **Atenção 3**: nos termos da Lei Complementar 140, de 08 de dezembro de 2011, **compete ao Município** aprovar "a supressão e o manejo de vegetação, de florestas e formações sucessoras em empreendimentos **licenciados ou autorizados**, ambientalmente, **pelo Município**".[16]

CAPÍTULO III
DAS ÁREAS DE USO RESTRITO

Art. 10. Nos **pantanais e planícies pantaneiras** é permitida a **exploração ecologicamente sustentável**, devendo-se considerar as recomendações técnicas dos órgãos oficiais de pesquisa, ficando novas supressões de vegetação nativa para uso alternativo do solo **condicionadas à autorização do órgão estadual do meio ambiente**, com base nas recomendações mencionadas neste artigo.

Art. 11. Em áreas de **inclinação entre 25° e 45°**, serão permitidos o **manejo florestal sustentável e o exercício de atividades agrossilvipastoris**, bem como a manutenção da **infraestrutura física associada** ao desenvolvimento das atividades, observadas boas práticas agronômicas, **sendo vedada a conversão de novas áreas, excetuadas as hipóteses de utilidade pública e interesse social.**

1. A manutenção da vegetação situada em áreas inclinadas é fundamental para impedir danos ambientais como a erosão do terreno. Como vimos no artigo 4º, V, considera-se APP a vegetação situada "nas encostas ou partes destas com declividade superior a 45º, equivalente a 100% (cem

14. Art. 8º, XVI, "b" e "c".
15. Art. 7º, XV, "b".
16. Art. 9º, XV, "b".

por cento) na linha de maior declive". Aqui, as florestas situadas em áreas com inclinação entre 25 a 45 graus também são, mesmo que com menor intensidade, protegidas, tendo sua exploração limitada e condicionada a um regime de utilização racional. Fica vedada a supressão de vegetação em novas áreas, exceto nos casos de utilidade pública e interesse social.

CAPÍTULO III-A
(Incluído pela Lei nº 12.727, de 2012).
DO USO ECOLOGICAMENTE SUSTENTÁVEL DOS APICUNS E SALGADOS

Art. 11-A. A **Zona Costeira é patrimônio nacional**, nos termos do § 4º do art. 225 da Constituição, devendo sua ocupação e exploração se dar de modo ecologicamente sustentável.

§ 1º Os **apicuns e salgados podem ser utilizados em atividades de carcinicultura e salinas**, desde que observados os seguintes requisitos:

I – área total ocupada em cada Estado não superior a **10% (dez por cento)** dessa modalidade de fitofisionomia no bioma amazônico e a **35% (trinta e cinco por cento)** no restante do País, excluídas as ocupações consolidadas que atendam ao disposto no § 6º;

II – salvaguarda da **absoluta integridade dos manguezais arbustivos** e dos processos ecológicos essenciais a eles associados, bem como da sua produtividade biológica e condição de berçário de recursos pesqueiros;

III – **licenciamento da atividade e das instalações pelo órgão ambiental estadual**, cientificado o Instituto Brasileiro do Meio Ambiente e dos Recursos Naturais Renováveis – IBAMA e, no caso de uso de terrenos de marinha ou outros bens da União, realizada regularização prévia da titulação perante a União;

IV – recolhimento, tratamento e **disposição adequados dos efluentes e resíduos**;

V – garantia da **manutenção da qualidade da água e do solo**, respeitadas as Áreas de Preservação Permanente; e

VI – **respeito às atividades tradicionais de sobrevivência das comunidades locais.**

§ 2º A **licença ambiental**, na hipótese deste artigo, será de **5 (cinco) anos, renovável** apenas se o empreendedor cumprir as exigências da legislação ambiental e do próprio licenciamento, **mediante comprovação anual inclusive por mídia fotográfica.**

§ 3º São sujeitos à apresentação de **Estudo Prévio de Impacto Ambiental - EPIA e Relatório de Impacto Ambiental - RIMA os novos empreendimentos:**

I - **com área superior a 50 (cinquenta) hectares,** vedada a fragmentação do projeto para ocultar ou camuflar seu porte;

II - **com área de até 50 (cinquenta) hectares**, se potencialmente causadores de significativa degradação do meio ambiente; ou

III - localizados em **região com adensamento de empreendimentos** de carcinicultura ou salinas cujo **impacto afete áreas comuns.**

§ 4º O **órgão licenciador competente**, mediante decisão motivada, poderá, sem prejuízo das sanções administrativas, civis e penais cabíveis, bem como do dever de recuperar os danos ambientais causados, **alterar as condicionantes e as medidas de controle e adequação, quando ocorrer:**

I - **descumprimento ou cumprimento inadequado das condicionantes** ou medidas de controle previstas no licenciamento, ou **desobediência às normas** aplicáveis;

II - **fornecimento de informação falsa, dúbia ou enganosa, inclusive por omissão, em qualquer fase do licenciamento** ou período de validade da licença; ou

III - **superveniência de informações sobre riscos ao meio ambiente ou à saúde pública.**

§ 5º A ampliação da ocupação de apicuns e salgados **respeitará o Zoneamento Ecológico-Econômico da Zona Costeira - ZEEZOC**, com a **individualização das áreas ainda passíveis de uso**, em escala mínima de 1:10.000, que deverá ser **concluído por cada Estado no prazo máximo de 1 (um) ano a partir da data de publicação desta Lei.**

§ 6º É assegurada a **regularização das atividades e empreendimentos de carcinicultura e salinas** cuja ocupação e implantação tenham ocorrido **antes de 22 de julho de 2008**, desde que o empreendedor, pessoa física ou jurídica, comprove sua localização em apicum ou salgado e se obrigue, por termo de compromisso, a proteger a integridade dos manguezais arbustivos adjacentes.

§ 7º É **vedada a manutenção, licenciamento ou regularização, em qualquer hipótese ou forma, de ocupação ou exploração irregular em apicum ou salgado**, ressalvadas as exceções previstas neste artigo.

1. A Zona Costeira, assim como a Floresta Amazônica, a Mata Atlântica, a Serra do Mar e o Pantanal Mato-Grossense são áreas consideradas

patrimônio nacional pela Constituição de 1988, o que significa dizer que sua utilização far-se-á na forma da lei e dentro de condições que assegurem a preservação dos seus atributos biológicos (artigo 225, parágrafo 4º, da CR 88).

2. Tais biomas **não podem ser considerados bens da União** A Constituição utiliza o termo "patrimônio" no seu sentido mais amplo, determinando que o Poder Público zele pela proteção daqueles biomas que são considerados bens de uso comum de toda a coletividade, patrimônio de todos, e não apenas do Poder Público. Desta forma, os biomas relacionados no texto constitucional não devem ser considerados como pertencentes ao patrimônio disponível da União, mas sim como bens de interesse difuso cuja preservação é interesse de toda a coletividade, de forma indistinta.[17]

▶ **STJ:**

> COMPETÊNCIA. DESMATAMENTO. FLORESTA AMAZÔNICA. A questão está em definir a competência para processar e julgar o crime de desmatamento da floresta amazônica em terreno objeto de propriedade particular. A Seção conheceu do conflito e declarou competente o juízo de Direito, o suscitante, ao entendimento de que **não há que confundir patrimônio nacional com bem da União. Aquela locução revela proclamação de defesa de interesses do Brasil diante de eventuais ingerências estrangeiras.** Tendo o crime de desmatamento ocorrido em propriedade particular, área que já pertenceu, mas hoje não mais, a parque estadual, **não há que se falar em lesão a bem da União**. Ademais, como o delito não foi praticado em detrimento do IBAMA, que apenas fiscalizou a fazenda do réu, ausente prejuízo para a União. (CC 99.294-RO, Rel. Min. Maria Thereza de Assis Moura, julgado em 12/8/2009. Informativo 402 do STJ)

CAPÍTULO IV
DA ÁREA DE RESERVA LEGAL

Seção I
Da Delimitação da Área de Reserva Legal

Art. 12. Todo imóvel rural deve manter área com cobertura de vegetação nativa, a título de Reserva Legal, **sem prejuízo da aplicação das normas sobre as Áreas de Preservação Permanente**, observados os seguintes **percentuais**

17. THOMÉ, Romeu. *Manual de Direito Ambiental*. 2ª ed. Ed. Juspodivm, 2012.

mínimos em relação à área do imóvel, excetuados os casos previstos no art. 68 desta Lei: (Redação dada pela Lei nº 12.727, de 2012).

I – localizado na Amazônia Legal:

a) **80%** (oitenta por cento), no imóvel situado em área de florestas;

b) **35%** (trinta e cinco por cento), no imóvel situado em área de cerrado;

c) **20%** (vinte por cento), no imóvel situado em área de campos gerais;

II – localizado nas **demais regiões do País: 20%** (vinte por cento).

§ 1º Em caso de **fracionamento do imóvel rural**, a qualquer título, inclusive para assentamentos pelo Programa de Reforma Agrária, **será considerada**, para fins do disposto do caput, **a área do imóvel antes do fracionamento.**

§ 2º O percentual de Reserva Legal em imóvel situado em **área de formações florestais, de cerrado ou de campos gerais na Amazônia Legal** será definido **considerando separadamente os índices contidos nas alíneas *a*, *b* e *c*** do inciso I do caput.

§ 3º Após a **implantação do CAR**, a **supressão** de novas áreas de floresta ou outras formas de vegetação **nativa** apenas será **autorizada pelo órgão ambiental estadual** integrante do Sisnama **se o imóvel estiver inserido** no mencionado cadastro, **ressalvado o previsto no art. 30.**

§ 4º Nos casos da alínea *a* do inciso I, o **poder público poderá reduzir a Reserva Legal para até 50% (cinquenta por cento)**, para fins de recomposição, quando o Município tiver mais de 50% (cinquenta por cento) da área ocupada por **unidades de conservação da natureza** de domínio público e por **terras indígenas** homologadas.

§ 5º Nos casos da alínea *a* do inciso I, o **poder público estadual**, ouvido o Conselho Estadual de Meio Ambiente, **poderá reduzir a Reserva Legal para até 50%** (cinquenta por cento), quando o **Estado** tiver **Zoneamento Ecológico-Econômico** aprovado e **mais de 65% (sessenta e cinco por cento) do seu território ocupado por unidades de conservação** da natureza de domínio público, devidamente regularizadas, e por **terras indígenas** homologadas.

§ 6º Os empreendimentos de **abastecimento público de água e tratamento de esgoto não estão sujeitos à constituição de Reserva Legal.**

§ 7º **Não será exigido Reserva Legal** relativa às áreas adquiridas ou desapropriadas por detentor de concessão, permissão ou autorização para exploração de **potencial de energia hidráulica, nas quais funcionem empreendimentos de geração de energia elétrica**, subestações ou sejam instaladas linhas de transmissão e de distribuição de energia elétrica.

§ 8º **Não será exigido Reserva Legal** relativa às áreas adquiridas ou desapropriadas com o objetivo de **implantação e ampliação de capacidade de rodovias e ferrovias.**

Aplicação em concurso:

- **(Magistratura Estadual PA 2019 - CESPE)**

  "Rafael é proprietário de um imóvel rural com vegetação de floresta no estado do Pará. Esse imóvel deixou de ter área de reserva legal porque o proprietário anterior a suprimiu. Nessa situação, Rafael

  A) não tem obrigação de reflorestar a referida área, porque não foi ele quem causou a degradação.

  B) deve reflorestar 50% de sua propriedade.

  C) deve reflorestar 30% de sua propriedade.

  D) deve reflorestar 80% de sua propriedade.

  E) deve reflorestar 20% de sua propriedade."

  Gabarito: letra "D".

- **(Magistratura Estadual CE 2018 – CESPE – adaptada)**

  "Com base no Código Florestal – Lei n.º 12.651/2012 –, marque verdadeiro ou falso:

  Todo imóvel rural localizado na Amazônia Legal deve manter área correspondente a 80% da extensão total do imóvel, com cobertura de vegetação nativa, a título de reserva legal.".

  A assertiva é falsa. Vide art. 12, I.

Art. 13. Quando indicado pelo **Zoneamento Ecológico-Econômico - ZEE estadual**, realizado segundo metodologia unificada, o **poder público federal poderá:**

I - reduzir, exclusivamente para fins de regularização, mediante recomposição, regeneração ou compensação da Reserva Legal de imóveis com área rural consolidada, situados em área de floresta localizada na Amazônia Legal, para até 50% (cinquenta por cento) da propriedade, excluídas as áreas prioritárias para conservação da biodiversidade e dos recursos hídricos e os

II - ampliar as áreas de Reserva Legal em até 50% (cinquenta por cento) dos percentuais previstos nesta Lei, para cumprimento de metas nacionais de proteção **à biodiversidade ou de redução de emissão de gases de efeito estufa.**

§ 1º No caso previsto no inciso I do caput, o proprietário ou possuidor de imóvel rural que mantiver **Reserva Legal conservada e averbada em área superior aos percentuais exigidos** no referido inciso poderá instituir **servidão ambiental sobre a área excedente**, nos termos da Lei nº 6.938, de 31 de agosto de 1981, e **Cota de Reserva Ambiental**.

§ 2º Os Estados que não possuem seus **Zoneamentos Ecológico-Econômicos - ZEEs** segundo a metodologia unificada, estabelecida em norma federal, terão o **prazo de 5 (cinco)** anos, a partir da data da publicação desta Lei, para a sua elaboração e aprovação.

Art. 14. A **localização da área de Reserva Legal** no imóvel rural deverá levar em consideração os seguintes **estudos e critérios**:

I - o plano de bacia hidrográfica;

II - o Zoneamento Ecológico-Econômico;

III - a formação de corredores ecológicos com outra Reserva Legal, com Área de Preservação Permanente, com Unidade de Conservação ou com outra área legalmente protegida;

IV - as áreas de maior importância para a conservação da biodiversidade; e

V - as áreas de maior fragilidade ambiental.

§ 1º O **órgão estadual integrante do Sisnama** ou instituição por ele habilitada **deverá aprovar a localização da Reserva Legal após a inclusão do imóvel no CAR**, conforme o art. 29 desta Lei.

§ 2º **Protocolada a documentação exigida** para análise da localização da área de Reserva Legal, ao proprietário ou possuidor rural **não poderá ser imputada sanção administrativa**, inclusive restrição a direitos, por qualquer órgão ambiental competente integrante do SISNAMA, **em razão da não formalização da área de Reserva Legal**.

Art. 15. Será admitido o cômputo das Áreas de Preservação Permanente no cálculo do percentual da Reserva Legal do imóvel, **desde que**:

I - o benefício previsto neste artigo não implique a conversão de novas áreas para o uso alternativo do solo;

II - a área a ser computada esteja conservada ou em processo de recuperação, conforme comprovação do proprietário ao órgão estadual integrante do Sisnama; e

III – o proprietário ou possuidor tenha requerido inclusão do imóvel no Cadastro Ambiental Rural – CAR, nos termos desta Lei.

§ 1º O **regime de proteção da Área de Preservação Permanente não se altera** na hipótese prevista neste artigo.

§ 2º O proprietário ou possuidor de imóvel com Reserva Legal conservada e inscrita no Cadastro Ambiental Rural – CAR de que trata o art. 29, cuja área ultrapasse o mínimo exigido por esta Lei, poderá **utilizar a área excedente para fins de constituição de servidão ambiental, Cota de Reserva Ambiental** e outros instrumentos congêneres previstos nesta Lei.

§ 3º O cômputo de que trata o caput aplica-se a todas as modalidades de cumprimento da Reserva Legal, abrangendo a regeneração, a recomposição e a compensação. (Redação dada pela Lei nº 12.727, de 2012).

§ 4º É dispensada a aplicação do inciso I do caput deste artigo, quando as Áreas de Preservação Permanente conservadas ou em processo de recuperação, somadas às demais florestas e outras formas de vegetação nativa existentes em imóvel, ultrapassarem: (Incluído pela Lei nº 12.727, de 2012).

I – 80% (oitenta por cento) do imóvel rural localizado em áreas de floresta na Amazônia Legal; e (Incluído pela Lei nº 12.727, de 2012).

II – (VETADO) (Incluído pela Lei nº 12.727, de 2012).

▶ STF:

O Supremo Tribunal Federal julgou parcialmente procedente a ADC 42 (2018) para, por maioria, reconhecer a **constitucionalidade do artigo 15** do Código Florestal.[18] Não foi aplicado ao caso o princípio da vedação do retrocesso ecológico.

Aplicação em concurso:

- **(Magistratura Federal – TRF 3ª região 2018 – adaptada)**

"Recentemente o Supremo Tribunal Federal concluiu o julgamento das Ações Diretas de Constitucionalidade 4901, 4902, 4903, 4937 e da Ação Declaratória de Constitucionalidade 42, as quais tratavam de diversos dispositivos da Lei nº 12.651/2012, denominada Código Florestal. De acordo com referido julgamento, marque verdadeiro ou falso:

18. STF. ADC 42/DF, rel. Min. Luiz Fux, julgamento em 28.2.2018.

Embora tenha reconhecido a constitucionalidade da maior parte dos dispositivos do Código Florestal, o Supremo Tribunal Federal também admitiu que a redução da área de reserva legal prevista na norma estabeleceu um padrão de proteção ambiental inferior ao que existia antes de sua vigência, em afronta ao princípio da vedação ao retrocesso e em contrariedade ao artigo 225 da Constituição Federal.

A assertiva é falsa.

Art. 16. Poderá ser instituído Reserva Legal em regime de condomínio ou coletiva entre propriedades rurais, respeitado o percentual previsto no art. 12 em relação a cada imóvel. (Incluído pela Lei nº 12.727, de 2012).

Parágrafo único. No **parcelamento de imóveis rurais**, a área de Reserva Legal **poderá ser agrupada em regime de condomínio** entre os adquirentes.

Seção II
Do Regime de Proteção da Reserva Legal

Art. 17. A Reserva Legal deve ser conservada com **cobertura de vegetação nativa** pelo proprietário do imóvel rural, possuidor ou ocupante a qualquer título, pessoa física ou jurídica, de direito público ou privado.

§ 1º **Admite-se a exploração econômica da Reserva Legal** mediante manejo sustentável, previamente aprovado pelo órgão competente do Sisnama, de acordo com as **modalidades previstas no art. 20.**

§ 2º Para fins de manejo de **Reserva Legal na pequena propriedade** ou posse rural familiar, os órgãos integrantes do Sisnama **deverão estabelecer procedimentos simplificados de elaboração, análise e aprovação de tais planos de manejo.**

§ 3º É obrigatória a **suspensão imediata das atividades** em Área de Reserva Legal desmatada irregularmente **após 22 de julho de 2008.**

§ 4º Sem prejuízo das sanções administrativas, cíveis e penais cabíveis, deverá ser iniciado, nas áreas de que trata o § 3º deste artigo, o processo de recomposição da Reserva Legal em até 2 (dois) anos contados a partir da data da publicação desta Lei, devendo tal processo ser concluído nos prazos estabelecidos pelo Programa de Regularização Ambiental – PRA, de que trata o art. 59 (Incluído pela Lei nº 12.727, de 2012).

Art. 18. A área de Reserva Legal **deverá ser registrada no órgão ambiental competente por meio de inscrição no CAR** de que trata o art. 29, sendo

vedada a alteração de sua destinação, nos casos de transmissão, a qualquer título, ou de desmembramento, **com as exceções previstas nesta Lei.**

§ 1º A inscrição da Reserva Legal no CAR será feita **mediante a apresentação de planta e memorial descritivo**, contendo a indicação das coordenadas geográficas com pelo menos um ponto de amarração, conforme ato do Chefe do Poder Executivo.

§ 2º **Na posse, a área de Reserva Legal é assegurada por termo de compromisso** firmado pelo possuidor com o órgão competente do Sisnama, com força de título executivo extrajudicial, que explicite, no mínimo, a localização da área de Reserva Legal e as obrigações assumidas pelo possuidor por força do previsto nesta Lei.

§ 3º A transferência da posse implica a sub-rogação das obrigações assumidas no termo de compromisso de que trata o § 2º.

§ 4º O **registro da Reserva Legal no CAR desobriga a averbação** no Cartório de Registro de Imóveis, sendo que, no período entre a data da publicação desta Lei e o registro no CAR, o proprietário ou possuidor rural que desejar fazer a averbação terá direito à gratuidade deste ato (Redação dada pela Lei nº 12.727, de 2012).

Art. 19. A **inserção do imóvel rural em perímetro urbano definido mediante lei municipal** não desobriga o proprietário ou posseiro da manutenção da área de Reserva Legal, que **só será extinta concomitantemente ao registro do parcelamento do solo para fins urbanos** aprovado segundo a legislação específica e consoante as diretrizes do plano diretor de que trata o § 1º do art. 182 da Constituição Federal.

1. Conceito de Área de Reserva Legal (RL)

Reserva Legal é a área localizada no interior de uma propriedade ou posse rural, delimitada nos termos do **art. 12**, com a função de assegurar o **uso econômico de modo sustentável** dos recursos naturais do imóvel rural, auxiliar a conservação e a reabilitação dos processos ecológicos e promover a conservação da biodiversidade, bem como o abrigo e a proteção de fauna silvestre e da flora nativa (art. 3º, II). Trata-se da área mínima, em cada propriedade ou posse rural, que deve permanecer com cobertura florestal no percentual estabelecido em lei.

A área de Reserva Legal, assim como a APP (art. 4º), pode ser caracterizada como limitação ao direito de propriedade, calcada na função socioambiental prevista constitucionalmente. Toda **propriedade rural** deverá preservar um determinado percentual de vegetação necessária à conservação da biodiversidade e à proteção de fauna e flora nativas.

1.1. Constituição de 1988: as áreas de Reserva Legal estão abrangidas pelo conceito de *espaço territorial especialmente protegido* previsto no art. 225, parágrafo 1º, III, da CR 88.

▶ **Atenção:** O Código Florestal permite ao proprietário/possuidor **computar as Áreas de Preservação Permanente-APP** existentes em sua propriedade **no cálculo da Reserva Legal**, para que possa, com isso, alcançar o percentual mínimo exigido no referido artigo 12. Assim, no cálculo dos percentuais estabelecidos no caput do artigo 12 podem ser computadas as áreas já destinadas como APP.

Aplicação em concurso:

- **(MPE/SC 2014 – FEPESE)**

  "Segundo as regras do Código Florestal (Lei n. 12.651/12), não se admite o cômputo das áreas de preservação permanente no cálculo da área de Reserva Legal."

  A afirmativa está errada.

▶ **Atenção: Apenas as propriedades rurais** estão obrigadas a preservar a área de reserva legal. Não há tal obrigatoriedade para as propriedades urbanas. Diferentemente, as APPs (art. 4º) devem ser mantidas tanto pelas propriedades urbanas quanto pelas propriedades rurais.

---

2. Art. 12, *caput*

O percentual de Reserva Legal em cada propriedade rural é **variável em função da localização regional e da natureza da vegetação**. A título de exemplo, as propriedades rurais situada em área de floresta localizada na Amazônia Legal deverão manter 80 % (oitenta por cento) de sua área preservada a título de Reserva Legal, enquanto nos imóveis localizados nas demais regiões do País as propriedades rurais deverão manter 20% (vinte por cento) de área de Reserva Legal.

Aplicação em concurso:

- **(Magistratura Estadual SC 2013)**

  "Observadas as proposições seguintes, assinale a alternativa correta:

I. O imóvel rural deve manter área de cobertura de vegetação nativa, a título de Reserva Legal, sendo o percentual mínimo de 80% se situado em área de florestas da Amazônia Legal, conforme o Código Florestal.

II. O imóvel rural deve manter área de cobertura de vegetação nativa, a título de Reserva Legal, sendo o percentual mínimo de 35% se situado em área de cerrado da Amazônia Legal, conforme o Código Florestal.

III. O imóvel rural deve manter área de cobertura de vegetação nativa, a título de Reserva Legal, sendo o percentual mínimo de 20% se situado em área de campos gerais da Amazônia Legal, conforme o Código Florestal.

IV. O imóvel rural deve manter área de cobertura de vegetação nativa, a título de Reserva Legal, sendo o percentual mínimo de 20% se situado nas demais regiões do país que não estejam abrangidas pela Amazônia Legal, conforme o Código Florestal.

A) Somente as proposições I e II estão corretas.

B) Somente as proposições I e III estão corretas.

C) Somente as proposições II e IV estão corretas.

D) Somente as proposições III e IV estão corretas.

E) Todas as proposições estão corretas."

Gabarito: letra "e".

3. Artigo 14

A localização da área de Reserva Legal dentro da propriedade ou posse rural não é de livre escolha do proprietário ou do possuidor do imóvel. Ela deve ser aprovada pelo órgão ambiental competente após a inclusão do imóvel no Cadastro Ambiental Rural-CAR (art. 14, parágrafo 1º).

A definição da localização da área de Reserva Legal no imóvel rural deverá levar em consideração os critérios estabelecidos no artigo 14, como a proximidade com outra Reserva Legal, com Área de Preservação Permanente, com Unidade de Conservação ou com outra área legalmente protegida formando, assim, corredores ecológicos.

4. Artigo 15

O Código Florestal inova ao prever, em seu artigo 15, que para se chegar ao percentual da área de Reserva Legal **pode ser computada a APP**, desde que observados os seguintes requisitos: a) tal benefício não implique a conversão de novas áreas para o uso alternativo do solo; b) a área a ser computada esteja conservada ou em processo de recuperação;

c) o proprietário ou possuidor tenha requerido inclusão do imóvel no Cadastro Ambiental Rural – CAR.

▶ **Atenção:** nesses casos, o regime de proteção da Área de Preservação Permanente não se altera, ou seja, nas APP's computadas para o cálculo da Reserva Legal não é permitido o manejo florestal sustentável.

Aplicação em concurso:

- **(MPE/SC 2016)**

  "De acordo com a Lei n. 12.651/12, será admitido o cômputo da Reserva Legal do imóvel no cálculo do percentual da Área de Preservação Permanente, desde que: o benefício previsto neste artigo não implique a conversão de novas áreas para o uso alternativo do solo; a área a ser computada esteja conservada ou em processo de recuperação, conforme comprovação do proprietário ao órgão estadual integrante do Sisnama; o proprietário ou possuidor tenha requerido inclusão do imóvel no Cadastro Ambiental Rural (CAR), nos termos da referida Lei."

  A afirmativa está errada. Será admitido o cômputo das Áreas de Preservação Permanente no cálculo do percentual da Reserva Legal do imóvel.

5. Reserva Legal condominial ou coletiva (artigo 16)

5.1. O Código Florestal apresenta às propriedades rurais instrumentos compensatórios em caso de áreas de Reserva Legal com percentual inferior ao mínimo exigido em lei. Um deles, nos casos de propriedade rurais contíguas, é a denominada **Reserva Legal condominial (ou coletiva)**, prevista no artigo 16.

▶ **Requisitos para a constituição de Reserva Legal condominial:**

a) que as **propriedades sejam contínuas**[19];

b) que o **percentual legal em relação a cada imóvel seja respeitado** (significa que a totalidade de Reserva Legal do condomínio terá que corresponder à soma do percentual de todas as propriedades que dele fazem parte);

5.2. Há previsão de Reserva Legal condominial também para os casos de parcelamento de imóveis rurais (art. 16, parágrafo único).

19. SILVA, 2003. p. 184.

Aplicação em concurso:

- **(Magistratura Estadual MG 2014)**

  "A Reserva Legal não poderá ser instituída em regime de condomínio entre propriedades rurais".

  A afirmativa está errada.

6. Artigo 17, parágrafo 1º

Diferentemente da APP, onde a regra geral é a intocabilidade e vedação de uso econômico direto, **na Reserva Legal permite-se o manejo florestal sustentável**, ou seja, a utilização da área sem descaracterizar ecologicamente os recursos florestais e os ecossistemas.

▶ **Atenção:** as modalidades de manejo florestal sustentável estão previstas no artigo 20 e seguintes do Código Florestal.

Aplicação em concurso:

- **(Advocacia Geral da União 2016 – CESPE)**

  "A regularidade da reserva legal envolve a conservação de sua vegetação nativa, de modo que a exploração econômica dessa área deve ser feita mediante plano de manejo sustentável previamente aprovado pelo órgão ambiental competente do SISNAMA, sem prejuízo da observância das demais normas ambientais pertinentes."

  A afirmativa está correta.

- **(Magistratura Estadual PR 2014 – PUC/PR)**

  "A Reserva Legal deve ser conservada com cobertura de vegetação nativa pelo proprietário do imóvel rural, possuidor ou ocupante a qualquer título, pessoa física ou jurídica, de direito público ou privado, não sendo admitida sua exploração econômica."

  A afirmativa está errada.

7. Artigo 17, parágrafo 2º

A pequena propriedade ou posse rural familiar, assim definidas no artigo 3º, V do Código Florestal, também deverá manter a área de Reserva Legal.

Para cumprimento da manutenção da área de Reserva Legal nos imóveis a que se refere o inciso V do art. 3º, poderão ser computados os plantios de árvores frutíferas, ornamentais ou industriais, compostos por espécies exóticas, cultivadas em sistema intercalar ou em consórcio com espécies nativas da região em sistemas agroflorestais.

Aplicação em concurso:

- **(Ministério Público/MG – 2011)**

  "Para cumprimento da manutenção ou compensação da área de reserva legal em pequena propriedade ou posse rural familiar, podem ser computados os plantios de árvores frutíferas ornamentais ou industriais, compostos por espécies exóticas, cultivadas em sistema intercalar ou em consórcio com espécies nativas."

  A afirmativa está correta (art. 54 do Código Florestal).

8. Artigo 18, parágrafo 2º

Importante lembrar que não apenas o proprietário deverá adotar as providências para a manutenção da área de Reserva Legal, mas tal incumbência cabe igualmente ao possuidor do imóvel rural.

9. Artigo 18, parágrafo 4º

9.1. Nos termos do **antigo Código Florestal**, "a área de reserva legal deve ser averbada à margem da inscrição de matrícula do imóvel, no registro de imóveis competente (...)".

Um dos principais objetivos da **averbação** é dar publicidade, perante terceiros ou eventuais adquirentes do imóvel rural, do ônus de preservação incidente sobre a gleba de terra definida como de Reserva Legal, definindo seus limites e confrontações, uma vez que pode ser demarcada em qualquer área da propriedade. Uma vez averbada a RL, fica vedada a alteração de sua destinação.

Para a maioria da doutrina e jurisprudência pátria, a averbação da Reserva Legal era considerada condição necessária para a transferência do imóvel rural. Desta forma, entendia-se perfeitamente legal condicionar a averbação da reserva florestal a qualquer ato que implique não apenas na transmissão, mas também no desmembramento ou retificação de área de imóvel sujeito à disciplina do Código Florestal.

▸ **STJ:**

> AVERBAÇÃO. ÁREA FLORESTAL. IMÓVEL RURAL. "A questão resume-se em estabelecer se é necessária a averbação de área florestal em

imóvel rural como pressuposto do pedido formulado pelo proprietário de retificação da respectiva área na matrícula do bem. Inicialmente, a Min. Relatora destacou que a matéria já foi analisada por este Superior Tribunal por ocasião do julgamento do RMS 18.301-MG, DJ de 3/10/2005, em que ficou decidido ser correta a interpretação do Código Florestal no sentido de considerar a averbação da reserva legal como condição da transcrição de títulos aquisitivos de propriedade. A norma do art. 1º da Lei n. 4.771/1965 foi plenamente recepcionada pela CF/1988. Sempre que uma lei comporta mais de uma interpretação, é necessário interpretá-la do modo mais coerente com o sistema no qual está inserida. A defesa do meio ambiente naturalmente implica restrição ao direito de propriedade. E a melhor forma de tornar efetiva essa obrigação é vincular qualquer modificação na matrícula do imóvel à averbação da reserva florestal. Interpretar a norma do art. 16 da Lei n. 4.771/1965 de outra maneira implicaria retirar do art. 212 da CF/1988 e de seus incisos parte de seu potencial de proteção ambiental. Diante disso, a Turma conheceu do recurso e deu provimento a ele, determinando que seja constituída área de reserva florestal no imóvel controvertido como condição à retificação de área pleiteada, nos termos do art. 16, § 8º, do Código Florestal. (STJ. REsp 831.212-MG, Rel. Min. Nancy Andrighi, julgado em 1º /9/2009. Informativo 405 do STJ)."

9.2. Já segundo o **Código Florestal**, a área de Reserva Legal deverá ser registrada no órgão ambiental competente por meio de inscrição no Cadastro Ambiental Rural-CAR[20].

► **Atenção: O registro da Reserva Legal no CAR desobriga a averbação** no Cartório de Registro de Imóveis.

► **STJ:**

DIREITO AMBIENTAL E CIVIL. REQUISITO PARA REGISTRO DA SENTENÇA DECLARATÓRIA DE USUCAPIÃO.

Para que a sentença declaratória de usucapião de imóvel rural sem matrícula seja registrada no Cartório de Registro de Imóveis, é necessário o prévio registro da reserva legal no Cadastro Ambiental Rural (CAR). De fato, o art. 16, § 8º, da Lei 4.771/1965 (Código

20. *Vide* artigo 29 da Lei 12.651/2012.

Florestal revogado) previa que a área de reserva legal deveria ser averbada à margem da inscrição de matrícula do imóvel no registro de imóveis competente, sendo vedada a alteração de sua destinação, nos casos de transmissão a qualquer título, de desmembramento ou de retificação da área. No mesmo sentido, há previsão no art. 167 da Lei 6.015/1973 (Lei dos Registros Públicos). Assim, por uma construção jurisprudencial, respaldada em precedentes do STJ, firmou-se o entendimento de que a averbação da reserva legal seria condição para o registro de qualquer ato de transmissão, desmembramento ou retificação de área de imóvel rural (REsp 831.212-MG, Terceira Turma, DJe 22/9/2009; RMS 18.301-MG, Segunda Turma, DJ 3/10/2005). Nessa linha de raciocínio, seria o caso de impor a averbação da reserva legal como condição para o registro da sentença de usucapião. Contudo, a Lei 12.651/2012 (novo Código Florestal) deu tratamento diverso à matéria da reserva legal ambiental. O novo Código instituiu o Cadastro Ambiental Rural (CAR), que passou a concentrar as informações ambientais dos imóveis rurais, sendo dispensada a averbação da reserva legal no Registro de Imóveis (art. 18, § 4º). Assim, ante esse novo cenário normativo, como condição para o registro da sentença de usucapião no Cartório de Registro de Imóveis, é necessário o prévio registro da reserva legal no CAR. A nova lei não pretendeu reduzir a eficácia da norma ambiental, pretendeu tão somente alterar o órgão responsável pelo "registro" da reserva legal, que antes era o Cartório de Registro de Imóveis, e agora passou a ser o órgão ambiental responsável pelo CAR. A propósito, verifica-se que a parte final do art. 16, § 8º, do Código revogado foi praticamente reproduzida no art. 18, *caput*, *in fine*, do novo Código Florestal, tendo havido apenas a supressão da hipótese de "retificação da área". A supressão da hipótese de "retificação de área" teve um propósito específico, de permitir, excepcionalmente, a mudança de localização da reserva legal. Desse modo, a omissão acerca da hipótese de "retificação de área" não atenuou a eficácia da norma em relação às outras hipóteses previstas na lei anterior e repetidas na lei nova. (STJ. REsp 1.356.207-SP, Rel. Min. Paulo de Tarso Sanseverino, julgado em 28/4/2015, DJe 7/5/2015. Informativo STJ nº 561).

Regra geral, uma vez inscrita a Reserva Legal no CAR, **fica vedada a alteração de sua destinação** nos casos de transmissão ou de desmembramento da propriedade.

Aplicação em concurso:

- **(MPE/SC 2016)**

  "De acordo com a Lei n. 12.651/12 (Código Florestal), o registro da Reserva Legal no Cadastro Ambiental Rural (CAR) desobriga a averbação no Cartório de Registro de Imóveis. Também prevê a referida lei que a inserção do imóvel rural em perímetro urbano definido mediante lei municipal não desobriga o proprietário ou posseiro da manutenção da área de Reserva Legal, que só será extinta concomitantemente ao registro do parcelamento do solo para fins urbanos aprovado segundo a legislação específica e consoante as diretrizes do plano diretor de que trata o § 1º do art. 182 da Constituição Federal".

A afirmativa está correta.

- **(Titular de Serviços de Notas e de Registros 2016 – IESES – TJ/PA – adaptada)**

  "O Código Florestal (Lei 12651/2012) estabeleceu um novo tratamento jurídico para a averbação da reserva legal."

  A afirmativa está correta.

Art. 20. No **manejo sustentável da vegetação** florestal da Reserva Legal, serão adotadas **práticas de exploração seletiva** nas modalidades de manejo sustentável **sem propósito comercial para consumo na propriedade** e manejo sustentável para exploração florestal **com propósito comercial.**

Art. 21. É **livre a coleta de produtos florestais não madeireiros**, tais como frutos, cipós, folhas e sementes, devendo-se observar:

I – os períodos de coleta e volumes fixados em regulamentos específicos, quando houver;

II – a época de maturação dos frutos e sementes;

III – técnicas que não coloquem em risco a sobrevivência de indivíduos e da espécie coletada no caso de coleta de flores, folhas, cascas, óleos, resinas, cipós, bulbos, bambus e raízes.

Art. 22. O manejo florestal sustentável da vegetação da Reserva Legal **com propósito comercial depende de autorização do órgão competente** e deverá atender as seguintes diretrizes e orientações:

I – não descaracterizar a cobertura vegetal e não prejudicar a conservação da vegetação nativa da área;

II – assegurar a manutenção da diversidade das espécies;

III – conduzir o manejo de espécies exóticas com a adoção de medidas que favoreçam a regeneração de espécies nativas.

Art. 23. O manejo sustentável para exploração florestal **eventual sem propósito comercial, para consumo no próprio imóvel, independe de autorização**

dos órgãos competentes, devendo apenas ser **declarados previamente ao órgão ambiental** a motivação da exploração e o volume explorado, limitada a exploração anual a 20 (vinte) metros cúbicos.

Art. 24. No manejo florestal **nas áreas fora de Reserva Legal**, aplica-se igualmente o disposto nos arts. 21, 22 e 23.

1. A Lei 12.651/2012 define **modalidades** de manejo florestal da vegetação da Reserva Legal:

a) manejo sustentável **sem propósito comercial** para consumo na propriedade (*vide* artigo 23);

b) manejo sustentável para exploração florestal **com propósito comercial** (*vide* artigo 22).

Aplicação em concurso:

- **(Magistratura Federal – TRF 4ª região 2016 – adaptada)**

  "É permitida a exploração florestal com propósito comercial em áreas de reserva legal, mediante manejo sustentável aprovado por órgão ambiental".

  A afirmativa está correta.

- **(Procurador Municipal – Prefeitura São Luís/MA 2016 – FCC)**

  "Nos termos da Lei nº 12.651/2012 (Lei Florestal)

  A) é permitido o manejo sustentável, com fins comerciais, da vegetação florestal apenas nas APPs Áreas de Preservação Permanente criadas até 22 de julho de 2008.

  B) não é permitido o manejo sustentável, com fins comerciais, da vegetação florestal nas APPs Áreas de Preservação Permanente e nas Reservas Legais.

  C) é permitido o manejo sustentável, com fins comerciais, da vegetação florestal nas APPs Áreas de Preservação Permanente.

  D) é permitido o manejo sustentável, com fins comerciais, da vegetação florestal nas Reservas Legais.

  E) é permitido o manejo sustentável, com fins comerciais, da vegetação florestal nas APPs Áreas de Preservação Florestal e nas Reservas Legais".

  Gabarito: letra "d".

Seção III
Do Regime de Proteção das Áreas Verdes Urbanas

Art. 25. O **poder público municipal** contará, para o **estabelecimento de áreas verdes urbanas**, com os seguintes instrumentos:

I – o exercício do **direito de preempção** para aquisição de remanescentes florestais relevantes, conforme dispõe a Lei nº 10.257, de 10 de julho de 2001;

II – a **transformação das Reservas Legais em áreas verdes** nas expansões urbanas;

III – o estabelecimento de exigência de **áreas verdes nos loteamentos**, empreendimentos comerciais e na implantação de infraestrutura; e

IV – aplicação em áreas verdes de **recursos oriundos da compensação ambiental.**

CAPÍTULO V
DA SUPRESSÃO DE VEGETAÇÃO
PARA USO ALTERNATIVO DO SOLO

Art. 26. A **supressão de vegetação nativa para uso alternativo do solo**, tanto de domínio público como de domínio privado, dependerá do **cadastramento do imóvel no CAR**, de que trata o art. 29, e de **prévia autorização do órgão estadual** competente do Sisnama.

§ 1º (VETADO).

§ 2º (VETADO).

§ 3º No caso de reposição florestal, deverão ser **priorizados projetos que contemplem a utilização de espécies nativas** do mesmo bioma onde ocorreu a supressão.

§ 4º O **requerimento de autorização de supressão** de que trata o caput conterá, no mínimo, as seguintes informações:

I – a localização do imóvel, das Áreas de Preservação Permanente, da Reserva Legal e das áreas de uso restrito, por coordenada geográfica, com pelo menos um ponto de amarração do perímetro do imóvel;

II – a reposição ou compensação florestal, nos termos do § 4º do art. 33;

III – a utilização efetiva e sustentável das áreas já convertidas;

IV – o **uso alternativo da área a ser desmatada**.

Art. 27. Nas áreas passíveis de uso alternativo do solo, a supressão de vegetação que abrigue espécie da **flora ou da fauna ameaçada de extinção**, segundo lista oficial publicada pelos órgãos federal ou estadual ou municipal do Sisnama, **ou espécies migratórias, dependerá da adoção de medidas compensatórias e mitigadoras** que assegurem a conservação da espécie.

Art. 28. Não é permitida a conversão de vegetação nativa para uso alternativo do solo **no imóvel rural que possuir área abandonada.**

1. Há situações em que se faz necessária a supressão de **vegetação nativa** para uso alternativo do solo. Nos termos do Código Florestal, **uso alternativo do solo** significa a "**substituição de vegetação nativa e formações sucessoras por outras coberturas do solo**, como atividades agropecuárias, industriais, de geração e transmissão de energia, de mineração e de transporte, assentamentos urbanos ou outras formas de ocupação humana".[21]

2. Nos casos onde haja necessidade de reposição florestal, deverão ser priorizados projetos que contemplem a **utilização de espécies nativas** do mesmo bioma onde ocorreu a supressão (art. 26, §3º, Lei 12.651/2012). O motivo é óbvio: as espécies nativas fazem parte do bioma da região e adaptar-se-ão facilmente ao solo, ao clima e à biodiversidade local. Espécies exóticas, ao contrário, muitas vezes não se apresentam adaptáveis aos ecossistemas, sobretudo aos mais frágeis, podendo inclusive ocasionar danos ao meio ambiente, como a interrupção da cadeia alimentar dos seres vivos que ali habitam.

▶ **STF:**

> "(...) **a atividade de florestamento ou reflorestamento, ao contrário do que se poderia supor, não pode deixar de ser tida como eventualmente lesiva ao meio ambiente**, quando, por exemplo, implique **substituir determinada espécie** de flora nativa, com as suas próprias especificidades, **por outra, muitas vezes sem nenhuma identidade com o ecossistema local** e escolhidas apenas em função de sua utilidade econômica, **com ruptura**, portanto, **do equilíbrio e da diversidade da flora local**. (...)" (STF. ADI 1.086, voto do Min. Ilmar Galvão, julgamento em 7-6-01, DJ de 10-8-01).

3. **Não é permitida a conversão de vegetação nativa para uso alternativo do solo na propriedade rural que já possui área desmatada.** O objetivo da norma é evitar a supressão da vegetação ainda intacta em propriedade rural que já possua área abandonada. Assim, busca-se incentivar o (re)aproveitamento e a recuperação ambiental do terreno mal utilizado e a preservação da vegetação nativa ainda existente.

---

21. Art. 3º, VI, da Lei 12.651/2012.

Aplicação em concurso:

- **(AGU – Procurador Federal 2013 – CESPE)**

  "Na hipótese de supressão de vegetação nativa para uso alternativo do solo, em áreas públicas ou privadas, fica dispensada a autorização do órgão ambiental competente, desde que o imóvel esteja registrado no Cadastro Ambiental Rural."

  Alternativa falsa. Vide artigo 26

CAPÍTULO VI
DO CADASTRO AMBIENTAL RURAL

Art. 29. É criado o **Cadastro Ambiental Rural - CAR**, no âmbito do **Sistema Nacional de Informação sobre Meio Ambiente - SINIMA, registro público eletrônico de âmbito nacional, obrigatório para todos os imóveis rurais**, com a finalidade de integrar as informações ambientais das propriedades e posses rurais, compondo base de dados para controle, monitoramento, planejamento ambiental e econômico e combate ao desmatamento.

§ 1º A inscrição do imóvel rural no CAR deverá ser feita, **preferencialmente, no órgão ambiental municipal ou estadual**, que, nos termos do regulamento, exigirá do possuidor ou proprietário:

I – **identificação do proprietário ou possuidor** rural;

II – **comprovação da propriedade** ou posse;

III – **identificação do imóvel por meio de planta e memorial descritivo**, contendo a indicação das coordenadas geográficas com pelo menos um ponto de amarração do perímetro do imóvel, **informando a localização dos remanescentes de vegetação nativa, das Áreas de Preservação Permanente, das Áreas de Uso Restrito, das áreas consolidadas e, caso existente, também da localização da Reserva Legal.**

§ 2º **O cadastramento não será considerado título para fins de reconhecimento do direito de propriedade ou posse**, tampouco elimina a necessidade de cumprimento do disposto no art. 2º da Lei nº 10.267, de 28 de agosto de 2001.

§ 3º A inscrição no CAR é obrigatória e por prazo indeterminado para todas as propriedades e posses rurais.

§ 4º Os proprietários e possuidores dos imóveis rurais que os inscreverem no CAR até o dia 31 de dezembro de 2020 terão direito à adesão ao Programa de Regularização Ambiental (PRA), de que trata o art. 59 desta Lei.

Art. 30. Nos casos em que a **Reserva Legal já tenha sido averbada** na matrícula do imóvel e em que essa averbação identifique o perímetro e a localização da reserva, o **proprietário não será obrigado a fornecer ao órgão ambiental as informações relativas à Reserva Legal** previstas no inciso III do § 1º do art. 29.

Parágrafo único. Para que o proprietário se desobrigue nos termos do caput, deverá apresentar **ao órgão ambiental competente a certidão de registro de imóveis onde conste a averbação da Reserva Legal** ou termo de compromisso já firmado nos casos de posse.

1. Cadastro Ambiental Rural-CAR

O Código Florestal institui o **Cadastro Ambiental Rural-CAR** com o intuito de conhecer as informações e integrar os dados ambientais das propriedades e posses rurais em todo o País.

O CAR caracteriza-se como um registro público eletrônico de âmbito nacional, **obrigatório para todas as propriedades e posses rurais**, compondo uma base de dados para controle, monitoramento, planejamento ambiental e econômico e combate ao desmatamento.

Para a **inscrição no CAR** deverá o proprietário/possuidor apresentar os documentos relacionados no parágrafo 1º do artigo 29.

▶ **Atenção:** a inscrição das **pequenas propriedades e posses rurais** no CAR obedecerá a procedimento simplificado, nos termos do artigo 55.

▶ **Atenção:** o **Decreto 7.830, de 17 de outubro de 2012** dispõe sobre o Cadastro Ambiental Rural e sobre os Programas de Regularização Ambiental.

▶ **Atenção:** o **Decreto 8.235, de 05 de maio de 2014** estabelece normas gerais complementares aos Programas de Regularização Ambiental dos Estados e do Distrito Federal, de que trata o Decreto nº 7.830, de 17 de outubro de 2012, além de instituir o Programa Mais Ambiente Brasil.

Aplicação em concurso:

- **(Exame de Ordem 2018.2 – FGV)**

  "Gabriela, pequena produtora rural que desenvolve atividade pecuária, é avisada por seu vizinho sobre necessidade de registrar seu imóvel rural no Cadastro Ambiental Rural (CAR), sob pena de perder a propriedade do bem.

Sobre a hipótese, assinale a afirmativa correta.

A) Gabriela não tem a obrigação de registrar o imóvel no CAR por ser pequena produtora rural.

B) Gabriela tem a obrigação de registrar o imóvel no CAR, sob pena de perder a propriedade do bem, que apenas poderá ser reavida por ação judicial.

C) Gabriela tem a obrigação de registrar o imóvel no CAR; o registro não será considerado título para fins de reconhecimento do direito de propriedade ou posse.

D) Gabriela tem a obrigação de registrar o imóvel no CAR; o registro autoriza procedimento simplificado para concessão de licença ambiental."

Gabarito: letra "c".

- **(Delegado de Polícia Civil GO 2017 – CESPE)**

"A respeito da legislação que trata da proteção das florestas e das unidades de conservação, assinale a opção correta

A) O imóvel rural pode tornar-se reserva particular do patrimônio natural a partir do interesse do proprietário, mediante edição de lei municipal e após a concordância do órgão ambiental local.

B) Desde que haja autorização pelo órgão ambiental estadual, admite-se a exploração econômica mediante o manejo sustentável dos recursos naturais do imóvel rural ou urbano localizado em área de preservação permanente.

C) Com vistas à regularização ambiental, a reserva legal do imóvel rural localizado na Amazônia Legal poderá ser reduzida para até 50% da propriedade mediante autorização do órgão ambiental estadual, se o proprietário demonstrar a sustentabilidade do seu projeto de uso alternativo do solo.

D) Devem constar no Cadastro Ambiental Rural a identificação do proprietário ou possuidor do imóvel e a comprovação da propriedade ou posse, apesar de o cadastramento não constituir título de reconhecimento de posse ou propriedade.

E) O Sistema Nacional de Unidades de Conservação da Natureza classifica essas unidades em três grupos ou categorias, com características e objetivos específicos: as unidades de proteção integral, as unidades de uso sustentável e as unidades de preservação permanente."

Gabarito: letra "d".

- **(MPE/SC 2016)**

"Sobre o Cadastro Ambiental Rural (CAR), a Lei n. 12.651/12 estabelece que a inscrição do imóvel rural no CAR deverá ser feita, preferencialmente, no IBAMA (Instituto Brasileiro do Meio Ambiente e dos Recursos Naturais

Renováveis), que, nos termos do regulamento, exigirá do proprietário ou possuidor rural, entre outras questões, a identificação do proprietário ou possuidor rural e a comprovação da propriedade ou posse".

Alternativa falsa. Vide art. 29, parágrafo 1º.

CAPÍTULO VII
DA EXPLORAÇÃO FLORESTAL

Art. 31. A exploração de **florestas nativas e formações sucessoras**, de domínio público ou privado, ressalvados os casos previstos nos arts. 21, 23 e 24, dependerá de **licenciamento pelo órgão competente do Sisnama, mediante aprovação prévia de Plano de Manejo Florestal Sustentável - PMFS** que contemple técnicas de condução, exploração, reposição florestal e manejo compatíveis com os variados ecossistemas que a cobertura arbórea forme.

§ 1º O **PMFS** atenderá os seguintes fundamentos técnicos e científicos:

I - caracterização dos meios físico e biológico;

II - determinação do estoque existente;

III - intensidade de exploração compatível com a capacidade de suporte ambiental da floresta;

IV - ciclo de corte compatível com o tempo de restabelecimento do volume de produto extraído da floresta;

V - promoção da regeneração natural da floresta;

VI - adoção de sistema silvicultural adequado;

VII - adoção de sistema de exploração adequado;

VIII - monitoramento do desenvolvimento da floresta remanescente;

IX - adoção de medidas mitigadoras dos impactos ambientais e sociais.

§ 2º A aprovação do PMFS pelo órgão competente do Sisnama **confere ao seu detentor a licença ambiental para a prática do manejo florestal sustentável,** não se aplicando outras etapas de licenciamento ambiental.

§ 3º O detentor do PMFS encaminhará relatório anual ao órgão ambiental competente com as informações sobre toda a área de manejo florestal sustentável e a descrição das atividades realizadas.

§ 4º O PMFS será submetido a vistorias técnicas para fiscalizar as operações e atividades desenvolvidas na área de manejo.

§ 5º Respeitado o disposto neste artigo, serão estabelecidas em ato do Chefe do Poder Executivo disposições diferenciadas sobre os PMFS em escala empresarial, de pequena escala e comunitário.

§ 6º Para fins de manejo florestal na **pequena propriedade** ou posse rural familiar, os órgãos do Sisnama deverão estabelecer **procedimentos simplificados** de elaboração, análise e aprovação dos referidos PMFS.

§ 7º Compete ao **órgão federal de meio ambiente a aprovação de PMFS incidentes em florestas públicas de domínio da União.**

Art. 32. São **isentos de PMFS**:

I – a supressão de florestas e formações sucessoras para uso alternativo do solo;

II – o manejo e a exploração de florestas plantadas localizadas fora das Áreas de Preservação Permanente e de Reserva Legal;

III – a exploração florestal não comercial realizada nas propriedades rurais a que se refere o inciso V do art. 3º ou por populações tradicionais.

1. **Manejo sustentável**: é a **administração da vegetação natural** para a obtenção de benefícios econômicos, sociais e ambientais, respeitando-se os mecanismos de sustentação do ecossistema objeto do manejo e considerando-se, cumulativa ou alternativamente, a utilização de múltiplas espécies madeireiras ou não, de múltiplos produtos e subprodutos da flora, bem como a utilização de outros bens e serviços (art. 3º, VII).

2. A exploração de **florestas nativas** e de **formações sucessoras**, de domínio público ou privado, também compreendida no regime de manejo florestal sustentável, depende de prévia aprovação pelo órgão competente do Sistema Nacional do Meio Ambiente – SISNAMA, mediante aprovação prévia de **Plano de Manejo Florestal Sustentável – PMFS** que contemple técnicas de condução, exploração, reposição florestal e manejo compatíveis com os variados ecossistemas que a cobertura arbórea forme.

3. **Plano de Manejo Florestal Sustentável – PMFS** é o documento técnico básico que contém as diretrizes e procedimentos para a administração (exploração racional) da floresta, visando à obtenção de benefícios econômicos, sociais e ambientais.

4. Uma vez aprovado o PMFS pelo órgão ambiental, considera-se licenciada a atividade para a prática do manejo florestal sustentável.

▶ **Atenção: Independe de PMFS** o manejo e a exploração de **florestas plantadas** localizadas fora das Áreas de Preservação Permanente e de Reserva Legal, e a exploração florestal não comercial realizada nas pequenas propriedades ou posses rurais familiares ou por populações tradicionais.[22]

5. **Florestas plantadas** são aquelas formadas artificialmente, mediante o plantio de espécies adequadas ao meio.

▶ **Atenção:** o **Decreto 8.375, de 11 de dezembro de 2014** define a Política Agrícola para Florestas Plantadas.

Art. 33. As pessoas físicas ou jurídicas que utilizam **matéria-prima florestal** em suas atividades devem **suprir-se de recursos oriundos de**:

I – florestas plantadas;

II – PMFS de floresta nativa aprovado pelo órgão competente do Sisnama;

III – supressão de vegetação nativa autorizada pelo órgão competente do Sisnama;

IV – outras formas de biomassa florestal definidas pelo órgão competente do Sisnama.

§ 1º São obrigadas à **reposição florestal** as pessoas físicas ou jurídicas que utilizam matéria-prima florestal oriunda de supressão de vegetação nativa ou que detenham autorização para supressão de vegetação nativa.

§ 2º É **isento da obrigatoriedade da reposição florestal** aquele que utilize:

I – costaneiras, aparas, cavacos ou outros resíduos provenientes da atividade industrial

II – matéria-prima florestal:

a) oriunda de PMFS;

b) oriunda de floresta plantada;

c) não madeireira.

§ 3º A isenção da obrigatoriedade da reposição florestal não desobriga o interessado da comprovação perante a autoridade competente da origem do recurso florestal utilizado.

§ 4º A **reposição florestal será efetivada no Estado de origemda matéria-prima** utilizada, mediante o **plantio de espécies preferencialmente nativas**, conforme determinações do órgão competente do Sisnama.

22. Art. 32, II e III, da Lei 12.651/2012.

Art. 34. As **empresas industriais que utilizam grande quantidade** de matéria-prima florestal são obrigadas a elaborar e implementar **Plano de Suprimento Sustentável – PSS**, a ser submetido à aprovação do órgão competente do Sisnama.

§ 1º O PSS assegurará **produção equivalente ao consumo** de matéria-prima florestal pela atividade industrial.

§ 2º O **PSS incluirá**, no mínimo:

I – programação de suprimento de matéria-prima florestal;

II – indicação das áreas de origem da matéria-prima florestal georreferenciadas;

III – cópia do contrato entre os particulares envolvidos, quando o PSS incluir suprimento de matéria-prima florestal oriunda de terras pertencentes a terceiros.

§ 3º Admite-se o suprimento mediante matéria-prima em oferta no mercado:

I – na fase inicial de instalação da atividade industrial, nas condições e durante o período, não superior a 10 (dez) anos, previstos no PSS, ressalvados os contratos de suprimento mencionados no inciso III do § 2º;

II – no caso de aquisição de produtos provenientes do plantio de florestas exóticas, licenciadas por órgão competente do Sisnama, o suprimento será comprovado posteriormente mediante relatório anual em que conste a localização da floresta e as quantidades produzidas.

§ 4º O PSS de empresas **siderúrgicas, metalúrgicas ou outras que consumam grandes quantidades de carvão vegetal** ou lenha estabelecerá a **utilização exclusiva de matéria-prima oriunda de florestas plantadas ou de PMFS** e será **parte integrante do processo de licenciamento ambiental** do empreendimento.

§ 5º Serão estabelecidos, em ato do Chefe do Poder Executivo, os parâmetros de utilização de matéria-prima florestal para fins de enquadramento das empresas industriais no disposto no caput.

1. Há atividades que se utilizam de matéria-prima florestal. Para que seja mantido o equilíbrio ecológico e com o intuito de evitar o desmatamento ilegal, o Código Florestal apresenta alternativas de fontes lícitas de matéria-prima florestal que podem ser utilizadas pelas pessoas físicas ou jurídicas interessadas.

2. Tais atividades deverão suprir-se, desta forma, de recursos provenientes, isolada ou cumulativamente, de: a) florestas plantadas; b) Plano de Manejo Florestal Sustentável – PMFS de floresta nativa aprovado

pelo órgão competente do SISNAMA; c) supressão de vegetação nativa autorizada pelo órgão competente do SISNAMA; d) outras formas de biomassa florestal definidas pelo órgão competente do SISNAMA.

▶ **Atenção 1:** Caso haja necessidade de supressão de **vegetação nativa** para exploração florestal (assim como para o uso alternativo do solo), será exigido do proprietário/possuidor a **reposição florestal** (artigo 33, parágrafo 1º).

▶ **Atenção 2:** Nos casos onde haja necessidade de reposição florestal, deverão ser plantadas, preferencialmente, **espécies nativas** do bioma onde ocorreu a supressão. Além disso, a reposição florestal deverá ser efetivada **no Estado de origem da matéria-prima** utilizada (art. 33, §4º, Lei 12.651/2012). O motivo é óbvio: as espécies nativas fazem parte do bioma da região adaptar-se-ão ao solo, ao clima e à biodiversidade local. Espécies exóticas, ao contrário, muitas vezes não se apresentam adaptáveis aos ecossistemas, sobretudo aos mais frágeis, podendo inclusive ocasionar danos ao meio ambiente, como a interrupção da cadeia alimentar dos seres vivos que ali habitam.

---

3. Grandes consumidores de matéria prima florestal

Regra geral, as empresas que utilizam matéria-prima florestal são obrigadas a suprir-se de recursos oriundos de:

I. florestas plantadas;

II. PMFS de floresta nativa aprovado pelo órgão competente do Sisnama;

III. supressão de vegetação nativa autorizada pelo órgão competente do SISNAMA;

IV. outras formas de biomassa florestal definidas pelo órgão competente do SISNAMA.

4. As pessoas físicas ou jurídicas consumidoras de matéria-prima florestal – tais como siderúrgicas, metalúrgicas, cimenteiras – são obrigadas a elaborar e implementar **Plano de Suprimento Sustentável – PSS**, a ser submetido à aprovação do órgão ambiental competente.

▶ **Atenção 1:** O PSS dessas atividades estabelecerá a **utilização exclusiva de matéria-prima oriunda de florestas plantadas ou de PMFS;**

▶ **Atenção 2:** O PSS será parte **integrante do processo de licenciamento ambiental** daqueles empreendimentos acima citados.

CAPÍTULO VIII
DO CONTROLE DA ORIGEM DOS PRODUTOS FLORESTAIS

Art. 35. O **controle da origem da madeira, do carvão e de outros produtos** ou subprodutos florestais incluirá sistema nacional que integre os dados dos diferentes entes federativos, coordenado, fiscalizado e regulamentado pelo órgão federal competente do SISNAMA.

§ 1º O **plantio ou o reflorestamento com espécies florestais nativas independem de autorização prévia**, desde que observadas as limitações e condições previstas nesta Lei, **devendo ser informados ao órgão competente**, no prazo de até 1 (um) ano, para fins de controle de origem.

§ 2º É **livre a extração de lenha e demais produtos de florestas plantadas nas áreas não consideradas Áreas de Preservação Permanente e Reserva Legal.**

§ 3º O **corte ou a exploração de espécies nativas plantadas em área de uso alternativo do solo serão permitidos independentemente de autorização prévia**, devendo o plantio ou reflorestamento estar previamente cadastrado no órgão ambiental competente e a exploração ser previamente declarada nele para fins de controle de origem.

§ 4º Os dados do sistema referido no caput serão disponibilizados para acesso público por meio da rede mundial de computadores, cabendo ao órgão federal coordenador do sistema fornecer os programas de informática a serem utilizados e definir o prazo para integração dos dados e as informações que deverão ser aportadas ao sistema nacional.

§ 5º O órgão federal coordenador do sistema nacional poderá bloquear a emissão de **Documento de Origem Florestal – DOF** dos entes federativos não integrados ao sistema e fiscalizar os dados e relatórios respectivos.

Art. 36. O **transporte, por qualquer meio, e o armazenamento de madeira, lenha, carvão e outros produtos** ou subprodutos florestais oriundos de **florestas de espécies nativas**, para fins comerciais ou industriais, requerem **licença do órgão competente** do Sisnama, observado o disposto no art. 35.

§ 1º A licença prevista no caput será formalizada por meio da emissão do **DOF, que deverá acompanhar o material até o beneficiamento final.**

§ 2º **Para a emissão do DOF**, a pessoa física ou jurídica responsável deverá estar registrada no **Cadastro Técnico Federal de Atividades Potencialmente Poluidoras ou Utilizadoras de Recursos Ambientais**, previsto no art. 17 da Lei nº 6.938, de 31 de agosto de 1981.

§ 3º **Todo aquele que recebe ou adquire,** para fins comerciais ou industriais, madeira, lenha, carvão e outros produtos ou subprodutos de florestas de espécies nativas **é obrigado a exigir a apresentação do DOF** e munir-se da via que deverá acompanhar o material até o beneficiamento final.

§ 4º No DOF deverão constar a especificação do material, sua volumetria e dados sobre sua origem e destino.

§ 5º O órgão ambiental federal do SISNAMA regulamentará os casos de dispensa da licença prevista no caput.

Art. 37. O comércio de plantas vivas e outros produtos oriundos da flora nativa dependerá de licença do órgão estadual competente do Sisnama e de registro no Cadastro Técnico Federal de Atividades Potencialmente Poluidoras ou Utilizadoras de Recursos Ambientais, previsto no art. 17 da Lei nº 6.938, de 31 de agosto de 1981, sem prejuízo de outras exigências cabíveis.

Parágrafo único. A **exportação de plantas vivas e outros produtos da flora dependerá de licença do órgão federal** competente do Sisnama, observadas as condições estabelecidas no caput.

1. A Lei 12.651/2012 prevê um relevante instrumento de controle denominado **DOF-Documento de Origem Florestal**, que formaliza o licenciamento ambiental necessário para o transporte, por qualquer meio, e o armazenamento de madeira, lenha, carvão e outros produtos ou subprodutos florestais **oriundos de florestas de espécies nativas**, para fins comerciais ou industriais.
2. O DOF deverá acompanhar o material desde sua origem até o beneficiamento final, especificando sua volumetria, características que o identificam e dados sobre sua origem e destino.

Aplicação em concurso:

- **(MPE/GO 2019)**

  "Segundo o disposto na Lei Federal n. 12.651/2012 (Código Florestal), é incorreto afirmar que:

  A) O corte ou a exploração de espécies nativas plantadas em área de uso alternativo do solo dependem de autorização prévia.

  B) Entende-se por interesse social as atividades de pesquisa e extração de areia, argila, saibro e cascalho, outorgadas pela autoridade competente.

  C) Não é permitida a conversão de vegetação nativa para uso alternativo do solo no imóvel rural que possuir área abandonada.

  D) Não será exigida área de preservação permanente no entorno de reservatórios artificiais de água que não decorram de barramento ou represamento de cursos d'água naturais."

  Gabarito: letra "A", de acordo com o parágrafo 3º do artigo 35 do Código Florestal.

CAPÍTULO IX
DA PROIBIÇÃO DO USO DE FOGO E DO CONTROLE DOS INCÊNDIOS

Art. 38. É **proibido o uso de fogo na vegetação, exceto** nas seguintes situações:

I – em locais ou regiões cujas peculiaridades justifiquem o emprego do fogo em práticas agropastoris ou florestais, **mediante prévia aprovação do órgão estadual ambiental** competente do Sisnama, **para cada imóvel rural ou de forma regionalizada**, que estabelecerá os critérios de monitoramento e controle;

II – emprego da **queima controlada em Unidades de Conservação**, em conformidade com o **respectivo plano de manejo e mediante prévia aprovação do órgão gestor** da Unidade de Conservação, visando ao manejo conservacionista da vegetação nativa, cujas **características ecológicas estejam associadas evolutivamente à ocorrência do fogo.**

III – atividades de **pesquisa científica** vinculada a projeto de pesquisa devidamente aprovado pelos órgãos competentes e realizada por instituição de pesquisa reconhecida, mediante prévia aprovação do órgão ambiental competente do Sisnama.

§ 1º Na situação prevista no inciso I, o órgão estadual ambiental competente do Sisnama exigirá que os estudos demandados para o licenciamento da atividade rural contenham planejamento específico sobre o emprego do fogo e o controle dos incêndios.

§ 2º **Excetuam-se da proibição constante no caput as práticas de prevenção e combate aos incêndios e as de agricultura de subsistência exercidas pelas populações tradicionais e indígenas.**

§ 3º Na **apuração da responsabilidade** pelo uso irregular do fogo em terras públicas ou particulares, a autoridade competente para fiscalização e autuação **deverá comprovar o nexo de causalidade** entre a ação do proprietário ou qualquer preposto e o dano efetivamente causado.

§ 4º É necessário o estabelecimento de **nexo causal** na verificação das **responsabilidades por infração** pelo uso irregular do fogo em terras públicas ou particulares.

Art. 39. Os órgãos ambientais do Sisnama, bem como todo e qualquer órgão público ou privado responsável pela gestão de áreas com vegetação nativa ou plantios florestais, deverão elaborar, atualizar e implantar planos de contingência para o combate aos incêndios florestais.

Art. 40. O Governo Federal deverá estabelecer uma **Política Nacional de Manejo e Controle de Queimadas, Prevenção e Combate aos Incêndios Florestais**, que promova a articulação institucional com **vistas na substituição**

do uso do fogo no meio rural, no controle de queimadas, na prevenção e no combate aos incêndios florestais e no manejo do fogo em áreas naturais protegidas.

§ 1º A Política mencionada neste artigo **deverá prever instrumentos para a análise dos impactos das queimadas sobre mudanças climáticas** e mudanças no uso da terra, conservação dos ecossistemas, saúde pública e fauna, para subsidiar planos estratégicos de prevenção de incêndios florestais.

§ 2º A Política mencionada neste artigo deverá observar cenários de **mudanças climáticas** e potenciais aumentos de risco de ocorrência de incêndios florestais.

1. O artigo 38, *caput*, do Código Florestal, **proíbe o uso de fogo** na vegetação, mas prevê, em seus incisos, **situações excepcionais** em que se justifica o seu emprego.

2. Julgado do Supremo Tribunal Federal, ao admitir a continuidade da prática de queimada de palha de cana-de-açúcar, considera razoável que tal método seja substituído gradualmente pela mecanização da colheita. O STF considerou mais prudente não determinar, de imediato, a proibição da queima da cana, levando em consideração os aspectos econômicos, sociais e políticos que envolvem o tema:

> **LEI MUNICIPAL QUE PROÍBE A QUEIMA DE PALHA DE CANA-DE-AÇÚCAR E O USO DO FOGO EM ATIVIDADES AGRÍCOLAS. LEI MUNICIPAL Nº 1.952, DE 20 DE DEZEMBRO DE 1995, DO MUNICÍPIO DE PAULÍNIA. RECONHECIDA REPERCUSSÃO GERAL. ALEGAÇÃO DE VIOLAÇÃO AOS ARTIGOS 23, CAPUT E PARÁGRAFO ÚNICO, Nº 14, 192, § 1º E 193, XX E XXI, DA CONSTITUIÇÃO DO ESTADO DE SÃO PAULO E ARTIGOS 23, VI E VII, 24, VI E 30, I E II DA CRFB.**
>
> (...) No mérito, o Plenário destacou que a questão em análise, diante de seu caráter eclético e multidisciplinar, envolveria questões sociais, econômicas e políticas – possibilidade de crise social, geração de desemprego, contaminação do meio ambiente em razão do emprego de máquinas, impossibilidade de mecanização em determinados terrenos e existência de proposta federal de redução gradativa do uso da queima –, em conformidade com informações colhidas em audiência pública realizada sobre o tema. (...) seria necessário, portanto, sopesar se o impacto positivo da proibição imediata da queima da cana na produtividade seria constitucionalmente mais relevante do que o pacto social em que o Estado brasileiro se comprometera a conferir ao seu povo o pleno emprego para o completo gozo da sua dignidade. (...) Portanto, mesmo que fosse mais benéfico, para não dizer inevitável, optar pela mecanização da colheita da cana, por conta

da saúde do trabalhador e da população a viver nas proximidades da área de cultura, não se poderia deixar de lado o meio pelo qual se considerasse mais razoável para a obtenção desse objetivo: a proibição imediata da queima da cana ou a sua eliminação gradual. Por óbvio, afigurar-se-ia muito mais harmônico com a disciplina constitucional a eliminação planejada e gradual da queima da cana. (...) As normas federais paradigmáticas a tratar do assunto, expressamente, apontariam para a necessidade de se traçar um planejamento com o intuito de se extinguir gradativamente o uso do fogo como método despalhador e facilitador para o corte da cana (Lei 12.651/2012, art. 40, e Decreto 2.661/1998). (Informativo 776 do STF. RE 586.224/SP. Órgão Julgador: Tribunal Pleno. Rel: Min. Luiz Fux. Public: DJe 08.05.2015).

Aplicação em concurso:

- **(Magistratura Estadual RS 2018 – VUNESP – adaptada)**

  "Considerando o disposto no Código Florestal – Lei nº 12.651/2012, marque verdadeiro ou falso:

  É proibido o uso de fogo na vegetação em quaisquer circunstâncias".

  A assertiva está incorreta.

▶ **Atenção:** O emprego de fogo em práticas agropastoris ou florestais depende necessariamente de autorização do Poder Público.[23]

---

2. Pode ser admitida a queima controlada em Unidades de Conservação visando ao manejo conservacionista da vegetação nativa, cujas características ecológicas estejam associadas evolutivamente à ocorrência do fogo. É o caso, por exemplo, de vegetação do bioma cerrado. O fogo pode contribuir para a germinação de sementes, que precisam sofrer choque térmico para que haja a quebra de sua dormência vegetativa, sobretudo em se tratando de sementes impermeáveis.

3. No caso de dano ambiental decorrente do uso irregular do fogo, a autoridade competente pela fiscalização e autuação deverá comprovar a relação entre a conduta do proprietário ou qualquer preposto e o dano efetivamente causado. Desta forma, deixa claro o Código Florestal que é necessário o **estabelecimento de nexo causal** na verificação das responsabilidades por infração pelo uso irregular do fogo em terras públicas ou particulares.

23. Jurisprudência em teses. STJ, março de 2015, n. 30.

Aplicação em concurso:

- **(Magistratura Estadual RS 2018 – VUNESP – adaptada)**

  "Considerando o disposto no Código Florestal – Lei nº 12.651/2012, marque verdadeiro ou falso:

  A responsabilidade por infração pelo uso irregular de fogo em terras públicas ou particulares independe de estabelecimento de nexo causal".

  A assertiva está incorreta.

CAPÍTULO X
DO PROGRAMA DE APOIO E INCENTIVO À PRESERVAÇÃO E RECUPERAÇÃO DO MEIO AMBIENTE

Art. 41. É o Poder Executivo federal autorizado a instituir, sem prejuízo do cumprimento da legislação ambiental, programa de apoio e incentivo à conservação do meio ambiente, bem como para adoção de tecnologias e boas práticas que conciliem a produtividade agropecuária e florestal, com redução dos impactos ambientais, como forma de promoção do desenvolvimento ecologicamente sustentável, observados sempre os critérios de progressividade, abrangendo as seguintes categorias e linhas de ação: (Redação dada pela Lei nº 12.727, de 2012).

I – **pagamento ou incentivo a serviços ambientais como retribuição, monetária ou não,** às atividades de conservação e melhoria dos ecossistemas e que gerem serviços ambientais, tais como, isolada ou cumulativamente:

a) o **sequestro, a conservação, a manutenção e o aumento do estoque e a diminuição do fluxo de carbono**;

b) a conservação da **beleza cênica** natural;

c) a conservação da **biodiversidade;**

d) a conservação das **águas e dos serviços hídricos**;

e) a regulação do clima;

f) a valorização cultural e do conhecimento tradicional ecossistêmico;

g) a conservação e o melhoramento do solo;

h) a **manutenção de Áreas de Preservação Permanente, de Reserva Legal** e de uso restrito;

II – **compensação pelas medidas de conservação ambiental** necessárias para o cumprimento dos objetivos desta Lei, utilizando-se dos seguintes instrumentos, dentre outros:

a) obtenção de **crédito agrícola**, em todas as suas modalidades, com taxas de juros menores, bem como limites e prazos maiores que os praticados no mercado;

b) contratação do **seguro agrícola** em condições melhores que as praticadas no mercado;

c) **dedução das Áreas de Preservação Permanente, de Reserva Legal e de uso restrito da base de cálculo do Imposto sobre a Propriedade Territorial Rural - ITR**, gerando créditos tributários;

d) destinação de parte dos recursos arrecadados com a **cobrança pelo uso da água**, na forma da Lei nº 9.433, de 8 de janeiro de 1997, para a **manutenção, recuperação ou recomposição das Áreas de Preservação Permanente, de Reserva Legal** e de **uso restrito na bacia de geração da receita**;

e) **linhas de financiamento** para atender iniciativas de **preservação voluntária** de vegetação nativa, proteção de espécies da flora nativa ameaçadas de extinção, manejo florestal e agroflorestal sustentável realizados na propriedade ou posse rural, ou recuperação de áreas degradadas;

f) **isenção de impostos** para os principais insumos e equipamentos, tais como: fios de arame, postes de madeira tratada, bombas d'água, trado de perfuração de solo, dentre outros **utilizados para os processos de recuperação e manutenção das Áreas de Preservação Permanente, de Reserva Legal** e de uso restrito;

III – incentivos para comercialização, inovação e aceleração das ações de recuperação, conservação e uso sustentável das florestas e demais formas de vegetação nativa, tais como:

a) participação preferencial nos programas de apoio à comercialização da produção agrícola;

b) destinação de **recursos para a pesquisa científica e tecnológica** e a extensão rural relacionadas à melhoria da qualidade ambiental.

§ 1º Para financiar as atividades necessárias à regularização ambiental das propriedades rurais, o programa poderá prever:

I – destinação de recursos para a pesquisa científica e tecnológica e a extensão rural relacionadas à melhoria da qualidade ambiental;

II – **dedução da base de cálculo do imposto de renda do proprietário ou possuidor de imóvel rural, pessoa física ou jurídica, de parte dos gastos efetuados com a recomposição das Áreas de Preservação Permanente, de Reserva Legal** e de uso restrito cujo desmatamento seja anterior a 22 de julho de 2008;

III – utilização de **fundos públicos** para concessão de créditos reembolsáveis e não reembolsáveis destinados à compensação, recuperação ou recomposição das Áreas de Preservação Permanente, de Reserva Legal e de uso restrito cujo desmatamento seja anterior a 22 de julho de 2008.

§ 2º O programa previsto no caput poderá, ainda, estabelecer **diferenciação tributária para empresas que industrializem ou comercializem produtos originários de propriedades ou posses rurais que cumpram os padrões** e limites estabelecidos nos arts. 4º, 6º, 11 e 12 desta Lei, ou que estejam em processo de cumpri-los.

§ 3º Os **proprietários ou possuidores de imóveis rurais inscritos no CAR, inadimplentes em relação ao cumprimento do termo de compromisso ou PRA** ou que estejam **sujeitos a sanções por infrações** ao disposto nesta Lei, exceto aquelas suspensas em virtude do disposto no Capítulo XIII, não **são elegíveis para os incentivos** previstos nas alíneas *a* a *e* do inciso II do caput deste artigo até que as referidas sanções sejam extintas.

§ 4º As atividades de manutenção das Áreas de Preservação Permanente, de Reserva Legal e de uso restrito são elegíveis para quaisquer pagamentos ou incentivos por serviços ambientais, **configurando adicionalidade para fins de mercados nacionais e internacionais de reduções de emissões certificadas de gases de efeito estufa.**

§ 5º O programa relativo a serviços ambientais previsto no inciso I do caput deste artigo deverá integrar os sistemas em âmbito nacional e estadual, objetivando a **criação de um mercado de serviços ambientais.**

§ 6º Os proprietários localizados nas **zonas de amortecimento de Unidades de Conservação de Proteção Integral são elegíveis para receber apoio técnico-financeiro da compensação** prevista no art. 36 da Lei nº 9.985, de 18 de julho de 2000, com a finalidade de **recuperação e manutenção de áreas prioritárias** para a gestão da unidade.

§ 7º O **pagamento ou incentivo a serviços ambientais** a que se refere o inciso I deste artigo serão **prioritariamente destinados aos agricultores familiares** como definidos no inciso V do art. 3º desta Lei. **(Incluído pela Lei nº 12.727, de 2012).**

Art. 42. O Governo Federal implantará programa para conversão da multa prevista no art. 50 do Decreto nº 6.514, de 22 de julho de 2008, destinado a imóveis rurais, referente a autuações vinculadas a desmatamentos em áreas onde não era vedada a supressão, que foram promovidos sem autorização ou licença, em data anterior a 22 de julho de 2008. (Incluído pela Lei nº 12.727, de 2012).

Art. 43. (VETADO).

1. O artigo 41, *caput*

O Poder Executivo Federal está autorizado a instituir programa de apoio e incentivo à conservação do meio ambiente, bem como para adoção de tecnologias e boas práticas que conciliem a produtividade agropecuária e florestal, com redução dos impactos ambientais, como forma de promoção do desenvolvimento ecologicamente sustentável, observados sempre os critérios de progressividade. Para tanto, relaciona **categorias e linhas de ação** a serem observadas.

2. Pagamento por serviços ambientais

Serão beneficiadas com o pagamento ou outra forma de incentivo, monetário ou não, aquelas atividades que conservem e melhorem a qualidade dos recursos naturais com um, ou mais de um, dos serviços ambientais previstos no inciso I do artigo 41. Trata-se da aplicação do princípio do protetor-recebedor.

A Lei 14.119, de 13 de janeiro de 2021, instituiu a Política Nacional de Pagamento por Serviços Ambientais.

O pagamento por serviços ambientais consiste em uma transação de natureza voluntária, mediante a qual um pagador de serviços ambientais transfere a um provedor desses serviços recursos financeiros ou outra forma de remuneração.

Provedor de serviços ambientais é a pessoa física ou jurídica, de direito público ou privado, ou grupo familiar ou comunitário que, preenchidos os critérios de elegibilidade, mantém, recupera ou melhora as condições ambientais dos ecossistemas. Já o pagador de serviços ambientais pode ser o poder público, uma organização da sociedade civil ou um agente privado, pessoa física ou jurídica, de âmbito nacional ou internacional.[24]

A norma prevê expressamente que são elegíveis para provimento de serviços ambientais imóveis privados situados em zona rural inscritos no CAR.[25]

3. Compensação pelas medidas de conservação ambiental

A Lei 12.651/2012 prevê a possibilidade de utilização de instrumentos econômicos de compensação pelas medidas de conservação ambiental (art. 41, II), como a **dedução** das Áreas de Preservação Permanente, de

24. Art. 2º, V e VI da Lei 14.119/2021.

25. Também são elegíveis os imóveis privados: II - os situados em zona urbana que estejam em conformidade com o plano diretor, de que trata o § 1º do art. 182 da Constituição Federal, e com a legislação dele decorrente; III - as Reservas Particulares do Patrimônio Natural (RPPNs) e as áreas das zonas de amortecimento e dos corredores ecológicos cobertas por vegetação nativa, nos termos da Lei nº 9.985, de 18 de julho de 2000. (art. 9º da Lei 14.119/2021).

Reserva Legal e de uso restrito da base de cálculo do Imposto sobre a Propriedade Territorial Rural–**ITR** (art. 41, II, "c").

A isenção do ITR é um relevante incentivo econômico para a preservação das áreas ambientalmente protegidas. Utilizando-se do instrumento da **extrafiscalidade**, o Poder Público, através de isenções fiscais, incentiva comportamentos ambientalmente corretos.[26]

▶ **STJ:**

> ITR. ÁREA. PRESERVAÇÃO PERMANENTE. IBAMA. A Turma reiterou o entendimento de que o imposto territorial rural (ITR) é tributo sujeito a lançamento por homologação e que o art. 10, § 7º, da Lei n. 9.393/1996 permite a **exclusão da área de preservação permanente da base de cálculo do referido imposto**, sem necessidade de ato declaratório ambiental do IBAMA. Precedentes citados: REsp 812.104-AL, DJ 10/12/2007, e REsp 587.429-AL, DJ 2/8/2004. REsp 898.537-GO, Rel. Min. Eliana Calmon, julgado em 6/11/2008.

Aplicação em concurso:

- **(Exame de Ordem 2015.1 – FGV)**

"Hugo, proprietário de imóvel rural, tem instituída Reserva Legal em parte de seu imóvel. Sobre a hipótese, considerando o instituto da Reserva Legal, de acordo com a disciplina do Novo Código Florestal (Lei nº 12.651/2012), assinale a afirmativa correta.

A) As áreas de Reserva Legal são excluídas da base tributável do Imposto sobre a Propriedade Territorial Rural (ITR), compreendendo esta uma função extrafiscal do tributo.

B) Caso Hugo transmita onerosamente a propriedade, o adquirente não tem o dever de recompor a área de Reserva Legal, mesmo que averbada, tendo em vista o caráter personalíssimo da obrigação.

C) Hugo não pode explorar economicamente a área de Reserva Legal, conduta tipificada como crime pelo Novo Código Florestal (Lei 12.651/2012).

D) A área compreendida pela Reserva Legal é considerada Unidade de Conservação de Uso Sustentável, admitindo exploração somente se inserida no plano de manejo instituído pelo Poder Público."

Gabarito: letra "A".

---

26. THOMÉ, Romeu. *Manual de Direito Ambiental.* 2ª ed. Ed. Juspodivm, 2012.

Art. 44. É instituída a **Cota de Reserva Ambiental - CRA**, título nominativo representativo de área com vegetação nativa, existente ou em processo de recuperação:

I - **sob regime de servidão ambiental**, instituída na forma do art. 9º-A da Lei nº 6.938, de 31 de agosto de 1981;

II - **correspondente à área de Reserva Legal instituída voluntariamente sobre a vegetação que exceder os percentuais** exigidos no art. 12 desta Lei;

III - **protegida na forma de Reserva Particular do Patrimônio Natural - RPPN,** nos termos do art. 21 da Lei nº 9.985, de 18 de julho de 2000;

IV - **existente em propriedade rural localizada no interior de Unidade de Conservação de domínio público que ainda não tenha sido desapropriada.**

§ 1º A **emissão de CRA será feita mediante requerimento do proprietário**, após **inclusão do imóvel no CAR** e laudo comprobatório emitido pelo próprio órgão ambiental ou por entidade credenciada, assegurado o controle do órgão federal competente do Sisnama, na forma de ato do Chefe do Poder Executivo.

§ 2º **A CRA não pode ser emitida com base em vegetação nativa localizada em área de RPPN instituída em sobreposição à Reserva Legal do imóvel.**

§ 3º **A Cota de Reserva Florestal - CRF** emitida nos termos do art. 44-B da Lei nº 4.771, de 15 de setembro de 1965, **passa a ser considerada**, pelo efeito desta Lei, **como Cota de Reserva Ambiental.**

§ 4º Poderá ser **instituída CRA** da vegetação nativa que **integra a Reserva Legal dos imóveis a que se refere o inciso V do art. 3º** desta Lei.

Art. 45. A CRA será emitida pelo órgão competente do Sisnama em favor de proprietário de imóvel incluído no CAR que mantenha área nas condições previstas no art. 44.

§ 1º O proprietário interessado na emissão da CRA deve apresentar ao órgão referido no caput proposta acompanhada de:

I - certidão atualizada da matrícula do imóvel expedida pelo registro de imóveis competente;

II - cédula de identidade do proprietário, quando se tratar de pessoa física;

III - ato de designação de responsável, quando se tratar de pessoa jurídica;

IV - certidão negativa de débitos do Imposto sobre a Propriedade Territorial Rural - ITR;

V – memorial descritivo do imóvel, com a indicação da área a ser vinculada ao título, contendo pelo menos um ponto de amarração georreferenciado relativo ao perímetro do imóvel e um ponto de amarração georreferenciado relativo à Reserva Legal.

§ 2º **Aprovada a proposta, o órgão referido no caput emitirá a CRA correspondente, identificando:**

I – o número da CRA no sistema único de controle;

II – o nome do proprietário rural da área vinculada ao título;

III – a dimensão e a localização exata da área vinculada ao título, com memorial descritivo contendo pelo menos um ponto de amarração georreferenciado;

IV – o bioma correspondente à área vinculada ao título;

V – a classificação da área em uma das condições previstas no art. 46.

§ 3º **O vínculo de área à CRA será averbado na matrícula do respectivo imóvel no registro de imóveis competente.**

§ 4º O órgão federal referido no caput pode **delegar ao órgão estadual competente atribuições para emissão, cancelamento e transferência da CRA**, assegurada a implementação de sistema único de controle.

Art. 46. Cada CRA corresponderá a 1 (um) hectare:

I – de área com vegetação nativa primária ou com vegetação secundária em qualquer estágio de regeneração ou recomposição;

II – de áreas de recomposição mediante reflorestamento com espécies nativas.

§ 1º O estágio sucessional ou o tempo de recomposição ou regeneração da vegetação nativa será avaliado pelo órgão ambiental estadual competente com base em declaração do proprietário e vistoria de campo.

§ 2º **A CRA não poderá ser emitida** pelo órgão ambiental competente quando a **regeneração ou recomposição da área forem improváveis ou inviáveis.**

Art. 47. É obrigatório o **registro da CRA pelo órgão emitente**, no prazo de 30 (trinta) dias, contado da data da sua emissão, **em bolsas de mercadorias de âmbito nacional** ou em sistemas de registro e de liquidação financeira de ativos autorizados pelo Banco Central do Brasil.

Art. 48. A **CRA pode ser transferida, onerosa ou gratuitamente**, a pessoa física ou a pessoa jurídica de direito público ou privado, **mediante termo assinado** pelo titular da CRA e pelo adquirente.

§ 1º A **transferência da CRA só produz efeito uma vez registrado o termo previsto no caput no sistema único de controle.**

§ 2º A CRA só pode ser utilizada para **compensar Reserva Legal** de imóvel rural **situado no mesmo bioma** da área à qual o título está vinculado.

§ 3º A **CRA só pode ser utilizada para fins de compensação de Reserva Legal se respeitados os requisitos estabelecidos no § 6º do art. 66.**

§ 4º A utilização de CRA para compensação da Reserva Legal **será averbada na matrícula do imóvel no qual se situa a área vinculada ao título e na do imóvel beneficiário da compensação.**

Art. 49. Cabe ao proprietário do **imóvel rural em que se situa a área vinculada à CRA** a **responsabilidade plena pela manutenção das condições** de conservação da vegetação nativa da área que deu origem ao título.

§ 1º A área vinculada à emissão da CRA com base nos incisos I, II e III do art. 44 desta Lei poderá ser utilizada conforme PMFS.

§ 2º A **transmissão inter vivos ou causa mortis** do imóvel **não elimina nem altera o vínculo** de área contida no imóvel à CRA.

Art. 50. A CRA somente poderá ser **cancelada nos seguintes casos**:

I – por **solicitação do proprietário rural**, em caso de desistência de manter áreas nas condições previstas nos incisos I e II do art. 44;

II – **automaticamente, em razão de término do prazo** da servidão ambiental;

III – por **decisão do órgão competente do Sisnama, no caso de degradação da vegetação nativa da área vinculada à CRA** cujos custos e prazo de recuperação ambiental inviabilizem a continuidade do vínculo entre a área e o título.

§ 1º O **cancelamento da CRA utilizada para fins de compensação de Reserva Legal** só pode ser efetivado **se assegurada Reserva Legal** para o imóvel no qual a compensação foi aplicada.

§ 2º O **cancelamento da CRA nos termos do inciso III** do caput **independe da aplicação das devidas sanções administrativas e penais** decorrentes de infração à legislação ambiental, nos termos da Lei nº 9.605, de 12 de fevereiro de 1998.

§ 3º O **cancelamento da CRA deve ser averbado na matrícula** do imóvel no qual se situa a área vinculada ao título e do imóvel no qual a compensação foi aplicada.

1. A Lei 12.651/2012 instituiu a **Cota de Reserva Ambiental – CRA**, título nominativo representativo de área com vegetação nativa, existente ou em processo de recuperação, sob regime de **servidão ambiental**, de **Reserva Particular do Patrimônio Natural**, de **Reserva Legal instituída voluntariamente sobre a vegetação que exceder** os percentuais

estabelecidos em lei, ou existentes em propriedade rural localizada no interior de **unidade de conservação** de domínio público que ainda não tenha sido desapropriada. Tais cotas poderão ser negociadas com proprietários cujas terras apresentem percentual de vegetação nativa inferior ao mínimo exigido em lei, nos casos autorizados pelo Código Florestal. Desta forma, a lei busca atribuir valor à vegetação nativa preservada, remunerando aqueles que contribuem para a proteção dos recursos naturais.

▶ **Atenção:** o vínculo de área da propriedade à CRA deve ser **averbado** na matrícula do respectivo imóvel no registro de imóveis competente.

2. Uma vez emitida a CRA, pode ser a mesma **transferida**, onerosa ou gratuitamente, a pessoa física ou jurídica de direito público ou privado, por meio de assinatura de termo pelo titular da CRA e pelo seu adquirente.
3. O **Decreto 9.640, de 27 de dezembro de 2018**, regulamenta a Cota de Reserva Ambiental – CRA.

▶ **STF:**

O Supremo Tribunal Federal, em 28/02/2018, julgou parcialmente procedente a ADC 42 para dar interpretação conforme a Constituição de 1988 ao art. 48, § 2º, para permitir compensação apenas entre áreas com **identidade ecológica.**

4. A Lei 14.119/2021 considera a CRA como uma das modalidades de pagamento por serviços ambientais ampliando, assim, a gama de possibilidades de utilização desse instrumento econômico de proteção ambiental.

Aplicação em concurso:

- **(Magistratura Federal – TRF 3ª região 2018 – adaptada)**

  "Recentemente o Supremo Tribunal Federal concluiu o julgamento das Ações Diretas de Constitucionalidade 4901, 4902, 4903, 4937 e da Ação Declaratória de Constitucionalidade 42, as quais tratavam de diversos dispositivos da Lei nº 12.651/2012, denominada Código Florestal. De acordo com referido julgamento, marque verdadeiro ou falso:

  – O Supremo Tribunal Federal considerou constitucional o mecanismo da Cota de Reserva Ambiental (CRA) que permite a compensação da Reserva Legal de imóvel rural, afastando, porém, a exigência prevista no Código Florestal de que referida compensação somente poderia ser realizada em áreas pertencentes ao mesmo bioma e que mantivessem identidade ecológica".

A alternativa está incorreta.

- **(MPE/SC 2016)**

  "Segundo a Lei n. 12.651/12, a Cota de Reserva Ambiental (CRA): pode ser transferida, onerosa ou gratuitamente, a pessoa física ou a pessoa jurídica de direito público ou privado, mediante termo assinado pelo titular da CRA e pelo adquirente; a transferência da CRA só produz efeito uma vez registrado o aludido termo no sistema único de controle."

  A afirmativa está correta, nos termos do artigo 48 da Lei 12.651/2012.

- **(CESPE – Magistratura Estadual-PB/2015)**

  "Com base no que dispõe a Lei n.º 12.651/2012 – novo Código Florestal –, assinale a opção correta.

  A) É permitida a continuidade das atividades agrossilvipastoris, de ecoturismo e de turismo rural em imóveis rurais que estejam localizados em área de preservação permanente, sem que seja necessária a recomposição das suas faixas marginais.

  B) É dever do proprietário ou do possuidor rural dirigir-se a um cartório de registro de imóveis para inscrever seu imóvel no cadastro ambiental rural.

  C) Áreas cuja vegetação nativa integre reserva legal de pequenas propriedades, isto é, propriedades exploradas mediante trabalho assalariado, podem receber cota de reserva ambiental.

  D) A referida lei criou a cota de reserva ambiental – título nominativo representativo de área com vegetação nativa, existente ou em processo de recuperação – sob regime de servidão ambiental, instituída de acordo com a lei que implantou a PNMA.

  E) O poder público poderá instituir incentivos financeiros para estimular, exclusivamente, donos de pequenas propriedades rurais a investirem em atividades como a implantação de sistemas agroflorestal e agrossilvipastoril."

  Gabarito: letra "d", nos termos do artigo 44, I da Lei 12.651/2012.

CAPÍTULO XI
DO CONTROLE DO DESMATAMENTO

Art. 51. O órgão ambiental competente, **ao tomar conhecimento do desmatamento** em desacordo com o disposto nesta Lei, **deverá embargar a obra** ou atividade que deu causa ao uso alternativo do solo, como **medida administrativa** voltada a impedir a continuidade do dano ambiental, propiciar a regeneração do meio ambiente e dar viabilidade à recuperação da área degradada.

§ 1º O **embargo restringe-se aos locais onde efetivamente ocorreu o desmatamento** ilegal, não alcançando as atividades de subsistência ou as demais atividades realizadas no imóvel não relacionadas com a infração.

§ 2º O órgão ambiental responsável deverá **disponibilizar publicamente** as informações sobre o imóvel embargado, inclusive por meio da rede mundial de computadores, resguardados os dados protegidos por legislação específica, **caracterizando o exato local da área embargada** e informando em que estágio se encontra o respectivo procedimento administrativo.

§ 3º A pedido do interessado, o órgão ambiental responsável emitirá certidão em que conste a atividade, a obra e a parte da área do imóvel que são objetos do embargo, conforme o caso.

1. Princípio da obrigatoriedade de atuação (intervenção) estatal

Nos termos do caput do artigo 225 da Constituição de 1988, cabe ao Poder Público e à coletividade o dever de defender e preservar o meio ambiente ecologicamente equilibrado para as presentes e futuras gerações. Um dos sujeitos ativos responsáveis pela defesa do meio ambiente está definido, de forma inquestionável, pela Carta Magna: o Estado.

▶ **STJ:**

> DIREITO AMBIENTAL E CIVIL. INEXISTÊNCIA DE DANO MORAL DECORRENTE DA NÃO CONCESSÃO DE AUTORIZAÇÃO PARA A REALIZAÇÃO DE DESMATAMENTO E QUEIMADA. **Não gera dano moral a conduta do Ibama de, após alguns anos concedendo autorizações para desmatamento e queimada em determinado terreno com a finalidade de preparar o solo para atividade agrícola, deixar de fazê-lo ao constatar que o referido terreno integra área de preservação ambiental.** Isso porque a negativa da autarquia recorrente em conceder novas autorizações para queimada e desmatamento constitui a harmonização de dois valores constitucionais supremos: de um lado, o desenvolvimento do trabalho rural como fator de dignificação da pessoa humana, de erradicação da pobreza e de valorização do núcleo familiar; de outro, a preservação do meio ambiente ecologicamente equilibrado como condição de continuidade do desenvolvimento da própria atividade rural. Diante das inúmeras implicações negativas que o uso do fogo traz ao meio ambiente em geral, não se pode considerar que atenda à função social a exploração da terra que provoque danos à saúde, empobrecimento gradual do solo, perda de biodiversidade, danos à rede de transmissão elétrica, entre outros, pois essas "externalidades"

não preenchem as exigências do art. 186, I e II, da CF. Com efeito, o atendimento pleno da função social da propriedade requer que a propriedade seja aproveitada de modo racional e adequado, os recursos naturais disponíveis sejam adequadamente utilizados e a preservação do meio ambiente seja observada. Desse modo, o art. 186 está perfeitamente harmonizado com os arts. 5º, XXII, e 225 da CF, pelos quais o agricultor não se escusa do dever de preservar o meio ambiente a pretexto de exercer seu direito constitucional de propriedade. (...) REsp 1.287.068-RR, Rel. Min. Herman Benjamin, julgado em 10/9/2013. Info. 531.

O artigo 51 do Código Florestal reforça a lista de instrumentos a serem utilizados pelo Poder Público para a proteção do meio ambiente, bem de natureza indisponível.

2. Deve o Poder Público, por meio do órgão ambiental competente, embargar imediatamente atividade que cause desmatamento ilegal.

3. O embargo deve restringir-se às áreas onde ficar constatado o desmatamento ilegal, não abrangendo as demais atividades realizadas no imóvel.

Aplicação em concurso:

- **(Magistratura Estadual RS 2018 – VUNESP – adaptada)**

  "Considerando o disposto no Código Florestal – Lei nº 12.651/2012, marque verdadeiro ou falso:

– Ao tomar conhecimento do desmatamento em desacordo com a Lei, o órgão ambiental deverá embargar a obra ou atividade que deu causa ao uso alternativo do solo, como medida punitiva que alcança as demais atividades realizadas no imóvel, mesmo que não relacionadas com a infração".

  A afirmativa é falsa.

CAPÍTULO XII
DA AGRICULTURA FAMILIAR

Art. 52. A intervenção e a **supressão de vegetação em Áreas de Preservação Permanente e de Reserva Legal** para as **atividades eventuais ou de baixo impacto ambiental, previstas no inciso X do art. 3º, excetuadas as alíneas** *b* **e** *g*, quando desenvolvidas nos imóveis a que se refere o inciso V do art. 3º, **dependerão de simples declaração ao órgão ambiental competente**, desde que esteja o imóvel devidamente inscrito no CAR.

Art. 53. Para o registro no CAR da Reserva Legal, nos imóveis a que se refere o inciso V do art. 3º, **o proprietário ou possuidor apresentará os dados**

identificando a área proposta de Reserva Legal, cabendo aos órgãos competentes integrantes do Sisnama, ou instituição por ele habilitada, **realizar a captação das respectivas coordenadas geográficas.**

Parágrafo único. O registro da Reserva Legal nos imóveis a que se refere o inciso V do art. 3º **é gratuito**, devendo o poder público prestar apoio técnico e jurídico.

Art. 54. Para cumprimento da manutenção da área de reserva legal nos imóveis a que se refere o inciso V do art. 3º, **poderão ser computados os plantios de árvores frutíferas, ornamentais ou industriais, compostos por espécies exóticas, cultivadas em sistema intercalar ou em consórcio com espécies nativas** da região em sistemas agroflorestais.

Parágrafo único. O **poder público estadual** deverá prestar apoio técnico para a recomposição da vegetação da Reserva Legal nos imóveis a que se refere o inciso V do art. 3º.

Art. 55. A inscrição no CAR dos imóveis a que se refere o inciso V do art. 3º observará **procedimento simplificado** no qual será obrigatória apenas a apresentação dos documentos mencionados nos incisos I e II do § 1º do art. 29 e de croqui indicando o perímetro do imóvel, as Áreas de Preservação Permanente e os remanescentes que formam a Reserva Legal.

Art. 56. O licenciamento ambiental de **PMFS** comercial nos imóveis a que se refere o inciso V do art. 3º se beneficiará de **procedimento simplificado de licenciamento ambiental.**

§ 1º O **manejo sustentável da Reserva Legal** para exploração florestal eventual, **sem propósito comercial direto ou indireto**, para consumo no próprio imóvel a que se refere o inciso V do art. 3º, **independe de autorização dos órgãos ambientais competentes**, limitada a retirada anual de material lenhoso a 2 (dois) metros cúbicos por hectare.

§ 2º O manejo previsto no § 1º **não poderá comprometer mais de 15% (quinze por cento) da biomassa da Reserva Lega**l nem ser superior a 15 (quinze) metros cúbicos de lenha para uso doméstico e uso energético, por propriedade ou posse rural, por ano.

§ 3º Para os fins desta Lei, entende-se por **manejo eventual, sem propósito comercial**, o suprimento, para uso no próprio imóvel, de lenha ou madeira serrada destinada a benfeitorias e uso energético nas propriedades e posses rurais, em quantidade não superior ao estipulado no § 1º deste artigo.

§ 4º Os limites para utilização previstos no § 1º deste artigo no caso de posse coletiva de **populações tradicionais** ou de agricultura familiar serão adotados por unidade familiar.

§ 5º As propriedades a que se refere o inciso V do art. 3º são **desobrigadas da reposição florestal se a matéria-prima florestal for utilizada para consumo próprio.**

Art. 57. Nos imóveis a que se refere o inciso V do art. 3º, o **manejo florestal madeireiro sustentável da Reserva Legal com propósito comercial** direto ou indireto depende de **autorização simplificada** do órgão ambiental competente, devendo o interessado apresentar, no mínimo, as seguintes informações:

I – dados do proprietário ou possuidor rural;

II – dados da propriedade ou posse rural, incluindo cópia da matrícula do imóvel no Registro Geral do Cartório de Registro de Imóveis ou comprovante de posse;

III – croqui da área do imóvel com indicação da área a ser objeto do manejo seletivo, estimativa do volume de produtos e subprodutos florestais a serem obtidos com o manejo seletivo, indicação da sua destinação e cronograma de execução previsto.

Art. 58. Assegurado o controle e a fiscalização dos órgãos ambientais competentes dos respectivos planos ou projetos, assim como as obrigações do detentor do imóvel, o Poder Público poderá instituir programa de apoio técnico e incentivos financeiros, podendo incluir **medidas indutoras e linhas de financiamento para atender, prioritariamente, os imóveis a que se refere o inciso V do caput do art. 3º**, nas iniciativas de:

I – preservação voluntária de vegetação nativa acima dos limites estabelecidos no art. 12;

II – proteção de espécies da flora nativa ameaçadas de extinção;

III – implantação de sistemas agroflorestal e agrossilvipastoril;

IV – recuperação ambiental de Áreas de Preservação Permanente e de Reserva Legal;

V – recuperação de áreas degradadas;

VI – promoção de assistência técnica para regularização ambiental e recuperação de áreas degradadas;

VII – produção de mudas e sementes;

VIII – pagamento por serviços ambientais.

1. O Código Florestal apresenta uma série de normas cujo intuito é facilitar, desburocratizar e incentivar as atividades produtivas na pequena propriedade ou posse rural familiar, ou seja, naquela propriedade ou posse explorada mediante o trabalho pessoal do agricultor familiar e

empreendedor familiar rural, incluindo os assentamentos e projetos de reforma agrária, e que atenda ao disposto no art. 3º da Lei nº 11.326/06[27].

2. Exemplos:

- consentimento estatal simplificado para as atividades de agricultura familiar que necessitem suprimir vegetação;
- procedimento simplificado para a inscrição das pequenas propriedades e posses rurais no Cadastro Ambiental Rural-CAR;
- registro gratuito da Área de Reserva Legal da pequena propriedade ou posse rural familiar no CAR;

Aplicação em concurso:

---

27. Lei nº 11.326/06, art. 3º. Para os efeitos desta Lei, considera-se agricultor familiar e empreendedor familiar rural aquele que pratica atividades no meio rural, atendendo, simultaneamente, aos seguintes requisitos: I – não detenha, a qualquer título, área maior do que 4 (quatro) módulos fiscais; II – utilize predominantemente mão-de-obra da própria família nas atividades econômicas do seu estabelecimento ou empreendimento; III – tenha percentual mínimo da renda familiar originada de atividades econômicas do seu estabelecimento ou empreendimento, na forma definida pelo Poder Executivo; IV – dirija seu estabelecimento ou empreendimento com sua família. § 1º O disposto no inciso I do caput deste artigo não se aplica quando se tratar de condomínio rural ou outras formas coletivas de propriedade, desde que a fração ideal por proprietário não ultrapasse 4 (quatro) módulos fiscais. § 2º São também beneficiários desta Lei: I – silvicultores que atendam simultaneamente a todos os requisitos de que trata o caput deste artigo, cultivem florestas nativas ou exóticas e que promovam o manejo sustentável daqueles ambientes; II – aqüicultores que atendam simultaneamente a todos os requisitos de que trata o caput deste artigo e explorem reservatórios hídricos com superfície total de até 2ha (dois hectares) ou ocupem até 500m³ (quinhentos metros cúbicos) de água, quando a exploração se efetivar em tanques-rede; III – extrativistas que atendam simultaneamente aos requisitos previstos nos incisos II, III e IV do caput deste artigo e exerçam essa atividade artesanalmente no meio rural, excluídos os garimpeiros e faiscadores; IV – pescadores que atendam simultaneamente aos requisitos previstos nos incisos I, II, III e IV do caput deste artigo e exerçam a atividade pesqueira artesanalmente. V – povos indígenas que atendam simultaneamente aos requisitos previstos nos incisos II, III e IV do caput do art. 3º; VI – integrantes de comunidades remanescentes de quilombos rurais e demais povos e comunidades tradicionais que atendam simultaneamente aos incisos II, III e IV do caput do art. 3º. § 3º O Conselho Monetário Nacional – CMN pode estabelecer critérios e condições adicionais de enquadramento para fins de acesso às linhas de crédito destinadas aos agricultores familiares, de forma a contemplar as especificidades dos seus diferentes segmentos. § 4º Podem ser criadas linhas de crédito destinadas às cooperativas e associações que atendam a percentuais mínimos de agricultores familiares em seu quadro de cooperados ou associados e de matéria-prima beneficiada, processada ou comercializada oriunda desses agricultores, conforme disposto pelo CMN.

- **(Defensor Público SC 2017 – FCC)**

"Em que pese a polêmica durante a sua tramitação e alguns retrocessos trazidos em comparação à legislação florestal precedente, o Novo Código Florestal (Lei nº 12.651/2012) consagrou expressamente alguns institutos jurídicos importantes, entre os quais:

I. Relatório de qualidade do meio ambiente.

II. Natureza real (ou *propter rem*) das obrigações de preservação e restauração da vegetação nativa da área de preservação permanente e da reserva legal.

III. Pagamento por serviços ambientais.

IV. Seguro ambiental florestal.

Está correto o que se afirma APENAS em

A) III e IV

B) I, II e III

C) II e III

D) II, III e IV

E) II e IV."

Gabarito: letra "c". Conforme o artigo 2º, § 2, e artigo 58, VIII do Código Florestal.

CAPÍTULO XIII
DISPOSIÇÕES TRANSITÓRIAS

Seção I
Disposições Gerais

Art. 59. A União, os Estados e o Distrito Federal deverão implantar Programas de Regularização Ambiental (PRAs) de posses e propriedades rurais, com o objetivo de adequá-las aos termos deste Capítulo.

§ 1º Na regulamentação dos PRAs, a União estabelecerá normas de caráter geral, e os Estados e o Distrito Federal ficarão incumbidos do seu detalhamento por meio da edição de normas de caráter específico, em razão de suas peculiaridades territoriais, climáticas, históricas, culturais, econômicas e sociais, conforme preceitua o art. 24 da Constituição Federal.

§ 2º **A inscrição do imóvel rural no CAR é condição obrigatória para a adesão ao PRA,** que deve ser requerida em até 2 (dois) anos, observado o disposto no § 4º do art. 29 desta Lei.

§ 3º Com base no requerimento de adesão ao PRA, o órgão competente integrante do Sisnama **convocará o proprietário ou possuidor para assinar o termo de compromisso, que constituirá título executivo extrajudicial.**

§ 4º No período entre a publicação desta Lei e a implantação do PRA em cada Estado e no Distrito Federal, bem como após a adesão do interessado ao PRA e enquanto estiver sendo cumprido o termo de compromisso, o **proprietário ou possuidor não poderá ser autuado por infrações cometidas antes de 22 de julho de 2008, relativas à supressão irregular de vegetação em Áreas de Preservação Permanente, de Reserva Legal** e de uso restrito.

§ 5º A partir da assinatura do termo de compromisso, **serão suspensas as sanções decorrentes das infrações mencionadas no § 4º deste artigo e, cumpridas as obrigações estabelecidas no PRA ou no termo de compromisso para a regularização ambiental das exigências desta Lei, nos prazos e condições neles estabelecidos, as multas referidas neste artigo serão consideradas como convertidas em serviços de preservação**, melhoria e recuperação da qualidade do meio ambiente, regularizando o uso de áreas rurais consolidadas conforme definido no PRA.

§ 6º (VETADO). (Incluído pela Lei nº 12.727, de 2012).

§ 7º Caso os Estados e o Distrito Federal não implantem o PRA até 31 de dezembro de 2020, o proprietário ou possuidor de imóvel rural poderá aderir ao PRA implantado pela União, observado o disposto no § 2º deste artigo.

Aplicação em concurso:

- **(Magistratura Federal – TRF 3ª região 2018 – adaptada)**

  "Recentemente o Supremo Tribunal Federal concluiu o julgamento das Ações Diretas de Constitucionalidade 4901, 4902, 4903, 4937 e da Ação Declaratória de Constitucionalidade 42, as quais tratavam de diversos dispositivos da Lei nº 12.651/2012, denominada Código Florestal. De acordo com referido julgamento, marque verdadeiro ou falso:

  – O Supremo Tribunal Federal decidiu pela inconstitucionalidade da anistia concedida a todo aquele que tenha praticado a supressão de vegetação em área de preservação permanente, reserva legal ou de uso restrito anteriores a 22 de julho de 2008, nos termos do artigo 59 da Lei nº 12.651/2012".

  A afirmartiva está incorreta.

Art. 60. A assinatura de termo de compromisso para regularização de imóvel ou posse rural perante o órgão ambiental competente, mencionado no art. 59, **suspenderá a punibilidade dos crimes previstos nos arts. 38, 39 e**

48 da Lei nº 9.605, de 12 de fevereiro de 1998, enquanto o termo estiver sendo cumprido.

§ 1º A **prescrição ficará interrompida** durante o período de suspensão da pretensão punitiva.

§ 2º **Extingue-se a punibilidade com a efetiva regularização** prevista nesta Lei.

1. O Código Florestal prevê a implantação de Programas de Regularização Ambiental-PRA de posses e propriedades rurais, que deverão ser implantados pela União, Estados e Distrito Federal no prazo de 1 (um) ano, contado da data de publicação da Lei 12.651, de 25.05.2012, prorrogável uma única vez por igual período.

2. O Código Florestal apresenta regras específicas para as denominadas "áreas consolidadas" até 22 de julho de 2008, implementando regras mais benéficas aos produtores rurais que impactaram negativamente o meio ambiente até aquela data. Além da suspensão das sanções administrativas e da punibilidade dos crimes ambientais relacionados à supressão de vegetação protegida, a propriedade ou posse rural inscrita no Programa de Regularização Ambiental-PRA passa a observar regramentos diferenciados também para a recomposição da vegetação de áreas especialmente protegidas, como as Áreas de Preservação Permanente.

3. STJ: Código Florestal não anula multas aplicadas com base na antiga lei. Mesmo com a entrada em vigor do novo Código Florestal (Lei 12.651/12), os autos de infração emitidos com base no antigo código, de 1965, continuam plenamente válidos.

> "Trata-se de requerimento apresentado pelo recorrente, proprietário rural, no bojo de "ação de anulação de ato c/c indenizatória", com intuito de ver reconhecida a falta de interesse de agir superveniente do Ibama, em razão da entrada em vigor da Lei 12.651/2012 (novo Código Florestal), que revogou o Código Florestal de 1965 (Lei 4.771) e a Lei 7.754/1989. Argumenta que a nova legislação "o isentou da punição que o afligia", e que "seu ato não representa mais ilícito algum", estando, pois, "livre das punições impostas". Numa palavra, afirma que a Lei 12.651/2012 procedera à anistia dos infratores do Código Florestal de 1965, daí sem valor o auto de infração ambiental lavrado contra si e a imposição de multa de R$ 1.500, por ocupação e exploração irregulares, anteriores a julho de 2008, de Área de Preservação Permanente nas margens do rio Santo Antônio. (...) 3. Precedente do STJ que faz valer, no campo ambiental-urbanístico, a

norma mais rigorosa vigente à época dos fatos, e não a contemporânea ao julgamento da causa, menos protetora da Natureza: O "direito material aplicável à espécie é o então vigente à época dos fatos. In casu, Lei n. 6.766/79, art. 4º, III, que determinava, em sua redação original, a 'faixa non aedificandi de 15 (quinze) metros de cada lado' do arroio" (REsp 980.709/RS, Rel. Ministro Humberto Martins, Segunda Turma, DJe 2.12.2008).4. *Ademais, como deixa claro o novo Código Florestal (art. 59), o legislador não anistiou geral e irrestritamente as infrações ou extinguiu a ilicitude de condutas anteriores a 22 de julho de 2008, de modo a implicar perda superveniente de interesse de agir. Ao contrário, a recuperação do meio ambiente degradado nas chamadas áreas rurais consolidadas continua de rigor, agora por meio de procedimento administrativo, no âmbito de Programa de Regularização Ambiental – PRA, após a inscrição do imóvel no Cadastro Ambiental Rural – CAR (§ 2º) e a assinatura de Termo de Compromisso (TC), valendo este como título extrajudicial (§ 3º). Apenas a partir daí "serão suspensas" as sanções aplicadas ou aplicáveis (§ 5º, grifo acrescentado). Com o cumprimento das obrigações previstas no PRA ou no TC, "as multas" (e só elas) "serão consideradas convertidas em serviços de preservação, melhoria e recuperação da qualidade do meio ambiente"*.5. Ora, se os autos de infração e multas lavrados tivessem sido invalidados pelo novo Código ou houvesse sido decretada anistia geral e irrestrita das violações que lhe deram origem, configuraria patente contradição e ofensa à lógica jurídica a mesma lei referir-se a "suspensão" e "conversão" daquilo que não mais existiria: o legislador não suspende, nem converte o nada jurídico. Vale dizer, os autos de infração já constituídos permanecem válidos e blindados como atos jurídicos perfeitos que são – apenas a sua exigibilidade monetária fica suspensa na esfera administrativa, no aguardo do cumprimento integral das obrigações estabelecidas no PRA ou no TC. Tal basta para bem demonstrar que se mantém incólume o interesse de agir nas demandas judiciais em curso, não ocorrendo perda de objeto e extinção do processo sem resolução de mérito (CPC, art. 267, VI).6. Pedido de reconsideração não conhecido. (STJ, PET no REsp 1240122/PR, Rel. Ministro Herman Benjamin, Segunda Turma, DJe 19/12/2012)

O Min. Herman Benjamin, em seu voto, destacou que:

"Note-se que, conforme a Lei 12.651/2012, a regularização ambiental ("ambiental", e não simplesmente "florestal", o que implica o diálogo das fontes entre o novo Código, a Constituição Federal, a Constituição Estadual, e as demais leis que regem a proteção do meio ambiente) deve ocorrer na esfera administrativa, denotando inconveniência, para não dizer despropósito, pretender que o Poder

Judiciário substitua a autoridade ambiental e passe a verificar, em cada processo, e a acompanhar por anos a fio (no lapso temporal do cumprimento das medidas de repristinamento ecológico, mitigação e compensação) a plena recuperação dos ecossistemas degradados e o cumprimento das obrigações instituídas no PRA. Aí estão providências intrincadas que devem ser técnica e previamente avaliadas e avalizadas, e depois fiscalizadas, pelo órgão ambiental, e não pelo juiz de demanda em curso."

Seção II
Das Áreas Consolidadas em Áreas de Preservação Permanente

Art. 61. (VETADO).

Art. 61-A. Nas **Áreas de Preservação Permanente é autorizada**, exclusivamente, a **continuidade das atividades agrossilvipastoris**, de ecoturismo e de turismo rural em áreas rurais **consolidadas até 22 de julho de 2008**. (Incluído pela Lei nº 12.727, de 2012).

§ 1º Para os imóveis rurais **com área de até 1 (um) módulo fiscal** que possuam áreas consolidadas em Áreas de Preservação Permanente **ao longo de cursos d'água naturais**, será obrigatória a **recomposição das respectivas faixas marginais em 5 (cinco) metros**, contados da borda da **calha do leito regular**, independentemente da largura do curso d´água.

§ 2º Para os imóveis rurais com **área superior a 1 (um) módulo fiscal e de até 2 (dois) módulos fiscais** que possuam áreas consolidadas em Áreas de Preservação Permanente ao longo de cursos d'água naturais, será obrigatória a **recomposição das respectivas faixas marginais em 8 (oito) metros**, contados da borda da calha do leito regular, independente da largura do curso d´água.

§ 3º Para os imóveis rurais com **área superior a 2 (dois) módulos fiscais e de até 4 (quatro) módulos fiscais** que possuam áreas consolidadas em Áreas de Preservação Permanente ao longo de cursos d'água naturais, será obrigatória a **recomposição das respectivas faixas marginais em 15 (quinze) metros,** contados da borda da calha do leito regular, independentemente da largura do curso d'água.

§ 4º Para os imóveis rurais com **área superior a 4 (quatro) módulos fiscais** que possuam áreas consolidadas em Áreas de Preservação Permanente ao longo de cursos d'água naturais, **será obrigatória a recomposição das respectivas faixas marginais**:

I – (VETADO); e (Incluído pela Lei nº 12.727, de 2012).

II – nos demais casos, conforme determinação do PRA, observado o mínimo de 20 (vinte) e o máximo de 100 (cem) metros, contados da borda da calha do leito regular. (Incluído pela Lei nº 12.727, de 2012).

§ 5º Nos casos de áreas rurais consolidadas em Áreas de Preservação Permanente no entorno de **nascentes e olhos d'água perenes**, será admitida a manutenção de atividades agrossilvipastoris, de ecoturismo ou de turismo rural, sendo obrigatória a **recomposição do raio mínimo de 15 (quinze) metros.** (Incluído pela Lei nº 12.727, de 2012).

§ 6º Para os imóveis rurais que possuam **áreas consolidadas** em Áreas de Preservação Permanente **no entorno de lagos e lagoas naturais**, será **admitida a manutenção de atividades** agrossilvipastoris, de ecoturismo ou de turismo rural, sendo **obrigatória a recomposição de faixa marginal com largura mínima** de:

I – **5 (cinco) metros**, para imóveis rurais com área de **até 1 (um) módulo fiscal**; (Incluído pela Lei nº 12.727, de 2012).

II – **8 (oito) metros**, para imóveis rurais com área **superior a 1 (um) módulo fiscal e de até 2 (dois) módulos fiscais**;

III – **15 (quinze) metros**, para imóveis rurais com **área superior a 2 (dois) módulos fiscais e de até 4 (quatro) módulos** fiscais; e

IV – **30 (trinta) metros**, para imóveis rurais com **área superior a 4 (quatro) módulos** fiscais.

§ 7º Nos casos de **áreas rurais consolidadas em veredas**, será obrigatória a **recomposição das faixas marginais**, em projeção horizontal, delimitadas a partir do espaço brejoso e encharcado, de **largura mínima** de:

I – **30 (trinta) metros,** para imóveis rurais com área de **até 4 (quatro) módulos fiscais**; e

II – **50 (cinquenta) metros**, para imóveis rurais com **área superior a 4 (quatro) módulos** fiscais.

§ 8º Será considerada, para os fins do disposto no **caput** e nos §§ 1º a 7º, **a área detida pelo imóvel rural em 22 de julho de 2008**.

§ 9º A existência das situações previstas no caput deverá ser informada no CAR para fins de monitoramento, sendo exigida, nesses casos, a adoção de técnicas de conservação do solo e da água que visem à mitigação dos eventuais impactos.

§ 10. Antes mesmo da disponibilização do CAR, no caso das intervenções já existentes, é o proprietário ou possuidor responsável pela conservação do solo e da água, por meio de adoção de boas práticas agronômicas.

§ 11. A realização das atividades previstas no caput observará critérios técnicos de conservação do solo e da água indicados no PRA previsto nesta Lei, **sendo vedada a conversão de novas áreas para uso alternativo do solo nesses locais.**

§ 12. Será admitida a **manutenção de residências** e da infraestrutura associada às atividades agrossilvipastoris, de ecoturismo e de turismo rural, inclusive o acesso a essas atividades, independentemente das determinações contidas no caput e nos §§ 1º a 7º, **desde que não estejam em área que ofereça risco à vida ou à integridade física das pessoas.**

§ 13. A **recomposição** de que trata este artigo poderá ser feita, **isolada ou conjuntamente,** pelos seguintes métodos:

I – condução de **regeneração natural** de espécies nativas;

II – **plantio** de espécies nativas;

III – **plantio** de espécies nativas **conjugado com a condução da regeneração** natural de espécies nativas;

IV – **plantio intercalado** de espécies lenhosas, perenes ou de ciclo longo, **exóticas com nativas** de ocorrência regional, em até 50% (cinquenta por cento) da área total a ser recomposta, no caso dos imóveis a que se refere o inciso V do caput do art. 3º; (Incluído pela Lei nº 12.727, de 2012).

V – (VETADO). (Incluído pela Lei nº 12.727, de 2012).

§ 14. Em todos os casos previstos neste artigo, o Poder Público, verificada a existência de risco de agravamento de processos erosivos ou de inundações, determinará a adoção de medidas mitigadoras que garantam a estabilidade das margens e a qualidade da água, após deliberação do Conselho Estadual de Meio Ambiente ou de órgão colegiado estadual equivalente.

§ 15. A partir da data da publicação desta Lei e até o **término do prazo de adesão ao PRA** de que trata o § 2º do art. 59, é **autorizada a continuidade** das atividades desenvolvidas nas áreas de que trata o caput, as quais **deverão ser informadas no CAR,** para fins de monitoramento, sendo exigida a adoção de medidas de conservação do solo e da água.

§ 16. As **Áreas de Preservação Permanente** localizadas em imóveis inseridos **nos limites de Unidades de Conservação de Proteção Integral** criadas por ato do poder público até a data de publicação desta Lei **não são passíveis de ter quaisquer atividades consideradas como consolidadas** nos termos do caput e dos §§ 1º a 15, ressalvado o que dispuser o Plano de Manejo elaborado e aprovado de acordo com as orientações emitidas pelo órgão competente do Sisnama, nos termos do que dispuser regulamento do Chefe do Poder Executivo, devendo o proprietário, possuidor rural ou ocupante a qualquer título adotar todas as medidas indicadas. (Incluído pela Lei nº 12.727, de 2012).

§ 17. Em **bacias hidrográficas consideradas críticas,** conforme previsto em legislação específica, o Chefe do Poder Executivo poderá, em ato próprio, **estabelecer metas e diretrizes** de recuperação ou conservação da vegetação nativa **superiores às definidas no caput** e nos §§ 1º a 7º, como projeto prioritário, ouvidos o Comitê de Bacia Hidrográfica e o Conselho Estadual de Meio Ambiente.

Art. 61-B. Aos proprietários e possuidores dos imóveis rurais que, **em 22 de julho de 2008, detinham até 10 (dez) módulos** fiscais e desenvolviam atividades agrossilvipastoris nas áreas consolidadas em Áreas de Preservação Permanente, **é garantido que a exigência de recomposição, nos termos desta Lei, somadas todas as Áreas de Preservação Permanente do imóvel, não ultrapassará**: (Incluído pela Lei nº 12.727, de 2012).

I – **10% (dez por cento)** da área total do imóvel, para imóveis rurais com área de **até 2 (dois) módulos** fiscais; e

II – **20% (vinte por cento)** da área total do imóvel, para imóveis rurais com **área superior a 2 (dois) e de até 4 (quatro) módulo**s fiscais.

Art. 61-C. Para os assentamentos do **Programa de Reforma Agrária** a recomposição de áreas consolidadas em Áreas de Preservação Permanente ao longo ou no entorno de cursos d'água, lagos e lagoas naturais observará as exigências estabelecidas no art. 61-A, observados os limites de cada área demarcada individualmente, objeto de contrato de concessão de uso, até a titulação por parte do Instituto Nacional de Colonização e Reforma Agrária – INCRA.

Art. 62. Para os **reservatórios artificiais de água destinados a geração de energia ou abastecimento público** que foram registrados ou tiveram seus contratos de concessão ou autorização assinados anteriormente à Medida Provisória nº 2.166-67, de 24 de agosto de 2001, a **faixa da Área de Preservação Permanente** será a distância entre o nível máximo operativo normal e a cota máxima maximorum.

Art. 63. Nas **áreas rurais consolidadas** nos locais de que tratam os **incisos V, VIII, IX e X do art. 4º**, será admitida a **manutenção de atividades florestais**, culturas de espécies lenhosas, perenes ou de ciclo longo, bem como da infraestrutura física associada ao desenvolvimento de atividades agrossilvipastoris, **vedada a conversão de novas áreas** para uso alternativo do solo.

§ 1º O pastoreio extensivo nos locais referidos no caput deverá ficar restrito às áreas de vegetação campestre natural ou já convertidas para vegetação campestre, admitindo-se o consórcio com vegetação lenhosa perene ou de ciclo longo.

§ 2º A manutenção das culturas e da infraestrutura de que trata o caput é **condicionada à adoção de práticas conservacionistas** do solo e da água indicadas pelos órgãos de assistência técnica rural.

§ 3º Admite-se, nas Áreas de Preservação Permanente, previstas no inciso VIII do art. 4º, dos imóveis rurais de **até 4 (quatro) módulos** fiscais, no âmbito do PRA, a partir de boas práticas agronômicas e de conservação do solo e da água, mediante deliberação dos Conselhos Estaduais de Meio Ambiente ou órgãos colegiados estaduais equivalentes, **a consolidação de outras atividades agrossilvipastoris, ressalvadas as situações de risco de vida.**

Art. 64. Na Reurb-S dos núcleos urbanos informais que ocupam Áreas de Preservação Permanente, a regularização fundiária será admitida por meio da aprovação do projeto de regularização fundiária, na forma da lei específica de regularização fundiária urbana.

§ 1º O projeto de regularização fundiária de interesse social deverá incluir estudo técnico que demonstre a melhoria das condições ambientais em relação à situação anterior com a adoção das medidas nele preconizadas.

§ 2º O estudo técnico mencionado no § 1º deverá conter, no mínimo, os seguintes elementos:

I – caracterização da situação ambiental da área a ser regularizada;

II – especificação dos sistemas de saneamento básico;

III – proposição de intervenções para a prevenção e o controle de riscos geotécnicos e de inundações;

IV – recuperação de áreas degradadas e daquelas não passíveis de regularização;

V – comprovação da melhoria das condições de sustentabilidade urbano-ambiental, considerados o uso adequado dos recursos hídricos, a não ocupação das áreas de risco e a proteção das unidades de conservação, quando for o caso;

VI – comprovação da melhoria da habitabilidade dos moradores propiciada pela regularização proposta; e

VII – garantia de acesso público às praias e aos corpos d'água.

Art. 65. Na Reurb-E dos núcleos urbanos informais que ocupam Áreas de Preservação Permanente não identificadas como áreas de risco, a regularização fundiária será admitida por meio da aprovação do projeto de regularização fundiária, na forma da lei específica de regularização fundiária urbana.

§ 1º O processo de regularização fundiária de interesse específico deverá incluir estudo técnico que demonstre a melhoria das condições ambientais em relação à situação anterior e ser instruído com os seguintes elementos:

I – a caracterização físico-ambiental, social, cultural e econômica da área;

II – a identificação dos recursos ambientais, dos passivos e fragilidades ambientais e das restrições e potencialidades da área;

III – a especificação e a avaliação dos sistemas de infraestrutura urbana e de saneamento básico implantados, outros serviços e equipamentos públicos;

IV – a identificação das unidades de conservação e das áreas de proteção de mananciais na área de influência direta da ocupação, sejam elas águas superficiais ou subterrâneas;

V – a especificação da ocupação consolidada existente na área;

VI – a identificação das áreas consideradas de risco de inundações e de movimentos de massa rochosa, tais como deslizamento, queda e rolamento de blocos, corrida de lama e outras definidas como de risco geotécnico;

VII – a indicação das faixas ou áreas em que devem ser resguardadas as características típicas da Área de Preservação Permanente com a devida proposta de recuperação de áreas degradadas e daquelas não passíveis de regularização;

VIII – a avaliação dos riscos ambientais;

IX – a comprovação da melhoria das condições de sustentabilidade urbano-ambiental e de habitabilidade dos moradores a partir da regularização; e

X – a demonstração de garantia de acesso livre e gratuito pela população às praias e aos corpos d'água, quando couber.

§ 2º Para fins da regularização ambiental prevista no caput, ao longo dos rios ou de qualquer curso d'água, será mantida faixa não edificável com largura mínima de 15 (quinze) metros de cada lado.

§ 3º Em **áreas urbanas tombadas** como patrimônio histórico e cultural, a faixa não edificável de que trata o § 2º poderá ser redefinida de maneira a atender aos parâmetros do ato do tombamento.

1. Áreas consolidadas em Área de Preservação Permanente-APP

O Código Florestal autoriza, expressamente, a continuidade das atividades agrossilvipastoris, de ecoturismo e turismo rural nas Áreas de Preservação Permanente em áreas rurais consolidadas até 22 de julho de 2008, inscritas no Programa de Regularização Ambiental-PRA.

2. A data limite de 22 de julho de 2008 é a data do Decreto 6.514/2008, que regulamenta a Lei de Crimes Ambientais e Infrações Administrativas Ambientais.

3. Em contrapartida à continuidade das atividades em áreas rurais consolidadas, o Código prevê a obrigatoriedade de recomposição parcial da vegetação de APP, variável de acordo com a extensão do imóvel rural e com o tipo de Área de Preservação Permanente.

4. **Quadro sinótico – recomposição das APPs em imóveis rurais com áreas consolidadas**[28]

Recomposição das faixas marginais aos cursos d´água naturais em imóveis rurais com áreas consolidadas até 22.07.2008135	
Área do imóvel	**Recomposição**
até 1 (um) módulo fiscal	5 metros
superior a 1 (um) módulo fiscal e de até 2 (dois) módulos fiscais	8 metros
superior a 2 (dois) módulos fiscais e de até 4 (quatro) módulos fiscais	15 metros
superior a 4 (quatro) módulos fiscais e de até 10 (dez) módulos fiscais, nos cursos d'água com até dez metros de largura	20 metros
demais casos	Extensão correspondente à metade da largura do curso d'água, observado o mínimo de 30 (trinta) e o máximo de 100 (cem) metros.

28. Ao regulamentar o Código Florestal, o Decreto 7.830/2012 esclarece, em seu artigo 19, parágrafo 4º que, "para fins do que dispõe o inciso II do § 4º do art. 61-A da Lei nº 12.651, de 2012, a recomposição das faixas marginais ao longo dos cursos d'água naturais será de, no mínimo: I – vinte metros, contados da borda da calha do leito regular, para imóveis com área superior a quatro e de até dez módulos fiscais, nos cursos d'água com até dez metros de largura; e II – nos demais casos, extensão correspondente à metade da largura do curso d'água, observado o mínimo de trinta e o máximo de cem metros, contados da borda da calha do leito regular."

Recomposição do entorno das nascentes e olhos d´água perenes em imóveis rurais com áreas consolidadas até 22.07.2008	
Área do imóvel	**Recomposição**
qualquer área	15 metros

Recomposição do entorno de lagos e lagoas naturais em imóveis rurais com áreas consolidadas até 22.07.2008	
Área do imóvel	**Recomposição**
até 1 (um) módulo fiscal	5 metros
superior a 1 (um) módulo fiscal e de até 2 (dois) módulos fiscais	8 metros
superior a 2 (dois) módulos fiscais e de até 4 (quatro) módulos fiscais	15 metros
superior a 4 (quatro) módulos fiscais	30 metros

Recomposição das veredas em imóveis rurais com áreas consolidadas até 22.07.2008	
Área do imóvel	**Recomposição**
até 4 (quatro) módulos fiscais	30 metros
superior a 4 (quatro) módulos fiscais	50 metros

Seção III
Das Áreas Consolidadas em Áreas de Reserva Legal

Art. 66. O proprietário ou possuidor de imóvel rural que detinha, **em 22 de julho de 2008**, área de Reserva Legal **em extensão inferior ao estabelecido no art. 12**, poderá **regularizar sua situação, independentemente da adesão ao PRA**, adotando as seguintes alternativas, **isolada ou conjuntamente**:

I – **recompor** a Reserva Legal;

II – permitir a **regeneração natural** da vegetação na área de Reserva Legal;

III – **compensar** a Reserva Legal.

§ 1º A obrigação prevista no caput tem **natureza real e é transmitida ao sucessor** no caso de transferência de domínio ou posse do imóvel rural.

§ 2º A recomposição de que trata o **inciso I** do caput deverá atender os critérios estipulados pelo órgão competente do Sisnama e ser concluída **em até 20 (vinte) anos**, abrangendo, **a cada 2 (dois) anos, no mínimo 1/10 (um décimo) da área total necessária** à sua complementação.

§ 3º A recomposição de que trata o inciso I do caput poderá ser realizada mediante o plantio intercalado de espécies nativas com exóticas ou frutíferas, em sistema agroflorestal, observados os seguintes parâmetros: (Incluído pela Lei nº 12.727, de 2012).

I – o plantio de **espécies exóticas deverá ser combinado com as espécies nativas** de ocorrência regional;

II – a área recomposta com **espécies exóticas não poderá exceder a 50%** (cinquenta por cento) da área total a ser recuperada.

§ 4º Os proprietários ou possuidores do imóvel que optarem por recompor a Reserva Legal na forma dos §§ 2º e 3º **terão direito à sua exploração econômica**, nos termos desta Lei.

§ 5º A **compensação** de que trata o inciso III do caput deverá ser precedida pela **inscrição da propriedade no CAR** e poderá ser feita mediante:

I – **aquisição de Cota** de Reserva Ambiental – CRA;

II – **arrendamento de área** sob regime de servidão ambiental ou Reserva Legal;

III – **doação ao poder público** de **área localizada no interior de Unidade de Conservação** de domínio público **pendente de regularização fundiária**;

IV – **cadastramento de outra área equivalente e excedente à Reserva Legal, em imóvel de mesma titularidade ou adquirida em imóvel de terceiro**, com vegetação nativa estabelecida, em regeneração ou recomposição, desde que localizada no mesmo bioma.

§ 6º As áreas a serem utilizadas para compensação na forma do § 5º deverão:

I – ser **equivalentes em extensão** à área da Reserva Legal a ser compensada;

II – estar localizadas **no mesmo bioma** da área de Reserva Legal a ser compensada;

III – **se fora do Estado**, estar localizadas **em áreas identificadas como prioritárias** pela União ou **pelos Estados.**

§ 7º A **definição de áreas prioritárias** de que trata o § 6º buscará favorecer, entre outros, a **recuperação de bacias hidrográficas** excessivamente desmatadas, a criação de **corredores ecológicos**, a conservação de grandes áreas protegidas e a conservação ou recuperação de ecossistemas ou espécies ameaçados.

§ 8º Quando se tratar de **imóveis públicos**, a compensação de que trata o inciso III do caput poderá ser feita **mediante concessão de direito real de uso ou doação**, por parte da pessoa jurídica de direito público proprietária de imóvel rural que não detém Reserva Legal em extensão suficiente, ao órgão público responsável pela **Unidade de Conservação** de área localizada no interior de Unidade de Conservação de domínio público, a ser criada ou pendente de regularização fundiária.

§ 9º As medidas de **compensação** previstas neste artigo **não poderão ser utilizadas como forma de viabilizar a conversão de novas áreas** para uso alternativo do solo.

Art. 67. Nos imóveis rurais que detinham, **em 22 de julho de 2008, área de até 4 (quatro)** módulos fiscais e que possuam remanescente de vegetação nativa em percentuais inferiores ao previsto no art. 12, a **Reserva Legal será constituída com a área ocupada com a vegetação nativa existente em 22 de julho de 2008, vedadas novas conversões** para uso alternativo do solo.

Aplicação em concurso:

- **(Delegado de Polícia Civil GO 2018 – UEG)**

  "O proprietário de um sítio localizado em município do Norte Goiano, com área equivalente a 4 (quatro) módulos fiscais, decidiu estender sua área de pastagem. Para tanto, nos idos de 2007, suprimiu a vegetação de parte de sua área de reserva legal, que desde então se resume a 5% do total da área da propriedade, o que já foi, inclusive, mencionado em seu Cadastro Ambiental Rural. Neste caso, aplica-se o seguinte

  A) Existe obrigação pessoal de recompor integralmente a área desmatada.

  B) Por ser área rural consolidada, inexiste obrigatoriedade de recomposição da reserva legal.

  C) Em caso de autuação por infração administrativa ambiental, o prazo para a defesa é de 30 (trinta) dias.

D) o órgão ambiental poderá, de imediato, determinar o embargo da propriedade.

E) Diante de autuação por infração administrativa ambiental, o valor da multa será convertido no pagamento dos serviços de recuperação da vegetação suprimida."

Gabarito: letra "b".

► **STJ:**

AMBIENTAL. RESERVA LEGAL DO IMÓVEL. NOVO CÓDIGO FLORESTAL (LEI12.651/2012). TEMPUS REGIT ACTUM. ART. 15. IRRETROATIVIDADE. ABORDAGEM INFRACONSTITUCIONAL. ÁREA DE PRESERVAÇÃO PERMANENTE.CÔMPUTO. IMPOSSIBILIDADE. ART. 66. REGULARIZAÇÃO. APLICABILIDADE IMEDIATA.

(...) 8. O art. 66 daquele diploma, ao prever hipóteses alternativas para a regularização de área de reserva legal, já traz em seu texto a possibilidade de retroação da norma, pelo que não há como afastar sua aplicação imediata. (STJ. REsp 1.646.193/SP. Rel. Min. Napoleão Nunes Maia Filho. T1 – Primeira Turma. Publ. 04.06.2020).

Art. 68. Os proprietários ou possuidores de imóveis rurais que realizaram **supressão de vegetação nativa respeitando os percentuais de Reserva Legal** previstos pela legislação em vigor à época em que ocorreu a supressão são **dispensados de promover a recomposição, compensação ou regeneração** para os percentuais exigidos nesta Lei.

§ 1º Os proprietários ou possuidores de **imóveis rurais poderão provar essas situações consolidadas por documentos tais como a descrição de fatos históricos** de ocupação da região, registros de comercialização, dados agropecuários da atividade, contratos e documentos bancários relativos à produção, e por todos os outros meios de prova em direito admitidos.

§ 2º Os proprietários ou possuidores de **imóveis rurais, na Amazônia Legal**, e seus herdeiros necessários que possuam índice de **Reserva Legal maior que 50%** (cinquenta por cento) de cobertura florestal e não realizaram a supressão da vegetação nos percentuais previstos pela legislação em vigor à época **poderão utilizar a área excedente de Reserva Legal também para fins de constituição de servidão ambiental, Cota de Reserva Ambiental – CRA** e outros instrumentos congêneres previstos nesta Lei.

1. Áreas consolidadas em Área de Reserva Legal

O Código Florestal permite a regularização dos imóveis rurais que detinham, até 22 de julho de 2008, área de Reserva Legal em extensão inferior ao estabelecido no referido artigo 12.

▶ **Importante:** a obrigação de regularizar a situação da Área de Reserva Legal tem **natureza real** e é **transmitida ao sucessor** no caso de transferência de domínio ou posse do imóvel rural (vide art. 2º, parágrafo 2º c/c art. 66, parágrafo 1º).

▶ **STJ:**

PROCESSO CIVIL. AMBIENTAL. RESERVA LEGAL. JULGAMENTO ANTECIPADO DA LIDE. REEXAME. SÚMULA 7/STJ. AUSÊNCIA. ALEGATIVA DE OFENSA AO ART. 6º DA LINDB. AUSÊNCIA. FUNÇÃO ECOLÓGICA DA PROPRIEDADE. DEMARCAÇÃO. REFLORESTAMENTO. OBRIGAÇÃO *PROTER REM E EX LEGE*. ART. 68 DO NOVO CÓDIGO FLORESTAL. INAPLICABILIDADE.

(...) 3. A garantia do direito adquirido não pode ser invocada para mitigar o dever de salvaguarda ambiental, não servindo para justificar o desmatamento da flora nativa, a ocupação de espaços especialmente protegidos pela legislação, tampouco para autorizar a continuidade de conduta potencialmente lesiva ao meio ambiente. O dever de assegurá-lo, por seu turno, não se limita à proibição da atividade degradatória, abrangendo a obrigatoriedade de se conservar e regenerar os processos ecológicos. 4. A **existência da área de reserva legal no âmbito das propriedades rurais caracteriza-se como uma limitação administrativa necessária à tutela do meio ambiente para as presentes e futuras gerações e se encontra em harmonia com a função ecológica da propriedade**, legitimando a existência de restrições aos direitos individuais em benefício dos interesses de toda a coletividade. 5. A jurisprudência do Superior Tribunal de Justiça consignou que a **obrigação de demarcar, averbar e restaurar a área de reserva legal constitui dever jurídico que se transfere automaticamente ao adquirente ou possuidor do imóvel, consubstanciando-se obrigação *propter rem* e *ex lege*.** Trata-se de dever que independe da existência de floresta ou outras formas de vegetação nativa na gleba, cumprindo ao proprietário ou adquirente do bem imóvel a adoção das providências necessárias à restauração ou à recuperação das mesmas, a fim de readequar-se aos limites percentuais previstos em lei. 6. **Não é possível aplicar-se o disposto no art. 68 do Novo Código Florestal. Primeiramente, porque a dispensa da recomposição florestal, consoante esse normativo, estaria limitada aos casos em que a supressão da vegetação nativa tenha observado os percentuais de reserva**

legal previstos na legislação vigente à época dos fatos, o que não ocorre *in casu*, pois a determinação constante do acórdão refere-se à implantação da reserva legal, mediante projeto a ser aprovado pelas autoridades competentes, de acordo com as disposições do Decreto 6514/08 e do Decreto 7029/09. Revisar esse entendimento esbarra no óbice da Súmula 7/STJ. Em segundo lugar, porque não se emprega norma ambiental superveniente de cunho material aos processos em curso, seja para proteger o ato jurídico perfeito, os direitos ambientais adquiridos e a coisa julgada, seja para evitar a redução do patamar de proteção de ecossistemas frágeis sem as necessárias compensações ambientais. Precedente em caso análogo: AgRg no REsp 1367968/SP, Rel. Ministro Humberto Martins, Segunda Turma, DJe 12/03/2014. 6. Recurso especial conhecido em parte e, nessa extensão, não provido.(STJ. REsp 1381191 / SP. Ministra Diva Malerbi (Desembargadora convocada TRF 3ª região). Publ. DJe 30/06/2016).

2. O proprietário ou possuidor de imóvel rural com área de vegetação em Reserva Legal inferior ao estabelecido pelo Código Florestal possui instrumentos para a regularização do imóvel:

a) **recompor** a Reserva Legal;

b) permitir a **regeneração** natural da vegetação na área de Reserva Legal;

c) **compensar** a Reserva Legal.

3. Recomposição da Reserva Legal (art. 66, I)

Deve a recomposição da vegetação da Área de Reserva Legal ser concluída **em até 20 (vinte) anos**, abrangendo, **a cada 2 (dois) anos, no mínimo 1/10 (um décimo) da área total necessária** à sua complementação.

O Código Florestal admite a possibilidade de recomposição mediante o plantio intercalado de espécies nativas com exóticas ou frutíferas, em sistema agroflorestal (diferentemente da determinação do antigo Código Florestal, que previa a recomposição com espécies nativas).

A obrigação de recompor a vegetação de área de Reserva Legal **é do atual proprietário** do imóvel. Trata-se de **obrigação *propter rem*, de *natureza* real** e que é **transmitida ao sucessor** no caso de transferência de domínio ou posse do imóvel rural obrigando, em qualquer circunstância, ao proprietário e a todos que o sucedem em tal condição.[29] Assim, torna-se clara a obrigação do atual proprietário do imóvel de manter

29. MILARÉ, 2007. p. 703.

e/ou reconstituir a área de Reserva Legal, independentemente de ter contribuído para a degradação da vegetação.[30]

▶ **Importante:** a responsabilidade civil por dano ao meio ambiente **é objetiva**, ou seja, independe da comprovação de dolo ou culpa, bastando a comprovação do **dano** e do **nexo causal** (*vide* os comentários ao art. 14, parágrafo 1º, da Lei 6.938/81, no Cap. III).

▶ **STJ:**

MEIO AMBIENTE. INDENIZAÇÃO. ADQUIRENTE. Trata-se de ação civil pública (ACP) na qual o MP objetiva a recuperação de área degradada devido à construção de usina hidrelétrica, bem como indenização pelo dano causado ao meio ambiente. A Turma entendeu que a **responsabilidade por danos ambientais é objetiva** e, como tal, não exige a comprovação de culpa, bastando a constatação do dano e do nexo de causalidade. Contudo, não obstante a comprovação do nexo de causalidade ser a regra, em algumas situações dispensa-se tal necessidade em prol de uma efetiva proteção do bem jurídico tutelado. É isso que ocorre na esfera ambiental, **nos casos em que o adquirente do imóvel é responsabilizado pelos danos ambientais causados na propriedade, independentemente de ter sido ele ou o dono anterior o real causador dos estragos**. A responsabilidade por danos ao meio ambiente, além de objetiva, **também é solidária**. **A possibilidade de responsabilizar o novo adquirente de imóvel já danificado apenas busca dar maior proteção ao meio ambiente, tendo em vista a extrema dificuldade de precisar qual foi a conduta poluente e quem foi seu autor.** Assim, na espécie, conforme a análise das provas feitas pelo Tribunal *a quo*, foi possível verificar o real causador do desastre ambiental, ficando ele responsável por reparar o dano, ainda que solidariamente com o atual proprietário do imóvel danificado. (STJ. REsp 1.056.540-GO, Rel Min. Eliana Calmon, julgado em 25/8/2009).

▶ **STJ:**

REFLORESTAMENTO. OBRIGAÇÃO ***PROPTER REM.*** *In casu*, o recorrente propôs, na origem, ação ordinária contra o Ibama com o

---

30. Nesse sentido, ROSENVALD e FARIAS, 2006, p. 24: "Na vertente contemporânea da função social da propriedade, o adquirente de bem imóvel também será responsabilizado pelo cumprimento das obrigações *propter rem* oriundas das normas ambientais, sobremaneira quando a propriedade por ele adquirida esteja devastada. Além da responsabilidade civil objetiva e solidária por danos ecológicos, pesará sobre o novo proprietário a necessidade de instituir reserva legal sobre 20% da área (art. 16, Código Florestal) como deverá indenizar os danos já causados ao meio ambiente, com direito de regresso em face do alienante."

objetivo de anular auto de infração e embargo devido ao cultivo (utilização econômica) de área de preservação permanente em parte do imóvel rural do qual é proprietário. O tribunal *a quo* entendeu ser legal o procedimento adotado pelo Ibama, mantendo a multa e o embargo na propriedade particular. Contudo, no especial, o recorrente alega, entre outras questões, que sua propriedade foi objeto de desmatamento nas décadas de 40 e 50 do século passado, muito antes da vigência do Código Florestal (Lei n. 4.771/1965). Ressalta o Min. Relator ser inconteste nos autos que o recorrente é o proprietário da região na qual se encontra a área de preservação permanente objeto do litígio. Explica que, conforme prevê o art. 1º, § 2º, II, do Código Florestal, **se a área de preservação permanente estiver com a cobertura florestal nativa, o proprietário terá o dever de preservá-la; se não estiver, sua obrigação será restaurar ou, ao menos, recuperar a área degradada.** Assim, o fato de a região não estar coberta por vegetação nativa não retira a condição de área de preservação permanente. Dessa forma, embora esteja a área há muito tempo desmatada, **o proprietário é que tem a obrigação de recuperá-la, em vez de explorá-la economicamente,** como vinha ocorrendo. **Essa obrigação de recuperá-la independe do fato de ter sido o proprietário o autor da degradação ambiental, mas decorre de obrigação *propter rem,* que adere ao título de domínio ou posse.** Para o Min. Relator, o reflorestamento é medida tão ou mais importante que a própria preservação da vegetação ainda existente, visto considerar a imensidão de áreas devastadas ao longo do processo de desenvolvimento do país. (...). Diante do exposto, a Turma negou provimento ao recurso. Precedente citado: AgRg no REsp 1.206.484-SP, DJe 29/3/2011. (STJ. REsp 1.237.071-PR, Rel. Min. Humberto Martins, julgado em 3/5/2011. Informativo 471).

Aplicação em concurso:

- **(AGU-Procurador Federal 2010– CESPE)**

"Em se tratando de reserva florestal, com limitação imposta por lei, quem adquire a área assume o ônus de manter a sua preservação, tornando-a responsável pela reposição dessa área, mesmo se não tiver contribuído para devastá-la".

A afirmativa está correta.

4. Regeneração da Reserva Legal

O proprietário ou possuidor poderá ainda conduzir a **regeneração** natural da vegetação na Área de Reserva Legal providenciando, por exemplo, o cercamento da área protegida, impedindo que animais retardem o crescimento natural da vegetação.

5. Compensação da Reserva Legal

Uma propriedade, inscrita no Cadastro Ambiental Rural-CAR, cuja área de Reserva Legal seja inferior à determinada pelo Código, poderá compensar essa ausência de vegetação utilizando-se dos seguintes instrumentos:

I. **aquisição de Cota** de Reserva Ambiental – CRA;

II. **arrendamento de área** sob regime de servidão ambiental ou Reserva Legal;

III. **doação ao poder público** de área localizada no interior de **Unidade de Conservação** de domínio público pendente de regularização fundiária;

IV. **cadastramento de outra área equivalente** e excedente à Reserva Legal, em imóvel de mesma titularidade ou adquirida em imóvel de terceiro, com vegetação nativa estabelecida, em regeneração ou recomposição, desde que localizada no mesmo bioma.

▶ **Requisitos** para a área a ser utilizada para a compensação da Reserva Legal:

a) ser **equivalente em extensão** à área da Reserva Legal a ser compensada;

b) pertencer ao **mesmo bioma** da área de Reserva Legal a ser compensada;

c) estar localizada no mesmo Estado da Federação. Todavia, **se fora do Estado**, estar localizada **em áreas identificadas como prioritárias** pela União ou pelos Estados.

Aplicação em concurso:

- **(Procurador Município – Prefeitura Cuiabá/MT 2014 – FCC)**

  "Os proprietários ou possuidores de imóveis rurais que realizaram supressão de vegetação nativa respeitando os percentuais de Reserva Legal previstos pela legislação em vigor à época em que ocorreu a supressão são

A) obrigados a permitir a regeneração da Reserva Legal na respectiva propriedade rural para os percentuais exigidos pela Lei Federal nº 12.651/2012 (novo Código Florestal), em razão do caráter *propter rem* da obrigação ambiental.

B) obrigados a promover a recomposição da Reserva Legal na respectiva propriedade rural para os percentuais exigidos pela Lei Federal nº 12.651/2012 (novo Código Florestal), dado tratar-se de obrigação *propter rem*.

C) dispensados de promover a recomposição, compensação ou regeneração para os percentuais exigidos pela Lei Federal nº 12.651/2012 (novo Código Florestal).

D) obrigados a promover a recomposição da Reserva Legal na respectiva propriedade rural para os percentuais exigidos pela Lei Federal nº 12.651/2012 (novo Código Florestal) ou a compensar área equivalente em outra propriedade rural, desde que no mesmo bioma.

E) dispensados de promover a recomposição da Reserva Legal na respectiva propriedade rural para os percentuais exigidos pela Lei Federal nº 12.651/2012 (novo Código Florestal), mas obrigados a compensar área equivalente em outra propriedade rural, desde que no mesmo bioma."

Gabarito: letra "c".

▶ **Importante:** a Lei 12.651/2012, ao admitir a compensação da vegetação da Área de Reserva Legal, só o fez para situações passadas. Não está a Lei a permitir que o proprietário ou o possuidor devastem a vegetação da Reserva Legal para em seguida compensá-la por meio dos instrumentos previstos no parágrafo 5º do artigo 66. O objetivo da norma é evitar a supressão da vegetação ainda intacta em propriedade rural que já possua área desmatada, quando for verificado que a referida área se encontra abandonada, subutilizada ou utilizada de forma inadequada. Assim, busca-se incentivar o (re) aproveitamento e a recuperação ambiental do terreno mal utilizado e a preservação da vegetação nativa ainda existente.

CAPÍTULO XIV
DISPOSIÇÕES COMPLEMENTARES E FINAIS

Art. 69. São obrigados a **registro no órgão federal competente do Sisnama** os estabelecimentos comerciais **responsáveis pela comercialização de motosserras**, bem como aqueles que as adquirirem.

§ 1º A **licença para o porte e uso de motosserras será renovada a cada 2 (dois)** anos.

1. Nos exatos termos do artigo 51 da Lei de Crimes Ambientais (Lei 9.605/98) configura crime ambiental "**comercializar motosserra ou utilizá-la em florestas e nas demais formas de vegetação, sem licença ou registro da autoridade competente**". A pena é de detenção, de três meses a um ano, e multa.

§ 2º Os fabricantes de motosserras são obrigados a imprimir, em local visível do equipamento, numeração cuja sequência será encaminhada ao órgão federal competente do Sisnama e constará nas correspondentes notas fiscais.

Art. 70. Além do disposto nesta Lei e sem prejuízo da criação de unidades de conservação da natureza, na forma da Lei nº 9.985, de 18 de julho de 2000, e de outras ações cabíveis voltadas à proteção das florestas e outras formas de vegetação, o **poder público federal, estadual ou municipal poderá:**

I – **proibir ou limitar o corte das espécies da flora raras, endêmicas, em perigo ou ameaçadas de extinção**, bem como das espécies necessárias à subsistência das populações tradicionais, **delimitando as áreas compreendidas no ato**, fazendo depender de autorização prévia, nessas áreas, o corte de outras espécies;

II – **declarar qualquer árvore imune de corte**, por motivo de sua localização, raridade, beleza ou condição de porta-sementes;

III – **estabelecer exigências administrativas sobre o registro e outras formas de controle de pessoas físicas ou jurídicas que se dedicam à extração**, indústria ou comércio de produtos ou subprodutos florestais.

Art. 71. A União, em conjunto com os Estados, o Distrito Federal e os Municípios, realizará o **Inventário Florestal Nacional**, para subsidiar a análise da existência e qualidade das florestas do País, em imóveis privados e terras públicas.

Parágrafo único. A União estabelecerá critérios e mecanismos para uniformizar a coleta, a manutenção e a atualização das informações do Inventário Florestal Nacional.

Art. 72. Para efeitos desta Lei, a atividade de **silvicultura,** quando realizada em área apta ao uso alternativo do solo, **é equiparada à atividade agrícola,** nos termos da Lei nº 8.171, de 17 de janeiro de 1991, que "dispõe sobre a política agrícola".

Art. 73. Os órgãos centrais e executores do Sisnama criarão e implementarão, com a participação dos órgãos estaduais, **indicadores de sustentabilidade**, a serem publicados semestralmente, com vistas em aferir a evolução dos componentes do sistema abrangidos por disposições desta Lei.

Art. 74. A Câmara de Comércio Exterior - CAMEX, de que trata o art. 20-B da Lei nº 9.649, de 27 de maio de 1998, com a redação dada pela Medida Provisória nº 2.216-37, de 31 de agosto de 2001, é **autorizada a adotar medidas de restrição às importações de bens de origem agropecuária ou florestal produzidos em países que não observem normas e padrões de proteção do meio ambiente** compatíveis com as estabelecidas pela legislação brasileira.

Art. 75. Os PRAs instituídos pela União, Estados e Distrito Federal deverão incluir mecanismo que permita o acompanhamento de sua implementação, considerando os objetivos e metas nacionais para florestas, especialmente a implementação dos instrumentos previstos nesta Lei, a adesão cadastral dos proprietários e possuidores de imóvel rural, a evolução da regularização das propriedades e posses rurais, o grau de regularidade do uso de matéria-prima florestal e o controle e prevenção de incêndios florestais.

Art. 76. (VETADO).

Art. 77. (VETADO).

Art. 78. O art. **9º-A da Lei nº 6.938, de 31 de agosto de 1981**, passa a vigorar com a seguinte redação:

"Art. 9º-A. O proprietário ou possuidor de imóvel, pessoa natural ou jurídica, pode, por instrumento público ou particular ou por termo administrativo firmado perante órgão integrante do Sisnama, limitar o uso de toda a sua propriedade ou de parte dela para preservar, conservar ou recuperar os recursos ambientais existentes, instituindo **servidão ambiental.**

§ 1º O instrumento ou termo de instituição da servidão ambiental deve incluir, no mínimo, os seguintes itens:

I – memorial descritivo da área da servidão ambiental, contendo pelo menos um ponto de amarração georreferenciado;

II – objeto da servidão ambiental;

III – direitos e deveres do proprietário ou possuidor instituidor;

IV – prazo durante o qual a área permanecerá como servidão ambiental.

§ 2º **A servidão ambiental não se aplica às Áreas de Preservação Permanente e à Reserva Legal mínima** exigida.

§ 3º A **restrição** ao uso ou à exploração da vegetação da área sob servidão ambiental deve ser, no mínimo, a **mesma estabelecida para a Reserva Legal**.

§ 4º Devem ser objeto de **averbação na matrícula do imóvel** no registro de imóveis competente:

I – o instrumento ou termo de instituição da servidão ambiental;

II – o contrato de alienação, cessão ou transferência da servidão ambiental.

§ 5º Na hipótese de **compensação de Reserva Legal, a servidão ambiental deve ser averbada na matrícula** de todos os imóveis envolvidos.

§ 6º É vedada, durante o prazo de vigência da servidão ambiental, a alteração da destinação da área, nos casos de transmissão do imóvel a qualquer título, de desmembramento ou de retificação dos limites do imóvel.

§ 7º As áreas que tenham sido instituídas na forma de **servidão florestal**, nos termos do art. 44-A da Lei nº 4.771, de 15 de setembro de 1965, passam a ser consideradas, pelo efeito desta Lei, como de **servidão ambiental**." (NR)

Art. 78-A. Após 31 de dezembro de 2017, as instituições financeiras só concederão crédito agrícola, em qualquer de suas modalidades, para proprietários de imóveis rurais que estejam inscritos no CAR.

Parágrafo único. O prazo de que trata este artigo será prorrogado em observância aos novos prazos de que trata o § 3º do art. 29.

Art. 79. A **Lei nº 6.938, de 31 de agosto de 1981**, passa a vigorar acrescida dos seguintes **arts. 9º-B e 9º-C**:

"Art. 9º-B. A **servidão ambiental** poderá ser **onerosa ou gratuita, temporária ou perpétua**.

§ 1º O prazo mínimo da servidão ambiental temporária é de **15 (quinze) anos.**

§ 2º A **servidão ambiental perpétua equivale**, para fins creditícios, tributários e de acesso aos recursos de fundos públicos, **à Reserva Particular do Patrimônio Natural – RPPN**, definida no art. 21 da Lei nº 9.985, de 18 de julho de 2000.

§ 3º O detentor da servidão ambiental poderá **aliená-la, cedê-la ou transferi-la, total ou parcialmente,** por prazo determinado ou em caráter definitivo, em favor de outro proprietário ou de entidade pública ou privada que tenha a conservação ambiental como fim social."

"Art. 9º-C. O **contrato de alienação, cessão ou transferência** da servidão ambiental deve ser **averbado na matrícula do imóvel.**

§ 1º O contrato referido no caput deve conter, no mínimo, os seguintes itens:

I – a delimitação da área submetida a preservação, conservação ou recuperação ambiental;

II – o objeto da servidão ambiental;

III – os direitos e deveres do proprietário instituidor e dos futuros adquirentes ou sucessores;

IV – os direitos e deveres do detentor da servidão ambiental;

V – os benefícios de ordem econômica do instituidor e do detentor da servidão ambiental;

VI – a previsão legal para garantir o seu cumprimento, inclusive medidas judiciais necessárias, em caso de ser descumprido.

§ 2º São **deveres do proprietário do imóvel serviente**, entre outras obrigações estipuladas no contrato:

I – manter a área sob servidão ambiental;

II – prestar contas ao detentor da servidão ambiental sobre as condições dos recursos naturais ou artificiais;

III – permitir a inspeção e a fiscalização da área pelo detentor da servidão ambiental;

IV – defender a posse da área serviente, por todos os meios em direito admitidos.

§ 3º São **deveres do detentor da servidão ambiental**, entre outras obrigações estipuladas no contrato:

I – documentar as características ambientais da propriedade;

II – monitorar periodicamente a propriedade para verificar se a servidão ambiental está sendo mantida;

III – prestar informações necessárias a quaisquer interessados na aquisição ou aos sucessores da propriedade;

IV – manter relatórios e arquivos atualizados com as atividades da área objeto da servidão;

V – defender judicialmente a servidão ambiental."

Art. 80. **A alínea *d* do inciso II do § 1º do art. 10 da Lei nº 9.393, de 19 de dezembro de 1996**, passa a vigorar com a seguinte redação:

"Art. 10. (...)

§ 1º (...)

(...)

II – (...)

(...)

d) sob regime de servidão ambiental;

(...)" (NR)

Art. 81. **O caput do art. 35 da Lei nº 11.428, de 22 de dezembro de 2006**, passa a vigorar com a seguinte redação:

"Art. 35. A conservação, em imóvel rural ou urbano, da vegetação primária ou da vegetação secundária em qualquer estágio de regeneração do **Bioma Mata Atlântica** cumpre função social e é de interesse público, podendo, a critério do proprietário, as áreas sujeitas à restrição de que trata esta Lei **ser computadas para efeito da Reserva Legal e seu excedente utilizado para fins de compensação ambiental ou instituição de Cota de Reserva Ambiental - CRA.**

(...)" (NR)

Art. 82. São a União, os Estados, o Distrito Federal e os Municípios autorizados a instituir, adaptar ou reformular, no prazo de 6 (seis) meses, no âmbito do Sisnama, instituições florestais ou afins, devidamente aparelhadas para assegurar a plena consecução desta Lei.

Parágrafo único. As instituições referidas no **caput** poderão credenciar, mediante edital de seleção pública, profissionais devidamente habilitados para apoiar a regularização ambiental das propriedades previstas no inciso V do art. 3º, nos termos de regulamento baixado por ato do Chefe do Poder Executivo.

Art. 83. Revogam-se as Leis nos 4.771, de 15 de setembro de 1965, e 7.754, de 14 de abril de 1989, e suas alterações posteriores, **e a Medida Provisória nº 2.166-67, de 24 de agosto de 2001.**

Art. 84. Esta Lei entra em vigor na data de sua publicação.

Brasília, 25 de maio de 2012;
191º da Independência e 124º da República.

1. O Poder Público, tanto em âmbito federal, quanto estadual e municipal, poderá declarar qualquer árvore imune de corte. A proteção deve ter como motivação a localização, a raridade, a beleza ou condição de porta-semente do espécime (art. 70, II).

2. Servidão ambiental

Pela **servidão ambiental** o proprietário rural voluntariamente renuncia a exploração ou supressão (de parte) dos recursos naturais localizados em sua propriedade. Por óbvio, trata-se da vegetação localizada fora da Reserva Legal e das Áreas de Preservação Permanente – APP, cuja preservação já decorre da lei. Assim, a propriedade cujo percentual de área ambientalmente protegida seja inferior ao estipulado pelas normas ambientais poderá compensar seu déficit naquelas propriedades em que há proteção ambiental além dos limites legais. Portanto, sobre o excedente de áreas protegidas institui-se a servidão, que poderá ser negociada com os proprietários das terras deficitárias.

▶ **Importante:** *vide* artigos 9º-A, 9º-B e 9º-C da Lei 6.938/81 (Lei de Política Nacional do Meio Ambiente), no Capítulo III desta obra.

3. O Código Florestal revoga expressamente, em seu artigo 83, a Lei 4.771/65 (antigo Código Florestal) e suas alterações, como aquelas realizadas pela Medida Provisória nº 2.166-67, de 24 de agosto de 2001.

CAPÍTULO V
Sistema Nacional de Unidades de Conservação da Natureza – SNUC (Lei nº 9.985, de 18/07/2000)

Regulamenta o art. 225, § 1º, incisos I, II, III e VII da Constituição Federal, institui o Sistema Nacional de Unidades de Conservação da Natureza e dá outras providências.

CAPÍTULO I
DAS DISPOSIÇÕES PRELIMINARES

Art. 1º Esta Lei institui o **Sistema Nacional de Unidades de Conservação da Natureza – SNUC**, estabelece critérios e normas para a criação, implantação e gestão das unidades de conservação.

Art. 2º Para os fins previstos nesta Lei, entende-se por:

I – **unidade de conservação**: espaço territorial e seus recursos ambientais, incluindo as águas jurisdicionais, com características naturais relevantes, legalmente instituído pelo Poder Público, com objetivos de conservação e limites definidos, sob regime especial de administração, ao qual se aplicam garantias adequadas de proteção;

II – **conservação da natureza**: o manejo do uso humano da natureza, compreendendo a preservação, a manutenção, a utilização sustentável, a restauração e a recuperação do ambiente natural, para que possa produzir o maior benefício, em bases sustentáveis, às atuais gerações, mantendo seu potencial de satisfazer as necessidades e aspirações das gerações futuras, e garantindo a sobrevivência dos seres vivos em geral;

III – **diversidade biológica**: a variabilidade de organismos vivos de todas as origens, compreendendo, dentre outros, os ecossistemas terrestres, marinhos e outros ecossistemas aquáticos e os complexos ecológicos de que fazem parte; compreendendo ainda a diversidade dentro de espécies, entre espécies e de ecossistemas;

IV – **recurso ambiental**: a atmosfera, as águas interiores, superficiais e subterrâneas, os estuários, o mar territorial, o solo, o subsolo, os elementos da biosfera, a fauna e a flora;

V – **preservação**: conjunto de métodos, procedimentos e políticas que visem a proteção a longo prazo das espécies, habitats e ecossistemas, além da manutenção dos processos ecológicos, prevenindo a simplificação dos sistemas naturais;

VI – **proteção integral**: manutenção dos ecossistemas livres de alterações causadas por interferência humana, **admitido apenas o uso indireto** dos seus atributos naturais;

VII – **conservação *in situ***: conservação de ecossistemas e habitats naturais e a manutenção e recuperação de populações viáveis de espécies em seus meios naturais e, no caso de espécies domesticadas ou cultivadas, nos meios onde tenham desenvolvido suas propriedades características;

VIII – **manejo**: todo e qualquer procedimento que vise assegurar a conservação da diversidade biológica e dos ecossistemas;

IX – **uso indireto**: aquele que não envolve consumo, coleta, dano ou destruição dos recursos naturais;

X – **uso direto**: aquele que envolve coleta e uso, comercial ou não, dos recursos naturais;

XI – **uso sustentável**: exploração do ambiente de maneira a garantir a perenidade dos recursos ambientais renováveis e dos processos ecológicos, mantendo a biodiversidade e os demais atributos ecológicos, de forma socialmente justa e economicamente viável;

XII – **extrativismo**: sistema de exploração baseado na coleta e extração, de modo sustentável, de recursos naturais renováveis;

XIII – **recuperação**: restituição de um ecossistema ou de uma população silvestre degradada a uma condição não degradada, que pode ser diferente de sua condição original;

XIV – **restauração**: restituição de um ecossistema ou de uma população silvestre degradada o mais próximo possível da sua condição original;

XV – (vetado)

XVI – **zoneamento**: definição de setores ou zonas em uma unidade de conservação com objetivos de manejo e normas específicos, com o propósito de proporcionar os meios e as condições para que todos os objetivos da unidade possam ser alcançados de forma harmônica e eficaz;

XVII – **plano de manejo**: documento técnico mediante o qual, com fundamento nos objetivos gerais de uma unidade de conservação, se estabelece o seu zoneamento e as normas que devem presidir o uso da área e o manejo dos recursos naturais, inclusive a implantação das estruturas físicas necessárias à gestão da unidade;

XVIII – **zona de amortecimento**: o entorno de uma unidade de conservação, **onde as atividades humanas estão sujeitas a normas e restrições** específicas, com o propósito de minimizar os impactos negativos sobre a unidade; e

XIX – **corredores ecológicos**: porções de ecossistemas naturais ou seminaturais, ligando unidades de conservação, que possibilitam entre elas o fluxo de genes e o movimento da biota, facilitando a dispersão de espécies e a recolonização de áreas degradadas, bem como a manutenção de populações que demandam para sua sobrevivência áreas com extensão maior do que aquela das unidades individuais.

1. Introdução

A Lei 9.985/00 regulamenta o art. 225, § 1º, incisos I, II, III e VII da Constituição Federal de 1988, que dispõe:

> "Art. 225. (...)
>
> § 1º – Para assegurar a efetividade desse direito, incumbe ao Poder Público:
>
> I– preservar e restaurar os processos ecológicos essenciais e prover o manejo ecológico das espécies e ecossistemas;
>
> II – preservar a diversidade e a integridade do patrimônio genético do País e fiscalizar as entidades dedicadas à pesquisa e manipulação de material genético;
>
> III – definir, em todas as unidades da Federação, espaços territoriais e seus componentes a serem especialmente protegidos, sendo a alteração e a supressão permitidas somente através de lei, vedada qualquer utilização que comprometa a integridade dos atributos que justifiquem sua proteção;
>
> (...)
>
> VII – proteger a fauna e a flora, vedadas, na forma da lei, as práticas que coloquem em risco sua função ecológica, provoquem a extinção de espécies ou submetam os animais a crueldade."

Inicialmente podemos destacar o inciso III, acima transcrito, no qual o constituinte determina que incumbe ao poder público o dever de **definir, em todas as unidades da federação, espaços territoriais e seus componentes a serem especialmente protegidos**. Como já analisado no Capítulo III (comentários ao art. 9º, da Lei 6.938/81), há uma série de espaços ambientalmente relevantes protegidos pelas normas ambientais nacionais, com destaque para:

- Áreas de Preservação Permanente – APP (artigo 3º, II, e artigo 4º do Código Florestal)[1];
- Áreas de Reserva Legal (artigo 3º, III, e artigo 12 do Código Florestal)[2];
- **Unidades de Conservação da Natureza (Lei 9.985/2000)**;

Portanto, assim como as APP's e as áreas de Reserva Legal, também as Unidades de Conservação (UC's) estão inseridas no *status* de *espaço territorial especialmente protegido* previsto no art. 225, parágrafo 1º, III, da CRFB/1988.

2. Conceito de Unidade de Conservação – UC

A própria Lei 9.985/2000 (SNUC) traz a definição de "unidade de conservação" em seu artigo 2º, I. Pode-se destacar como **características das UC's**:

- Espécie de espaço territorial protegido (inseridas no art. 225, parágrafo 1º, III, da CRFB/1988);
- Características naturais relevantes (motivo de proteção pelas normas ambientais);
- Legalmente instituídos (por decreto do Chefe do Executivo ou por lei formal. Vide comentários ao artigo 22);
- Objetivos de conservação (e por isso são áreas ambientalmente protegidas);
- Limites (físicos) definidos;
- Regime especial de proteção e administração (vide comentários aos artigos 27 a 30);

Aplicação em concurso:

- **(Analista Ambiental/ Prefeitura de Vila Velha – ES / IBADE – 2020)**

  "Para fins da Lei No 9.985, de 18 de julho de 2000 "Espaço territorial e seus recursos ambientais, incluindo as águas jurisdicionais, com características naturais relevantes, legalmente instituído pelo Poder Público,

1. *Vide* comentários aos artigos 3º, II e 4º do Novo Código Florestal no Capítulo IV.
2. *Vide* comentários aos artigos 3º, III e 12 do Novo Código Florestal no Capítulo IV.

com objetivos de conservação e limites definidos, sob-regime especial de administração, ao qual se aplicam garantias adequadas de proteção" é o/a:

A) Ecossistema.

B) Diversidade biológica.

C) Unidade de conservação.

D) Espaço territorial.

E) Território natural."

Gabarito: letra "c".

- **(MPE/SP 2012)**

Considerando o disposto na Lei do Sistema Nacional de Unidades de Conservação da Natureza – SNUC – (Lei nº 9.985/2000), entende-se por

A) Conservação da natureza: conservação de ecossistemas e habitats naturais e a manutenção e recuperação de populações viáveis de espécies em seus meios naturais e, no caso de espécies domesticadas ou cultivadas, nos meios onde tenham desenvolvido suas propriedades características.

B) Preservação: manutenção dos ecossistemas livres de alterações causadas por interferência humana, admitido apenas o uso indireto dos seus atributos naturais.

C) Proteção integral: conjunto de métodos, procedimentos e políticas que visem a proteção a longo prazo das espécies, habitats e ecossistemas, além da manutenção dos processos ecológicos, prevenindo a simplificação dos sistemas naturais.

D) Zona de amortecimento: o entorno de uma unidade de conservação, onde as atividades humanas estão sujeitas a normas e restrições específicas, com o propósito de minimizar os impactos negativos sobre a unidade.

E) Conservação *in situ*: o manejo do uso humano da natureza, compreendendo a preservação, a manutenção, a utilização sustentável, a restauração e a recuperação do ambiente natural, para que possa produzir o maior benefício, em bases sustentáveis, às atuais gerações, mantendo seu potencial de satisfazer as necessidades e aspirações das gerações futuras, e garantindo a sobrevivência dos seres vivos em geral.

Gabarito: letra "d", nos termos do artigo 2º, XVIII da Lei 9.985/00.

- **(Analista Ambiental/ Prefeitura de Vila Velha – ES / IBADE – 2020)**

"Para os fins previstos na Lei nº 9.985/2000, que institui o Sistema Nacional de Unidades de Conservação (SNUC), entende-se por ______________: "Todo e qualquer procedimento que vise assegurar a conservação da diversidade biológica e dos Ecossistemas". A opção correta para completar a lacuna é:

A) restauração.

B) recuperação.

C) manejo.

D) manutenção.

E) preservação."

Gabarito: letra "c".

- **(Analista Ambiental/ Prefeitura de Vila Velha – ES / IBADE – 2020)**

"Conforme a Lei nº 9.985/2000, que institui o Sistema Nacional de Unidades de Conservação (SNUC), a "Restituição de um ecossistema ou de uma população silvestre degradada o mais próximo possível da sua condição original" é a definição de:

A) restauração.

B) recuperação.

C) revitalização.

D) reconstituição.

E) reversão."

Gabarito: letra "a".

- **(Analista Ambiental/ Prefeitura de Vila Velha – ES / IBADE – 2020)**

"Para fins da Lei nº 9.985, de 18 de julho de 2000 "Espaço territorial e seus recursos ambientais, incluindo as águas jurisdicionais, com características naturais relevantes, legalmente instituído pelo Poder Público, com objetivos de conservação e limites definidos, sob-regime especial de administração, ao qual se aplicam garantias adequadas de proteção" é o/a:

A) Ecossistema.

B) Diversidade biológica.

C) Unidade de conservação.

D) Espaço territorial.

E) Território natural."

Gabarito: letra "c"

CAPÍTULO II
DO SISTEMA NACIONAL DE UNIDADES DE CONSERVAÇÃO DA NATUREZA – SNUC

Art. 3º O Sistema Nacional de Unidades de Conservação da Natureza – SNUC é constituído pelo conjunto das unidades de conservação federais, estaduais e municipais, de acordo com o disposto nesta Lei.

1. Uma unidade de conservação da natureza pode ser instituída tanto pela União, quanto pelos Estados, DF e Municípios. O conjunto de unidades de conservação de todos os entes federados forma o Sistema Nacional de Unidades de Conservação da Natureza. Corroborando tal entendimento, a **Lei Complementar 140, de 08 de dezembro de 2011**, reconhece como ação administrativa da União (art. 7º, X), dos Estados (art. 8º, X) e dos Municípios (art. 9º, X) definirem seus espaços protegidos no âmbito de sua competência.

▶ **STJ:**

PROCESSUAL CIVIL. CRIAÇÃO DE UNIDADE DE CONSERVAÇÃO PELO MUNICÍPIO. POSSIBILIDADE, NOS TERMOS DA LEI FEDERAL 9.985/2000. OMISSÃO E CONTRADIÇÃO. INEXISTÊNCIA. INTERPRETAÇÃO DA LEI 1.973/2006 DO MUNICÍPIO DE CALDAS. SÚMULA 280/STF. REEXAME DO CONTEXTO FÁTICO-PROBATÓRIO. SÚMULA 7/STJ.

1. Na hipótese dos autos, o Tribunal de origem julgou integralmente a lide e solucionou a controvérsia, como lhe foi apresentada, manifestando-se de forma clara sobre o disposto no art. 22 da Lei Federal 9.985/2000, que **permite aos municípios criarem unidades de conservação.** (...) (STJ. REsp. 1.549.329/MG. Rel. Min. Herman Benjamin. Public. DJe 19/12/2016).

Aplicação em concurso:

- **(Magistratura Federal – TRF 4ª região 2016 – adaptada)**

  "O Sistema Nacional de Unidades de Conservação da Natureza é composto pelas Unidades de Conservação Federais, Estaduais e Municipais."

  A afirmativa está correta.

Art. 4º O SNUC tem os seguintes **objetivos**:

I – contribuir para a **manutenção da diversidade biológica e dos recursos genéticos** no território nacional e nas águas jurisdicionais;

II – **proteger as espécies ameaçadas de extinção** no âmbito regional e nacional;

III – contribuir para a **preservação e a restauração da diversidade de ecossistemas** naturais;

IV – promover o **desenvolvimento sustentável** a partir dos recursos naturais;

V – promover a utilização dos princípios e práticas de **conservação da natureza no processo de desenvolvimento**;

VI – **proteger paisagens naturais** e pouco alteradas de notável beleza cênica;

VII – **proteger as características relevantes** de natureza geológica, geomorfológica, espeleológica, **arqueológica, paleontológica** e cultural;

VIII – proteger e recuperar **recursos hídricos** e edáficos;

IX – recuperar ou **restaurar ecossistemas degradados**;

X – proporcionar meios e incentivos para **atividades de pesquisa científica,** estudos e monitoramento ambiental;

XI – **valorizar econômica e socialmente a diversidade biológica**;

XII – favorecer condições e promover a **educação e interpretação ambiental**, a **recreação em contato com a natureza e o turismo ecológico**;

XIII – **proteger os recursos naturais necessários à subsistência de populações tradicionais**, respeitando e valorizando seu conhecimento e sua cultura e promovendo-as social e economicamente.

Art. 5º O SNUC será regido por **diretrizes** que:

I – assegurem que no conjunto das unidades de conservação estejam **representadas amostras significativas e ecologicamente viáveis das diferentes populações, habitats e ecossistemas do território nacional** e das águas jurisdicionais, salvaguardando o patrimônio biológico existente;

II – assegurem os mecanismos e **procedimentos necessários ao envolvimento da sociedade** no estabelecimento e na revisão da política nacional de unidades de conservação;

III – assegurem a **participação efetiva das populações locais** na criação, implantação e gestão das unidades de conservação;

IV – busquem o **apoio e a cooperação de organizações não-governamentais, de organizações privadas e pessoas físicas** para o desenvolvimento de estudos, pesquisas científicas, práticas de educação ambiental, atividades de lazer e de turismo ecológico, monitoramento, manutenção e outras atividades de gestão das unidades de conservação;

V – incentivem as **populações locais e as organizações privadas** a **estabelecerem e administrarem unidades** de conservação dentro do sistema nacional;

VI – assegurem, nos casos possíveis, a **sustentabilidade econômica** das unidades de conservação;

VII – permitam o uso das unidades de conservação para a **conservação *in situ* de populações das variantes genéticas selvagens** dos animais e plantas domesticados e recursos genéticos silvestres;

VIII – assegurem que o processo de criação e a gestão das unidades de conservação sejam feitos de forma **integrada com as políticas de administração das terras e águas circundantes**, considerando as condições e necessidades sociais e econômicas locais;

IX – **considerem as condições e necessidades das populações locais** no desenvolvimento e adaptação de métodos e técnicas de uso sustentável dos recursos naturais;

X – **garantam às populações tradicionais** cuja subsistência dependa da utilização de recursos naturais existentes no interior das unidades de conservação **meios de subsistência alternativos ou a justa indenização** pelos recursos perdidos;

XI – garantam uma **alocação adequada dos recursos financeiros** necessários para que, uma vez criadas, as unidades de conservação possam ser geridas de forma eficaz e atender aos seus objetivos;

XII – busquem conferir às unidades de conservação, nos casos possíveis e respeitadas as conveniências da administração, **autonomia administrativa e financeira**; e

XIII – busquem **proteger grandes áreas por meio de um conjunto integrado de unidades de conservação de diferentes categorias, próximas ou contíguas, e suas respectivas zonas de amortecimento e corredores ecológicos**, integrando as diferentes atividades de preservação da natureza, uso sustentável dos recursos naturais e restauração e recuperação dos ecossistemas.

Aplicação em concurso:

- **(Juiz Federal – TRF 1ª Região – 2009 – CESPE)**

  "O SNUC é constituído pelo conjunto das unidades de conservação federais, estaduais e municipais. Os objetivos do SNUC incluem

  A) a promoção da utilização comercial da biodiversidade no processo de desenvolvimento econômico do país.

  B) a promoção do desenvolvimento sustentável a partir dos recursos naturais, bem como a proteção de paisagens naturais e pouco alteradas, de notável beleza cênica.

  C) a contribuição para manter a diversidade biológica e dos recursos genéticos no território nacional e nas águas jurisdicionais, além da replicação das espécies ameaçadas de extinção por meio do processo de clonagem.

D) o estímulo à substituição dos insumos naturais pelos equivalentes sintéticos na produção dos fármacos industriais, bem como a regulação do uso e da ocupação do solo nas estações ecológicas.

E) o estímulo à utilização progressiva do bioma do cerrado na manutenção do equilíbrio ecológico da região central do país, além da proteção e recuperação dos recursos edáficos utilizados na produção de biocombustíveis."

Gabarito: letra "b" (art. 4º, IV e VI).

Art. 6º O SNUC será gerido pelos seguintes órgãos, com as respectivas atribuições:

I – Órgão consultivo e deliberativo: o Conselho Nacional do Meio Ambiente – **CONAMA**, com as atribuições de acompanhar a implementação do Sistema;

II – Órgão central: o **Ministério do Meio Ambiente**, com a finalidade de coordenar o Sistema; e

III – **órgãos executores: o Instituto Chico Mendes e o IBAMA, em caráter supletivo, os órgãos estaduais e municipais, com a função de implementar o SNUC**, subsidiar as propostas de criação e administrar as unidades de conservação federais, estaduais e municipais, nas respectivas esferas de atuação. (Redação dada pela Lei nº 11.516/2007)

Parágrafo único. Podem integrar o SNUC, excepcionalmente e a critério do CONAMA, unidades de conservação estaduais e municipais que, concebidas para atender a peculiaridades regionais ou locais, possuam objetivos de manejo que não possam ser satisfatoriamente atendidos por nenhuma categoria prevista nesta Lei e cujas características permitam, em relação a estas, uma clara distinção.

1. **Atenção:** a execução das ações referentes à **política nacional de unidades de conservação** da natureza (Lei 9.985/00), que antes era atribuição exclusiva do IBAMA, passou a ser **atribuição do Instituto Chico Mendes de Conservação da Biodiversidade – ICMBio** (art. 6, III), autarquia federal vinculada ao Ministério do Meio Ambiente, a partir da edição da **Lei 11.516/07**. Portanto, as ações ambientais de âmbito federal relacionadas às unidades de conservação passaram a ser competência do Instituto Chico Mendes, permanecendo o IBAMA com a possibilidade de exercício supletivo do poder de polícia ambiental nos casos de omissão do referido Instituto.[3]

---

3. *Vide* Cap. III, comentários ao art. 6º da Lei 6.938/81, item 2.4.

Aplicação em concurso:

- **(Agente de proteção ambiental – Prefeitura de Vitória/ES – 2008)**

  "O Ministério do Meio Ambiente tem a função de coordenar o Sistema Nacional de Unidades de Conservação."

  A alternativa está correta (vide art. 6º, II).

- **(Agente de proteção ambiental – Prefeitura de Vitória/ES – 2008)**

  "O IBAMA é o órgão responsável pela administração de unidades de conservação (UCs) estaduais e municipais."

  A afirmativa está incorreta (vide art. 6, III, da Lei do SNUC).

CAPÍTULO III
DAS CATEGORIAS DE UNIDADES DE CONSERVAÇÃO

Art. 7º As unidades de conservação integrantes do SNUC **dividem-se em dois grupos**, com características específicas:

I – Unidades de Proteção Integral;

II – Unidades de Uso Sustentável.

§ 1º O objetivo básico das **Unidades de Proteção Integral** é **preservar a natureza, sendo admitido apenas o uso indireto dos seus recursos naturais**, com exceção dos casos previstos nesta Lei.

§ 2º O objetivo básico das **Unidades de Uso Sustentável** é **compatibilizar a conservação da natureza com o uso sustentável** de **parcela** dos seus recursos naturais.

1. Classificação das Unidades de Conservação

A lei do SNUC divide as unidades de conservação em **dois grandes grupos**, utilizando-se como critério a **intensidade de proteção**:

A) UNIDADES DE PROTEÇÃO INTEGRAL

A intensidade de proteção ambiental varia, portanto, em função do tipo de grupo de unidade de conservação da natureza. No grupo de **Proteção Integral** a **proteção é intensa,** buscando-se a manutenção dos ecossistemas livres de alterações causadas por interferência humana, **admitido apenas o uso indireto dos seus atributos naturais**, ou seja, aquele que não envolve consumo, coleta, dano ou destruição dos recursos naturais[4]. Como exemplo, podemos citar a Estação Ecológica e a Reserva Biológica, que não admitem nem mesmo a presença humana, tamanha a intensidade de proteção dos recursos naturais ali dispostos.

O Grupo de **Unidades de Proteção Integral** compõe-se das seguintes categorias[5]:

- Estação Ecológica;
- Reserva Biológica;
- Parque Nacional;
- Monumento Natural;
- Refúgio de Vida Silvestre.

Aplicação em concurso:

- **(Advogado / Prefeitura de Santo Augusto – RS / FUNDATEC – 2020)**

  "O objetivo das Unidades de Uso Sustentável é preservar a natureza, sendo admitido apenas o uso indireto dos recursos naturais, com exceção dos casos previstos em lei."

  A afirmativa está errada.

- **(MPE/SC 2014 – FEPESE)**

  "Nos termos do Sistema Nacional de Unidades de Conservação (Lei n. 9.985/2000), as unidades de conservação dividem-se em dois grupos: unidades de proteção integral e unidades de uso sustentável. Nas unidades integrantes do primeiro grupo, admite-se apenas o uso indireto dos recursos naturais. Nas do segundo grupo, busca-se compatibilizar a conservação da natureza com o uso sustentável dos recursos naturais."

  A assertiva está correta.

B) UNIDADES DE USO SUSTENTÁVEL

Já no grupo de UC's de **Uso Sustentável** a intensidade de proteção é menor em relação às de Proteção Integral. O objetivo básico das unidades de Uso Sustentável é **compatibilizar a conservação da natureza com o uso sustentável** de parcela dos seus recursos naturais[6]. Assim,

---

4. Art. 2º, IX, Lei SNUC.
5. Artigo 8º, Lei do SNUC.
6. Art. 7, parágrafo 2º, Lei SNUC.

a Lei 9.985/00 **admite a utilização (exploração) de parcela dos recursos naturais** em regime de manejo sustentável desde que observado o zoneamento da área[7], as limitações legais e o Plano de Manejo da respectiva UC. Um bom exemplo são as Reservas Extrativistas, que não apenas protegem os recursos naturais como também os meios de vida e a cultura das populações extrativistas tradicionais, além de assegurarem o uso sustentável dos recursos naturais da unidade para a subsistência daquelas populações (ex: seringueiros).

O grupo de **unidades de Uso Sustentável** compõe-se de[8]:

- Área de Proteção Ambiental;
- Área de Relevante Interesse Ecológico;
- Floresta Nacional;
- Reserva Extrativista;
- Reserva de Fauna;
- Reserva de Desenvolvimento Sustentável;
- Reserva Particular do Patrimônio Natural.

2. Quadro comparativo

Unidades de Proteção Integral (Art. 8º)	Unidades de Uso Sustentável (Art. 14)
Estação Ecológica	Área de Proteção Ambiental (APA)
Reserva Biológica	Área de Relevante Interesse Ecológico
Parque Nacional	Floresta Nacional
Monumento Natural	Reserva Extrativista

7. Zoneamento: definição de setores ou zonas em uma unidade de conservação com objetivos de manejo e normas específicos, com o propósito de proporcionar os meios e as condições para que todos os objetivos da unidade possam ser alcançados de forma harmônica e eficaz (art. 2º, XVI, Lei SNUC).
8. Artigo 14, Lei do SNUC.

Unidades de Proteção Integral (Art. 8º)	Unidades de Uso Sustentável (Art. 14)
Refúgio de Vida Silvestre	Reserva de Fauna
–	Reserva de Desenvolvimento Sustentável
–	Reserva Particular do Patrimônio Natural (RPPN)

▶ Atenção ao quadro acima! É o tema mais cobrado do SNUC. Há muitas questões exigindo que o candidato saiba quais são as unidades de Proteção integral e quais são de Uso Sustentável. Foram encontradas mais de 300 questões e alternativas cobrando esta diferenciação em diversos concursos.

Veja o exemplo abaixo:

Aplicação em concurso:

- **(Prefeitura de Novo Hamburgo – RS/ AOCP/2020)**

  "Assinale a alternativa que apresenta somente unidades de Proteção Integral.

  A) Bacias hidrográficas, fragmentos de vegetação nativa e parques nacionais.

  B) Áreas sujeitas à desertificação e desmatamentos causados por interferência antrópica.

  C) Estação ecológica, reserva biológica, parque nacional, monumento natural e refúgio de vida silvestre.

  D) Reservas florestais, reservas legais, refúgio de vida silvestre e manguezais.

  E) Matas ciliares, fundos de vale, regiões de mangue e fragmentos da Mata Atlântica."

  Gabarito: letra "c".

Art. 8º O grupo das **Unidades de Proteção Integral** é composto pelas seguintes categorias de unidade de conservação:

I – Estação Ecológica;

II – Reserva Biológica;

III – Parque Nacional;

IV – Monumento Natural;

V – Refúgio de Vida Silvestre.

1. **Atenção às categorias de unidade de conservação das UNIDADES DE PROTEÇÃO INTEGRAL. importante saber quais são elas, além de diferenciá-las das Unidades de Uso Sustentável (art.14).**

   Muito exigida em concurso!

Aplicação em concurso:

- **(MPE/GO 2019 - adaptada)**

  "As unidades de conservação da Reserva Biológica, da Floresta Nacional e do Parque Nacional integram as Unidades de Proteção Integral."

  A alternativa está errada. A Floresta Nacional não integra essa categoria.

- **(MPE/SC 2016)**

  "Estação Ecológica, Reserva Biológica, Floresta Nacional, Monumento Natural e Refúgio de Vida Silvestre são todas as categorias de unidade de conservação que compõem o grupo das Unidades de Proteção Integral, de acordo com o art. 8º da Lei n. 9.985/00 (Sistema Nacional de Unidades de Conservação da Natureza)."

  A alternativa está errada. Floresta Nacional é categoria de unidade de conservação que compõe o grupo das Unidades de Uso Sustentável, de acordo com o art. 14 da Lei 9.985/00.

- **(Promotor de Justiça/ MPE-MS/ FAPEC – 2015)**

  "Nos termos do art. 8º, da Lei 9.985/2000 (Lei do Sistema Nacional de Unidades de Conservação), o Grupo das Unidades de Proteção Integral é composto pelas seguintes categorias de unidade de conservação, exceto:

  A) Estação Ecológica.

  B) Reserva Biológica.

  C) Parque Nacional.

  D) Floresta Nacional.

  E) Monumento Natural."

  Gabarito: Letra d. Veja os itens do art. 8º. A única que não consta é a Floresta Natural.

- **(Prefeitura de Paulista – PE/ UPENET/IAUPE – 2014)**

  "A Lei Federal Nº 9985, de 18 de julho de 2000 regulamenta o art. 225, § 1º, incisos I, II, III e VII da Constituição Federal, institui o Sistema Nacional de Unidades de Conservação da Natureza-SNUC. Sobre o tema, indique a categoria de unidade de conservação que NÃO faz parte do grupo das Unidades de Proteção Integral.

  A) Estação Ecológica

  B) Reserva Biológica

  C) Parque Nacional

  D) Monumento Natura

  E) Reserva de Fauna"

  Gabarito: Letra e. Veja os itens do art. 8º. A única que não consta é a Reserva de Fauna.

- **(MPE/MS 2013)**

  "O Sistema Nacional de Unidades de Conservação – SNUC é composto pelo conjunto das unidades de conservação federais, estaduais e municipais. Referido sistema estabelece dois grupos de unidades de conservação, as de Proteção Integral e as de Uso Sustentável. NÃO é Unidade de Proteção Integral:

  A) Parque Nacional.

  B) Refúgio de Vida Silvestre.

  C) Estação Ecológica.

  D) Área de Proteção Ambiental – APA.

  E) Monumento Natural."

  Gabarito: letra "d", nos termos do artigo 8º da Lei 9.985/00.

- **(Defensor Público/ DPE-SP / FCC -2010)**

  "Das categorias de unidades de conservação abaixo, NÃO se caracteriza como Unidade de Proteção Integral:

  A) Parque Nacional.

  B) Refúgio da Vida Silvestre.

  C) Área de Proteção Ambiental (APA).

  D) Estação Ecológica.

  E) Reserva Biológica."

  Gabarito: Letra c. Veja os itens do art. 8º. A única que não consta é a Área de Proteção Ambiental (APA).

2. Unidades de Conservação de Proteção Integral

Como analisado nos comentários ao art. 7º, nas UC's de **Proteção Integral** a **proteção é intensa. Admite-se apenas o uso indireto dos seus atributos naturais**, ou seja, aquele uso que não envolve consumo, coleta, dano ou destruição dos recursos naturais[9].

Do artigo 9º ao 13, a Lei do SNUC apresenta os objetivos e características de cada um dos cinco tipos de unidades de conservação de Proteção Integral.

Tamanha a importância ambiental de algumas áreas que a Lei 9.985/00 determina, em certos casos, seja a unidade de conservação de **posse e domínio públicos** e, para tanto, as áreas incluídas em seus limites **deverão ser desapropriadas** (exs: art. 9º, I; art. 10, parágrafo 1º).

Aplicação em concurso:

- ***(PGE/AM/Procurador/2010 – FCC)***

  "A implantação de uma unidade de conservação deverá ser precedida de desapropriação

  A) sempre que a área que lhe for destinada for de domínio privado.

  B) se assim for determinado no curso do procedimento de licenciamento ambiental para sua implantação.

  C) nos casos de unidades de proteção integral que devam, por força de lei, ser de domínio público.

  D) quando, tratando-se de unidades de uso sustentável, o proprietário da área assim o desejar.

  E) a critério discricionário da chefia do Poder Executivo."

  Gabarito: letra "c"

Já em outras situações, a lei do SNUC permite que as unidades de conservação sejam constituídas por **áreas particulares**, não exigindo a desapropriação, desde que seja possível compatibilizar os objetivos da unidade com a utilização da terra e dos recursos naturais do local pelos proprietários. Caso contrário, quando as atividades privadas estejam indo de encontro aos objetivos de preservação ambiental da UC, ou não havendo aquiescência do proprietário às condições propostas pelo órgão responsável pela administração da unidade, a área deverá ser desapropriada (exs: art. 12, parágrafos 1º e 2º; e artigo 13, parágrafos 1º e 2º).

---

9. Art. 2º, IX, Lei SNUC.

▶ **Atenção 1:** aos tipos de UC's de Proteção Integral que exigem a desapropriação de áreas e aos que podem ser constituídos em áreas particulares (veja o quadro a seguir).

Aplicação em concurso:

- ***(Magistratura Federal – TRF 4ª região 2016)***

  "As Unidades de Conservação podem ser divididas entre Proteção Integral e de Uso Sustentável, e, em todas as situações, haverá a transferência do título de propriedade ao ente federativo que a instituiu."

  A afirmativa está errada.

▶ **Atenção 2:** haverá **responsabilidade solidária do Estado** quando, devendo agir para evitar o dano ambiental em Unidade de Conservação, mantém-se inerte ou atua de forma deficiente, contribuindo para o dano, ainda que indiretamente.

▶ **STJ:**

DANOS AMBIENTAIS. RESPONSABILIDADE SOLIDÁRIA.

A questão em causa diz respeito à **responsabilização do Estado por danos ambientais causados pela invasão e construção, por particular, em unidade de conservação (parque estadual)**. A Turma entendeu haver **responsabilidade solidária do Estado quando, devendo agir para evitar o dano ambiental, mantém-se inerte ou atua de forma deficiente. A responsabilização decorre da omissão ilícita, a exemplo da falta de fiscalização e de adoção de outras medidas preventivas inerentes ao poder de polícia, as quais, ao menos indiretamente, contribuem para provocar o dano**, até porque o poder de polícia ambiental não se exaure com o embargo à obra, como ocorreu no caso. Há que ponderar, entretanto, que essa cláusula de solidariedade não pode implicar benefício para o particular que causou a degradação ambiental com sua ação, em detrimento do erário. Assim, sem prejuízo da responsabilidade solidária, deve o Estado – que não provocou diretamente o dano nem obteve proveito com sua omissão – buscar o ressarcimento dos valores despendidos do responsável direto, evitando, com isso, injusta oneração da sociedade. Com esses fundamentos, deu-se provimento ao recurso. (REsp 1.071.741-SP**, Rel. Min. Herman Benjamin, julgado em 24/3/2009. Informativo 388 do STJ).**

3. Quadro comparativo

UNIDADES DE PROTEÇÃO INTEGRAL				
ESTAÇÃO ECOLÓGICA (art. 9º)	**RESERVA BIOLÓGICA** (art. 10)	**PARQUE NACIONAL** (art. 11)	**MONUMENTO NATURAL** (art. 12)	**REFÚGIO DA VIDA SILVESTRE** (art. 13)
Preservar a natureza e realizar pesquisas científicas	Preservar integralmente a biota e demais atributos naturais existentes	Preservar ecossistemas naturais de grande relevância ecológica e beleza cênica	Preservar sítios naturais raros, singulares ou de grande beleza cênica	Proteger ambientes naturais para a existência ou reprodução de espécies ou comunidades de flora local e da fauna residente ou migratória
Posse e domínio públicos	Posse e domínio públicos	Posse e domínio públicos	–	–
Áreas particulares serão desapropriadas	Áreas particulares serão desapropriadas	Áreas particulares serão desapropriadas	Pode ser constituído por áreas particulares, desde que haja compatibilidade entre os objetivos da unidade com a utilização pelo proprietário. Caso contrário, haverá a desapropriação	Pode ser constituído por áreas particulares, desde que haja compatibilidade entre os objetivos da unidade com a utilização pelo proprietário. Caso contrário, haverá a desapropriação
Proibida a visitação pública, exceto quando com objetivo educacional.	Proibida a visitação pública, exceto quando com objetivo educacional.	Visitação está sujeita a normas e restrições do Plano de Manejo.	Visitação está sujeita a normas e restrições do Plano de Manejo	Visitação está sujeita a normas e restrições do Plano de Manejo

UNIDADES DE PROTEÇÃO INTEGRAL				
ESTAÇÃO ECOLÓGICA (art. 9º)	**RESERVA BIOLÓGICA** (art. 10)	**PARQUE NACIONAL** (art. 11)	**MONUMENTO NATURAL** (art. 12)	**REFÚGIO DA VIDA SILVESTRE** (art. 13)
Pesquisa científica depende de autorização prévia do órgão responsável	Pesquisa depende de autorização prévia do órgão responsável	Pesquisa depende de autorização prévia do órgão responsável	Pesquisa depende de aprovação prévia do órgão responsável (art. 32, § 2º)	Pesquisa depende de autorização prévia do órgão responsável
Conselho Consultivo (art. 29)	Conselho Consultivo (art. 29)	Conselho Consultivo (art. 29)	Conselho Consultivo (art. 29)	Conselho Consultivo (art. 29)
Ex: Estação Ecológica do Guaraguaçu – PR	Ex: Reserva Biológica Serra Azul – MG	Ex: Parque Nacional da Chapada Diamantina	Ex: Monumento Natural dos Costões Rochosos – Rio das Ostras/RJ	Ex: Refúgio da Vida Silvestre Sauim-Castanheiras – AM

▶ **Importante:** o leitor deverá ler atentamente o quadro comparativo acima. O assunto é muito exigido em concursos!

Aplicação em concurso:

- **(MPE/ES/Promotor/2010 – CESPE)**

  "Estação ecológica é uma UC de proteção integral com finalidade de preservar a biota e os demais atributos naturais, sendo vedada qualquer ingerência humana em seus limites."

  A afirmativa está errada. O conceito apresentado é o de Reserva Biológica.

- **(AGU-Procurador Federal 2010 – CESPE)**

  "A pesquisa científica a ser desenvolvida nas reservas biológicas não depende de autorização administrativa do órgão responsável pela unidade, mas apenas da observância das condições estabelecidas em regulamento".

  A afirmativa está errada. A pesquisa científica depende de autorização prévia do órgão responsável pela administração da unidade e está sujeita às condições e restrições por este estabelecidas, bem como àquelas previstas em regulamento.

- **(Ministério Público/AM – 2007 – CESPE)**

  "De acordo com a Lei n.º 9.985/2000, que instituiu o Sistema Nacional de Unidades de Conservação da Natureza, o refúgio de vida silvestre:

  A) é unidade de conservação de proteção integral restrita às áreas públicas.

  B) é de posse e domínio público, sendo que as áreas particulares incluídas em seus limites serão desapropriadas, de acordo com o que dispõe a lei.

  C) tem como objetivo básico a preservação de ecossistemas naturais de grande relevância ecológica e beleza cênica, possibilitando a realização de pesquisas científicas.

  D) tem como objetivo básico preservar sítios naturais raros, singulares ou de grande beleza cênica.

  E) tem como objetivo proteger ambientes naturais onde sejam asseguradas condições para a existência ou reprodução de espécies ou comunidades da flora local e da fauna residente ou migratória."

  Gabarito: letra "E".

- **(Magistratura /MG – 2006)**

  "A Estação Ecológica, como Unidade de Conservação de Proteção Integral, tem como objetivo a preservação da natureza e a realização de pesquisas científicas, sendo públicos a posse e o domínio de sua área. Havendo áreas particulares incluídas em seus limites deverão ser cedidas, a título gratuito, ao Poder Público, sendo esta uma das restrições legais ao direito de propriedade."

  A alternativa está errada. As áreas particulares incluídas em seus limites deverão ser desapropriadas, observados os requisitos legais do instituto, como a indenização (art. 9º, § 1º).

- **(Procurador do Estado do Amapá – 2006 –CESPE)**

  "A unidade de proteção integral denominada refúgio de vida silvestre tem como objetivo proteger ambientes naturais onde sejam asseguradas condições para a existência ou a reprodução de espécies ou comunidades da flora local e da fauna residente ou migratória."

  A assertiva está correta (art. 13).

Art. 9º A **Estação Ecológica** tem como **objetivo** a preservação da natureza e a realização de pesquisas científicas.

§ 1º A Estação Ecológica é de **posse e domínio públicos, sendo que as áreas particulares incluídas em seus limites serão desapropriadas**, de acordo com o que dispõe a lei.

§ 2º É **proibida a visitação pública**, exceto quando com objetivo educacional, de acordo com o que dispuser o Plano de Manejo da unidade ou regulamento específico.

§ 3º A **pesquisa científica depende de autorização prévia** do órgão responsável pela administração da unidade e está sujeita às condições e restrições por este estabelecidas, bem como àquelas previstas em regulamento.

§ 4º Na Estação Ecológica **só podem ser permitidas alterações dos ecossistemas** no caso de:

I – medidas que visem a restauração de ecossistemas modificados;

II – manejo de espécies com o fim de preservar a diversidade biológica;

III – coleta de componentes dos ecossistemas com finalidades científicas;

IV – pesquisas científicas cujo impacto sobre o ambiente seja maior do que aquele causado pela simples observação ou pela coleta controlada de componentes dos ecossistemas, em uma área correspondente a no máximo três por cento da extensão total da unidade e até o limite de um mil e quinhentos hectares.

1. Estação Ecológica →Objetivo (art. 9º, caput)

- **(Assistente/ UNESP/ VUNESP – 2015)**

  "A Estação Ecológica tem como objetivo a preservação integral da biota e dos demais atributos naturais existentes em seus limites, sem interferência humana direta ou modificações ambientais, excetuando-se as medidas de recuperação de seus ecossistemas alterados e as ações de manejo necessárias para recuperar e preservar o equilíbrio natural, a diversidade biológica e os processos ecológicos naturais."

  A alternativa está errada. Este objetivo é da Reserva Biológica (art. 10).

2. A Estação Ecológica é de posse e domínio públicos (art. 9º, §1º)

Aplicação em concurso:

- **(Delegado de Polícia Civil PA 2016 – Funcab – adaptada)**

  "A Estação Ecológica, unidade de conservação de domínio privado, tem como objetivo a preservação da natureza e a realização de pesquisas científicas".

  A alternativa está errada. A Estação Ecológica é de posse e domínio públicos (art. 9º, parágrafo 1º, Lei 9.985/00).

3. Alterações dos ecossistemas em Estações Ecológicas (art. 9º, §4º)

Aplicação em concurso:

- **(Advogado / Prefeitura de Santo Augusto – RS / FUNDATEC – 2020)**

  "Em nenhuma hipótese são admitidas alterações dos ecossistemas em Estações Ecológicas."

  A afirmativa está errada. O parágrafo 4º enumera as hipóteses em que são permitidas alterações.

- **(Magistratura Estadual DF 2016 – CESPE – adaptada)**

  "As pesquisas científicas, realizadas em estação ecológica, que gerem impacto superior à simples observação ou à coleta controlada de componentes dos ecossistemas devem ocorrer em área correspondente a, no máximo, 3% da extensão total da unidade e até o limite de 1.500 hectares".

  A alternativa está correta, nos termos do art. 9º, § 4º.

Art. 10. A **Reserva Biológica** tem como **objetivo** a preservação integral da biota e demais atributos naturais existentes em seus limites, sem interferência humana direta ou modificações ambientais, excetuando-se as medidas de recuperação de seus ecossistemas alterados e as ações de manejo necessárias para recuperar e preservar o equilíbrio natural, a diversidade biológica e os processos ecológicos naturais.

§ 1º A Reserva Biológica é de **posse e domínio públicos**, sendo que as áreas particulares incluídas em seus limites serão desapropriadas, de acordo com o que dispõe a lei.

§ 2º É **proibida a visitação pública**, exceto aquela com objetivo educacional, de acordo com regulamento específico.

§ 3º A **pesquisa científica depende de autorização prévia** do órgão responsável pela administração da unidade e está sujeita às condições e restrições por este estabelecidas, bem como àquelas previstas em regulamento.

1. Reserva Biológica: Objetivo.

Aplicação em concurso:

- **(Assistente/ UNESP/ VUNESP – 2015)**

"A Reserva Biológica tem como objetivo básico a preservação de ecossistemas naturais de grande relevância ecológica e beleza cênica, possibilitando a realização de pesquisas científicas e o desenvolvimento de atividades de educação e interpretação ambiental, de recreação em contato com a natureza e de turismo ecológico."

A afirmativa está errada. Este é o objetivo do Parque Nacional (art. 11).

Art. 11. O **Parque Nacional** tem como **objetivo básico** a preservação de ecossistemas naturais de grande relevância ecológica e beleza cênica, possibilitando a realização de pesquisas científicas e o desenvolvimento de atividades de educação e interpretação ambiental, de recreação em contato com a natureza e de turismo ecológico.

§ 1º O Parque Nacional é de **posse e domínio públicos**, sendo que as áreas particulares incluídas em seus limites serão desapropriadas, de acordo com o que dispõe a lei.

§ 2º A **visitação pública está sujeita às normas e restrições** estabelecidas no Plano de Manejo da unidade, às normas estabelecidas pelo órgão responsável por sua administração, e àquelas previstas em regulamento.

§ 3º A **pesquisa científica depende de autorização prévia** do órgão responsável pela administração da unidade e está sujeita às condições e restrições por este estabelecidas, bem como àquelas previstas em regulamento.

§ 4º As unidades dessa categoria, quando criadas pelo Estado ou Município, serão denominadas, respectivamente, **Parque Estadual** e **Parque Natural Municipal**.

1. Parque Nacional (caput): Objetivo básico.

Aplicação em concurso:

- **(Agente de Fiscalização Ambiental/ BIO-RIO – 2016)**

  "Em relação ao Parque Nacional, tem por objetivo básico a preservação de ecossistemas naturais de grande relevância ecológica e beleza cênica, possibilitando a realização de pesquisas científicas e o desenvolvimento de atividades de educação e interpretação ambiental, de recreação em contato com a natureza e de turismo ecológico."

  A afirmativa está correta.

- **(Assistente/ UNESP/ VUNESP – 2015)**

  "O Parque Nacional tem como objetivo proteger ambientes naturais onde se asseguram condições para a existência ou reprodução de espécies ou comunidades da flora local e da fauna residente ou migratória."

  A afirmativa está errada. Este é o objetivo do Refúgio de Vida Silvestre.

2. Parque Nacional (§1º): posse e domínio públicos. Desapropriação das áreas particulares.

Aplicação em concurso:

- **(Advogado / Prefeitura de Santo Augusto – RS / FUNDATEC – 2020)**

  "O Parque Nacional é de posse e domínio público, sendo mantidas, porém, as áreas particulares incluídas em seus limites, de acordo com o que dispõe a lei."

  A afirmativa está errada. As áreas particulares deverão ser desapropriadas.

- **(Agente de Fiscalização Ambiental/ BIO-RIO – 2016)**

  "Em relação ao Parque Nacional, é de posse e domínio públicos, sendo que as áreas particulares incluídas em seus limites serão desapropriadas, de acordo com o que dispõe a lei."

  A afirmativa está correta.

- **(Exame de Ordem 2016.1 – FGV)**

  "Paulo é proprietário de um grande terreno no qual pretende instalar um loteamento, já devidamente aprovado pelo Poder Público. Contudo, antes que Paulo iniciasse a instalação do projeto, sua propriedade foi integralmente incluída nos limites de um Parque Nacional. Considerando as normas que regem o Sistema Nacional de Unidades de Conservação – SNUC, é correto afirmar que

  A) Paulo deverá aguardar a elaboração do plano de manejo do parque para verificar a viabilidade de seu empreendimento.

  B) Paulo poderá ajuizar ação com o objetivo de ser indenizado pelo lucro cessante decorrente da inviabilidade do empreendimento.

  C) Caso seu terreno não seja desapropriado, Paulo poderá ajuizar ação de desapropriação indireta em face da União.

  D) Paulo não poderá implementar seu loteamento, mas poderá explorar o ecoturismo na área com cobrança de visitação."

  Gabarito: letra "c". Nos termos do parágrafo 1º do artigo 11 da Lei do SNUC, "o Parque Nacional é de posse e domínio públicos, sendo que as áreas particulares incluídas em seus limites serão desapropriadas, de acordo com o que dispõe a lei". No caso em tela, não há dúvidas sobre a necessidade de desapropriação do terreno de Paulo para a criação do Parque Nacional. Desta forma, caso seu terreno não seja desapropriado, ele poderá ajuizar ação de desapropriação indireta em face da União.

3. Parque Nacional (§2º): visitação pública está sujeita às normas e restrições.

Aplicação em concurso:

- **(Agente de Fiscalização Ambiental/ BIO-RIO – 2016)**

  "Em relação ao Parque Nacional, a visitação pública está sujeita às normas e restrições estabelecidas no Plano de Manejo da unidade, às normas estabelecidas pelo órgão responsável por sua administração, e àquelas previstas em regulamento."

  A afirmativa está correta.

4. Parque Nacional (§3º): pesquisa científica depende de autorização prévia.

Aplicação em concurso:

- **(Agente de Fiscalização Ambiental/ BIO-RIO – 2016)**

  "Em relação ao Parque Nacional, a pesquisa científica é livre e não depende de autorização prévia do órgão responsável pela administração da unidade."

  A afirmativa está errada. A pesquisa científica DEPENDE de autorização prévia.

- **(Magistratura Estadual PA 2014 – Vunesp)**

  "Quanto à pesquisa científica e visitação pública em unidades de conservação, assinale a assertiva CORRETA.

  A) A pesquisa científica em Parques Nacionais depende de autorização prévia do órgão responsável pela sua administração, sujeita às condições e restrições por ele estabelecidas e às previstas em regulamento, o que também ocorre no caso de visitação pública sujeita ainda às normas e restrições do Plano de Manejo.

  B) A pesquisa científica em reservas biológicas depende de atendimento às exigências do seu regulamento, sendo proibida a visitação pública, salvo de escolas públicas e desde que seus objetivos sejam educacionais e culturais.

C) A pesquisa científica em estações ecológicas depende de autorização prévia do seu gestor, bem como às exigências do regulamento e a visitação será livre desde que o Plano de Manejo traga disposição nesse sentido.

D) A pesquisa científica em Monumentos Naturais independe de aprovação prévia do órgão responsável por sua administração, desde que demonstrado que não coloca em risco a sobrevivência de espécies integrantes do ecossistema protegido e a visitação pública depende apenas do atendimento às restrições do Plano de Manejo.

E) A pesquisa científica em refúgios da vida silvestre fica sujeita a restrições previstas em regulamento para o período de defeso da fauna local e a visitação pública fica sujeita especificamente às regras preestabelecidas no Plano de Manejo."

Gabarito: letra "a", nos termos do art. 11, §§ 2º e 3º da Lei 9.985/2000.

5. Parque Nacional (§4º): quando criadas pelo Estado ou Município, serão denominadas, respectivamente, PARQUE ESTADUAL e PARQUE NATURAL MUNICIPAL

Aplicação em concurso:

- **(Agente de Fiscalização Ambiental/ BIO-RIO – 2016)**

  "Em relação ao Parque Nacional, as unidades dessa categoria, quando criadas pelo Estado ou Município, serão denominadas, respectivamente, Parque Estadual e Parque Natural Municipal."

  A afirmativa está correta.

Art. 12. O **Monumento Natural** tem como **objetivo básico** preservar sítios naturais raros, singulares ou de grande beleza cênica.

§ 1º O Monumento Natural **pode ser constituído por áreas particulares**, desde que seja possível compatibilizar os objetivos da unidade com a utilização da terra e dos recursos naturais do local pelos proprietários.

§ 2º Havendo incompatibilidade entre os objetivos da área e as atividades privadas ou não havendo aquiescência do proprietário às condições propostas pelo órgão responsável pela administração da unidade para a coexistência do Monumento Natural com o uso da propriedade, a área deve ser desapropriada, de acordo com o que dispõe a lei.

§ 3º A **visitação pública está sujeita às condições e restrições** estabelecidas no Plano de Manejo da unidade, às normas estabelecidas pelo órgão responsável por sua administração e àquelas previstas em regulamento.

1. Monumento Natural. Objetivo.

Aplicação em concurso:

- **(Assistente/ UNESP/ VUNESP – 2015)**

  "O Monumento Natural tem como objetivo básico preservar sítios naturais raros, singulares ou de grande beleza cênica."

  A afirmativa está correta.

- **(Direito/ Petrobras/ CESGRANRIO – 2015)**

  "A Unidade de Proteção Integral que tem como objetivo básico preservar sítios naturais raros, singulares ou de grande beleza cênica, nos termos da Lei Federal n° 9.985/2000, é o(a)

  A) Parque Nacional

  B) Refúgio da Vida Silvestre

  C) Monumento Natural

  D) Área de Proteção Ambiental

  E) Reserva Extrativista"

  Gabarito: letra "c".

Art. 13. O **Refúgio de Vida Silvestre** tem como **objetivo** proteger ambientes naturais onde se asseguram condições para a existência ou reprodução de espécies ou comunidades da flora local e da fauna residente ou migratória.

§ 1º O Refúgio de Vida Silvestre **pode ser constituído por áreas particulares**, desde que seja possível compatibilizar os objetivos da unidade com a utilização da terra e dos recursos naturais do local pelos proprietários.

§ 2º Havendo incompatibilidade entre os objetivos da área e as atividades privadas ou não havendo aquiescência do proprietário às condições propostas pelo órgão responsável pela administração da unidade para a coexistência do Refúgio de Vida Silvestre com o uso da propriedade, a área deve ser desapropriada, de acordo com o que dispõe a lei.

§ 3º A **visitação pública está sujeita às normas e restrições** estabelecidas no Plano de Manejo da unidade, às normas estabelecidas pelo órgão responsável por sua administração, e àquelas previstas em regulamento.

§ 4º A **pesquisa científica depende de autorização prévia** do órgão responsável pela administração da unidade e está sujeita às condições e restrições por este estabelecidas, bem como àquelas previstas em regulamento.

1. Refúgio de Vida Silvestre. Objetivo.

Aplicação em concurso:

(Assistente/ UNESP/ VUNESP – 2015)
"O Refúgio de Vida Silvestre tem como objetivo a preservação da natureza e a realização de pesquisas científicas."
A afirmativa está errada. Este é o objetivo da Estação Ecológica.

2. Refúgio de Vida Silvestre: pode ser constituído por áreas particulares.

Aplicação em concurso:

- **(Advogado / Prefeitura de Santo Augusto – RS / FUNDATEC 2020)**

  "O Refúgio de Vida Silvestre pode ser constituído por áreas particulares, desde que seja possível compatibilizar os objetivos da unidade com a utilização da terra e dos recursos naturais do local pelos proprietários."

  A alternativa está correta.

Art. 14. Constituem o Grupo das **Unidades de Uso Sustentável** as seguintes categorias de unidade de conservação:

I – Área de Proteção Ambiental;

II – Área de Relevante Interesse Ecológico;

III – Floresta Nacional;

IV – Reserva Extrativista;

V – Reserva de Fauna;

VI – Reserva de Desenvolvimento Sustentável; e

VII – Reserva Particular do Patrimônio Natural.

1. **Atenção às categorias de unidade de conservação DE USO SUSTENTÁVEL. Saber quais são e diferenciar das Unidades de Proteção Integral (art.8º).**

   Veja um exemplo de questão corriqueira que exige do candidato o conhecimento de quais são de uso integral e quais são de uso sustentável.

Aplicação em concurso:

- **(Prefeitura de Itapaci – GO – GANZAROLI – 2019)**

  "As Unidades de Conservação (UCs) são criadas por Decreto presidencial ou Lei. Essas UCs estão divididas em dois grandes grupos - o de Proteção Integral e o de Uso Sustentável - e ao todo em 12 categorias.

  Assinale a alternativa que representa uma categoria de UC de Proteção Integral.

  A) Área de Proteção Ambiental (APA).

  B) Reserva de Desenvolvimento Sustentável (RDS).

  C) Reserva Particular do Patrimônio Natural (RPPN).

  D) Reserva Biológica (REBIO)."

  Gabarito: letra "d".

2. **Unidades de Conservação de Uso Sustentável.** Como analisado nos comentários ao art. 7º, nas UC's de **Uso Sustentável** a intensidade de proteção é menor em relação às de Proteção Integral.

   O objetivo básico das unidades de Uso Sustentável é **compatibilizar a conservação da natureza com o uso sustentável** de parcela dos seus recursos naturais[10]. Assim, a lei 9.985/00 **admite a utilização (exploração) de parcela dos recursos naturais** em regime de manejo sustentável desde que observado o zoneamento da área, as limitações legais e o Plano de Manejo da respectiva UC.

   Do artigo 15 ao 21, a lei do SNUC apresenta os objetivos e características de cada um dos sete tipos de unidades de conservação de Uso Sustentável.

---

10. Art. 7º, parágrafo 2º, Lei SNUC.

Quadro comparativo das UNIDADES DE USO SUSTENTÁVEL				Quadro comparativo das UNIDADES DE USO SUSTENTÁVEL			
Área de proteção ambiental-APA (art. 15)	**Área de relevante interesse ecológico (art. 16)**	**Floresta nacional (art. 17)**		**Reserva extrativista (art. 18)**	**Reserva de fauna (art. 19)**	**Reserva de desenvolvimento sustentável (art. 20)**	**RPPN (art. 21)**
Proteger a diversidade biológica, disciplinar o processo de ocupação e assegurar a sustentabilidade do uso dos recursos naturais	Manter os ecossistemas naturais de importância regional ou local e regular o uso admissível da área compatibilizando com os objetivos de conservação	Uso múltiplo sustentável dos recursos florestais e pesquisa científica, com ênfase em métodos de exploração sustentável de florestas nativas		Proteger os meios de vida e a cultura das populações extrativistas tradicionais e assegurar o uso sustentável dos recursos naturais da unidade	Adequada para estudos técnico-científicos sobre o manejo econômico sustentável de recursos faunísticos	Preservar a natureza e assegurar condições e meios necessários para a reprodução e melhoria dos modos e qualidade de vida e exploração de recursos naturais das populações tradicionais. Valorizar, conservar e aperfeiçoar o conhecimento e as técnicas de manejo do ambiente desenvolvidos por aquelas populações	Conservar a diversidade biológica

Quadro comparativo das UNIDADES DE USO SUSTENTÁVEL			Quadro comparativo das UNIDADES DE USO SUSTENTÁVEL			
Área de proteção ambiental-APA (art. 15)	**Área de relevante interesse ecológico (art. 16)**	**Floresta nacional (art. 17)**	**Reserva extrativista (art. 18)**	**Reserva de fauna (art. 19)**	**Reserva de desenvolvimento sustentável (art. 20)**	**RPPN (art. 21)**
Em geral extensa	Em geral de pequena extensão	–	–	–	–	–
Certo grau de ocupação humana	Pouca ou nenhuma ocupação humana	–	Utilizada por populações extrativistas tradicionais, para subsistência	–	–	–
Dotada de atributos abióticos, bióticos, estéticos ou culturais especialmente importantes para a qualidade de vida e bem estar	Características naturais extraordinárias, ou abrigam exemplares raros da biota regional	Com cobertura florestal de espécies predominantemente nativas	–	Área natural com populações animais de espécies nativas, terrestres ou aquáticas, residentes ou migratórias	Área natural que abriga populações tradicionais, cuja existência baseia-se em sistemas sustentáveis de exploração dos recursos naturais, desenvolvidos ao longo de gerações e adaptados às condições ecológicas locais	–

Quadro comparativo das UNIDADES DE USO SUSTENTÁVEL			Quadro comparativo das UNIDADES DE USO SUSTENTÁVEL			
Área de proteção ambiental-APA (art. 15)	**Área de relevante interesse ecológico (art. 16)**	**Floresta nacional (art. 17)**	**Reserva extrativista (art. 18)**	**Reserva de fauna (art. 19)**	**Reserva de desenvolvimento sustentável (art. 20)**	**RPPN (art. 21)**
Constituída por terras públicas ou privadas (estas podem ter normas e restrições para sua utilização)	Constituída por terras públicas ou privadas (estas podem ter normas e restrições para sua utilização)	Posse e domínios públicos. Áreas particulares serão desapropriadas	Domínio público, com uso concedido às populações extrativistas, reguladas por contrato (art. 23). As áreas particulares devem ser desapropriadas	Posse e domínios públicos. Áreas particulares serão desapropriadas	Domínio público, com uso concedido às populações tradicionais reguladas por contrato (art. 23). As áreas particulares devem ser desapropriadas	Área privada, gravada com perpetuidade
Pesquisa e visitação com condições estabelecidas pelo órgão gestor se sob domínio público e pelo proprietário se sob propriedade privada	–	Visitação pública permitida. A pesquisa é permitida e incentivada, sujeitando-se à prévia autorização do órgão responsável por sua administração	Visitação pública permitida. A pesquisa é permitida e incentivada, sujeitando-se à prévia autorização do órgão responsável por sua administração	Visitação pública permitida.	Visitação pública permitida. Pesquisa voltada à conservação da natureza e melhor relação das populações residentes com seu meio e educação ambiental, incentivada, sujeita à prévia autorização	Visitação c/ objetivos turísticos, recreativos e educacionais. Permitida pesquisa científica

Quadro comparativo das UNIDADES DE USO SUSTENTÁVEL			Quadro comparativo das UNIDADES DE USO SUSTENTÁVEL			
Área de proteção ambiental-APA (art. 15)	**Área de relevante interesse ecológico (art. 16)**	**Floresta nacional (art. 17)**	**Reserva extrativista (art. 18)**	**Reserva de fauna (art. 19)**	**Reserva de desenvolvimento sustentável (art. 20)**	**RPPN (art. 21)**
–	Devem possuir área de amortecimento e, quando conveniente, corredores ecológicos (art. 25)	Devem possuir área de amortecimento e, quando conveniente, corredores ecológicos (art. 25)	Devem possuir área de amortecimento e, quando conveniente, corredores ecológicos (art. 25)	Devem possuir área de amortecimento e, quando conveniente, corredores ecológicos (art. 25)	Devem possuir área de amortecimento e, quando conveniente, corredores ecológicos (art. 25)	–
Conselho presidido pelo órgão responsável por sua administração	–	Conselho Consultivo	Conselho Deliberativo (art. 18, § 2º)	–	Conselho Deliberativo (art. 20, § 4º)	–
Arquipélago Fernando de Noronha[11]	Área de Relevante Interesse Ecológico das Ilhas Cagarras-RJ	Floresta Nacional de Altamira-PA	Reserva Extrativista Chico Mendes-AC	–	Reserva de Desenvolvimento Sustentável Itatupã-Baquiá-PA	RPPN Pedra Grande-SP

11. O arquipélago de Fernando de Noronha é dividido em Área de Proteção Ambiental (APA) e Parque Nacional Marinho. Cada área protege o meio ambiente para assegurar a preservação das espécies e a ocupação humana racional (http://www.noronha.pe.gov.br).

▶ **Atenção:** aos tipos de UCs de Uso Sustentável que exigem a desapropriação de áreas e aos que podem ser constituídos em áreas particulares (veja o quadro acima). A criação de uma UC em área particular configura intervenção restritiva do Estado na propriedade privada, como nos casos da criação de uma APA (artigo 15, § 2º) ou de uma Área de Relevante Interesse Ecológico (artigo 16, § 2º), onde serão estabelecidas restrições para a utilização da propriedade privada em prol da proteção dos atributos ambientais da área.

▶ **Atenção:** ao tratamento especial dado à APA pela **Lei Complementar 140, de 08 de dezembro de 2011**, mais especificamente no tocante ao licenciamento ambiental e à supressão de vegetação em unidades de conservação. A **definição de competência** para promover o licenciamento ambiental de empreendimentos e atividades e para aprovar o manejo e a supressão de vegetação, de florestas e formações sucessoras em unidades de conservação observa, regra geral, o **critério do ente federativo instituidor da unidade de conservação** do bem, ou seja, compete à(o órgão ambiental da) União licenciar atividades localizadas ou desenvolvidas em unidades de conservação instituídas pela União. Da mesma forma, competirá ao Estado ou ao Município licenciar atividades localizadas ou desenvolvidas em unidades de conservação instituídas, respectivamente, pelo Estado ou pelo Município.[12]

Entretanto, e possivelmente levando em consideração os objetivos de uma APA, quais sejam, de disciplinar o processo de ocupação e assegurar a sustentabilidade do uso dos recursos naturais, optou o legislador por atribuir **critério diverso de definição de competências** apenas a essa modalidade de unidade de conservação. Nos termos da Lei Complementar 140/2011, **utiliza-se para as APAs critérios específicos preestabelecidos** nos artigos 7º, 8º e 9º, quando apresenta as ações de cooperação de competência da União, dos Estados, do Distrito Federal e dos Municípios na tentativa de elucidar e definir as atribuições administrativas dos entes federados em matéria ambiental. Estabelece a Lei Complementar 140/2011:

> Art. 12. Para fins de licenciamento ambiental de atividades ou empreendimentos utilizadores de recursos ambientais, efetiva ou potencialmente poluidores ou capazes, sob qualquer forma, de causar degradação ambiental, e para autorização de supressão e manejo de vegetação, o critério do ente federativo instituidor da unidade de conservação não será aplicado às Áreas de Proteção Ambiental (APAs).
>
> Parágrafo único. A definição do ente federativo responsável pelo licenciamento e autorização a que se refere o caput, no caso das

12. Art. 7º, XIV e XV; art. 8, XV e XVI; art. 9, XIV e XV, da Lei Complementar 140/2011.

> APAs, seguirá os critérios previstos nas alíneas "a", "b", "e", "f" e "h" do inciso XIV do art. 7º, no inciso XIV do art. 8º e na alínea "a" do inciso XIV do art. 9º.

Como consequência, temos que, no caso da **APA**, **o órgão ambiental competente para licenciar** uma atividade **não será, necessariamente, o órgão ambiental do ente federado que instituiu** aquela unidade de conservação. A título de exemplo, em uma APA estadual em que seja necessário o licenciamento de uma atividade que cause ou possa causar impacto ambiental de âmbito local, a competência será do órgão ambiental do Município (critério previsto no art. 9º, XIV, "a" da Lei Complementar 140/2011[13]), nos termos do parágrafo único do artigo 12 supra descrito, e não do órgão ambiental estadual, ente instituidor da UC.

▶ **STJ:**

> DIREITO AMBIENTAL. **CRIAÇÃO DE RESERVA EXTRATIVISTA**. PROCEDIMENTO DE INSTITUIÇÃO DESSA UNIDADE DE USO SUSTENTÁVEL. **NECESSIDADE DE REALIZAÇÃO DE CONSULTA PÚBLICA** (LEI Nº 9.985/2000, ART. 22, §§ 2º E 3º, C/C O DECRETO Nº 4.340/2002, ART. 5º, "*CAPUT*"). PRECEDENTE DO STF. INSTITUIÇÃO, PELA UNIÃO FEDERAL, DE RESERVA EXTRATIVISTA EM ÁREA QUE COMPREENDE TERRAS PÚBLICAS PERTENCENTES A UM ESTADO-MEMBRO DA FEDERAÇÃO. EXISTÊNCIA DE POTENCIAL CONFLITO FEDERATIVO. INSTAURAÇÃO DA COMPETÊNCIA ORIGINÁRIA DO SUPREMO TRIBUNAL FEDERAL, COMO TRIBUNAL DA FEDERAÇÃO. PRECEDENTES. A QUESTÃO DA **DESAPROPRIAÇÃO**, PELA UNIÃO FEDERAL, DE BENS INTEGRANTES DO DOMÍNIO PÚBLICO ESTADUAL. POSSIBILIDADE DO ATO EXPROPRIATÓRIO, SUJEITO, NO ENTANTO, QUANTO À SUA EFETIVAÇÃO, À PRÉVIA AUTORIZAÇÃO LEGISLATIVA DO CONGRESSO NACIONAL (DL Nº 3.365/41, ART. 2º, § 2º). CONTROLE POLÍTICO, PELO PODER LEGISLATIVO DA UNIÃO, DO ATO EXCEPCIONAL DE EXPROPRIAÇÃO FEDERAL DE BENS INTEGRANTES DO PATRIMÔNIO IMOBILIÁRIO ESTADUAL. DOUTRINA. NECESSIDADE DE OBSERVÂNCIA DO REGULAR PROCEDIMENTO EXPROPRIATÓRIO, INCLUSIVE COM O RECONHECIMENTO DO DEVER DA UNIÃO FEDERAL DE **INDENIZAR** O ESTADO-MEMBRO. PRECEDENTES DO STF. CONFLITO ENTRE A UNIÃO FEDERAL E AS DEMAIS UNIDADES FEDERADAS, QUANDO NO EXERCÍCIO, EM TEMA AMBIENTAL, DE SUA COMPETÊNCIA MATERIAL COMUM. CRITÉRIOS

13. Na hipótese de que trata a alínea "a" do inciso XIV do art. 9º, a aplicação desta Lei Complementar dar-se-á a partir da edição da decisão do respectivo Conselho Estadual (art. 18, parágrafo 2º, da Lei Complementar 140/2011). Enquanto não forem estabelecidas as tipologias de que tratam os §§ 1º e 2º do artigo 18, os processos de licenciamento e autorização ambiental serão conduzidos conforme a legislação em vigor (art. 18, parágrafo 3º, da Lei Complementar 140/2011).

DE SUPERAÇÃO DESSE CONFLITO: **CRITÉRIO DA PREPONDERÂNCIA DO INTERESSE** E CRITÉRIO DA COLABORAÇÃO ENTRE AS PESSOAS POLÍTICAS. RECONHECIMENTO, NA ESPÉCIE, EM JUÍZO DE DELIBAÇÃO, DO CARÁTER MAIS ABRANGENTE DO INTERESSE DA UNIÃO FEDERAL. INOCORRÊNCIA, AINDA, DE SITUAÇÃO DE IRREVERSIBILIDADE DECORRENTE DA CONSULTA PÚBLICA CONVOCADA PELO IBAMA. MEDIDA LIMINAR INDEFERIDA. (STF. AC 1255 MC/RR. Ministro CELSO DE MELLO. Publicada no DJU de 22.6.2006)

Art. 15. A **Área de Proteção Ambiental** é uma área em geral extensa, com um certo grau de ocupação humana, dotada de atributos abióticos, bióticos, estéticos ou culturais especialmente importantes para a qualidade de vida e o bem-estar das populações humanas, e tem como **objetivos básicos** proteger a diversidade biológica, disciplinar o processo de ocupação e assegurar a sustentabilidade do uso dos recursos naturais.

§ 1º A Área de Proteção Ambiental é **constituída por terras públicas ou privadas.**

§ 2º Respeitados os limites constitucionais, **podem ser estabelecidas normas e restrições** para a utilização de uma **propriedade privada** localizada em uma Área de Proteção Ambiental.

§ 3º As **condições para a realização de pesquisa científica e visitação pública** nas áreas sob domínio público serão estabelecidas pelo **órgão gestor da unidade.**

§ 4º Nas áreas sob propriedade privada, cabe ao **proprietário** estabelecer as **condições para pesquisa** e visitação pelo público, observadas as exigências e restrições legais.

§ 5º A Área de Proteção Ambiental disporá de um **Conselho** presidido pelo órgão responsável por sua administração e constituído por representantes dos órgãos públicos, de organizações da sociedade civil e da população residente, conforme se dispuser no regulamento desta Lei.

1. Área de Proteção Ambiental (APA) → Conceito e objetivos básicos (art. 15, caput)

Aplicação em concurso:

- **(MPE GO 2019)**

  "A área de proteção ambiental é uma área em geral extensa, com um certo grau de ocupação humana, dotada de atributos abióticos, bióticos, estéticos ou culturais especialmente importantes para a qualidade de vida e o bem-estar das populações humanas."

A afirmativa está correta.

- **(Juiz de Direito/ TJ-AL/ FCC – 2015)**

  "A Área de Proteção Ambiental – APA é

  A) um espaço territorial delimitado no interior das propriedades rurais destinado à proteção das nascentes.

  B) uma Unidade de Conservação de Proteção Integral formada por uma pequena área dotada de notável valor paisagístico.

  C) uma Unidade de Conservação de Uso Sustentável formada por uma pequena área dotada de notável valor paisagístico.

  D) uma Unidade de Conservação de Uso Sustentável formada por uma área em geral extensa, com um certo grau de ocupação humana, dotada de atributos ambientais relevantes.

  E) uma Unidade de Conservação de Proteção Integral formada por uma área em geral extensa, com um certo grau de ocupação humana, dotada de atributos ambientais relevantes."

  Gabarito: letra "d".

- **(Prefeitura de Barra Bonita – SC / AMEOSC – 2020)**

  "Leia o trecho a seguir e assinale a alternativa correta de acordo com a Lei nº 9.985/00:

  "É uma área em geral extensa, com certo grau de ocupação humana, dotada de atributos abióticos, bióticos, estéticos ou culturais especialmente importantes para a qualidade de vida e o bem-estar das populações humanas, e tem como objetivos básicos proteger a diversidade biológica, disciplinar o processo de ocupação e assegurar a sustentabilidade do uso dos recursos naturais".

  O trecho se refere a:

  A) Área de Manancial.

  B) Área de Proteção Ambiental.

  C) Área Urbana.

  D) Área Rural."

  Gabarito: letra "b".

- **(Analista - Engenharia Ambiental/ CESPE – 2019)**

  "As áreas de proteção ambiental são unidades, em geral, extensas, com certa porcentagem de ocupação humana, e cujas finalidades básicas são proteger a diversidade biológica e disciplinar o processo de ocupação humana do solo."

A afirmativa está correta.

- **(Juiz federal / TRF - 2ª REGIÃO - 2014)**

  "Em relação às áreas de proteção ambiental – APAS, assinale a opção correta:

  A) São unidades de conservação de proteção integral que têm como objetivo básico a preservação de ecossistemas naturais de grande relevância ecológica, possibilitando a realização de pesquisas científicas e o desenvolvimento de atividades de educação e interpretação ambiental e de recreação e turismo ecológico.

  B) São unidades de conservação que admitem o uso residencial, mas que são incompatíveis com o exercício de qualquer atividade econômica.

  C) São espaços especialmente protegidos cuja criação deve ser precedida da devida desapropriação, sendo vedado o exercício de atividade econômica, excetuada aquela conduzida pela população tradicional.

  D) São unidades de conservação de uso sustentável nas quais são permitidas apenas a visitação pública e as atividades de ecoturismo.

  E) São unidades de conservação de uso sustentável com certo grau de ocupação humana, dotadas de atributos abióticos, bióticos, estéticos ou culturais especialmente importantes para a qualidade de vida e o bem-estar das populações humanas, onde será permitido o exercício de atividade econômica desde que compatível com os atributos que justificaram sua criação."

  Gabarito: Letra e

2. Área de Proteção Ambiental (APA) → Constituída por terras públicas ou privadas (art. 15, §1º)

Aplicação em concurso:

- **(Analista – Direito / MPE-SE / FCC – 2013)**

  "A Área de Proteção Ambiental é constituída por terras públicas ou privadas."

  A afirmativa está correta.

- **(Analista – Direito / MPE-SE / FCC – 2013)**

  "A Área de Proteção Ambiental não comporta utilização, ainda que inserida em propriedade privada."

  A afirmativa está errada.

3. Área de Proteção Ambiental (APA) → Condições para a realização de pesquisa científica e visitação pública (art. 15, §3º e §4º)

Aplicação em concurso:

- **(Analista – Direito / MPE-SE / FCC – 2013)**
  "As condições para a realização de pesquisa científica e visitação pública nas áreas sob domínio público serão estabelecidas pelo órgão gestor da unidade."
  A afirmativa está correta.
- **(Procurador do Estado/ PGE-GO – 2013)**
  "Nas áreas de proteção ambiental são permitidas a pesquisa científica e a visitação pública, nas condições estabelecidas pelo órgão gestor, no caso das áreas de domínio público, e, pelo proprietário, nas áreas privadas."
  A afirmativa está correta.

4. Área de Proteção Ambiental (APA) → Conselho (art. 15, §5º)

Aplicação em concurso:

- **(Analista – Direito / MPE-SE / FCC – 2013)**
  "A Área de Proteção Ambiental disporá de um Conselho presidido pelo órgão responsável por sua administração e constituído por representantes dos órgãos públicos, de organizações da sociedade civil e da população residente, conforme dispuser o regulamento."
  A afirmativa está correta.

Art. 16. A **Área de Relevante Interesse Ecológico** é uma área em geral de **pequena extensão**, com **pouca ou nenhuma ocupação humana**, com características naturais extraordinárias ou que abriga exemplares raros da biota regional, e tem como **objetivo** manter os ecossistemas naturais de importância regional ou local e regular o uso admissível dessas áreas, de modo a compatibilizá-lo com os objetivos de conservação da natureza.

§ 1º A Área de Relevante Interesse Ecológico é **constituída por terras públicas ou privadas.**

§ 2º Respeitados os limites constitucionais, podem ser estabelecidas normas e restrições para a utilização de uma propriedade privada localizada em uma Área de Relevante Interesse Ecológico.

1. Área de Relevante Interesse Ecológico → Conceito e objetivo (art. 16, caput)

Aplicação em concurso:

- **(Auditor Fiscal/ SEMAR-PI/ FCC – 2018)**
  "A Área de Relevante Interesse Ecológico é uma área em geral de pequena extensão, com pouca ou nenhuma ocupação humana, com características

naturais extraordinárias ou que abriga exemplares raros da biota regional, e tem como objetivo manter os ecossistemas naturais de importância regional ou local e regular o uso admissível dessas áreas, de modo a compatibilizá-lo com os objetivos de conservação da natureza, sendo constituída por terras públicas ou privadas."

A afirmativa está correta.

- **(Advogado/ FUNDATEC – 2020)**

  "A Área de Relevante Interesse Ecológico é uma área em geral extensa, com um certo grau de ocupação humana, dotada de atributos abióticos, bióticos, estéticos ou culturais especialmente importantes para a qualidade de vida e o bem-estar das populações humanas, e tem como objetivos básicos proteger a diversidade biológica, disciplinar o processo de ocupação e assegurar a sustentabilidade do uso dos recursos naturais."

  A afirmativa está errada.

2. Área de Relevante Interesse Ecológico → Constituída por terras públicas ou privadas (art. 16, §1º)

Aplicação em concurso:

- **(Promotor de Justiça/ MPDFT - 2009)**

  "A Área de Relevante Interesse Ecológico é necessariamente de domínio público, devendo ser desapropriadas para este fim as áreas particulares incluídas em seus limites."

  A afirmativa está errada.

Art. 17. A **Floresta Nacional** é uma área com cobertura florestal de espécies predominantemente nativas e tem como **objetivo básico** o uso múltiplo sustentável dos recursos florestais e a pesquisa científica, com ênfase em métodos para exploração sustentável de florestas nativas.

§ 1º A Floresta Nacional é de **posse e domínio públicos**, sendo que as **áreas particulares** incluídas em seus limites devem ser **desapropriadas** de acordo com o que dispõe a lei.

§ 2º Nas Florestas Nacionais é admitida a permanência de populações tradicionais que a habitam quando de sua criação, em conformidade com o disposto em regulamento e no Plano de Manejo da unidade.

§ 3º A **visitação pública é permitida**, condicionada às normas estabelecidas para o manejo da unidade pelo órgão responsável por sua administração.

§ 4º **A pesquisa é permitida e incentivada, sujeitando-se à prévia autorização** do órgão responsável pela administração da unidade, às condições e restrições por este estabelecidas e àquelas previstas em regulamento.

§ 5º A Floresta Nacional disporá de um **Conselho Consultivo**, presidido pelo órgão responsável por sua administração e constituído por representantes de órgãos públicos, de organizações da sociedade civil e, quando for o caso, das populações tradicionais residentes.

§ 6º A unidade desta categoria, quando criada pelo Estado ou Município, será denominada, respectivamente, **Floresta Estadual** e **Floresta Municipal**.

1. Floresta Nacional → Conceito e objetivo básico (art. 17, caput)

Aplicação em concurso:

- **(Juiz de Direito/ TJ-PA/ FGV – 2009)**

  "Nos termos da Lei n.º 9.985/2000, a unidade de conservação que compreende uma área com cobertura florestal de espécies predominantemente nativas e tem como objetivo básico o uso múltiplo sustentável dos recursos florestais e a pesquisa científica, com ênfase em métodos para exploração sustentável de florestas nativas, é denominada:

  A) Área de Proteção Ambiental.

  B) Estação Ecológica.

  C) Parque Nacional.

  D) Floresta Nacional.

  E) Monumento Natural."

  Gabarito: letra "d".

- **(Magistratura Estadual RS 2018 – VUNESP)**

  "A Floresta Nacional é uma área com cobertura florestal de espécies predominantemente nativas e tem como objetivo básico o uso múltiplo sustentável dos recursos florestais e a pesquisa científica."

  A afirmativa está correta.

2. Floresta Nacional → Posse e domínio públicos. Áreas particulares devem ser desapropriadas (art. 17, §1º)

Aplicação em concurso:

- **(Analista Legislativo/ Câmara dos Deputados/ CESPE-2014)**

  "Como a floresta nacional é de posse e domínio públicos, todas as populações tradicionais que nela se encontrem deverão ser realocadas, sem direito à indenização quando ausente a demonstração de propriedade anterior à criação da unidade de conservação."

A alternativa está errada.

3. Floresta Nacional → Visitação pública (art. 17, §3º)

Aplicação em concurso:

- **(Juiz de Direito/ TJ-DFT/ CESPE – 2016)**

  "A presença de habitantes é inadmissível na floresta nacional, área com cobertura florestal de espécies predominantemente nativas e de posse e domínio públicos."

  A afirmativa está errada. O parágrafo 3º permite a visitação pública.

Art. 18. A **Reserva Extrativista** é uma área utilizada por populações extrativistas tradicionais, cuja subsistência baseia-se no extrativismo e, complementarmente, na agricultura de subsistência e na criação de animais de pequeno porte, e tem como **objetivos básicos** proteger os meios de vida e a cultura dessas populações, e assegurar o uso sustentável dos recursos naturais da unidade.

§ 1º A Reserva Extrativista é de **domínio público, com uso concedido às populações extrativistas tradicionais** conforme o **disposto no art. 23** desta Lei e em regulamentação específica, sendo que as áreas particulares incluídas em seus limites devem ser desapropriadas, de acordo com o que dispõe a lei.

§ 2º A Reserva Extrativista será gerida por um **Conselho Deliberativo**, presidido pelo órgão responsável por sua administração e constituído por representantes de órgãos públicos, de organizações da sociedade civil e das populações tradicionais residentes na área, conforme se dispuser em regulamento e no ato de criação da unidade.

§ 3º A **visitação pública é permitida**, desde que compatível com os interesses locais e de acordo com o disposto no Plano de Manejo da área, como o que dispõe a lei.

§ 4º A **pesquisa científica é permitida e incentivada**, sujeitando-se à prévia autorização do órgão responsável pela administração da unidade, às condições e restrições por este estabelecidas e às normas previstas em regulamento.

§ 5º O **Plano de Manejo** da unidade será aprovado pelo seu Conselho Deliberativo.

§ 6º São **proibidas a exploração de recursos minerais** e a **caça amadorística ou profissional.**

§ 7º A **exploração comercial de recursos madeireiros só será admitida em bases sustentáveis** e em situações especiais e complementares às demais atividades desenvolvidas na Reserva Extrativista, conforme o disposto em regulamento e no Plano de Manejo da unidade.

1. Reserva Extrativista → Conceito e objetivos básicos (art.18, *caput*)

Aplicação em concurso:

- **(Procurador do Estado/ PGE-AC/ FMP Concursos – 2017)**

  "A Reserva Extrativista é uma área utilizada por populações extrativistas tradicionais, cuja subsistência baseia-se no extrativismo e, complementarmente, na extração de minerais."

  A afirmativa está errada. A extração de minerais é proibida segundo o §6º, não constando da subsistência das populações tradicionais.

- **(Promotor de Justiça/ MPE-PR-2017)**

  "A Reserva Extrativista é uma área utilizada por populações extrativistas tradicionais, cuja subsistência baseia-se no extrativismo e, complementarmente, na agricultura de subsistência e na criação de animais de pequeno porte, e tem como objetivos básicos proteger os meios de vida e a cultura dessas populações, e assegurar o uso sustentável dos recursos naturais da unidade."

  A afirmativa está correta.

2. Reserva Extrativista → as áreas particulares incluídas em seus limites devem ser desapropriadas (art.18, §1º)

Aplicação em concurso:

- **(Consultor Legislativo/ Câmara Legislativa do Distrito Federal/ FCC – 2018)**

  "A Reserva Extrativista é de domínio público, com uso concedido às populações extrativistas, sendo que as áreas particulares incluídas em seus limites não podem ser objetos de desapropriação, quando demonstrada a cadeia dominial de posse ou propriedade."

  A afirmativa está errada. As áreas particulares devem ser desapropriadas.

- **(Procurador Municipal/ Prefeitura de Cuiabá – MT/ FCC – 2014)**

  O Município criou por decreto uma Reserva Extrativista em áreas particulares sem ajuizar as ações de desapropriação dos imóveis abrangidos. Neste caso, os proprietários

  A) continuarão titulares de domínio, mas serão indenizados apenas pelas restrições impostas às respectivas propriedades.

  B) continuarão titulares de domínio, pois a Reserva Extrativista é uma unidade de conservação de uso sustentável.

  C) poderão ajuizar ações de desapropriação indireta, diante da inércia do Município, sendo possível discutir apenas o valor das indenizações.

  D) poderão ajuizar ações declaratórias de nulidade do ato administrativo do Chefe do Executivo Municipal, porquanto não ser possível a criação de unidade de conservação por Decreto.

  E) continuarão titulares de domínio, mas terão restrições impostas às respectivas propriedades sem direito à indenização, diante do princípio da função social da propriedade.

  Gabarito: letra "c".

- **(Procurador do Estado/ PGE-AC/ FMP Concursos – 2017)**

  "A Reserva Extrativista convive com a propriedade privada, dispensando qualquer desapropriação."

  A afirmativa está errada.

3. Reserva Extrativista → Gerida por um Conselho Deliberativo (art.18, §2º)

Aplicação em concurso:

- **(Consultor Legislativo/ Câmara Legislativa do Distrito Federal/ FCC – 2018)**

  "A Reserva Extrativista é uma área utilizada por populações extrativistas tradicionais, cuja subsistência baseia-se no extrativismo e, complementarmente, na agricultura de subsistência e na criação de animais de pequeno porte, e tem como objetivos básicos proteger os meios de vida e a cultura dessas populações, e assegurar o uso sustentável dos recursos naturais da unidade, segundo a definição contida na Lei n° 9.985/2000. Em relação a ela, a gestão competirá ao Ministério do Meio Ambiente, e o plano de manejo será aprovado por um Conselho Deliberativo, constituído por representantes de órgãos públicos, de organizações da sociedade civil e das populações tradicionais residentes na área, sendo que a visitação pública é permitida, desde que compatível com os interesses locais."

A afirmativa está errada. A gestão competirá a um conselho deliberativo e não ao Ministério do Meio Ambiente.

4. Reserva Extrativista → Visitação pública (art.18, §3º)

Aplicação em concurso:

- **(Procurador do Estado/ PGE-AC/ FMP Concursos – 2017)**

  "Na Reserva Extrativista, é admissível a visitação pública, desde que compatível com os interesses locais e de acordo com o disposto no Plano de Manejo da área."

  A afirmativa está correta.

5. Reserva Extrativista → A pesquisa científica é permitida e incentivada → sujeitando-se à prévia autorização do órgão responsável (art.18, §4º)

Aplicação em concurso:

- **(Procurador do Estado/ PGE-AC/ FMP Concursos – 2017)**

  "A pesquisa científica é livre e independente de qualquer aprovação do órgão administrador da Reserva Extrativista."

  A afirmativa está errada. Necessita de autorização prévia do órgão responsável.

6. Reserva Extrativista → proibidas a exploração de recursos minerais e a caça amadorística ou profissional (art.18, §6º)

Aplicação em concurso:

- **(Consultor Legislativo/ Câmara Legislativa do Distrito Federal/ FCC – 2018)**

  "A Reserva Extrativista é uma área utilizada por populações extrativistas tradicionais, cuja subsistência baseia-se no extrativismo e, complementarmente, na agricultura de subsistência e na criação de animais de pequeno porte, e tem como objetivos básicos proteger os meios de vida e a cultura dessas populações, e assegurar o uso sustentável dos recursos naturais da unidade, segundo a definição contida na Lei n° 9.985/2000. Em relação a ela, são autorizadas a exploração de recursos minerais e a caça amadorística, desde que para fins esportivos, mas vedada a caça profissional, dependendo, em qualquer caso, de prévio licenciamento ambiental para a exploração dessa atividade."

  A afirmativa está errada. São proibidas e não autorizadas.

7. Reserva Extrativista → Exploração comercial de recursos madeireiros → admitida em bases sustentáveis (art.18, §7º)

Aplicação em concurso:

- **(Consultor Legislativo/ Câmara Legislativa do Distrito Federal/ FCC – 2018)**

  "A Reserva Extrativista é uma área utilizada por populações extrativistas tradicionais, cuja subsistência baseia-se no extrativismo e, complementarmente, na agricultura de subsistência e na criação de animais de pequeno porte, e tem como objetivos básicos proteger os meios de vida e a cultura dessas populações, e assegurar o uso sustentável dos recursos naturais da unidade, segundo a definição contida na Lei n° 9.985/2000. Em relação a ela, a exploração comercial de recursos madeireiros é expressamente vedada, ainda que precedida de licenciamento ambiental e realização de plano de manejo para recomposição da extração dos recursos ou compensação ambiental."

  A afirmativa está errada. A exploração não é expressamente vedada. É admitida em bases sustentáveis.

Art. 19. A **Reserva de Fauna** é uma área natural com populações animais de espécies nativas, terrestres ou aquáticas, residentes ou migratórias, adequadas para estudos técnico-científicos sobre o manejo econômico sustentável de recursos faunísticos.

§ 1º A Reserva de Fauna é de **posse e domínio públicos**, sendo que as áreas particulares incluídas em seus limites devem ser desapropriadas de acordo com o que dispõe a lei.

§ 2º A **visitação pública pode ser permitida**, desde que compatível com o manejo da unidade e de acordo com as normas estabelecidas pelo órgão responsável por sua administração.

§ 3º É proibido o exercício da caça amadorística ou profissional.

§ 4º A comercialização dos produtos e subprodutos resultantes das pesquisas obedecerá ao disposto nas leis sobre fauna e regulamentos.

► **Observação:** Mais de 20 questões de concursos exigiram o conhecimento que a Reserva de Fauna faz parte do grupo da Unidades de Conservação de Uso Sustentável.

1. Reserva de Fauna → Conceito (art.19, caput)

Aplicação em concurso:

- **(Procurador Jurídico/ Câmara de Capanema – PA/ FADESP-2017)**

  "A Reserva de Fauna é uma área natural com populações animais de espécies nativas, terrestres ou aquáticas, residentes ou migratórias, adequadas para estudos técnico-científicos sobre o manejo econômico sustentável de recursos faunísticos."

  A afirmativa está correta.

Art. 20. A **Reserva de Desenvolvimento Sustentável** é uma área natural que abriga populações tradicionais, cuja existência baseia-se em sistemas sustentáveis de exploração dos recursos naturais, desenvolvidos ao longo de gerações e adaptados às condições ecológicas locais e que desempenham um papel fundamental na proteção da natureza e na manutenção da diversidade biológica.

§ 1º A Reserva de Desenvolvimento Sustentável tem como **objetivo básico** preservar a natureza e, ao mesmo tempo, assegurar as condições e os meios necessários para a reprodução e a melhoria dos modos e da qualidade de vida e exploração dos recursos naturais das populações tradicionais, bem como valorizar, conservar e aperfeiçoar o conhecimento e as técnicas de manejo do ambiente, desenvolvido por estas populações.

§ 2º A Reserva de Desenvolvimento Sustentável é de **domínio público**, sendo que as áreas particulares incluídas em seus limites devem ser, quando necessário, desapropriadas, de acordo com o que dispõe a lei.

§ 3º O **uso das áreas ocupadas pelas populações tradicionais** será regulado de acordo com o **disposto no art. 23** desta Lei e em regulamentação específica.

§ 4º A Reserva de Desenvolvimento Sustentável será gerida por um **Conselho Deliberativo**, presidido pelo órgão responsável por sua administração e constituído por representantes de órgãos públicos, de organizações da sociedade civil e das populações tradicionais residentes na área, conforme se dispuser em regulamento e no ato de criação da unidade.

§ 5º As **atividades desenvolvidas** na Reserva de Desenvolvimento Sustentável obedecerão às **seguintes condições**:

I – é permitida e incentivada a **visitação pública**, desde que compatível com os interesses locais e de acordo com o disposto no Plano de Manejo da área;

II – é permitida e incentivada a **pesquisa científica** voltada à conservação da natureza, à melhor relação das populações residentes com seu meio e à educação ambiental, sujeitando-se à prévia autorização do órgão responsável pela administração da unidade, às condições e restrições por este estabelecidas e às normas previstas em regulamento;

III - deve ser sempre considerado o **equilíbrio dinâmico** entre o tamanho da população e a conservação; e

IV - é admitida a **exploração de componentes dos ecossistemas naturais** em regime de manejo sustentável e a **substituição da cobertura vegetal por espécies cultiváveis**, desde que sujeitas ao zoneamento, às limitações legais e ao Plano de Manejo da área.

§ 6º O **Plano de Manejo** da Reserva de Desenvolvimento Sustentável definirá as zonas de proteção integral, de uso sustentável e de amortecimento e corredores ecológicos, e será aprovado pelo Conselho Deliberativo da unidade.

1. Reserva de Desenvolvimento Sustentável → Objetivo básico (art. 20, § 1º)

Aplicação em concurso:

- **(Promotor de Justiça/ MPE-BA- 2015)**

  "A Reserva de Desenvolvimento Sustentável tem como objetivo básico preservar a natureza e, ao mesmo tempo, assegurar as condições e os meios necessários para a reprodução, a melhoria dos modos e da qualidade de vida, a exploração dos recursos naturais das populações tradicionais, bem como valorizar, conservar e aperfeiçoar o conhecimento e as técnicas de manejo do ambiente, desenvolvidos por estas populações."

  A afirmativa está correta.

2. Reserva de Desenvolvimento Sustentável → Gerida por um Conselho Deliberativo (art.20, §4º)

Aplicação em concurso:

- **(Promotor de Justiça/ MPE-PR- 2014)**

  "A Reserva de Desenvolvimento Sustentável será gerida pelas populações tradicionais residentes na área, conforme se dispuser em regulamento e no ato de criação da unidade."

  A afirmativa está errada. Não será gerida pelas populações tradicionais e sim por um Conselho Deliberativo.

3. Reserva de Desenvolvimento Sustentável → Condições para o desenvolvimento de atividades (art.20, §5º)

3.1. Visitação pública → permitida e incentivada (art.20, §5º, I)

Aplicação em concurso:

- **(Prefeitura de Areal – RJ/ GUALIMP-2020)**

  "É permitida e incentivada a visitação pública, desde que compatível com os interesses locais e de acordo com o disposto no Plano de Manejo da área."

  A afirmativa está correta.

- **(Promotor de Justiça/ MPE-PR- 2014)**

  "O Plano de Manejo da Reserva de Desenvolvimento Sustentável não poderá contemplar a possibilidade de visitação pública."

  A afirmativa está errada.

3.2. Pesquisa científica → permitida e incentivada → sujeitando-se à prévia autorização do órgão responsável (art.20, §5º, II)

Aplicação em concurso:

- **(Prefeitura de Areal – RJ/ GUALIMP-2020)**

  "É admitida e incentivada a pesquisa científica voltada à conservação da natureza, à melhor relação das populações residentes com seu meio e à educação ambiental, sem a prévia autorização do órgão responsável pela administração da unidade."

  A afirmativa está errada. É necessária a autorização prévia.

3.3. Equilíbrio dinâmico entre o tamanho da população e a conservação (art.20, §5º, III)

Aplicação em concurso:

- **(Prefeitura de Areal – RJ/ GUALIMP-2020)**

  "As atividades desenvolvidas na Reserva de Desenvolvimento Sustentável obedecerão às seguintes condições:

  A) Deve ser sempre considerado o equilíbrio dinâmico entre o tamanho da população e a conservação."

  A afirmativa está correta.

- **(Promotor de Justiça/ MPE-PR- 2014)**

  "Na Reserva de Desenvolvimento Sustentável deve ser sempre considerado o equilíbrio dinâmico entre o tamanho da população e a conservação."

  A afirmativa está correta.

3.4. Admitida a exploração de componentes dos ecossistemas naturais (art.20, §5º, IV)

Aplicação em concurso:

- **(Prefeitura de Areal – RJ/ GUALIMP-2020)**

  "É permitida a exploração de componentes dos ecossistemas naturais em regime de manejo sustentável e a substituição da cobertura vegetal por espécies cultiváveis, desde que sujeitas ao zoneamento, às limitações legais e ao Plano de Manejo da área."

  A afirmativa está correta.

3.5. Admitida a substituição da cobertura vegetal por espécies cultiváveis (art.20, §5º, IV)

Aplicação em concurso:

- **(Promotor de Justiça/ MPE-PR- 2014)**

  "Na Reserva de Desenvolvimento Sustentável é vedada, em qualquer hipótese, a substituição da cobertura vegetal."

  A afirmativa está errada.

4. Reserva de Desenvolvimento Sustentável → Plano de manejo → será aprovado pelo Conselho Deliberativo da unidade. (art. 20, § 6º)

Aplicação em concurso:

- **(Promotor de Justiça/ MPE-PR- 2014)**

  "O Plano de Manejo da Reserva de Desenvolvimento Sustentável definirá as zonas de proteção integral, de uso sustentável e de amortecimento e corredores ecológicos e será aprovado pelo Ministério Público."

  A afirmativa está errada. Não será aprovado pelo MP e sim pelo Conselho Deliberativo.

- **(BNDES/ CESGRANRIO – 2011)**

  "O Plano de Manejo da Reserva de Desenvolvimento Sustentável definirá as zonas de proteção integral, de uso sustentável e de amortecimento e corredores ecológicos."

  A afirmativa está correta.

Art. 21. A **Reserva Particular do Patrimônio Natural** é uma **área privada, gravada com perpetuidade**, com o **objetivo de conservar a diversidade biológica**.

§ 1º O gravame de que trata este artigo constará de **termo de compromisso** assinado perante o órgão ambiental, que verificará a existência de interesse público, e será averbado à margem da inscrição no Registro Público de Imóveis.

§ 2º Só poderá ser permitida, na Reserva Particular do Patrimônio Natural, conforme se dispuser em regulamento:

I – a pesquisa científica;

II – a visitação com objetivos turísticos, recreativos e educacionais;

III – (vetado)

§ 3º Os órgãos integrantes do SNUC, sempre que possível e oportuno, prestarão **orientação técnica e científica** ao proprietário de Reserva Particular do Patrimônio Natural para a elaboração de um Plano de Manejo ou de Proteção e de Gestão da unidade.

1. Reserva Particular do Patrimônio Natural → área privada, gravada com perpetuidade (art. 21, caput)

Aplicação em concurso:

- **(Promotor de Justiça/ MPE-BA -2015)**

  "A Reserva Particular do Patrimônio Natural é uma área privada, gravada com perpetuidade, com o objetivo de conservar a diversidade biológica, constando o gravame em compromisso assinado perante o órgão ambiental, que verificará a existência de interesse público, e será averbado à margem da inscrição no Registro Público de Imóveis."

  A afirmativa está correta. Olhar caput e §1º.

- **(Analista Ambiental/ MMA/ CESPE -2011)**

  "Por ocuparem áreas privadas, as Reservas Particulares do Patrimônio Natural (RPPN) não integram o SNUC."

  A afirmativa está errada.

- **(Procurador da República/ PGR-2011)**

  "A perpetuidade constitui característica da reserva particular do patrimônio natural - RPPN, devendo constar de termo de compromisso firmado pelo proprietário da área, perante o órgão ambiental, e averbado à margem da inscrição no Registro de Imóveis."

A afirmativa está correta. Olhar caput e §1º.

2. Reserva Particular do Patrimônio Natural→ órgãos integrantes do SNUC → orientação técnica e científica ao proprietário (art. 21, §6º)

Aplicação em concurso:

- **(Delegado de Polícia/ PC-PA/ FUNCAB – 2016)**

  "A Reserva Particular do Patrimônio Natural é uma área privada, gravada com perpetuidade, com o objetivo de conservar a diversidade biológica. Os órgãos integrantes do SNUC, sempre que possível e oportuno, prestarão orientação técnica e científica ao proprietário de Reserva Particular do Patrimônio Natural para a elaboração de um Plano de Manejo ou de Proteção e de Gestão da unidade."

  A afirmativa está correta.

CAPÍTULO IV
DA CRIAÇÃO, IMPLANTAÇÃO E GESTÃO DAS UNIDADES DE CONSERVAÇÃO

Art. 22. As unidades de conservação são **criadas por ato do Poder Público.**

§ 1º (vetado)

§ 2º **A criação** de uma unidade de conservação deve ser **precedida de estudos técnicos e de consulta pública** que permitam identificar a localização, a dimensão e os limites mais adequados para a unidade, conforme se dispuser em regulamento.

§ 3º No processo de consulta de que trata o § 2º, o Poder Público é obrigado a fornecer informações adequadas e inteligíveis à população local e a outras partes interessadas.

§ 4º Na criação de Estação Ecológica ou Reserva Biológica não é obrigatória a consulta de que trata o § 2º deste artigo.

§ 5º As unidades de conservação do grupo de **Uso Sustentável podem ser transformadas total ou parcialmente em unidades do grupo de Proteção Integral**, por instrumento normativo do mesmo nível hierárquico do que criou a unidade, desde que obedecidos os procedimentos de consulta estabelecidos no § 2º deste artigo.

§ 6º A ampliação dos limites de uma unidade de conservação, sem modificação dos seus limites originais, exceto pelo acréscimo proposto, pode ser feita por instrumento normativo do mesmo nível hierárquico do que criou a unidade, desde que obedecidos os procedimentos de consulta estabelecidos no § 2º deste artigo.

§ 7º **A desafetação ou redução dos limites** de uma unidade de conservação **só pode ser feita mediante lei específica.**

1. Criação das Unidades de Conservação

A lei 9.985/00 não definiu a natureza do ato de **criação** das UC's, estabelecendo apenas que serão **criadas por ato do poder público** (art. 22, caput). Assim, pode-se concluir que elas podem ser **criadas tanto por lei** quanto por **decreto do Chefe do Poder Executivo** federal, estadual ou municipal.

A criação de qualquer tipo de unidade de conservação deve ser **precedida de estudos técnicos** (art. 22, § 2º) e, na maioria dos casos, de **consulta pública** (exceção apenas nos casos de criação de Estação Ecológica ou Reserva Biológica, de acordo com o § 4º do art. 22).

Aplicação em concurso:

- **(MPE/RR 2017 – CESPE)**

  "Em 2008, o governo de determinado estado da Federação criou, por lei, uma estação ecológica e, por decreto, uma reserva biológica. Em ambos os casos, os estudos técnicos foram previamente realizados, mas não houve consulta pública. Anos depois, por lei específica, o governo reduziu os limites das unidades criadas. Considerando essa situação, assinale a opção correta.

  A) Tanto a criação quanto a redução dos limites da reserva biológica poderiam ter sido feitas por decreto.

  B) Para a criação de ambas as unidades, os estudos técnicos eram, de fato, necessários.

  C) Tanto a criação quanto a redução dos limites da estação ecológica poderiam ter sido feitas por decreto.

  D) Para a criação de ambas as unidades, a consulta pública era indispensável."

  Gabarito: letra "b".

- **(MPE/ES/Promotor/2010 – CESPE)**

  "A criação de uma UC não exige consulta pública, pois é competência dos órgãos executores integrantes do Sistema Nacional do Meio Ambiente em caráter exclusivo."

A afirmativa está errada.

Uma vez instituídas, essas áreas protegidas passam a integrar o SNUC, sistema constituído pelo conjunto das unidades de conservação federais, estaduais e municipais[14].

Importante observar ainda que a **ampliação dos limites** de uma UC também pode ser feita por decreto do Chefe do Executivo ou por lei específica, de acordo com o § 6 do artigo 22,[15] que, em redação pouco clara, determina que a ampliação dos limites de uma UC por decreto só é admitida quando há estrita manutenção da sua delimitação originária. Isso porque pode ocorrer situação em que haja ampliação da área total de uma UC via supressão de parcela de sua área originária e "compensação" da parte suprimida com a nova área acrescida. Nesses casos em que há supressão de parte da UC original, a referida alteração somente será permitida através de lei específica, em respeito ao artigo 225, § 1º, III, da CRFB/1988, e não por decreto, eis que a delimitação originária de uma UC somente pode ser reduzida por lei formal (art. 22, § 7º).

Aplicação em concurso:

- **(Ministério Público – MG – 2002)**

  "A ampliação dos limites de uma unidade de conservação, sem modificação dos seus limites originais, exceto pelo acréscimo proposto, só pode ser feita mediante lei específica."

  A afirmativa está errada. A ampliação dos limites de uma unidade de conservação, sem modificação dos seus limites originais, exceto pelo acréscimo proposto, pode ser feita por instrumento normativo do mesmo nível hierárquico do que criou a unidade (vide artigo 22, § 6º), ou seja, pode ser feita até mesmo por decreto do executivo.

1.1. A priori não há impedimento algum para a criação de mais de uma unidade de conservação através de um único procedimento administrativo, desde respeitados todos os requisitos legais para a sua instituição.

► **STF:**

> "Não há ilegalidade na criação de mais de um tipo de unidade de conservação da natureza a partir de um único procedimento administrativo." (STF. MS N. 25.347-DF. Rel.: Min. Ayres Britto. Julgamento: 17/02/2010. Informativo 579 do STF).

14. Art. 3º, Lei 9.985/00.
15. Nesse sentido: MACHADO, 2004. p. 763.

Aplicação em concurso:

- **(Delegado de Polícia/ PC-PA/ FUNCAB – 2016)**

  "O Supremo Tribunal Federal possui firme jurisprudência no sentido da impossibilidade de criação de mais de um tipo de unidade de conservação da natureza a partir de um único procedimento administrativo."

  A afirmativa está errada.

- **(Juiz federal/TRF/CESPE – 2015)**

  "À luz do entendimento do STF, é vedada a criação pelo poder público de mais de um tipo de unidade de conservação a partir de um mesmo procedimento administrativo."

  A afirmativa está errada.

2. Alteração (diminuição) ou supressão das Unidades de Conservação

Instituída uma unidade de conservação da natureza, seja por decreto do Executivo ou por lei formal, a redução dos seus limites (alteração) ou a sua supressão total **somente serão permitidas através de lei específica**. Esta é a determinação do **artigo 225, § 1º, III, da CRFB/1988**:

> § 1º – Para assegurar a efetividade desse direito, incumbe ao Poder Público:
>
> (...)
>
> III – definir, em todas as unidades da Federação, espaços territoriais e seus componentes a serem especialmente protegidos, sendo a **alteração e a supressão permitidas somente através de lei**, vedada qualquer utilização que comprometa a integridade dos atributos que justifiquem sua proteção;

Neste mesmo sentido o parágrafo 7º do artigo 22 da lei do SNUC determina que a desafetação ou redução dos limites de uma unidade de conservação só pode ser feita mediante lei específica.

O intuito do constituinte e do legislador é de dificultar o procedimento legal de alteração ou supressão de uma área ambientalmente protegida, e de facilitar a criação das mesmas, em respeito ao preceito constitucional de proteção do meio ambiente ecologicamente equilibrado. Ora, como analisado no item 1 supra, a CRFB/1988 e a lei do SNUC não exigem lei formal para a criação de uma unidade de conservação, o que autoriza sua instituição até mesmo por decreto do Executivo, cujo procedimento formal é mais simples que o processo legislativo. Por outro lado, tanto a Carta Magna quanto a Lei 9.985/00 determinam que a alteração ou a supressão de uma UC somente será permitida através de lei formal, excluindo automaticamente o decreto do Executivo como instrumento hábil para tanto. Exige-se, portanto, o procedimento legislativo formal, mais complexo, para a supressão ou alteração de uma área ambientalmente protegida.

Aplicação em concurso:

- **(Magistratura Estadual RJ 2017 – CESPE)**

  "Com base na Lei n.° 9.985/2000, que instituiu o SNUC, assinale a opção correta, acerca do Parque Nacional do Iguaçu, unidade de conservação localizada no extremo oeste do estado do Paraná

  A) Eventual redução dos limites originais do referido parque só poderá ser feita mediante lei específica.

  B) Por ser unidade de conservação já constituída como parque nacional por ato do poder público, o parque em apreço não pode integrar reserva da biosfera.

  C) O parque em apreço classifica-se como unidade de uso sustentável.

  D) Áreas particulares dentro do perímetro do parque em consideração podem ser exploradas economicamente, desde que se observe o plano de manejo da unidade."

  Gabarito: letra "a".

- **(Magistratura Estadual-GO/2015 – FCC)**

  "O Estado X criou por Decreto um Parque Estadual, unidade de conservação da natureza de proteção integral segundo a Lei Federal no 9.985/2000. Passados 5 anos, editou-se um novo Decreto para desafetar parte da área deste Parque Estadual, reduzindo-se, assim, sua extensão territorial. O novo Decreto é

  A) válido, pois não há impedimento legal para que o Ente Federativo que criou uma unidade de conservação possa alterar seus limites por meio de Decreto.

  B) válido, uma vez que a desafetação foi realizada pelo mesmo tipo de ato normativo que criou o Parque Estadual.

  C) nulo, porque há expressa proibição legal para desafetar ou reduzir limites de qualquer unidade de conservação.

  D) nulo, salvo se o Decreto contiver exposição de motivos.

  E) nulo, uma vez que a desafetação ou redução dos limites de uma unidade de conservação só pode ser feita mediante lei específica."

  Gabarito: letra "e", de acordo com o art. 225, § 1º, III da CRFB/1988 e com o artigo art. 22, §7º da Lei 9.985/00.

- **(Magistratura Federal – TRF 2ª Região 2014)**

  "Em relação à extinção de reserva biológica estadual, assinale a alternativa correta:

  A) Trata-se de ato discricionário do Poder Executivo.

  B) Se a reserva foi criada por decreto pode ser extinta por decreto, se foi criada por lei somente a lei pode extingui-la.

  C) A reserva biológica pode ser extinta por decreto, mas mediante realização de estudo prévio de impacto ambiental ao qual se dará ampla publicidade.

  D) Reservas biológicas e da biosfera só podem ser extintas por emenda à convenção internacional da biodiversidade.

  E) Reserva biológica só pode se extinta por lei do mesmo ente que a criou."

  Gabarito: letra "e".

- **(Advogado da União 2012 – CESPE)**

  "São matérias sujeitas ao princípio da reserva legal a alteração e a supressão do regime jurídico pertinente aos espaços territoriais especialmente protegidos, ainda que sua delimitação tenha sido determinada por decreto."

  A assertiva é verdadeira, de acordo com o artigo 225, §1º, III, da CRFB/1988, e do artigo 22, §7º da Lei do SNUC.

3. Quadro comparativo

Criação ou ampliação de Unidade de Conservação (art. 22, caput; e § 6º, da Lei 9.985/00)	Alteração (redução dos limites) ou supressão (desafetação) de Unidade de Conservação (artigo 225, § 1º, III, da CRFB/1988; e art. 22, § 7º, da Lei 9.985/00)
Decreto do Chefe do Executivo (União, Estados, DF e Municípios)	Lei formal (União, Estados, DF e Municípios)
Lei formal (União, Estados, DF e Municípios)	–

Aplicação em concurso:

- **(Delegado de Polícia Civil/PE – 2016 – CESPE)**

  "Considere que, em 1999, a União tenha criado, por decreto presidencial, determinada unidade de conservação. Nessa situação, de acordo com a CF, a União

A) poderá alterá-la por meio de decreto.

B) poderá suprimi-la por meio de decreto.

C) somente poderá alterá-la ou suprimi-la por meio de lei.

D) poderá alterá-la por meio de portaria do Ministério do Meio Ambiente.

E) terá cometido ato nulo, já que o ato de criação dessa unidade deveria ter sido a lei."

Gabarito: letra "c"

- **(Exame de Ordem 2012.2 – FGV)**

"O Prefeito do Município de Belas Veredas, após estudos técnicos e realização de audiência pública, decide pela criação de um parque, em uma área onde podem ser encontrados exemplares exuberantes de Mata Atlântica. Assim, edita decreto que fixa os limites do novo parque municipal. Passados dois anos, recebe pedidos para que o parque seja reavaliado e transformado em uma Área de Relevante Interesse Ecológico, com uma pequena redução de seus limites. Tendo em vista a situação descrita, assinale a alternativa correta.

A) Em razão do princípio da simetria das formas no direito ambiental, a Unidade de Conservação criada por ato do Poder Executivo poderá ser reavaliada e ter seus limites reduzidos também por decreto.

B) Como a Mata Atlântica é considerada patrimônio nacional, por força do art. 225, §4º, da CRFB, apenas a União possui competência para a criação de unidades de conservação que incluam tal bioma em seus limites.

C) A criação do parque é constitucional e legal, mas, como a área está definida como Unidade de Conservação de Proteção Integral, a alteração para Área de Relevante Interesse Ecológico, que é de Unidade de Conservação de Uso Sustentável, com redução de limites, só pode ser feita por lei.

D) A reavaliação poderá ser feita por decreto, uma vez que a Área de Relevante Interesse Ecológico também é uma Unidade de Conservação do grupo de proteção integral."

Gabarito: letra "c".

- **(AGU 2009 – CESPE)**

"Suponha que o estado do Piauí crie, por decreto do governador, um parque ecológico em Teresina e que, após dez anos dessa criação, outro governante resolva, mediante um novo decreto, suprimir parte da área do referido parque. Nessa situação, a iniciativa do novo governante deve ser considerada válida."

A afirmativa está incorreta. A supressão total ou parcial de uma Unidade de Conservação será permitida somente através de lei específica, de acordo com o artigo 225, § 1º, III, da CF 88, e do artigo 22, § 7º, da Lei do SNUC.

- **(Juiz Federal – TRF 5ª Região – 2009 – CESPE)**

"Com relação ao Sistema Nacional de Unidades de Conservação, assinale a opção correta.

A) A unidade de conservação só pode ser criada por lei em sentido formal, devendo ser precedida de estudos técnicos e de consulta pública que permitam identificar os limites mais adequados para a unidade.

B) A área de proteção ambiental, dotada de atributos abióticos, bióticos, estéticos ou culturais especialmente importantes para a qualidade de vida e o bem-estar das populações humanas, é constituída apenas por terras públicas.

C) Compõem o grupo das unidades de proteção integral as seguintes categorias de unidades de conservação: reserva biológica, área de relevante interesse ecológico, floresta nacional e reserva de fauna.

D) É possível a transformação, total ou parcial, de unidades de conservação do grupo de uso sustentável em unidades do grupo de proteção integral, por instrumento normativo do mesmo nível hierárquico do que criou a unidade, desde que se promova consulta pública que permita identificar a localização, a dimensão e os limites mais adequados para a unidade.

E) O parque nacional pode ser criado e permanecer em área de domínio privado, com o objetivo de preservar ecossistemas naturais de grande relevância ecológica e beleza cênica, possibilitando a realização de pesquisas científicas e o desenvolvimento de atividades de educação ambiental, de recreação em contato com a natureza e de turismo ecológico."

Gabarito: letra "d" (art. 22, § 5º).

- **(Analista Ambiental MMA 2008 – CESPE)**

"É da competência privativa de cada estado-membro definir, dentro dos seus limites geográficos, os espaços territoriais a serem especialmente protegidos e respectivos componentes, sendo a alteração e a supressão permitidas por meio de decreto do Poder Executivo."

A afirmativa está errada.

Art. 22-A. O Poder Público poderá, ressalvadas as atividades agropecuárias e outras atividades econômicas em andamento e obras públicas licenciadas, na forma da lei, **decretar limitações administrativas provisórias ao exercício de atividades e empreendimentos efetiva ou potencialmente**

causadores de degradação ambiental, para a realização de estudos com vistas na criação de Unidade de Conservação, quando, a critério do órgão ambiental competente, houver risco de dano grave aos recursos naturais ali existentes.

§ 1º Sem prejuízo da restrição e observada a ressalva constante do *caput*, na área submetida a limitações administrativas, não serão permitidas atividades que importem em exploração a corte raso da floresta e demais formas de vegetação nativa.

§ 2º A destinação final da área submetida ao disposto neste artigo será definida no **prazo de 7 (sete) meses, improrrogáveis**, findo o qual fica extinta a limitação administrativa.

Art. 23. A posse e o uso das áreas ocupadas pelas populações tradicionais nas **Reservas Extrativistas e Reservas de Desenvolvimento Sustentável serão regulados por contrato**, conforme se dispuser no regulamento desta Lei.

§ 1º As populações de que trata este artigo obrigam-se a participar da preservação, recuperação, defesa e manutenção da unidade de conservação.

§ 2º O uso dos recursos naturais pelas populações de que trata este artigo obedecerá às seguintes normas:

I – proibição do uso de espécies localmente ameaçadas de extinção ou de práticas que danifiquem os seus habitats;

II – proibição de práticas ou atividades que impeçam a regeneração natural dos ecossistemas;

III – demais normas estabelecidas na legislação, no Plano de Manejo da unidade de conservação e no contrato de concessão de direito real de uso.

Art. 24. O **subsolo e o espaço aéreo**, sempre que influírem na estabilidade do ecossistema, **integram os limites das unidades de conservação.**

1. Contrato de concessão de Direito Real de Uso (art. 23)

De acordo com o artigo 18, parágrafo 1º e o artigo 20, parágrafo 2º, da Lei 9.985/00, as áreas de Reservas Extrativistas e de Reservas de Desenvolvimento Sustentável são de **domínio público, com uso concedido às populações extrativistas e tradicionais**.

Inicialmente é importante identificar o conceito das expressões "populações tradicionais" e "populações extrativistas". Os artigos 17, § 2º e 20 da Lei do SNUC fornecem subsídios para a sua definição. A **população tradicional** é a população que exista numa área antes da criação da unidade de conservação, cuja existência seja baseada em sistemas sustentáveis de exploração dos recursos naturais, desenvolvidos ao longo de gerações e adaptados às condições ecológicas locais. Segundo a **Lei 13.123, de 20 de maio de 2015,** comunidade tradicional é o "grupo culturalmente diferenciado e que se reconhece como tal, que possui forma própria de organização social e ocupa e usa territórios e recursos naturais como condição para sua reprodução cultural, social, religiosa, ancestral e econômica, utilizando conhecimentos, inovações e práticas gerados e transmitidos pela tradição".[16] Já as **populações extrativistas,** também denominadas pela Lei 9.985/00 de "populações extrativistas tradicionais", são aquelas cuja subsistência baseia-se no extrativismo e, complementarmente, na agricultura de subsistência e na criação de animais de pequeno porte.[17]

► **Atenção:** a **Lei 13.123, de 20 de maio de 2015,** dispõe sobre o acesso ao patrimônio genético, a proteção e o acesso ao conhecimento tradicional associado e a repartição de benefícios para a conservação e uso sustentável da biodiversidade.

A lei do SNUC, ao mesmo tempo em que visa à proteção das populações extrativistas e tradicionais, também procura resguardar o patrimônio da Administração Pública, qual seja, as áreas de domínio público onde foram criadas as unidades de conservação supracitadas. Assim, determina que a posse e o uso daquelas áreas serão regulados por contrato, instrumento que mantém a titularidade dos bens nas mãos do Poder Público, mas que permite o direito de uso e exploração sustentável da terra pelos particulares que tradicionalmente ocupam aquelas áreas.

Apesar do silêncio da lei sobre o tipo de contrato a ser firmado entre o Poder Público e os particulares, o Decreto 4.340/2002, que regulamenta a Lei 9.985/00, refere-se expressamente ao **contrato de concessão de Direito Real de Uso**[18], instrumento mais adequado para conciliar os interesses das partes envolvidas. De acordo com José dos Santos Carvalho Filho[19], "é o contrato administrativo pelo qual o Poder Público confere ao particular o direito real resolúvel de uso de terreno público ou sobre o espaço aéreo que o recobre, para os fins que, prévia e determinadamente, o justificaram".

16. Art. 2º, IV da Lei 13.123/2015 (praticamente reprodução do art. 3º, II do Decreto 6.040/2007, que institui a Política Nacional de Desenvolvimento Sustentável dos Povos e Comunidades Tradicionais).
17. Art. 18, Lei 9.985/00.
18. Artigo 13, do Decreto 4.340/02.
19. CARVALHO FILHO, 2008. p. 1032.

A concessão de direito real salvaguarda o patrimônio da administração e evita alienação de bens públicos, autorizada às vezes sem qualquer vantagem para ela. Além disso, permite a manutenção das populações extrativistas e tradicionais na área da unidade, possibilitando sua proteção e a exploração sustentável dos recursos naturais.

Essa forma de concessão é regulada expressamente pelo Decreto-Lei 271/1967, que dispõe sobre concessão de uso, dentre outros temas. Prevê expressamente em seu artigo 7º que "é instituída a concessão de uso de terrenos públicos ou particulares remunerada ou gratuita, por tempo certo ou indeterminado, como direito real resolúvel, **para fins específicos de regularização fundiária de interesse social**, urbanização, industrialização, edificação, **cultivo da terra, aproveitamento sustentável das várzeas, preservação das comunidades tradicionais e seus meios de subsistência** ou outras modalidades de interesse social em áreas urbanas."

O contrato de concessão de Direito Real de Uso busca, portanto, compatibilizar a titularidade das terras do Poder Público, a presença humana e os objetivos conservacionistas das Reservas Extrativistas e das Reservas de Desenvolvimento Sustentável.

2. Subsolo e espaço aéreo (art. 24)

Aplicação em concurso:

- **(Magistratura Estadual DF 2016 – CESPE – adaptada)**

  "O subsolo e o espaço aéreo também integram os limites das unidades de conservação, e se consideram incluídos na proteção ambiental conferida à unidade, ainda que não constem no ato de criação ou no plano de manejo."

  A alternativa está errada.

- **(Magistratura Federal – TRF 1ª região 2015)**

  "O subsolo e o espaço aéreo, desde que contribuam para a estabilidade do ecossistema protegido, integram os limites das unidades de conservação."

  A alternativa está correta.

Art. 25. As unidades de conservação, **exceto Área de Proteção Ambiental e Reserva Particular do Patrimônio Natural,** devem possuir uma **zona de amortecimento** e, quando conveniente, **corredores ecológicos.**

§ 1º O órgão responsável pela administração da unidade estabelecerá **normas específicas regulamentando a ocupação e o uso dos recursos da**

zona de amortecimento e dos corredores ecológicos de uma unidade de conservação.

§ 2º Os limites da zona de amortecimento e dos corredores ecológicos e as respectivas normas de que trata o § 1º poderão ser definidas no ato de criação da unidade ou posteriormente.

Art. 26. Quando existir um conjunto de unidades de conservação de categorias diferentes ou não, próximas, justapostas ou sobrepostas, e outras áreas protegidas públicas ou privadas, constituindo um **mosaico**, a gestão do conjunto deverá ser feita de forma integrada e participativa, considerando-se os seus distintos objetivos de conservação, de forma a compatibilizar a presença da biodiversidade, a valorização da sociodiversidade e o desenvolvimento sustentável no contexto regional.

Parágrafo único. O regulamento desta Lei disporá sobre a forma de gestão integrada do conjunto das unidades.

1. Zona de amortecimento

A própria Lei 9.985/00, em seu artigo 2º, XVIII, traz o conceito de zona de amortecimento, que reproduzimos a seguir:

Zona de amortecimento: o entorno de uma unidade de conservação, **onde as atividades humanas estão sujeitas a normas e restrições** específicas, com o propósito de minimizar os impactos negativos sobre a unidade;

Deve haver uma ruptura gradativa entre o meio ambiente natural, protegido nas unidades de conservação, e o ambiente externo. Essa é a principal função da zona de amortecimento, área que circunda as unidades e que, devido ao seu relevante papel, também é protegida. Desta forma, a zona de amortecimento não faz parte da unidade de conservação, mas fica sujeita a normas e restrições específicas a serem estipuladas pelo órgão responsável pela administração da unidade.

▶ **Atenção:** todas as unidades de conservação devem possuir zona de amortecimento, exceto as Áreas de Proteção Ambiental (APA) e Reserva Particular do Patrimônio Natural (RPPN).[20]

Aplicação em concurso:

- **(Promotor de Justiça/ MPE-BA 2015)**

  "As unidades de conservação, exceto a Reserva Particular do Patrimônio Natural, devem possuir uma zona de amortecimento e, quando conveniente, corredores ecológicos"

20. Artigo 25 da Lei 9.985/00.

A afirmativa está errada. As Áreas de Proteção Ambiental também não precisam possuir uma zona de amortecimento.

▶ **Obs.**: a zona de amortecimento das unidades de conservação do grupo de Proteção Integral é considerada zona rural, não podendo ser transformada em zona urbana (art. 49, parágrafo único), o que torna inaplicável a Lei 6.766/79, que trata de loteamento e desmembramento urbanos.[21]

▶ **Atenção:** A **Resolução CONAMA 428, de 17 de dezembro de 2010**, estabelece em seu artigo 1º, § 2º, que

---

> Durante o prazo de 5 anos, contados a partir da publicação da Resolução nº 473, de 11 de dezembro de 2015, o licenciamento de **empreendimento de significativo impacto ambiental,** localizados numa **faixa de 3 mil metros a partir do limite da UC**, cuja ZA não esteja estabelecida, sujeitar-se-á ao procedimento previsto no caput, com exceção de RPPNs, Áreas de Proteção Ambiental (APAs) e Áreas Urbanas Consolidadas. (redação dada pela Resolução nº 473/2015).

As atividades de significativo impacto ambiental que possam afetar uma unidade de conservação ou seu entorno já previamente definido (ZA) só poderão ser licenciadas após autorização do órgão responsável pela administração da UC. A mesma regra se aplica àqueles empreendimentos de **significativo impacto ambiental** localizados numa faixa de **três mil metros** a partir do limite da UC cuja ZA não esteja ainda estabelecida.[22]

Ressalte-se que a Resolução CONAMA 428/10 revoga expressamente a Resolução CONAMA 13/90, que estabelecia o licenciamento ambiental de atividades num raio de dez quilômetros nas áreas circundantes das Unidades de Conservação. A nova Resolução delimita a faixa de **três mil metros** a partir dos limites da UC (nos casos de atividade de **significativo impacto ambiental** e, consequentemente, **sujeitos à apresentação de EIA/RIMA**) como sendo a área de entorno a ser protegida quando ainda não definida a zona de amortecimento.

---

21. Nesse sentido: MACHADO, 2004. p. 780.
22. Tal determinação é válida durante o prazo de 5 anos, contados a partir da publicação da Resolução 473, de 17 de dezembro de 2015 (art. 1º, parágrafo 2º da Resolução CONAMA 428/2010). Atenção: o prazo de validade dessa determinação terminou, portanto, no dia 17 de dezembro de 2020 e, até o momento da finalização dessa edição da obra, não houve publicação de nova resolução prorrogando o mesmo.

Já nos processos de licenciamento de **empreendimentos de menor potencial de impacto ambiental, não sujeitos a EIA/RIMA**, o órgão ambiental licenciador deverá dar ciência ao órgão responsável pela administração da UC sempre que o empreendimento, alternativamente:

I. puder causar impacto direto em UC;

II. estiver localizado na sua ZA;

III. estiver localizado no limite de **até 2 mil metros da UC**, cuja ZA não tenha sido estabelecida no prazo de até 5 anos a partir da data da publicação da Resolução 473, de 11 de dezembro de 2015.

Aplicação em concurso:

- **(Magistratura Federal – TRF 2ª região 2017)**

  "Em relação às Unidades de Conservação é correto afirmar que:

  A) O licenciamento de atividade desenvolvida em área de proteção ambiental federal é sempre de competência da União.

  B) O resultado das consultas públicas prévias à criação de unidades de conservação só vincula o Poder Executivo quando houver participação da maioria da população diretamente interessada e desde que a consulta seja feita com acompanhamento do Tribunal Regional Eleitoral.

  C) A zona de amortecimento de uma unidade de conservação deve ter seus limites definidos, seja no ato de criação da unidade ou posteriormente.

  D) Nas unidades de conservação de proteção integral não são permitidas atividades com finalidades lucrativas.

  E) Nas Reservas de Desenvolvimento Sustentável só são admitidas visitas de parentes dos residentes que façam parte da população tradicional abrigada pela reserva."

  Gabarito: letra "c".

- **(Magistratura Federal – TRF 4ª região 2016 – adaptada)**

  "Todas as unidades de conservação instituídas legalmente possuem zona de amortecimento, que tem como objetivo minimizar os impactos negativos da atividade humana sobre a unidade."

  A afirmativa está errada.

- **(Procuradoria municipal de Itupeva/SP 2016 – FUNRIO)**

  "Nos termos da Lei 9.985-2000, o entorno de uma unidade de conservação, onde as atividades humanas estão sujeitas a normas e restrições específicas, com o propósito de minimizar os impactos negativos sobre a unidade é denominado de

A) área de manejo

B) unidade de conservação

C) zona de amortecimento

D) corredor ecológico

E) plano de zoneamento".

Gabarito: letra "c".

- **(CEFET – Promotor de Justiça – BA/2015)**

  "As unidades de conservação, exceto a Reserva Particular do Patrimônio Natural, devem possuir uma zona de amortecimento e, quando conveniente, corredores ecológicos".

  A afirmativa está errada. O caput do artigo 25 da Lei do SNUC dispensa duas categorias de unidades de conservação do dever de instituir zona de amortecimento: Área de Proteção Ambiental – APA e Reserva Particular do Patrimônio Natural – RPPN.

- **(Magistratura Federal – TRF 1ª região 2015)**

  "As categorias de unidades de conservação de área de proteção ambiental e reserva particular de patrimônio natural devem contar com a delimitação de uma zona de amortecimento no seu entorno, cujo regime jurídico aplicável é o de uma limitação administrativa imposta aos proprietários, com vistas a minimizar os impactos negativos no interior da unidade de conservação."

  A afirmativa está errada.

- **(Magistratura Federal – TRF 1ª região 2013 – CESPE)**

  "O MP, alegando iminente degradação ambiental, ajuizou ACP, visando obstar a construção de um empreendimento comercial composto por dois restaurantes, uma lanchonete e uma loja de conveniência em zona de amortecimento de parque nacional federal, gerido pelo IBAMA. A ação foi ajuizada contra os empreendedores e contra o estado que instaurou o procedimento de licenciamento. Julgue a assertiva seguinte:

  O autor da ACP preocupa-se com os chamados efeitos de borda, que, embora decorram de atividade antrópica fora das fronteiras da unidade de conservação, são da esfera de competência do gestor dessa unidade."

  A afirmativa está correta

2. Corredores ecológicos

De acordo com o artigo 2º, XIX, da lei do SNUC, **corredores ecológicos** são **porções de ecossistemas** naturais ou seminaturais, **ligando unidades de conservação**, que possibilitam entre elas o fluxo de genes e o movimento da biota, facilitando a dispersão de espécies e a recolonização de áreas degradadas, bem como a manutenção de populações que demandam para sua sobrevivência áreas com extensão maior do que aquela das unidades individuais.

3. Mosaico de espaços protegidos

Muitas vezes a proximidade entre diferentes tipos de unidades de conservação acabam por formar uma enorme área de relevância ambiental, denominada pelo artigo 26 da lei do SNUC de "**mosaico**"[23]. Como ilustra Milaré[24], "o mosaico consiste na justaposição de peças ou figuras distintas que, entretanto, contribuem com as suas individualidades para formar um quadro, ou seja, um todo que resulte numa figura maior e integrada." No caso das unidades de conservação, o termo é utilizado no mesmo sentido, ou seja, distintas áreas ambientalmente protegidas que, por estarem próximas, justapostas ou sobrepostas, formam uma única grande área ambientalmente relevante.

A função principal do mosaico é possibilitar a gestão integrada do conjunto de unidades de conservação que o compõe, levando-se sempre em consideração os distintos objetivos de conservação de cada tipo de unidade. O mosaico de UC's deverá dispor de um conselho de mosaico, com caráter consultivo e a função de atuar como instância de gestão integrada das unidades de conservação que o compõem[25].

Aplicação em concurso:

- **(MPE/ES/Promotor/2010 – CESPE)**

  "Mosaico de UCs compreende uma justaposição ou superposição, reconhecida formalmente pelo Ministério do Meio Ambiente, de UCs de diversas categorias, seja públicas, seja privadas."

  A afirmativa está correta.

Art. 27. As unidades de conservação devem dispor de um **Plano de Manejo.**

§ 1º O Plano de Manejo **deve abranger a área da unidade de conservação, sua zona de amortecimento e os corredores ecológicos**, incluindo medi-

---

23. Mosaico. [Do it. Mosaico] S.m. 1. Pavimento de ladrilhos variegados. 2. Embutido de pequenas pedras, ou de outras peças e cores, que pela sua disposição aparentam desenho. (...). 4. Trabalho em que recortes de couro, de diferentes cores, são embutidos ou superpostos, formando compartimentos ou ornatos na pele que cobre um livro. (...). FERREIRA, Aurélio Buarque de Holanda. 1999.
24. MILARÉ, 2007. p. 677.
25. Art. 9º, do Dec. 4.320/02.

das com o fim de promover sua integração à vida econômica e social das comunidades vizinhas.

§ 2º Na elaboração, atualização e implementação do Plano de Manejo das Reservas Extrativistas, das Reservas de Desenvolvimento Sustentável, das Áreas de Proteção Ambiental e, quando couber, das Florestas Nacionais e das Áreas de Relevante Interesse Ecológico, será assegurada a **ampla participação da população residente.**

§ 3º O Plano de Manejo de uma unidade de conservação deve ser elaborado no **prazo de cinco anos a partir da data de sua criação.**

§ 4º O Plano de Manejo poderá dispor sobre as atividades de liberação planejada e cultivo de **organismos geneticamente modificados** nas **Áreas de Proteção Ambiental e nas zonas de amortecimento das demais categorias de unidade de conservação**, observadas as informações contidas na decisão técnica da Comissão Técnica Nacional de Biossegurança – CTNBio sobre:

I – o registro de ocorrência de ancestrais diretos e parentes silvestres;

II – as características de reprodução, dispersão e sobrevivência do organismo geneticamente modificado;

III – o isolamento reprodutivo do organismo geneticamente modificado em relação aos seus ancestrais diretos e parentes silvestres; e

IV – situações de risco do organismo geneticamente modificado à biodiversidade.

Art. 28. São proibidas, nas unidades de conservação, quaisquer alterações, atividades ou modalidades de **utilização em desacordo com os seus objetivos, o seu Plano de Manejo e seus regulamentos**.

Parágrafo único. Até que seja elaborado o Plano de Manejo, todas as atividades e obras desenvolvidas nas unidades de conservação de proteção integral devem se limitar àquelas destinadas a garantir a integridade dos recursos que a unidade objetiva proteger, assegurando-se às populações tradicionais porventura residentes na área as condições e os meios necessários para a satisfação de suas necessidades materiais, sociais e culturais.

1. Plano de Manejo

De acordo com o art. 2º, XVII, da lei do SNUC, **plano de manejo** é o “documento técnico mediante o qual, com fundamento nos objetivos gerais de uma unidade de conservação, se estabelece o seu zoneamento e as normas que devem presidir o uso da área e o manejo dos recursos naturais, inclusive a implantação das estruturas físicas necessárias à gestão da unidade”.

O Plano de Manejo é a "lei interna" da UC[26]. Cada unidade de conservação deve dispor de um Plano de Manejo, que deve ser elaborado no prazo de cinco anos a partir da data de sua criação (art. 27, § 3º). São proibidas, nas UC's, quaisquer alterações, atividades ou modalidades de utilização em desacordo com o seu Plano de Manejo.[27] O Plano de Manejo aprovado deve estar disponível para consulta do público na sede da Unidade de Conservação e no centro de documentação do órgão ambiental executor[28].

► **Atenção:** A **Lei 11.460, de 21 de março de 2007**, que alterou o § 4º do artigo 27 da lei do SNUC, determinou a vedação da pesquisa e do cultivo de organismos geneticamente modificados (OGM) nas áreas de unidades de conservação, exceto nas **Áreas de Proteção Ambiental (APA)**. A vedação inclui as **zonas de amortecimento** das demais categorias de unidade de conservação, a não ser que os Planos de Manejo disponham expressamente sobre as atividades de liberação planejada e cultivo de OGM nessas áreas.

Além de **disposição expressa no Plano de Manejo**, as atividades de **liberação planejada e cultivo de OGM nas APA e nas ZA** devem observar as informações contidas na decisão técnica da Comissão Técnica Nacional de Biossegurança – CTNBio sobre:

> I – o registro de ocorrência de ancestrais diretos e parentes silvestres;
>
> II – as características de reprodução, dispersão e sobrevivência do organismo geneticamente modificado;
>
> III – o isolamento reprodutivo do organismo geneticamente modificado em relação aos seus ancestrais diretos e parentes silvestres;
>
> IV – situações de risco do organismo geneticamente modificado à biodiversidade.

---

26. MACHADO, 2004. p. 774.
27. Sobre o licenciamento ambiental de atividades potencialmente impactantes nas unidades de conservação, importante lembrar que todos os entes federados podem atuar administrativamente na proteção das UC's (*vide* Cap. III, comentários ao art. 9º). A competência para licenciar empreendimentos e atividades com significativo impacto ambiental de âmbito nacional ou regional, localizadas ou desenvolvidas em **unidades de conservação do domínio da União, é do órgão ambiental federal**, enquanto o licenciamento de empreendimentos e atividades localizados ou desenvolvidos em mais de um Município ou **em unidades de conservação de domínio estadual ou do Distrito Federal pertence ao órgão ambiental estadual**. Já os **órgãos ambientais municipais** terão competência para licenciar empreendimentos e atividades de **impacto ambiental local** (*vide* arts. 4º, 5º e 6º, da Resolução CONAMA 237/97).
28. Artigo 16, do Decreto 4.340/02.

Caso a UC não tenha ainda fixada sua zona de amortecimento e nem aprovado o seu respectivo Plano de Manejo, **cabe ao Poder Executivo estabelecer os limites** seguros para o plantio de OGM nas áreas que circundam as UC (exceto nos casos das Áreas de Proteção Ambiental e Reservas de Particulares do Patrimônio Nacional).[29] O Decreto 5.950/06 regulamentou o art. 57-A da Lei nº 9.985/00 para estabelecer os limites para o plantio de **alguns tipos específicos** de organismos geneticamente modificados nas áreas que circundam as unidades de conservação. De acordo com o seu artigo 1º:

> Ficam estabelecidas as **faixas limites** para os seguintes organismos geneticamente modificados nas **áreas circunvizinhas às unidades de conservação**, em projeção horizontal a partir do seu perímetro, **até que seja definida a zona de amortecimento e aprovado o Plano de Manejo** da unidade de conservação:
>
> I – **quinhentos metros para o caso de plantio de soja geneticamente modificada**, evento GTS40-3-2, que confere tolerância ao herbicida glifosato;
>
> II – **oitocentos metros para o caso de plantio de algodão geneticamente modificado**, evento 531, que confere resistência a insetos;
>
> III – **cinco mil metros para o caso de plantio de algodão geneticamente modificado**, evento 531, que confere resistência a insetos, quando existir **registro de ocorrência de ancestral direto ou parente silvestre** na unidade de conservação.

▶ **STJ:**

> **ADMINISTRATIVO. DIREITO AMBIENTAL. PROCESSUAL CIVIL. MULTA. IBAMA. PLANTIO DE ORGANISMO GENETICAMENTE MODIFICADO – OGM. IRREGULARIDADE. ZONA DE AMORTECIMENTO. PARQUE NACIONAL. ALEGAÇÃO DE FALTA DE PREVISÃO LEGAL. CONDUTA VEDADA PELA LEI 11.460/2007. NECESSIDADE DE AUTORIZAÇÃO. INEXISTÊNCIA DE PREVISÃO NO PLANO DE MANEJO. CONTRADIÇÃO AOS FATOS DOS AUTOS. SÚMULA 7/STJ. VIOLAÇÃO DO COMUNICADO 54/98 DA CTNBIO. ATO ADMINISTRATIVO. CONCEITO DE LEI FEDERAL. NÃO COGNIÇÃO. APLICAÇÃO DA SÚMULA 518/STJ POR ANALOGIA. RECURSO. ALÍNEA "C". PARADIGMA ORIUNDO DO MESMO TRIBUNAL. SÚMULA 13/STJ.**
>
> 1. Recurso especial interposto em prol da reversão de acórdão de Tribunal Regional Federal no qual se consignou a legalidade do ato de aplicação de multa administrativa pelo plantio não autorizado de

29. Art. 57-A, da Lei 9.985/00.

organismo geneticamente modificado (OGM) na zona de amortecimento do Parque Nacional de Iguaçu (unidade de conservação). O recorrente alega negativa de vigência ao art. 7º da Lei n. 11.460/2007, que revogou o art. 11 da Lei n. 11.814/2003, bem como a possibilidade do plantio de OGM em unidade de conservação, com base no art. 27, § 4º e incisos I a IV, da Lei n. 9.985/2000 (e Lei 11.105/2005), além de violação do Comunicado n. 54/98 da CTNBio e divergência jurisprudencial. 2. Não há falar em negativa de vigência ao art. 7º da Lei n. 11.460/2007, pois, apesar de ter revogado o art. 11 da Lei n. 11.814/2003, tal diploma legal continuou considerando **vedada a conduta praticada, qual seja, o plantio de OGM em zona de amortecimento de unidade de conservação ambiental, sem que houvesse previsão no plano de manejo** em questão. 3. Não é possível conhecer da alegação de violação do art. 27, § 4º e incisos, da Lei n. 9.985/2000 e do teor da Lei n. 11.105/2005, uma vez que, que para rever a premissa fática de impossibilidade de plantio de OGM, no caso concreto, seria necessário contraditar os dados e fatos dos autos – plano de manejo –, o que é vedado pela Súmula 7/STJ. (...). Recurso especial conhecido em parte e improvido. (STJ. REsp. 1220843/PR. Rel. Min. Humberto Martins. Segunda Turma. Public. DJe 22/04/2015).

▶ **Atenção:** O Plano de Manejo deve abranger não apenas a área da unidade de conservação, mas deve ainda estabelecer as normas e restrições para a utilização da zona de amortecimento e dos corredores ecológicos.

Aplicação em concurso:

- **(Delegado de Polícia Civil PE 2016 – CESPE – adaptada)**

  "As unidades de conservação devem possuir um plano de manejo, com exceção das reservas particulares do patrimônio natural".

  A afirmativa está errada.

- **(MPE/SC 2013)**

  "Segundo a Lei 9.985/2000, o Plano de Manejo de uma unidade de conservação deve ser elaborado no prazo de um ano a partir da data de sua criação."

  A afirmativa é falsa. De acordo com o parágrafo 3º do artigo 27 da Lei 9.985/00, "o Plano de Manejo de uma unidade de conservação deve ser elaborado no prazo de cinco anos a partir da data de sua criação.""

- **(Procurador do Estado SP 2009 – FCC)**

  "As Unidades de Conservação devem dispor de um Plano de Manejo, que abrangerá a área da unidade e sua zona de amortecimento."

  A afirmativa está correta.

Art. 29. Cada unidade de conservação do **grupo de Proteção Integral** disporá de um **Conselho Consultivo**, presidido pelo órgão responsável por sua administração e constituído por representantes de órgãos públicos, de organizações da sociedade civil, por proprietários de terras localizadas em Refúgio de Vida Silvestre ou Monumento Natural, quando for o caso, e, na hipótese prevista no § 2º do art. 42, das populações tradicionais residentes, conforme se dispuser em regulamento e no ato de criação da unidade.

Art. 30. As unidades de conservação **podem ser geridas por organizações da sociedade civil de interesse público** com objetivos afins aos da unidade, mediante instrumento a ser firmado com o órgão responsável por sua gestão.

1. Gestão das Unidades de Conservação

Cada unidade de conservação deve ter sua gestão própria. As UC's são administradas pelo órgão ambiental responsável e, na grande maioria das vezes, também por um Conselho.

De acordo com o artigo 6º, III, da Lei 9.985/00, são os **órgãos ambientais executores do SNUC** (o Instituto Chico Mendes e o IBAMA, em caráter supletivo, os órgãos estaduais e municipais) **os responsáveis por administrar as unidades de conservação** federais, estaduais e municipais, nas respectivas esferas de atuação.

As categorias de unidade de conservação **poderão ainda ter conselho consultivo ou deliberativo**, que serão presididos pelo chefe da unidade de conservação, o qual designará os demais conselheiros indicados pelos setores a serem representados.[30] Para as unidades do grupo de **Proteção Integral é obrigatória a existência do Conselho Consultivo**, de acordo com o artigo 29 da Lei do SNUC. Já no caso das unidades do grupo de **Uso Sustentável** há a previsão de conselho para algumas unidades e a omissão da lei em relação a outras, tornando para estas últimas facultativa a sua instituição (*vide* comentários ao art. 14, item 2: quadro comparativo).

30. Art. 17, do Decreto 4.340/02.

Conselho Consultivo é órgão de consulta, apoio e participação na definição das linhas gerais de atuação no que se refere às unidades de conservação da natureza. Em decorrência de sua finalidade consultiva, seus atos não tem força vinculante, limitando-se a exprimir opiniões de seus representantes.

Já o **Conselho Deliberativo** é aquele que, após análise e discussão, exara decisão com caráter vinculante. A ideia de "deliberação" é exatamente a de "resolução", de "ratificação" de atos, de "decisão" das questões colocadas à sua apreciação.

Compete ao conselho da Unidade de Conservação:[31]

I. elaborar o seu regimento interno;

II. acompanhar a elaboração, implementação e revisão do Plano de Manejo da Unidade de Conservação, quando couber, garantindo o seu caráter participativo;

III. buscar a integração da Unidade de Conservação com as demais unidades e espaços territoriais especialmente protegidos e com o seu entorno;

IV. esforçar-se para compatibilizar os interesses dos diversos segmentos sociais relacionados com a unidade;

V. avaliar o orçamento da unidade e o relatório financeiro anual elaborado pelo órgão executor em relação aos objetivos da Unidade de Conservação;

VI. opinar, no caso de conselho consultivo, ou ratificar, no caso de conselho deliberativo, a contratação e os dispositivos do termo de parceria com OSCIP, na hipótese de gestão compartilhada da unidade;

VII. acompanhar a gestão por OSCIP e recomendar a rescisão do termo de parceria, quando constatada irregularidade;

VIII. manifestar-se sobre obra ou atividade potencialmente causadora de impacto na Unidade de Conservação, em sua zona de amortecimento, mosaicos ou corredores ecológicos; e

IX. propor diretrizes e ações para compatibilizar, integrar e otimizar a relação com a população do entorno ou do interior da unidade, conforme o caso.

---

31. Art. 20, do Decreto 4.340/02.

Os conselhos das unidades de conservação são compostos por representantes de todos os setores envolvidos, desde os órgãos públicos ambientais até a sociedade civil organizada (como ONG's, população residente e do entorno, população tradicional, proprietários de imóveis no interior da unidade e representantes dos Comitês de Bacia Hidrográfica)[32].

A instituição de colegiados (conselhos) que atuam na gestão das UC's, ainda que consultivos, garante maior transparência e fiscalização, além de possibilitar a participação e o envolvimento responsável da sociedade civil, em observância ao princípio da participação comunitária (*vide* Cap. I, item VIII).[33]

2. OSCIP (Organizações da Sociedade Civil de Interesse Público)

O artigo 30 dispõe que as unidades de conservação **podem ser geridas por organizações da sociedade civil de interesse público (OSCIP)** com objetivos afins aos da unidade.

A lei prevê, portanto, a possibilidade da execução indireta, por entidade diversa de um ente federado, da execução da tarefa de administrar uma unidade de conservação da natureza. Importante lembrar que o Estado pode transferir a execução da tarefa a uma terceira pessoa, nunca abdicando, porém, do dever de controle e fiscalização sobre ela.

Destaca-se que a lei não atribui a qualquer entidade privada a possibilidade de administrar uma UC, mas tão somente às OSCIP's, entidades que desenvolvem ações de utilidade pública e que são regidas pela Lei 9.790/99[34].

Podem qualificar-se como Organizações da Sociedade Civil de Interesse Público as pessoas jurídicas a) de direito privado, e b) sem fins lucrativos.[35] Além disso, a qualidade de OSCIP somente será conferida às instituições cujos objetivos sociais tenham pelo menos uma das finalidades relacionadas no artigo 3º da Lei 9.790/99, dentre elas a "defesa, preservação e conservação do meio ambiente e promoção do desenvolvimento sustentável" (inciso VI). Desta forma, poderá gerir unidade de conservação a OSCIP que preencha os seguintes requisitos[36]:

---

32. Art. 17, parágrafos 1º e 2º, do Decreto 4.340/02.
33. Nesse sentido: RAMOS RODRIGUES, 2005. p. 110.
34. A Lei 9.790/99 dispõe sobre a qualificação de pessoas jurídicas de direito privado, sem fins lucrativos, como Organizações da Sociedade Civil de Interesse Público, institui e disciplina o Termo de Parceria.
35. Art. 1º, da Lei 9.790/99.
36. Art. 22, do Decreto 4.340/02.

I. tenha dentre seus objetivos institucionais a proteção do meio ambiente ou a promoção do desenvolvimento sustentável; e

II. comprove a realização de atividades de proteção do meio ambiente ou desenvolvimento sustentável, preferencialmente na unidade de conservação ou no mesmo bioma.

A gestão por colaboração de unidade de conservação por OSCIP é regulada por termo de parceria[37] firmado com o órgão ambiental executor.[38]

A OSCIP deve encaminhar anualmente relatórios de suas atividades para apreciação do órgão executor e do conselho da unidade de conservação.[39] Se deixar de preencher as condições previstas na lei, sofrerá a perda da qualificação (mediante processo administrativo, assegurado o contraditório e a ampla defesa)[40], e não poderá mais administrar a unidade de conservação da natureza.

Aplicação em concurso:

- **(MPE GO 2019 - adaptada)**

  "As unidades de conservação podem ser geridas por organizações da sociedade civil de interesse público com objetivos afins aos da unidade, mediante instrumento a ser firmado com o órgão responsável por sua gestão."

  A alternativa está correta.

Art. 31. É proibida a introdução nas unidades de conservação de **espécies não autóctones.**

§ 1º **Excetuam-se** do disposto neste artigo as **Áreas de Proteção Ambiental, as Florestas Nacionais, as Reservas Extrativistas e as Reservas de Desenvolvimento Sustentável**, bem como os animais e plantas necessários à administração e às atividades das demais categorias de unidades de conservação, de acordo com o que se dispuser em regulamento e no Plano de Manejo da unidade.

---

37. De acordo com CARVALHO FILHO (2008), o termo de parceria é um verdadeiro convênio administrativo, já que as partes têm interesses comuns e visam à mútua cooperação. (*Vide* ainda os arts. 9º ao 15 da Lei 9.790/99).
38. Art. 21, do Decreto 4.340/02.
39. Art. 24, do Decreto 4.340/02.
40. CARVALHO FILHO, 2008.

§ 2º Nas áreas particulares localizadas em Refúgios de Vida Silvestre e Monumentos Naturais podem ser criados animais domésticos e cultivadas plantas considerados compatíveis com as finalidades da unidade, de acordo com o que dispuser o seu Plano de Manejo.

Art. 32. Os órgãos executores articular-se-ão com a comunidade científica com o propósito de incentivar o desenvolvimento de pesquisas sobre a fauna, a flora e a ecologia das unidades de conservação e sobre formas de uso sustentável dos recursos naturais, **valorizando-se o conhecimento das populações tradicionais.**

§ 1º **As pesquisas científicas** nas unidades de conservação **não podem colocar em risco a sobrevivência das espécies** integrantes dos ecossistemas protegidos.

§ 2º A realização de pesquisas científicas nas unidades de conservação, exceto Área de Proteção Ambiental e Reserva Particular do Patrimônio Natural, depende de aprovação prévia e está sujeita à fiscalização do órgão responsável por sua administração.

§ 3º Os órgãos competentes podem transferir para as instituições de pesquisa nacionais, mediante acordo, a atribuição de aprovar a realização de pesquisas científicas e de credenciar pesquisadores para trabalharem nas unidades de conservação.

Art. 33. A exploração comercial de produtos, subprodutos ou serviços obtidos ou desenvolvidos a partir dos recursos naturais, biológicos, cênicos ou culturais ou da exploração da imagem de unidade de conservação, exceto Área de Proteção Ambiental e Reserva Particular do Patrimônio Natural, dependerá de prévia autorização e sujeitará o explorador a pagamento, conforme disposto em regulamento.

Art. 34. Os órgãos responsáveis pela administração das unidades de conservação podem receber recursos ou doações de qualquer natureza, nacionais ou internacionais, com ou sem encargos, provenientes de organizações privadas ou públicas ou de pessoas físicas que desejarem colaborar com a sua conservação.

Parágrafo único. **A administração dos recursos obtidos cabe ao órgão gestor da unidade**, e estes serão utilizados exclusivamente na sua implantação, gestão e manutenção.

Art. 35. Os recursos obtidos pelas unidades de conservação do Grupo de Proteção Integral mediante a cobrança de taxa de visitação e outras rendas decorrentes de arrecadação, serviços e atividades da própria unidade **serão aplicados de acordo com os seguintes critérios**:

I – até cinqüenta por cento, e não menos que vinte e cinco por cento, na implementação, **manutenção e gestão da própria unidade**;

II – até cinqüenta por cento, e não menos que vinte e cinco por cento, na **regularização fundiária** das unidades de conservação do Grupo;

III – até cinqüenta por cento, e não menos que quinze por cento, na implementação, **manutenção e gestão de outras unidades de conservação do Grupo de Proteção Integral**.

1. Espécies não autóctones (art. 31)

Espécies não autóctones são aquelas não originadas do local em que vivem.[41] A lei proíbe, com algumas exceções (§ 1º), a introdução destas espécies alienígenas nas unidades de conservação da natureza, pois podem ser maléficas ao ecossistema protegido pela unidade. As espécies nativas fazem parte do bioma da região e não terão problema algum de adaptação ao solo, ao clima e à biodiversidade local. Espécies exóticas, ao contrário, além de não se harmonizarem aos ecossistemas, sobretudo aos mais frágeis, podem inclusive ocasionar danos ao meio ambiente, como a interrupção da cadeia alimentar dos seres vivos que ali habitam.

▶ **STF:**

> "(...) **a atividade de florestamento ou reflorestamento, ao contrário do que se poderia supor, não pode deixar de ser tida como eventualmente lesiva ao meio ambiente**, quando, por exemplo, implique **substituir determinada espécie** de flora nativa, com as suas próprias especificidades, **por outra, muitas vezes sem nenhuma identidade com o ecossistema local** e escolhidas apenas em função de sua utilidade econômica, **com ruptura**, portanto, **do equilíbrio e da diversidade da flora local**. (...)" (**STF. ADI 1.086**, voto do Min. Ilmar Galvão, julgamento em 7-6-01, DJ de 10-8-01).

Art. 36. Nos casos de **licenciamento ambiental de empreendimentos de significativo impacto ambiental**, assim considerado pelo órgão ambiental competente, com fundamento em estudo de impacto ambiental e respectivo relatório – EIA/RIMA, **o empreendedor é obrigado a apoiar a implantação e manutenção de unidade de conservação do Grupo de Proteção Integral**, de acordo com o disposto neste artigo e no regulamento desta Lei.

§ 1º O montante de recursos a ser destinado pelo empreendedor para esta finalidade não pode ser inferior a meio por cento dos custos totais previstos para a implantação do empreendimento, sendo o percentual fixado pelo órgão

41. LIMA E SILVA, 1999. p. 25.

ambiental licenciador, de acordo com o grau de impacto ambiental causado pelo empreendimento.

§ 2º **Ao órgão ambiental licenciador compete definir as unidades de conservação a serem beneficiadas**, considerando as propostas apresentadas no EIA/RIMA e ouvido o empreendedor, podendo inclusive ser contemplada a criação de novas unidades de conservação.

§ 3º Quando o empreendimento afetar unidade de conservação específica ou sua zona de amortecimento, o licenciamento a que se refere o *caput* deste artigo só poderá ser concedido mediante autorização do órgão responsável por sua administração, e **a unidade afetada, mesmo que não pertencente ao Grupo de Proteção Integral, deverá ser uma das beneficiárias da compensação** definida neste artigo.

§ 4º A obrigação de que trata o **caput** deste artigo poderá, em virtude do interesse público, ser cumprida em unidades de conservação de posse e domínio públicos do grupo de Uso Sustentável, especialmente as localizadas na Amazônia Legal.

1. A compensação ambiental (art. 36)

A *compensação ambiental*, também denominada *"compartilhamento-compensação ambiental"* pelo Exmo. Min. do STF Carlos Ayres Britto[42], é um instrumento econômico de compensação dos impactos ambientais causados por determinadas atividades, onde o empreendedor deverá compartilhar com o Poder Público e com a sociedade os custos advindos da utilização dos recursos naturais e da implementação de instrumentos de prevenção, controle e reparação dos impactos negativos ao meio ambiente.

Assim, de acordo com o artigo 36, o empreendedor de atividades de significativo impacto ambiental deverá destinar recursos financeiros para a implantação e manutenção de unidade de conservação do grupo de Proteção Integral (*caput*) ou de Uso Sustentável (§ 3º). Trata-se da aplicação do princípio do usuário-pagador (*vide* Cap I, item VI) que estabelece que o usuário de recursos naturais deve pagar por sua utilização[43].

Os recursos naturais são bens da coletividade e o seu uso garante uma compensação financeira para a mesma, não importando se houve ou não dano ao meio ambiente. O indivíduo pagará pela utilização de recursos naturais escassos, e não necessariamente pelo dano causado ao meio ambiente (reparação).

---

42. ADI 3378-DF.
43. Para o Ministro Celso de Mello (ADI 3378-DF), acompanhado por outros renomados juristas, trata-se da aplicação do princípio do poluidor-pagador.

O princípio do usuário-pagador está expresso na Lei de Política Nacional do Meio Ambiente (Lei 6.938/81) em seu art. 4, VII, que impõe ao usuário *"contribuição pela utilização de recursos ambientais com fins econômicos."*

Na **ADI 3378-DF** discutiu-se a constitucionalidade do instrumento da compensação ambiental prevista no artigo 36 e parágrafos, da Lei 9.985/00. A autora sustentava, dentre outras questões, a violação aos princípios da legalidade, da harmonia e independência dos Poderes, da razoabilidade e proporcionalidade, além de alegar que o valor pago a título de compensação ambiental, no momento do licenciamento ambiental (ou seja, antes de verificado o efetivo impacto do empreendimento ao meio ambiente), sem prévia mensuração e comprovação do dano, acarretaria enriquecimento ilícito do Estado.

Importante relembrar, neste ponto, lição de Paulo Affonso Leme Machado utilizada na fundamentação do voto do Min. Carlos A. Britto, de que "o princípio do usuário-pagador não é uma punição, pois **mesmo inexistindo qualquer ilicitude no comportamento do pagador ele pode ser implementado**." De acordo com o jurista, para tornar obrigatório o pagamento pelo uso do recurso não há necessidade de ser provado que o usuário está cometendo faltas ou infrações.[44]

Com base neste raciocínio, em conclusão de julgamento, o Tribunal, por maioria, julgou **parcialmente procedente** pedido formulado em ação direta para **declarar a inconstitucionalidade, com redução de texto, das expressões *"não pode ser inferior a meio por cento dos custos totais previstos para a implantação do empreendimento"* e *"o percentual"***, constantes do **§ 1º do art. 36**, da Lei 9.985/2000, que determina que, nos casos de licenciamento ambiental de empreendimentos de significativo impacto ambiental, o empreendedor será obrigado a apoiar, nos termos que disciplina, a implantação e manutenção de unidade de conservação do Grupo de Proteção Integral. Entendeu-se que a Lei 9.985/2000, tendo em conta o especial trato conferido pela Constituição Federal ao meio-ambiente (art. 225), criou uma forma de **compartilhamento das despesas com as medidas oficiais de específica prevenção em face de empreendimentos de significativo impacto ambiental**. Afirmou-se que esse **compartilhamento-compensação ambiental não violaria o princípio da legalidade**, já que a própria lei impugnada previu o modo de financiar os gastos da espécie, **nem ofenderia o princípio da harmonia e independência dos Poderes**, visto que não houve delegação do Poder Legislativo ao Executivo da tarefa de criar obrigações e deveres aos administrados. Considerou-se, entretanto, que **haver-se-ia de retirar as**

44. MACHADO, 2004. p. 54.

referidas expressões, em razão da possibilidade de haver empreendimentos que não causassem impacto ambiental. Dessa forma, o órgão ambiental competente é que fixaria o montante compatível e proporcional ao grau de impacto ambiental do empreendimento analisado.[45]

▸ **STF:**

> EMENTA: AÇÃO DIRETA DE INCONSTITUCIONALIDADE. ART. 36 E SEUS §§ 1º, 2º E 3º DA LEI Nº 9.985, DE 18 DE JULHO DE 2000. CONSTITUCIONALIDADE DA COMPENSAÇÃO DEVIDA PELA IMPLANTAÇÃO DE EMPREENDIMENTOS DE SIGNIFICATIVO IMPACTO AMBIENTAL. INCONSTITUCIONALIDADE PARCIAL DO § 1º DO ART. 36. 1. O **compartilhamento-compensação ambiental de que trata o art. 36 da Lei nº 9.985/2000 não ofende o princípio da legalidade**, dado haver sido a própria lei que previu o modo de financiamento dos gastos com as unidades de conservação da natureza. De igual forma, **não há violação ao princípio da separação dos Poderes**, por não se tratar de delegação do Poder Legislativo para o Executivo impor deveres aos administrados. 2. **Compete ao órgão licenciador fixar o quantum da compensação, de acordo com a compostura do impacto ambiental** a ser dimensionado no relatório – EIA/RIMA. 3. O art. 36 da Lei nº 9.985/2000 **densifica o princípio usuário-pagador, este a significar um mecanismo de assunção partilhada da responsabilidade social pelos custos ambientais derivados da atividade econômica**. 4. **Inexistente desrespeito ao postulado da razoabilidade**. Compensação ambiental que se revela como **instrumento adequado à defesa e preservação do meio ambiente** para as presentes e futuras gerações, não havendo outro meio eficaz para atingir essa finalidade constitucional. Medida amplamente compensada pelos benefícios que sempre resultam de um meio ambiente ecologicamente garantido em sua higidez. 5. **Inconstitucionalidade da expressão "não pode ser inferior a meio por cento dos custos totais previstos para a implantação do empreendimento", no § 1º do art. 36 da Lei nº 9.985/2000. O valor da compensação-compartilhamento é de ser fixado proporcionalmente ao impacto ambiental, após estudo em que se assegurem o contraditório e a ampla defesa. Prescindibilidade da fixação de percentual sobre os custos do empreendimento**. 6. Ação parcialmente procedente. (**STF.** ADI 3378 / DF. Relator(a): Min. Carlos Britto. Julgamento: 09/04/2008. Órgão Julgador: Tribunal Pleno. Publ. 20-06-2008).

Desta forma, o STF entendeu **constitucional o instrumento da compensação ambiental** previsto no artigo 36 da Lei 9.985/00, mas considerou **inconstitucional, com redução de texto, as expressões que fixavam o percentual mínimo** do montante de recursos a ser destinado pelo empreendedor para a implantação do empreendimento, constantes do parágrafo 1º do art. 36, em razão da possibilidade de haver

45. Informativo número 501do STF.

empreendimentos que não causem impacto ambiental. Fica a cargo do órgão ambiental competente fixar o valor do montante referente à compensação ambiental, de acordo com o grau específico de impacto ambiental do empreendimento.

2. A fixação do valor da compensação ambiental e sua destinação[46]

O Decreto 6.848/2009 detalha a forma de **fixação do valor da compensação ambiental**, alterando os artigos 31 e 32 do Decreto 4.340/2002 (que regulamenta a Lei do SNUC).

---

46. Atenção às alterações na Lei 11.516/07, implementadas pela **Medida Provisória 809, de 1º de dezembro de 2017**:
Art. 1º A Lei nº 11.516, de 28 de agosto de 2007, passa a vigorar com as seguintes alterações:
"Art. 14-A. Fica o Instituto Chico Mendes autorizado a selecionar instituição financeira oficial, dispensada a licitação, para criar e administrar fundo privado a ser integralizado com recursos oriundos da compensação ambiental de que trata o art. 36 da Lei nº 9.985, de 2000, destinados às unidades de conservação instituídas pela União.
§ 1º A instituição financeira oficial será responsável pela execução, direta ou indireta, e pela gestão centralizada dos recursos de compensação ambiental destinados às unidades de conservação instituídas pela União.
§ 2º O depósito integral do valor fixado pelo órgão licenciador desonera o empreendedor das obrigações relacionadas à compensação ambiental.
§ 3º A instituição financeira oficial de que trata o caput fica autorizada a promover as desapropriações dos imóveis privados indicados pelo Instituto Chico Mendes que estejam inseridos na unidade de conservação destinatária dos recursos de compensação ambiental.
§ 4º O regulamento e o regimento interno do fundo observarão os critérios, as políticas e as diretrizes definidas em ato do Instituto Chico Mendes.
§ 5º A autorização prevista no **caput** estende-se aos órgãos executores do Sistema Nacional de Unidades de Conservação." (NR)
"Art. 14-B. Os valores devidos a título de compensação ambiental, nos termos do art. 36 da Lei nº 9.985, de 2000, serão atualizados pelo índice do IPCA-E a partir da data de fixação da compensação ambiental pelo órgão licenciador." (NR)
Art. 2º O art. 12 da Lei nº 7.957, de 20 de dezembro de 1989, passa a vigorar com as seguintes alterações:
"Art. 12. O Ibama e o Instituto Chico Mendes de Conservação da Biodiversidade – Instituto Chico Mendes ficam autorizados a contratar pessoal por tempo determinado, não superior a um ano, admitida a prorrogação dos contratos por igual período, vedada a recontratação pelo período de dois anos, para atender os seguintes casos:
I – prevenção, controle e combate a incêndios florestais;
....
III – controle e combate de fontes poluidoras imprevistas e que possam afetar a vida humana, a qualidade do ar e da água, a flora e a fauna;
IV – apoio em ações de conservação, manejo e pesquisa de espécies ameaçadas ou que possuam Plano de Ação Nacional;
V – projetos de preservação, uso sustentável, proteção e apoio operacional à gestão das unidades de conservação, em nível auxiliar;
VI – apoio à identificação, à demarcação e à consolidação territorial de unidades de conservação; e
VII – apoio a ações de uso sustentável, monitoramento, manejo e pesquisa de espécies nativas de interesse econômico."

Para os fins de fixação da compensação ambiental, o Instituto Brasileiro do Meio Ambiente e dos Recursos Naturais Renováveis – IBAMA estabelecerá o grau de impacto a partir de estudo prévio de impacto ambiental e respectivo relatório – EIA/RIMA, ocasião em que **considerará, exclusivamente, os impactos ambientais negativos** sobre o meio ambiente.[47] Importante observar que não serão incluídos no cálculo da compensação ambiental os investimentos referentes aos planos, projetos e programas exigidos no procedimento de licenciamento ambiental para mitigação de impactos ambientais. Esclarece Milaré que a "(...) metodologia de cálculo da compensação ambiental não mais poderá se basear nos custos totais previstos para a implantação do empreendimento (...), pois o valor exigido deve se relacionar com o real impacto negativo e não mitigável a ser causado ao meio ambiente. (...) os recursos que o empreendedor despender têm, em princípio, uma relação direta com a área em que os prejuízos ambientais possam ocorrer."[48] O objetivo da norma é excluir do cálculo da fixação da compensação ambiental investimentos a serem feitos pelo empreendedor em benefício da proteção ambiental.

Da decisão do cálculo da compensação ambiental caberá recurso no prazo de dez dias. Uma vez fixado em caráter final o valor da compensação, o IBAMA definirá sua **destinação**, ouvido o Instituto Chico Mendes de Conservação da Biodiversidade – Instituto Chico Mendes e observado o § 2º do art. 36 da Lei nº 9.985/00.

O artigo 32, do Decreto 4.340/2002, prevê a instituição da **câmara de compensação ambiental** no âmbito do Ministério do Meio Ambiente, com a finalidade de:

I. estabelecer prioridades e diretrizes para aplicação da compensação ambiental;

II. avaliar e auditar, periodicamente, a metodologia e os procedimentos de cálculo da compensação ambiental, de acordo com estudos ambientais realizados e percentuais definidos;

III. propor diretrizes necessárias para agilizar a regularização fundiária das unidades de conservação; e

IV. estabelecer diretrizes para elaboração e implantação dos planos de manejo das unidades de conservação.

47. Art. 31, caput, do Decreto 4.340/2002.
48. MILARÉ, 2009. pág. 731.

A **aplicação dos recursos da compensação** ambiental nas unidades de conservação, existentes ou a serem criadas, deve obedecer à seguinte **ordem de prioridade:**[49]

I. regularização fundiária e demarcação das terras;

II. elaboração, revisão ou implantação de plano de manejo;

III. aquisição de bens e serviços necessários à implantação, gestão, monitoramento e proteção da unidade, compreendendo sua área de amortecimento;

IV. desenvolvimento de estudos necessários à criação de nova unidade de conservação; e

V. desenvolvimento de pesquisas necessárias para o manejo da unidade de conservação e área de amortecimento.

Aplicação em concurso:

- **(Juiz Federal – TRF 1ª região 2015)**

  A indicação, pelo órgão licenciador, do montante total a ser pago a título de compensação ambiental, à luz do entendimento do STF, deve ocorrer de acordo com o grau de impacto significativo negativo do empreendimento indicado no EIA e respectivo relatório (EIA/RIMA).

  A alternativa está correta, nos termos do artigo 36 da Lei 9.985/00 e da decisão do STF na ADI 3378.

- **(Juiz Federal – TRF 5ª Região 2011 – CESPE)**

  "Nos casos de licenciamento ambiental de empreendimentos de significativo impacto ambiental, assim considerado pelo órgão ambiental competente, com fundamento em EIA e respectivo relatório (EIA/RIMA), o empreendedor é obrigado a apoiar a implantação e a manutenção de unidade de conservação de proteção integral."

  A alternativa está correta, nos termos do artigo 36 da Lei 9.985/00.

- **(Petrobrás 2011)**

  Sobre o Sistema Nacional de Unidades de Conservação, analise as afirmações a seguir.

I. Nos casos de licenciamento ambiental de empreendimentos de significativo impacto ambiental, assim considerado pelo órgão ambiental competente, com fundamento em Estudo de Impacto Ambiental e respectivo

49. Art. 33, do Decreto 4.340/02.

Relatório (EIA/Rima), o empreendedor é obrigado a apoiar a implantação e a manutenção de unidade de conservação do Grupo de Proteção Integral.

II. Quando o empreendimento sujeito à compensação ambiental afetar a zona de amortecimento de uma Área de Proteção Ambiental (APA), essa Unidade de Conservação deverá ser uma das beneficiárias dos recursos da compensação ambiental.

III. O montante de recursos a ser destinado pelo empreendedor a título de compensação ambiental não pode ser inferior a meio por cento dos custos totais previstos para a implantação do empreendimento, sendo o percentual fixado pelo órgão ambiental licenciador de acordo com o grau de impacto ambiental causado pelo empreendimento.

IV. Dentre as unidades de conservação de uso sustentável, cujo objetivo básico é compatibilizar a conservação da natureza com o uso sustentável de parcela dos seus recursos naturais, encontram-se as Áreas de Proteção Ambiental, as Áreas de Relevante Interesse Ecológico, as Florestas Nacionais e as Reservas de Fauna.

Está correto o que se afirma em

A) I e II, apenas.

B) I e IV, apenas.

C) II e III, apenas.

D) III e IV, apenas.

E) I, II, III e IV.

Gabarito oficial: letra "b".

- **(Exame de Ordem 2011.3 – FGV)**

A Lei 9.985/2000 instituiu a compensação ambiental, posteriormente julgada pelo Supremo Tribunal Federal. A respeito do tema, é correto afirmar que:

A) a compensação ambiental será concretizada, pelo empreendedor, pelo plantio de mudas de espécies nativas no entorno de unidades de conservação, visando reduzir os impactos ambientais dos empreendimentos potencialmente poluidores, especialmente aqueles que emitem gases causadores do efeito estufa.

B) a compensação ambiental é exigida nos processos de licenciamento ambiental de empreendimentos potencialmente causadores de impactos significativos no meio ambiente, e será exigida em espécie, apurando-se o seu valor de acordo o grau de impacto causado, sendo os recursos destinados a uma unidade de conservação do grupo de proteção integral.

C) a compensação ambiental é exigida nos processos de licenciamento ambiental de empreendimentos potencialmente causadores de impactos significativos no meio ambiente, e será exigida em espécie, apurando-se o seu valor de acordo com o grau de impacto causado, sendo os recursos destinados a uma unidade de conservação à escolha do empreendedor, em razão do princípio da livre iniciativa.

D) a compensação ambiental foi considerada inconstitucional, por violar frontalmente o princípio do poluidor-pagador, uma vez que permitia ao empreendedor compensar os possíveis danos ambientais de seu empreendimento por meio de um pagamento, em espécie, destinado a uma unidade de conservação do grupo de proteção integral. Logo, não pode mais ser exigida ou mesmo oferecida pelo órgão ambiental competente.

Gabarito: letra "b".

- **(Procurador da República – 24º Concurso)**

"A obrigação de que o autor de empreendimento de significativo impacto ambiental apóie a implantação e manutenção de Unidade de Conservação da Natureza é aplicação do princípio "usuário-pagador".

A afirmativa está correta.

3. Criação de fundo privado.

A Lei 13.668, de 28 de maio de 2018, autorizou a **criação de fundo privado** a ser integralizado com recursos da compensação ambiental. O Instituto Chico Mendes é competente para selecionar **instituição financeira** oficial, dispensada de licitação, tanto para a instituição quanto para a administração desse fundo, cujos recursos serão destinados às UCs instituídas pela União.

O empreendedor, ao depositar no fundo o valor integral fixado pelo órgão ambiental, se desincumbe das obrigações relacionadas à compensação ambiental.[50] A gestão e a execução, direta ou indireta, dos recursos de compensação ambiental passam a ser de responsabilidade da instituição financeira oficial selecionada pelo ICMBio.

A **execução direta** é a forma de execução em que a instituição financeira oficial selecionada pelo ICMBio executará, por meios próprios, as atividades previstas no Plano Anual de Execução-PAE, documento por meio do qual são consolidados dos Planos Operativos Anuais. Haverá **execução indireta** quando a instituição financeira oficial selecionada pelo ICMBio contratar terceiros para a execução das atividades previstas no PAE.[51]

---

50. Art. 14-A, § 2º, da Lei 11.516/2007 (incluído pela Lei 13.668/2018).
51. Portaria ICMBio 1.039, de 29.11.2018.

4. A compensação ambiental e a indenização por danos ambientais.

É importante destacar que o valor devido pelo empreendedor a título de compensação ambiental não o exime do pagamento de indenização por danos ambientais que eventualmente se verifiquem no decorrer das atividades do empreendimento. Há, portanto, a **possibilidade de se cumular a compensação ambiental com indenização por danos ambientais.**[52] A cumulação é viável em decorrência da natureza jurídica diversa dos referidos institutos. A compensação ambiental tem como intuito compensar o meio ambiente pela utilização dos recursos naturais oriunda de determinado empreendimento. Neste caso, o empreendedor deve destinar parte significativa de seus esforços às ações que sirvam para contrabalançar o uso dos recursos naturais indispensáveis à realização do empreendimento, mesmo inexistindo qualquer ilicitude no seu comportamento. Já a indenização por dano ambiental tem conteúdo claramente reparatório, sendo devida a partir do momento em que configurado o efetivo dano ao meio ambiente. O autor do dano ambiental, nesses casos, tem a obrigação de recuperar *in natura* e/ou indenizar a coletividade, conforme previsão no artigo 225, parágrafo 3º da Constituição de 1988 e artigo 4º, inciso VII da Lei 6.938/81.

Resta claro que a compensação ambiental prevista no artigo 36 da Lei 9.985/00 refere-se aos danos inevitáveis e imprescindíveis à realização do empreendimento, já previstos no EIA/RIMA, não havendo, portanto, a possibilidade de ali serem incluídos os danos imprevisíveis da atividade ao meio ambiente, que deverão ser ressarcidos por meio de recuperação do ambiente degradado e/ou indenização.

Aplicação em concurso:

- **(MPE/BA 2018 – CEFET)**

  "No dia 16 de dezembro de 2004, a Confederação Nacional da Indústria (CNI) ajuizou perante o Supremo Tribunal Federal, a Ação Direta de Inconstitucionalidade (ADI) n° 3.378-6-DF, questionando a constitucionalidade do artigo 36, caput, e parágrafos 1°, 2° e 3°, da Lei Federal n° 9.985/00 (SNUC – Sistema Nacional de Unidades de Conservação). Os dispositivos indigitados determinam que nos casos de licenciamento ambiental de empreendimentos de significativo impacto ambiental, assim considerado pelo órgão ambiental competente, com fundamento em estudo de impacto ambiental e respectivo relatório – EIA/RIMA, o empreendedor é obrigado a

52. Nesse sentido decisão do STJ: REsp 896.863-DF, Rel. Min. Castro Meira, julgado em 19/5/2011.

apoiar a implantação e manutenção de unidade de conservação do grupo de Proteção Integral, de acordo com as disposições de seus parágrafos, bem como do regulamento da Lei. Sobre o resultado do julgamento da ADI n° 3.378-6-DF:

I. O compartilhamento-compensação ambiental de que trata o art. 36 da Lei n° 9.985/2000 não ofende o princípio da legalidade, dado haver sido a própria lei que previu o modo de financiamento dos gastos com as unidades de conservação da natureza.

II. A decisão do Supremo Tribunal Federal, no julgamento da ADI 3.378-6-DF, estabelece que o art. 36 da Lei n° 9.985/2000 densifica o princípio usuário-pagador, implicando em um mecanismo de assunção partilhada da responsabilidade social pelos custos ambientais derivados da atividade econômica, afastando a natureza tributária e ressarcitória/reparadora da compensação ambiental da Lei do SNUC.

III. Competirá ao órgão licenciador fixar o quantum da compensação, de acordo com a compostura do impacto ambiental a ser dimensionado no EIA/RIMA, não podendo o valor compensatório ser inferior a meio por cento dos custos totais previstos para a implantação do empreendimento, nos termos do § 1° do art. 36 da Lei n° 9.985/2000.

IV. O valor da compensação-compartilhamento há de ser fixado proporcionalmente ao impacto ambiental, após estudo em que se assegurem o contraditório e a ampla defesa, sendo prescindível a utilização pelo órgão ambiental, de metodologia pautada no custo total para a implantação do empreendimento, como referência para o cálculo do valor a ser despendido pelo empreendedor.

V. A decisão do Supremo Tribunal Federal, no julgamento da ADI 3.378-6-DF, estabelece que o valor da compensação-compartilhamento necessariamente deve considerar para o cálculo do valor da Compensação Ambiental (CA), a metodologia de fixação de percentual (GI – Grau de Impacto) sobre os custos do empreendimento (VR – Valor de Referência), como garantias mínimas de segurança jurídica e previsibilidade de custos aos empreendedores.

A alternativa que contém a sequência correta, considerando V para verdadeiro e F para falso, é

A) V-V-F-V-F

B) V-V-V-F-F

C) F-V-F-F-V

D) V-F-F-F-V

E) Nenhuma das anteriores."

Gabarito: letra "a".

CAPÍTULO V
DOS INCENTIVOS, ISENÇÕES E PENALIDADES

Art. 37. (vetado)

Art. 38. A ação ou omissão das pessoas físicas ou jurídicas que importem inobservância aos preceitos desta Lei e a seus regulamentos ou resultem em dano à flora, à fauna e aos demais atributos naturais das unidades de conservação, bem como às suas instalações e às zonas de amortecimento e corredores ecológicos, sujeitam os infratores às sanções previstas em lei.

Art. 39. Dê-se ao art. 40 da **Lei nº 9.605**, de 12 de fevereiro de 1998, a seguinte redação:

"Art. 40. (vetado)

"§ 1º Entende-se por Unidades de Conservação de Proteção Integral as Estações Ecológicas, as Reservas Biológicas, os Parques Nacionais, os Monumentos Naturais e os Refúgios de Vida Silvestre." (NR)

"§ 2º A ocorrência de dano afetando espécies ameaçadas de extinção no interior das Unidades de Conservação de Proteção Integral será considerada circunstância agravante para a fixação da pena." (NR)

"§ 3º (...)"

Art. 40. Acrescente-se à Lei nº 9.605, de 1998, o seguinte art. 40-A:

"Art. 40-A. (vetado)

"§ 1º Entende-se por Unidades de Conservação de Uso Sustentável as Áreas de Proteção Ambiental, as Áreas de Relevante Interesse Ecológico, as Florestas Nacionais, as Reservas Extrativistas, as Reservas de Fauna, as Reservas de Desenvolvimento Sustentável e as Reservas Particulares do Patrimônio Natural." (AC)

"§ 2º A ocorrência de dano afetando espécies ameaçadas de extinção no interior das Unidades de Conservação de Uso Sustentável será considerada circunstância agravante para a fixação da pena." (AC)

"§ 3º Se o crime for culposo, a pena será reduzida à metade." (AC)

1. As sanções relacionadas às unidades de conservação estão previstas nos artigos 15 "e"; 29, § 4º, V; 40 e 52 da Lei de Crimes Ambientais. Remetemos o leitor às observações feitas no Capítulo VI, específico sobre o tema.

CAPÍTULO VI
DAS RESERVAS DA BIOSFERA

Art. 41. A **Reserva da Biosfera é um modelo, adotado internacionalmente**, de gestão integrada, participativa e sustentável dos recursos naturais, com os objetivos básicos de preservação da diversidade biológica, o desenvolvimento de atividades de pesquisa, o monitoramento ambiental, a educação ambiental, o desenvolvimento sustentável e a melhoria da qualidade de vida das populações.

§ 1º A Reserva da Biosfera **é constituída por**:

I – uma ou várias áreas-núcleo, destinadas à proteção integral da natureza;

II – uma ou várias zonas de amortecimento, onde só são admitidas atividades que não resultem em dano para as áreas-núcleo; e

III – uma ou várias zonas de transição, sem limites rígidos, onde o processo de ocupação e o manejo dos recursos naturais são planejados e conduzidos de modo participativo e em bases sustentáveis.

§ 2º A Reserva da Biosfera é constituída por **áreas de domínio público ou privado.**

§ 3º A Reserva da Biosfera pode ser integrada por unidades de conservação já criadas pelo Poder Público, respeitadas as normas legais que disciplinam o manejo de cada categoria específica.

§ 4º A Reserva da Biosfera é **gerida por um Conselho Deliberativo**, formado por representantes de instituições públicas, de organizações da sociedade civil e da população residente, conforme se dispuser em regulamento e no ato de constituição da unidade.

§ 5º A Reserva da Biosfera é **reconhecida pelo Programa Intergovernamental "O Homem e a Biosfera - MAB"**, estabelecido pela **Unesco**, organização da qual o Brasil é membro.

1. Reserva da Biosfera

Trata-se de uma categoria *sui generis* de unidade de conservação, não incluída pela lei do SNUC nem como unidade de Proteção Integral, nem como unidade de Uso Sustentável[53].

53. Nesse sentido: RAMOS RODRIGUES, 2005. p. 188.

É um tipo de **unidade de conservação de caráter internacional**, cuja criação decorre do reconhecimento da UNESCO, Organização das Nações Unidas para a Educação, Ciência e Cultura, de que o Brasil é membro.

O objetivo do Programa MAB, estabelecido pela UNESCO em 1974, foi criar uma rede de Reservas da Biosfera para assegurar a conservação de áreas representativas dos principais ecossistemas mundiais, instituindo assim um amplo espaço para a pesquisa científica e experimentação *in loco* de formas ecologicamente equilibradas de gestão territorial com a participação da população residente na reserva e na sua área de influência.[54]

Segundo Ramos Rodrigues[55], "a criação de reservas da Biosfera em território nacional, embora recente, antecedeu a sistematização promovida pela Lei do SNUC. Destarte, já existem, em graus diferentes de implantação, a Reserva da Biosfera da Mata Atlântica, a Reserva da Biosfera do Cerrado (na área do Distrito Federal) e a Reserva da Biosfera do Cinturão Verde da Cidade de São Paulo."

▶ **Atenção:** a reserva da biosfera pode ser constituída por áreas de domínio público ou privado e é gerida por um Conselho Deliberativo.

Aplicação em concurso:

- **(Prefeitura de Campinas – SP/ VUNESP-2019)**

  "De acordo com a Lei n° 9.985/2000, a Reserva de Biosfera

  A) não pode ser integrada por unidades de conservação já criadas pelo Poder Público.

  B) é gerida por um Conselho Deliberativo, formado exclusivamente por representantes do Poder Executivo e do Poder Legislativo.

  C) é reconhecida pelo Programa Intergovernamental "O Homem e a Biosfera – MAB", estabelecido pela Unesco.

  D) é constituída por áreas de domínio público, sendo obrigatória a desapropriação das áreas de domínio privado, na forma da lei.

  E) é uma área privada, gravada com perpetuidade, com o objetivo de conservar a diversidade biológica."

  Gabarito: letra "c".

---

54. RAMOS RODRIGUES, 2005. p.189.
55. *Idem*. p.190.

CAPÍTULO VII
DAS DISPOSIÇÕES GERAIS E TRANSITÓRIAS

Art. 42. As **populações tradicionais residentes** em unidades de conservação **nas quais sua permanência não seja permitida serão indenizadas ou compensadas pelas benfeitorias existentes** e devidamente **realocadas** pelo Poder Público, em local e condições acordados entre as partes.

§ 1º O Poder Público, por meio do órgão competente, **priorizará o reassentamento das populações tradicionais** a serem realocadas.

§ 2º **Até que seja possível efetuar o reassentamento** de que trata este artigo, serão estabelecidas normas e **ações específicas destinadas a compatibilizar a presença das populações tradicionais residentes com os objetivos da unidade**, sem prejuízo dos modos de vida, das fontes de subsistência e dos locais de moradia destas populações, assegurando-se a sua participação na elaboração das referidas normas e ações.

§ 3º Na hipótese prevista no § 2º, as normas regulando o prazo de permanência e suas condições serão estabelecidas em regulamento.

1. Importante trazer à baila o conceito de "populações tradicionais". Os artigos 17, § 2º e 20 da Lei do SNUC fornecem subsídios para a sua definição. A **população tradicional** é a população que exista numa área antes da criação da unidade de conservação, cuja existência seja baseada em sistemas sustentáveis de exploração dos recursos naturais, desenvolvidos ao longo de gerações e adaptados às condições ecológicas locais. Segundo a Lei 13.123/2015, **comunidade tradicional** é o "grupo culturalmente diferenciado e que se reconhece como tal, que possui forma própria de organização social e ocupa e usa territórios e recursos naturais como condição para sua reprodução cultural, social, religiosa, ancestral e econômica, utilizando conhecimentos, inovações e práticas gerados e transmitidos pela tradição".[56]

O artigo 42 determina que sejam realocadas (reassentadas) as populações tradicionais residentes em unidades de conservação nas quais **não seja permitida a presença humana**, ou seja, na maioria das unidades de conservação do grupo de **Proteção Integral** (Estação Ecológica, Reserva Biológica e Parque Nacional, cuja restrição à presença humana em caráter permanente é clara).

56. Art. 2º, IV da Lei 13.123/2015 (praticamente reprodução do art. 3º, II do Decreto 6.040/2007, que institui a Política Nacional de Desenvolvimento Sustentável dos Povos e Comunidades Tradicionais).

Pode-se ainda afirmar que o artigo 42 é aplicável **apenas às populações tradicionais (e não outras) residentes** na unidade de conservação **no momento da sua criação**. Assim, populações não tradicionais, como populações rurais de baixa renda, ou populações que passaram a residir na área após a criação da unidade de conservação, não serão beneficiadas pela norma em tela.

Enquanto não forem reassentadas, as condições de permanência das populações tradicionais em unidade de conservação de Proteção Integral serão reguladas por termo de compromisso, negociado entre o órgão ambiental executor e as populações, ouvido o Conselho da Unidade de Conservação.[57]

No caso de reassentamento, as populações tradicionais deverão ser indenizadas ou compensadas pelas benfeitorias existentes. O valor das benfeitorias realizadas pelo Poder Público, a título de compensação, na área de reassentamento, será descontado do valor indenizatório.[58]

Aplicação em concurso:

- **(Magistratura Federal – TRF 1ª Região 2011 – CESPE)**
  O texto constitucional prevê a criação de espaços territoriais especialmente protegidos como forma de assegurar o exercício ao direito fundamental relacionado ao meio ambiente. Sobre espaços territoriais, unidades de conservação e o Sistema Nacional de Unidades de Conservação, assinale a opção correta.
  A) A unidade de conservação pode ser criada por meio de lei ou decreto, e, em caso de abranger área particular, não se aplica a desafetação, pois o domínio não se transmite ao poder público, em nenhuma circunstância.
  B) Os espaços territoriais previstos na CF dizem respeito apenas às porções do território nacional, isto é, pertencentes à União, não podendo atingir áreas estaduais ou municipais.
  C) A necessidade de manutenção de cobertura vegetal protetora de recursos hídricos e da estrutura do solo justifica a proteção de determinado espaço territorial.
  D) A legislação prevê, de forma taxativa, como espaços passíveis de proteção, áreas marginais a cursos de água, topos de morros e montanhas, escarpas e bordas de tabuleiros e chapadas, restingas.

57. Art. 39, do Decreto 4.340/02.
58. Art. 37, do Decreto 4.340/02.

E) No regime jurídico das unidades de conservação, não há previsão de tratamento às populações tradicionais habitantes de área a ser protegida pelo poder público.

Gabarito oficial: letra "c".

Art. 43. O Poder Público fará o **levantamento nacional das terras devolutas**, com o objetivo de **definir áreas destinadas à conservação da natureza**, no prazo de cinco anos após a publicação desta Lei.

Art. 44. As **ilhas oceânicas e costeiras destinam-se prioritariamente à proteção da natureza** e **sua destinação para fins diversos deve ser precedida de autorização do órgão ambiental** competente.

Parágrafo único. Estão dispensados da autorização citada no *caput* os órgãos que se utilizam das citadas ilhas por força de dispositivos legais ou quando decorrente de compromissos legais assumidos.

1. Terras devolutas

Terras devolutas, segundo Maria Sylvia Zanella di Pietro[59], são "todas as terras existentes no território brasileiro, que não se incorporaram legitimamente ao domínio particular, bem como as já incorporadas ao patrimônio público, porém não afetadas a qualquer uso público". Integram a categoria de **bens públicos dominicais** por não terem qualquer destinação pública. Em regra, os bens dominicais são também classificados como bens disponíveis, ao contrário dos bens de uso comum do povo e de uso especial, que têm finalidades públicas específicas e são, portanto, indisponíveis. Mas, em se tratando das terras devolutas com função de preservação ambiental, há uma importante exceção em relação à sua disponibilidade, como veremos.

Primeiramente é importante lembrar que o artigo 20, II, da Constituição de 1988 define como **bens da União "as terras devolutas indispensáveis** à defesa das fronteiras, das fortificações e construções militares, das vias federais de comunicação e **à preservação ambiental**, definidas em lei." A Lei 9.985/00, em seu artigo 43, realça a importância das terras devolutas com funções de proteção ambiental e determina que o Poder Público proceda ao levantamento e identificação destas áreas para que possam cumprir o seu papel constitucionalmente definido.

A função ambiental de determinadas terras devolutas é tão relevante que a **Constituição de 1988** estabelece, no **artigo 225, § 5º, que "são**

59. DI PIETRO, 2008. p. 679.

indisponíveis as terras devolutas (...) necessárias à proteção dos ecossistemas naturais", atribuindo-as regime jurídico idêntico ao dos bens de uso comum do povo e de uso especial[60], ou seja, tornando-as indisponíveis. De acordo com José dos Santos Carvalho Filho[61], "pode ocorrer, mas a título de exceção, que a própria Constituição atribua a determinado tipo de bem o caráter de indisponibilidade", como no caso das terras devolutas necessárias à proteção dos ecossistemas naturais. Continua, dizendo que "trata-se, porém, de hipótese específica, de nível constitucional, em que o Constituinte pretendeu preservar a destinação de certos bens, tornando-os insuscetíveis de disponibilidade (...)."

Em resumo, cabe ao Poder Público fazer o levantamento nacional das terras devolutas e definir quais serão as destinadas à conservação da natureza (art. 43, lei do SNUC). Estas últimas, indispensáveis à preservação ambiental, são bens da União (art. 20, II, CRFB/1988), e podem ser classificadas como bens públicos de uso especial, por possuírem destinação pública específica.

Aplicação em concurso:

- **(AGU 2009 – CESPE)**

  "As terras devolutas são espécies de terras públicas que, por serem bens de uso comum do povo, não estão incorporadas ao domínio privado. São indisponíveis as terras devolutas ou arrecadadas pelos estados-membros, por ações discriminatórias, necessárias à proteção dos ecossistemas naturais. Constituem bens da União as terras devolutas indispensáveis à defesa das fronteiras, das fortificações e construções militares, das vias federais de comunicação e à preservação ambiental, definidas em lei."

  A afirmativa está incorreta. As terras devolutas (desafetadas) são normalmente classificadas como bens dominiais, e não como bens de uso comum do povo.

- **(ANATEL 2009 – CESPE)**

  "Na linha da doutrina dominante do direito administrativo, a destinação pública é característica comum dos bens de uso especial e de uso comum do povo."

  A afirmativa está correta. Os bens públicos com destinação pública (afetados) são aqueles classificados como bens de uso especial ou como bens de

60. DI PIETRO, 2008. p. 679.
61. CARVALHO FILHO, 2008. p.1010.

uso comum do povo. Os bens públicos sem destinação pública específica (desafetados) são classificados como bens dominiais (ou dominicais).

- **(Magistratura/ MG – 2009 – Fundep)**

  "Sobre as terras devolutas é correto dizer, EXCETO:

  A) Em geral, pertencem aos Estados, ressalvadas aquelas pertencentes à União Federal.

  B) As indispensáveis à defesa das fronteiras pertencem à União Federal.

  C) São bens públicos dominicais.

  D) As indispensáveis à preservação ambiental pertencem aos Municípios."

  Gabarito: letra "d" (vide art. 20, II, CRFB/1988).

2. Ilhas oceânicas e costeiras

Assim como as terras devolutas indispensáveis à proteção ambiental, também são bens da União as ilhas oceânicas e costeiras (art. 20, IV, CRFB/1988), com exceção das áreas que estiverem no domínio do Estado-membro (art. 26, II, CRFB/1988).

A lei do SNUC atribui às **ilhas oceânicas e costeiras relevante função ambiental** estabelecendo que destinam-se, prioritariamente, à proteção da natureza. Cada ilha pode ser considerada um ecossistema individualizado.[62] A área geralmente pequena desses ambientes e o isolamento geográfico são características comuns a todas as ilhas, que influem na diversidade da biota. A estabilidade da fauna e flora insulares é muito frágil, o que já é suficiente para justificar a preservação de seus ecossistemas. Nesse sentido, de acordo com a Lei do SNUC, a destinação das ilhas costeiras e oceânicas para fins que não sejam de proteção ambiental deve ser precedida de autorização do órgão ambiental competente.

Art. 45. Excluem-se das indenizações referentes à regularização fundiária das unidades de conservação, derivadas ou não de desapropriação:

I – (vetado)

II – (vetado)

III – as espécies arbóreas declaradas imunes de corte pelo Poder Público;

IV – expectativas de ganhos e lucro cessante;

V – o resultado de cálculo efetuado mediante a operação de juros compostos;

62. SMA/SP, 1989. In: RAMOS RODRIGUES, 2005. p. 99.

VI – as áreas que não tenham prova de domínio inequívoco e anterior à criação da unidade.

Art. 46. A instalação de redes de abastecimento de água, esgoto, energia e infra-estrutura urbana em geral, em unidades de conservação onde estes equipamentos são admitidos depende de prévia aprovação do órgão responsável por sua administração, sem prejuízo da necessidade de elaboração de estudos de impacto ambiental e outras exigências legais.

Parágrafo único. Esta mesma condição se aplica à zona de amortecimento das unidades do Grupo de Proteção Integral, bem como às áreas de propriedade privada inseridas nos limites dessas unidades e ainda não indenizadas.

Art. 47. O órgão ou empresa, público ou privado, responsável pelo abastecimento de água ou que faça uso de recursos hídricos, beneficiário da proteção proporcionada por uma unidade de conservação, deve contribuir financeiramente para a proteção e implementação da unidade, de acordo com o disposto em regulamentação específica.

Art. 48. O órgão ou empresa, público ou privado, responsável pela geração e distribuição de energia elétrica, beneficiário da proteção oferecida por uma unidade de conservação, deve contribuir financeiramente para a proteção e implementação da unidade, de acordo com o disposto em regulamentação específica.

Art. 49. A área de uma unidade de conservação do Grupo de Proteção Integral é considerada zona rural, para os efeitos legais.

Parágrafo único. A zona de amortecimento das unidades de conservação de que trata este artigo, uma vez definida formalmente, não pode ser transformada em zona urbana.

1. Zona rural (art. 49)

Para efeitos legais, é considerada zona rural tanto a zona de amortecimento quanto área de uma unidade de conservação de Proteção Integral. Uma das conseqüências da determinação legal, segundo Paulo Affonso Leme Machado, é que essas áreas não podem ser transformadas em zona urbana, tornando inaplicável a Lei 6.766/79, que trata de loteamento e desmembramento urbanos[63].

Art. 50. O Ministério do Meio Ambiente organizará e manterá um **Cadastro Nacional de Unidades de Conservação**, com a colaboração do IBAMA e dos órgãos estaduais e municipais competentes.

63. MACHADO, 2004. p. 780.

§ 1º O Cadastro a que se refere este artigo **conterá os dados principais de cada unidade de conservação**, incluindo, dentre outras características relevantes, informações sobre espécies ameaçadas de extinção, situação fundiária, recursos hídricos, clima, solos e aspectos socioculturais e antropológicos.

§ 2º O **Ministério do Meio Ambiente divulgará e colocará à disposição do público interessado os dados constantes do Cadastro**.

Art. 51. O Poder Executivo Federal submeterá à apreciação do Congresso Nacional, a cada dois anos, um **relatório de avaliação global da situação das unidades de conservação** federais do País.

Art. 52. Os **mapas e cartas oficiais devem indicar as áreas que compõem o SNUC**.

Art. 53. O IBAMA elaborará e divulgará periodicamente uma **relação revista e atualizada das espécies da flora e da fauna ameaçadas** de extinção no território brasileiro.

Parágrafo único. O IBAMA incentivará os competentes órgãos estaduais e municipais a elaborarem relações equivalentes abrangendo suas respectivas áreas de jurisdição.

Art. 54. O IBAMA, excepcionalmente, pode permitir a captura de exemplares de espécies ameaçadas de extinção destinadas a programas de criação em cativeiro ou formação de coleções científicas, de acordo com o disposto nesta Lei e em regulamentação específica.

1. Cadastros, relatórios de avaliação, mapas e cartas oficiais

A aplicação dos princípios da informação[64] e da participação comunitária[65] resta clara nos artigos 50 a 53 da lei do SNUC. A manutenção de um cadastro nacional de unidades de conservação, contendo os principais dados e informações de cada unidade, proporciona maior controle e fiscalização da situação das UC´s tanto pelo Poder Público, quanto pela sociedade, que assim terão subsídios para atuar efetivamente na proteção do meio ambiente. No mesmo sentido a relevância da elaboração de cartas oficiais e mapas indicando exatamente os limites das áreas que compõem as UC's e a elaboração, pelo IBAMA, da relação de animais e plantas ameaçadas de extinção.

Art. 55. As unidades de conservação e **áreas protegidas criadas com base nas legislações anteriores e que não pertençam às categorias previstas nesta Lei serão reavaliadas**, no todo ou em parte, no prazo de até dois anos, com

64. *Vide* Cap. I, item IX.
65. *Vide* Cap. I, item VIII.

o objetivo de definir sua destinação com base na categoria e função para as quais foram criadas, conforme o disposto no regulamento desta Lei.

Art. 56. (vetado)

1. Espaços protegidos não incluídos na lei do SNUC

Há espaços que as normas anteriores à Lei 9.985/00 definiam como espaços ambientalmente protegidos e que não foram abarcados pela lei do SNUC, tais como jardins botânicos e jardins zoológicos.

Quanto a eles, o artigo 55 estabelece que deverão ser reavaliados, no todo ou em parte, com o objetivo de serem enquadrados nas categorias criadas pela Lei 9.985/00. Enquanto não são tomadas as providências para tanto, aquelas áreas ambientalmente protegidas continuam existindo.[66]

2. Floresta Amazônica, Mata Atlântica, Serra do Mar, Pantanal Mato-Grossense e Zona Costeira

A Floresta Amazônica, a Mata Atlântica, a Serra do Mar, o Pantanal Mato-Grossense e a Zona Costeira são ecossistemas considerados PATRIMÔNIO NACIONAL pela Constituição de 1988, o que significa dizer que sua utilização far-se-á na forma da lei e dentro de condições que assegurem a preservação dos seus atributos biológicos. A Carta Magna, ao se referir expressamente a esses riquíssimos biomas, pretendeu enfatizar a sua importância ambiental estabelecendo uma **proteção genérica**, assegurando, por exemplo, a defesa de interesses do Brasil diante de eventuais ingerências estrangeiras. De acordo com o artigo 225, § 4º, da Constituição de 1988,

> "A Floresta Amazônica brasileira, a Mata Atlântica, a Serra do Mar, o Pantanal Mato-Grossense e a Zona Costeira são patrimônio nacional, e sua utilização far-se-á, na forma da lei, dentro de condições que assegurem a preservação do meio ambiente, inclusive quanto ao uso dos recursos naturais."

► **STF:**

CRIME CONTRA A MATA ATLÂNTICA: COMPETÊNCIA

(...) A Turma considerou que a inclusão da Mata Atlântica no "patrimônio nacional", a que alude o mencionado art. 225, § 4º, da CF, fez-se para a proteção do meio ambiente ecologicamente equilibrado a que a coletividade brasileira tem direito, configurando, assim, uma

66. Nesse sentido: SILVA, José Afonso da, 2003. p. 258.

proteção genérica à sociedade, que também interessa à União, mas apenas genericamente, não sendo capaz, por si só, de atrair a competência da Justiça Federal (...). (RE 300.244-SC, rel. Min. Moreira Alves, 20.11.2001.(RE-300244). Informativo nº 251 do STF)

Importante ressaltar que tais biomas **não se constituem, por si só, Unidades de Conservação da Natureza regidos pela Lei 9.985/00**, tampouco podem ser considerados bens da União. Nesse sentido recente decisão do Superior Tribunal de Justiça:

- **STJ:**

> **COMPETÊNCIA. DESMATAMENTO. FLORESTA AMAZÔNICA.** A questão está em definir a competência para processar e julgar o crime de desmatamento da floresta amazônica em terreno objeto de propriedade particular. A Seção conheceu do conflito e declarou competente o juízo de Direito, o suscitante, ao entendimento de que **não há que confundir patrimônio nacional com bem da União. Aquela locução revela proclamação de defesa de interesses do Brasil diante de eventuais ingerências estrangeiras.** Tendo o crime de desmatamento ocorrido em propriedade particular, área que já pertenceu, mas hoje não mais, a parque estadual, **não há que se falar em lesão a bem da União**. Ademais, como o delito não foi praticado em detrimento do IBAMA, que apenas fiscalizou a fazenda do réu, ausente prejuízo para a União. (CC 99.294-RO, **Rel. Min. Maria Thereza de Assis Moura, julgado em 12/8/2009.** Informativo 402 do STJ)

Aplicação em concurso:

- **(ADASA – Agência Reguladora de Águas, Energia e Saneamento do DF 2009 – Fundação Universa)**

  "Em razão da importância para o ecossistema, a Constituição Federal prevê que a Mata Atlântica, a Serra do Mar, o Pantanal Mato-Grossense e a Zona Costeira são áreas da União."

  A afirmativa está errada. Não há que confundir patrimônio nacional com bem da União.

- **(AGU 2009 – CESPE)**

  "A proteção constitucional da mata atlântica impede que haja propriedade privada nas áreas abrangidas por esse macroecossistema."

  A afirmativa está errada.

- **(Defensoria Pública São Paulo 2006)**

  "Na Constituição Federal são expressamente previstos como patrimônio nacional, além da Serra do Mar, da Floresta Amazônica e do Pantanal Mato-grossense:

A) zc e caatinga

B) cerrado e caatinga

C) caatinga e mata atlântica

D) zona costeira e mata atlântica

E) cerrado e mata atlântica"

Gabarito: letra "D".

- **(Exame de Ordem 2008.1 – CESPE)**

  "Por disposição constitucional, o Atol das Rocas é considerado patrimônio nacional, devendo sua utilização obedecer às condições de preservação do meio ambiente."

  A afirmativa está errada.

- **(Exame de Ordem 2009.1 – CESPE)**

  "A floresta amazônica brasileira, a mata atlântica e o pantanal mato-grossense são considerados patrimônio nacional. Assim também o são a Serra do Mar, a zona costeira, o cerrado e a caatinga, devendo a utilização de qualquer dessas áreas dar-se na forma da lei."

  A afirmativa está errada. O cerrado e a caatinga não são considerados patrimônio nacional.

Art. 57. Os órgãos federais responsáveis pela execução das políticas ambiental e indigenista deverão **instituir grupos de trabalho para**, no prazo de cento e oitenta dias a partir da vigência desta Lei, propor as diretrizes a serem adotadas com vistas à **regularização das eventuais superposições entre áreas indígenas e unidades de conservação.**

Parágrafo único. No ato de criação dos grupos de trabalho serão fixados os participantes, bem como a estratégia de ação e a abrangência dos trabalhos, garantida a participação das comunidades envolvidas.

1. **Terras indígenas.**

As terras tradicionalmente ocupadas pelos índios **são bens da União** (art. 20, XI, CRFB/1988) e destinam-se à sua **posse permanente, cabendo-lhes o usufruto exclusivo** das riquezas do solo, dos rios e dos lagos nelas existentes (art. 231, § 2º, CRFB/1988).

Todavia, importante frisar que as terras indígenas, malgrado sua relevância ambiental, **não estão compreendidas como espécie de unidade de conservação** da natureza da Lei 9.985/00.

Não há dúvidas entre a interação tradicional dos povos indígenas com a preservação do meio ambiente e a promoção da biodiversidade. Segundo Villares, "as terras indígenas, principalmente na região da Amazônia Legal, estão localizadas em biomas importantes e são menos suscetíveis a uma exploração econômica mais predatória (...)".[67] Ainda segundo o autor, "muitas das terras indígenas abrangem importantes espaços territoriais e são bases para diversos relacionamentos homem natureza fundamentais para manutenção do meio ambiente ecologicamente equilibrado."[68]

Em decorrência da riqueza ambiental das áreas ocupadas pelos índios, a Lei do SNUC prevê, no artigo 57, a possibilidade de eventuais **superposições entre áreas indígenas e unidades de conservação**. O Supremo Tribunal Federal, em decisão sobre a demarcação das terras indígenas denominadas "Raposa Serra do Sol", manifestou-se no sentido de que "há perfeita compatibilidade entre **meio ambiente** e **terras indígenas**, ainda que estas envolvam áreas de "conservação" e "preservação" ambiental. Essa compatibilidade é que autoriza a **dupla afetação**, sob a administração do competente órgão de defesa ambiental(...)".[69] Sobre a eventualidade de superposição entre elas, traçou importantes parâmetros, destacados abaixo:

- **STF:**

> "(...) 8) o usufruto dos índios na área afetada por unidades de conservação fica sob a responsabilidade do Instituto Chico Mendes de Conservação da Biodiversidade; 9) o Instituto Chico Mendes de Conservação da Biodiversidade responderá pela administração da área da unidade de conservação também afetada pela terra indígena com a participação das comunidades indígenas, que deverão ser ouvidas, levando-se em conta os usos, as tradições e os costumes dos indígenas, podendo para tanto contar com a consultoria da FUNAI; 10) o trânsito de visitantes e pesquisadores não-índios deve ser admitido na área afetada à unidade de conservação nos horários e condições estipulados pelo Instituto Chico Mendes de Conservação da Biodiversidade; 11) devem ser admitidos o ingresso, o trânsito e a permanência de não-índios no restante da área da terra indígena, observadas as condições estabelecidas pela FUNAI;(...)" (STF. Pet 3388/RR, rel. Min. Carlos Britto, 18 e 19.3.2009. Informativo 539 do STF).

67. VILLARES, 2009. pág. 192.
68. VILLARES, 2009. pág. 190.
69. **STF**. Pet 3388/RR, rel. Min. Carlos Britto, 18 e 19.3.2009.

▶ **Atenção:** recomenda-se a leitura da íntegra da decisão do STF sobre a demarcação das terras indígenas **Raposa Serra do Sol** (Pet 3388/RR, rel. Min. Carlos Britto, 18 e 19.3.2009), acórdão relevante que contém aspectos relacionados à proteção ambiental, à cultura tradicional indígena, ao modelo contínuo de demarcação das terras indígenas, à conciliação entre terras indígenas e a presença de não-índios, dentre outros.

Aplicação em concurso:

- **(Ministério do Meio Ambiente 2009 – CESPE)**

  "As terras ocupadas pelos índios são bens pertencentes à União e, por possuírem destinação específica, são classificadas como bens de uso especial."

  A afirmativa está correta. As terras ocupadas pelos índios são bens da União afetados a uma destinação específica e, portanto, classificados como bens de uso especial.

- **(AGU 2009 – CESPE)**

  "As áreas de reservas indígenas situadas nos biomas constitucionalmente protegidos estão sujeitas à atividade fiscalizatória ambiental da União."

  A afirmativa está correta (questão similar foi cobrada no concurso para a ADASA – Agência Reguladora de Águas, Energia e Saneamento do DF 2009 – Fundação Universa).

2. OGM e terras indígenas

Em respeito ao princípio da precaução (*vide* cap. I, item IV), com base nas incertezas científicas sobre os possíveis impactos do cultivo dos transgênicos ao meio ambiente e à saúde, são **vedados a pesquisa e o cultivo de OGM** (organismos geneticamente modificados) nas terras indígenas, assim como nas áreas de Unidades de Conservação (exceto nas Áreas de Proteção Ambiental – APA), de acordo com o art. 1º, da Lei 11.460/2007.

Aplicação em concurso:

- **(Juiz Federal – TRF 5ª Região – 2009 – CESPE)**

  "As florestas que integram o patrimônio indígena estão sujeitas ao regime de preservação permanente, razão pela qual não se admite a exploração dos recursos florestais em terras indígenas, ainda que visando a subsistência de suas próprias comunidades."

  A afirmativa está incorreta. As florestas que integram o patrimônio indígena estão sujeitas ao regime de preservação permanente (vide art. 3º, §2º). Todavia, admite-se a exploração dos recursos florestais pelas comunidades indígenas em regime de manejo florestal sustentável, para atender a sua subsistência (vide art. 3º-A).

Art. 57-A. O Poder Executivo estabelecerá os **limites para o plantio de organismos geneticamente modificados nas áreas que circundam as unidades** de conservação **até que seja fixada sua zona de amortecimento e aprovado o seu respectivo Plano de Manejo.**

Parágrafo único. O disposto no caput deste artigo **não se aplica às Áreas de Proteção Ambiental e Reservas de Particulares do Patrimônio Nacional.** (Redação dada pela Lei nº 11.460, de 2007)

1. **Atenção** a esta alteração da Lei do SNUC feita pela **Lei 11.460, de 21 de março de 2007**, que modificou o seu § 4º do artigo 27, e acrescentou o artigo 57-A.

Como vimos nos comentários ao artigo 27, § 4º, só será autorizado o plantio de organismos geneticamente modificados (OGM's) nas zonas de amortecimento de todos os tipos de unidades de conservação se houver previsão expressa no Plano de Manejo da UC. Vimos no artigo 27, parágrafo 3º, que o Plano de Manejo deve ser elaborado no prazo de 5 anos a partir da criação da UC. Caso a UC não tenha ainda fixada sua zona de amortecimento e nem aprovado o seu respectivo Plano de Manejo, **cabe ao Poder Executivo estabelecer os limites** seguros para o plantio de OGM nas áreas que circundam as UC (exceto nos casos das Áreas de Proteção Ambiental e Reservas de Particulares do Patrimônio Nacional).[70] O Decreto 5.950/06 regulamentou o art. 57-A da Lei nº 9.985/00 para estabelecer os limites para o plantio de organismos geneticamente modificados nas áreas que circundam as unidades de conservação. De acordo com o seu artigo 1º:

Ficam estabelecidas as **faixas limites** para os seguintes organismos geneticamente modificados nas **áreas circunvizinhas às unidades de conservação**, em projeção horizontal a partir do seu perímetro, **até que seja definida a zona de amortecimento e aprovado o Plano de Manejo** da unidade de conservação:

I – **quinhentos metros para o caso de plantio de soja geneticamente modificada**, evento GTS40-3-2, que confere tolerância ao herbicida glifosato;

70. Art. 57-A, da Lei 9.985/00.

II – **oitocentos metros para o caso de plantio de algodão geneticamente modificado**, evento 531, que confere resistência a insetos;

III – **cinco mil metros para o caso de plantio de algodão geneticamente modificado**, evento 531, que confere resistência a insetos, quando existir **registro de ocorrência de ancestral direto ou parente silvestre** na unidade de conservação.

Art. 58. O Poder Executivo regulamentará esta Lei, no que for necessário à sua aplicação, no prazo de cento e oitenta dias a partir da data de sua publicação.

Art. 59. Esta Lei entra em vigor na data de sua publicação.

Art. 60. Revogam-se os arts. 5º e 6º da Lei nº 4.771, de 15 de setembro de 1965; o art. 5º da Lei nº 5.197, de 3 de janeiro de 1967; e o art. 18 da Lei nº 6.938, de 31 de agosto de 1981.

1. Decreto que regulamenta a Lei 9.985/00

É o **Decreto 4.340, de 22 de agosto de 2002**, que regulamenta artigos da Lei nº 9.985, de 18 de julho de 2000, que dispõe sobre o Sistema Nacional de Unidades de Conservação da Natureza – SNUC.

CAPÍTULO VI

Lei de Crimes Ambientais (Lei nº 9.605, de 12 de fevereiro de 1998)

Dispõe sobre as sanções penais e administrativas derivadas de condutas e atividades lesivas ao meio ambiente, e dá outras providências.

1. Visão topográfica da lei

A Lei 9.605 contém 82 artigos distribuídos em oito capítulos		
Capítulo I	*Disposições gerais* (sujeito ativo, pessoa jurídica, autoria e co-autoria)	Arts. 1º ao 5º
Capítulo II	*Da aplicação da pena* (tipos de penas, consequências do crime, culpabilidade, circunstâncias atenuantes e agravantes)	Arts. 6º ao 24
Capítulo III	*Da apreensão do produto e do instrumento de infração administrativa ou de crime* (instrumentos e produtos do crime)	Art. 25
Capítulo IV	Da ação e do processo penal	Arts. 26 ao 28
Capítulo V	*Dos crimes contra o meio ambiente* (crimes contra a fauna, flora, poluição, ordenamento urbano e patrimônio cultural e administração ambiental)	Arts. 29 ao 69-A
Capítulo VI	*Infração administrativa* (autoridade competente, processo administrativo, sanções)	Arts. 70 ao 76
Capítulo VII	Da cooperação internacional para a preservação do meio ambiente	Arts. 77 ao 78
Capítulo VIII	Disposições finais	Arts. 79 ao 82

2. Fundamento constitucional → Art. 225, § 3º da CRFB/1988: *"As condutas e atividades consideradas lesivas ao meio ambiente sujeitarão os infratores, pessoas físicas ou jurídicas, a sanções penais e administrativas, independentemente da obrigação de reparar os danos causados."*

A Constituição de 1988 determina que as condutas lesivas ao meio ambiente sejam punidas também no âmbito penal. Há um *"**mandato expresso de criminalização**"*, ou seja, a Carta Magna estabelece imposição de medidas coercitivas aos transgressores do mandamento constitucional de proteção do meio ambiente.[1]

3. A lei ambiental não deve ser aplicada para punir as chamadas *"ações insignificantes"* (sem potencial ofensivo ao meio ambiente). Aplicação do **princípio da insignificância.**

▶ **STJ**

> **RECURSO ESPECIAL. CRIME AMBIENTAL. PESCA EM LOCAL PROIBIDO. PRINCÍPIO DA INSIGNIFICÂNCIA. AUSÊNCIA DE DANO EFETIVO AO MEIO AMBIENTE. ATIPICIDADE MATERIAL DA CONDUTA. REJEIÇÃO DA DENÚNCIA. RECURSO PROVIDO**. 1. A devolução do peixe vivo ao rio demonstra a mínima ofensividade ao meio ambiente, circunstância registrada no "Relatório de Fiscalização firmado pelo ICMBio [em que] foi informado que a gravidade do dano foi leve, além do crime não ter sido cometido atingindo espécies ameaçadas." 2. Os instrumentos utilizados – vara de molinete com carretilha, linhas e isopor –, são de uso permitido e não configuram profissionalismo, mas ao contrário, demonstram o amadorismo da conduta do denunciado. Precedente. 3. Na ausência de lesividade ao bem jurídico protegido pela norma incriminadora (art. 34, caput, da Lei n. 9.605/1998), verifica-se a atipicidade da conduta. 4. Recurso especial provido para reconhecer a atipicidade material da conduta, restabelecendo a decisão primeva de rejeição da denúncia. (STJ. REsp 1409051/SC. Rel. Min. Nefi Cordeiro. Publ. DJe 28/04/2017).

No mesmo sentido é o **posicionamento do STF**:

> AÇÃO PENAL. Crime ambiental. Pescador flagrado com doze camarões e rede de pesca, em desacordo com a Portaria 84/02, do IBAMA. Art. 34, parágrafo único, II, da Lei nº 9.605/98. *Rei furtivae* de valor insignificante. Periculosidade não considerável do agente. Crime de bagatela. Caracterização. Aplicação do princípio da insignificância. Atipicidade reconhecida. Absolvição decretada. HC concedido para esse fim. Voto vencido. Verificada a objetiva insignificância jurídica

1. PRADO, 2005. pág. 80.

do ato tido por delituoso, à luz das suas circunstâncias, deve o réu, em recurso ou habeas corpus, ser absolvido por atipicidade do comportamento. (STF, HC N. 112.563-SC. Red. p/o Acórdão: Min. Cezar Peluso. (Informativo 692 STF. Dezembro 2012)

Aplicação em concurso:

- **(Magistratura Federal – TRF 2ª região 2017 – adaptada)**

  "De acordo com a orientação predominante no STJ, não é possível aplicar o princípio da insignificância aos crimes contra o meio ambiente".

  A afirmativa está errada.

▶ **STJ**

PRINCÍPIO. INSIGNIFICÂNCIA. PESCA. APETRECHO PROIBIDO. Consta da denúncia que o paciente foi flagrado ao pescar em represa mediante a utilização de uma rede de nylon, apetrecho de uso proibido. Vem daí a imputação do crime previsto no art. 34, parágrafo único, II, da Lei n. 9.605/1998. Anote-se que foram encontrados com ele apenas dois quilos de peixes de variadas espécies. Quanto a isso, vê-se da norma incriminadora que se trata de crime formal (crime de perigo abstrato), delito que prescinde de resultado danoso específico (no caso, ao meio ambiente). Porém, apesar de não se desconhecer que o enquadramento da lei de crimes ambientais no ordenamento jurídico brasileiro ainda é tema tormentoso a causar inúmeras discussões jurídicas, sobretudo quanto à configuração dos delitos penais nela insculpidos, chegando alguns a entender até que os princípios nela edificados, tais como os da prevenção e da precaução, sobrepõem-se aos próprios princípios penais de garantia ao cidadão, destaca-se que a hipótese em apreço resolve-se mesmo pela pouca invasão naquilo que a sociedade, mediante o ordenamento jurídico, espera quanto à proteção de sua existência, visto que há um mínimo de probabilidade de a conduta do paciente atingir o bem jurídico tutelado na espécie, a fauna aquática. Daí não se hesitar em consignar a presença da insignificância a ponto de, ao reconhecer a atipicidade material da conduta, conceder a ordem para trancar a ação penal por falta de justa causa. HC 93.859-SP, Rel. Min. Maria Thereza de Assis Moura, julgado em 13/8/2009. Informativo 402 – Período: 10 a 14 de agosto de 2009)

3.1. Doutrina: "*Ultima ratio* da tutela penal ambiental significa que esta é chamada a intervir somente nos casos em que as agressões aos valores fundamentais da sociedade alcancem o ponto do intolerável ou sejam objeto de intensa reprovação do corpo social."[2]

4. **Aplicação do princípio da intervenção mínima do Direito Penal** → o direito penal deve incidir somente quando as demais instâncias – civil e administrativa – se mostrarem insuficientes para coibir a conduta infracional.

> "O princípio da insignificância surge como instrumento de interpretação restritiva do tipo penal que, de acordo com a dogmática moderna, não deve ser considerado apenas em seu aspecto formal, de subsunção do fato à norma, mas, primordialmente, em seu conteúdo material, de cunho valorativo, no sentido da sua efetiva lesividade ao bem jurídico tutelado pela norma penal, consagrando os postulados da fragmentariedade e da **intervenção mínima**." (STJ, HC 86913 / PR, Rel. Min. Arnaldo Esteves Lima, DJ 04/08/2008)

5. **Lei 9.605/98** → utilização da técnica legislativa denominada ***norma penal em branco*** → necessidade de complementação através de outras normas jurídicas.

   Exemplos:

   Art. 35, I e II → não se define o que vem a ser *"explosivos"* e *"substâncias tóxicas";*

   Art. 38 → não se define o que vem a ser *"floresta de preservação permanente"*.

6. **Verificação do princípio da prevenção** → o direito (penal) ambiental visa, sobretudo, prevenir os danos, e não os remediar. Desta forma, se preocupa com os *riscos* e não somente com os *danos;* ou seja, em alguns momentos a Lei 9.065/98 estipulou como infração a *mera probabilidade de dano* (chamados de ***crimes de perigo***).[3]

   Exemplo: Crime de poluição – Art. 54. "Causar poluição de qualquer natureza em níveis tais que resultem **ou possam resultar em danos à saúde humana**, ou que provoquem a mortandade de animais ou a destruição significativa da flora (...)"

---

2. FERREIRA, Ivette Senise. *Tutela penal do patrimônio cultural.* São Paulo: RT, 1995, p.68.
3. *Vide* Ação penal nº 2000.72.04.002568-3 (SC): "(...) Tendo conhecimento da necessidade de uma licença emitida em procedimento próprio para realizar a atividade, não bastando a simples autorização verbal, não se pode falar em erro de proibição por parte do acusado. 4. O crime em apreço é de perigo abstrato, não se perquirindo de qualquer dano." (TRF 4ª Região. Relator: Des. Federal José Luiz B. Germano da Silva – 7ª turma).

▶ STJ

AGRAVO REGIMENTAL EM RECURSO ESPECIAL. PENAL. CRIME AMBIENTAL. PRINCÍPIOS DO DESENVOLVIMENTO SUSTENTÁVEL E DA PREVENÇÃO. POLUIÇÃO MEDIANTE LANÇAMENTO DE DEJETOS PROVENIENTES DE SUINOCULTURA DIRETAMENTE NO SOLO EM DESCONFORMIDADE COM LEIS AMBIENTAIS. ART. 54, § 2º, V, DA LEI N. 9.605/1998. CRIME FORMAL. POTENCIALIDADE LESIVA DE CAUSAR DANOS À SAÚDE HUMANA EVIDENCIADA. CRIME CONFIGURADO. AGRAVO REGIMENTAL PROVIDO. RECURSO ESPECIAL IMPROVIDO.

I. Os princípios do desenvolvimento sustentável e da prevenção, previstos no art. 225, da Constituição da República, devem orientar a interpretação das leis, tanto no direito ambiental, no que tange à matéria administrativa, quanto no direito penal, porquanto o meio ambiente é um patrimônio para essa geração e para as futuras, bem como direito fundamental, ensejando a adoção de condutas cautelosas, que evitem ao máximo possível o risco de dano, ainda que potencial, ao meio ambiente. II. A Lei n. 9.605/1998, ao dispor sobre as sanções penais e administrativas derivadas de condutas e atividades lesivas ao meio ambiente e dar outras providências, constitui um divisor de águas em matéria de repressão a ilícitos ambientais. Isto porque ela trouxe um outro viés, um outro padrão de punibilidade em matéria de crimes ambientais, trazendo a figura do crime de perigo. III. O delito previsto na primeira parte do art. 54, da Lei n. 9.605/1998, possui natureza formal, porquanto o risco, a potencialidade de dano à saúde humana, é suficiente para configurar a conduta delitiva, não se exigindo, portanto, resultado naturalístico. Precedente. IV. A Lei de Crimes Ambientais deve ser interpretada à luz dos princípios do desenvolvimento sustentável e da prevenção, indicando o acerto da análise que a doutrina e a jurisprudência tem conferido à parte inicial do artigo 54, da Lei n. 9.605/1998, de que a mera possibilidade de causar dano à saúde humana é idônea a configurar o crime de poluição, evidenciada sua natureza formal ou, ainda, de perigo abstrato. V. Configurado o crime de poluição, consistente no lançamento de dejetos provenientes da criação de cerca de dois mil suínos em sistema de confinamento em 3 (três) pocilgas verticais, despejados a céu aberto, correndo por uma vala que os levava até às margens do Rio do Peixe, situado em área de preservação permanente, sendo a atividade notoriamente de alto potencial poluidor, desenvolvida sem o devido licenciamento ambiental, evidenciando a potencialidade do risco à saúde humana. VI. Agravo regimental provido e recurso especial improvido, restabelecendo-se o acórdão recorrido. (STJ. AgRg no REsp 1418795/SC. Rel. Min. Marco Aurélio Bellizze. Public. DJe 07/08/2014).

Aplicação em concurso:

- **(Exame de Ordem 2010.2 – FGV)**

  "Diante das disposições estabelecidas pela Lei n. 9.605/98 sobre as sanções penais e administrativas derivadas de condutas e atividades lesivas ao meio ambiente, assinale a alternativa correta.

  A) A desconsideração da pessoa jurídica somente será admiti da se a pena restritiva de direitos se revelar inócua para os fins a que se destina.

  B) A pena restritiva de direitos da pessoa jurídica, no que tange a proibição de contratar com o poder público, terá duração equivalente ao tempo de permanência dos efeitos negativos da conduta delituosa sobre o meio ambiente.

  C) Constitui inovação da lei de crimes ambientais a excludente de antijuridicidade relativamente ao comércio não autorizado de animais da fauna silvestre voltado exclusivamente à subsistência da entidade familiar.

  D) Os tipos penais ambientais, em regra, descrevem crimes de perigo abstrato, que se consumam com a própria criação do risco, efetivo ou presumido, independentemente de qualquer resultado danoso.

  Gabarito: letra "d".

7. Artigos que contemplam a modalidade culposa

Artigos da Lei 9.605/98	Apenação na modalidade culposa
Art. 38. Destruir ou danificar floresta considerada de preservação permanente, mesmo que em formação, ou utilizá-la com infringência das normas de proteção:	Parágrafo único. Se o crime for culposo, a pena será reduzida à metade.
Art. 40. Causar dano direto ou indireto às Unidades de Conservação e às áreas de que trata o art. 27 do Decreto nº 99.274, de 6 de junho de 1990, independentemente de sua localização:	§ 3º Se o crime for culposo, a pena será reduzida à metade.
Art. 41. Provocar incêndio em mata ou floresta:	Parágrafo único. Se o crime é culposo, a pena é de detenção de seis meses a um ano, e multa.
Art. 49. Destruir, danificar, lesar ou maltratar, por qualquer modo ou meio, plantas de ornamentação de logradouros públicos ou em propriedade privada alheia:	Parágrafo único. No crime culposo, a pena é de um a seis meses, ou multa.

Artigos da Lei 9.605/98	Apenação na modalidade culposa
Art. 54. Causar poluição de qualquer natureza em níveis tais que resultem ou possam resultar em danos à saúde humana, ou que provoquem a mortandade de animais ou a destruição significativa da flora:	§ 1º Se o crime é culposo: Pena – detenção, de seis meses a um ano, e multa.
Art. 56. Produzir, processar, embalar, importar, exportar, comercializar, fornecer, transportar, armazenar, guardar, ter em depósito ou usar produto ou substância tóxica, perigosa ou nociva à saúde humana ou ao meio ambiente, em desacordo com as exigências estabelecidas em leis ou nos seus regulamentos:	§ 3º Se o crime é culposo: Pena – detenção, de seis meses a um ano, e multa.
Art. 62. Destruir, inutilizar ou deteriorar: I – bem especialmente protegido por lei, ato administrativo ou decisão judicial; II – arquivo, registro, museu, biblioteca, pinacoteca, instalação científica ou similar protegido por lei, ato administrativo ou decisão judicial:	Parágrafo único. Se o crime for culposo, a pena é de seis meses a um ano de detenção, sem prejuízo da multa.
Art. 67. Conceder o funcionário público licença, autorização ou permissão em desacordo com as normas ambientais, para as atividades, obras ou serviços cuja realização depende de ato autorizativo do Poder Público:	Parágrafo único. Se o crime é culposo, a pena é de três meses a um ano de detenção, sem prejuízo da multa.
Art. 68. Deixar, aquele que tiver o dever legal ou contratual de fazê-lo, de cumprir obrigação de relevante interesse ambiental:	Parágrafo único. Se o crime é culposo, a pena é de três meses a um ano, sem prejuízo da multa.

Aplicação em concurso:

- **(IBRAM – Instituto do meio ambiente e dos recursos hídricos do Distrito Federal – Brasília Ambiental 2009 – CESPE)**

  "Considere que Alzirina tenha queimado madeira imprestável em sua chácara no Lago Norte da capital federal, o que causou um incêndio no Parque Nacional de Brasília. Nesse caso, de acordo com a Lei dos Crimes Ambientais, além de outras cominações, ocorreu crime contra a flora, na modalidade culposa."

  A afirmativa está correta.

CAPÍTULO I
DISPOSIÇÕES GERAIS

Art. 1º (VETADO)

Art. 2º Quem, de qualquer forma, concorre para a prática dos crimes previstos nesta Lei, incide nas penas a estes cominadas, **na medida da sua culpabilidade**, bem como o **diretor, o administrador, o membro de conselho e de órgão técnico, o auditor, o gerente, o preposto ou mandatário de pessoa jurídica**, que, sabendo da conduta criminosa de outrem, deixar de impedir a sua prática, quando podia agir para evitá-la.

1. Responsabilidade penal das pessoas físicas nos crimes ambientais

O sujeito ativo das infrações penais ambientais pode ser qualquer pessoa, física ou jurídica. Há casos, todavia, que somente poderão ser cometidas por determinadas pessoas (crimes próprios), como, por exemplo, alguns crimes contra a administração ambiental (arts. 66 e 67, da Lei 9.605/98), que se referem expressamente ao funcionário público.

Cabe ressaltar que é possível haver **concurso de pessoas** em crimes ambientais, tendo a lei ambiental adotado a teoria monista (ou unitária) sobre concurso de pessoas. Por essa teoria, todos os agentes respondem pelo mesmo crime, na medida de sua **culpabilidade**. Assim, todos responderão pelo mesmo crime, mas não sofrerão necessariamente a mesma pena, que é individualizada de acordo com a culpabilidade de cada um dos agentes.

Não vigora, no direito penal, a responsabilidade objetiva, aplicável na responsabilidade civil por dano ao meio ambiente. Penalmente torna-se imprescindível a comprovação do elemento subjetivo da conduta – dolo ou culpa – do agente.[4]

2. Requisitos

A lei 9.605/98 (art. 2º, parte final) exige dois requisitos para que o diretor, o administrador, o membro de conselho e de órgão técnico, o auditor, o gerente, o preposto ou mandatário de pessoa jurídica respondam por crime ambiental. Esses requisitos impedem a chamada responsabilidade penal objetiva dos representantes da pessoa jurídica:

a) que a pessoa tenha ciência da existência da conduta criminosa de outrem;

4. GRANZIERA, 2009. pág. 630.

b) que a pessoa possa agir para impedir o resultado (omissão penalmente relevante).

Há, portanto, necessidade de se estabelecer a conduta do sujeito para imputação do crime.

> "Colhe-se dos autos, especialmente das peças do Inquérito Policial, que a conduta não teria sido perpetrada diretamente pelo paciente, mas por um caseiro, que trabalha e reside no local. Tanto que o Parquet aduziu que a responsabilidade do acusado derivaria de sua condição de proprietário do Sítio (art. 2º da Lei 9.605/98); entretanto, ainda nessa hipótese mostrava-se indispensável que se declinasse qual a atitude, a conduta do responsável ou proprietário da área que teria concorrido para o dano, de forma direta ou indireta, sendo vedada a imputação tão-somente pela relação da pessoa com a coisa (possuidor, proprietário, gerente, etc)." (**STJ**, HC 86259 / MG, Rel. Min. Napoleão Nunes Maia Filho, DJe 18/08/2008)

Aplicação em concurso:

- **(Delegado de Polícia Civil GO 2018 – UEG)**

  "Sobre a proteção penal do meio ambiente no Brasil, verifica-se que

  A) a pessoa jurídica não pode ser responsabilizada pelo crime de poluição, se as atividades exercidas estiverem amparadas por licença ambiental.

  B) a lei de crimes ambientais admite concurso de pessoas, tanto entre pessoas físicas, como entre estas e pessoas jurídicas.

  C) o crime de poluição, que é doloso, contempla condutas comissivas ou omissivas, causem ou não danos à saúde humana ou ao meio ambiente.

  D) os atos, culposos ou dolosos, de pichar e grafitar constituem crimes contra o ordenamento urbano e o patrimônio cultural.

  E) a competência para julgar os crimes ambientais é da Justiça Federal."

  Gabarito: letra "b".

Art. 3º As pessoas jurídicas serão responsabilizadas administrativa, civil e penalmente conforme o disposto nesta Lei, nos casos em que a infração seja cometida por decisão de seu representante legal ou contratual, ou de seu órgão colegiado, no interesse ou benefício da sua entidade.

Parágrafo único. A responsabilidade das pessoas jurídicas não exclui a das pessoas físicas, autoras, co-autoras ou partícipes do mesmo fato.

▶ **Atenção:** artigo mais cobrado em concursos

1. A **doutrina diverge** sobre o reconhecimento da **responsabilidade penal da pessoa jurídica**. Há **três correntes** sobre o tema:

A) Não há previsão constitucional da responsabilização penal da pessoa jurídica: para essa corrente, sequer se discute se a pessoa jurídica pode ou não cometer crime ambiental. Utiliza dois argumentos:

I. pela interpretação do art. 225, §3º, da CRFB/1988, não há previsão constitucional da responsabilidade penal da pessoa jurídica.

▶ **Art. 225, § 3º** – As **condutas** e *atividades* consideradas lesivas ao meio ambiente sujeitarão os infratores, **pessoas físicas** ou *jurídicas*, a **sanções penais** e *administrativas*, independentemente da obrigação de reparar os danos causados.

Assim, as atividades são exercidas por pessoas jurídicas que sofrem sanção administrativa. Já as **condutas** são praticadas por **pessoas físicas**, que podem sofrer **sanção penal**. Portanto, as pessoas jurídicas não poderiam sofrer sanção penal, respondendo apenas administrativa e/ou civilmente.

II. o segundo argumento dessa corrente é o de que o princípio da personalidade da pena, previsto no art. 5º, XLV, da CRFB/1988, impede a responsabilidade penal da pessoa jurídica. A pena não passará da pessoa do infrator (que é sempre uma pessoa física), razão pela qual não se pode transferir a responsabilidade penal da pessoa física para a pessoa jurídica. De acordo com Luiz Régis Prado, "o princípio da personalidade da pena – *nenhuma pena passará da pessoa do condenado* (art. 5º, XLV, CRFB/1988) – tradicionalmente enraizado nos textos constitucionais brasileiros, impõe que a sanção penal recaia *exclusivamente* sobre os autores materiais do delito e não sobre todos os membros da corporação (v.g., operários, sócios minoritários etc.), o que ocorreria caso se lhe impusesse uma pena."[5] Sob o enfoque dessa corrente, o art. 3º, da lei dos crimes ambientais, é inconstitucional por ofensa material aos artigos 225, §3º e 5º, XLV, da Constituição, que, interpretados sistematicamente, vetariam a responsabilidade penal da pessoa jurídica.[6]

---

5. PRADO, 2005. pág. 151.
6. Nesse sentido: BITENCOURT, Cezar Roberto. Tratado de direito penal: parte geral, volume 1. São Paulo: Saraiva, 2003. pág. 167.

B) Pessoa jurídica não pode figurar no polo passivo de uma ação penal ("*societas delinquere non potest*"): baseada na **teoria da ficção**, criada por **Savigny**, afirma que as pessoas jurídicas têm existência fictícia, irreal ou de pura abstração, sendo, portanto, incapazes de delinquir (carecem de vontade e de ação).[7] São entes desprovidos de consciência e de vontade própria, não podendo realizar atos tipicamente humanos, como condutas criminosas. Os principias argumentos dessa corrente são:

I. as pessoas jurídicas, como são fictícias, não têm capacidade de ação, ou seja, não têm consciência e vontade.[8] Logo, não atuam com dolo ou culpa. Punir a pessoa jurídica seria admitir a responsabilidade penal objetiva, vedada no direito penal.

II. Pessoa jurídica não tem capacidade de culpabilidade e de sanção penal: de acordo com Luiz Régis Prado, "a culpabilidade penal como juízo de censura pessoal pela realização do injusto típico só pode ser endereçada a um indivíduo (culpabilidade da *vontade*)."[9]

III. Pessoa jurídica não tem capacidade de pena (princípio da personalidade da pena). Não são elas passíveis sequer de aplicação de medidas de segurança de caráter penal, já que para isso faz-se *mister* uma ação ou omissão típica e ilícita.[10] Além disso, as penas, ainda que pudessem ser aplicadas à pessoa jurídica, não teriam sentido em relação a elas. Como são entes fictícios, seriam as pessoas jurídicas incapazes de assimilar os efeitos da sanção penal.

Sob o enfoque dessa corrente, o artigo 225, §3º, da Constituição, que prevê a responsabilidade penal das pessoas jurídicas, é uma norma constitucional não auto aplicável, que depende de regulamentação infraconstitucional.

C) Pessoa jurídica pode figurar no polo passivo de uma ação penal: fundamentada na **teoria da realidade**, da personalidade real ou orgânica, de **Otto Gierke**. Essa teoria é oposta à teoria da ficção jurídica de Savigny, ou seja, preconiza que as pessoas jurídicas são entes reais com capacidade e vontade próprias, distintas das pessoas físicas que as compõem.[11] Lembra Luiz Régis Prado que, para essa teoria, "as pessoas jurídicas aparecem, pois, como seres coletivos, dotados de vontade real, que podem exercitar em diversos sentidos; e nada impede, em princípio,

---

7. PRADO, 2005. pág. 145.
8. PRADO, 2005. pág. 147.
9. PRADO, 2005. pág. 149.
10. PRADO, 2005. pág. 151.
11. PRADO, 2005. pág. 145.

que seja ela dirigida a fins proibidos, especialmente pela lei penal." Logo, elas podem cometer crimes e sofrer penas. Em contraposição à teoria de Savigny, os principais argumentos da teoria da realidade são[12]:

I. as pessoas jurídicas são entes reais com capacidade e vontade próprias. Portanto, não há que se falar em responsabilidade penal objetiva ao puni-la.

II. a pessoa jurídica tem capacidade de culpabilidade e de sanção penal: essas pessoas sofrem de culpabilidade social, também chamada de culpa coletiva (*vide* decisão do STJ: Resp 610114/RN, DJ 19/12/2005). A culpabilidade, no conceito moderno, é a responsabilidade social, e a culpabilidade da pessoa jurídica, neste contexto, está relacionada à vontade do administrador.

III. Pessoa jurídica tem capacidade de pena. Não há violação ao princípio da personalidade da pena, pois a responsabilidade penal recai sobre o autor do crime, pessoa jurídica, que efetivamente comete crimes. A responsabilização penal da pessoa jurídica não ofende, portanto, os princípios da personalidade e individualização da pena. Sobre a inadequabilidade de algumas sanções penais às pessoas jurídicas (ex: pena privativa de liberdade), a teoria da realidade rebate argumentando que o ordenamento penal brasileiro prevê outras sanções para as pessoas jurídicas.

IV. Há previsão constitucional da responsabilidade penal da pessoa jurídica: art. 225, §3º, da Constituição. Além disso, o art. 3º, da Lei de Crimes Ambientais também a prevê expressamente.

Aplicação em concurso:

- **(TJ/SC – Magistratura estadual – 2007)**

  "Sobre a responsabilidade penal da pessoa jurídica nos crimes ambientais, é correto afirmar:

  A doutrina é pacífica ao aceitar a responsabilização penal da pessoa jurídica."

  A afirmativa está errada.

2. STF: reconhecimento da responsabilidade penal da pessoa jurídica

CRIME AMBIENTAL: ABSOLVIÇÃO DE PESSOA FÍSICA E RESPONSABILIDADE PENAL DE PESSOA JURÍDICA.

12. Nesse sentido: MILARÉ, 2009. pág. 983. MACHADO, 2004. pág. 671.

É admissível a condenação de pessoa jurídica pela prática de crime ambiental, **ainda que absolvidas as pessoas físicas** ocupantes de cargo de presidência ou de direção do órgão responsável pela prática criminosa. (...). (STF. RE 548181/PR, Rel. Min. Rosa Weber, Informativo 714 STF, agosto 2013).

3. Condicionantes para a responsabilização da pessoa jurídica

a) a infração tenha sido cometida em seu interesse ou benefício;

b) seja cometida por decisão de seu representante legal ou contratual, ou de seu órgão colegiado.

Aplicação em concurso:

- **(Procurador do Estado SE 2017 – CESPE)**

  "Ao praticar conduta lesiva ao meio ambiente na esfera penal, uma pessoa jurídica

  A) poderá ser responsabilizada, se a conduta for cometida por decisão do seu representante legal e em benefício da empresa.

  B) poderá ser responsabilizada, embora o instituto da desconsideração da pessoa jurídica seja inaplicável aos crimes ambientais.

  C) poderá ser responsabilizada, mesmo que o ato não tenha sido praticado para benefício econômico da empresa.

  D) não poderá ser responsabilizada, caso o tipo penal seja praticado pelo sócio minoritário da empresa.

  E) não poderá ser responsabilizada, se for trancada a ação penal direcionada contra pessoa física diretamente envolvida."

  Gabarito: letra "a".

- **(Magistratura Estadual MT 2014 – FMP)**

  "A Constituição Federal, ao acolher a possibilidade de responsabilizar criminalmente pessoa jurídica por crimes ambientais, aderiu à Teoria da Realidade ou Organicista, além de ter obrigado o legislador infraconstitucional a tipificar criminalmente as ações lesivas ao meio ambiente".

  A afirmativa está correta.

4. Alteração do posicionamento dos tribunais superiores: o **Superior Tribunal de Justiça admitia a responsabilidade penal da pessoa jurídica em crimes ambientais** desde que houvesse a imputação simultânea do ente moral e da pessoa física que atua em seu nome ou em seu benefício (teoria da **dupla imputação**). O STJ inadmitia, portanto, denúncia apenas contra pessoa jurídica, dissociada de pessoa física.

Na decisão do **Recurso Extraordinário 548181**, publicada em **19 de junho de 2013**, o Supremo Tribunal Federal afirma que "**é admissível a condenação de pessoa jurídica pela prática de crime ambiental, ainda que absolvidas as pessoas físicas** ocupantes de cargo de presidência ou de direção do órgão responsável pela prática criminosa". Para O STF, a teoria da dupla imputação, antes defendida pelo STJ, afrontava o parágrafo 3º do artigo 225 da Constituição de 1988.

▶ **STF**

> CRIME AMBIENTAL: ABSOLVIÇÃO DE PESSOA FÍSICA E RESPONSABILIDADE PENAL DE PESSOA JURÍDICA
>
> (...) No mérito, anotou-se que a tese do STJ, no sentido de que a persecução penal dos entes morais somente poderia ocorrer se houvesse, concomitantemente, a descrição e imputação de uma ação humana individual, sem o que não seria admissível a responsabilização da pessoa jurídica, afrontaria o art. 225, § 3º, da CF. Sublinhou-se que, ao se condicionar a imputabilidade da pessoa jurídica à da pessoa humana, estar-se-ia quase que a subordinar a responsabilização jurídico-criminal do ente moral à efetiva condenação da pessoa física. Ressaltou-se que, ainda que se concluísse que o legislador ordinário não estabelecera por completo os critérios de imputação da pessoa jurídica por crimes ambientais, não haveria como pretender transpor o paradigma de imputação das pessoas físicas aos entes coletivos. Vencidos os Ministros Marco Aurélio e Luiz Fux, que negavam provimento ao extraordinário. Afirmavam que o art. 225, § 3º, da CF não teria criado a responsabilidade penal da pessoa jurídica. Para o Min. Luiz Fux, a mencionada regra constitucional, ao afirmar que os ilícitos ambientais sujeitariam "os infratores, pessoas físicas ou jurídicas, a sanções penais e administrativas", teria apenas imposto sanções administrativas às pessoas jurídicas. Discorria, ainda, que o art. 5º, XLV, da CF teria trazido o princípio da pessoalidade da pena, o que vedaria qualquer exegese a implicar a responsabilidade penal da pessoa jurídica. Por fim, reputava que a pena visaria à ressocialização, o que tornaria impossível o seu alcance em relação às pessoas jurídicas. (STF. RE 548181/PR, Rel. Min. Rosa Weber, Informativo 714 STF, agosto 2013).

▶ **Atenção:** Em relação à responsabilidade penal da pessoa jurídica, o STJ já adequou seu posicionamento ao do STF, como é possível verificar na decisão abaixo.

▶ **STJ**

AGRAVO REGIMENTAL NO RECURSO EM MANDADO DE SEGURANÇA. TEORIA DA DUPLA IMPUTAÇÃO. PESSOA JURÍDICA QUE FIGURA ISOLADAMENTE COMO RÉ NA DENÚNCIA POR CRIME AMBIENTAL. POSSIBILIDADE. AGRAVO REGIMENTAL IMPROVIDO.

1. É assente nesta Corte Superior de Justiça que o agravo regimental deve trazer novos argumentos capazes de alterar o entendimento anteriormente firmado, sob pena de ser mantida a r. decisão vergastada pelos próprios fundamentos. 2. Este Superior Tribunal, na linha do entendimento externado pelo Supremo Tribunal Federal, passou a entender que, nos crimes societários, não é indispensável a aplicação da teoria da dupla imputação ou imputação simultânea, podendo subsistir a ação penal proposta contra a pessoa jurídica, mesmo se afastando a pessoa física do polo passivo da ação. Precedentes. 3. O trancamento de ação penal, somente deve ser acolhido se restar, de forma indubitável, comprovada a ocorrência de circunstância extintiva da punibilidade, de ausência de indícios de autoria ou de prova da materialidade do delito e ainda da atipicidade da conduta. 3. Agravo regimental improvido. (STJ. AgRg no RMS 48851/PA. Rel. Min. Nefi Cordeiro. Public. DJe 26.02.2018).

Aplicação em concurso:

- **(Magistratura Estadual RJ 2019 – VUNESP - adaptada)**

  "O STF reconhece a possibilidade de se processar penalmente a pessoa jurídica, mesmo não havendo ação penal em curso contra pessoa física com relação ao crime ambiental praticado".

  A afirmativa está correta.

- **(Magistratura Federal – TRF 2ª região 2017)**

  "Conforme o atual entendimento do STF, a responsabilidade penal da pessoa jurídica por crimes ambientais subordina-se à simultânea persecução da pessoa física responsável pela conduta (princípio da dupla imputação)".

  A afirmativa está errada.

- **(Delegado de Polícia Civil PA 2016 – Funcab)**

  "Considerando os entendimentos do Supremo Tribunal Federal e do Superior Tribunal de Justiça, assim como a disciplina constitucional e legal, assinale a alternativa correta quanto à responsabilização criminal da pessoa jurídica por crimes ambientais.

  A) É pacífico, no âmbito do Superior Tribunal de Justiça, que a responsabilização penal da pessoa jurídica por delitos ambientais não dispensa a imputação concomitante da pessoa física que age em seu nome ou em seu benefício. Em outras palavras, a teoria da dupla imputação necessária prevalece, atualmente, no Superior Tribunal de Justiça.

B) Para que as pessoas jurídicas sejam responsabilizadas penalmente nos termos da Lei 9.605/98, exige-se apenas que a infração seja cometida por decisão de seu representante legal ou contratual, ou de seu órgão colegiado.

C) A Lei 9.605/98 veda, expressamente, a liquidação forçada de pessoa jurídica constituída ou utilizada, preponderantemente, com o fim de permitir, facilitar ou ocultar a prática de crime ambiental.

D) O Supremo Tribunal Federal, por meio de julgado da 1ª Turma, entendeu que a Constituição Federal de 1988 não condiciona a responsabilização penal da pessoa jurídica por crimes ambientais à simultânea persecução penal da pessoa física em tese responsável no âmbito da empresa. Em outras palavras, a norma constitucional não impõe a necessária dupla imputação.

E) O Supremo Tribunal Federal e o Superior Tribunal de Justiça, com fulcro em vedação constitucional, não admitem a responsabilização criminal da pessoa jurídica por crimes ambientais."

Gabarito: letra "d".

5. Impossibilidade de utilização do *Habeas Corpus* para pessoa jurídica.

"RECURSO ORDINÁRIO EM HABEAS CORPUS. DIREITO PROCESSUAL PENAL. CRIME AMBIENTAL. TRANCAMENTO DA AÇÃO PENAL. PESSOA JURÍDICA NA QUALIDADE DE PACIENTE. INADMISSIBILIDADE. RECURSO IMPROVIDO. 1. Como é da jurisprudência deste Superior Tribunal de Justiça, o *habeas corpus* não se presta para amparar reclamos de pessoa jurídica, na qualidade de paciente, eis que restrito à liberdade ambulatorial. Precedentes."(STJ, RHC 16762 / MT, Min. Hamilton Carvalhido, DJ 01/02/2005)

6. É necessário demonstrar a relação de causa e efeito entre as imputações e as condutas dos dirigentes.

▸ **STF:**

"1. Habeas Corpus. 2. Responsabilidade penal objetiva. 3. Crime ambiental previsto no art. 2º da Lei nº 9.605/98. 4. Evento danoso: vazamento em um oleoduto da Petrobrás 5. Ausência de nexo causal. 6. Responsabilidade pelo dano ao meio ambiente não-atribuível diretamente ao dirigente da Petrobrás. 7. Existência de instâncias gerenciais e de operação para fiscalizar o estado de conservação dos 14 mil quilômetros de oleodutos. 8. Não-configuração de relação de causalidade entre o fato imputado e o suposto agente criminoso. 8. Diferenças entre conduta dos dirigentes da empresa e atividades da própria empresa. 9. Problema da assinalagmaticidade em uma sociedade de risco. 10. Impossibilidade de se atribuir ao indivíduo e à pessoa jurídica os mesmos riscos". (STF, HC 83.554, Rel. Min. Gilmar Mendes, DJ 28/10/05)

▸ **STJ**

"O simples fato de o réu ser administrador da empresa não autoriza a instauração de processo criminal por crimes praticados no âmbito da sociedade, se não restar comprovado, ainda que com elementos a serem aprofundados no decorrer da ação penal, a mínima relação de causa e efeito entre as imputações e a condição de dirigente da empresa, sob pena de se reconhecer a responsabilidade penal objetiva. A inexistência absoluta de elementos hábeis a descrever a relação entre os fatos delituosos e a autoria ofende o princípio constitucional da ampla defesa, tornando inepta a denúncia." (STJ, REsp 838846 / MT, voto do Min. Rel. Gilson Dipp, DJ 11/09/2006)

7. **Tríplice responsabilização** → pode ocorrer a responsabilidade na esfera **penal, administrativa e civil** em decorrência do mesmo dano ao meio ambiente.

Aplicação em concurso:

- **(Procurador ALERJ 2017 – FGV)**

Durante o curso de obra de reforma de edifício comercial privado, ocorrem consideráveis modificações no prédio vizinho, pertencente à Assembleia Legislativa Estadual, bem administrativamente protegido por seu valor histórico e cultural, com a completa destruição de sua faixada original. Sobre essa infração, é correto afirmar que:

A) há responsabilidade nas esferas civil e administrativa, sendo certo que a capacidade econômica do infrator não tem repercussão no valor da multa a ser aplicada;

B) a pessoa jurídica encarregada da obra responderá nas esferas civil e administrativa, sendo certo que a responsabilização da pessoa jurídica exclui a da pessoa física autora do ato;

C) o autor do ato responde civil, administrativa e criminalmente pelo ato, ainda que sua prática tenha sido culposa, caso em que haverá redução de pena;

D) o autor do ato responde civil e administrativamente, independentemente de culpa, incidindo também em ato criminoso, caso a conduta tenha visado à obtenção de vantagem pecuniária;

E) a pessoa jurídica encarregada da obra responderá nas esferas civil, administrativa e penal, independentemente da existência de culpa, pela destruição do patrimônio público.

Gabarito: letra "c".

- **(MPE/ES/Promotor/2010 – CESPE)**

  "Em um acidente nuclear, na manipulação de organismos geneticamente modificados ou até na devastação de uma floresta, a cobrança da responsabilização ambiental tem o caráter exclusivo de reparação do dano produzido."

  A afirmativa está errada. A reparação civil não exclui a penal e a administrativa.

8. **Responsabilidade penal das pessoas jurídicas de direito público →** a doutrina diverge sobre sua aplicação.

   a) **Argumento favorável à responsabilização →** A Constituição de 1988 (art. 225, §3º) e a Lei de Crimes Ambientais (art. 3º) em momento algum estabelecem que suas prescrições não seriam aplicáveis às pessoas jurídicas de direito público. Assim, tanto as pessoas jurídicas de direito privado como as de direito público podem integrar o pólo passivo de uma relação jurídica processual penal.

   b) **Argumento contrário à responsabilização →** as pessoas jurídicas de direito privado e de direito público são bem distintas em sua natureza jurídica, objetivos e elementos, devendo ser tratadas de forma desigual. Além disso, a aplicação de sanções criminais às pessoas jurídicas de direito público poderá trazer maiores prejuízos à própria coletividade, que é representada pelo Estado.[13]

Aplicação em concurso:

- **(Procurador do Estado SP 2009 – FCC)**

  "Pelo disposto na Constituição Federal, em especial no seu artigo 225, e na Lei Federal no 9.605/98, as condutas e atividades consideradas lesivas ao meio ambiente sujeitarão os infratores, pessoas físicas ou jurídicas, a sanções penais e administrativas,

  A) dependendo a obrigação de reparação dos danos causados da comprovação da existência de dolo, quando se tratar de pessoa física.

  B) independentemente da obrigação de reparar os danos causados.

13. Nesse sentido: SANTOS, 2001. p.130.

C) dependendo a obrigação de reparação dos danos causados de condenação criminal transitada em julgado.

D) independentemente da obrigação de reparação de danos ambientais, sendo que a responsabilidade penal não se aplica à pessoa jurídica.

E) sendo subjetiva a responsabilidade pela reparação de danos ambientais, quando se tratar de pessoa física e objetiva a responsabilidade quando se tratar de pessoa jurídica.

Gabarito: letra "b".

Art. 4º Poderá ser **desconsiderada a pessoa jurídica** sempre que sua personalidade for obstáculo ao ressarcimento de prejuízos causados à qualidade do meio ambiente.

Art. 5º (VETADO)

1. **A desconsideração é casual** → importa salientar que o instituto da desconsideração será episódico, casual, ou seja, somente ocorrerá no caso concreto a ser avaliado pelo juiz. Não acarretará a extinção da pessoa jurídica, somente acarretando a *"suspensão episódica da eficácia do ato constitutivo da pessoa jurídica"* nos dizeres do Min. Ruy Rosado de Aguiar (Resp 86502, DJ 26/08/96). Assim, para outras relações efetuadas com terceiros, a pessoa jurídica continua existindo e com autonomia patrimonial em face de seus sócios, a não ser que seja desconsiderada também sua personalidade em cada caso.

2. **Leis que tratam da desconsideração** → o CDC, art. 28[14], foi o primeiro dispositivo legal a se referir à desconsideração da personalidade jurídica. Posteriormente, foi inserida em outras leis: art. 18 da Lei 8.884/1994 (Lei do CADE, atual art. 34 da Lei 12.529/2011); o art. 4º da Lei 9.605

14. "Art. 28 do CDC: O juiz poderá desconsiderar a personalidade jurídica da sociedade quando, em detrimento do consumidor, houver abuso de direito, excesso de poder, infração da lei, fato ou ato ilícito ou violação dos estatutos ou contrato social. A desconsideração também será efetivada quando houver falência, estado de insolvência, encerramento ou inatividade da pessoa jurídica provocados por má administração.§ 1º (Vetado).§ 2º As sociedades integrantes dos grupos societários e as sociedades controladas são subsidiariamente responsáveis pelas obrigações decorrentes deste código.§ 3º As sociedades consorciadas são solidariamente responsáveis pelas obrigações decorrentes deste código.§ 4º As sociedades coligadas só responderão por culpa.§ 5º Também poderá ser desconsiderada a pessoa jurídica sempre que sua personalidade for, de alguma forma, obstáculo ao ressarcimento de prejuízos causados aos consumidores."

de 12.02.98 (dispõe sobre as sanções derivadas de danos ao meio ambiente); e o art. 50 do Código Civil.[15-16]

3. Teoria Maior e Menor da desconsideração → aplicação pelo STJ

> "A teoria da desconsideração da pessoa jurídica, quanto aos pressupostos de sua incidência, subdivide-se em duas categorias: **teoria maior e teoria menor da desconsideração.**
>
> A teoria maior não pode ser aplicada com a mera demonstração de estar a pessoa jurídica insolvente para o cumprimento de suas obrigações. Exige-se, aqui, para além da prova de insolvência, ou a demonstração de desvio de finalidade, ou a demonstração de confusão patrimonial.
>
> **A prova do desvio de finalidade faz incidir a teoria (maior) subjetiva da desconsideração**. O desvio de finalidade é caracterizado pelo ato intencional dos sócios em fraudar terceiros com o uso abusivo da personalidade jurídica.
>
> **A demonstração da confusão patrimonial, por sua vez, faz incidir a teoria (maior) objetiva da desconsideração**. A confusão patrimonial caracteriza-se pela inexistência, no campo dos fatos, de separação patrimonial do patrimônio da pessoa jurídica e do de seus sócios, ou, ainda, dos haveres de diversas pessoas jurídicas.
>
> A teoria maior da desconsideração, seja a subjetiva, seja a objetiva, constitui a regra geral no sistema jurídico brasileiro, positivada no art. 50 do CC/02.
>
> A teoria menor da desconsideração, por sua vez, parte de premissas distintas da teoria maior: **para a incidência da desconsideração com base na teoria menor, basta a prova de insolvência da pessoa jurídica para o pagamento de suas obrigações, independentemente da existência de desvio de finalidade ou de confusão patrimonial.**

---

15. "Art. 50 do CC: Em caso de abuso da personalidade jurídica, caracterizado pelo desvio de finalidade, ou pela confusão patrimonial, pode o juiz decidir, a requerimento da parte, ou do Ministério Público quando lhe couber intervir no processo, que os efeitos de certas e determinadas relações de obrigações sejam estendidos aos bens particulares dos administradores ou sócios da pessoa jurídica."
16. Muito interessante as observações de André Luiz Santa Cruz Ramos, ao expor que a previsão normativa constante do CDC inspirou claramente os institutos previstos nas Leis 8.884/94 e 9.605/98. Expõe o autor que, enquanto a Lei 8.884/94 [revogada pela Lei 12.529/2011], em seu art. 18, repetiu a redação do art. 28, *caput* do CDC, a Lei 9.605/98 repetiu, em seu art. 4º, a redação do art. 28, § 5º do CDC. (*Curso de Direito Empresarial – O novo regime jurídico-empresarial brasileiro*. Salvador: Juspodivm, 2007. p. 308.)

Para esta teoria, o risco empresarial normal às atividades econômicas não pode ser suportado pelo terceiro que contratou com a pessoa jurídica, mas pelos sócios e ou administradores desta, ainda que estes demonstrem conduta administrativa proba, isto é, mesmo que não exista qualquer prova capaz de identificar conduta culposa ou dolosa por parte dos sócios e /ou administradores da pessoa jurídica.

No ordenamento jurídico brasileiro, a teoria menor da desconsideração foi adotada excepcionalmente, por exemplo, no Direito Ambiental (Lei nº 9.605/98, art. 4º) e no Direito do Consumidor (CDC, art. 28, § 5º).

O referido dispositivo do CDC, quanto à sua aplicação, como bem ressaltado pelo i. Min. Relator, sugere uma 'circunstância objetiva'. Da exegese do § 5º deflui, expressamente, a possibilidade de desconsideração da personalidade jurídica pela mera prova da insolvência da pessoa jurídica, fato este suficiente a causar "obstáculo ao ressarcimento de prejuízos causados aos consumidores." (STJ, Resp 279273/SP; Rel. Min. Ari Pargendler, DJ 29.03.2004.)

Teoria Maior e Teoria Menor no Direito Brasileiro	
Teoria Maior	**Teoria Menor**
Lei do Cade (Lei 12.529/2011, art. 34)	Direito do Consumidor (CDC, art. 28, § 5º)
Novo Código Civil (CC/02, art. 50)	Direito Ambiental (Lei nº 9.605/98, art. 4º)

Aplicação em concurso:

- **(MPE/SC 2016)**

  "Segundo a Lei n. 9.605/98: poderá ser desconsiderada a pessoa jurídica sempre que sua personalidade for obstáculo ao ressarcimento de prejuízos causados à qualidade do meio ambiente; a pessoa jurídica constituída ou utilizada, preponderantemente, com o fim de permitir, facilitar ou ocultar a prática de crime definido nesta Lei terá decretada sua liquidação forçada, seu patrimônio será considerado instrumento do crime e como tal perdido em favor do Fundo Penitenciário Nacional".

  A afirmativa está correta, conforme artigos 4º e 24 da Lei 9.605/98.

- **(Procurador do Estado BA 2014 – CESPE – adaptada)**

  "Uma empresa brasileira de exploração de gás e petróleo, pretendendo investir na exploração de gás de xisto, obteve autorização de pesquisa do órgão competente e identificou, no início das primeiras pesquisas exploratórias, um potencial razoável para a exploração do gás em determinada área federal. Apesar de ainda não dispor de tecnologia que garantisse totalmente a proteção ambiental da área de exploração, principalmente, no que tange à água subterrânea, a empresa obteve a licença prévia para proceder à exploração de gás de xisto.

Com base nessa situação hipotética, nas normas de proteção ao meio ambiente e na jurisprudência, julgue o item seguinte.

A empresa poderá ser responsabilizada penalmente caso pratique ato ilícito, podendo ser desconsiderada a pessoa jurídica se a personalidade for obstáculo ao ressarcimento de prejuízos causados ao meio ambiente."

A afirmativa está correta, conforme previsão do art. 4º da Lei 9.605/98.

- **(AGU – Advogado da União 2012 – CESPE)**

"Tratando-se de matéria ambiental, admite-se a desconsideração da pessoa jurídica sempre que sua personalidade seja obstáculo ao ressarcimento de prejuízos causados à qualidade do meio ambiente."

A afirmativa está correta, conforme previsão do art. 4º da Lei 9.605/98.

CAPÍTULO II
DA APLICAÇÃO DA PENA

Art. 6º Para **imposição e gradação da penalidade**, a autoridade competente observará:

I – a gravidade do fato, tendo em vista os motivos da infração e suas consequências para a saúde pública e para o meio ambiente;

II – os antecedentes do infrator quanto ao cumprimento da legislação de interesse ambiental;

III – a situação econômica do infrator, no caso de multa.

1. Fixação da pena base

Para a fixação e a individualização da pena, o art. 6º prevê critérios próprios a serem observados pelo juiz:

a) **Gravidade do fato.** Importante observar que, diferentemente do art. 59 do Código Penal (que trata das consequências para a vítima), o inciso I determina que seja analisada a gravidade do fato para o meio ambiente e para a saúde pública.

b) **Antecedentes ambientais do infrator:** o juiz analisará se o réu tem bons ou maus antecedentes ambientais no que se refere ao cumprimento da legislação ambiental. A lei 9.605/98 não se refere apenas à prática de crimes ambientais para que se configurem os maus antecedentes.

c) **Situação econômica do infrator**, nos casos de pena de multa.

Vale lembrar que os critérios estabelecidos no art. 6º devem ser observados juntamente com as regras previstas nos artigos 59 e 60 do Código Penal.[17]

Uma vez fixada a pena-base, deve o juiz analisar as circunstâncias *atenuantes e agravantes* dos artigos 14 e 15 da lei de crimes ambientais.

Aplicação em concurso:

- **(Analista MPE – CE 2020 - CESPE)**

  "À luz da Lei de Crimes Ambientais (Lei n.º 9.605/1998), julgue o item seguinte: a situação econômica do infrator de crime ambiental deverá ser observada pela autoridade competente na gradação da penalidade de multa".

  A afirmativa está correta. Nos termos do art. 6º, III da Lei 9.605/98, para imposição e gradação da penalidade, a autoridade competente observará a situação econômica do infrator, no caso de multa.

- **(Fiscal Ambiental / Prefeitura de Araguaína – TO / IDIB – 2020)**

  "Considerando as especificidades da Lei de Crimes Ambientais, Lei nº 9.605, de 12 de fevereiro de 1998, no tocante à imposição e gradação da penalidade, qual situação não é prevista obrigatoriamente para ser observada pela autoridade competente?

  A) A gravidade do fato, tendo em vista os motivos da infração e suas consequências para a saúde pública e para o meio ambiente.

  B) Os antecedentes do infrator quanto ao cumprimento da legislação de interesse ambiental.

  C) A situação econômica do infrator, no caso de multa.

  D) O plano de evacuação emergencial da área passível de atingimento do desastre ambiental."

  Gabarito: letra "d".

17. FREITAS, 2006. pág. 291.

- **(Magistratura Estadual MT 2014 – FMP)**

  "Na Lei dos Crimes Ambientais (9.605/98), os critérios para fixação da pena de multa e todas as etapas da dosimetria são iguais aos previstos na Parte Geral do Código Penal".

  A afirmativa está errada.

2. Penas aplicáveis

Penas aplicáveis às pessoas físicas	Penas aplicáveis às pessoas jurídicas (art. 21)
a) pena privativa de liberdade;	a) multa;
b) pena restritiva de direitos;	b) restritivas de direitos;
c) multa.	c) prestação de serviços à comunidade.

3. Pena privativa de liberdade (ilícitos penais praticados pelas pessoas físicas)

a) Crimes → reclusão e detenção

b) Contravenções → prisão simples

4. Sobre a **suspensão condicional da pena** → ver art. 16.

Aplicação em concurso:

- **(Procurador da República – 21º Concurso – 2005) Em crimes ambientais:**

  "O art. 6º da Lei nº 9.605/98 afasta a aplicação dos arts. 59 e 60 do Código Penal;"

  A afirmativa está errada. O art. 79 da referida lei manda aplicar, subsidiariamente, as disposições do Código Penal e do Código de Processo Penal nos crimes contra o meio ambiente.

▶ **STJ:**

PROCESSUAL CIVIL. ADMINISTRATIVO. AUTO DE INFRAÇÃO. MANTER EM CATIVEIRO ESPÉCIES DE PASSERIFORMES DA FAUNA SILVESTRE BRASILEIRA SEM AUTORIZAÇÃO DO IBAMA. OFENSA AO ART. 535 DO CPC NÃO CONFIGURADA. ART. 72 DA LEI 9.605/1998. INEXISTÊNCIA DE GRADAÇÃO DE PENALIDADES. MULTA. CABIMENTO. PROPORCIONALIDADE. CIRCUNSTÂNCIAS DO CASO CONCRETO. 1. Hipótese em que o

Tribunal local entendeu não ter sido atendido o suposto requisito de gradação das penalidades, motivo pelo qual afastou a multa prevista no art. 72 da Lei 9.605/1998 aplicada ao ora recorrido por infração administrativa por manter em cativeiro espécies de passeriformes da fauna silveste brasileira sem autorização do Ibama. 2. Não se configura a ofensa ao art. 535 do Código de Processo Civil, uma vez que o Tribunal de origem julgou integralmente a lide e solucionou a controvérsia, tal como lhe foi apresentada. 3. Não procede a alegação de que a imposição da multa depende de advertência prévia. Por outro lado, realmente procede a afirmação de que o quantum da multa não seria razoável, ante a inequívoca desproporção entre o seu valor e a situação econômica do infrator, o que ocasionou afronta ao disposto no art. 6º da Lei 9.605/1998. 4. Recurso Especial parcialmente provido para determinar o retorno dos autos à origem a fim de que Tribunal a quo fixe o valor da multa em consonância com os princípios da proporcionalidade e da razoabilidade, a serem aferidos nas circunstâncias do caso concreto. (REsp 1426132/MG, Rel. Min. Herman Benjamin, 2ª T., DJ 18.11.2015).

Art. 7º As penas restritivas de direitos são autônomas e substituem as privativas de liberdade quando:

I – tratar-se de crime culposo ou for aplicada a pena privativa de liberdade inferior a quatro anos;

II – a culpabilidade, os antecedentes, a conduta social e a personalidade do condenado, bem como os motivos e as circunstâncias do crime indicarem que a substituição seja suficiente para efeitos de reprovação e prevenção do crime.

Parágrafo único. As penas restritivas de direitos a que se refere este artigo terão a mesma duração da pena privativa de liberdade substituída.

1. **Art. 7º, I.** Se a condenação for por crime culposo **ou**, se for por crime doloso, cuja pena aplicada seja **inferior a 4 anos**, as penas restritivas de direitos substituirão as privativas de liberdade. Vale frisar que se a condenação for **igual** a 4 anos, não terá o condenado direito à substituição por restritiva de direitos. A lei de crimes ambientais traz regra diversa da prevista no Código Penal (art. 44, I), que prevê a substituição de pena privativa de liberdade por restritiva de direitos quando a condenação é **igual** ou inferior a 4 anos.

▶ **Atenção:** a pena restritiva de direitos tem a mesma duração da pena de prisão substituída (parágrafo único do art. 7º). Essa regra vale para todas as penas restritivas de direitos, EXCETO para a pena de interdição temporária de direitos (art. 10).

Aplicação em concurso:

- **(MPE/SC 2016)**

  "Ao tratar da aplicação da pena, a Lei n. 9.605/98 (Crimes Ambientais) estabelece que as penas restritivas de direitos são autônomas e substituem as privativas de liberdade quando: tratar-se de crime culposo ou for aplicada a pena privativa de liberdade inferior a quatro anos; a culpabilidade, os antecedentes, a conduta social e a personalidade do condenado, bem como os motivos e as circunstâncias do crime indicarem que a substituição seja suficiente para efeitos de reprovação e prevenção do crime".

  A afirmativa está correta.

- **(Magistratura Federal – TRF 2ª Região 2013 – CESPE)**

  "Acerca dos crimes ambientais e de suas respectivas sanções penais, assinale a opção correta.

  A) Devido à importância crescente atribuída ao meio ambiente, a lei que dispõe sobre as sanções penais e administrativas aplicáveis a condutas e atividades lesivas ao meio ambiente instituiu penas mais rigorosas para as pessoas físicas, prestigiando as penas de encarceramento como regra geral.

  B) A pena de prestação de serviços à comunidade nos crimes ambientais inclui prestação de serviços em entidades assistenciais, hospitais, escolas e orfanatos.

  C) As pessoas jurídicas estão sujeitas a responder por crimes ambientais nas modalidades dolosa ou culposa, cometidos por decisão de seu representante legal ou contratual, ou de seu órgão colegiado, no interesse ou benefício da entidade.

  D) O valor pago a título de pena de prestação pecuniária não será deduzido do montante de eventual reparação civil a que for condenado o infrator.

  E) Se ao crime ambiental for aplicada pena privativa de liberdade inferior a quatro anos, deverá ocorrer sua substituição por pena restritiva de direito."

  Gabarito: letra "e".

Art. 8º As **penas restritivas de direito** são:

I – prestação de serviços à comunidade;

II – interdição temporária de direitos;

III – suspensão parcial ou total de atividades;

IV – prestação pecuniária;

V – recolhimento domiciliar.

Aplicação em concurso:

- **(Prefeitura de Novo Hamburgo – RS / INSTITUTO AOCP – 2020)**

  "No que concerne à Lei n° 9.605/1998, especificamente o art.8, é correto afirmar que as penas restritivas de direito são

  A) multa e prestação pecuniária.

  B) bloqueio temporário de bens e recolhimento domiciliar.

  C) apreensão de bens e suspensão parcial ou total de atividades.

  D) prisão domiciliar e multa.

  E) prestação de serviços à comunidade e interdição temporária de direitos."

  Gabarito: letra "e".

- **(MPE/TO 2012 – CESPE)**

  De acordo com a Lei dos Crimes Ambientais, constituem penas restritivas de direito

  A) o recolhimento domiciliar e a prisão simples.

  B) a interdição definitiva de direitos e a prestação pecuniária.

  C) a suspensão parcial ou total de atividades e a interdição definitiva do direito de transitar em unidades de conservação.

  D) a prestação de serviços à comunidade e a interdição temporária de direitos.

  E) o recolhimento domiciliar e a obrigatoriedade de participar do curso de educação ambiental.

  Gabarito: letra "d".

Art. 9º A **prestação de serviços à comunidade** consiste na atribuição ao condenado de tarefas gratuitas junto a parques e jardins públicos e unidades de conservação, e, no caso de dano da coisa particular, pública ou tombada, na restauração desta, se possível.

Aplicação em concurso:

- **(Prefeitura de Boa Vista – RR/ SELECON – 2020)**

  "B.T. é condenado pela prática de crime tipificado na Lei nº 9.605/90, que dispõe sobre as sanções penais e administrativas derivadas de condutas e atividades lesivas ao meio ambiente. Sua sanção foi cumprir pena restritiva de direitos na modalidade prestação de serviços à comunidade que, nos termos da lei em foco, pode consistir em:

  A) estudos vinculados à segurança em delegacias públicas

  B) campanhas de saúde coletiva em hospitais públicos

  C) atos educativos gerais em escolas públicas

  D) tarefas gratuitas junto a parques públicos."

  Gabarito: letra "d".

- **(Prefeitura de Vinhedo – SP / IBFC – 2020)**

  "A prestação de serviços à comunidade consiste na atribuição ao condenado de tarefas gratuitas junto a parques e jardins públicos e unidades de conservação, e, no caso de dano da coisa particular, pública ou tombada, na restauração desta, se possível."

  A afirmativa está correta.

Art. 10. As penas de **interdição temporária de direito** são a proibição de o condenado contratar com o Poder Público, de receber incentivos fiscais ou quaisquer outros benefícios, **bem como de participar de licitações, pelo prazo de cinco anos**, no caso de crimes dolosos, e de **três anos**, no de crimes culposos.

Art. 11. A **suspensão de atividades** será aplicada quando estas não estiverem obedecendo às prescrições legais.

Art. 12. A **prestação pecuniária** consiste no pagamento em dinheiro à vítima ou à entidade pública ou privada com fim social, de importância, fixada pelo juiz, **não inferior a um salário mínimo nem superior a trezentos e sessenta salários mínimos**. O valor pago será deduzido do montante de eventual reparação civil a que for condenado o infrator.

Art. 13. O **recolhimento domiciliar** baseia-se na autodisciplina e senso de responsabilidade do condenado, que deverá, sem vigilância, trabalhar, freqüentar curso ou exercer atividade autorizada, permanecendo recolhido nos dias e horários de folga em residência ou em qualquer local destinado a sua moradia habitual, conforme estabelecido na sentença condenatória.

Penas restritivas de direitos relacionadas no art. 8º	Verificar
Prestação de serviços à comunidade – inciso I	**art. 9º**
Interdição temporária de direitos – inciso II	**art. 10**
Suspensão parcial ou total de atividades – inciso III	**art. 11**
Prestação pecuniária – inciso IV	**art. 12**
Recolhimento domiciliar – inciso V	**art. 13**

Aplicação em concurso:

- **(Prefeitura de Boa Vista – RR/ SELECON – 2020)**

  "Astrogildo da Silva foi condenado pela prática de crime tipificado na Lei nº 9.605/90, que dispõe sobre as sanções penais e administrativas derivadas de condutas e atividades lesivas ao meio ambiente. O réu foi condenado a cumprir interdição de direitos decorrente da caracterização de crime doloso consistente em proibição de participar de licitações por:

  A) quatro anos

  B) cinco anos

  C) seis anos

  D) sete anos"

  Gabarito: letra "b".

- **(Prefeitura de Boa Vista – RR/ SELECON – 2020)**

  "Picard foi condenado pela prática de crime tipificado na Lei nº 9.605/90, que dispõe sobre as sanções penais e administrativas derivadas de condutas e atividades lesivas ao meio ambiente e ao pagamento de indenização. Nos termos da lei, o máximo da prestação pecuniária fixada pelo juiz deve corresponder a:

  A) cento e vinte salários mínimos

  B) duzentos e quarenta salários mínimos

  C) trezentos e sessenta salários mínimos

D) quatrocentos e vinte salários mínimos"

Gabarito: letra "c".

- **(Procurador da República – 21º Concurso – 2005) Em crimes ambientais:**

  "Limitação de fim de semana é sinônimo de recolhimento domiciliar;"

  A afirmativa está errada. Ver art. 13.

- **(TJ/SE 2007 – CESPE)**

  "As penas restritivas de direito especificamente aplicáveis aos crimes ambientais, previstas na Lei nº 9.605/1998, não incluem

  A) o recolhimento domiciliar.

  B) a prestação pecuniária à vítima ou à entidade pública ou privada com fim social.

  C) a prestação de serviços à comunidade junto a parques públicos.

  D) a suspensão total de atividade que não obedecer à prescrição legal.

  E) a proibição de participar de licitação por prazo indeterminado."

  Gabarito: letra "e" (ver art. 10).

- **(Procurador da República – 20º Concurso) Em tema de penas restritivas de direito à luz da lei ambiental (Lei 9.605/98):**

  "As penas dessa natureza, previstas no Código Penal, também podem ser fixadas pelo magistrado."

  A afirmativa está errada.

- **(Juiz estadual MG 2009 – Fundep)**

  "Limitação de fim de semana prevista no art. 48 do Código Penal é equivalente ao recolhimento domiciliar estabelecido no art. 13 da Lei nº 9.605, de 1998."

  A afirmativa está errada. O recolhimento domiciliar previsto no art . 13 da lei 9605/98 difere-se da limitação de fim de semana estipulada no art. 48 do CP. O recolhimento domiciliar baseia-se na autodisciplina e senso de responsabilidade do condenado que deverá, sem vigilância, trabalhar, frequentar curso, ou exercer atividade autorizada, permanecendo recolhido nos dias e horários de folga em residência ou em qualquer local destinado à sua moradia habitual.

- **(IBAMA – Analista ambiental 2009 – CESPE)**

  "Àqueles que forem condenados ao cumprimento de pena de interdição temporária de direito pode ser imposta, entre outras, a proibição de participar de licitações. Nesse caso, o prazo pelo qual pode perdurar a proibição é de 5 anos para crimes dolosos e culposos."

  A afirmativa está errada (art. 10).

Art. 14. São circunstâncias que **atenuam** a pena:

I – baixo grau de instrução ou escolaridade do agente;

II – arrependimento do infrator, manifestado pela espontânea reparação do dano, ou limitação significativa da degradação ambiental causada;

III – comunicação prévia pelo agente do perigo iminente de degradação ambiental;

IV – colaboração com os agentes encarregados da vigilância e do controle ambiental.

1. Importante → circunstâncias atenuantes

Aplicação em concurso:

- **(Prefeitura de Vinhedo – SP / IBFC – 2020)**

  "Circunstância que atenua a pena ter o agente cometido a infração para obter vantagem pecuniária."

  A afirmativa está errada. Esta circunstância é agravante e não atenuante.

- **(Magistratura Federal – TRF 3ª Região 2016 – adaptada)**

  "A respeito das sanções penais e administrativas derivadas de condutas e atividades lesivas ao meio ambiente, é possível afirmar que configuram circunstâncias atenuantes o baixo grau de instrução ou escolaridade do agente, o arrependimento do infrator, manifestado pela espontânea reparação do dano, ou limitação significativa da degradação ambiental causada, a comunicação prévia pelo agente do perigo iminente de degradação ambiental, a ausência de intuito de obtenção de vantagem pecuniária e a colaboração com os agentes encarregados da vigilância e do controle ambiental."

  A afirmativa está errada.

- **(MPE/RS 2016)**

  "São circunstâncias que atenuam a pena o baixo grau de instrução ou escolaridade do agente, o arrependimento do infrator, manifestado pela espontânea reparação do dano, ou limitação significativa da degradação ambiental causada, comunicação prévia pelo agente do perigo iminente de degradação ambiental e colaboração com os agentes encarregados da vigilância e do controle ambiental."

  A afirmativa está correta.

- **(IBAMA – Analista ambiental 2009 – CESPE)**

  "Fátima construiu, sem autorização do órgão licenciador competente, uma casa dentro de um parque nacional e lá cultivou milho para dar ao gado que criava em um pequeno curral ao lado de sua residência, para geração de renda, mediante a venda de leite e carne. Fátima, embora fosse analfabeta, tinha ciência de que a área era gerenciada e protegidas por órgão ambiental. Com base nessa situação hipotética, julgue os itens que se seguem.

1. O baixo grau de escolaridade e instrução de Fátima não influenciará a pena que a ela for aplicada pelo delito cometido.

A afirmativa está errada.

- **(Juiz Estadual MG 2009 – Fundep)**

Constitui circunstância agravante da pena pela prática de crime ambiental, tal como definido pela Lei nº 9.605, de 1998, a baixa instrução ou escolaridade do agente."

A afirmativa está errada. O baixo grau de instrução do agente constitui circunstância atenuante.

Art. 15. São circunstâncias que **agravam** a pena, quando não constituem ou qualificam o crime:

I – **reincidência** nos crimes de natureza ambiental;

II – ter o agente cometido a infração:

a) para obter vantagem pecuniária;

b) coagindo outrem para a execução material da infração;

c) afetando ou expondo a perigo, de maneira grave, a saúde pública ou o meio ambiente;

d) concorrendo para danos à propriedade alheia;

e) atingindo áreas de unidades de conservação ou áreas sujeitas, por ato do Poder Público, a regime especial de uso;

f) atingindo áreas urbanas ou quaisquer assentamentos humanos;

g) em período de defeso à fauna;

h) em domingos ou feriados;

i) à noite;

j) em épocas de seca ou inundações;

l) no interior do espaço territorial especialmente protegido;

m) com o emprego de métodos cruéis para abate ou captura de animais;

n) mediante fraude ou abuso de confiança;

o) mediante abuso do direito de licença, permissão ou autorização ambiental;

p) no interesse de pessoa jurídica mantida, total ou parcialmente, por verbas públicas ou beneficiada por incentivos fiscais;

q) atingindo espécies ameaçadas, listadas em relatórios oficiais das autoridades competentes;

r) facilitada por funcionário público no exercício de suas funções

1. **Art. 15, I:** reincidência específica nos crimes de natureza ambiental.

Cuida-se de reincidência específica em crime ambiental (não apenas naqueles previstos na Lei 9.605/98, mas em qualquer norma de proteção ambiental). O criminoso ambiental só é reincidente, portanto, se tiver condenação definitiva anterior por outro crime ambiental, pena de não ser considerado reincidente. Segundo Vladimir Passos de Freitas, "se a condenação anterior for por outro crime, poderá haver apenas exasperação na dosagem da pena a título de antecedente."[18]

Já condenação definitiva anterior por crime ambiental seguida de crime comum configura reincidência, nos termos do art. 63 do Código Penal.

Importante salientar ainda que, quando o réu tem condenação definitiva por contravenção ambiental e comete crime ambiental, não será reincidente, eis que condenação por contravenção não gera reincidência na prática de crime.

Aplicação em concurso:

- **(Fiscal Ambiental / Prefeitura de Araguaína – TO / IDIB – 2020)**

  "No caso de crimes ambientais, a suspensão condicional da pena pode ser aplicada nos casos de condenação a pena privativa de liberdade não superior a três anos. Por sua vez, a multa será calculada segundo os critérios do Código Penal. Quando não constituem ou qualificam o crime, qual das circunstâncias citadas a seguir agrava a pena?

  A) Baixo grau de instrução do agente.

  B) Comunicação prévia pelo agente do perigo eminente de degradação ambiental.

  C) Limitação significativa da degradação ambiental causada.

  D) Reincidência nos crimes de natureza ambiental."

  Gabarito: letra "d".

18. FREITAS, 2006. pág. 298.

(Delegado de Polícia Civil MA 2018 – CESPE)

"No que tange à tutela penal do meio ambiente e às disposições da Lei n.° 9.605/1998, que trata das sanções penais e administrativas aplicáveis a condutas e atividades lesivas ao meio ambiente, assinale a opção correta

A) Em regra, em se tratando de crimes ambientais de menor potencial ofensivo, é possível a transação penal sem a prévia composição do dano ambiental.

B) É circunstância agravante, quando não constitui ou qualifica o crime, a prática de crimes ambientais em domingos, feriados ou à noite.

C) Caracteriza crime ambiental a conduta daquele que produz sons e ruídos em quaisquer atividades, desrespeitando as normas de silêncio.

D) É cabível o perdão judicial em caso de guarda doméstica de animal silvestre, mesmo tratando-se de espécie ameaçada de extinção

E) Conforme a referida lei, a tipificação da prática de maus tratos contra animais restringe-se aos animais silvestres."

Gabarito: letra "b".

- **(Delegado de Polícia Civil AP 2017 – FCC)**

"Com base no texto da Lei nº 9.605/1998, considere:

I. É circunstância que agrava a pena dos delitos ambientais, quando não constitui ou qualifica o crime ter o agente cometido a infração facilitada por funcionário público no exercício de suas funções.

II. No caso de guarda doméstica de espécie silvestre não considerada ameaçada de extinção, pode o juiz, considerando as circunstâncias, deixar de aplicar a pena.

III. Pescar mediante a utilização de explosivos ou substâncias que, em contato com a água, produzam efeito semelhante é crime punido com detenção.

IV. Destruir ou danificar floresta considerada de preservação permanente, mesmo que em formação, ou utilizá-la com infringência das normas de proteção é crime punido com reclusão.

Está correto o que se afirma APENAS em

A) II e III

B) I e II

C) I e IV

D) II e IV

E) III e IV."

Gabarito: letra "b".

- **(AGU – Advogado da União 2012 – CESPE)**

"É circunstância agravante da pena o fato de o agente ter cometido crime ambiental no interior de espaço territorial especialmente protegido, salvo quando a referida localização constituir ou qualificar o crime."

A afirmativa está correta (art. 15, II, l).

Art. 16. Nos crimes previstos nesta Lei, a **suspensão condicional da pena** pode ser aplicada nos casos de condenação a pena privativa de liberdade **não superior a três anos.**

1. Possibilidade de aplicação da **suspensão condicional da pena** → pena privativa de liberdade **não superior a três anos**.

Observa-se que o requisito objetivo da quantidade de pena tornou-se mais elástico em relação à regra do Código Penal, que prevê o instituto para os casos de pena privativa não superior a dois anos (art. 77, *caput,* CP). Segundo Vladimir Passos de Freitas, "os demais pressupostos são os mesmos enumerados no art. 77 do Código Penal, ou seja, que o condenado não seja reincidente em crime doloso (inciso I); que a culpabilidade, os antecedentes, a conduta social e a personalidade do agente, bem como os motivos e circunstâncias, autorizem a concessão do benefício (inciso II)."[19]

Aplicação em concurso:

- **(Prefeitura de Vinhedo – SP / IBFC – 2020)**

  "Nos crimes previstos na Lei n° 9.605/1998, a suspensão condicional da pena pode ser aplicada nos casos de condenação a pena privativa de liberdade não superior a três anos."

  A afirmativa está correta.

- **(Magistratura estadual RS 2018 – VUNESP)**

  "Nos termos da Lei nº 9.605/1998, assinale a alternativa correta

  A) O abate de animal realizado para proteger lavouras, pomares e rebanhos da ação predatória ou destruidora de animais, ainda que sem autorização da autoridade competente, não é considerado crime.

  B) Não é possível a suspensão condicional da pena nos casos de condenação a pena privativa de liberdade superior a três anos, nos crimes previstos nesta Lei.

  C) Nos termos do artigo 89 da Lei nº 9.099/1995, esgotado o prazo máximo de prorrogação da suspensão do processo por não ter sido completa a reparação do dano ambiental, será automaticamente declarada a extinção da punibilidade.

19. FREITAS, 2006. pág. 292.

D) A pena de proibição de contratar com o Poder Público e dele obter subsídios subvenções ou doações aplicada a uma pessoa jurídica não poderá exceder o prazo de cinco anos.

E) A pena de prestação de serviços à comunidade consiste na atribuição ao condenado de tarefas gratuitas ou com remuneração módica, se o condenado for hipossuficiente, prestado junto a parques, jardins públicos ou unidades de conservação."

Gabarito: letra "b".

- **(Magistratura Estadual PI 2015 – FCC)**

"Nos crimes previstos na Lei de Crimes Ambientais - Lei Federal n. 9.605/1998, a suspensão condicional da pena pode ser aplicada nos casos de condenação à pena

A) restritiva de direito não superior a dois anos.

B) privativa de liberdade não superior a dois anos.

C) privativa de liberdade não superior a três anos.

D) privativa de liberdade não superior a um ano.

E) privativa de liberdade ou restritiva de direito não superior a dois anos."

Gabarito: letra "c".

Art. 17. A verificação da reparação a que se refere o § 2º do art. 78 do Código Penal será feita mediante laudo de reparação do dano ambiental, e as condições a serem impostas pelo juiz deverão relacionar-se com a proteção ao meio ambiente.

1. O art. 17 faz justa exigência de que as condições impostas pelo juiz sejam **relacionadas com a proteção do meio ambiente.** Para FREITAS "não tem sentido, por exemplo, condicionar a suspensão da pena a auxílio a hospital ou casa de menor."[20]

▶ **Legislação: CP, art. 78, § 2º:** Se o condenado houver reparado o dano, salvo impossibilidade de fazê-lo, e se as circunstâncias do art. 59 deste Código lhe forem inteiramente favoráveis, o juiz poderá substituir a exigência do parágrafo anterior pelas seguintes condições, aplicadas cumulativamente: a) proibição de freqüentar determinados lugares; b) proibição de ausentar-se da comarca onde reside, sem autorização do

20. FREITAS, 2006. pág. 292.

juiz; c) comparecimento pessoal e obrigatório a juízo, mensalmente, para informar e justificar suas atividades.

Art. 18. A **multa será calculada** segundo os critérios do Código Penal; se revelar-se ineficaz, ainda que aplicada no valor máximo, **poderá ser aumentada até três vezes**, tendo em vista o valor da **vantagem econômica auferida**.

▶ **Legislação: CP, art. 49:** A pena de multa consiste no pagamento ao fundo penitenciário da quantia fixada na sentença e calculada em dias-multa. Será, no mínimo, de 10 (dez) e, no máximo, de 360 (trezentos e sessenta) dias-multa. § 1º – O valor do dia-multa será fixado pelo juiz não podendo ser inferior a um trigésimo do maior salário mínimo mensal vigente ao tempo do fato, nem superior a 5 (cinco) vezes esse salário. § 2º – O valor da multa será atualizado, quando da execução, pelos índices de correção monetária.

Multa administrativa → ver art. 75.

Mecanismo de financiamento de recuperação ambiental. O artigo 2º da **Lei 13.731, de 08 de novembro de 2018**, institui um interessante mecanismo de financiamento de recuperação ambiental ao estabelecer que "um décimo do valor das multas por crime, infração penal ou infração administrativa decorrentes de condutas e atividades lesivas ao meio ambiente, arrecadadas pelos órgãos ambientais integrantes do Sistema Nacional de Meio Ambiente – SISNAMA, será destinado à arborização urbana e à recuperação de áreas degradadas".

Aplicação em concurso:

- **(Prefeitura de Vinhedo – SP / IBFC – 2020)**

  "A multa será calculada segundo os critérios do Código Penal; se revelar-se ineficaz, ainda que aplicada no valor máximo, poderá ser aumentada até três vezes, tendo em vista o valor da vantagem econômica auferida."

  A afirmativa está correta.

- **(MPE/RS 2016 – adaptada)**

  "A multa será calculada segundo os critérios do Código Penal; se revelar-se ineficaz, ainda que aplicada no valor máximo, poderá ser aumentada até três vezes, tendo em vista o valor da vantagem econômica auferida."

  A afirmativa está correta.

Art. 19. A **perícia de constatação do dano ambiental**, sempre que possível, fixará o montante do prejuízo causado para efeitos de prestação de fiança e cálculo de multa.

Parágrafo único. A perícia produzida no inquérito civil ou no juízo cível poderá ser **aproveitada** no processo penal, instaurando-se o contraditório.

1. **Prova emprestada.** É possível o **aproveitamento das provas** produzidas no inquérito cível ou no juízo cível. Permite a lei ambiental que a perícia produzida no inquérito civil instaurado pelo Ministério Público ou na ação civil proposta por outro legitimado seja trasladada no processo penal como prova emprestada, instaurando-se o *contraditório*. Esse contraditório (denominado *diferido* ou *posterior*) não é feito no momento da produção da prova na ação civil, mas apenas no momento em que essa prova é juntada no processo penal.

Aplicação em concurso:

- **(MPE/RS 2016 – adaptada)**

  "A perícia de constatação do dano ambiental, sempre que possível, fixará o montante do prejuízo causado para efeitos de prestação de fiança e cálculo de multa. A perícia produzida no inquérito civil ou no juízo cível não poderá ser aproveitada no processo penal."

  A afirmativa está errada.

- **(IBAMA – Analista ambiental 2009 – CESPE)**

  "Acerca das perícias e dos laudos realizados para a constatação de dano ambiental, julgue os itens seguintes.

  1. na perícia se deve, sempre que for possível, fixar o montante do prejuízo causado ao meio ambiente, e tal valor servirá de parâmetro para a reparação do dano, mas não se relacionará com a fixação do valor da fiança eventualmente cabível.
  2. Quando o dano ambiental cometido configurar crime e ilícito civil, devem ser realizadas duas perícias independentes: uma que produzirá prova dentro da ação penal instaurada contra o criminoso e outra que será utilizada na ação cível, pois a perícia produzida no juízo cível não pode ser utilizada no processo penal."

  Gabarito: 1-F; 2-F.

Art. 20. A **sentença penal condenatória**, sempre que possível, fixará o valor mínimo para reparação dos danos causados pela infração, considerando os prejuízos sofridos pelo ofendido ou pelo meio ambiente.

Parágrafo único. Transitada em julgado a sentença condenatória, a execução poderá efetuar-se pelo valor fixado nos termos do caput, sem prejuízo da liquidação para apuração do dano efetivamente sofrido.

Art. 21. As **penas aplicáveis** isolada, cumulativa ou alternativamente às pessoas jurídicas, de acordo com o disposto no art. 3º, são:

I - **multa**;

II - **restritivas de direitos**;

III - **prestação de serviços à comunidade**.

Aplicação em concurso:

- **(Prefeitura de Novo Hamburgo – RS / INSTITUTO AOCP – 2020)**

  "De acordo com o art. 21 da Lei nº 9605/1998, as penas aplicáveis isolada, cumulativa ou alternativamente às pessoas jurídicas são:

  A) multa, prestação de serviços comunitários e interdição temporária de estabelecimento.

  B) multa e interdição temporária de estabelecimento.

  C) multa, prestação de serviços comunitários e reclusão de até 6 (seis) meses.

  D) multa, restritivas de direitos e prestação de serviços à comunidade.

  E) restritivas de direitos, prestação de serviços comunitários e reclusão de até 6 (seis) meses."

  Gabarito: Letra d

Art. 22. As penas **restritivas de direitos** da pessoa jurídica são:

I - suspensão parcial ou total de atividades;

II - interdição temporária de estabelecimento, obra ou atividade;

III - proibição de contratar com o Poder Público, bem como dele obter subsídios, subvenções ou doações.

§ 1º A **suspensão de atividades** será aplicada quando estas não estiverem obedecendo às disposições legais ou regulamentares, relativas à proteção do meio ambiente.

§ 2º A **interdição** será aplicada quando o estabelecimento, obra ou atividade estiver funcionando sem a devida autorização, ou em desacordo com a concedida, ou com violação de disposição legal ou regulamentar.

§ 3º A **proibição de contratar com o Poder Público** e dele obter subsídios, subvenções ou doações não poderá exceder o prazo de dez anos.

Art. 23. A **prestação de serviços à comunidade** pela pessoa jurídica consistirá em:

I – custeio de programas e de projetos ambientais;

II – execução de obras de recuperação de áreas degradadas;

III – manutenção de espaços públicos;

IV – contribuições a entidades ambientais ou culturais públicas.

Penas aplicáveis às pessoas jurídicas (art. 21)	Verificar
Multa – inciso I	Não ganhou tratamento específico – aplicação do art. 18
Restritivas de direitos – inciso II	art. 22
Prestação de serviços à comunidade – inciso III	art. 23

Penas restritivas de direitos relacionadas no art. 22	Verificar
Suspensão parcial ou total de atividades – inciso I	art. 22, § 1º
Interdição temporária de estabelecimento, obra ou atividade – inciso II	art. 22, § 2º
Proibição de contratar com o Poder Público, bem como dele obter subsídios, subvenções ou doações – inciso III	art. 22, § 3º

1. As penas **restritivas de direitos da pessoa jurídica** (art. 21, II; art. 22), por óbvio, não são substitutivas da pena de prisão, pois não há pena de prisão para pessoa jurídica. São, portanto, penas principais. Desta forma, as penas restritivas de direito das pessoas jurídicas não têm a mesma duração da pena de prisão, como acontece no caso das penas para as pessoas físicas (vide art. 7º, parágrafo único) pelo simples fato delas não substituírem pena de prisão.

▶ **Atenção:** a pena de proibição de contratar com o poder público ou receber subsídios, subvenções ou doações (art. 22, III e §3º) tem a duração de até 10 anos, seja o crime doloso ou culposo. A regra é diversa para as pessoas físicas (até 5 anos para crime doloso e 3 anos para crime culposo), de acordo com o art. 10.

2. Interessante → no art. 8 º, I, aparece a "prestação de serviços à comunidade" como espécie do gênero "restritivas de direitos".

▶ **STJ**

> "PROCESSUAL CIVIL. ADMINISTRATIVO. DANO AMBIENTAL. EFLUENTES LANÇADOS POR ABATEDOURO NO RIO VERDE. CUMULAÇÃO DAS SANÇÕES DE MULTA E EMBARGO. POSSIBILIDADE. PROPORCIONALIDADE E RAZOABILIDADE DA SANÇÃO. (...) A título de argumento *obiter dictum*, cumpre destacar que na exegese dos arts. 6º e 21 da Lei 9.605/98, mercê do necessário temperamento na dosimetria na aplicação da sanção administrativa, porquanto possibilita à autoridade competente, observando os elementos fáticos enumerados nos incisos I, II e III do artigo 6º, adequar, de forma exemplar, a reprimenda a ser aplicada ao agente poluidor, **não afasta a imposição cumulativa das sanções administrativas, posto expressamente prevista no art. 21 da legislação *in foco*.**" (STJ, REsp 873655/PR, Rel. Min. Luiz Fux, DJ 15/09/2008)"

Aplicação em concurso:

- **(Magistratura Estadual RJ 2019 – VUNESP - adaptada)**

  "As sanções penais aplicáveis às pessoas jurídicas serão multa e prestação de serviços à comunidade".

  A afirmativa está errada.

- **(MPE/RO 2017 – FMP)**

  "Sobre a responsabilidade penal das pessoas jurídicas e a correlata aplicação da pena pela prática de crimes ambientais, é CORRETO afirmar que

  A) as penas aplicáveis isolada, cumulada ou alternativamente às pessoas jurídicas condenadas pela prática de crimes ambientais são multa, restritivas de direitos e prestação de serviços à comunidade.

  B) a responsabilidade penal das pessoas jurídicas pela prática de crimes ambientais exclui a das pessoas físicas, autoras, coautoras ou partícipes do mesmo fato.

C) a pena restritiva de direito de proibição de contratar com o Poder Público e dele obter subsídios, subvenções ou doações possui prazo indeterminado de duração.

D) a responsabilidade penal das pessoas físicas mandatárias sempre exclui a responsabilidade penal da respectiva pessoa jurídica.

E) não há previsão legal de decretação de liquidação forçada de pessoa jurídica responsabilizada pela prática de crime ambiental."

Gabarito: letra "a".

- **(Defensor Público AC 2017 – CESPE)**

"Considerando-se a legislação pertinente, bem como o entendimento dos tribunais superiores, no que tange aos crimes contra o meio ambiente

A) são aplicadas às pessoas jurídicas, isolada, cumulativa ou alternativamente, somente as penas de multa, as restritivas de direitos e a prestação de serviços à comunidade.

B) a responsabilização penal da pessoa jurídica é condicionada à simultânea persecução penal da pessoa física responsável no âmbito da empresa.

C) o dever de reparar dano decorrente da condenação penal não se submeterá a prescrição.

D) trata-se de infrações penais instantâneas e de efeito permanente, pois sua consumação se protrai no tempo e provoca a violação contínua e duradoura do bem jurídico tutelado.

E) quando praticados por pessoa jurídica, não será possível a suspensão condicional da pena, por expressa vedação legal."

Gabarito: letra "a".

- **(MPE/RS 2016 – adaptada)**

"A sentença penal condenatória, sempre que possível, fixará o valor mínimo para reparação dos danos causados pela infração, considerando os prejuízos sofridos pelo ofendido ou pelo meio ambiente. Transitada em julgado a sentença condenatória, a execução poderá efetuar-se pelo valor fixado nos termos do caput do artigo 20 da Lei nº 9.605/1998, sem prejuízo da liquidação para apuração do dano efetivamente sofrido."

A afirmativa está correta (vide art. 20).

- **(Defensor Público/PA 2015 – FMP)**

"De acordo com a Lei n. 9605/98, são penas restritivas de direitos aplicáveis à pessoa jurídica:

A) a suspensão parcial ou total de atividades e a prestação pecuniária.

B) a interdição temporária de estabelecimento, obra ou atividade e a proibição de receber incentivos fiscais.

C) a proibição de contratar com o Poder Público, bem como dele obter subsídios, e o recolhimento domiciliar.

D) as penas previstas nas alternativas "A", "B" e "C".

E) a interdição temporária de estabelecimento, obra ou atividade e a proibição de contratar com o Poder Público, bem como dele obter subsídios, subvenções ou doações."

Gabarito: letra "e".

Art. 24. A pessoa jurídica constituída ou utilizada, preponderantemente, com o fim de permitir, facilitar ou ocultar a prática de crime definido nesta Lei terá decretada sua **liquidação forçada**, seu patrimônio será considerado instrumento do crime e como tal perdido em favor do Fundo Penitenciário Nacional.

1. Há possibilidade de ser decretada a liquidação forçada da pessoa jurídica com perda de seus bens e valores. A liquidação forçada é sanção penal aplicada à pessoa jurídica que tem como **atividade principal a prática de crimes ambientais** como, por exemplo, uma madeireira clandestina (e não à pessoa jurídica que eventualmente delinquiu).

A liquidação forçada gera a extinção da pessoa jurídica, pois todo o seu patrimônio será considerado instrumento de crime e, consequentemente, perdido (confiscado) em favor do Fundo Penitenciário Nacional.

Aplicação em concurso:

- **(Magistratura Federal – TRF 2ª região 2017 – adaptada)**

  "A Lei n° 9.605/98 prevê a pena de imposição de liquidação forçada, com perdimento do patrimônio, à pessoa jurídica utilizada preponderantemente para facilitar a prática dos crimes contra o meio ambiente previstos em seu texto."

  A afirmativa está correta.

- **(Magistratura DF 2016 – CESPE – adaptada)**

  "A comprovação de que a pessoa jurídica foi constituída com a finalidade de viabilizar a prática de crime definido na lei de crimes ambientais possibilita a decretação de sua liquidação forçada e a consideração de seu patrimônio como instrumento de crime."

  A afirmativa está correta.

- **(Magistratura Estadual AP 2014 – FCC)**

  "Provou-se em ação penal que a empresa Alfa Ltda. foi constituída com o fim de facilitar a prática de crime definido na Lei de Crimes Ambientais

(Lei Federal n. 9.605/1998). De acordo com a citada Lei, o Juiz, na sentença, deverá

A) suspender as atividades da empresa pelo prazo máximo de 5 anos.

B) decretar a liquidação forçada da empresa, sendo seu patrimônio considerado instrumento do crime e como tal perdido em favor do Fundo Penitenciário Nacional.

C) dar ciência ao Ministério Público para que apure eventuais irregularidades no campo do direito civil.

D) notificar a Junta Comercial.

E) proibir a empresa de operar sem licença ambiental."

Gabarito: letra "b".

CAPÍTULO III
DA APREENSÃO DO PRODUTO E DO INSTRUMENTO DE INFRAÇÃO ADMINISTRATIVA OU DE CRIME

Art. 25. Verificada a infração, serão apreendidos seus produtos e instrumentos, lavrando-se os respectivos autos.

§ 1º Os animais serão prioritariamente libertados em seu habitat ou, sendo tal medida inviável ou não recomendável por questões sanitárias, entregues a jardins zoológicos, fundações ou entidades assemelhadas, para guarda e cuidados sob a responsabilidade de técnicos habilitados. (Redação dada pela Lei nº 13.052, de 2014)

§ 2º Até que os animais sejam entregues às instituições mencionadas no § 1º deste artigo, o órgão autuante zelará para que eles sejam mantidos em condições adequadas de acondicionamento e transporte que garantam o seu bem-estar físico. (Redação dada pela Lei nº 13.052, de 2014)

§ 3º Tratando-se de produtos perecíveis ou madeiras, serão estes avaliados e doados a instituições científicas, hospitalares, penais e outras com fins beneficentes. (Renumerando do §2º para §3º pela Lei nº 13.052, de 2014)

§ 4º Os produtos e subprodutos da fauna não perecíveis serão destruídos ou doados a instituições científicas, culturais ou educacionais. (Renumerando do §3º para §4º pela Lei nº 13.052, de 2014)

§ 5º Os instrumentos utilizados na prática da infração serão vendidos, garantida a sua descaracterização por meio da reciclagem. (Renumerando do §4º para §5º pela Lei nº 13.052, de 2014)

1. Apreensão do produto

De acordo com a regra geral do artigo 91 do Código Penal, a apreensão dos instrumentos e dos produtos do crime é efeito da condenação.

Todavia, no caso de crimes relacionados ao meio ambiente, não se espera a condenação do infrator para a realização da apreensão dos produtos e instrumentos da infração ou crime ambiental, tendo em vista muitas vezes tratar-se de animais ou de produtos perecíveis. Assim, de acordo com o artigo 25 da Lei de Crimes Ambientais, os produtos e instrumentos serão apreendidos logo que verificada a infração, dando-se a eles destinação estabelecida nos parágrafos 1º a 4º do artigo 25.

2. Confisco de instrumentos lícitos ou ilícitos

De acordo com o artigo 91, II, "a", do Código Penal, pode haver confisco de instrumento de crime como efeito da condenação quando o objeto, por si só, é **ilícito**, ou seja, quando é de fabrico, alienação, uso, porte ou detenção ilícitos.

Regra diversa é aplicada nos casos de crimes ambientais, que permite o confisco de QUALQUER instrumento utilizado, **usualmente** (e não eventualmente), na prática de crime ambiental, seja **lícito ou ilícito**, como, por exemplo, caminhão que transporta madeira ilegal. O objeto em si (caminhão) é lícito, mas se é utilizado usualmente na prática de crime ambiental, será confiscado.

► **STJ**

> RECURSO ESPECIAL. DIREITO PENAL E PROCESSO PENAL. LEGISLAÇÃO EXTRAVAGANTE. LEI DOS CRIMES AMBIENTAIS. LEI N. 9.605/1998. RESPONSABILIDADE PENAL DE PESSOA JURÍDICA. RESTITUIÇÃO DE COISA APREENDIDA. CARGA DE MADEIRA. QUANTIDADE E ESPÉCIE DE MADEIRA TRANSPORTADA DISSONANTE DA GUIA FLORESTAL. INDÍCIOS DE PRÁTICA DE DELITO AMBIENTAL. INDEVIDA RESTITUIÇÃO. LAUDO TÉCNICO. REVISÃO. SÚMULA 7/STJ. MATÉRIA CONSTITUCIONAL. STF. 1. A denominada Lei dos Crimes Ambientais, Lei n. 9.605/1998, representa, para muitos, um avanço para a sociedade brasileira, principalmente pela acolhida explícita da responsabilidade penal das pessoas jurídicas e pela criminalização de diversas condutas lesivas ao meio ambiente, anteriormente não tipificadas por nosso ordenamento jurídico. 2. A restituição, quando apreciada pelo magistrado, deve atender aos mesmos pressupostos exigidos na ocasião de seu exame pela autoridade policial: a) ser comprovada a propriedade; b) o bem não ser confiscável (art. 91, II, do CP); e c) o bem não mais interessar ao inquérito policial ou à ação penal. 3. Diante de indícios de que a coisa apreendida – carregamento de madeira – constitui objeto de crime ambiental, nos termos do art. 46, parágrafo único, da Lei n. 9.605/1998, não pode ser ela restituída em parte ou em sua totalidade à pessoa jurídica porque, inclusive, é passível de doação a instituições científicas, hospitalares, penais e

outra com fins beneficentes, nos termos do art. 25, § 3º, da aludida lei. 4. A transação penal é oferecida somente individualmente, em razão da necessidade da análise dos critérios subjetivos determinados no art. 76 da Lei n. 9.099/1995. Diante disso, a homologação da conciliação pré-processual concedida a um único agente não alcança, de forma automática, todos os demais envolvidos na conduta delitiva, sobretudo não elide responsabilidade penal da pessoa jurídica. 5. O exame da irregularidade no laudo pericial se depara, na via especial, com o óbice disposto na Súmula 7/STJ. 6. A violação de preceitos, dispositivos ou princípios constitucionais revela-se quaestio afeta à competência do Supremo Tribunal Federal, provocado pela via do extraordinário; motivo pelo qual não se pode conhecer do recurso especial nesse aspecto, em função do disposto no art. 105, III, da Constituição Federal. 7. Recurso especial improvido. (REsp 1329837/MT, Rel. Min. Sebastião Reis Júnior, 6ª T., DJ 29.9.2015).

Aplicação em concurso:

- **(Magistratura Estadual 2014 RJ – Vunesp)**

"Motosserra, madeira e animal silvestre são apreendidos em operação policial para combate a crimes ambientais. Nos estritos termos do quanto determina o art. 25 da Lei n. 9.605/98, tais coisas podem, entre outras soluções, respectivamente, ser objeto de

A) destruição e venda como sucata; avaliação e venda ou doação; entrega a jardim zoológico.

B) reciclagem e venda; avaliação e doação para instituição beneficente; libertação em seu habitat.

C) avaliação e venda; avaliação e venda; avaliação e venda para agentes credenciados pelos órgãos de defesa do meio ambiente.

D) doação para instituição beneficente; avaliação e venda; libertação em seu habitat."

Gabarito: letra "b".

CAPÍTULO IV
DA AÇÃO E DO PROCESSO PENAL

Art. 26. Nas infrações penais previstas nesta Lei, a **ação penal é pública incondicionada.**

Parágrafo único. (VETADO)

1. Não resta dúvida de que, após o advento da Constituição de 1988, **cabe apenas ao Ministério Público promover a Ação Penal Pública Incondicionada**. A ressalva é pertinente pois, até 1988, eram autoridades competentes para instaurar ação penal nos casos de crimes ambientais, por exemplo, os funcionários da repartição florestal e de autarquias (*vide* artigo 33, "b", da já revogada Lei 4.771/65 – antigo Código Florestal).

Aplicação em concurso:

- **(Magistratura Estadual RR 2015 – FCC)**

  "Nas infrações penais previstas na Lei de Crimes Ambientais Lei no 9.605/98, a ação penal é

  A) pública incondicionada, pública condicionada à representação ou privada, a depender do tipo penal.

  B) pública incondicionada.

  C) pública incondicionada ou pública condicionada à representação, a depender do tipo penal.

  D) pública incondicionada ou privada, a depender do tipo penal.

  E) pública condicionada à representação ou privada, a depender do tipo penal."

  Gabarito: letra b".

2. **Ação privada subsidiária da pública**

   Havendo elementos para a propositura da ação penal e não sendo oferecida a denúncia no prazo legal, o ofendido, ou quem tenha qualidade para representá-lo, poderá intentar a ação penal subsidiária da pública, garantida constitucionalmente no artigo 5º, LIX, da Carta Magna. Importante lembrar que apenas o ofendido, pessoa física, poderá propor a ação penal privada subsidiária, sendo vedado, por exemplo, às associações de natureza civil de proteção ambiental que, apesar de serem legitimadas para ajuizar ação civil pública ambiental, não estão legitimadas para ingressar com a queixa-crime.[21]

Art. 27. Nos crimes ambientais de menor potencial ofensivo, a proposta de aplicação imediata de pena restritiva de direitos ou multa, prevista no art. 76 da Lei nº 9.099, de 26 de setembro de 1995, somente poderá ser formulada **desde que tenha havido a prévia composição do dano ambiental**, de que trata o art. 74 da mesma lei, salvo em caso de comprovada impossibilidade.

---

21. FREITAS, 2006. pág. 311.

▶ **Legislação:**

Lei 9099/95, Art. 76. Havendo representação ou tratando-se de crime de ação penal pública incondicionada, não sendo caso de arquivamento, o Ministério Público poderá propor a aplicação imediata de pena restritiva de direitos ou multas, a ser especificada na proposta.(...)

Lei 9099/95 – Art. 74. A composição dos danos civis será reduzida a escrito e, homologada pelo Juiz mediante sentença irrecorrível, terá eficácia de título a ser executado no juízo civil competente. Parágrafo único. Tratando-se de ação penal de iniciativa privada ou de ação penal pública condicionada à representação, o acordo homologado acarreta a renúncia ao direito de queixa ou representação.

1. Crimes ambientais de **menor potencial ofensivo**: crimes ou contravenções para os quais a lei comine pena máxima de até dois anos, cumulada ou não com multa.[22]

2. **Aplicação do princípio do poluidor–pagador** → prévia composição do dano ambiental como pré-requisito à **transação penal**.

De acordo com Bitencourt[23], "foi sábio o legislador ao prever a simples composição do dano, já que a exigência da efetiva reparação inviabilizaria a transação e a própria audiência preliminar, e iria de encontro aos princípios da celeridade e economia processuais, orientadores dos Juizados Especiais Criminais. (...) Em outros termos, primeiro se formaliza a composição do dano ambiental, depois, a seguir, oportuniza-se a transação penal. Enfim, se as partes não compuserem o dano ambiental, isto é, se não chegarem a um denominador comum sobre a forma, meios e condições de reparar o dano, não se poderá transigir quanto à sanção criminal." A composição civil de danos é, portanto, requisito para o cabimento da transação penal.

Lembra ainda o autor que "não cabe falar em renúncia ao direito de queixa ou representação, em razão da composição dos danos, na medida em que todas as infrações da nova Lei Ambiental são de ação pública incondicionada (art. 26)."

---

22. art. 61, da Lei 9.099/95.
23. BITENCOURT, Cezar Roberto, 2003. p. 522.

Aplicação em concurso:

- **(MPE/RO 2017 – FMP)**

  "Sobre os crimes ambientais previstos na Lei n° 9.605/1998, é correto afirmar

  A) Nos crimes ambientais de menor potencial ofensivo, a proposta de transação penal sempre poderá ser formulada independentemente da prévia composição do dano ambiental.

  B) Nos crimes ambientais de menor potencial ofensivo, a proposta de transação penal somente poderá ser formulada desde que tenha havido a prévia composição do dano ambiental, salvo em caso de comprovada impossibilidade.

  C) A declaração de extinção de punibilidade pelo cumprimento das condições estabelecidas na proposta de suspensão condicional do processo independe, sempre, de constatação de reparação do dano ambiental.

  D) Na hipótese de o laudo de constatação comprovar não ter sido completa a reparação do dano ambiental, e esgotado o prazo de período de provas previsto na proposta de suspensão condicional do processo, o citado benefício não poderá ser prorrogado, por ausência de previsão legal, com a consequente declaração de extinção da punibilidade do agente.

  E) Todos os crimes ambientais são de menor potencial ofensivo."

  Gabarito: letra "b".

- **(Magistratura Estadual MT 2014 – FMP)**

  "Na Lei nº 9.605/98, a composição civil é pré-requisito à transação penal nos crimes de menor potencial ofensivo."

Art. 28. As disposições do art. 89 da Lei nº 9.099, de 26 de setembro de 1995, aplicam-se aos crimes de menor potencial ofensivo definidos nesta Lei, com as seguintes modificações:

I – a declaração de extinção de punibilidade, de que trata o § 5º do artigo referido no caput, dependerá de laudo de constatação de reparação do dano ambiental, ressalvada a impossibilidade prevista no inciso I do § 1º do mesmo artigo;

II – na hipótese de o laudo de constatação comprovar não ter sido completa a reparação, o prazo de suspensão do processo será prorrogado, até o período máximo previsto no artigo referido no caput, acrescido de mais um ano, com suspensão do prazo da prescrição;

III – no período de prorrogação, não se aplicarão as condições dos incisos II, III e IV do § 1º do artigo mencionado no caput;

IV – findo o prazo de prorrogação, proceder-se-á à lavratura de novo laudo de constatação de reparação do dano ambiental, podendo, conforme seu resultado, ser novamente prorrogado o período de suspensão, até o máximo previsto no inciso II deste artigo, observado o disposto no inciso III;

V – esgotado o prazo máximo de prorrogação, a declaração de extinção de punibilidade dependerá de laudo de constatação que comprove ter o acusado tomado as providências necessárias à reparação integral do dano.

▸ **Legislação:**

Lei 9099/95, Art. 89. Nos crimes em que a pena mínima cominada for igual ou inferior a um ano, abrangidas ou não por esta Lei, o Ministério Público, ao oferecer a denúncia, poderá propor a **suspensão do processo**, por dois a quatro anos, desde que o acusado não esteja sendo processado ou não tenha sido condenado por outro crime, presentes os demais requisitos que autorizariam a suspensão condicional da pena (art. 77 do Código Penal). § 1º Aceita a proposta pelo acusado e seu defensor, na presença do Juiz, este, recebendo a denúncia, poderá suspender o processo, submetendo o acusado a período de prova, sob as seguintes condições:I – reparação do dano, salvo impossibilidade de fazê-lo; II – proibição de freqüentar determinados lugares; III – proibição de ausentar-se da comarca onde reside, sem autorização do Juiz; IV – comparecimento pessoal e obrigatório a juízo, mensalmente, para informar e justificar suas atividades. § 2º O Juiz poderá especificar outras condições a que fica subordinada a suspensão, desde que adequadas ao fato e à situação pessoal do acusado. § 3º A suspensão será revogada se, no curso do prazo, o beneficiário vier a ser processado por outro crime ou não efetuar, sem motivo justificado, a reparação do dano. § 4º A suspensão poderá ser revogada se o acusado vier a ser processado, no curso do prazo, por contravenção, ou descumprir qualquer outra condição imposta. § 5º Expirado o prazo sem revogação, o Juiz declarará extinta a punibilidade. § 6º Não correrá a prescrição durante o prazo de suspensão do processo. § 7º Se o acusado não aceitar a proposta prevista neste artigo, o processo prosseguirá em seus ulteriores termos.

1. Além da aplicação imediata da pena restritiva de direitos (art. 27), o Ministério Público poderá oferecer a denúncia e propor a **suspensão**

condicional do processo nos casos de crimes ambientais de menor potencial ofensivo, desde que respeitados os seguintes requisitos:

a) A pena mínima cominada seja igual ou inferior a um ano[24];

b) O acusado não esteja sendo processado ou não tenha sido condenado por outro crime;

c) O acusado não seja reincidente em crime doloso[25];

d) A culpabilidade, os antecedentes, a conduta social e personalidade do agente, bem como os motivos e as circunstâncias, autorizem a concessão do benefício;

e) Não seja indicada ou cabível a substituição prevista no art. 44 do Código Penal.

A declaração de extinção de punibilidade dependerá de laudo de constatação de reparação do dano ambiental (exceto nos casos de impossibilidade de reparação do dano), conforme preconiza o art. 28, I.

2. **Aplicação da Lei 9.099/95.** O artigo 28 da Lei de Crimes Ambientais não preza pela menor técnica legislativa ao anunciar "crimes de menor potencial ofensivo definidos nesta Lei". Ora, a lei de crimes ambientais não define crime de menor potencial ofensivo, que estão definidos na Lei 9.099/95. Na verdade, pela ausência de adequada técnica legislativa, a Lei 9.605/98 pareceu definir um regime próprio para o sursis processual, fato que, todavia, na teoria e na prática, é rechaçado. Portanto, aplica-se a lei 9.099/95 aos crimes previstos na 9.605/98.

Aplicação em concurso:

- **(Magistratura Estadual MT 2014 FMP)**

  "Dadas as assertivas abaixo, assinalar a alternativa CORRETA.

  I. A sentença penal condenatória por crime ambiental, sempre que possível, fixará o valor mínimo para reparação dos danos causados pela infração, considerando os prejuízos sofridos pelo ofendido ou pelo meio ambiente.

  II. Com exceção dos crimes contra a administração ambiental, todos os demais crimes contra o meio ambiente são de ação penal pública incondicionada.

24. Art. 89, da Lei 9.099/95.
25. Art. 77, I, do Decreto-lei 2.848/40.

III. O fim especial de obtenção de vantagem pecuniária, nos delitos ambientais, constitui causa de aumento de pena, quando não constituir ou qualificar o crime.

IV. A pena de multa por crime ambiental será calculada com base nos critérios do Código Penal, exceto se, ainda que aplicada em valor máximo, revelar-se ineficaz, caso em que poderá ser aumentada, levando-se em conta a extensão do dano ambiental.

V. Nos crimes ambientais, na hipótese de o laudo de constatação comprovar não ter sido completa a reparação do dano, o prazo de suspensão do processo será prorrogado, até o período máximo de trinta anos, com suspensão do prazo da prescrição.

A) Estão corretas apenas as assertivas I e II.

B) Estão corretas apenas as assertivas I e IV.

C) Estão corretas apenas as assertivas III e IV.

D) Estão corretas apenas as assertivas I e III.

E) Todas as alternativas estão incorretas."

Gabarito: letra "d". Vide artigos 20; 26; 15, I, "a"; 18; 28, II da Lei de Crimes Ambientais.

- **(MPE/SC 2013)**

"De acordo com a Lei 9.605/1998, em caso de suspensão condicional do processo por crime ambiental, declara-se extinta a punibilidade do acusado ao final do prazo de suspensão do processo, independentemente da constatação de reparação do dano ambiental."

A assertiva está errada.

CAPÍTULO V
DOS CRIMES CONTRA O MEIO AMBIENTE

Neste capítulo, temos:

Crimes contra o Meio Ambiente tratados na Lei 9605/98	crimes contra a fauna (arts. 29 a 37)
	crimes contra a flora (arts. 38 a 53)
	crime de poluição (art. 54)
	atividades mineradoras sem a competente autorização (art. 55)
	a produção, o processamento (e outras práticas) de substâncias tóxicas, perigosas ou nocivas à saúde humana ou ao meio ambiente (art. 56)

Crimes contra o Meio Ambiente tratados na Lei 9605/98	a construção, reforma (e outras práticas) de obras ou serviços potencialmente poluidores sem as devidas licenças ou autorizações dos órgãos ambientais (art. 60)
	a disseminação de doença ou praga ou espécies que possam causar dano à agricultura, à pecuária, à fauna, à flora ou aos ecossistemas (art.61)
	crimes contra o ordenamento urbano e o patrimônio cultural (arts. 62 a 65)
	crimes contra a administração ambiental (arts. 66 a 69)

Seção I
Dos Crimes contra a Fauna

1. Base constitucional

> "Art. 225, § 1º – Para assegurar a efetividade desse direito, incumbe ao Poder Público:
>
> (...)
>
> VII – proteger a fauna e a flora, vedadas, na forma da lei, as práticas que coloquem em risco sua função ecológica, provoquem a extinção de espécies ou submetam os animais a crueldade."

Lembra PRADO que "a redação desse dispositivo demonstra ainda que o texto constitucional abarca todos os animais irracionais, independentemente da sua função ecológica, de sua nacionalidade ou do seu risco de extinção. E isso porque 'a tutela dos animais domésticos e selvagens obedece a finalidades diferentes. Trata-se de preservar os primeiros de atos de crueldade e do abandono e de proteger os segundos de uma captura, destruição, comercialização desenfreada e que os tornam particularmente vulneráveis'".[26]

2. Todas as infrações ambientais contra a fauna encontram-se compiladas (concentradas) na Lei 9.605/98, que revogou tacitamente os demais crimes contra a fauna previstos em outras leis, exceto o crime previsto na Lei 7.643/87 (que proíbe a pesca de cetáceos – ex: baleias e golfinhos – nas águas jurisdicionais brasileiras).

---

26. PRADO, 2005. pág. 227.

Art. 29. Matar, perseguir, caçar, apanhar, utilizar espécimes da fauna silvestre, nativos ou em rota migratória, sem a devida permissão, licença ou autorização da autoridade competente, ou em desacordo com a obtida:

Pena – detenção de seis meses a um ano, e multa.

§ 1º Incorre nas mesmas penas:

I – quem impede a procriação da fauna, sem licença, autorização ou em desacordo com a obtida;

II – quem modifica, danifica ou destrói ninho, abrigo ou criadouro natural;

III – quem vende, expõe à venda, exporta ou adquire, guarda, tem em cativeiro ou depósito, utiliza ou transporta ovos, larvas ou espécimes da fauna silvestre, nativa ou em rota migratória, bem como produtos e objetos dela oriundos, provenientes de criadouros não autorizados ou sem a devida permissão, licença ou autorização da autoridade competente.

§ 2º No caso de **guarda doméstica de espécie silvestre não considerada ameaçada de extinção**, pode o juiz, considerando as circunstâncias, deixar de aplicar a pena.

§ 3º São **espécimes da fauna silvestre** todos aqueles pertencentes às espécies nativas, migratórias e quaisquer outras, aquáticas ou terrestres, que tenham todo ou parte de seu ciclo de vida ocorrendo dentro dos limites do território brasileiro, ou águas jurisdicionais brasileiras.

§ 4º A **pena é aumentada de metade**, se o crime é praticado:

I – contra espécie rara ou considerada ameaçada de extinção, ainda que somente no local da infração;

II – em período proibido à caça;

III – durante a noite;

IV – com abuso de licença;

V – em unidade de conservação;

VI – com emprego de métodos ou instrumentos capazes de provocar destruição em massa.

§ 5º A pena é aumentada **até o triplo**, se o **crime decorre do exercício de caça profissional**.

§ 6º As disposições deste artigo não se aplicam aos **atos de pesca**.

1. **Objeto material**: espécimes (corresponde a um exemplar da espécie) da fauna silvestre, nativos ou em rota migratória. Importante observar que o bem jurídico protegido é apenas a **fauna silvestre** (terrestre ou aquática). Portanto, esse tipo penal não protege animais domésticos ou domesticados. Segundo Vladimir Passos de Freitas e Gilberto Passos de

Freitas, os animais exóticos[27] também não são objeto de proteção do artigo 29, que se refere apenas a espécimes que tenham todo ou parte de seu ciclo de vida ocorrendo dentro dos limites do território brasileiro, ou águas jurisdicionais brasileiras (art. 29, § 3º).[28]

Aplicação em concurso:

- **(Prefeitura de Pariconha – AL / ADM&TEC – 2020)**

  "Matar, perseguir, caçar, apanhar, ou utilizar espécimes da fauna silvestre, nativos ou em rota migratória, sem a devida permissão, licença ou autorização da autoridade competente, ou em desacordo com a autorização obtida, é um crime ambiental, nos termos da Lei nº 9.605, de 12 de fevereiro de 1998, cuja pena é a detenção de três a seis anos, ou multa."

  A afirmativa está errada. A pena é de detenção de seis meses a um ano e multa.

- **(Magistratura Estadual/GO 2015 – FCC)**

  "José responde ação penal por manter em guarda doméstica animal silvestre não considerado ameaçado de extinção. O fato é

  A) crime punido com detenção de seis meses a um ano ou multa.

  B) atípico.

  C) crime, podendo o juiz, considerando as circunstâncias, deixar de aplicar a pena.

  D) contravenção penal.

  E) crime hediondo."

  Gabarito: letra "c", conforme art. 29, parágrafo 2º da Lei 9.605/98.

- **(MPE/PE 2014 – FCC)**

  "A respeito do crime contra a fauna previsto no art. 29 da Lei nº 9.605/98 "Matar, perseguir, caçar, apanhar espécimes da fauna silvestre, nativos ou em rota migratória, sem a devida permissão, licença ou autorização da autoridade competente, ou em desacordo com a obtida: Pena: detenção de 6 (seis) meses a 1 (um) ano, e multa", é correto afirmar:

  A) a prática do delito durante a noite é causa especial de aumento de pena.

  B) aplica-se aos atos de pesca.

---

27. Os animais exóticos, ou seja, aqueles que não pertencem à fauna silvestre, estão protegidos pelo art. 32 da lei de crimes ambientais.
28. FREITAS, 2006. Pág. 89.

C) o proprietário da área onde se realizar a caça não pode ser sujeito ativo do delito.

D) pode ser punido a título de dolo ou de culpa.

E) pode ter como objeto animais domésticos."

Gabarito: letra "a".

2. STJ:

DIREITO AMBIENTAL. POSSE IRREGULAR DE ANIMAIS SILVESTRES POR LONGO PERÍODO DE TEMPO. O particular que, por mais de vinte anos, manteve adequadamente, sem indício de maus-tratos, duas aves silvestres em ambiente doméstico pode permanecer na posse dos animais. Nesse caso específico, aplicar o art. 1º da Lei 5.197/1967 ("Os animais de quaisquer espécies, em qualquer fase do seu desenvolvimento e que vivem naturalmente fora do cativeiro, constituindo a fauna silvestre, bem como seus ninhos, abrigos e criadouros naturais são propriedades do Estado, sendo proibida a sua utilização, perseguição, destruição, caça ou apanha") e o art. 25 da Lei 9.605/1998 ("Verificada a infração, serão apreendidos seus produtos e instrumentos, lavrando-se os respectivos autos") equivaleria à negação da sua finalidade, que não é decorrência do princípio da legalidade, mas uma inerência dele. A legislação deve buscar a efetiva proteção dos animais. Assim, seria desarrazoado determinar a apreensão dos animais para duvidosa reintegração ao seu habitat e seria difícil identificar qualquer vantagem em transferir a posse para um órgão da Administração Pública. Ademais, no âmbito criminal, o art. 29, § 2º, da Lei 9.605/1998 expressamente prevê que "no caso de guarda doméstica de espécie silvestre não considerada ameaçada de extinção, pode o juiz, considerando as circunstâncias, deixar de aplicar a pena". Precedente citado: REsp 1.084.347-RS, Segunda Turma, DJe 30/9/2010. REsp 1.425.943-RN, Rel. Min. Herman Benjamin, julgado em 2/9/2014.

3. Atenção:

Parágrafo 4º: hipóteses em que a pena é aumentada **de metade**

Parágrafo 5º: hipótese em que a pena é aumentada **até o triplo.**

Aplicação em concurso:

- **(Prefeitura de Morro Agudo – SP / VUNESP – 2020)**

  "Nos casos de crimes ambientais contra a fauna, a pena é aumentada até o triplo se o crime

  A) destruir ninho, abrigo ou criadouro natural.

B) for praticado contra espécie rara.

C) decorrer do exercício de caça profissional.

D) for praticado durante a noite.

E) tiver a finalidade de exportar peles e couros de anfíbios."

Gabarito: letra "c". Vide parágrafo 5º do art. 29.

Art. 30. Exportar para o exterior peles e couros de anfíbios e répteis em bruto, sem a autorização da autoridade ambiental competente:

Pena – reclusão, de um a três anos, e multa.

1. Aplicação em concurso:

- **(Procurador municipal / Lauro de Freitas /2016 – Planejar Consultoria)**

  "Dos Crimes contra a Fauna, conforme legislação em vigor acerca do tema, exportar para o exterior peles e couros de anfíbios e répteis em bruto, sem a autorização da autoridade ambiental competente, pena:

  A) reclusão, de um a três anos, e multa.

  B) detenção, de três meses a um ano, e multa.

  C) detenção, de três meses.

  D) detenção, de um a três anos, ou multa, ou ambas cumulativamente.

  E) reclusão, de um ano, e multa."

  Gabarito: letra "a".

Art. 31. Introduzir espécime animal no País, sem parecer técnico oficial favorável e licença expedida por autoridade competente:

Pena – detenção, de três meses a um ano, e multa.

Art. 32. Praticar ato de abuso, maus-tratos, ferir ou mutilar animais silvestres, domésticos ou domesticados, nativos ou exóticos:

Pena – detenção, de três meses a um ano, e multa.

§ 1º Incorre nas mesmas penas quem realiza experiência dolorosa ou cruel em animal vivo, ainda que para fins didáticos ou científicos, quando existirem recursos alternativos.

§ 1º-A Quando se tratar de cão ou gato, a pena para as condutas descritas no *caput* deste artigo será de reclusão, de 2 (dois) a 5 (cinco) anos, multa e proibição da guarda. (Incluído pela Lei nº 14.064, de 2020)

§ 2º A pena é aumentada de um sexto a um terço, se ocorre morte do animal.

1. Artigo 31:

Aplicação em concurso:

- **(Exame de Ordem 2012.3 – FGV)**

  "Luísa, residente e domiciliada na cidade de Recife, após visitar a Austrália, traz consigo para a sua casa um filhote de coala, animal típico daquele país e inexistente no Brasil. Tendo em vista tal situação, assinale a afirmativa correta.

  A) Ao trazer o animal, Luísa não cometeu qualquer ilícito ambiental já que a propriedade de animais domésticos é livre no Brasil.

  B) Ao trazer o animal, Luísa, em princípio, não cometeu qualquer ilícito ambiental, pois o crime contra o meio ambiente só se configuraria caso Luísa abandonasse ou praticasse ações de crueldade contra o animal por ela adotado.

  C) Ao trazer o animal, Luísa cometeu crime ambiental, pois o introduziu no Brasil sem prévio licenciamento ambiental, sendo a Justiça estadual de Pernambuco competente para julgar a eventual ação.

  D) Ao trazer o animal, Luísa cometeu crime ambiental, pois o introduziu no Brasil sem licença e sem parecer técnico oficial favorável, sendo a Justiça Federal competente para julgar a eventual ação."

  Gabarito: letra "d". A questão exige o conhecimento da tutela penal e processual penal do meio ambiente. Nos termos do artigo 31 da Lei 9.605/98 (Lei de Crimes Ambientais) é crime ambiental introduzir espécime animal no País, sem parecer técnico oficial favorável e licença expedida por autoridade competente. Vale lembrar que "a Justiça Federal tem competência para processar e julgar os crimes ambientais nas hipóteses em que são perpetrados em detrimento de bens, serviços ou interesses da União, ou de suas autarquias ou empresas públicas. Segundo o Superior Tribunal de Justiça há ainda situações específicas que justificam a competência da Justiça Federal", como "a introdução ilegal de espécie exótica no País".

2. **Sujeito ativo**: trata-se de crime comum, ou seja, pode ser praticado por qualquer pessoa.

As vítimas do crime previsto no artigo 32 são os animais silvestres, domésticos e domesticados, ou seja, os que vivem normalmente na companhia do homem (v.g., cachorro e gato) ou os que vivem em estado selvagem, mas vêm a adaptar-se à vida em companhia dos seres humanos (v.g., arara). Podem ser nativos ou exóticos, o que significa oriundos do Brasil ou do exterior.

Elemento subjetivo: o crime é punido a título de dolo (não existe modalidade culposa).

Objeto material (art. 32): animais silvestres, domésticos e domesticados, ou seja, os que vivem normalmente na companhia do homem (v.g., cachorro) ou os que vivem em estado selvagem, mas vêm a adaptar-se à vida em companhia dos seres humanos (v.g., arara). Podem ser nativos ou exóticos, o que significa oriundos do Brasil ou do exterior.[29]

3. Conduta:

a) **Praticar ato de abuso***:* usar mal ou inconvenientemente, como exigir trabalho excessivo do animal, ou lançar galo em rinha sabendo que, mesmo vencedor, ele sairá ferido, apenas para satisfazer o desejo dos apostadores.[30]

b) **Maus-tratos***:* significa causar dano; ultraje; insulto. Exemplo: manter cachorro permanentemente fechado em local pequeno, sem ventilação e limpeza.[31]

c) **Ferir***:* é lesar o animal, como no caso da ação que exagera ao açoitar um burro, causando-lhe ferimentos.

d) **Mutilar***:* trata-se de conduta que implica em retirar dolosamente parte do corpo do animal, geralmente um membro.[32]

> **Doutrina:** "O art. 32 incrimina a conduta do sujeito ativo que pratica abuso (exigir demais) ou maus-tratos (causar sofrimento) ou fere (machucar) ou mutila (separar membros do corpo) animais." (KURKOWSKI, Rafael Schwez. Crime Ambiental. *In* SOUZA, Renee do Ó. *Leis penais especiais*. Salvador: Juspodivm, 2018).

▶ **STF:**

AÇÃO PENAL. MAUS-TRATOS DE ANIMAIS (ART. 32 DA LEI 9.605/98) E APOLOGIA DE CRIME (ART. 287 DO CÓDIGO PENAL): PRESCRIÇÃO. FORMAÇÃO DE QUADRILHA. AUSENTE DEMONSTRAÇÃO DAS ELEMENTARES DO TIPO PENAL. ABSOLVIÇÃO. 1. O crime de quadrilha ou bando compõe-se dos seguintes elementos: a) concurso necessário de, pelo menos, quatro pessoas; b) finalidade específica dos agentes de cometer crimes indeterminados (ainda que acabem não cometendo nenhum); c) estabilidade e permanência da associação criminosa.

29. FREITAS, 2006. Pág. 110.
30. Nesse sentido: PRADO, 2005. pág. 249; e FREITAS, 2006. pág. 110.
31. FREITAS, 2006. pág. 110.
32. FREITAS, 2006. pág. 110.

2. A formação de quadrilha ou bando exige, para sua configuração, união estável e permanente de criminosos voltada para a prática indeterminada de vários crimes. Doutrina e jurisprudência. 3. In casu, as testemunhas de acusação apenas confirmaram a presença do réu em um evento onde se realizava rinha de galo, nada informando sobre sua possível associação com três ou mais pessoas para o fim de praticar indeterminadamente referido delito. 4. A presença das elementares típicas do crime de formação de quadrilha não restou demonstrada, à míngua de indício dos demais agentes com quem o réu se teria associado para prática de delitos, tampouco havendo indicação da existência de uma associação estável e permanente com fim de executar crimes. 5. Extinção da punibilidade dos crimes de maus-tratos de animais (art. 32 da Lei 9.605/98) e de apologia do crime (art. 287 do Código Penal), por terem sido alcançados pela prescrição, nos termos do art. 107, IV, do Código Penal. 6. Absolvição da acusação de formação de quadrilha, por não haver prova da existência do fato, nos termos do art. 386, II, do Código de Processo Penal, e do parecer do Ministério Público. (AP 932, Rel. Min. Luiz Fux, 1ª T., DJ 23.6.2016).

Aplicação em concurso:

- **(Analista TJ MT 2016 – UFMT)**

  "O renomado Professor Dr. Tibélio, em seu magistério, costuma realizar com fins didáticos dissecação de animais silvestres vivos, por entender mais conveniente apesar de existirem recursos alternativos viáveis cientificamente. É correto afirmar que o ato do Professor Dr. Tibélio

  A) não se enquadra no crime de maus-tratos, disposto no Art. 32 da Lei de Crimes Ambientais, uma vez que havia fins didáticos.

  B) só se enquadraria no crime de maus tratos se fossem animais domésticos.

  C) enquadra-se no crime de maus-tratos, disposto no Art. 32 da Lei de Crimes Ambientais.

  D) só se enquadraria no crime de maus tratos se fossem animais em extinção."

  Gabarito: letra "c".

4. De acordo com o parágrafo § 1º do artigo 32 incorre nas mesmas penas quem realiza **experiência dolorosa ou cruel em animal vivo (vivissecação)**, ainda que para fins didáticos ou científicos, **quando existirem recursos alternativos**.

A **Lei nº 11.794, de 8 de outubro de 2008**, estabelece procedimentos para o uso científico de animais, dispondo sobre a criação e a utilização de animais em atividades de ensino e pesquisa científica, em todo o território nacional. Esse diploma regulamenta o inciso VII do § 1º do art. 225 da Constituição Federal de 1988 e revoga a Lei nº 6.638/79. Quando for inevitável utilizar animais vivos em experimentos que possam causar dor ou angústia, deverão ser desenvolvidos sob sedação, analgesia ou anestesia adequadas. Além disso, estabelece a norma que, em programa de ensino, sempre que forem empregados procedimentos traumáticos, vários procedimentos poderão ser realizados num mesmo animal, desde que todos sejam executados durante a vigência de um único anestésico e que o animal seja sacrificado antes de recobrar a consciência.[33] É a denominada "morte por meios humanitários", ou seja, a morte de um animal em condições que envolvam, segundo as espécies, um mínimo de sofrimento físico ou mental.[34]

▶ **STJ:**

> **CONTROLE. ZOONOSE. MEIO CRUEL.** Os centros dedicados ao controle de zoonoses (doenças que podem migrar de animais aos seres humanos) devem priorizar medidas que controlem a reprodução dos animais (injeção de hormônio ou esterilização), pois elas se mostram mais eficazes no combate dessas enfermidades (Informe Técnico n. 8 da OMS). Porém, há que se permitir o extermínio dos animais quando, em casos extremos, tal medida mostre-se imprescindível para o resguardo da saúde humana. No entanto, a utilização de meio cruel para esse fim está proibida sob pena de violação do art. 225 da CF/1988, do art. 3º da Declaração Universal dos Direitos dos Animais e do art. 32 da Lei n. 9.605/1998. Assim, o uso de gás asfixiante nesses centros é tido por medida de extrema crueldade que viola o sistema normativo de proteção aos animais. O uso do gás sequer se justifica pelo fundamento de que o administrador público está a exercer o dever discricionário. Não se pode acolher que, com base nessa discricionariedade, o administrador realize prática ilícita, certo que há liberdade na escolha do método a ser utilizado, caso haja meios que se equivalham entre os não cruéis, mas nunca o exercício da discricionariedade que implique violação da própria finalidade legal. (STJ. REsp 1.115.916-MG**, Rel. Min. Humberto Martins, julgado em 1º/9/2009.** Informativo 405 STJ).

5. **Maus-tratos contra cães e gatos**: A Lei 14.064, promulgada em 30/09/2020, inseriu o § 1º-A ao art. 32 da Lei de Crimes Ambientais. Desde a vigência desse diploma legislativo, a prática de **maus-tratos**

33. Art. 14, § 9º, da Lei 11.794/08.
34. Art. 3º, IV, da Lei 11.794/08.

contra cães e gatos é apenada com qualificadora. Há aumento de pena sempre que o crime de maus-tratos é praticado contra cães e gatos.[35]

Maus-tratos contra animal silvestre, domesticado ou doméstico, salvo cães e gatos	Maus-tratos contra cães e gatos
Detenção de 3 meses a 1 ano. Multa.	**Reclusão de 2 a 5 anos.** Multa. **Proibição da guarda.**
Crime de menor potencial ofensivo.	Não é crime de menor potencial ofensivo (não cabe transação penal nem suspensão condicional do processo).

Art. 33. Provocar, **pela emissão de efluentes ou carreamento de materiais**, o perecimento de espécimes da fauna aquática existentes em rios, lagos, açudes, lagoas, baías ou águas jurisdicionais brasileiras:

Pena – detenção, de um a três anos, ou multa, ou ambas cumulativamente.

Parágrafo único. Incorre nas mesmas penas:

I – quem causa degradação em viveiros, açudes ou estações de aquicultura de domínio público;

II – quem explora campos naturais de invertebrados aquáticos e algas, sem licença, permissão ou autorização da autoridade competente;

III – quem fundeia embarcações ou lança detritos de qualquer natureza sobre bancos de moluscos ou corais, devidamente demarcados em carta náutica.

Aplicação em concurso:

- **(Prefeitura de Pariconha – AL / ADM&TEC – 2020)**

  "Provocar, pela emissão de efluentes ou carreamento de materiais, o perecimento de espécimes da fauna aquática existentes em rios, lagos, açudes, lagoas, baías ou águas jurisdicionais brasileiras é crime passível

35. A Lei 14.064/2020, que entrou em vigou na data de sua publicação (30/09/2020), ficou conhecida como "Lei Sansão", em homenagem a um cão da raça *pitbull* cujas patas traseiras foram cruelmente decepadas por uma pessoa no município de Confins/MG.

de pena de detenção, multa, ou ambas cumulativamente, exceto quando o autor estiver acompanhado do proprietário do terreno ou portando autorização para tal fim."

A afirmativa está errada. Não existe a exceção prevista na afirmativa.

Art. 34. Pescar em período no qual a pesca seja proibida ou em lugares interditados por órgão competente:

Pena – detenção de um ano a três anos ou multa, ou ambas as penas cumulativamente.

Parágrafo único. Incorre nas mesmas penas quem:

I – pesca espécies que devam ser preservadas ou espécimes com tamanhos inferiores aos permitidos;

II – pesca quantidades superiores às permitidas, ou mediante a utilização de aparelhos, petrechos, técnicas e métodos não permitidos;

III – transporta, comercializa, beneficia ou industrializa espécimes provenientes da coleta, apanha e pesca proibidas.

Art. 35. Pescar mediante a utilização de:

I – explosivos ou substâncias que, em contato com a água, produzam efeito semelhante;

II – substâncias tóxicas, ou outro meio proibido pela autoridade competente:

Pena – reclusão de um ano a cinco anos.

Art. 36. Para os efeitos desta Lei, considera-se pesca todo ato tendente a retirar, extrair, coletar, apanhar, apreender ou capturar espécimes **dos grupos dos peixes, crustáceos, moluscos e vegetais hidróbios**, suscetíveis ou não de aproveitamento econômico, ressalvadas as espécies ameaçadas de extinção, constantes nas listas oficiais da fauna e da flora.

1. Pesca (art. 34 a 36)

Pescar é a conduta tipificada no art. 36 (norma penal explicativa).

- **STJ:**

RECURSO ESPECIAL. CRIME AMBIENTAL. PESCA EM LOCAL PROIBIDO. PRINCÍPIO DA INSIGNIFICÂNCIA. AUSÊNCIA DE DANO EFETIVO AO MEIO AMBIENTE. ATIPICIDADE MATERIAL DA CONDUTA. REJEIÇÃO DA DENÚNCIA. RECURSO PROVIDO.

1. A devolução do peixe vivo ao rio demonstra a mínima ofensividade ao meio ambiente, circunstância registrada no "Relatório de Fiscalização firmado pelo ICMBio [em que] foi informado que a gravidade do

dano foi leve, além do crime não ter sido cometido atingindo espécies ameaçadas." 2. Os instrumentos utilizados – vara de molinete com carretilha, linhas e isopor –, são de uso permitido e não configuram profissionalismo, mas ao contrário, demonstram o amadorismo da conduta do denunciado. Precedente. 3. Na ausência de lesividade ao bem jurídico protegido pela norma incriminadora (art. 34, caput, da Lei n. 9.605/1998), verifica-se a atipicidade da conduta. 4. Recurso especial provido para reconhecer a atipicidade material da conduta, restabelecendo a decisão primeva de rejeição da denúncia. (STJ. REsp 1409051/SC. Rel. Min. Nefi Cordeiro. Publ. DJe 28/04/2017).

▶ **STJ:**

PRINCÍPIO. INSIGNIFICÂNCIA. PESCA. APETRECHO PROIBIDO. Consta da denúncia que o paciente foi flagrado ao pescar em represa mediante a utilização de uma rede de *nylon*, apetrecho de uso proibido. Vem daí a imputação do crime previsto no art. 34, parágrafo único, II, da Lei n. 9.605/1998. Anote-se que foram encontrados com ele apenas dois quilos de peixes de variadas espécies. Quanto a isso, vê-se da norma incriminadora que se trata de crime formal (crime de perigo abstrato), delito que prescinde de resultado danoso específico (no caso, ao meio ambiente). Porém, apesar de não se desconhecer que o enquadramento da lei de crimes ambientais no ordenamento jurídico brasileiro ainda é tema tormentoso a causar inúmeras discussões jurídicas, sobretudo quanto à configuração dos delitos penais nela insculpidos, chegando alguns a entender até que os princípios nela edificados, tais como os da prevenção e da precaução, sobrepõem-se aos próprios princípios penais de garantia ao cidadão, destaca-se que a hipótese em apreço resolve-se mesmo pela pouca invasão naquilo que a sociedade, mediante o ordenamento jurídico, espera quanto à proteção de sua existência, visto que há um mínimo de probabilidade de a conduta do paciente atingir o bem jurídico tutelado na espécie, a fauna aquática. Daí não se hesitar em consignar a presença da insignificância a ponto de, ao reconhecer a atipicidade material da conduta, conceder a ordem para trancar a ação penal por falta de justa causa. (STJ. HC 93.859-SP, Rel. Min. Maria Thereza de Assis Moura, julgado em 13/8/2009. Informativo 402 STJ).

Aplicação em concurso:

- **(Juiz Federal – TRF 5ª Região 2004 – CESPE)**

"A Lei de Crimes Ambientais (Lei n. 9.605/1998), ao definir pesca, para efeitos de sua aplicação, restringiu o conceito anteriormente vigente, passando a utilizá-lo somente para os seguintes grupos de animais aquáticos: peixes, crustáceos e moluscos. Logo, caso uma baleia ou um golfinho sejam apanhados sem autorização da autoridade competente, o crime configurado será o referente à caça e não à pesca."

De acordo com o Gabarito oficial, a afirmativa está correta. Uma baleia ou um golfinho, pertencentes ao grupo dos mamíferos (cetáceos), não se enquadram no tipo penal do artigo 36 da lei de crimes ambientais. Todavia, vale alertar para a vigência da Lei 7.643/87, que pune o crime, contra a fauna marinha, de pescar ou molestar intencionalmente cetáceos. O STJ, em decisão proferida no HC 19.279-SC, em 2003, considerou vigente o referido diploma normativo, nada obstante dissidência na doutrina sobre a revogação ou não dessa lei pela Lei 9.605/98. Recomendamos aos candidatos de concursos públicos que adotem o posicionamento do CESPE consubstanciado na questão em análise, não considerando como "pesca" a captura de baleias e golfinhos.

2. Pesca em período de defeso

Período de defeso é o período em que as atividades de caça, coleta e pesca esportivas e comerciais ficam vetadas ou controladas em diversos locais do território nacional. Este período é estabelecido pelo órgão ambiental competente. O objetivo da definição de período de defeso é a preservação das espécies e a fruição sustentável dos recursos naturais.

▶ **STF:**

RECURSO ORDINÁRIO EM HABEAS CORPUS. PESCA EM PERÍODO PROIBIDO. CRIME AMBIENTAL TIPIFICADO NO ART. 34, PARÁGRAFO ÚNICO, INCISO I, DA LEI Nº 9.605/98. PROTEÇÃO CRIMINAL DECORRENTE DE MANDAMENTO CONSTITUCIONAL (CF, ART. 225, § 3º). INTERESSE MANIFESTO DO ESTADO NA REPREENSÃO ÀS CONDUTAS DELITUOSAS QUE VENHAM A COLOCAR EM SITUAÇÃO DE RISCO O MEIO AMBIENTE OU LHE CAUSAR DANOS. PRETENDIDA APLICAÇÃO DA INSIGNIFICÂNCIA. IMPOSSIBILIDADE. CONDUTA REVESTIDA DE INTENSO GRAU DE REPROVABILIDADE. CRIME DE PERIGO QUE SE CONSUMA COM A SIMPLES COLOCAÇÃO OU EXPOSIÇÃO DO BEM JURÍDICO TUTELADO A PERIGO DE DANO. ENTENDIMENTO DOUTRINÁRIO. RECURSO NÃO PROVIDO.

1. A proteção, em termos criminais, ao meio ambiente decorre de mandamento constitucional, conforme prescreve o § 3º do art. 225: "[a]s condutas e atividades consideradas lesivas ao meio ambiente sujeitarão os infratores, pessoas físicas ou jurídicas, a sanções penais e administrativas, independentemente da obrigação de reparar os danos causados". 2. Em razão da sua relevância constitucional, é latente, portanto, o interesse do estado na repreensão às condutas delituosas que possam colocar o meio ambiente em situação de perigo ou lhe causar danos, consoante a Lei nº 9.605/98. 3. Essa

proteção constitucional, entretanto, não afasta a possibilidade de se reconhecer, em tese, o princípio da insignificância quando há a satisfação concomitante de certos pressupostos, tais como: a) mínima ofensividade da conduta do agente; b) nenhuma periculosidade social da ação; c) reduzidíssimo grau de reprovabilidade do comportamento; e d) inexpressividade da lesão jurídica provocada (RHC nº 122.464/BA-AgR, Segunda Turma, Relator o Ministro Celso de Mello, DJe de 12/8/14). 4. A conduta praticada pode ser considerada como um crime de perigo, que se consuma com a mera possibilidade do dano. 5. O comportamento do recorrente é dotado de intenso grau de reprovabilidade, pois ele agiu com liberalidade ao pescar em pleno defeso utilizando-se de redes de pesca de aproximadamente 70 (setenta) metros, o que é um indicativo da prática para fins econômicos e não artesanais, afastando, assim, já que não demonstrada nos autos, a incidência do inciso I do art. 37 da Lei Ambiental, que torna atípica a conduta quando praticada em estado de necessidade, para saciar a fome do agente ou de sua família. 6. Nesse contexto, não há como afastar a tipicidade material da conduta, tendo em vista que a reprovabilidade que recai sobre ela está consubstanciada no fato de o recorrente ter pescado em período proibido utilizando-se de método capaz de colocar em risco a reprodução dos peixes, o que remonta, indiscutivelmente, à preservação e ao equilíbrio do ecossistema aquático. 7. Recurso ordinário ao qual se nega provimento. (STF. RHC 125566/PR. Rel. Min. Dias Toffoli. Public. Dje. 28/11/2016).

- **STJ:**

RECURSO EM HABEAS CORPUS. CRIME CONTRA O MEIO AMBIENTE. PESCA EM PERÍODO DEFESO. APLICAÇÃO DO PRINCÍPIO DA INSIGNIFICÂNCIA. POSSIBILIDADE. CONDUTA QUE NÃO CAUSOU DANOS AO ECOSSISTEMA. ATIPICIDADE MATERIAL DOS FATOS. RECLAMO PROVIDO.

1. Esta Corte Superior de Justiça e o Supremo Tribunal Federal reconhecem a atipicidade material de determinadas condutas praticadas em detrimento do meio ambiente, desde que verificada a mínima ofensividade da conduta do agente, a ausência de periculosidade social da ação, o reduzido grau de reprovabilidade do comportamento e a inexpressividade da lesão jurídica provocada. Precedentes. 2. No caso dos autos, o paciente foi denunciado, tendo sido acusado de pescar em período defeso, entretanto foi abordado pelos fiscais apenas com a "linha de mão", sem nenhuma espécime da fauna aquática, conduta que não causou perturbação no ecossistema a ponto de reclamar a incidência do Direito Penal, imperioso, portanto, o reconhecimento da atipicidade da conduta perpetrada, sendo o

recorrente tecnicamente primário. 3. Recurso provido para determinar o trancamento da Ação Penal nº 5495-84.2011.4.01.4200. (STJ. RHC 58247/RR. Min. Jorge Mussi. Public. DJe 30/03/2016).

Aplicação em concurso:

- **(Magistratura Federal – TRF 2ª região 2017)**

  "PEDRO, pai de cinco filhos menores, responde a ação penal como incurso no artigo 34 da Lei n. 9.605/98 ("Pescar em período no qual a pesca seja proibida ou em lugares interditados por órgão competente"). Ele foi flagrado na posse de 28 Kg de camarão e, em seu interrogatório, admitiu ter sido o responsável pela pesca do crustáceo, já que tem por hábito aproveitar o período da proibição para lucrar com o valor elevado e que a quantidade apreendida decorreu do somatório das ações praticadas ao longo de 60 dias. Provou que cada dia de pesca não lhe rendeu mais do que 500 gramas do crustáceo. Assinale a opção correta

  A) De acordo com a orientação predominante no STJ, não é possível aplicar o princípio da insignificância aos crimes contra o meio ambiente.

  B) Nos delitos de acumulação, que são aqueles que resultam do acúmulo de condutas individualmente inofensivas, a aplicação da teoria da bagatela não leva em conta o resultado do somatório das condutas, mas sim cada uma delas isoladamente.

  C) O entendimento dominante aponta que o princípio da insignificância afasta a culpabilidade penal e pressupõe a primariedade do agente, além da mínima ofensividade da conduta, a nenhuma periculosidade social da ação e a inexpressividade da lesão jurídica provocada.

  D) A reconhecida habitualidade na prática da conduta criminosa constitui obstáculo para o reconhecimento da insignificância.

  E) Como o artigo 34 da Lei n. 9.605/98 é uma norma penal em branco, caso o julgamento ocorra depois do término do período de proibição da pesca, deve ser reconhecida a abolitio criminis, com a extinção da punibilidade."

  Gabarito: letra "d".

Art. 37. Não é crime o abate de animal, quando realizado:

I – em estado de necessidade, para saciar a fome do agente ou de sua família;

II – para proteger lavouras, pomares e rebanhos da ação predatória ou destruidora de animais, desde que legal e expressamente autorizado pela autoridade competente;

III – (VETADO)

IV – por ser nocivo o animal, desde que assim caracterizado pelo órgão competente.

▶ **Atenção:** saber estas hipóteses (incisos) do art. 37.

1. Hipóteses de exclusão da antijuridicidade

Há ações que são contrárias ao Direito, mas a própria lei apresenta causa justificativa da conduta que, consequentemente, exclui os crimes. Se matar um animal da fauna silvestre é um crime, o fato de o agente fazê-lo para, por exemplo, proteger seus rebanhos (desde que autorizado pela autoridade competente) exclui o caráter ilícito da conduta.

Aplicação em concurso:

- **(Prefeitura de Vinhedo – SP / IBFC – 2020)**

  "No que diz respeito aos crimes contra o meio ambiente, assinale a alternativa que não apresenta um crime previsto da Lei n° 9.605/1998 (Lei de Crimes Ambientais).

  A) Introduzir espécime animal no País, sem parecer técnico oficial favorável e licença expedida por autoridade competente

  B) Provocar, pela emissão de efluentes ou carreamento de materiais, o perecimento de espécimes da fauna aquática existentes em rios, lagos, açudes, lagoas, baías ou águas jurisdicionais brasileiras

  C) Abater o animal por ser nocivo, desde que assim caracterizado pelo órgão competente

  D) Pescar em período no qual a pesca seja proibida ou em lugares interditados por órgão competente."

  Gabarito: Letra c

- **(Analista/Segep 2016 – FCC)**

  "Em relação à Lei n. 9.605/1998, que trata dos Crimes Ambientais, é correto afirmar:

  A) Não é crime o abate de animal, quando realizado em estado de necessidade, para saciar a fome do agente ou de sua família.

  B) É crime o abate de animal, para proteger lavouras, pomares e rebanhos, mesmo com autorização de autoridade competente.

C) Não é crime danificar floresta, mesmo de preservação permanente, em necessidade de abrigo e alimentação do agente.

D) É crime cortar árvores em floresta de preservação permanente, mesmo com autorização de autoridade competente.

E) Não é crime provocar incêndio em mata, floresta, e outras formas de vegetação, desde que não tenha sido intencional."

Gabarito: letra "a".

- **(Defensor Público AM 2013 – FCC)**

"Pedro, em estado de necessidade, para saciar sua fome e de sua família, composta por esposa e cinco filhos, abateu animal da fauna amazônica. Segundo a Lei Federal nº 9.605/98, que dispõe sobre as sanções penais e administrativas derivadas de condutas e atividades lesivas ao meio ambiente, tal fato

A) é tipificado como crime.

B) é tipificado como contravenção penal.

C) é tipificado como crime, sendo a situação descrita circunstância atenuante da pena.

D) não é considerado crime.

E) é tipificado como crime, sendo a ação penal neste caso pública condicionada à representação."

Gabarito: letra "d".

Seção II
Dos Crimes contra a Flora

1. O legislador havia transformado a maioria das contravenções florestais da Lei 4.771/65 (antigo Código Florestal) em crimes. Só permaneciam em vigor as contravenções ambientais florestais das letras *e*, *j*, *l* e *m* do artigo 26 da referida Lei.[36] Com a revogação expressa da Lei 4.771/65 pela Lei 12.651/2012 (Código Florestal) não há mais que se falar naquelas contravenções ambientais. Foram todas, portanto, tácita ou expressamente revogadas, devendo-se observar apenas as disposições da Lei de Crimes Ambientais.

---

36. FREITAS, 2006. pág. 133.

Art. 38. Destruir ou danificar floresta considerada de preservação permanente, mesmo que em formação, ou utilizá-la com infringência das normas de proteção:

Pena – detenção, de um a três anos, ou multa, ou ambas as penas cumulativamente.

Parágrafo único. Se o crime for culposo, a pena será reduzida à metade.

1. Áreas de Preservação Permanente (APP)

É a área protegida nos termos do artigo 3º, II e artigo 4º do Código Florestal (Lei 12.651/2012), coberta ou não por vegetação nativa, com a função ambiental de preservar os recursos hídricos, a paisagem, a estabilidade geológica, a biodiversidade, o fluxo gênico de fauna e flora, proteger o solo e assegurar o bem-estar das populações humanas, como as matas ciliares e a vegetação ao redor de nascentes. [37]

2. O Código Florestal inova ao estabelecer regras mais benéficas para atividades já realizadas e **consolidadas em áreas rurais até 22 de julho de 2008**, data do Decreto 6.514/2008, que regulamenta a Lei de Crimes Ambientais e Infrações Administrativas Ambientais[38]. Nos termos da nova legislação, observados todos os requisitos necessários, e para fins de regularização ambiental, o órgão ambiental competente convocará o proprietário ou possuidor do imóvel rural para assinar o **termo de compromisso**, que constituirá título executivo extrajudicial.[39] A assinatura de termo de compromisso **suspenderá a punibilidade dos crimes** previstos no artigo 38, enquanto o mesmo estiver sendo cumprido. Cabe observar, ainda, que a prescrição ficará interrompida durante o período de suspensão da pretensão punitiva e que a efetiva regularização do imóvel rural extingue a punibilidade.[40]

Aplicação em concurso:

- **(Escrivão PC/PA 2016 – Funcab)**

  "Acerca da Lei n. 9.605, de 1998, que trata das sanções penais e administrativas derivadas de condutas e atividades lesivas ao meio ambiente, é correto afirmar que constitui crime:

---

37. *Vide* Cap. IV.
38. *Vide* Cap. IV.
39. Art. 59, parágrafo 3º, da Lei 12.651/2012.
40. Art. 60, parágrafos 1º e 2º, da Lei 12.651/2012.

A) matar, perseguir, caçar, apanhar, utilizar espécimes da fauna silvestre, nativos ou em rota migratória, qualquer que seja a hipótese.

B) destruir ou danificar floresta considerada de preservação permanente, mesmo que em formação, ou utilizá-la com infringência das normas de proteção.

C) abater animal, quando realizado em estado de necessidade, para saciar a fome do agente ou de sua família.

D) a prática de grafite realizada com c objetivo de valorizar o patrimônio público ou privado mediante manifestação artística, com ou sem consentimento do proprietário ou, quando couber, do locatário ou arrendatário do bem privado.

E) penetrar em Unidades de Conservação conduzindo substâncias ou instrumentos próprios para caça ou para exploração de produtos ou subprodutos florestais, mesmo se possuir licença da autoridade competente."

Gabarito: letra "b".

Art. 38-A. Destruir ou danificar vegetação primária ou secundária, em estágio avançado ou médio de regeneração, do Bioma Mata Atlântica, ou utilizá-la com infringência das normas de proteção: (Incluído pela Lei nº 11.428, de 2006).

Pena – detenção, de 1 (um) a 3 (três) anos, ou multa, ou ambas as penas cumulativamente. (Incluído pela Lei nº 11.428, de 2006).

Parágrafo único. Se o crime for culposo, a pena será reduzida à metade. (Incluído pela Lei nº 11.428, de 2006).

Art. 39. Cortar árvores em floresta considerada de preservação permanente, sem permissão da autoridade competente:

Pena – detenção, de um a três anos, ou multa, ou ambas as penas cumulativamente.

1. De maneira análoga ao artigo 38, a assinatura de termo de compromisso pelo proprietário do imóvel **suspenderá a punibilidade dos crimes** previstos no artigo 39, enquanto o mesmo estiver sendo cumprido. Nesse caso, a prescrição também ficará interrompida durante o período de suspensão da pretensão punitiva. A efetiva regularização do imóvel rural extingue a punibilidade.[41]

41. Art. 60, parágrafos 1º e 2º, da Lei 12.651/2012.

Aplicação em concurso:

- **(TJ/AC 2007 – CESPE)**

  "A existência de autorização válida do órgão ambiental para o corte de árvores em floresta de preservação permanente atua como causa de exclusão de pena no crime previsto no art. 39 da Lei nº 9.605/1998 ("Cortar árvores em floresta considerada de preservação permanente, sem permissão da autoridade competente")."

  A afirmativa está errada. Não é causa de exclusão da pena, em função da atipicidade da conduta.

- **(Ministério Público/TO 2006 – CESPE)**

  "Será considerado crime ambiental cortar árvores e delas extrair minerais, em quaisquer circunstâncias, não existindo possibilidade legal de permissão ou autorização para fazê-lo."

  A afirmativa está errada. O art. 39 (corte de árvores) e o art. 44 (extração de minerais) preveem a possibilidade de permissão ou autorização.

Art. 40. Causar dano direto ou indireto às Unidades de Conservação e às áreas de que trata o art. 27 do Decreto nº 99.274, de 6 de junho de 1990, independentemente de sua localização:

Pena – reclusão, de um a cinco anos.

§ 1º Entende-se por Unidades de Conservação de Proteção Integral as Estações Ecológicas, as Reservas Biológicas, os Parques Nacionais, os Monumentos Naturais e os Refúgios de Vida Silvestre. (Redação dada pela Lei nº 9.985, de 18.7.2000)

§ 2º A ocorrência de dano afetando espécies ameaçadas de extinção no interior das Unidades de Conservação de Proteção Integral será considerada circunstância agravante para a fixação da pena. (Redação dada pela Lei nº 9.985, de 18.7.2000)

§ 3º Se o crime for culposo, a pena será reduzida à metade.

1. Unidades de Conservação da Natureza

A Lei 9.985/00 institui o Sistema Nacional de Unidades de Conservação da Natureza-SNUC. Remetemos o leitor ao Cap. V dessa obra.

As "áreas de que trata o art. 27 do Decreto nº 99.274, de 6 de junho de 1990" são as denominadas "zonas de amortecimento", áreas circundantes das Unidades de Conservação, num raio de dez quilômetros.[42], onde as atividades humanas estão sujeitas a normas e restrições específicas, com o propósito de minimizar os impactos negativos sobre a unidade.

- **Legislação:**

Decreto nº 99.274/90, art. 27. Nas áreas circundantes das Unidades de Conservação, num raio de dez quilômetros, qualquer atividade que possa afetar a biota ficará subordinada às normas editadas pelo CONAMA.

Resolução CONAMA nº 13, de 6 de dezembro de 1990, que dispõe sobre normas referentes às atividades desenvolvidas no entorno das Unidades de Conservação.

> "(...)
>
> **Art. 2.** Nas áreas circundantes das Unidades de Conservação, num raio de dez quilômetros, qualquer atividade que possa afetar a biota, deverá ser obrigatoriamente licenciada pelo órgão ambiental competente."

- **Atenção:** A Resolução CONAMA 428/10 revoga expressamente a Resolução CONAMA 13/90, que estabelecia o licenciamento ambiental de atividades num raio de dez quilômetros nas áreas circundantes das Unidades de Conservação. A nova Resolução delimita a faixa de **três mil metros** a partir dos limites da UC (nos casos de atividade de **significativo impacto ambiental** e, consequentemente, **sujeitos à apresentação de EIA/RIMA**) como sendo a área de entorno a ser protegida quando ainda não definida a zona de amortecimento.[43]

Já nos processos de licenciamento de **empreendimentos de menor potencial de impacto ambiental**, **não sujeitos a EIA/RIMA**, o órgão ambiental licenciador deverá dar ciência ao órgão responsável pela administração da UC sempre que o empreendimento, alternativamente:

I. puder causar impacto direto em UC;

II. estiver localizado na sua ZA;

---

42. Vide Cap. V, comentários aos artigos 25 e 26.
43. Tal determinação é válida durante o prazo de 5 anos, contados a partir da publicação da Resolução 473, de 17 de dezembro de 2015 (art. 1º, parágrafo 2º da Resolução CONAMA 428/2010). **Atenção: o prazo de validade dessa determinação terminou, portanto, no dia 17 de dezembro de 2020** e, até o momento da finalização dessa edição da obra, não houve publicação de nova resolução prorrogando o mesmo.

III. estiver localizado no limite de **até 2 mil metros da UC**, cuja ZA não tenha sido estabelecida no prazo de até 5 anos a partir da data da publicação desta Resolução.

▶ **STF**

"Habeas Corpus. Crimes contra o meio ambiente (Lei n. 9.605/98) e de loteamento clandestino (Lei n. 6.766/79). Inépcia formal da denúncia. Tipicidade da conduta criminosa inscrita no artigo 40 da Lei n. 9.605/98. Caracterização da área degradada como "unidade de conservação". Reexame de provas. Auto-aplicabilidade do artigo 40 da Lei n. 9.605/98. (...) Não se reputa inepta a denúncia que preenche os requisitos formais do artigo 41 do Código de Processo Penal e indica minuciosamente as condutas criminosas em tese praticadas pelo paciente, permitindo, assim, o exercício do direito de ampla defesa. (...) **O artigo 40 da Lei n. 9.605/98, independentemente das alterações inseridas pela Lei n. 9.985/2000 ou da regulamentação trazida pelo Decreto n. 4.340/02, possuía, já em sua redação original, densidade normativa suficiente para permitir a sua aplicação imediata, sendo certo que essas alterações não implicaram *abolitio criminis* em nenhuma medida.** (...) Habeas corpus conhecido em parte e, nessa parte, denegado." (STF, HC 89.735, Rel. Menezes Direito, DJ de 29/02/08)

Art. 40-A. (VETADO) (Artigo incluído pela Lei nº 9.985, de 18.7.2000)

§ 1º Entende-se por Unidades de Conservação de Uso Sustentável as Áreas de Proteção Ambiental, as Áreas de Relevante Interesse Ecológico, as Florestas Nacionais, as Reservas Extrativistas, as Reservas de Fauna, as Reservas de Desenvolvimento Sustentável e as Reservas Particulares do Patrimônio Natural. (Parágrafo incluído pela Lei nº 9.985, de 18.7.2000)

§ 2º A **ocorrência de dano afetando espécies ameaçadas de extinção** no interior das Unidades de Conservação de Uso Sustentável será considerada **circunstância agravante** para a fixação da pena. (Parágrafo incluído pela Lei nº 9.985, de 18.7.2000)

§ 3º Se o crime for culposo, a pena será reduzida à metade. (Parágrafo incluído pela Lei nº 9.985, de 18.7.2000)

Art. 41. Provocar incêndio em mata ou floresta:

Pena – reclusão, de dois a quatro anos, e multa.

Parágrafo único. Se o crime é culposo, a pena é de detenção de seis meses a um ano, e multa.

Art. 42. Fabricar, vender, transportar ou soltar balões que possam provocar incêndios nas florestas e demais formas de vegetação, em áreas urbanas ou qualquer tipo de assentamento humano:

Pena – detenção de um a três anos ou multa, ou ambas as penas cumulativamente.

Art. 43. (VETADO)

Art. 44. Extrair de florestas de domínio público ou consideradas de preservação permanente, sem prévia autorização, pedra, areia, cal ou qualquer espécie de minerais:

Pena – detenção, de seis meses a um ano, e multa.

1. Aplicação em concurso:

- **(Delegado PC/PA 2016 – Funcab)**

  "Sobre os crimes previstos na Lei n. 9.605, de 1998, é correto afirmar que:

  A) o simples transporte de balões que tenham a potencialidade para provocar incêndios é conduta incriminada na lei especial.

  B) no crime de maus-tratos contra animais domésticos, o bem jurídico-penal tutelado é indiscutivelmente a conservação da natureza.

  C) as condutas de destruir ou danificar floresta considerada de preservação permanente, mesmo que em formação, e destruir ou danificar vegetação primária ou secundária, em estágio avançado ou médio de regeneração, do Bioma Mata Atlântica, são condutas previstas no mesmo tipo penal, ao passo em que o corte de árvores em floresta considerada de preservação permanente, sem autorização da autoridade competente, está inculcado em dispositivo diverso.

  D) condutas incriminando a extração irregular de minérios não integram o âmbito da Lei n. 9.605/1998, mas são atinentes à lei especial diversa.

  E) o delito cie causar poluição não admite a modalidade culposa."

  Gabarito: letra "a".

Art. 45. Cortar ou transformar em carvão madeira de lei, assim classificada por ato do Poder Público, para fins industriais, energéticos ou para qualquer outra exploração, econômica ou não, em desacordo com as determinações legais:

Pena – reclusão, de um a dois anos, e multa.

Art. 46. Receber ou adquirir, para fins comerciais ou industriais, madeira, lenha, carvão e outros produtos de origem vegetal, sem exigir a exibição de licença do vendedor, outorgada pela autoridade competente, e sem munir-se da via que deverá acompanhar o produto até final beneficiamento:

Pena – detenção, de seis meses a um ano, e multa.

Parágrafo único. Incorre nas mesmas penas quem vende, expõe à venda, tem em depósito, transporta ou guarda madeira, lenha, carvão e outros produtos de origem vegetal, sem licença válida para todo o tempo da viagem ou do armazenamento, outorgada pela autoridade competente.

Art. 47. (VETADO)

Art. 48. Impedir ou dificultar a regeneração natural de florestas e demais formas de vegetação:

Pena – detenção, de seis meses a um ano, e multa.

1. O Código Florestal inova ao estabelecer regras mais benéficas para atividades já realizadas e **consolidadas em áreas rurais até 22 de julho de 2008**, data do Decreto 6.514/2008, que regulamenta a Lei de Crimes Ambientais e Infrações Administrativas Ambientais[44]. Nos termos da nova legislação, observados todos os requisitos necessários, e para fins de regularização ambiental, o órgão ambiental competente convocará o proprietário ou possuidor do imóvel rural para assinar o **termo de compromisso**, que constituirá título executivo extrajudicial.[45] A assinatura de termo de compromisso **suspenderá a punibilidade dos crimes** previstos no artigo 48, enquanto o mesmo estiver sendo cumprido. Cabe observar, ainda, que a prescrição ficará interrompida durante o período de suspensão da pretensão punitiva e que a efetiva regularização do imóvel rural extingue a punibilidade.[46]

2. Aplicação pelo STJ:

> AGRAVO REGIMENTAL. RECURSO ESPECIAL. CRIME AMBIENTAL. ARTIGO 48 DA LEI N. 9.605/98. IMPEDIR OU DIFICULTAR A REGENERAÇÃO NATURAL DE FLORESTAS E DEMAIS FORMAS DE VEGETAÇÃO. DESNECESSIDADE DA ÁREA DEVASTADA SER DE PRESERVAÇÃO PERMANENTE. RECURSO IMPROVIDO.
>
> 1. A tipificação da conduta descrita no artigo 48 da Lei n. 9.605/98 prescinde de a área ser de preservação permanente. 2. Agravo regimental a que se nega provimento. (STJ. AgRg no REsp 1498059/RS. Quinta Turma. Rel. Min. Leopoldo de Arruda Raposo. Publ. DJe 01/10/2015).

---

44. *Vide* Cap. IV.
45. Art. 59, parágrafo 3º, da Lei 12.651/2012.
46. Art. 60, parágrafos 1º e 2º, da Lei 12.651/2012.

CRIME PERMANENTE. MEIO AMBIENTE. TIPICIDADE. O ato do paciente de impedir a regeneração natural de flora ao cercar e construir duas quadras esportivas em área pública estendeu-se no tempo, sendo constantemente violado o bem jurídico tutelado (meio ambiente). Assim, ainda que a vegetação tenha sido retirada quando a área não era considerada de preservação ambiental e antes da vigência da Lei do Meio Ambiente, a conduta acima descrita é típica **(art. 48 da Lei n. 9.605/1998).** Houve prorrogação do momento consumativo, pois o paciente poderia fazer cessar sua atividade delitiva, bastando retirar a cerca que anexa seu terreno à área pública de preservação permanente invadida quando foi notificado para tanto, e assim não o fez. Logo, a conduta narrada caracteriza-se como crime permanente, em que não é possível precisar o início da atividade delituosa, bastando apenas provar, a qualquer momento, que a conduta persiste. Assim, o lapso prescricional somente começa a fluir do momento em que cessa a permanência. Desse modo, a Turma denegou a ordem. (HC 116.088-DF, Rel. Min. Laurita Vaz, julgado em 16/9/2010. *Informativo 447).*

Art. 49. Destruir, danificar, lesar ou maltratar, por qualquer modo ou meio, plantas de ornamentação de logradouros públicos ou em propriedade privada alheia:

Pena – detenção, de três meses a um ano, ou multa, ou ambas as penas cumulativamente.

Parágrafo único. No crime culposo, a pena é de um a seis meses, ou multa.

Art. 50. Destruir ou danificar florestas nativas ou plantadas ou vegetação fixadora de dunas, protetora de mangues, objeto de especial preservação:

Pena – detenção, de três meses a um ano, e multa.

Art. 50-A. Desmatar, explorar economicamente ou degradar floresta, plantada ou nativa, em terras de domínio público ou devolutas, sem autorização do órgão competente: (Incluído pela Lei nº 11.284, de 2006)

Pena – reclusão de 2 (dois) a 4 (quatro) anos e multa. (Incluído pela Lei nº 11.284, de 2006)

§ 1º Não é crime a conduta praticada quando necessária à subsistência imediata pessoal do agente ou de sua família. (Incluído pela Lei nº 11.284, de 2006)

§ 2º Se a área explorada for **superior a 1.000 ha** (mil hectares), a **pena será aumentada de 1 (um) ano por milhar de hectare**. (Incluído pela Lei nº 11.284, de 2006)

1. Aplicação em concurso:

- **(Fiscal Ambiental / Prefeitura de Araguaína – TO / IDIB – 2020)**

  "A Lei nº 11.284, de 2006, acrescentou o artigo nº 50-A à Lei de Crimes Ambientais, qualificando que ao desmatar, explorar economicamente ou degradar floresta, plantada ou nativa, em terras de domínio público ou devolutas, sem autorização do órgão competente, o autor fica sujeito a pena de reclusão de 2 a 4 anos e multa. Destaca-se que não é crime a conduta praticada quando necessária à subsistência imediata pessoal do agente ou de sua família. Nesse mesmo contexto, se a área explorada for superior a 1.000 ha (mil hectares), a pena será aumentada em

  A) 1 ano por milhar de hectare.

  B) 2 anos por milhar de hectare.

  C) 1 ano por centena de hectare.

  D) 2 anos por centena de hectare."

  Gab: Letra a

Art. 51. Comercializar motosserra ou utilizá-la em florestas e nas demais formas de vegetação, sem licença ou registro da autoridade competente:

Pena – detenção, de três meses a um ano, e multa.

Art. 52. Penetrar em Unidades de Conservação conduzindo substâncias ou instrumentos próprios para caça ou para exploração de produtos ou subprodutos florestais, sem licença da autoridade competente:

Pena – detenção, de seis meses a um ano, e multa.

Art. 53. Nos crimes previstos nesta Seção, a pena é aumentada de um sexto a um terço se:

I – do fato resulta a diminuição de águas naturais, a erosão do solo ou a modificação do regime climático;

II – o crime é cometido:

a) no período de queda das sementes;

b) no período de formação de vegetações;

c) contra espécies raras ou ameaçadas de extinção, ainda que a ameaça ocorra somente no local da infração;

d) em época de seca ou inundação;

e) durante a noite, em domingo ou feriado.

▶ STJ

PENAL E PROCESSUAL PENAL. AÇÃO PENAL ORIGINÁRIA. CRIME AMBIENTAL. CORTE DE ÁRVORE EM FLORESTA DE PRESERVAÇÃO

PERMANENTE. AUMENTO DE PENA. ESPÉCIES RARAS. CONDUTA DESCRITA NOS ARTS. 39 E 53, II, "C", DA LEI N. 9.605/98. INDÍCIOS SUFICIENTES DE AUTORIA E MATERIALIDADE. DENÚNCIA RECEBIDA. 1. Ação penal em que se imputa a Desembargador do Tribunal de Justiça do Estado de Goiás a prática do delito tipificado no art. 39, combinado com o art. 53, inciso II, alínea "c", da Lei n. 9.605/98 – corte de árvores em floresta considerada de preservação permanente, sem permissão da autoridade competente, com aumento de pena em razão de o delito em tese haver sido supostamente cometido "contra espécies raras ou ameaçadas de extinção, ainda que a ameaça ocorra somente no local da infração". 2. A denúncia observou os requisitos previstos no artigo 41 do Código de Processo Penal (exposição do fato criminoso, com todas as suas circunstâncias; a qualificação do denunciado; a classificação do crime; e rol das testemunhas), inexistindo qualquer das situações impeditivas previstas no art. 395 do referido diploma. 3. Embora o denunciado tenha afirmado falta de justa causa para a ação penal, as provas presentes nos autos até este momento são suficientes para, nesta fase processual, demonstrar os indícios de autoria e a materialidade delitiva, quais sejam: Auto de Infração; Relatório de Fiscalização; Certidão contendo rol das testemunhas que poderão ser capazes de comprovar a prática do respectivo ilícito ambiental e Termo de Inspeção da Flora lavrados pelo IBAMA; anexo fotográfico; decisão administrativa condenatória; termo de declarações de testemunha e, por último, laudo de perícia criminal. 4. Recebida denúncia em face de A S DE S C, pela prática em tese do delito tipificado no art. 39, combinado com o art. 53, inciso II, alínea "c", da Lei n. 9.605/98, determinando-se a instauração da competente ação penal. (APn 703/GO, Rel. Min. Benedito Gonçalves, Corte Especial, DJ 29.11.2016).

Aplicação em concurso:

- **(Analista Judiciário TRF 3 - 2019 - FCC)**

  "Ricardo e Mauro, donos de uma madeireira no estado de Goiás, cortaram árvores e promoveram incêndios criminosos na floresta do Parque Nacional da Chapada dos Veadeiros, e foram presos em flagrante pela polícia, seguindo-se o indiciamento pelos crimes dos artigos 39 (Cortar árvores em floresta considerada de preservação permanente, sem permissão da autoridade competente) e 41 (Provocar incêndio em mata ou floresta), ambos da Lei n° 9.605/1998. Para os fatos imputados a Ricardo e Mauro, se os crimes foram cometidos durante a noite,

  A) a pena é aumentada de um sexto a um terço.

  B) a pena é aumentada em até um sexto.

  C) a pena é aumentada até a metade.

D) não haverá qualquer aumento na pena prevista para os dois tipos penais.

E) a pena de detenção será substituída pela de reclusão, com majoração de um a dois terços."

Gabarito: letra "a", nos termos do art. 53, II, "e" da Lei 9.605/98.

Seção III
Da Poluição e outros Crimes Ambientais

Art. 54. Causar poluição de qualquer natureza em níveis tais que resultem ou possam resultar em danos à saúde humana, ou que provoquem a mortandade de animais ou a destruição significativa da flora:

Pena – reclusão, de um a quatro anos, e multa.

§ 1º Se o crime é culposo:

Pena – detenção, de seis meses a um ano, e multa.

§ 2º Se o crime:

I – tornar uma área, urbana ou rural, imprópria para a ocupação humana;

II – causar poluição atmosférica que provoque a retirada, ainda que momentânea, dos habitantes das áreas afetadas, ou que cause danos diretos à saúde da população;

III – causar poluição hídrica que torne necessária a interrupção do abastecimento público de água de uma comunidade;

IV – dificultar ou impedir o uso público das praias;

V – ocorrer por lançamento de resíduos sólidos, líquidos ou gasosos, ou detritos, óleos ou substâncias oleosas, em desacordo com as exigências estabelecidas em leis ou regulamentos:

Pena – reclusão, de um a cinco anos.

§ 3º Incorre nas mesmas penas previstas no parágrafo anterior quem deixar de adotar, quando assim o exigir a autoridade competente, medidas de precaução em caso de risco de dano ambiental grave ou irreversível.

1. **Análise do *caput* do art. 54 (crime de dano e crime de perigo)** → *Causar poluição de qualquer natureza em níveis tais que resultem* (crime de dano) *ou possam resultar* (crime de perigo) *em danos à saúde humana, ou que provoquem a mortandade de animais ou a destruição significativa da flora* (crime de dano).

   ▶ **STJ:**

   DIREITO PENAL E PROCESSUAL PENAL. EMBARGOS DE DIVERGÊNCIA. DISSÍDIO CONFIGURADO. CRIME DO ART. 54 DA LEI N. 9.605/98.

AUTORIA E MATERIALIDADE COMPROVADAS. NATUREZA FORMAL DO DELITO. REALIZAÇÃO DE PERÍCIA. DESNECESSIDADE. POTENCIALIDADE DE DANO À SAÚDE. EMBARGOS DE DIVERGÊNCIA PROVIDOS. RECURSO ESPECIAL DESPROVIDO.

1. O delito previsto na primeira parte do artigo 54 da Lei n. 9.605/1998 possui natureza formal, sendo suficiente a potencialidade de dano à saúde humana para configuração da conduta delitiva, não se exigindo, portanto, a realização de perícia. Embargos de Divergência providos, recurso especial desprovido.(STJ. EREsp 1417279/SC. Rel. Min. Joel Ilan Paciornik. Publ. DJe 20/04/2018).

2. Parágrafo 2º → crime de poluição qualificado pelo resultado.

▶ **STJ:**

CONFLITO DE COMPETÊNCIA. CRIME AMBIENTAL. POLUIÇÃO. ART. 54, § 2º, V DA LEI N. 9.605/98. DESÁGUE DE ESGOTO EM NASCENTES LOCALIZADAS EM ÁREA DE PROTEÇÃO AMBIENTAL. PROGRAMA HABITACIONAL POPULAR MINHA CASA MINHA VIDA (PMCMV). FISCALIZAÇÃO DA APLICAÇÃO DOS RECURSOS PÚBLICOS PELA CAIXA ECONÔMICA FEDERAL (CEF). ATUAÇÃO COMO MERO AGENTE FINANCEIRO. FISCALIZAÇÃO DO CRONOGRAMA DA OBRA PARA LIBERAÇÃO DE RECURSOS. CONTRATO QUE ISENTA A CEF DE RESPONSABILIDADE PELA HIGIDEZ DA OBRA. COMPETÊNCIA DA JUSTIÇA ESTADUAL.

1. O presente conflito de competência deve ser conhecido, por se tratar de incidente instaurado entre juízos vinculados a Tribunais distintos, nos termos do art. 105, inciso I, alínea d, da Constituição Federal. 2. Em análise à jurisprudência deste Superior Tribunal de Justiça – STJ constata-se haver diferenciação de responsabilidade da CEF conforme sua atuação como agente meramente financeiro ou como agente executor de políticas públicas responsável pela execução da obra. Todavia, verifica-se que o fato de o imóvel não estar edificado não implica, por si só, a responsabilização da CEF por dados causados pela obra, sendo imprescindível a análise contratual e riscos por ela assumidos. Precedentes. Para a responsabilização da CEF por dano ambiental causado pela obra é imprescindível sua atuação na elaboração do projeto, mormente em se tratando de direito penal que inadmite a responsabilidade objetiva. O contrato entre a CEF e a construtora evidencia que o acompanhamento da obra foi restrito à verificação de conclusão de etapas para a liberação do financiamento, sem responder, contudo, pela higidez da obra, que ficou a cargo apenas da construtora. Na espécie, verifica-se que a fiscalização da CEF limitou-se ao cumprimento do cronograma da obra para fins exclusivamente financeiros. 3. Conflito de competência conhecido para

declarar competente o Juízo de Direito da Vara do Juizado Especial Criminal de Santa Rosa/RS, o suscitante. (STJ. CC 139197/RS. Rel. Min. Joel Ilan Paciornik. Public. DJe 09.11.2017).

▶ **STJ:**

AGRAVO REGIMENTAL NO RECURSO ESPECIAL. PENAL E PROCESSUAL PENAL. POLUIÇÃO AMBIENTAL QUALIFICADA. ARTIGOS 54 § 1º, I, II, III E IV E § 3º E 56, § 1º, I E II, c/c 58, I, TODOS DA LEI N. 9.605/98. ENVIO E ARMAZENAMENTO DE RESÍDUOS TÓXICOS. PROVIDÊNCIAS NÃO EFETIVADAS PARA REPARAÇÃO DO DANO CAUSADO. NATUREZA PERMANENTE DA CONDUTA. PRÁTICA QUE SE PERDUROU NO TEMPO. NÃO CESSAÇÃO DA ATIVIDADE. IMPOSSIBILIDADE DE AFERIÇÃO DA PRESCRIÇÃO. PRECEDENTES. BEM JURÍDICO-CONSTITUCIONAL DE ELEVADO VALOR. DIREITO AO MEIO AMBIENTE ECOLOGICAMENTE EQUILIBRADO. INEXISTÊNCIA DE OMISSÃO NO ACÓRDÃO RECORRIDO. AGRAVO REGIMENTAL DESPROVIDO.

1. A controvérsia cinge-se em estabelecer se os delitos pelos quais a empresa agravante foi condenada - poluição, na sua modalidade qualificada (arts. 54, § 2º, I, II, III e IV e § 3º e 56, § 1º, I e II, c/c 58, I, da Lei n. 9.605/98), considerado o momento de sua consumação, são de natureza permanente ou instantânea de efeitos permanentes, para fins de reconhecimento de prescrição. 2. In casu, as condutas delituosas se resumem na ação de causar poluição ambiental que provoque danos à população e ao próprio ambiente, em desacordo com as exigências estabelecidas na legislação de proteção, e na omissão em adotar medidas de precaução nos casos de risco de dano grave ou irreversível ao ecossistema. Com efeito, há dificuldade de classificação do tipo legal quanto ao momento de sua consumação na medida em que é de fácil visualização a conduta inicial definida - causar poluição - que pode restar configurada simplesmente na primeira ação ou omissão por parte do autor ou, ainda, perdurar no tempo. 3. No caso dos autos, a empresa agravante armazenou seu lixo industrial, no município de Ulianópolis, e, dessa conduta, resultou poluição grave da área degradada, sendo que, até o momento de prolação do julgado, não teria tomado providências para reparar o dano, caracterizando a continuidade da prática infracional. Desse modo, constata-se que o crime de poluição qualificada em exame é permanente, ainda que por omissão da parte recorrente, que foi prontamente notificada a reparar o dano causado. 4. Esta Corte tem se posicionado pela impossibilidade de aferição do transcurso do lapso prescricional quanto a delito cometido em desfavor do meio ambiente, quando pautado na continuidade das atividades ilícitas. 5. Esse posicionamento vem tomando força e deve ser a linha de orientação a ser seguida, considerado o bem jurídico-constitucional de elevado valor a que a lei faz referência direito ao meio ambiente ecologicamente equilibrado - que legitima a intervenção do Estado no controle das ações praticadas a seu desfavor, devendo ser promovida

a efetiva aplicação das normas penais. 6. Não há falar em omissão no aresto hostilizado, pois se rechaçou a tese posta nas contrarrazões ao argumento de que a recorrente admitiu ter recebido notificação da Prefeitura Municipal de Ulianópolis para retirar os resíduos e assim não o fez. 7. Agravo regimental desprovido. (STJ. AgRg no REsp 1847097/PA. Rel. Min. Joel Ilan Paciornik. Public. DJe 13.03.2020).

Aplicação em concurso:

- **(Delegado de Polícia Civil GO 2017 – CESPE)**

"Uma mineradora está respondendo por supostamente ter causado poluição capaz de gerar danos à saúde dos moradores de área próxima ao local de suas atividades. Alguns sócios com poderes de gerência foram apontados como corresponsáveis na esfera criminal. Foram impostas duas multas administrativas elevadas, uma por ente estadual e outra por ente federal, com base na mesma conduta. Na motivação, foi invocado o alto poder econômico da empresa como fator para gradação das multas. Alguns moradores já ajuizaram ações cíveis de reparação de danos. Com relação a essa situação hipotética, assinale a opção correta à luz da legislação pertinente e das posições doutrinárias majoritariamente aceitas

A) situação econômica do infrator não poderia ser levada em consideração para estabelecer o valor das multas impostas.

B) Ainda que tenha inexistido dolo na geração da poluição, poderá haver responsabilização criminal no caso.

C) Ainda que seja a mesma hipótese de incidência, as duas multas administrativas – federal e estadual – deverão ser pagas.

D) Como as esferas de responsabilização por infração ambiental são independentes entre si, inexiste situação em que a decisão criminal repercutirá nas demais e vice-versa.

E) Se a pessoa jurídica for condenada criminalmente, ficará excluída a responsabilidade criminal dos seus sócios-gerentes."

Gabarito: letra "b".

- **(TJ/PI 2007 – CESPE)**

Acerca da lei que dispõe sobre crimes ambientais, assinale a opção correta.

A) A Lei dos Crimes Ambientais só admite o crime qualificado quando ausentes as medidas de precaução, em caso de risco de dano ambiental grave ou irreversível, por parte daqueles que as deveriam adotar e quando assim o exigir a autoridade competente.

B) Não há hipótese de crime de poluição atmosférica qualificada que não seja a prática de terrorismo, estando, nesse caso, a legislação dos crimes ambientais sujeita à Lei de Segurança Nacional e às convenções internacionais que regulam os crimes contra a humanidade.

C) O crime de poluição hídrica só ocorre quando verificados danos à saúde humana, ao passo que o crime de poluição atmosférica consuma-se com a mera exposição ao risco.

D) O crime de poluição atmosférica só ocorre quando a suspensão do abastecimento público compromete as atividades rotineiras de um bairro, de um conjunto de bairros ou de uma cidade inteira, por mais de dois dias úteis.

E) Classificam-se como crimes qualificados causar poluição atmosférica que provoque a retirada, ainda que momentânea, dos habitantes das áreas afetadas, bem como causar poluição hídrica que torne necessária a interrupção do abastecimento público, ainda que apenas por algumas horas.

Gabarito: letra "E".

- **(TJ/AC 2007 – CESPE)**

"Com base no disposto no artigo 54 e em seus desdobramentos, assinale a opção correta.

A) A expressão "em níveis tais", contida no caput do artigo, revela a existência de um tipo penal aberto, determinando que o tipo só restará configurado se forem desrespeitados os padrões de emissão de resíduos fixados pela administração ambiental.

B) A poluição que tornar uma área urbana ou rural imprópria para a ocupação humana (§ 2º, inciso I) configura um delito autônomo, independentemente das cláusulas normativas dispostas no caput.

C) O caput do art. 54 traz a descrição de um crime de perigo abstrato e, também, um tipo aberto, em razão da presença de cláusulas normativas de caráter valorativo.

D) O § 3º do art. 54 contém um delito autônomo de natureza omissiva e constitui uma norma penal em branco."

Gabarito: letra "D".

3. Parágrafo 3º:

▶ STJ

CRIME AMBIENTAL. PREFEITO. ALTERIDADE. A Turma concedeu a ordem de habeas corpus para trancar a ação penal instaurada em desfavor de ex-prefeito denunciado pela suposta prática do crime de poluição ambiental (art. 54, § 3º, da Lei n. 9.605/1998). *In casu,* o tribunal *a quo* consignou que a autoridade emissora da medida de controle ambiental descumprida seria o próprio paciente, a quem, na condição de representante máximo do município, caberia tomar providências para fazer cessar o dano e recuperar a área atingida. Contudo, segundo a Min. Relatora, essa conclusão conduz ao entendimento de que o acusado seria, ao mesmo tempo, o agente e o sujeito passivo mediato do delito, o que contraria característica inerente ao direito penal moderno consubstanciada na alteridade e na necessidade de intersubjetividade nas relações penalmente relevantes. Com essas considerações, reconheceu a atipicidade da conduta por ausência de elementar do tipo. (HC 81.175-SC, Rel. Min. Maria Thereza de Assis Moura, julgado em 9/11/2010. Informativo 455).

Art. 55. Executar pesquisa, lavra ou extração de recursos minerais sem a competente autorização, permissão, concessão ou licença, ou em desacordo com a obtida:

Pena – detenção, de seis meses a um ano, e multa.

Parágrafo único. Nas mesmas penas incorre quem deixa de recuperar a área pesquisada ou explorada, nos termos da autorização, permissão, licença, concessão ou determinação do órgão competente.

▶ **STJ:**

AGRAVO REGIMENTAL NO RECURSO ESPECIAL. **EXPLORAÇÃO DE MATÉRIA-PRIMA PERTENCENTE À UNIÃO. ART. 2º DA LEI 8.176/1991. EXTRAÇÃO DE RECURSOS MINERAIS SEM LICENÇA. ART. 55 DA LEI 9.605/1998.** PRINCÍPIO DA INSIGNIFICÂNCIA. AUSÊNCIA DE PREQUESTIONAMENTO. CRIME ÚNICO. IMPOSSIBILIDADE. CONCURSO FORMAL DE CRIMES CONFIGURADO. AGRAVO REGIMENTAL NÃO PROVIDO. (...) 2. Os crimes tipificados nos **arts. 2º da Lei n. 8.176/1991 e 55 da Lei n. 9.605/1998 visam à tutela de bens jurídicos diversos.** Enquanto este delito tem por finalidade a proteção do meio ambiente, quanto aos recursos encontrados no solo e no subsolo, aquele tem por objeto a preservação de bens e matérias-primas que integrem o patrimônio da União. A jurisprudência desta Corte, em situações fáticas muito semelhantes à dos autos, afastou o conflito aparente de normas e, em vista da lesividade a bens jurídicos distintos, reconheceu o concurso formal de crimes. Precedentes. 3. Agravo regimental não provido. (STJ. AgRg no REsp 1856109/RS. Rel. Min. Rogerio Schietti Cruz. Public. DJe 26.06.2020).

▶ **Obs:** o art. 2º, *caput*, da Lei 8.176/91 dispõe o seguinte: "Constitui crime contra o patrimônio, na modalidade de usurpação, produzir bens ou explorar matéria-prima pertencentes à União, sem autorização legal ou em desacordo com as obrigações impostas pelo título autorizativo. Pena: detenção, de um a cinco anos e multa."

Art. 56. Produzir, processar, embalar, importar, exportar, comercializar, fornecer, transportar, armazenar, guardar, ter em depósito ou usar produto ou substância tóxica, perigosa ou nociva à saúde humana ou ao meio ambiente, em desacordo com as exigências estabelecidas em leis ou nos seus regulamentos:

Pena – reclusão, de um a quatro anos, e multa.

§ 1º Nas mesmas penas incorre quem: (Redação dada pela Lei nº 12.305, de 2010)

I – abandona os produtos ou substâncias referidos no *caput* ou os utiliza em desacordo com as normas ambientais ou de segurança; (Incluído pela Lei nº 12.305, de 2010)

II – manipula, acondiciona, armazena, coleta, transporta, reutiliza, recicla ou dá destinação final a resíduos perigosos de forma diversa da estabelecida em lei ou regulamento. (Incluído pela Lei nº 12.305, de 2010)

§ 2º Se o produto ou a substância for nuclear ou radioativa, a pena é aumentada de um sexto a um terço.

§ 3º Se o crime é culposo:

Pena – detenção, de seis meses a um ano, e multa.

▶ **STJ**

AGRAVO REGIMENTAL NO RECURSO ESPECIAL. CRIME AMBIENTAL. ART. 56 DA LEI N. 9.605/1998. PRINCÍPIO DA INSIGNIFICÂNCIA. INAPLICABILIDADE. ATIPICIDADE DE CONDUTA. INOCORRÊNCIA. AGRAVO REGIMENTAL NÃO PROVIDO. 1. Inviável a aplicação do princípio da insignificância, a fim de afastar a tipicidade da conduta prevista no art. 56 da Lei n. 9.605/1988, aquele que, agindo em desacordo com as exigências legais ou regulamentares, é flagrado guardando e transportando em seu veículo automotor 8 kg de inseticida, de procedência uruguaia, que tem substância tóxica, perigosa ou nociva à saúde humana ou ao equilíbrio do meio ambiente, de origem chinesa, como princípio ativo, e que não tem registro e aprovação no Ministério da Agricultura, Pecuária e Abastecimento. 2. Agravo regimental não provido. (STJ, AgRg no REsp 1367294/RS, Rel. Min. Rogerio Schietti Cruz, 6ª T., DJ 23.2.2017).

Art. 57. (VETADO)

Art. 58. Nos crimes dolosos previstos nesta Seção, as penas serão aumentadas:

I – de um sexto a um terço, se resulta dano irreversível à flora ou ao meio ambiente em geral;

II – de um terço até a metade, se resulta lesão corporal de natureza grave em outrem;

III – até o dobro, se resultar a morte de outrem.

Parágrafo único. As penalidades previstas neste artigo somente serão aplicadas se do fato não resultar crime mais grave.

Aplicação em concurso:

- **(Procurador Municipal – Salvador 2015 – Cespe)**

  "A pena aplicada a pessoa física que produza, embale, transporte e comercialize substância tóxica e nociva à saúde humana e ao meio ambiente, em desacordo com as exigências estabelecidas em lei, poderá ser aumentada se o crime praticado

  A) resultar em dano irreversível à fauna.

  B) resultar em lesão corporal de natureza leve em outrem.

  C) resultar na morte de outrem.

  D) tiver sido cometido durante a noite, em domingo ou feriado.

  E) tiver sido cometido no período de formação de vegetações."

  Gabarito: letra "c".

Art. 59. (VETADO)

Art. 60. Construir, reformar, ampliar, instalar ou fazer funcionar, em qualquer parte do território nacional, estabelecimentos, obras ou serviços potencialmente poluidores, sem licença ou autorização dos órgãos ambientais competentes, ou contrariando as normas legais e regulamentares pertinentes:

Pena – detenção, de um a seis meses, ou multa, ou ambas as penas cumulativamente.

Art. 61. Disseminar doença ou praga ou espécies que possam causar dano à agricultura, à pecuária, à fauna, à flora ou aos ecossistemas:

Pena – reclusão, de um a quatro anos, e multa.

Aplicação em concurso:

- **(Magistratura Federal – TRF 5ª Região 2011- Cespe)**

  "O delito ambiental consistente em instalar, sem licença dos órgãos ambientais competentes, em qualquer parte do território nacional, estabelecimento potencialmente poluidor só se configura se a poluição gerada tiver potencial de, ao menos, causar danos à saúde humana."

  A afirmativa está correta.

Seção IV

Dos Crimes contra o Ordenamento Urbano e o Patrimônio Cultural

Art. 62. Destruir, inutilizar ou deteriorar:

I – bem especialmente protegido por lei, ato administrativo ou decisão judicial;

II – arquivo, registro, museu, biblioteca, pinacoteca, instalação científica ou similar protegido por lei, ato administrativo ou decisão judicial:

Pena – reclusão, de um a três anos, e multa.

Parágrafo único. Se o crime for culposo, a pena é de seis meses a um ano de detenção, sem prejuízo da multa.

▸ **STF**

HABEAS CORPUS. CRIME AMBIENTAL (ARTIGO 62, INCISO I, DA LEI 9.605/1998). TRANCAMENTO DE AÇÃO PENAL. CONDUTA ATRIBUÍDA AO PACIENTE QUE NÃO SE SUBSUME AOS NÚCLEOS DO TIPO PENAL. ATIPICIDADE MANIFESTA. CONCESSÃO DA ORDEM. 1. No caso dos autos, se imputa ao paciente o crime disposto no artigo 62, inciso I, da Lei 9.605/1998, consistente em "destruir, inutilizar ou deteriorar bem especialmente protegido por lei, ato administrativo ou decisão judicial". 2. De acordo com a exordial acusatória, o paciente teria omitido o fato de que havia sítio arqueológico em terrenos de sua propriedade que foram vendidos para terceiros, além de ter fornecido aos adquirentes projeto de empreendimento imobiliário que, depois de implementado, resultou na destruição da área ambientalmente protegida. 3. Não havendo indicação de qual ou quais núcleos do tipo do artigo 62, inciso I, da Lei 9.605/1998 teriam sido praticados pelo paciente, constata-se a absoluta atipicidade da conduta que lhe foi imputada, já que não restaram narradas na inicial sequer as elementares objetivas do ilícito em questão. 4. O aludido delito é comissivo, ou seja, demanda a prática de ações para que reste consumado, sendo insuficiente para a sua caracterização a simples omissão do agente, de modo que a conduta do paciente de não informar aos adquirentes a existência de sítio arqueológico nos terrenos alienados não se subsume ao tipo em análise. 5. Mesmo que se pudesse considerar o comportamento omissivo do paciente como a caracterizar o delito ambiental em comento, há que se ter presente que a sua conduta foi irrelevante para a consecução do resultado, já que ele não tinha o dever de informar os compradores, no ato da venda dos terrenos, acerca da existência de sítio arqueológico que deveria ser preservado, motivo pelo qual eventual aplicação da alínea "c" do § 2º do artigo 13 do Estatuto Repressivo se daria em exacerbada elasticidade, pois a partir do momento em que houve a alienação das propriedades, ele já não tinha mais como evitar o resultado, um dos requisitos para que se tenha presente a condição de garante. 6. O simples fornecimento aos novos proprietários de projeto de empreendimento imobiliário não pode ser tido como suficiente a caracterizar o crime em análise, uma vez que o paciente não teria como prever ou antever a efetiva utilização das plantas pelos adquirentes dos terrenos e, consequentemente, a destruição, inutilização ou deterioração do sítio arqueológico. 7. Ordem concedida para trancar a ação penal deflagrada contra o paciente. (HC 134.409/SP, Rel. Min. Jorge Mussi, 5ª T., DJ 1.9.2011).

Aplicação em concurso:

- **(Arqueólogo/IPHAN 2015 – Cetro)**

"A Lei n. 9.605/1998 dispõe sobre as sanções penais e administrativas derivadas de condutas e atividades lesivas ao meio ambiente. Sobre os crimes contra o ordenamento urbano e o patrimônio cultural, analise as assertivas abaixo.

I. É crime, com reclusão, de um a três anos e multa, destruir, inutilizar ou deteriorar o bem especialmente protegido por lei, ato administrativo ou decisão judicial.

II. É crime, com detenção de três meses a um ano e multa, alterar o aspecto ou estrutura de edificação ou local especialmente protegido por lei, ato administrativo ou decisão judicial, em razão de seu valor paisagístico, ecológico, turístico, artístico, histórico, arqueológico, etnográfico ou monumental, sem autorização da autoridade competente ou em desacordo com a concedida.

III. Pichar ou por outro meio conspurcar edificação ou monumento urbano, sendo o monumento ou coisa tombada em virtude do seu valor artístico, arqueológico ou histórico, a pena é de detenção, de três meses a um ano, e multa."

É correto o que se afirma em

A) I e II, apenas.

B) II e III, apenas.

C) I e III, apenas.

D) III, apenas.

E) I, apenas.

Gabarito: letra "e".

Art. 63. Alterar o aspecto ou estrutura de edificação ou local especialmente protegido por lei, ato administrativo ou decisão judicial, em razão de seu valor paisagístico, ecológico, turístico, artístico, histórico, cultural, religioso, arqueológico, etnográfico ou monumental, sem autorização da autoridade competente ou em desacordo com a concedida:

Pena – reclusão, de um a três anos, e multa.

Aplicação em concurso:

- **(MP/MG – XLVII Concurso – 2007)**

  "A denominada Lei de Crimes Ambientais, Lei nº 9.605/98, dispõe que constitui crime alterar o aspecto ou estrutura de edificação ou local de um bem, somente quando este bem for tombado pelo Conselho do Patrimônio Histórico e Cultural respectivo, em razão de seu valor paisagístico, ecológico, turístico, artístico, histórico, cultural, religioso, arqueológico, etnográfico ou monumental e realizada sem autorização da autoridade competente ou em desacordo com a concedida."

  A afirmativa está errada. O patrimônio cultural brasileiro não é apenas o tombado, mas também o protegido por lei ou decisão judicial.

Art. 64. Promover construção em solo não edificável, ou no seu entorno, assim considerado em razão de seu valor paisagístico, ecológico, artístico, turístico, histórico, cultural, religioso, arqueológico, etnográfico ou monumental, sem autorização da autoridade competente ou em desacordo com a concedida:

Pena – detenção, de seis meses a um ano, e multa.

1. Construção em solo NÃO edificável.

Aplicação em concurso:

- **(Prefeitura de Pariconha – AL / ADM&TEC – 2020)**

  "Promover construção em solo edificável, ou no seu entorno, sem autorização da autoridade competente ou em desacordo com a concedida, é crime ambiental sujeito a multa, apenas."

  A alternativa está errada. É em solo NÃO edificável.

2. STJ:

> **PROCESSO PENAL. RECURSO ESPECIAL. CRIME AMBIENTAL. CONFLITO APARENTE DE NORMAS. ARTS. 48 E 64 DA LEI N. 9.605/98. CONSUNÇÃO. ABSORVIDO O CRIME MEIO DE DESTRUIR FLORESTA E O PÓS-FATO IMPUNÍVEL DE IMPEDIR SUA REGENERAÇÃO. CRIME ÚNICO DE CONSTRUIR EM LOCAL NÃO EDIFICÁVEL. RECURSO ESPECIAL IMPROVIDO.**
>
> 1. Ocorre o conflito aparente de normas quando há a incidência de mais de uma norma repressiva numa única conduta delituosa, sendo que tais normas possuem entre si relação de hierarquia ou dependência, de forma que somente uma é aplicável. 2. O crime de destruir floresta nativa e vegetação protetora de mangues dá-se como meio necessário da realização do único intento de construir casa ou outra edificação em solo não edificável, em razão do que incide a absorção do crime-meio de destruição de vegetação pelo crime-fim de edificação proibida. 3. Dá-se tipo penal único de incidência final (art. 64 da Lei n. 9.605/98), já em tese crime uno, diferenciando-se do concurso formal, onde o crime em tese é duplo, mas ocasionalmente praticado por ação e desígnio únicos.4. Recurso especial improvido. (STJ. REsp 1639723 / PR. Rel. Min. Nefi Cordeiro. Publ. DJe 16/02/2017).

3. Aplicação em concurso:

- **(Procurador do Município de Patos PB 2017 – CPCON)**

  "Segundo o artigo 64 da Lei n° 9.605/98, é crime contra o Ordenamento Urbano e o Patrimônio Cultural

  A) promover construção em solo não edificável, assim considerado em razão de seu valor paisagístico, ecológico, artístico, turístico, histórico, cultural, religioso, arqueológico ou etnográfico, sem autorização da autoridade competente.

  B) construir em solo não edificável, ou no seu entorno, assim considerado em razão de seu valor paisagístico, ecológico, artístico, turístico, histórico, cultural, religioso, arqueológico, etnográfico ou monumental.

C) construir em solo não edificável, assim considerado em razão de seu valor paisagístico, ecológico, artístico, turístico, histórico, cultural, religioso, arqueológico, etnográfico ou monumental.

D) promover construção em solo não edificável, ou no seu entorno, assim considerado em razão de seu valor paisagístico, ecológico, artístico, turístico, histórico, cultural, religioso, arqueológico, etnográfico ou monumental, sem autorização da autoridade competente ou em desacordo com a concedida.

E) promover construção em solo não edificável, ou no seu entorno, em razão de seu valor paisagístico, artístico, turístico, histórico, cultural, ou etnográfico, sem autorização da autoridade competente ou em desacordo com a concedida."

Gabarito: letra "d".

Art. 65. Pichar ou por outro meio conspurcar **edificação ou monumento urbano**: (Redação dada pela Lei nº 12.408, de 2011)

Pena – detenção, de 3 (três) meses a 1 (um) ano, e multa.

§ 1º Se o ato for realizado em monumento ou coisa tombada em virtude do seu valor artístico, arqueológico ou histórico, a pena é de 6 (seis) meses a 1 (um) ano de detenção e multa.

§ 2º **Não constitui crime a prática de grafite** realizada com o **objetivo de valorizar o patrimônio público ou privado mediante manifestação artística**, desde que consentida pelo proprietário e, quando couber, pelo locatário ou arrendatário do bem privado e, no caso de bem público, com a autorização do órgão competente e a observância das posturas municipais e das normas editadas pelos órgãos governamentais responsáveis pela preservação e conservação do patrimônio histórico e artístico nacional.

1. Artigo 65

Importa aqui destacar que a Lei 12.408, de 25 de maio de 2011, alterou o art. 65 da Lei 9.605/98 para descriminalizar o ato de grafitar, e dispor sobre a proibição de comercialização de tintas em embalagens do tipo aerossol a menores de 18 (dezoito) anos.

Grafite significa "palavra, frase ou desenho, geralmente de caráter jocoso, informativo, contestatório ou obsceno, em muro ou parede de local público".[47] A partir do movimento contracultural de maio de 1968,

47. FERREIRA, 1994.

quando os muros de Paris foram suporte para inscrições de caráter poético-político, a prática do grafite disseminou-se pelo mundo. De lá para cá, tal prática recebeu contornos antissociais. A conotação negativa do grafite tornou-o objeto de combate pelas sociedades.

No Brasil, grafitar edificação ou monumento urbano passou a ser considerado crime ambiental em 1998, com a edição da Lei de Crimes Ambientais (Lei 9.605/98), que tipificou esta conduta em seu artigo 65. A redação originária do referido diploma cominava a sanção de detenção de três meses a um ano, além de multa, a quem desrespeitasse a norma legal.

Mesmo com a criminalização da conduta de grafitar monumento urbano, os muros dos grandes centros urbanos passaram a ser palco de manifestação de pensamento com viés diverso daquela atividade outrora equiparada à pichação: além de se apresentarem como pinturas e desenhos com conotação artística, os traços de grafite surgiam como instrumento para a recuperação de jovens marginalizados e como oportunidade para o desenvolvimento e reconhecimento de talentos artísticos que provavelmente seriam ignorados pela sociedade. O grafite passou a ser considerado forma de expressão incluída no âmbito das artes visuais, distanciando-se gradativamente do conceito de pichação ou de mácula ao meio ambiente urbano.

A legislação de proteção ambiental, sensível ao amadurecimento da opinião pública, entendeu por descriminalizar o ato de grafitar. De acordo com o artigo 6º da Lei 12.408, promulgada em 25 de maio de 2011, que modifica o artigo 65 da Lei de Crimes Ambientais, "não constitui crime a prática de grafite realizada com o objetivo de valorizar o patrimônio público ou privado mediante manifestação artística, desde que consentida pelo proprietário e, quando couber, pelo locatário ou arrendatário do bem privado e, no caso de bem público, com a autorização do órgão competente e a observância das posturas municipais e das normas editadas pelos órgãos governamentais responsáveis pela preservação e conservação do patrimônio histórico e artístico nacional."

Nada obstante o Poder Legislativo federal ter reconhecido os traços artísticos do grafite como manifestação cultural, desde que obedecidos os requisitos legais, importa lembrar que pichar ou por outro meio conspurcar edificação ou monumento continua sendo considerado crime contra o meio ambiente urbano e/ou cultural, ficando, inclusive, proibida a comercialização de tintas em embalagens do tipo aerossol em todo o território nacional a menores de 18 (dezoito) anos.

▶ **STJ:**

RECURSO ORDINÁRIO EM HABEAS CORPUS. CRIMES DE PICHAÇÃO DE EDIFÍCIO TOMBADO E ASSOCIAÇÃO CRIMINOSA. PRISÃO PREVENTIVA. REQUISITOS. GRAVIDADE ABSTRATA DOS FATOS. ELEMENTOS INERENTES AO PRÓPRIO TIPO PENAL. CONSTRANGIMENTO ILEGAL CONFIGURADO. SUBSTITUIÇÃO DA CUSTÓDIA POR MEDIDAS CAUTELARES. 1. Conforme jurisprudência assentada nesta Corte Superior de Justiça, a prisão cautelar revela-se cabível tão somente quando estiver concretamente comprovada a existência do periculum libertatis, sendo impossível o recolhimento de alguém ao cárcere caso se mostrem inexistentes os pressupostos autorizadores da medida extrema, previstos na legislação processual penal. 2. O decreto que impôs a prisão preventiva ao recorrente não apresentou motivação concreta, apta a justificar a segregação provisória, tendo-se valido de argumentos genéricos, da repetição de elementos inerentes ao próprio tipo penal supostamente violado e da presunção, sem amparo em elementos reais de convicção, de que o recorrente, em liberdade, represente risco à ordem pública. 3. A ausência de elementos concretos e individualizados que indiquem a necessidade da rigorosa providência cautelar configura constrangimento ilegal.4. As condições subjetivas favoráveis do recorrente, por si sós, não impedem a prisão cautelar, caso se verifiquem presentes os requisitos legais para a decretação da segregação provisória. 5. O fato de o objeto jurídico atingido tratar-se de edifício tombado não pode conduzir, necessariamente, ao decreto de prisão preventiva, sob o pálio de se tratar de garantia da ordem pública, tendo em vista tratar-se de elemento inerente ao próprio fato típico, previsto no art. 65, § 1º, da Lei 9.605/98. 6. Recurso ordinário a que se dá provimento, para revogar a prisão do recorrente, salvo se por outro motivo não estiver preso, substituindo-a por medidas cautelares cabíveis, a serem fixadas pelo Juízo de piso. (STF, RHC 74.795/MG, Rel. Min. Nefi Cordeiro, Rel. p/ Acórdão Ministro Antonio Saldanha Palheiro, 6ª T., DJ 10.11.2016).

Aplicação em concurso:

- **(MPE/RR 2017 – CESPE)**

"Em um sábado, Pedro, maior e capaz, com baixo grau de instrução, pichou monumento urbano, sem autorização. Nessa situação hipotética

A) a ação penal será pública condicionada se o monumento pichado for de propriedade particular.

B) a pena a que Pedro está sujeito é de detenção inferior a dois anos, mesmo que o monumento pichado seja tombado pelo patrimônio histórico.

C) o baixo grau de instrução de Pedro é irrelevante para a estipulação da pena.

D) a pena a que Pedro está sujeito deverá ser agravada por ter sido o crime cometido em um sábado."

Gabarito: letra "b".

Seção V
Dos Crimes contra a Administração Ambiental

Art. 66. Fazer o **funcionário público** afirmação falsa ou enganosa, omitir a verdade, sonegar informações ou dados técnico-científicos em procedimentos de autorização ou de licenciamento ambiental:

Pena – **reclusão, de um a três anos, e multa.**

Aplicação em concurso:

- **(Guarda Parques / Prefeitura de Areal – RJ / GUALIMP – 2020)**

  "De acordo com a lei 9.605/1998, fazer o funcionário público afirmação falsa ou enganosa, omitir a verdade, sonegar informações ou dados técnico-científicos em procedimentos de autorização ou de licenciamento ambiental, é um crime contra a Administração Ambiental, com pena de:

  A) Reclusão, de um a três anos, e multa.

  B) Reclusão, de dois a quatro anos.

  C) Reclusão, de três a cinco anos, e multa.

  D) Reclusão, de quatro a seis anos."

  Gabarito: letra "a".

Art. 67. Conceder o **funcionário público** licença, autorização ou permissão em desacordo com as normas ambientais, para as atividades, obras ou serviços cuja realização depende de ato autorizativo do Poder Público:

Pena – detenção, de um a três anos, e multa.

Parágrafo único. Se o crime é culposo, a pena é de três meses a um ano de detenção, sem prejuízo da multa.

1. Art. 66 e 67 → **crimes funcionais** → modalidade de crimes próprios, exigindo uma especial condição do sujeito ativo: ser funcionário público. Para FREITAS, o tipo penal do artigo 66 "guarda certa semelhança com os crimes de falsidade ideológica e prevaricação, previstos nos arts. 299 e 319 do Código Penal. Todavia, ele é específico e protege de forma mais conveniente a administração ambiental."[48]

De acordo com o artigo 327 do Código Penal, considera-se **funcionário público**, para os efeitos penais, quem, embora transitoriamente ou sem remuneração, exerce cargo, emprego ou função pública. Equipara-se a funcionário público quem exerce cargo, emprego ou função em entidade paraestatal, e quem trabalha para empresa prestadora de serviço contratada ou conveniada para a execução de atividade típica da Administração Pública.

Aplicação em concurso:

- **(Arquiteto /Prefeitura de Santa Maria de Jetibá 2016 – Funcab)**

  "A Lei n. 9.605, de 12 de fevereiro de 1998, dispõe sobre as sanções penais e administrativas derivadas de condutas e atividades lesivas ao meio ambiente. De acordo com essa lei é correto afirmar que:

  A) é permitido construir, reformar, ampliar, instalar ou fazer funcionar, em qualquer parte do território nacional, estabelecimentos potencialmente poluidores, sem licença, desde que em área de terreno inferior a 1000 (mil) metros quadrados.

  B) será permitido promover construção em solo não edificável em razão de seu valor paisagístico, somente se a construção se destinar à moradia de interesse social.

  C) fazer o funcionário público afirmação falsa ou enganosa, omitir a verdade, sonegar informações ou dados técnico-científicos em procedimentos de autorização ou de licenciamento ambiental está sujeito a uma pena de reclusão de um a três anos e multa.

  D) a pesquisa, lavra ou extração de recursos minerais, só poderá ser efetuada, sem a competente autorização, para empresas já cadastradas no CONAMA.

  E) destruir, danificar, lesar ou maltratar, por qualquer modo ou meio, plantas frutíferas em passagens de pedestres ou em propriedade privada está sujeita a uma detenção de 4 a 8 meses, ou multa no valor de 101 UFIR'S."

  Gabarito: letra "c".

48. FREITAS, 2006. pág. 251.

Art. 68. Deixar, aquele que tiver o dever legal ou contratual de fazê-lo, de cumprir obrigação de relevante interesse ambiental:

Pena – detenção, de um a três anos, e multa.

Parágrafo único. Se o crime é culposo, a pena é de três meses a um ano, sem prejuízo da multa.

- **STJ:**

RECURSO ESPECIAL. DIREITO PENAL. LEGISLAÇÃO EXTRAVAGANTE. LEI N. 9.605/1998. CRIME AMBIENTAL. CAUSAR POLUIÇÃO. DEIXAR DE CUMPRIR OBRIGAÇÃO RELEVANTE. DELITOS OMISSIVOS. GARANTE. ART. 13, § 2º,DO CP. REQUISITOS OBJETIVO E SUBJETIVO. PREENCHIMENTO. ART. 225, § 1º, DA CONSTITUIÇÃO DA REPÚBLICA. 1. O patrimônio público, entendido sob a ótica de patrimônio natural, pertence a toda coletividade, sendo dever de todos, sobretudo do gestor público, o zelo por sua preservação e, portanto, a sua inobservância, de forma comissiva ou omissiva, implica conduta lesiva ao meio ambiente nos termos da Lei n. 9.605/1998 (Lei de Crimes Ambientais). 2. A legislação que protege o ambiente, em todos os seus aspectos, tem que ser interpretada no sentido de poder propiciar uma tutela efetiva, célere e adequada, sob pena de ser frustrado o combate das condutas ilícitas que afetam o direito fundamental ao meio ambiente ecologicamente equilibrado (art. 225, § 1º, da Constituição da República). 3. O agente público, além de omitir-se em seu dever legal de zelar pela preservação ambiental, é capaz de condutas poluidoras, degradantes ou de qualquer forma danosas ao meio ambiente, consistente em ações ou omissões capazes de ofender os princípios constitucionais e administrativos que regem a gestão pública. 4. Para que um agente seja sujeito ativo de delito omissivo, além dos elementos objetivos do próprio tipo penal, necessário se faz o preenchimento dos elementos contidos no art. 13 do Código Penal: a situação típica ou de perigo para o bem jurídico, o poder de agir e a posição de garantidor. 5. A respeito do delito ambiental descrito no art. 68 da Lei n. 9.605/1998, faz-se necessário mencionar que se trata de crime omissivo impróprio, no qual o apontado agente, contrariando o dever legal ou contratual de fazê-lo, deixa de cumprir obrigação de relevante interesse ambiental para evitar resultado danoso ao meio ambiente. 6. Não há como administrador público, in casu, eximir-se da posição de garante, razão pela qual deve ser mantida sua condenação pela prática do crime do art. 54 da Lei n. 9.605/1998. 7. Recurso especial improvido. (REsp 1618975/PR, Rel. Min. Sebastião Reis Júnior, 6ª T., DJ 13.3.2017).

Art. 69. Obstar ou dificultar a ação fiscalizadora do Poder Público no trato de questões ambientais:

Pena – detenção, de um a três anos, e multa.

Art. 69-A. Elaborar ou apresentar, no licenciamento, concessão florestal ou qualquer outro procedimento administrativo, estudo, laudo ou relatório ambiental total ou parcialmente falso ou enganoso, inclusive por omissão: (Incluído pela Lei nº 11.284, de 2006)

Pena – reclusão, de 3 (três) a 6 (seis) anos, e multa. (Incluído pela Lei nº 11.284, de 2006)

§ 1º Se o crime é culposo: (Incluído pela Lei nº 11.284, de 2006)

Pena – detenção, de 1 (um) a 3 (três) anos. (Incluído pela Lei nº 11.284, de 2006)

§ 2º A pena é aumentada de 1/3 (um terço) a 2/3 (dois terços), se há dano significativo ao meio ambiente, em decorrência do uso da informação falsa, incompleta ou enganosa. (Incluído pela Lei nº 11.284, de 2006)

1. O poder de polícia é tão relevante para a proteção ambiental que a Lei 9.605/98 criminaliza a ação que crie obstáculos à ação fiscalizadora do Estado.

Obstar: é opor-se, causar embaraço ou obstáculo.

Dificultar: é tornar difícil, opor impedimentos, criar dificuldades.[49]

Todavia, nos lembram Vladimir Passos de Freitas e Gilberto Passos de Freitas que esse dispositivo deve ser interpretado em consonância com o princípio da legalidade (art. 5º, II, CRFB/1988). Por exemplo, se o infrator não confessar um ilícito ambiental, nem por isso estará infringindo esse tipo penal, pois a ele é dado o direito de permanecer calado, mesmo quando interrogado pelo juiz (art. 186, CPP).[50]

- **STJ:**

HABEAS CORPUS. ART. 69 DA LEI N. 9.605/98. PEDIDO DE TRANCAMENTO. ALEGAÇÃO DE INÉPCIA DA DENÚNCIA E DE FALTA DE JUSTA CAUSA PARA A AÇÃO. ATIPICIDADE DA CONDUTA. IMPROCEDÊNCIA. 1. A peça vestibular preenche os requisitos do art. 41 do Código de Processo Penal, descrevendo, com todas as suas circunstâncias, a existência do crime previsto no art. 69 da Lei n. 9.605/98 (obstar ou

49. FREITAS, 2006. pág. 258.
50. Idem. pág. 259.

dificultar a ação fiscalizadora do Poder Público no trato de questões ambientais), bem como a respectiva autoria, suficiente para a deflagração da persecução penal. 2. Segundo a iterativa jurisprudência desta Corte, o trancamento da ação penal, pela via do habeas corpus, é medida excepcional, só admissível quando despontada dos autos, de forma inequívoca, a ausência de indícios de autoria ou materialidade delitiva, a atipicidade da conduta ou a extinção da punibilidade. 3. A alegação de ausência de dolo constitui matéria imprópria de ser examinada na via angusta do writ, por exigir acurada, e antecipada, aferição de elementos probatórios. É na sentença o momento oportuno para o enfrentamento, após produzidas as provas em juízo, sob o crivo do contraditório, se o acusado eventualmente agiu acobertado por excludente de tipicidade, tal como o sustentado erro de tipo. 4. O tipo previsto no art. 69 da Lei n. 9.605/98 contenta-se com a obstrução ou dificultação da ação fiscalizadora do Poder Público, estando o dolo relacionado tão somente a essas condutas, não se perquirindo as razões pelas quais o autor resistiu à fiscalização ambiental. 5. Improcede a alegação de que a denúncia responsabilizara o paciente objetivamente, haja vista que, da sua narrativa, resta evidenciado que o delito previsto no art. 69 da Lei n. 9.605/98 foi-lhe atribuído porque dele adveio a ordem para impedir a fiscalização ambiental. 6. Ordem denegada. (HC 189.885/RJ, Rel. Min. OG Fernandes, 6ª T., DJ 26.3.2012).

2. Aplicação em concurso:

- **(Profissional Júnior Liquigás 2015 – Cesgranrio)**

  "De acordo com a lei de crimes ambientais, o delito de apresentar, no licenciamento, concessão florestal ou estudo, parcialmente falso ou enganoso, constitui crime contra a

  A) organização preservacionista

  B) restauração urbana

  C) Administração Ambiental

  D) fauna nativa

  E) flora nacional."

  Gabarito: letra "c".

CAPÍTULO VI
DA INFRAÇÃO ADMINISTRATIVA

Art. 70. Considera-se infração administrativa ambiental toda ação ou omissão que viole as regras jurídicas de uso, gozo, promoção, proteção e recuperação do meio ambiente.

> § 1º São autoridades competentes para lavrar auto de infração ambiental e instaurar processo administrativo os funcionários de órgãos ambientais integrantes do Sistema Nacional de Meio Ambiente – SISNAMA, designados para as atividades de fiscalização, bem como os agentes das Capitanias dos Portos, do Ministério da Marinha.
>
> § 2º Qualquer pessoa, constatando infração ambiental, poderá dirigir representação às autoridades relacionadas no parágrafo anterior, para efeito do exercício do seu poder de polícia.
>
> § 3º A autoridade ambiental que tiver conhecimento de infração ambiental é obrigada a promover a sua apuração imediata, mediante processo administrativo próprio, sob pena de co-responsabilidade.
>
> § 4º As infrações ambientais são apuradas em processo administrativo próprio, assegurado o direito de ampla defesa e o contraditório, observadas as disposições desta Lei.

1. **Verificar: Decreto nº 6.514, de 22 de julho de 2008**, que dispõe sobre as infrações e sanções administrativas ao meio ambiente, estabelece o processo administrativo federal para apuração destas infrações, e dá outras providências[51].

Aplicação em concurso:

- **(Magistratura Estadual PE 2015 – FCC)**

  "O auto de infração ambiental é um ato administrativo

  A) dotado de presunção absoluta de legalidade e relativa de veracidade.

  B) dotado de presunção relativa de legalidade e absoluta de veracidade.

  C) desprovido de presunção de veracidade.

  D) dotado de presunção relativa de legalidade e veracidade.

  E) dotado de presunção absoluta de legalidade e veracidade."

  Gabarito: letra "d".

- **(Procurador do Estado RN 2014 – FCC)**

  "O agente autuante, ao lavrar o auto de infração ambiental, indicará as sanções estabelecidas pelo Decreto Federal no 6.514/2008, observando

  A) a gravidade dos fatos, tendo em vista os motivos da infração e suas consequências para o desenvolvimento econômico.

  B) o grau de instrução ou escolaridade do agente.

  C) a curva de crescimento da flora ou fauna atingida.

51. O Decreto 6.514/2008 foi alterado pelos Decretos 6.686/2008 e 6.695/2008.

D) o arrependimento do infrator.

E) a situação econômica do infrator."

Gabarito: letra "e", conforme art. 4º, III do Decreto 6.514/08.

- **(Juiz Federal – TRF 5ª Região 2011 – CESPE)**

  "Para efeito de responsabilidade administrativa, considera-se infração administrativa ambiental toda ação ou omissão que viole as regras jurídicas de uso, gozo, promoção, proteção e recuperação do ambiente, podendo qualquer pessoa que constatar infração ambiental dirigir representação às autoridades competentes para que exerçam o poder de polícia."

  A afirmativa está correta (art. 70, caput e § 2º).

- **(TJ/MS/Juiz/2010-FCC)**

  "A prescrição para a apuração de infrações administrativas contra o meio ambiente, de caráter permanente ou continuado, é de

  A) 5 anos, contados do início da prática do ato.

  B) 5 anos, contados da cessação da prática do ato.

  C) 3 anos, contados do início da prática do ato.

  D) 3 anos, contados da cessação da prática do ato.

  E) 3 anos, contados da cessação da prescrição para o crime correspondente.

  Gabarito: letra "b". Nos moldes do art. 21 do Decreto nº 6.514/2008, "Prescreve em cinco anos a ação da administração objetivando apurar a prática de infrações contra o meio ambiente, contada da data da prática do ato, ou, no caso de infração permanente ou continuada, do dia em que esta tiver cessado."

▶ **STJ:**

> INFRAÇÃO ADMINISTRATIVA AMBIENTAL. PRINCÍPIO. LEGALIDADE. Consta que foi lavrado, em desfavor do recorrido, auto de infração fundado no art. 46 da Lei n. 9.605/1998, em razão de ele ter recebido vários metros cúbicos de madeira serrada em pranchas desacompanhadas da licença expedida pelo órgão ambiental competente. O acórdão recorrido concluiu que esse artigo tipifica crime cometido contra o meio ambiente, e não infração administrativa. Desse modo, apenas o juiz criminal, em regular processo penal, poderia impor as penalidades previstas naquele dispositivo legal. Diante disso, é certo afirmar que a aplicação de sanção administrativa (exercício do poder de polícia) somente se torna legítima, em respeito ao princípio da legalidade, quando o ato praticado estiver definido em lei como infração administrativa. **Porém, conquanto se refira a tipo penal, a norma em comento, combinada com o disposto no art. 70 da referida lei, o qual**

define a infração administrativa ambiental, confere toda a sustentação legal necessária à imposição da pena administrativa, sem dar azo à violação do princípio da legalidade estrita. REsp 1.091.486-RO, Rel. Min. Denise Arruda, julgado em 2/4/2009. (Informativo 389 do STJ– Primeira Turma).

COMPETÊNCIA. INFRAÇÃO AMBIENTAL. AUTUAÇÃO. A Turma, por maioria, manteve a **decisão do tribunal de origem que concluiu pela nulidade do auto de infração ambiental lavrado por autarquia estadual.** In casu, asseverou-se que **o servidor responsável pela autuação não foi previamente designado para a atividade fiscalizatória, o que contraria o disposto nos arts. 70, § 1º, da Lei n. 9.605/1998 e 6º, parágrafo único, da Lei n. 10.410/2002.** Ressaltou-se, ainda, que a ratificação de parecer que discutia apenas a competência do órgão ambiental para a referida prática, e não do agente público, não consistiu em convalidação do ato administrativo, já que não houve expressa manifestação da autoridade hierárquica superior com esse objetivo. (REsp 1.166.487-MG, Rel. Min. Eliana Calmon, julgado em 17/8/2010. Informativo 443 STJ).

Art. 71. O processo administrativo para apuração de infração ambiental deve observar os seguintes prazos máximos:

I – vinte dias para o infrator oferecer defesa ou impugnação contra o auto de infração, contados da data da ciência da autuação;

II – trinta dias para a autoridade competente julgar o auto de infração, contados da data da sua lavratura, apresentada ou não a defesa ou impugnação;

III – vinte dias para o infrator recorrer da decisão condenatória à instância superior do Sistema Nacional do Meio Ambiente – SISNAMA, ou à Diretoria de Portos e Costas, do Ministério da Marinha, de acordo com o tipo de autuação;

IV – cinco dias para o pagamento de multa, contados da data do recebimento da notificação.

Art. 72. As **infrações administrativas** são punidas com as seguintes sanções, observado o disposto no art. 6º:

I – **advertência**;

II – **multa simples**;

III – multa diária;

VIII – **demolição de obra**;

IX – **suspensão parcial ou total de atividades**;

X – (VETADO)

XI – **restritiva de direitos**.

§ 1º Se o infrator cometer, simultaneamente, duas ou mais infrações, ser-lhe-ão aplicadas, cumulativamente, as sanções a elas cominadas.

§ 2º A advertência será aplicada pela inobservância das disposições desta Lei e da legislação em vigor, ou de preceitos regulamentares, sem prejuízo das demais sanções previstas neste artigo.

§ 3º A multa simples será aplicada sempre que o agente, por negligência ou dolo:

I – advertido por irregularidades que tenham sido praticadas, deixar de saná-las, no prazo assinalado por órgão competente do SISNAMA ou pela Capitania dos Portos, do Ministério da Marinha;

II – opuser embaraço à fiscalização dos órgãos do SISNAMA ou da Capitania dos Portos, do Ministério da Marinha.

§ 4º A multa simples pode ser convertida em serviços de preservação, melhoria e recuperação da qualidade do meio ambiente.

§ 5º A multa diária será aplicada sempre que o cometimento da infração se prolongar no tempo.

§ 6º A apreensão e destruição referidas nos incisos IV e V do caput obedecerão ao disposto no art. 25 desta Lei.

§ 7º As sanções indicadas nos incisos VI a IX do caput serão aplicadas quando o produto, a obra, a atividade ou o estabelecimento não estiverem obedecendo às prescrições legais ou regulamentares.

§ 8º As sanções restritivas de direito são:

I – suspensão de registro, licença ou autorização;

II – cancelamento de registro, licença ou autorização;

III – perda ou restrição de incentivos e benefícios fiscais;

IV – perda ou suspensão da participação em linhas de financiamento em estabelecimentos oficiais de crédito;

V – proibição de contratar com a Administração Pública, pelo período de até três anos.

1. Responsabilidade administrativa subjetiva

▶ **STJ:**

No caso analisado foi imposta multa por dano ambiental sob o fundamento da responsabilidade objetiva decorrente da propriedade da carga transportada por outrem, que efetivamente teve participação direta no acidente que causou a degradação ambiental. Ocorre que a jurisprudência desta Corte, em casos análogos, assentou que a responsabilidade administrativa ambiental é de natureza subjetiva. A aplicação de penalidades administrativas não obedece à lógica da responsabilidade objetiva da esfera cível (para reparação dos danos causados), mas deve obedecer à sistemática da teoria da culpabilidade, ou seja, a conduta deve ser cometida pelo alegado transgressor, com demonstração de seu elemento subjetivo, e com demonstração do nexo causal entre a conduta e o dano. A diferença entre os dois âmbitos (cível e administrativo) de punição e suas consequências fica bem estampada da leitura do art. 14, *caput* e § 1º, da Lei n. 6.938/1981. Em resumo: a aplicação e a execução das penas limitam-se aos transgressores; a reparação ambiental, de cunho civil, a seu turno, pode abranger todos os poluidores, a quem a própria legislação define como "a pessoa física ou jurídica, de direito público ou privado, responsável, direta ou indiretamente, por atividade causadora de degradação ambiental" (art. 3º, inc. V, do mesmo diploma normativo). Assim, o uso do vocábulo "transgressores" no caput do art. 14, comparado à utilização da palavra "poluidor" no § 1º do mesmo dispositivo, deixa a entender aquilo que já se podia inferir da vigência do princípio da intranscendência das penas: a responsabilidade civil por dano ambiental é subjetivamente mais abrangente do que as responsabilidades administrativa e penal, não admitindo estas últimas que terceiros respondam a título objetivo por ofensas ambientais praticadas por outrem. (STJ. EREsp 1.318.051-RJ, Rel. Min. Mauro Campbell Marques, Primeira Seção, por unanimidade, julgado em 08/05/2019, DJe 12/06/2019).

▶ **STJ:**

(...) 5. Sendo assim, o STJ possui jurisprudência no sentido de que, "**tratando-se de responsabilidade administrativa ambiental,** o terceiro, proprietário da carga, por não ser o efetivo causador do dano ambiental, **responde subjetivamente pela degradação ambiental** causada pelo transportador" (AgRg no AREsp 62.584/RJ, Rel. Ministro Sérgio Kukina, Rel. p/ acórdão Ministra Regina Helena Costa, Primeira Turma, DJe 7.10.2015). 6. "Isso porque a aplicação de penalidades administrativas não obedece à lógica da responsabilidade objetiva da esfera cível (para reparação dos danos causados), mas deve obedecer à sistemática da teoria da culpabilidade, ou seja, a conduta deve ser cometida pelo alegado transgressor, com demonstração de seu elemento subjetivo, e com demonstração do nexo causal entre a conduta e o dano". (REsp 1401500/PR. Rel. Min. HERMAN BENJAMIN. Publ. DJe 13/09/2016).

2. Possibilidade de aplicação de multa ambiental independentemente de imputação prévia de advertência.

▶ **STJ:**

"na imposição de penalidade por infração ambiental, a gradação das penalidades é imposta pela própria Lei 9.605/1988, que obriga a autoridade competente a observar, primeiramente, a gravidade do fato e, posteriormente, os antecedentes do infrator e a sua situação econômica (arts. 6º da Lei 9.605/1998 e 4º do Decreto 6.514/2008). Esses são os critérios norteadores do tipo de penalidade a ser imposta. Feitas essas considerações, insta expor que **a penalidade de advertência a que alude o art. 72, § 3º, I, da Lei 9.605/1998 tem aplicação tão somente nas infrações de menor potencial ofensivo,** justamente porque ostenta caráter preventivo e pedagógico. Assim, na hipótese de infração de pequena intensidade, perfaz-se acertado o emprego de advertência e, caso não cessada e não sanada a violação, passa a ser cabível a aplicação de multa. Porém, **no caso de transgressão grave, a aplicação de simples penalidade de advertência atentaria contra os princípios informadores do ato sancionador, quais sejam, a proporcionalidade e a razoabilidade."** (Informativo do STJ 561. REsp. 1318051/RJ. Rel. Min. Benedito Gonçalves. Primeira Turma. Public. DJe 12/05/2015).

Aplicação em concurso:

- **(Cespe – Juiz de Direito Substituto – DF/2015 – adaptada)**

  "Em virtude da máxima da proporcionalidade, mesmo que esteja configurada infração ambiental grave, a aplicação da pena de multa tem de ser precedida pela imposição da pena de advertência."

  A afirmativa está errada.

▶ **STJ**

PROCESSUAL CIVIL. ADMINISTRATIVO. AMBIENTAL. ÁREA PRIVADA. MATA ATLÂNTICA. DESMATAMENTO. IBAMA. PODER FISCALIZATÓRIO. POSSIBILIDADE. MINISTÉRIO PÚBLICO FEDERAL. AÇÃO CIVIL PÚBLICA. LEGITIMIDADE ATIVA AD CAUSAM. EXISTÊNCIA. PRECEDENTES.

> 1. Não há falar em competência exclusiva de um ente da federação para promover medidas protetivas. Impõe-se amplo aparato de fiscalização a ser exercido pelos quatro entes federados, independentemente do local onde a ameaça ou o dano estejam ocorrendo, bem como da competência para o licenciamento. 2. A dominialidade da área em que o dano ou o risco de dano se manifesta é apenas um dos critérios definidores da legitimidade para agir do Parquet Federal. 3. A atividade fiscalizatória das atividades nocivas ao meio ambiente concede ao IBAMA interesse jurídico suficiente para exercer seu poder de polícia administrativa, ainda que o bem esteja situado dentro de área cuja competência para o licenciamento seja do município ou do estado, o que, juntamente com a legitimidade ad causam do Ministério Público Federal, define a competência da Justiça Federal para o processamento e julgamento do feito. Recurso especial provido. (REsp 1479316/SE, Rel. Min. Humberto Martins, Segunda Turma, julgado em 20/08/2015, DJe 01/09/2015).

3. Demolição de casa habitada

- **STJ:**

> (...) "os atos de polícia são executados pela própria autoridade administrativa, independentemente de autorização judicial. Se, todavia, o ato de polícia tiver como objeto a **demolição de uma casa habitada,** a respectiva execução **deve ser autorizada judicialmente** e acompanhada por oficiais de justiça." (STJ. REsp 1.217.234/PB (Rel. Ministro Ari Pargendler, DJe 21/08/2013).

- **Atenção 1:** É vedado ao Instituto Brasileiro do Meio Ambiente e dos Recursos Naturais Renováveis – IBAMA impor sanções administrativas sem expressa previsão legal. [52]

- **Atenção 2:** É defeso ao IBAMA impor penalidade decorrente de ato tipificado como crime ou contravenção, cabendo ao Poder Judiciário referida medida. [53]

Aplicação em concurso:

- **(TRF 4 – Juiz Federal Substituto 4ª região/2016)**

Assinale a alternativa correta. Em se tratando de moradia residencial erigida em área de preservação permanente, sem autorização ou licença

52. Jurisprudência em teses. STJ, março de 2015, n. 30.
53. Jurisprudência em teses. STJ, março de 2015, n. 30.

ambiental, é possível afirmar, segundo a jurisprudência predominante do Superior Tribunal de Justiça, que:

A) Sua demolição prescinde de ordem judicial, em decorrência da auto executoriedade dos atos administrativos.

B) Sua demolição é vedada, tendo em vista que o direito fundamental à moradia se sobrepõe ao direito à proteção do meio ambiente.

C) Sua demolição poderá ocorrer se autorizada pelo Poder Judiciário.

D) Sua demolição só poderá ocorrer se o Poder Público oferecer alternativa de residência aos ocupantes.

E) Nenhuma das alternativas anteriores está correta.

Gabarito: letra "c".

4. **Súmula nº 467 do STJ:** Prescreve em cinco anos, contados do término do processo administrativo, a pretensão da Administração Pública de promover a execução da multa por infração ambiental.[54]

Aplicação em concurso:

- **(PGE/AL –2009 – CESPE)**

  "As sanções administrativas de cunho ambiental encontram-se previstas em diferentes normas do SISNAMA, entre elas a Lei nº 9.605/1998. As sanções administrativas previstas nessa lei não incluem a

  A) advertência.

  B) multa diária.

  C) multa simples.

  D) falência da empresa.

  E) destruição ou inutilização de produto."

  Gabarito: letra "D".

- **(Juiz Federal – TRF 5ª Região 2007 – CESPE)**

  "A proibição de contratar com a administração pública por período de até três anos constitui sanção administrativa autônoma, podendo ser aplicada pela autoridade juntamente com pena de embargo de obra, em caso de concurso de infrações ambientais."

54. Jurisprudência em teses. STJ, março de 2015, n. 30.

A afirmativa está correta. Aplicação do § 1º do art. 72: "Se o infrator cometer, simultaneamente, duas ou mais infrações, ser-lhe-ão aplicadas, cumulativamente, as sanções a elas cominadas."

5. **Programa de conversão de multas ambientais.** Conversão da multa simples em serviços de preservação, melhoria e recuperação da qualidade do meio ambiente (art. 72, § 4º)

De acordo com o artigo 140 do Decreto 6.514/08, são considerados serviços de preservação, melhoria e recuperação da qualidade do meio ambiente as ações, as atividades e as obras incluídas em projetos com, no mínimo, um dos seguintes objetivos:[55]

> I – recuperação:
>
> a) de áreas degradadas para conservação da biodiversidade e conservação e melhoria da qualidade do meio ambiente;
>
> b) de processos ecológicos essenciais;
>
> c) de vegetação nativa para proteção; e
>
> d) de áreas de recarga de aquíferos;
>
> II – proteção e manejo de espécies da flora nativa e da fauna silvestre;
>
> III – monitoramento da qualidade do meio ambiente e desenvolvimento de indicadores ambientais;
>
> IV – mitigação ou adaptação às mudanças do clima;
>
> V – manutenção de espaços públicos que tenham como objetivo a conservação, a proteção e a recuperação de espécies da flora nativa ou da fauna silvestre e de áreas verdes urbanas destinadas à proteção dos recursos hídricos;
>
> VI – educação ambiental; ou
>
> VII – promoção da regularização fundiária de unidades de conservação.

O **Programa de Conversão de Multas Ambientais** emitidas por órgãos e entidades da União integrantes do Sistema Nacional do Meio Ambiente – Sisnama, instituído pelo **Decreto 9.179, de 23 de outubro de 2017**, prevê que o autuado, ao pleitear a conversão de multa, deverá optar:

55. Redação dada pelo Decreto 9.179, de 23 de outubro de 2017.

a) pela implementação, por seus meios, de serviço de preservação, melhoria e recuperação da qualidade do meio ambiente, no âmbito de, no mínimo, um dos objetivos previstos nos incisos I a VII do *caput* do art. 140; ou

b) pela adesão a projeto previamente selecionado pelo órgão federal emissor da multa, na forma estabelecida no art. 140-A, observados os objetivos previstos nos incisos I a VII do *caput* do art. 140.

6. Aplicação em concurso:

- **(MPE-CE / CESPE / CEBRASPE – 2020)**

  "Toda ação ou omissão que viole as regras jurídicas de uso, gozo, promoção, proteção e recuperação do meio ambiente é considerada infração administrativa ambiental, para a qual a legislação prevê, entre outras sanções, advertência e demolição de obra, quando cabível."

  A afirmativa está correta.

Art. 73. Os valores arrecadados em pagamento de multas por infração ambiental serão revertidos ao Fundo Nacional do Meio Ambiente, criado pela Lei nº 7.797, de 10 de julho de 1989, Fundo Naval, criado pelo Decreto nº 20.923, de 8 de janeiro de 1932, fundos estaduais ou municipais de meio ambiente, ou correlatos, conforme dispuser o órgão arrecadador.

Art. 74. A multa terá por base a unidade, hectare, metro cúbico, quilograma ou outra medida pertinente, de acordo com o objeto jurídico lesado.

Art. 75. O valor da multa de que trata este Capítulo será fixado no regulamento desta Lei e corrigido periodicamente, com base nos índices estabelecidos na legislação pertinente, sendo o mínimo de R$ 50,00 (cinqüenta reais) e o máximo de R$ 50.000.000,00 (cinqüenta milhões de reais).

Art. 76. O pagamento de multa imposta pelos Estados, Municípios, Distrito Federal ou Territórios substitui a multa federal na mesma hipótese de incidência.

1. Importante ressaltar que somente o efetivo pagamento da multa será considerado para efeito da substituição de que trata o **artigo 76**, não sendo admitida para esta finalidade a celebração de termo de compromisso de ajustamento de conduta ou outra forma de compromisso de regularização da infração ou composição de dano, salvo se deste também participar o órgão ambiental federal.[56]

56. Art. 12, parágrafo único, do Decreto 6.514/08, que dispõe sobre as infrações e sanções administrativas ao meio ambiente.

CAPÍTULO VII
DA COOPERAÇÃO INTERNACIONAL PARA A PRESERVAÇÃO DO MEIO AMBIENTE

Art. 77. **Resguardados a soberania nacional, a ordem pública e os bons costumes**, o Governo brasileiro prestará, no que concerne ao meio ambiente, a **necessária cooperação a outro país**, sem qualquer ônus, quando solicitado para:

I – **produção de prova**;

II – **exame de objetos e lugares**;

III – **informações sobre pessoas e coisas**;

IV – **presença temporária da pessoa presa**, cujas declarações tenham relevância para a decisão de uma causa;

V – **outras formas de assistência** permitidas pela legislação em vigor ou pelos tratados de que o Brasil seja parte.

§ 1º A solicitação de que trata este artigo será **dirigida ao Ministério da Justiça**, que a remeterá, quando necessário, ao órgão judiciário competente para decidir a seu respeito, ou a encaminhará à autoridade capaz de atendê-la.

§ 2º A solicitação deverá conter:

I – o nome e a qualificação da autoridade solicitante;

II – o objeto e o motivo de sua formulação;

III – a descrição sumária do procedimento em curso no país solicitante;

IV – a especificação da assistência solicitada;

V – a documentação indispensável ao seu esclarecimento, quando for o caso.

Aplicação em concurso:

- **(Prefeitura de Novo Hamburgo – RS / INSTITUTO AOCP – 2020)**

  "Com base na Lei nº 9.605/1998, resguardados a soberania nacional, a ordem pública e os bons costumes, o governo brasileiro prestará, no que concerne ao meio ambiente, a necessária cooperação a outro país, sem qualquer ônus, quando solicitado para

  A) produção de prova, exame de objetos e lugares, informações sobre pessoas e coisas, presença temporária da pessoa presa, cujas declarações tenham relevância para a decisão de uma causa.

B) emissão de laudos e pareceres técnicos relacionados ou não ao Território Nacional.

C) prisão temporária de pessoas e coisas relacionadas a crimes de relevância para outros países nos quais o Brasil possua tratados em vigor.

D) envio de tropas e militares, a fim de auxiliar em casos de emergências ambientais, por exemplo, desastres naturais, quando acionado pela Organização das Nações Unidas.

E) produção e elaboração de pareceres ambientais que englobem recursos de fauna, vegetação ou hídricos pertencentes ao Território Nacional, acionando órgãos da esfera Federal e Estadual competente."

Gabarito: letra "a".

Art. 78. Para a consecução dos fins visados nesta Lei e especialmente para a reciprocidade da cooperação internacional, deve ser mantido sistema de comunicações apto a facilitar o intercâmbio rápido e seguro de informações com órgãos de outros países.

1. **Necessidade de cooperação entre os países na proteção ao meio ambiente →** reconhecimento de que os danos ambientais não reconhecem as fronteiras politicamente estabelecidas como limites aos seus efeitos.

CAPÍTULO VIII
DISPOSIÇÕES FINAIS

Art. 79. Aplicam-se subsidiariamente a esta Lei as disposições do Código Penal e do Código de Processo Penal.

Art. 79-A. Para o cumprimento do disposto nesta Lei, os órgãos ambientais integrantes do SISNAMA, responsáveis pela execução de programas e projetos e pelo controle e fiscalização dos estabelecimentos e das atividades suscetíveis de degradarem a qualidade ambiental, ficam autorizados a celebrar, com força de título executivo extrajudicial, **termo de compromisso** com pessoas físicas ou jurídicas responsáveis pela construção, instalação, ampliação e funcionamento de estabelecimentos e atividades utilizadores de recursos ambientais, considerados efetiva ou potencialmente poluidores.

§ 1º O termo de compromisso a que se refere este artigo destinar-se-á, exclusivamente, a permitir que as pessoas físicas e jurídicas mencionadas no caput possam promover as necessárias correções de suas atividades, para o atendimento das exigências impostas pelas autoridades ambientais competentes, sendo obrigatório que o respectivo instrumento disponha sobre:

I – o nome, a qualificação e o endereço das partes compromissadas e dos respectivos representantes legais;

II – o prazo de vigência do compromisso, que, em função da complexidade das obrigações nele fixadas, poderá variar entre o mínimo de noventa dias e o máximo de três anos, com possibilidade de prorrogação por igual período;

III – a descrição detalhada de seu objeto, o valor do investimento previsto e o cronograma físico de execução e de implantação das obras e serviços exigidos, com metas trimestrais a serem atingidas;

IV – as multas que podem ser aplicadas à pessoa física ou jurídica compromissada e os casos de rescisão, em decorrência do não-cumprimento das obrigações nele pactuadas;

V – o valor da multa de que trata o inciso IV não poderá ser superior ao valor do investimento previsto; (Incluído pela Medida Provisória nº 2.163-41, de 23.8.2001)

VI – o foro competente para dirimir litígios entre as partes.

§ 2º No tocante aos empreendimentos em curso até o dia 30 de março de 1998, envolvendo construção, instalação, ampliação e funcionamento de estabelecimentos e atividades utilizadores de recursos ambientais, considerados efetiva ou potencialmente poluidores, a assinatura do termo de compromisso deverá ser requerida pelas pessoas físicas e jurídicas interessadas, até o dia 31 de dezembro de 1998, mediante requerimento escrito protocolizado junto aos órgãos competentes do SISNAMA, devendo ser firmado pelo dirigente máximo do estabelecimento.

§ 3º Da data da protocolização do requerimento previsto no § 2º e enquanto perdurar a vigência do correspondente termo de compromisso, ficarão suspensas, em relação aos fatos que deram causa à celebração do instrumento, a aplicação de sanções administrativas contra a pessoa física ou jurídica que o houver firmado.

§ 4º A celebração do termo de compromisso de que trata este artigo não impede a execução de eventuais multas aplicadas antes da protocolização do requerimento.

§ 5º Considera-se rescindido de pleno direito o termo de compromisso, quando descumprida qualquer de suas cláusulas, ressalvado o caso fortuito ou de força maior.

§ 6º O termo de compromisso deverá ser firmado em até noventa dias, contados da protocolização do requerimento.

§ 7º O requerimento de celebração do termo de compromisso deverá conter as informações necessárias à verificação da sua viabilidade técnica e jurídica, sob pena de indeferimento do plano.

§ 8º Sob pena de ineficácia, os termos de compromisso deverão ser publicados no órgão oficial competente, mediante extrato.

1. Princípio da especialidade

As regras da lei 9.605/98 são específicas e prevalecem sobre as regras gerais do Código Penal e do Código de Processo Penal, por força do princípio da especialidade (norma especial prevalece sobre norma geral). Todavia, em caso de omissão da lei penal ambiental, aplicar-se-ão, subsidiariamente, as disposições do Código Penal e do Código de Processo Penal e da Lei 9.099/95.

Aplicação em concurso:

- **(Juiz Federal – TRF 5ª Região 2004 – CESPE)**

  "Flagrado quando desmatava uma floresta nativa, um agricultor recebeu multa simples e, como insistiu em sua ação degradadora, foi-lhe aplicada multa diária. Após tais sanções de natureza administrativa, o infrator obrigou-se perante o órgão ambiental, por termo de compromisso, à adoção de medidas de recomposição florística da área. Nessa situação, a exigibilidade das multas pode ser suspensa e, cumpridas as obrigações assumidas pelo infrator, as multas serão reduzidas em 90% do valor atualizado monetariamente."

  A afirmativa está correta. O artigo 72 da Lei 9.605/98 estabelece como sanções às infrações administrativas a aplicação da multa simples e da multa diária. De acordo com o § 5º do art. 72, a multa diária será aplicada sempre que o cometimento da infração se prolongar no tempo (fato que ocorreu na questão). Já a assinatura do termo de compromisso está previsto no art. 79-A. O Decreto 3.179/99 (dispõe sobre a especificação das sanções aplicáveis às condutas e atividades lesivas ao meio ambiente) previa no art. 60 a suspensão da exigibilidade das multas e que as mesmas seriam reduzidas em 90% quando as obrigações fossem cumpridas integralmente. Vale observar que este decreto foi revogado pelo Decreto nº 6.514, de 22 de julho de 2008 (Dispõe sobre as infrações e sanções administrativas ao meio ambiente, estabelece o processo administrativo federal para apuração destas infrações).

Art. 80. O Poder Executivo regulamentará esta Lei no prazo de noventa dias a contar de sua publicação.

Art. 81. (VETADO)

Art. 82. Revogam-se as disposições em contrário.

1. A Lei 9605/98 não revogou todas as normas que tutelam penalmente o meio ambiente. Assim, a título de exemplo, não foram inteiramente revogados o art. 250, § 1º, II, h, do Código Penal e o art. 31 da Lei das Contravenções Penais.

Aplicação em concurso:

- **(Magistratura Estadual MG 2014)**

  "Porquanto especial, à legislação penal ambiental (Lei n. 9.605/98) não se aplicam as disposições do Código Penal".

  A afirmativa está errada.

CAPÍTULO VII

Competência Envolvendo Crimes Ambientais

1. A Lei 9.605/98 nada dispôs a respeito da competência para processar e julgar os crimes ambientais.

2. Tendo em vista que o art. 23, VI (*proteger o meio ambiente e combater a poluição em qualquer de suas formas*) e VII (*preservar as florestas, a fauna e a flora*) da Constituição Federal confere à União, aos Estados, ao Distrito Federal e aos Municípios a proteção ao meio-ambiente e não há, quanto aos crimes ambientais, dispositivo constitucional ou legal expresso quanto à competência para o seu julgamento, tem-se, a princípio, que o processo e o julgamento dos crimes ambientais compete à Justiça Comum Estadual.

3. A competência da Justiça Federal, expressa no art. 109, IV, da Constituição Federal, restringe-se às hipóteses em que os crimes ambientais são perpetrados em detrimento de bens, serviços ou interesses da União, ou de suas autarquias ou empresas públicas.

Regra geral: competência da justiça estadual para julgamento das contravenções e dos crimes ambientais

▶ **STJ**

> Informativo nº 346 – Terceira Seção. COMPETÊNCIA. APURAÇÃO. CRIME AMBIENTAL. Discute-se a competência de processamento de inquérito policial e posterior ação penal com o objetivo de apurar a suposta prática de crime ambiental de corte de palmito no interior do Parque das Nascentes (SC), área de preservação permanente, com abuso de autorização de corte concedida pelo departamento de meio ambiente. **Observa o Min. Relator que a Terceira Seção firmou o entendimento de que, sendo a proteção do meio ambiente matéria de competência comum da União, dos estados, do Distrito Federal e dos municípios e inexistindo dispositivo constitucional ou legal fixando expressamente qual Justiça é competente para julgar ações penais por crimes ambientais, tem-se, em regra, a competência da Justiça estadual.** Perante a Justiça Federal, o processamento impõe, nos

casos, que seja demonstrada a lesão a bens e serviços de interesse da União (art. 109, IV, da CF/1988). Isso posto, no caso dos autos, à época dos fatos, o local onde o crime ambiental teria ocorrido pertencia ao município de Blumenau (SC); contudo, posteriormente, passou a fazer parte do Parque Nacional da Serra do Itajaí, administrado pelo Ibama, restando configurado o interesse da União. Diante do exposto, a Seção declarou competente a Justiça Federal, o suscitante. Precedente citado: CC 61.588-RJ, DJ 17/9/2007. CC 88.013-SC, Rel. Min. Napoleão Nunes Maia Filho, julgado em 27/2/2008.

Aplicação em concurso:

- **(Delegado de Polícia Civil GO 2018 – UEG – adaptada)**

  A competência para julgar os crimes ambientais é da Justiça Federal."

  A afirmativa está errada. Em regra, a competência nos crimes ambientais é da justiça estadual. A justiça federal será competente apenas naqueles casos em que seja demonstrada a lesão a bens, serviços ou interesses da União (art. 109, IV, da CRFB/1988).

- **(MPE/ES/Promotor/2010 – CESPE)**

  "Em matéria ambiental, o julgamento pelo cometimento de crimes comuns é de competência da justiça estadual comum."

  A afirmativa está correta.

4. Contravenções ambientais

As contravenções ambientais são julgadas pela **justiça estadual**, mesmo nos casos em que são atingidos bens, serviços ou interesses da União. O artigo 109, IV da CRFB/1988 exclui da competência da justiça federal o julgamento das contravenções. Exemplo de contravenção ambiental: fazer fogo em florestas e demais formas de vegetação, sem tomar as precauções adequadas.[1]

Todavia, se a contravenção ambiental for cometida por quem detenha foro especial constitucional (ex.: Juiz Federal), será a justiça federal competente para o seu julgamento.

5. Situações específicas: julgamento pela Justiça Federal

5.1. A justiça federal tem competência para processar e julgar os crimes ambientais nas hipóteses em que são perpetrados em detrimento

1. Art. 26, "e", da Lei 4.771/65 (Código Florestal).

de **bens, serviços ou interesses da União, ou de suas autarquias ou empresas públicas**.

5.2. Segundo o STJ (conferir informativo abaixo) há ainda situações específicas que justificam a competência da Justiça Federal:

- crime ambiental de caráter transnacional que envolva animais silvestres, ameaçados de extinção e espécimes exóticas ou protegidas por Tratados e Convenções internacionais;[2]
- pesca predatória no mar territorial ou no entorno de unidades de conservação da natureza;[3]
- crime contra a fauna perpetrado em parques nacionais, reservas ecológicas ou áreas sujeitas ao domínio eminente da Nação;
- conduta que ultrapassa os limites de um único estado ou as fronteiras do país.[4]

► **STJ**

> Informativo nº 135 – Terceira Seção. COMPETÊNCIA. PESCA PROIBIDA. O réu foi surpreendido pescando em época proibida por lei (piracema) e utilizando-se de instrumentos igualmente proibidos, sendo instaurado procedimento para investigá-lo como incurso no art. 1º, § 1º, da Lei n. 7.679/1988 e art. 34 da Lei n. 9.605/1998. Esta lei não fez referência expressa à competência da Justiça Federal para o processo e julgamento dos crimes ali previstos. Nos termos do art. 109, IV, da CF/1988, a competência da Justiça Federal é restrita aos crimes ambientais **perpetrados em detrimento de bens, serviços ou interesses da União, ou de suas autarquias ou empresas públicas.** Não restou demonstrado o efetivo interesse da União, pois não evidenciada a existência de eventual lesão a seus bens ou interesse a ensejar a competência da Justiça Federal para o processo e julgamento do feito. **Porém há situações específicas que justificam a competência da Justiça privilegiada, como as seguintes: delito envolvendo espécies ameaçadas de extinção, em termos oficiais; conduta envolvendo ato de contrabando de animais silvestres, peles e couros de anfíbios ou répteis para o exterior; introdução ilegal de espécie exótica no país; pesca predatória no mar territorial; crime contra a fauna perpetrado em parques nacionais, reservas ecológicas ou áreas sujeitas ao domínio eminente da Nação; além da conduta que ultrapassa os limites de um único estado ou as fronteiras do país. A presente**

2. STF. RE 835558/SP. Rel. Min. Luiz Fux. Publ. 08.08.2017.
3. STJ: CC 115.282-RS, Rel. Min. Maria Thereza de Assis Moura, julgado em 8/6/2011.
4. STJ: CC 34.689-SP, Rel. Min. Gilson Dipp, julgado em 22/5/2002.

hipótese não se enquadra em nenhuma dessas condutas, portanto é de competência da Justiça estadual. CC 34.689-SP, Rel. Min. Gilson Dipp, julgado em 22/5/2002.

Informativo nº 174 – Terceira Seção. COMPETÊNCIA. CRIME AMBIENTAL. PESCA PREDATÓRIA. A teor do artigo 109, IV, da CF/1988, referente ao crime ambiental previsto no art. 34 da Lei 9.605/1998, compete à Justiça Federal o processo e julgamento de ação penal pública pela prática de delito contra a fauna silvestre (pesca predatória) com petrecho não permitido, **em águas territoriais divisórias de Estados-membros da Federação.** Precedente citado: CC 38.036-SP, DJ 22/4/2003. CC 37.404-SP, Rel. Min. Laurita Vaz, julgado em 28/5/2003.

▶ **Comentário:** como o crime ambiental foi cometido em "em águas territoriais divisórias de Estados-membros da Federação" a competência será da justiça federal por envolver mais de um estado membro. A ministra Laurita Vaz estampou que "presente, na hipótese, o interesse da União na lide, porquanto as águas em que foi perpetrada, em tese, a prática delitiva, são divisoras de Estados-membros da Federação, a teor do art. 20, inc. III, da Constituição da República."

▶ **Legislação:** Art. 20. São bens da União: (...) III – os lagos, rios e quaisquer correntes de água em terrenos de seu domínio, ou que banhem mais de um Estado, sirvam de limites com outros países, ou se estendam a território estrangeiro ou dele provenham, bem como os terrenos marginais e as praias fluviais;

Aplicação em concurso:

- **(Procuradoria municipal de Manaus/AM 2018 – CESPE)**

  "Para o STF, o envio clandestino de animais silvestres ao exterior tem natureza de delito transnacional, razão por que seu processamento compete à justiça federal."

  A alternativa está correta.

- **(Juiz Federal – TRF 5ª Região 2011 – CESPE)**

  "Na hipótese de uma pessoa praticar, em período proibido, pesca em rio que sirva de limite entre dois estados, a competência para o processo e o julgamento será da justiça estadual de qualquer dos estados envolvidos."

  A alternativa está errada. A competência será da justiça federal por envolver mais de um estado membro.

- **(Juiz Federal – TRF 1ª Região 2011 – CESPE)**

  "Constitui crime da competência da justiça federal o transporte de recursos minerais, como de pedras preciosas e semipreciosas, tais como topázio, turmalina, quartzo, entre outras, sem a correspondente documentação e autorização legal, sendo o delito previsto na lei dos crimes contra a ordem econômica e o sistema de estoque de combustíveis, por ser patrimônio da União, conforme disposto na CF, não se exigindo condição específica ou de procedibilidade para a persecução penal em juízo."

A alternativa está correta.

- **STF:**

  Por considerar caracterizada imputação a **revelar prejuízo de bem da União**, a Turma deu provimento a recurso extraordinário a fim de assentar a competência da **Justiça Federal** para processar e julgar ação penal em que se apura crime praticado contra o meio ambiente. No caso, empresa fora denunciada por descartar resíduos tóxicos sobre rio que atravessa o Estado de Alagoas. O tribunal de justiça local reconhecera a competência da Justiça Estadual para processar o feito ao fundamento de que não se vislumbrara, nos autos, interesse público federal. Entendeu-se que, na espécie, teria sido potencializado o interesse da população local em detrimento do fato de a poluição alcançar bem público federal. Asseverou-se, destarte, pouco importar que se tivesse chegado ao comprometimento de açude, córregos e riachos locais, devendo **prevalecer a circunstância de o dano apontado haver ocorrido em rio – o qual banha dois Estados– membros – que, pelo teor do inciso III do art. 20 da CF, consubstancia bem da União** ("São bens da União: ... os lagos, rios e quaisquer correntes de água em terrenos de seu domínio, ou que banhem mais de um Estado..."). Concluiu-se que esse preceito e a premissa fática constante do acórdão impugnado atrairiam a incidência do inciso IV do art. 109 da CF. Por fim, estabeleceu-se ser competente para a propositura da ação penal o Ministério Público Federal. (STF. RE 454740/AL, rel. Min. Marco Aurélio, 28.4.2009. Informativo 544 do STF).

Aplicação em concurso:

- **(Procurador Federal – AGU 2007 – CESPE)**

  "Crime de pesca realizado em rio interestadual deve ser julgado no juízo federal competente, ao passo que crime de pesca realizado em rio estadual deve ser objeto de denúncia de membro do Ministério Público estadual respectivo."

  A alternativa está correta.

6. **Interesse direto e específico da União:** os interesses da União passíveis de atrair a causa para a justiça federal são aqueles denominados "diretos e específicos", como, por exemplo, nos casos de crimes ambientais cometidos em unidades de conservação administradas pelo órgão

ambiental federal competente. Já o interesse mediato ou indireto da União, como no caso de desmatamento em áreas de preservação permanente-APP, não são suficientes para atrair a competência da justiça federal e devem ser processados e julgados pela justiça estadual.

▶ **STF:**

> 1. O recurso extraordinário criminal cuida de questão que já passou pelo crivo de ambas as Turmas desta Corte, quando se firmou o entendimento de que os crimes ambientais – no caso, o desmatamento, sem autorização, de 2,0 ha (dois hectares) em **área de preservação permanente, de propriedade particular** (Lei 9.605/98, art. 38), fl. 23 – devem ser processados e julgados perante a **Justiça Estadual**. O **interesse genérico, mediato ou indireto da União, não é o bastante para atrair a competência da Justiça Federal**. Nesse sentido, o HC 81.916, rel. Min. Gilmar Mendes, 2ª Turma, unânime, DJ de 11.10.02, assim ementado: "(1) Habeas Corpus. Crime previsto no art. 46, parágrafo único, da Lei nº 9.605, de 1988 (Lei de Crimes Ambientais). Competência da Justiça Comum. (2) Denúncia oferecida pelo Ministério Público Federal perante a Justiça Federal com base em auto de infração expedido pelo IBAMA. (3) **A atividade de fiscalização ambiental exercida pelo IBAMA, ainda que relativa ao cumprimento do art. 46 da Lei de Crimes Ambientais, configura interesse genérico, mediato ou indireto da União**, para os fins do art. 109, IV, da Constituição. (4) A presença de interesse direto e específico da União, de suas entidades autárquicas e empresas públicas – o que não se verifica, no caso –, constitui pressuposto para que ocorra a competência da Justiça Federal prevista no art. 109, IV, da Constituição. (5) Habeas Corpus conhecido e provido. Na mesma linha, pela competência da Justiça Comum Estadual, o RE 300.244, rel. Min. Moreira Alves, 1a. Turma, unânime, DJ de 19.12.2001: "Competência. Crime previsto no artigo 46, parágrafo único, da Lei nº. 9.605/98. Depósito de madeira nativa proveniente da Mata Atlântica. Artigo 225, § 4º, da Constituição Federal. – Não é a Mata Atlântica, que integra o patrimônio nacional a que alude o artigo 225, § 4º, da Constituição Federal, bem da União. – Por outro lado, o interesse da União para que ocorra a competência da Justiça Federal prevista no artigo 109, IV, da Carta Magna tem de ser direto e específico, e não, como ocorre no caso, interesse genérico da coletividade, embora aí também incluído genericamente o interesse da União. – Conseqüentemente, a competência, no caso, é da Justiça Comum estadual. – Recurso extraordinário não conhecido."
> 2. O acórdão recorrido (fls. 54-58) está em conformidade com esse entendimento, razão por que nego seguimento ao recurso (RISTF, art. 21, § 1º). (RE 458227, Relator(a): Min. ELLEN GRACIE, julgado em 12/12/2005, publicado em DJ 15/02/2006)

Importante verificar, no caso concreto, se o crime foi cometido em áreas particulares nas quais incide **intervenção genérica e abstrata do Estado à propriedade privada** (ex: APP[5] instituída pelo art. 2º da Lei 4.771/65), de competência da Justiça Estadual[6]; ou se em áreas particulares nas quais incide algum tipo de **intervenção restritiva** na propriedade privada de maneira **específica** (ex: criação de uma unidade de conservação da natureza[7] pela União) onde, havendo crimes ambientais, estará configurado o **interesse direto e específico** da União na causa, atraindo a competência da Justiça Federal.

Interesse	Competência	Exemplos
Interesse indireto e genérico da União ou inexistência de interesse da União	Justiça Estadual	Crime ambiental em APP fiscalizada pelo IBAMA (autarquia federal);
		Lavratura do auto de infração pelo IBAMA em crime contra a fauna.
Interesse direto e específico da União	Justiça Federal	Crime ambiental em unidade de conservação administrada pelo órgão ambiental federal.

▶ **STJ:**

CONFLITO POSITIVO DE COMPETÊNCIA. CRIME AMBIENTAL. EXISTÊNCIA DE INTERESSE DA UNIÃO. COMPETÊNCIA DA JUSTIÇA FEDERAL. 1. A conduta foi praticada, em tese, na Área de Proteção Ambiental do Cairuçu criada pelo Decreto Federal nº 89.242/83, integrante, portanto, de Unidades de Conservação, da qual faz parte a Reserva Ecológica da Joatinga, criada por decreto estadual. 2. Os critérios e normas para a criação, implantação e gestão das unidades de conservação estão previstas na Lei nº 9.985/2000, que estabelece que a **Área de Preservação Ambiental pode ser instituída tanto em propriedade pública quanto em particular, sendo que nestas podem ser estabelecidas normas e restrições para sua utilização**. 3. **Uma vez que o crime tenha ocorrido em área sujeita à restrição administrativa ao uso da propriedade privada, subsiste assim o interesse**

5. Vide Cap. IV, comentários ao artigo 2º.
6. De acordo com decisão do STJ, "a simples circunstância de se tratar de área de preservação permanente não tem o condão de deslocar a competência para a Justiça Federal, pois, constituindo propriedade particular, não há interesse direto e específico da União".
7. Vide Cap. V.

direto e específico da União na causa, a atrair a competência da Justiça Federal para o deslinde do feito. 4. Patente o interesse do IBAMA na preservação da área atingida, mormente a informação trazida aos autos de que a autarquia federal foi a responsável pela concessão da licença para as ações ali desenvolvidas, posteriormente revogada por ter sido reconhecida ilegal.(...) 6. Conflito conhecido para determinar competente o Juízo Federal da 1ª Vara de Angra dos Reis/RJ, anulados os atos decisórios do Juízo Estadual. (CC 80905/RJ, Rel. Ministro OG FERNANDES, TERCEIRA SEÇÃO, julgado em 10/06/2009, DJe 24/06/2009).

Informativo nº 346 – Terceira Seção. COMPETÊNCIA. APURAÇÃO. CRIME AMBIENTAL. (...) Isso posto, no caso dos autos, à época dos fatos, o local onde o crime ambiental teria ocorrido pertencia ao município de Blumenau (SC); contudo, posteriormente, passou a fazer parte do Parque Nacional da Serra do Itajaí, administrado pelo Ibama, restando configurado o interesse da União. Diante do exposto, a Seção declarou competente a Justiça Federal, o suscitante. Precedente citado: CC 61.588-RJ, DJ 17/9/2007. CC 88.013-SC, Rel. Min. Napoleão Nunes Maia Filho, julgado em 27/2/2008.

COMPETÊNCIA. CRIME. MEIO AMBIENTE. O suposto delito contra o meio ambiente (pesca sem autorização mediante petrechos proibidos) foi praticado em área adjacente à unidade de conservação federal. Assim, vislumbra-se prejuízo à União, autarquia ou empresa pública federais a ponto de determinar a competência da Justiça Federal para seu processo e julgamento. Precedentes citados: CC 100.852-RS, DJe 8/9/2010, e CC 92.722-RJ, DJe 19/4/2010. (STJ. CC 115.282-RS**, Rel. Min. Maria Thereza de Assis Moura, julgado em 8/6/2011. Informativo 476).**

Aplicação em concurso:

- **(Juiz Federal – TRF 1ª Região – 2009 – CESPE)**

  "As Áreas de preservação ambiental podem ser instituídas por decreto federal tanto em propriedade pública quanto em particular, sendo que, nesta, podem ser estabelecidas normas e restrições para sua utilização. Para crimes ocorridos em local sujeito à restrição administrativa ao uso da propriedade privada, ainda que haja interesse do IBAMA na preservação da área, não subsiste interesse direto e específico da União, a atrair a competência da justiça federal."

  A afirmativa está errada. Os crimes ambientais em áreas onde incide restrição administrativa específica ao uso da propriedade privada, instituída pela União (ex: unidades de conservação federais), atraem a competência para a Justiça Federal. Importante verificar que a questão não trata das

APP (Áreas de Preservação Permanente) previstas no Código Florestal (restrição genérica e abstrata), mas sim de "áreas de preservação ambiental" que "podem ser instituídas por decreto federal" (o que sugere tratar-se de Unidade de Conservação da Lei 9.985/00).

- **(Procurador Federal – AGU 2007 – CESPE)**

  "Em caso de desmatamento criminoso em unidade de conservação no DF, administrada pela União, o autor do crime será processado e julgado pela justiça do DF."

  A alternativa está errada. Em se tratando de unidade de conservação da União, por ela administrada, a competência é da Justiça Federal, independentemente da referida unidade estar localizada em território de estado-membro, DF ou município. Tendo o crime ocorrido em área sujeita à restrição administrativa ao uso da propriedade privada imposta pela União, subsiste seu interesse direto e específico na causa, atraindo a competência da justiça federal.

7. Conexão entre crime de desobediência de servidor federal e crimes ambientais, em que existiu atração do processamento e julgamento para a Justiça Federal, sobrevindo prescrição do crime contra a Administração Pública – Competência da Justiça Estadual

▶ STJ

Informativo nº 401 – Sexta Turma. COMPETÊNCIA. CRIMES AMBIENTAIS. DESOBEDIÊNCIA. O paciente foi denunciado como incurso nas sanções do art. 330 do CP e arts. 39, 40 e 60, todos da Lei n. 9.605/1998. Recebida a denúncia, foi questionada a competência da Justiça Federal para instruir e julgar a ação penal, dando ensejo ao conflito de competência instaurado entre o juízo federal e o juízo de Direito. Ao julgar o referido conflito, a Terceira Seção deste Superior Tribunal declarou a competência da Justiça Federal. Posteriormente, o juízo federal reconheceu a prescrição da pretensão punitiva estatal quanto ao crime do art. 330 do CP, o qual, praticado em detrimento de funcionário público federal, atraiu, por conexão, a competência da Justiça Federal para julgar os demais crimes ambientais. Sustentam os impetrantes que, uma vez declarada extinta a punibilidade do paciente com relação ao crime de desobediência, carece a Justiça Federal de competência para julgá-lo pela suposta infração dos aludidos crimes ambientais, já que não se caracterizou qualquer ofensa a bens da União apta a justificá-la. Defendem, por essa razão, que o direito de o paciente ser julgado por magistrado competente está sendo violado pela decisão do TRF, que, ao denegar o writ impetrado a seu favor, reconheceu a competência da Justiça Federal para continuar processando o feito. Para a Min. Relatora, na hipótese de conexão entre crime de desobediência de servidor federal e crimes ambientais, em que existiu atração do processamento e julgamento para a Justiça Federal, sobrevindo prescrição do crime contra a Administração Pública, desaparece o interesse da União, devendo haver o deslocamento da competência para a Justiça estadual. Diante disso, a Turma concedeu a ordem para determinar o envio dos autos da ação penal para o juízo estadual, que se tornou o competente para processar e julgar os crimes ambientais em questão. Precedentes citados do STF: HC 69.325-GO, DJ 4/12/1992; do TFR: CC 7.043-RS, DJ 6/11/1986. HC 108.350-RJ, Rel. Min. Maria Thereza de Assis Moura, julgado em 4/8/2009.

8. Crime ambiental em áreas de Floresta Amazônica, Mata Atlântica, Serra do Mar, Pantanal Mato-Grossense e Zona Costeira

8.1. A Floresta Amazônica, a Mata Atlântica, a Serra do Mar, o Pantanal Mato-Grossense e a Zona Costeira, são ecossistemas considerados PATRIMÔNIO NACIONAL pelo artigo 225, §4º da Constituição de 1988, o que significa dizer que sua utilização far-se-á na forma da lei e dentro de condições que assegurem a preservação dos seus atributos biológicos. A Carta Magna, ao se referir expressamente a esses riquíssimos biomas, pretendeu enfatizar a sua importância ambiental estabelecendo uma proteção genérica, assegurando, por exemplo, a defesa de interesses do Brasil diante de eventuais ingerências estrangeiras. De acordo com o artigo 225, § 4º, da Constituição de 1988,

> "A Floresta Amazônica brasileira, a Mata Atlântica, a Serra do Mar, o Pantanal Mato-Grossense e a Zona Costeira são patrimônio nacional, e sua utilização far-se-á, na forma da lei, dentro de condições que assegurem a preservação do meio ambiente, inclusive quanto ao uso dos recursos naturais."

Importante ressaltar que tais biomas **não** são considerados, por si só, bens da União. E, como já analisamos, se o crime não for perpetrado em detrimento de **bens, serviços ou interesses (diretos e específicos) da União, ou de suas autarquias ou empresas públicas**, a competência será da justiça estadual. Desta forma, os crimes ambientais em áreas de Floresta Amazônica, Mata Atlântica, Serra do Mar, Pantanal Mato-Grossense e Zona Costeira, são de competência da **justiça estadual**. Segundo José Afonso da Silva,

> "declara a Constituição que os complexos ecossistemas referidos no seu art. 225, § 4.º, são *patrimônio nacional*. Isso não significa transferir para a União o domínio sobre as áreas particulares, estaduais e municipais situadas nas regiões mencionadas. Na verdade, o significado primeiro e político da declaração constitucional de que aqueles

> ecossistemas florestais constituem patrimônio nacional está em que não se admite qualquer forma de internacionalização da Amazônia ou de qualquer outra área."[8]

Lembra ainda o referido mestre que haverá casos em que o particular será *dono* de parcelas de tais trechos geográficos. Logo, no caso presente, não se está diante de bem da União, mas do próprio réu. Pontue-se, ademais, que, a despeito de a Floresta Amazônica ser patrimônio nacional, em seu bojo foram constituídos parques nacionais e estaduais. Por exemplo, sendo praticado o crime de desmatamento no Parque Estadual de Nhamundá, situado no Estado do Amazonas, dúvidas não há de que a competência para apreciar o feito é da Justiça Estadual do Amazonas (por tratar-se de unidade de conservação estadual). Ao passo que, sendo praticado delito semelhante no Parque Nacional do Jaú (unidade de conservação federal), também situado no Estado do Amazonas, a competência, aí sim, seria da Justiça Federal.

▶ **STF**

> Informativo nº 251 do STF. CRIME CONTRA A MATA ATLÂNTICA: COMPETÊNCIA. **Compete à Justiça Comum o julgamento de ação penal contra acusado da suposta prática do crime previsto no art. 46, parágrafo único, da Lei 9.605/98 – consistente no fato de o mesmo possuir em depósito, sem autorização ou licença do órgão competente, madeira nativa proveniente da Mata Atlântica –, uma vez que a competência da Justiça Federal para a causa somente se justificará quando houver detrimento a interesse direto e específico da União (CF, art. 109, IV), não sendo suficiente o fato de o crime haver sido praticado contra a Mata Atlântica, a qual não é bem de propriedade da União.** Com base nesse entendimento, a Turma não conheceu de recurso extraordinário interposto pelo Ministério Público Federal em que se pretendia ver reconhecida a competência da Justiça Federal para julgar a espécie com base nos arts. 225, § 4º e 109, IV, todos da CF, sob a alegação de que, tratando-se de ofensa a patrimônio nacional, haveria o interesse da União. A Turma considerou que a inclusão da Mata Atlântica no "patrimônio nacional", a que alude o mencionado art. 225, § 4º, da CF, fez-se para a proteção do meio ambiente ecologicamente equilibrado a que a coletividade brasileira tem direito, configurando, assim, uma proteção genérica à sociedade, que também interessa à União, mas apenas genericamente, não sendo capaz, por si só, de atrair a competência da Justiça Federal (CF, art. 225, § 4º: "A Floresta Amazônica brasileira, a Mata Atlântica, a Serra do Mar, o Pantanal Mato-Grossense e a Zona

8. *Comentário contextual à Constituição*. 4. ed. São Paulo: Malheiros, 2007, p. 844. In: CC 99.294-RO, Rel. Min. Maria Thereza de Assis Moura, julgado em 12/8/2009. STJ.

Costeira são patrimônio nacional, e sua utilização far-se-á, na forma da lei, dentro de condições que assegurem a preservação do meio ambiente, inclusive quanto ao uso dos recursos naturais."). Precedentes citados: RE 89.946-PR (RTJ 95/297), RE 166.943-PR (DJU de 4.9.95). RE 300.244-SC, rel. Min. Moreira Alves, 20.11.2001.(RE-300244)

- **STJ**

Informativo nº 365 do STJ – Terceira Seção. COMPETÊNCIA. CRIME AMBIENTAL. MATA ATLÂNTICA. Este Superior Tribunal entende que, embora a mata atlântica integre o patrimônio nacional, não se enquadra na definição de bem da União e, por isso, não atrai a competência da Justiça Federal. Sendo assim, é competente a Justiça estadual para processar e julgar crime ambiental de desmatamento da floresta nativa da mata atlântica. Precedentes citados: CC 55.704-SP, DJ 10/4/2006; CC 92.327-SP, DJ 24/3/2008, e CC 35.087-SP, DJ 17/11/2004. AgRg no CC 93.083-PE, Rel. Min. Nilson Naves, julgado em 27/8/2008.

Informativo nº 402 do STJ. COMPETÊNCIA. DESMATAMENTO. FLORESTA AMAZÔNICA. A questão está em definir a competência para processar e julgar o crime de desmatamento da floresta amazônica em terreno objeto de propriedade particular. A Seção conheceu do conflito e declarou competente o juízo de Direito, o suscitante, ao entendimento de que não há que confundir patrimônio nacional com bem da União. Aquela locução revela proclamação de defesa de interesses do Brasil diante de eventuais ingerências estrangeiras. Tendo o crime de desmatamento ocorrido em propriedade particular, área que já pertenceu, mas hoje não mais, a parque estadual, não há que se falar em lesão a bem da União. Ademais, como o delito não foi praticado em detrimento do IBAMA, que apenas fiscalizou a fazenda do réu, ausente prejuízo para a União. (CC 99.294-RO, Rel. Min. Maria Thereza de Assis Moura, julgado em 12/8/2009)

Aplicação em concurso

- **(ADASA – Agência Reguladora de Águas, Energia e Saneamento do DF 2009 – Fundação Universa)**

  "Em razão da importância para o ecossistema, a Constituição Federal prevê que a Mata Atlântica, a Serra do Mar, o Pantanal Mato-Grossense e a Zona Costeira são áreas da União."

  A afirmativa está errada. Não há que confundir patrimônio nacional com bem da União.

- **(AGU 2009 – CESPE)**

  "A proteção constitucional da mata atlântica impede que haja propriedade privada nas áreas abrangidas por esse macroecossistema."

  A afirmativa está errada.

- **(Juiz do Trabalho/ BA – 5 Região 2006 – CESPE)**
  "O fato de a mata atlântica integrar o patrimônio nacional não acarreta por si só a competência da justiça federal e não converte os bens particulares ali localizados em bens públicos, impedindo a sua utilização racional."
  A afirmativa está correta.

9. Crime contra a fauna

▶ **Atenção:** Tema muito cobrado em concursos em razão do cancelamento da súmula 91 do STJ

9.1. Após a edição da Lei 9.605/98, a Terceira Turma cancelou a Súmula 91/STJ, que, editada com fundamento na Lei 5.197/67 (Lei de Proteção a Fauna), atribuía à Justiça Federal a competência para processar e julgar os crimes cometidos contra a fauna.

9.2. Importante: a súmula 91 do STJ foi cancelada na sessão de 08/11/2000 pela Terceira Turma. O teor da súmula era o seguinte: *"Compete à justiça federal processar e julgar os crimes praticados contra a fauna."* Assim, se não verificar a hipótese do art. 109, IV, da CRFB/1988 (*"Aos juízes federais compete processar e julgar: (...) IV – os crimes políticos e as infrações penais praticadas em detrimento de bens, serviços ou interesse da União ou de suas entidades autárquicas ou empresas públicas;")* **será competente a justiça estadual para julgar crimes contra a fauna (e também contra a flora).**

9.3. O simples fato de ter ocorrido a lavratura do auto de infração pelo IBAMA não implica que a competência é da Justiça Federal → necessidade de demonstração do interesse direito e específico da União (ver informativo do STF abaixo).

▶ **STF**

> Informativo nº 282 do STF. CRIME AMBIENTAL E COMPETÊNCIA. Considerando inexistente a presença de interesse direto e específico a bem da União a justificar a competência da Justiça Federal para julgamento da ação penal proposta contra o paciente – acusado da suposta prática do delito previsto no parágrafo único do art. 46 da Lei 9.605/98 em razão do transporte de madeira em tora sem a devida autorização –, a Turma deferiu *habeas corpus* para afirmar a competência da Justiça Comum estadual para o julgamento da espécie, **afastando, assim, a argumentação do acórdão recorrido no sentido de que a lavratura do auto de infração pelo IBAMA implicaria a competência da Justiça Federal, por ofensa a interesse da mencionada autarquia,**

uma vez que tal atividade de fiscalização, ainda que relativa ao cumprimento de preceito da Lei de Crimes Ambientais, configura interesse genérico ou indireto da União para os fins do art. 109, IV, da CF. Precedentes citados: RE 300.244-SC (DJU de 19.12.2001) e RE 166.943-PR (DJU de 4.8.1995). HC 81.916-PA, rel. Min. Gilmar Mendes, 17.9.2002. (HC-81916)

Informativo nº 154 do STJ – Terceira Seção. COMPETÊNCIA. JUSTIÇA FEDERAL. CRIME CONTRA A FAUNA. Compete ao juízo estadual processar e julgar crime ambiental de que trata o art. 46, parágrafo único, da Lei n. 9.605/1998, referente à manutenção em cativeiro de animais silvestres sem a devida permissão, licença ou autorização da autoridade competente, sobretudo por não restar caracterizada lesão a bens, serviços ou interesses específicos da União (art. 109, IV, da CF/1998). Precedentes citados do STF: HC 81.916-PA, DJ 11/10/2002; do STJ: CC 32.722-SP, DJ 4/2/2002; CC 31.759-MG, DJ 12/11/2001; CC 33.068-SP, DJ 25/3/2002, e CC 34.366-SP, DJ 17/6/2002. CC 35.502-SP, Rel. Min. Felix Fischer, julgado em 13/11/2002.

Informativo nº 160 do STJ. COMPETÊNCIA. CRIME AMBIENTAL. SÚM. N. 91-STJ. Após a edição da Lei n. 9.605/1998 e o conseqüente cancelamento da Súm. n. 91-STJ, a definição da competência federal nos crimes ambientais depende da verificação da existência de lesão a bens, serviços ou interesses da União. Precedentes citados: REsp 416.387-RS, DJ 14/10/2002; CC 34.081-MG, DJ 14/10/2002, e CC 32.071-RJ, DJ 4/2/2002. REsp 433.369-RS, Rel. Min. Fernando Gonçalves, julgado em 6/2/2003.

Aplicação em concurso:

- **(Procurador do Estado AM 2016 – CESPE)**

  "Com relação aos crimes e às infrações administrativas ambientais, julgue os itens subsequentes. Situação hipotética: Cláudio, maior e capaz, caçou e matou espécime da fauna silvestre, sem a devida autorização da autoridade competente. Assertiva: Segundo o atual entendimento do STJ, a competência para julgar o referido crime será da justiça federal, independentemente de a ofensa ter atingido interesse direto e específico da União, de suas entidades autárquicas ou de empresas públicas federais, pois basta que os crimes sejam contra a fauna para atrair a competência do Poder Judiciário federal."

  A afirmativa está errada. Os crimes contra a fauna, regra geral, são da competência da justiça estadual. A súmula 91, do STJ, que estabelecia a competência da justiça federal nesses casos, foi cancelada.

- **(Juiz Federal – TRF 5ª Região 2011 – CESPE)**

"Suponha que determinado indivíduo tenha praticado caça em propriedade particular, sem permissão, licença ou autorização da autoridade competente, ou em desacordo com a licença ou permissão obtida. Nessa situação, a competência para julgar o delito será da justiça federal, instância competente para processar e julgar os crimes praticados contra a fauna."

A afirmativa está errada.

- **(Delegado da Polícia Civil/ TO 2008 – CESPE).**

"Em regra, a competência para processar e julgar os crimes contra a fauna é da justiça federal, uma vez que a proteção ao meio ambiente, conforme disposição da Constituição Federal, é dever da União."

A afirmativa está errada.

10. Parcelamento irregular de solo urbano

▶ STJ

Informativo nº 138 – Terceira Seção. COMPETÊNCIA. SOLO URBANO. A Seção entendeu que compete à Justiça comum o processo e julgamento de crime ambiental por parcelamento irregular de solo urbano, a despeito de esse bem pertencer à União, se não houver prejuízo a bens, serviços ou interesse daquela, restringindo suas conseqüências à administração local e a particulares em geral, pois a Lei n. 6.766/1979 e a CF/1988 apregoam que o parcelamento do solo urbano é atribuição dos municípios ou do DF, com objetivo de proteger a organização urbanística e ecológica de cada localidade. Precedentes citados: RHC 52-SP, DJ 13/8/1990, e REsp 194.732-SP, DJ 21/6/1999. CC 34.455-DF, Rel. Min. Fernando Gonçalves, julgado em 12/6/2002.

11. Crime de liberação ilegal de OGM (transgênicos) no meio ambiente

11.1. A liberação ilegal de organismos geneticamente modificados é crime previsto no art. 27 da Lei de Biossegurança (Lei 11.105/2005). O Superior Tribunal de Justiça decidiu que cabe à **Justiça Federal** julgá-lo em razão da liberação de OGM poder acarretar conseqüências a direitos difusos, como a saúde pública, que não se restringem ao âmbito dos Estados da Federação em que efetivamente ocorre o plantio de OGM. Ademais, a CTNBio é órgão ligado diretamente à Presidência da República, havendo interesse da União, outro argumento que sustentou a fundamentação da decisão.

EMENTA: CRIMINAL. CONFLITO DE COMPETÊNCIA. LIBERAÇÃO DE ORGANISMO GENETICAMENTE MODIFICADO NO MEIO AMBIENTE. SEMENTES DE SOJA TRANSGÊNICA. FALTA DE AUTORIZAÇÃO DA CNTBio.

EVENTUAIS EFEITOS AMBIENTAIS QUE NÃO SE RESTRINGEM AO ÂMBITO DE ESTADOS DA FEDERAÇÃO INDIVIDUALMENTE CONSIDERADOS. POSSIBILIDADE DE CONSEQÜÊNCIAS À SAÚDE PÚBLICA. INTERESSE DA UNIÃO NO CONTROLE E REGULAMENTAÇÃO DO MANEJO DE SEMENTES DE OGM. COMPETÊNCIA DA JUSTIÇA FEDERAL. I. A Comissão Técnica Nacional de Biossegurança (CNTBio) – Órgão diretamente ligado à Presidência da República, destinado a assessorar o governo na elaboração e implementação da Política Nacional de Biossegurança – é a responsável pela autorização do plantio de soja transgênica em território nacional. II. Cuidando-se de conduta de liberação, no meio ambiente, de organismo geneticamente modificado – sementes de soja transgênica – em desacordo com as normas estabelecidas pelo Órgão competente, caracteriza-se, em tese, o crime descrito no art. 13, inc. V, da Lei de Biossegurança, que regula manipulação de materiais referentes à Biotecnologia e à Engenharia Genética. III. Os eventuais efeitos ambientais decorrentes da liberação de organismos geneticamente modificados não se restringem ao âmbito dos Estados da Federação em que efetivamente ocorre o plantio ou descarte, sendo que seu uso indiscriminado pode acarretar conseqüências a direitos difusos, tais como a saúde pública. IV. Evidenciado o interesse da União no controle e regulamentação do manejo de sementes de soja transgênica, inafastável a competência da Justiça Federal para o julgamento do feito. V. Conflito conhecido para declarar a competência o Juízo Federal da Vara Criminal de Passo Fundo, SJ/RS, o Suscitado. (STJ. CC Nº 41.301, Rel. Min. Gilson Dipp, julgado em 12/05/2004)

Aplicação em concurso:

- **(Juiz Federal – TRF 5ª Região 2011 – CESPE)**

  "Agente que libere na natureza OGM sem autorização dos órgãos competentes responderá, em concurso formal, pela prática de delitos previstos na Lei de Biossegurança e na Lei dos Crimes Ambientais se a conduta resultar em dano ao ambiente."

  A afirmativa está errada. Trata-se de crime de perigo. A simples liberação de OGM na natureza, sem autorização do órgão ambiental competente, configura o crime, independentemente da verificação do efetivo dano ao meio ambiente.

- **(Juiz Federal – TRF 5ª Região 2011 – CESPE)**

  "A competência para processar e julgar conduta delituosa de liberação no meio ambiente de OGM, tal como sementes de soja transgênica, é da justiça comum estadual, ainda que os efeitos ambientais não se restrinjam ao estado da Federação em que tenha ocorrido o descarte."

  A afirmativa está errada. Como analisado, cabe à Justiça Federal julgá-lo em razão da liberação de OGM poder acarretar conseqüências a direitos difusos, como a saúde pública, que não se restringem ao âmbito dos Estados da Federação.

CAPÍTULO VIII

Política Nacional de Recursos Hídricos (Lei 9.433, de 08 de janeiro de 1997)

Institui a Política Nacional de Recursos Hídricos, cria o Sistema Nacional de Gerenciamento de Recursos Hídricos, regulamenta o inciso XIX do art. 21 da Constituição Federal, e altera o art. 1º da Lei nº 8.001, de 13 de março de 1990, que modificou a Lei nº 7.990, de 28 de dezembro de 1989.

TÍTULO I
Da Política Nacional De Recursos Hídricos

CAPÍTULO I
Dos Fundamentos

Art. 1º – A Política Nacional de Recursos Hídricos baseia-se nos seguintes **fundamentos:**

I – a água é um **bem de domínio público**;

II – a água é um **recurso natural limitado**, dotado de **valor econômico**;

III – em situações de **escassez**, o uso prioritário dos recursos hídricos é o **consumo humano e a dessedentação de animais**;

IV – a **gestão dos recursos hídricos** deve sempre proporcionar o **uso múltiplo das águas**;

V – a **bacia hidrográfica é a unidade territorial** para implementação da Política Nacional de Recursos Hídricos e atuação do Sistema Nacional de Gerenciamento de Recursos Hídricos;

VI – a gestão dos recursos hídricos deve ser **descentralizada** e contar com a **participação do Poder Público, dos usuários e das comunidades**.

1. Introdução.

A Lei 9.433/1997 (LPNRH) consolida princípios contemporâneos de gestão de recursos hídricos, além de revelar a premente necessidade de racionalizar a utilização dos recursos naturais.

2. Água como bem de domínio público.

A LPNRH reitera o preceito constitucional que estabelece a publicidade das águas, cujo "domínio" passou a ser da União e dos Estados. O Poder Público passa a gerenciar a utilização e a proteção dos recursos hídricos, bens de domínio público.

3. Água como bem-dotado de valor econômico.

Os recursos hídricos constituem recurso ambiental finito e vulnerável. Por este motivo, aplicam-se a eles instrumentos econômicos para que o seu uso e aproveitamento se deem em observância aos interesses da coletividade.

Objetivo: racionalizar o seu uso e evitar seu desperdício.

Aplicação em concurso:

- **(Delegado de Polícia Civil PA 2016 – FUNCAB)**

  "Conforme a Política Nacional de Recursos Hídricos, a água é um recurso natural limitado e bem de domínio público, contudo, desprovido de valor econômico".

  A afirmativa está errada.

4. Utilização em situações de escassez.

A regra na Política Nacional de Recursos Hídricos é de sempre buscar o uso múltiplo das águas. Todavia, em situações emergenciais, a utilização dos recursos hídricos será **prioritariamente destinada** ao atendimento das necessidades de **consumo humano** e à **dessedentação de animais.**

Aplicação em concurso:

- **(Magistratura Federal – TRF 2ª região/2017 – adaptada)**

  "Em situações de escassez, o uso prioritário dos recursos hídricos deve ser destinado ao consumo humano e à dessedentação de animais e, em seguida, às prioridades de uso estabelecidas no Plano de Recursos Hídricos aplicável a cada corpo hídrico."

  A afirmativa está correta.

5. Uso múltiplo das águas.

Os recursos hídricos devem servir ao abastecimento humano, à irrigação, às atividades industriais, enfim, proporcionar o uso múltiplo, respeitando-se, sempre, a vocação da bacia hidrográfica.

6. Bacia hidrográfica como unidade territorial.

Uma das grandes inovações da Política Nacional de Recursos Hídricos foi definir a bacia hidrográfica como unidade territorial para sua implementação. De fato, o planejamento da utilização dos recursos hídricos da bacia deve partir da definição de sua vocação e capacidade. Os Planos de Recursos Hídricos devem ser elaborados por bacia hidrográfica.[1]

► **Atenção 1**: não é o Município a unidade territorial para a implementação da PNRH, mas sim a **bacia hidrográfica**!

► **Atenção 2**: **Bacia hidrográfica** pode ser definida como a área onde ocorre a captação de água (drenagem) para um rio principal e seus afluentes devido às suas características geográficas e topográficas.

7. Gestão descentralizada.

A Lei 9.433/97 prevê um modelo de **gestão baseado na participação** dos diversos usuários, do Poder Público e da sociedade organizada no processo decisório.[2]

Aplicação em concurso:

- **(IDURB / Quadrix -2020)**

  "No primeiro artigo da Lei n.º 9.433/1997, que institui a Política Nacional de Recursos Hídricos e dá outras providências, um dos fundamentos apresentados é o de que a gestão dos recursos hídricos deve ser centralizada no Poder Público, especificamente por meio da Agência Nacional de Águas (ANA)."

  A afirmativa está errada.

- **(MPF/Procurador da República 2015)**

  "Assinale a alternativa correta a propósito de recursos hídricos, aquicultura e pesca:

  A) Num quadro de escassez de água, a prioridade de seu uso obedece à seguinte ordem: consumo humano, dessedentação de animais e uso industrial.

  B) A clássica inalienabilidade das águas ficou superada em face da limitação dos recursos hídricos e de sua sujeição à outorga.

1. *Vide* art. 8º da Lei 9.433/97.
2. Nesse sentido: MILARÉ, 2009, p. 498.

C) Embora limitado e com seu uso sujeito a outorga, a água é um recurso inalienável, insuscetível de valoração econômica.

D) O desenvolvimento sustentável rege a utilização da água, mas não das atividades econômicas da pesca e da aquicultura."

Gabarito: letra "a".

- **(Defensor Público AM 2013 – FCC)**

"Sobre a Política Nacional de Recursos Hídricos, analise as afirmações abaixo.

I. A água é um bem de domínio público.

II. A água é um recurso natural ilimitado.

III. A gestão dos recursos hídricos deve sempre proporcionar o uso múltiplo das águas.

IV. A gestão dos recursos hídricos deve ser centralizada e contar com a participação do Poder Público, dos usuários e das comunidades.

É correto o que se afirma APENAS em

A) I.

B) II e IV.

C) II e III.

D) II.

E) I e III."

Gabarito: letra "e".

- **(Magistratura Estadual ES 2012 – CESPE)**

"Acerca dos fundamentos que dão base à PNRH, assinale a opção correta.

A) Sendo a água bem de domínio público e recurso natural limitado, dotado de valor econômico, o uso prioritário dos recursos hídricos, em situações de escassez, consiste no consumo humano e na dessedentação de animais.

B) A gestão dos recursos hídricos deve sempre proporcionar o uso múltiplo das águas, sendo o município a unidade territorial escolhida para a implementação da PNRH e atuação do SNGRH.

C) O comitê de bacias, órgão consultivo e deliberativo do SNGRH, tem como centro administrativo a Secretaria Executiva do Instituto Chico Mendes para a Biodiversidade.

D) A gestão dos recursos hídricos deve proporcionar meios efetivos de prevenção e defesa contra as mudanças climáticas capazes de ocasionar degeneração na qualidade das águas e perda de aquíferos decorrentes do uso inadequado dos recursos naturais.

E) A gestão dos recursos hídricos deve ser centralizada, para melhor gerenciamento, cabendo à União viabilizar a participação dos usuários e das comunidades no processo de tomada de decisões quanto aos usos múltiplos da água."

Gabarito: letra "a".

CAPÍTULO II
DOS OBJETIVOS

Art. 2º – São OBJETIVOS da Política Nacional de Recursos Hídricos:

I – assegurar à atual e às futuras gerações a necessária disponibilidade de água, em padrões de **qualidade adequados** aos respectivos usos;

II – a **utilização racional e integrada** dos recursos hídricos, incluindo o transporte aquaviário, com vistas ao desenvolvimento sustentável;

III – a **prevenção** e a defesa contra eventos hidrológicos críticos de origem natural ou decorrentes do uso inadequado dos recursos naturais.

IV – incentivar e promover a captação, a preservação e o aproveitamento de **águas pluviais**. (Incluído pela Lei 13.501/2017).

Aplicação em concurso:

- **(Analista de Meio Ambiente e de Recursos Hídricos – Área: Direito/ Prefeitura de Linhares – ES/ IBADE – 2020)**

São objetivos da Política Nacional de Recursos Hídricos:

I - assegurar à atual e às futuras gerações a necessária disponibilidade de água, em padrões de qualidade adequados aos respectivos usos.

II - a utilização racional e integrada dos recursos hídricos, incluindo o transporte aquaviário, com vistas ao desenvolvimento sustentável.

III - realizar o licenciamento ambiental e a revisão de atividades efetiva ou potencialmente poluidoras, a exemplo das usinas hidrelétricas.

Considerando os itens acima, APENAS

A) I está correto.

B) II está correto.

C) I e II estão corretos.

D) II e III estão corretos

E) I e III estão corretos.

Gabarito: letra "c".

CAPÍTULO III
DAS DIRETRIZES GERAIS DE AÇÃO

Art. 3º – Constituem **DIRETRIZES GERAIS** de ação para implementação da Política Nacional de Recursos Hídricos:

I – a gestão sistemática dos recursos hídricos, sem dissociação dos aspectos de **quantidade e qualidade;**

II – a **adequação da gestão de recursos hídricos às diversidades** físicas, bióticas, demográficas, econômicas, sociais e culturais das diversas regiões do País;

III – a **integração da gestão de recursos hídricos com a gestão ambiental;**

IV – a **articulação** do planejamento de recursos hídricos **com o dos setores usuários** e com os planejamentos regional, estadual e nacional;

V – a **articulação** da gestão de recursos hídricos **com a do uso do solo**;

VI – a **integração** da gestão das bacias hidrográficas com a dos **sistemas estuarinos e zonas costeiras.**

Art. 4º – **A União articular-se-á com os Estados** tendo em vista o gerenciamento dos recursos hídricos de interesse comum.

1. Quantidade e qualidade na gestão das águas.

Em modelos ultrapassados de gestão das águas percebia-se claramente a sua limitação em relação ao aspecto "quantidade", normalmente relacionados às concessões para aproveitamento hidroelétrico. Não havia preocupação com a gestão de sua "qualidade".

A partir da década de setenta do século XX, com a crescente movimentação popular em defesa da proteção dos recursos naturais, o foco passa a ser direcionado **também para a manutenção da qualidade** dos bens naturais.

Os padrões de qualidade referem-se aos limites e condições estabelecidos para as águas, de acordo com as respectivas classes de uso.

2. Águas e meio ambiente.

Nota-se uma **indissociável integração da gestão de recursos hídricos com a gestão ambiental.** Os recursos hídricos constituem apenas um dos vários bens ambientais, que necessariamente estão interligados aos demais recursos naturais, como a flora e a fauna. Não há como gerenciar os recursos hídricos considerando-os isoladamente.

3. A **integração da gestão de recursos hídricos com a gestão ambiental** pode ser depreendida do artigo 31 da Lei 9.433/97, cujo texto expressamente assinala que, na implementação da Política Nacional de Recursos Hídricos, os Poderes Executivos do Distrito Federal e dos Municípios promoverão **a integração das políticas locais de saneamento básico, de uso, ocupação e conservação do solo e de meio ambiente com as políticas federal e estaduais de recursos hídricos.**

CAPÍTULO IV
DOS INSTRUMENTOS

Art. 5º – São INSTRUMENTOS da Política Nacional de Recursos Hídricos:

I – os **Planos de Recursos Hídricos;**

II – o **enquadramento dos corpos de água em classes**, segundo os usos preponderantes da água;

III – a **outorga** dos direitos de uso de recursos hídricos;

IV – a **cobrança** pelo uso de recursos hídricos;

V – a compensação a municípios;

VI – o **Sistema de Informações sobre Recursos Hídricos.**

1. **Planos de Recursos Hídricos** constituem planos diretores que visam a fundamentar e orientar a implementação da Política Nacional de Recursos Hídricos e o gerenciamento destes recursos. Devem ser **elaborados por bacia hidrográfica,** por Estado e para o País.

2. **Enquadramento dos corpos de água em classes.** Objetivo: assegurar às águas qualidade compatível com os usos mais exigentes a que forem destinadas, além de diminuir os custos de combate à poluição das águas, mediante ações preventivas permanentes.[3]

3. **Outorga para uso da água.** A utilização dos recursos naturais, bens de uso comum do povo e essenciais à sadia qualidade de vida, depende de prévio consentimento do Poder Público. O meio ambiente é qualificado como patrimônio público a ser necessariamente assegurado e protegido tendo em vista o uso coletivo[4] e, portanto, inexiste direito subjetivo à sua

3. Art. 9º da Lei 9.433/97.
4. Lei 6.938/81, artigo 2º, I.

livre utilização.[5] O **consentimento estatal** para a utilização dos recursos hídricos é deferido por meio da **outorga** de direitos de uso água.

4. **Cobrança pelo uso da água.** A Lei nº 9.433/97, ao reconhecer **a água** como um recurso natural limitado, **dotado de valor econômico** (art. 1º, inciso II), insere a cobrança pelo uso deste bem ambiental estratégico como um relevante instrumento da Política Nacional de Recursos Hídricos.

5. **Compensação a municípios**: vetado (*vide* art. 24 da Lei 9.433/1997).

6. **Sistema de Informações sobre Recursos Hídricos** é um sistema de coleta, tratamento, armazenamento e recuperação de informações sobre recursos hídricos e fatores intervenientes em sua gestão (*vide* art. 25 da Lei 9.433/1997).

Aplicação em concurso:

- **(MPE/RO 2017 – FMP)**

  "Sobre a Política Nacional de Recursos Hídricos, assinale a alternativa CORRETA

  A) O Sistema Nacional de Gerenciamento de Recursos Hídricos é integrado, exclusivamente, pelos Comitês de Bacia Hidrográfica e pelas Agências de Água.

  B) Os Planos de Recursos Hídricos serão elaborados, apenas, por bacia hidrográfica de cunho regional.

  C) São instrumentos da Política Nacional de Recursos Hídricos, entre outros: os Planos de Recursos Hídricos, a outorga dos direitos de uso de recursos hídricos e a cobrança pelo uso de recursos hídricos.

  D) A outorga dos direitos de uso de recursos hídricos implica alienação parcial das águas.

  E) A água é um recurso natural limitado, não dotado de valor Econômico."

  Gabarito: letra "c".

Seção I
Dos Planos de Recursos Hídricos

Art. 6º – Os Planos de Recursos Hídricos são planos diretores que visam a fundamentar e orientar a implementação da Política Nacional de Recursos Hídricos e o gerenciamento dos recursos hídricos.

---

5. MILARÉ, 2007, p. 404.

Art. 7º – Os Planos de Recursos Hídricos são **planos de longo prazo,** com horizonte de planejamento compatível com o período de implantação de seus programas e projetos e terão o seguinte **conteúdo mínimo:**

I – **diagnóstico da situação atual** dos recursos hídricos;

II – **análise de alternativas** de crescimento demográfico, de evolução de atividades produtivas e de modificações dos padrões de ocupação do solo;

III – **balanço entre disponibilidades e demandas futuras** dos recursos hídricos, **em quantidade e qualidade,** com identificação de conflitos potenciais;

IV – metas de racionalização de uso, aumento da quantidade e melhoria da qualidade dos recursos hídricos disponíveis;

V – **medidas** a serem tomadas, **programas** a serem desenvolvidos e **projetos** a serem implantados, para o atendimento das metas previstas;

VI – (VETADO)

VII – (VETADO)

VIII – **prioridades para outorga** de direitos de uso de recursos hídricos;

IX – **diretrizes e critérios para a cobrança** pelo uso dos recursos hídricos;

X – **propostas para a criação de áreas sujeitas a restrição de uso,** com vistas à proteção dos recursos hídricos.

Art. 8º – Os Planos de Recursos Hídricos serão **elaborados por bacia hidrográfica, por Estado e para o País.**

Aplicação em concurso:

- **(Magistratura Estadual RS 2018 – VUNESP)**

  "Os planos de Recursos Hídricos são elaborados por bacia hidrográfica, por Município e por Estado".

  A afirmativa está errada.

- **(Defensor Público TO 2013 – CESPE)**

  "Considerando os instrumentos de gestão de recursos hídricos previstos na Lei nº 9.433/1997, que institui a Política Nacional de Recursos Hídricos e cria o Sistema Nacional de Gerenciamento de Recursos Hídricos, assinale a opção correta.

A) São princípios básicos do funcionamento do Sistema de Informações sobre Recursos Hídricos, de acordo com a citada lei, a centralização na obtenção e produção de dados e informações e a gestão compartilhada do sistema por todos os entes federativos.

B) A outorga de direito de uso de recursos hídricos implica a alienação parcial das águas, não sua alienação total.

C) A extração de água de aquífero subterrâneo para insumo de processo produtivo está condicionada à outorga pelo poder público; a captação de parcela da água existente em um corpo de água para abastecimento público independe de outorga.

D) Os valores arrecadados com a cobrança pelo uso de recursos hídricos devem ser aplicados na bacia hidrográfica correspondente, vedada sua destinação ao pagamento de despesas de custeio administrativo de qualquer natureza.

E) Constituindo-se em um dos instrumentos da política nacional de recursos hídricos, os planos de recursos hídricos devem ser elaborados por bacia hidrográfica, por estado e para o país."

Gabarito: letra "e". (Vide artigo 5º, I, c/c artigo 8º).

Seção II
Do Enquadramento dos Corpos de Água em Classes, Segundo os Usos Preponderantes da Água

Art. 9º – O **enquadramento dos corpos** de água em classes, segundo os usos preponderantes da água, **visa a:**

I – assegurar às águas **qualidade compatível com os usos mais exigentes** a que forem destinadas;

II – **diminuir os custos de combate à poluição** das águas, mediante ações preventivas permanentes.

Aplicação em concurso:

- **(Prefeitura de Novo Hamburgo – RS/ INSTITUTO AOCP – 2020)**

"De acordo com a Lei Federal nº 9.433/1997, o enquadramento dos corpos de água em classes, segundo os usos preponderantes da água, visa

A) punir ações ou atos criminosos relacionados ao mau uso dos recursos hídricos proporcionalmente ao dano causado.

B) elaborar um plano de ações corretivas e educativas para recuperação e manutenção dos mananciais e bacias hidrográficas.

C) classificar as bacias hidrográficas, definindo prioridades para a elaboração de planos de ações para a recuperação dessas bacias.

D) manter e assegurar a qualidade dos recursos hídricos, especialmente as águas utilizadas para o abastecimento urbano, a fim de melhorar a qualidade da água fornecida e aumentar a rede de saneamento.

E) assegurar às águas qualidade compatível com os usos mais exigentes a que forem destinadas e diminuir os custos de combate à poluição das águas, mediante ações preventivas permanentes."

Gabarito: letra "e".

Art. 10. As classes de corpos de água **serão estabelecidas pela legislação ambiental.**

1. As **classes de corpos de água** foram estabelecidas pela Resolução CONAMA 357/2005 (que dispõe sobre a classificação dos corpos de água e diretrizes ambientais para o seu enquadramento) e pela Resolução CONAMA 396/2008 (que dispõe sobre a classificação e diretrizes ambientais para o enquadramento das águas subterrâneas).

2. A classificação das águas em **doces, salobras e salinas** é fundamental para a defesa de seus níveis de qualidade. Para tanto, são avaliadas por condições e padrões específicos, de modo a assegurar seus usos preponderantes.

Seção III
Da Outorga de Direitos de Uso de Recursos Hídricos

Art. 11. O regime de **outorga** de direitos de uso de recursos hídricos tem como **objetivos assegurar o controle quantitativo e qualitativo** dos usos da água e o **efetivo exercício dos direitos de acesso** à água.

Art. 12. Estão sujeitos a outorga pelo Poder Público os direitos dos seguintes usos de recursos hídricos:

I – **derivação ou captação de parcela da água** existente em um corpo de água **para consumo final,** inclusive abastecimento público, **ou insumo de processo produtivo;**

II – **extração de água de aquífero subterrâneo** para consumo final ou insumo de processo produtivo;

III – **lançamento em corpo de água de esgotos e demais resíduos** líquidos ou gasosos, tratados ou não, com o fim de sua diluição, transporte ou disposição final;

IV – **aproveitamento dos potenciais hidrelétricos;**

V – outros **usos que alterem o regime, a quantidade ou a qualidade** da água existente em um corpo de água.

§ 1º **Independem de outorga** pelo Poder Público, conforme definido em regulamento:

I – o uso de recursos hídricos para a satisfação das **necessidades de pequenos núcleos populacionais, distribuídos no meio rural;**

II – as **derivações, captações e lançamentos** considerados **insignificantes;**

III – as **acumulações de volumes** de água consideradas **insignificantes.**

§ 2º A outorga e a utilização de recursos hídricos **para fins de geração de energia elétrica** estará subordinada ao Plano Nacional de Recursos Hídricos, aprovado na forma do disposto no inciso VIII do art. 35 desta Lei, **obedecida a disciplina da legislação setorial específica.**

► **STJ**

AMBIENTAL E PROCESSUAL CIVIL. RECURSOS HÍDRICOS. EMBARGOS DE DIVERGÊNCIA. CONDOMÍNIO RESIDENCIAL. POÇO ARTESIANO. FEDERALISMO HÍDRICO-AMBIENTAL. REGIME JURÍDICO DAS ÁGUAS SUBTERRÂNEAS. ART. 12, II, DA LEI 9.433/1997 E ART. 45, § 2º, DA LEI 11.445/1997. NECESSIDADE DE OUTORGA E AUTORIZAÇÃO AMBIENTAL. PRECEDENTES. HISTÓRICO DA DEMANDA.
1. Trata-se, na origem, de Ação de Obrigação de Fazer proposta pelo Condomínio do Parque Residencial Ypiranga que, sob o argumento de haver insuficiência do abastecimento público de água, realizou perfuração de poço artesiano para uso dos condôminos, sem outorga e autorização ambiental. 2. A sentença julgou procedentes os pedidos. O Tribunal de origem negou provimento à Apelação, entendendo, em síntese, que inexiste na legislação federal ou estadual obrigação de outorga ou autorização do órgão público competente para uso de água extraída de poços artesianos. 3. O INEA interpôs Recurso Especial alegando violação do art. 45, § 2º, da Lei federal 11.445/2007 (Lei do Saneamento Básico) que veda a quem possui instalação hidráulica predial ligada à rede pública abastecer-se de fontes alternativas. REGIME JURÍDICO DAS ÁGUAS SUBTERRÂNEAS 4. Qualquer que seja o ângulo pelo qual se examine a questão, justifica-se a disciplina normativa, pela União, das águas subterrâneas - reputadas ora federais,

ora estaduais -, por constituírem recurso natural, público, limitado, não visível a olho nu (ao contrário das águas de superfície), e indispensável à concretização dos direitos fundamentais à vida, à saúde e ao meio ambiente ecologicamente equilibrado. 5. Na disciplina dos recursos hídricos, dois diplomas federais são de observância obrigatória para Estados, Distrito Federal e Municípios: **a Lei 9.433/1997 (Lei da Política Nacional de Recursos Hídricos) e a Lei 11.445/2007 (Lei do Saneamento Básico). A Lei 9.433/1997 condiciona a extração de água subterrânea - quer para "consumo final", quer como "insumo de processo produtivo" - à prévia e válida outorga pelo Poder Público**, o que se explica pela notória escassez desse precioso bem, literalmente vital, de enorme e crescente valor econômico, mormente diante das mudanças climáticas (art. 12, II). Já o art. 45, § 2º, da Lei 11.445/2007 prevê categoricamente que "a instalação hidráulica predial ligada à rede pública de abastecimento de água não poderá ser também alimentada por outras fontes". 6. Assim, patente a existência de disciplina normativa expressa, categórica e inafastável de lei geral federal, que veda captação de água subterrânea para uso de núcleos residenciais, sem que haja prévia outorga e autorização ambiental do Poder Público. As normas locais devem seguir as premissas básicas definidas pela legislação federal. Estatuto editado por Estado, Distrito Federal ou Município que contrarie as diretrizes gerais fixadas nacionalmente padece da mácula de inconstitucionalidade e ilegalidade, por afrontar a distribuição de competência feita pelo constituinte de 1988: "Compete privativamente à União legislar sobre ... águas" (art. 22, IV, da Constituição Federal, grifo acrescentado). Precedentes do STJ. CONCLUSÃO 7. Embargos de Divergência conhecidos e providos. (STJ. EREsp 1.335.535/RJ. Rel Min. Herman Benjamin. S1 - primeira Seção. Publ. DJe 03.09.2020).

▶ **STJ**

DIREITO ADMINISTRATIVO E AMBIENTAL. REGULAMENTAÇÃO DO ACESSO A FONTES DE ABASTECIMENTO DE ÁGUA. **É possível que decreto e portaria estaduais disponham sobre** a obrigatoriedade de conexão do usuário à rede pública de água, bem como sobre **a vedação ao abastecimento por poço artesiano,** ressalvada a hipótese de inexistência de rede pública de saneamento básico. **Os estados membros da Federação possuem domínio de águas subterrâneas (art. 26, I, da CF), competência para legislar sobre a defesa dos recursos naturais e a proteção do meio ambiente (art. 24, VI, da CF) e poder de polícia para precaver e prevenir danos ao meio ambiente (art. 23, VI e XI, da CF).** Assim, a intervenção desses entes sobre o tema não só é permitida como também imperativa. Vale acrescentar que **o inciso II do art. 12 da Lei 9.433/1997 condiciona a extração de água do subterrâneo à respectiva outorga, o que se**

justifica pela notória escassez do bem, considerado como recurso limitado, de domínio público e de expressivo valor econômico. Nesse contexto, apesar de o art. 45 da Lei 11.445/2007 admitir soluções individuais de abastecimento de água, a interpretação sistemática do dispositivo **não afasta o poder normativo e de polícia dos estados no que diz respeito ao acesso às fontes de abastecimento de água** e à determinação de conexão obrigatória à rede pública. (STJ. REsp. 1.306.093-RJ, Rel. Min. Herman Benjamin, julgado em 28/5/2013. Informativo 525 do STJ).

1. Usos que independem de outorga

Dentre os usos **considerados insignificantes**, destacam-se:

- as derivações, captações, lançamentos de efluentes em corpos d'água de domínio da União que se enquadrem nos limites estabelecidos pelo Anexo I da Resolução 1.940/2017 da Agência Nacional de Águas-ANA;
- as captações iguais ou inferiores a 86,4 m³/dia;
- os usos de recursos hídricos em corpos d'água de domínio da União destinados ao atendimento emergencial de atividade de interesse público, a depender de fundamentação técnica da ANA;
- os usos de recursos hídricos em corpos d''água de domínio da União de curta duração que não se estabeleçam como uso permanente, a depender de fundamentação técnica da ANA.

Ainda nos termos da Resolução 1.940/2017 da Agência Nacional de Águas-ANA, consideram-se usos não sujeitos à outorga as interferências em corpos de água que não alterem o regime de vazões:

I – os serviços de escavação, dragagem e limpeza de margens e leito de rio, lago ou reservatório, para fins de: a) desassoreamento; b) conservação de margens; dentre outros.

II – as obras hidráulicas que não alterem o regime de vazões e de níveis d'água relacionadas a: a) obras de travessia de corpos de água tais como pontes, passagens molhadas, bueiros e dutos; b) contenção de taludes; dentre outros.

Aplicação em concurso:

- **(Magistratura Federal – TRF 3ª região/2016 – adaptada)**

  "Segundo a Lei nº 9433/1997, estão sujeitos a outorga pelo Poder Público os direitos dos usos de recursos hídricos, dentre outros, de derivação ou captação de parcela da água existente em um corpo de água para consumo final, inclusive abastecimento público, ou insumo de processo produtivo e de lançamento em corpo de água de esgotos e demais resíduos líquidos ou gasosos, tratados ou não, com o fim de sua diluição, transporte ou disposição final."

A afirmativa está correta.

- **(MPE/PA 2014 – FCC)**

"A outorga de direito de uso da água é um dos instrumentos da Política Nacional de Recursos Hídricos e através dela o Poder Público competente autoriza o usuário, sob condições preestabelecidas, a utilizar ou realizar interferências nos corpos d'água que são de domínio público. Sobre a Outorga de Direitos de Uso de Recursos Hídricos é correto afirmar:

A) Toda outorga de direitos de uso de recursos hídricos far-se-á por prazo não excedente a 25 (vinte e cinco) anos, podendo ser renovada.

B) O regime de outorga de direitos de uso de recursos hídricos implica a alienação apenas parcial das águas.

C) A outorga efetivar-se-á por ato da autoridade competente do Poder Executivo Federal, dos Estados, do Distrito Federal ou dos Municípios.

D) Estão sujeitos a outorga pelo Poder Público os direitos de uso de recursos hídricos referentes à extração de água de aquífero subterrâneo para consumo final ou insumo de processo produtivo.

E) A outorga de direito de uso de recursos hídricos poderá ser suspensa parcial ou totalmente, em definitivo ou por prazo determinado na ausência de uso por 5 (cinco) anos consecutivos."

Gabarito: letra "d" (Vide art. 12, II da Lei 9.433/97).

- **(Magistratura Federal – TRF 2ª Região 2013 – CESPE)**

"Tendo em vista as normas que regem os recursos hídricos nacionais, assinale a opção correta.

A) A outorga e a utilização de recursos hídricos para fins de geração de energia elétrica estarão subordinadas ao Plano Nacional de Recursos Hídricos.

B) A apropriação de águas subterrâneas por meio de poços é permitida aos proprietários de terrenos rurais, desde que para consumo final.

C) As águas subterrâneas e os rios que provenham de outros países ou banhem mais de um estado são bens da União.

D) As águas públicas podem ser de uso comum ou dominicais, sendo que apenas as últimas podem ser objeto de outorga.

E) A lei que regulamenta a Política Nacional de Recursos Hídricos instituiu o direito de venda das águas como forma de conscientizar a coletividade acerca da importância de sua preservação."

Gabarito: letra "a".

- **(Procurador do Estado SP 2012 – FCC)**

"Considerando o disposto no artigo 12 da Lei Federal nº 9.433/77, que instituiu a Política Nacional de Recursos Hídricos e criou o Sistema Nacional de Gerenciamento de Recursos Hídricos, duas das hipóteses de uso de recursos hídricos cujos direitos de uso estão sujeitos a outorga pelo Poder Público, são

A) extração de água de aquífero subterrâneo para consumo final ou insumo de processo produtivo; e lançamento em corpo de água de esgotos e demais resíduos líquidos ou gasosos, tratados ou não, com o fim de sua diluição, transporte ou disposição final.

B) extração de água de aquífero subterrâneo para consumo final ou insumo de processo produtivo; e uso de recursos hídricos para a satisfação das necessidades de pequenos núcleos populacionais, distribuídos no meio rural.

C) uso de recursos hídricos para a satisfação das necessidades de pequenos núcleos populacionais, distribuídos no meio rural; e lançamento em corpo de água de esgotos e demais resíduos líquidos ou gasosos, tratados ou não, com o fim de sua diluição, transporte ou disposição final.

D) lançamento em corpo de água de esgotos e demais resíduos líquidos ou gasosos, tratados ou não, com o fim de sua diluição, transporte ou disposição final e derivações, captações; e lançamentos considerados insignificantes.

E) derivações, captações e lançamentos considerados insignificantes; e uso de recursos hídricos para a satisfação das necessidades de pequenos núcleos populacionais, distribuídos no meio rural."

Gabarito: letra "a" (Vide artigo 12, II e III da Lei 9.433/97).

Art. 13. Toda outorga estará **condicionada às prioridades de uso estabelecidas nos Planos de Recursos Hídricos** e deverá respeitar a classe em que o corpo de água estiver enquadrado e a manutenção de condições adequadas ao transporte aquaviário, quando for o caso.

Parágrafo único. A outorga de uso dos recursos hídricos deverá **preservar o uso múltiplo** destes.

Art. 14. A outorga efetivar-se-á por **ato da autoridade competente** do Poder Executivo **Federal, dos Estados ou do Distrito Federal.**

§ 1º O **Poder Executivo Federal poderá delegar aos Estados e ao Distrito Federal competência para conceder outorga** de direito de uso de recurso hídrico de domínio da União.

§ 2º (VETADO)

Aplicação em concurso:

- **(Magistratura Federal – TRF 1ª Região 2011 – CESPE – adaptada)**

  "A lei de gestão de recursos hídricos permite ao Poder Executivo federal delegar aos estados e ao DF competência para conceder outorga de direito de uso de recurso hídrico de domínio da União."

  A afirmativa está correta, nos termos do artigo 14, § 1º da Lei 9.433/97.

Art. 15. A outorga de direito de uso de recursos hídricos **poderá ser suspensa parcial ou totalmente, em definitivo ou por prazo determinado,** nas seguintes circunstâncias:

I – **não cumprimento** pelo outorgado dos termos da outorga;

II – **ausência de uso por três anos** consecutivos;

III – **necessidade premente de água para atender a situações de calamidade,** inclusive as decorrentes de condições climáticas adversas;

IV – necessidade de se **prevenir ou reverter grave degradação ambiental;**

V – necessidade de se **atender a usos prioritários, de interesse coletivo,** para os quais não se disponha de fontes alternativas;

VI – necessidade de serem **mantidas as características de navegabilidade do corpo de água.**

1. A suspensão **implica** no corte ou na redução dos usos da água outorgados. Todavia, para que haja a suspensão da outorga, deverá o poder público fundamentar sua decisão em estudos técnicos que comprovem a necessidade do ato.

Art. 16. Toda outorga de direitos de uso de recursos hídricos far-se-á por **prazo não excedente a trinta e cinco anos, renovável.**

Art. 17. (VETADO)

Art. 18. A outorga não implica a alienação parcial das águas, que são inalienáveis, mas o simples direito de seu uso.

▶ **STJ:**

TRIBUTÁRIO – ICMS – FORNECIMENTO DE ÁGUA – NÃO-INCIDÊNCIA DO ICMS – PRECEDENTES. 1. A água fornecida à população, após ser tratada pelas empresas concessionárias, permissionárias ou autorizadas, não caracteriza mercadoria, razão pela qual é insuscetível de cobrança de ICMS. 2. Inteligência do art. 46 do Código de Águas e do **art. 18 da Lei que institui a Política Nacional de Recursos Hídricos, que determinam ser a concessão do serviço público de distribuição de água canalizada mera outorga que não implica a alienação das águas, uma vez que se trata de bem de uso comum do povo inalienável.** 3. Precedente: AgRg no REsp 1014113/RJ, Rel. Min. José Delgado, Primeira Turma, julgado em 27.5.2008, DJe 23.6.2008. Agravo regimental improvido. (STJ. AgRg no REsp 1056579/RJ. Min. Humberto Martins. Publ. DJe 05/10/2009).

Aplicação em concurso:

- **(Magistratura Estadual RS 2018 – VUNESP – adaptada)**

  "Toda outorga de direitos de uso de recursos hídricos far-se-á por prazo não inferior a vinte e cinco anos, renovável".

  A afirmativa está errada. (Vide art. 16)

- **(Magistratura Federal – TRF 2ª região/2017)**

  "Quanto à outorga de direito de uso de recursos hídricos, assinale a opção correta:

  A) A outorga é de competência exclusiva da Agência Nacional de Águas.

  B) Em situações de escassez, o uso prioritário dos recursos hídricos deve ser destinado ao consumo humano e à dessedentação de animais e, em seguida, às prioridades de uso estabelecidas no Plano de Recursos Hídricos aplicável a cada corpo hídrico.

  C) A outorga só será suspensa nos casos de não cumprimento, pelo outorgado, dos termos estabelecidos ou de necessidade premente de água para atender a situações de calamidade, sempre mediante processo administrativo em que se assegure ampla defesa.

  D) A outorga deverá observar o uso específico para o qual o corpo hídrico tiver sido destinado, vedado o seu uso múltiplo.

E) Desde que respeite a classe em que o corpo de água estiver enquadrado, a outorga não fica condicionada às prioridades de uso."

Gabarito: letra "b".

- **(Magistratura Federal – TRF 4ª região/2016)**

"Assinale a alternativa correta.

A respeito da Política Nacional de Recursos Hídricos, prevista na Lei nº 9.433/97:

A) O regime de outorga de direitos de uso de recursos hídricos é aplicável aos aquíferos subterrâneos destinados a consumidor final ou como insumo de processo produtivo, como também para aproveitamento de potenciais hidrelétricos.

B) Depende de outorga do Poder Público o uso de córregos, rios e aquíferos subterrâneos para suprimento de necessidade de pequenos núcleos populacionais em meio rural e acumulações de água consideradas insignificantes.

C) O Poder Executivo Federal não poderá delegar a competência para conceder outorga de direito de uso de recurso hídrico de domínio da União.

D) A Agência Nacional de Águas não compõe o Sistema Nacional de Gerenciamento de Recursos Hídricos, embora atue paralelamente com a missão de regular o acesso e o uso sustentável da água.

E) Nenhuma das alternativas anteriores está correta."

Gabarito: letra "a" (Vide artigo 12, II e IV da Lei 9.433/1997).

- **(MPE/RS 2016)**

"O regime de outorga de direitos de uso de recursos hídricos tem como objetivos assegurar o controle quantitativo e qualitativo dos usos da água e o efetivo exercício dos direitos de acesso à água. Com base nessa informação, consoante dispõe a Lei Federal nº 9.433/1997, assinale a alternativa INCORRETA

A) Independem de outorga pelo Poder Público, conforme definido em regulamento, o uso de recursos hídricos para a satisfação das necessidades de pequenos núcleos populacionais, distribuídos no meio rural, as derivações, captações e lançamentos considerados insignificantes e as acumulações de volumes de água consideradas insignificantes.

B) Toda outorga estará condicionada às prioridades de uso estabelecidas nos Planos de Recursos Hídricos e deverá respeitar a classe em que o corpo de água estiver enquadrado e a manutenção de condições adequadas ao transporte aquaviário, quando for o caso. A outorga de uso dos recursos hídricos deverá, ainda, preservar o uso múltiplo destes.

C) A outorga efetivar-se-á por ato da autoridade competente do Poder Executivo Federal, dos Estados ou do Distrito Federal, podendo o Poder Executivo Federal delegar aos Estados e ao Distrito Federal competência para conceder outorga de direito de uso de recurso hídrico de domínio da União.

D) A outorga de direito de uso de recursos hídricos poderá ser suspensa parcial ou totalmente, em definitivo ou por prazo determinado, nos casos em que ficar evidenciado não cumprimento pelo outorgado dos termos da outorga, ausência de uso por três anos consecutivos, necessidade premente de água para atender a situações de calamidade, inclusive as decorrentes de condições climáticas adversas, necessidade de se prevenir ou reverter grave degradação ambiental, necessidade de se atender a usos prioritários, de interesse coletivo, para os quais não se disponha de fontes alternativas ou necessidade de serem mantidas as características de navegabilidade do corpo de água.

E) Toda outorga de direitos de uso de recursos hídricos far-se-á por prazo não excedente a trinta e cinco anos, vedada sua renovação."

Gabarito: letra "e". (Vide art. 16).

- **(Magistratura Estadual CE 2012 – CESPE – adaptada)**

  "A outorga de direito de uso de recursos hídricos é ato administrativo mediante o qual a autoridade outorgante faculta o direito de uso desses recursos, o que não implica, porém, alienação total ou parcial das águas, que são inalienáveis, nos termos da lei."

  A afirmativa está correta. (Vide art. 18)

Seção IV
Da Cobrança do Uso de Recursos Hídricos

Art. 19. A cobrança pelo uso de recursos hídricos **objetiva:**

I – reconhecer a água como bem econômico e dar ao usuário uma indicação de seu real valor;

II – incentivar a **racionalização do uso** da água;

III – obter recursos financeiros para o **financiamento dos programas e intervenções** contemplados nos planos de recursos hídricos.

1. Preceitua o inciso VII do artigo 4º da Lei nº 6.938/1981 que um dos objetivos da Política Nacional do Meio Ambiente é a **imposição ao usuário de contribuição pela utilização de recursos ambientais** com fins econômicos **(princípio do usuário-pagador).**

2. A **cobrança pelo uso da água** tem como objetivos, além daqueles três previstos no artigo 19 da Lei 9.433/1997, também IV) estimular o investimento em **despoluição, reuso, proteção e conservação,** bem como a utilização de tecnologias limpas e poupadoras dos recursos hídricos, de acordo com o enquadramento dos corpos de águas em classes de usos preponderantes; e V) induzir e estimular a **conservação, o manejo integrado, a proteção e a recuperação** dos recursos hídricos, com **ênfase para as áreas inundáveis e de recarga dos aquíferos, mananciais e matas ciliares,** por meio de compensações e incentivos aos usuários (objetivos acrescentados pela Resolução do Conselho Nacional de Recursos Hídricos-CNRH 48/2005).

▶ **Atenção**: o valor arrecadado pelo uso de recursos hídricos, previsto na Lei 9.433/1997, não tem natureza jurídica de tributo.

Aplicação em concurso:

- **(IDURB / Quadrix -2020)**

  "A cobrança pelo uso de recursos hídricos tem como uma de suas premissas promover o uso racional da água."

  A afirmativa está correta.

- **(Magistratura Federal – TRF 1ª Região 2013 – CESPE – adaptada)**

  "Os valores arrecadados com a cobrança do uso de recursos hídricos devem ser aplicados obrigatoriamente em programas e intervenções contempladas nos planos de recursos hídricos, sob pena de desvio de finalidade."

  A afirmativa está correta.

Art. 20. Serão **cobrados os usos de recursos hídricos sujeitos a outorga,** nos termos do art. 12 desta Lei.

Parágrafo único. (VETADO)

Art. 21. Na fixação dos valores a serem cobrados pelo uso dos recursos hídricos **devem ser observados,** dentre outros:

I – nas derivações, captações e extrações de água, **o volume retirado e seu regime de variação;**

II – nos lançamentos de esgotos e demais resíduos líquidos ou gasosos, **o volume lançado e seu regime de variação** e as **características físico-químicas, biológicas e de toxidade** do afluente.

Art. 22. Os valores arrecadados com a cobrança pelo uso de recursos hídricos **serão aplicados prioritariamente na bacia hidrográfica em que foram gerados** e serão utilizados:

I – no **financiamento de estudos, programas, projetos e obras** incluídos nos Planos de Recursos Hídricos;

II – no **pagamento de despesas de implantação e custeio** administrativo dos órgãos e entidades integrantes do Sistema Nacional de Gerenciamento de Recursos Hídricos.

§ 1º A aplicação nas despesas previstas no inciso II deste artigo é limitada a sete e meio por cento do total arrecadado.

§ 2º Os valores previstos no *caput* deste artigo **poderão ser aplicados a fundo perdido** em **projetos e obras que alterem, de modo considerado benéfico à coletividade, a qualidade, a quantidade e o regime de vazão** de um corpo de água.

§ 3º (VETADO)

Art. 23. (VETADO)

▶ **STJ:**

ADMINISTRATIVO. DESAPROPRIAÇÃO. INDENIZAÇÃO. OBRA REALIZADA POR TERCEIRA PESSOA EM ÁREA DESAPROPRIADA. BENFEITORIA. NÃO CARACTERIZAÇÃO. PROPRIEDADE. SOLO E SUBSOLO. DISTINÇÃO. ÁGUAS SUBTERRÂNEAS. TITULARIDADE. EVOLUÇÃO LEGISLATIVA. BEM PÚBLICO DE USO COMUM DE TITULARIDADE DOS ESTADOS-MEMBROS. CÓDIGO DE ÁGUAS. LEI Nº 9.433/97. CONSTITUIÇÃO FEDERAL, ARTS. 176, e 26, I.

1. Benfeitorias são as obras ou despesas realizadas no bem, para o fim de conservá-lo, melhorá-lo ou embelezá-lo, engendradas, necessariamente, pelo proprietário ou legítimo possuidor, não se caracterizando como tal a interferência alheia. 2. A propriedade do solo não se confunde com a do subsolo (art. 526, do Código Civil de 1916), motivo pelo qual o fato de serem encontradas jazidas ou recursos hídricos em propriedade particular não torna o proprietário titular do domínio de referidos recursos (arts. 176, da Constituição Federal) 3. Somente os bens públicos dominiais são passíveis de alienação e, portanto, de desapropriação. 4. **A água é bem público de uso comum (art. 1º da Lei nº 9.433/97), motivo pelo qual é insuscetível de apropriação pelo particular. 5. O particular tem, apenas, o direito à exploração das águas subterrâneas mediante autorização do Poder Público cobrada a devida contraprestação (arts. 12, II e 20, da Lei nº 9.433/97). 6.**

Ausente a autorização para exploração a que o alude o art. 12, da Lei nº 9.443/97, atentando-se para o princípio da justa indenização, revela-se ausente o direito à indenização pelo desapossamento de aquífero. 7. A ratio deste entendimento deve-se ao fato de a indenização por desapropriação estar condicionada à inutilidade ou aos prejuízos causados ao bem expropriado, por isso que, em não tendo o proprietário o direito de exploração de lavra ou dos recursos hídricos, afasta-se o direito à indenização respectiva. 8. Recurso especial provido para afastar da condenação imposta ao INCRA o quantum indenizatório fixado a título de benfeitoria. (STJ. REsp 518744/RN; Recurso Especial 2003/0048439-9. Rel. Ministro Luiz Fux. Publ. DJ 25.02.2004 p. 108).

Aplicação em concurso:

- **(Magistratura Estadual RS 2018 – VUNESP – adaptada)**

  "Os valores arrecadados com a cobrança pelo uso de recursos hídricos serão aplicados exclusivamente na bacia hidrográfica em que foram gerados".

  A afirmativa está errada.

1. Pagamento por serviços ambientais

Serão beneficiadas com o pagamento ou outra forma de incentivo, monetário ou não, aquelas atividades que conservem e melhorem a qualidade dos recursos naturais. Trata-se da aplicação do princípio do protetor-recebedor.

A Lei 14.119, de 13 de janeiro de 2021, instituiu a Política Nacional de Pagamento por Serviços Ambientais.

O pagamento por serviços ambientais consiste em uma transação de natureza voluntária, mediante a qual um pagador de serviços ambientais transfere a um provedor desses serviços recursos financeiros ou outra forma de remuneração.

Provedor de serviços ambientais é a pessoa física ou jurídica, de direito público ou privado, ou grupo familiar ou comunitário que, preenchidos os critérios de elegibilidade, mantém, recupera ou melhora as condições ambientais dos ecossistemas. Já o pagador de serviços ambientais pode ser o poder público, uma organização da sociedade civil ou um agente privado, pessoa física ou jurídica, de âmbito nacional ou internacional.[6]

6. Art. 2º, V e VI da Lei 14.119/2021.

"**As receitas oriundas da cobrança pelo uso dos recursos hídricos** de que trata a Lei nº 9.433, de 8 de janeiro de 1997, **poderão ser destinadas a ações de pagamento por serviços ambientais** que promovam a conservação e a melhoria da quantidade e da qualidade dos recursos hídricos e deverão ser aplicadas conforme decisão do comitê da bacia hidrográfica". (art. 21 da Lei 14.119/2021).

A cobrança pelo uso deste bem ambiental estratégico tem como um dos principais objetivos "**induzir e estimular a conservação,** o manejo integrado, **a proteção e a recuperação dos recursos hídricos,** com ênfase para as áreas inundáveis e de recarga dos aquíferos, mananciais e matas ciliares, **por meio de compensações e incentivos aos usuários**".

Seção V
Da Compensação a Municípios

Art. 24. (VETADO)

Seção VI
Do Sistema de Informações sobre Recursos Hídricos

Art. 25. O Sistema de Informações sobre Recursos Hídricos é um **sistema de coleta, tratamento, armazenamento e recuperação de informações** sobre recursos hídricos e fatores intervenientes em sua gestão.

Parágrafo único. Os dados gerados pelos órgãos integrantes do Sistema Nacional de Gerenciamento de Recursos Hídricos serão incorporados ao Sistema Nacional de Informações sobre Recursos Hídricos.

Art. 26. São **princípios básicos** para o funcionamento do Sistema de Informações sobre Recursos Hídricos:

I – **descentralização** da obtenção e produção de dados e informações;

II – **coordenação unificada** do sistema;

III – **acesso** aos dados e informações **garantido** à **toda a sociedade.**

Art. 27. São **objetivos** do Sistema Nacional de Informações sobre Recursos Hídricos:

I – reunir, dar consistência e divulgar os dados e **informações sobre a situação qualitativa e quantitativa** dos recursos hídricos no Brasil;

II – **atualizar** permanentemente as **informações sobre disponibilidade e demanda** de recursos hídricos em todo o território nacional;

III – fornecer **subsídios para a elaboração dos Planos** de Recursos Hídricos.

1. No âmbito federal, a implantação e a gestão do Sistema de Informações sobre Recursos Hídricos competem à **Agência Nacional de** Águas-ANA.[7] Ao **Poder Executivo dos Estados e do DF** compete implantar e gerir o Sistema de Informações sobre Recursos Hídricos, em âmbito estadual e do Distrito Federal.[8] Por fim, é de competência das **Agências de Águas** gerir o Sistema de Informações sobre Recursos Hídricos **em sua área de atuação.**[9]

Aplicação em concurso:

- **(Magistratura Estadual AC 2012 – CESPE)**

  "O sistema de informações sobre recursos hídricos é um dos instrumentos da Política Nacional de Recursos Hídricos. São princípios básicos do funcionamento desse sistema

  A) a descentralização do processo de tomada de decisões, a integração institucional do processo de elaboração de informações e o direito à informação.

  B) a publicidade das informações, a coordenação unificada do sistema de coleta dos dados e a descentralização do processo de tomada de decisões.

  C) a descentralização da obtenção e produção de dados e informações, a coordenação unificada do sistema e a garantia de acesso da sociedade aos dados e informações.

  D) a integração regional na coleta de informações, a centralização administrativa no processo de sistematização de dados e a transparência do processo de tomada de decisões.

  E) a centralização do processo de coleta de dados, a interdependência na gestão do conhecimento e a democratização dos veículos de informação."

  Gabarito: letra "c". (Vide art. 26).

CAPÍTULO V
DO RATEIO DE CUSTOS DAS OBRAS DE USO MÚLTIPLO, DE INTERESSE COMUM OU COLETIVO

Art. 28. (VETADO)

7. Art. 29, III da Lei 9.433/97 c/c art. 4º, XIV da Lei 9.984/00.
8. Art. 30, III da Lei 9.433/97.
9. Art. 44, VI da Lei 9.433/97.

CAPÍTULO VI
DA AÇÃO DO PODER PÚBLICO

Art. 29. Na implementação da Política Nacional de Recursos Hídricos, **compete ao Poder Executivo Federal:**

I – tomar as providências necessárias à implementação e ao funcionamento do Sistema Nacional de Gerenciamento de Recursos Hídricos;

II – **outorgar** os direitos de uso de recursos hídricos, e regulamentar e fiscalizar os usos, **na sua esfera de competência;**

III – implantar e gerir o Sistema de Informações sobre Recursos Hídricos, em âmbito nacional;

IV – promover a **integração da gestão de recursos hídricos com a gestão ambiental.**

Parágrafo único. O Poder Executivo Federal indicará, por decreto, a autoridade responsável pela efetivação de outorgas de direito de uso dos recursos hídricos sob domínio da União.

Art. 30. Na implementação da Política Nacional de Recursos Hídricos, cabe aos **Poderes Executivos Estaduais e do Distrito Federal, na sua esfera de competência**:

I – **outorgar** os direitos de uso de recursos hídricos e regulamentar e fiscalizar os seus usos;

II – realizar o **controle técnico das obras** de oferta hídrica;

III – implantar e gerir o Sistema de Informações sobre Recursos Hídricos, em âmbito estadual e do Distrito Federal;

IV – promover a **integração da gestão de recursos hídricos com a gestão ambiental.**

Art. 31. Na implementação da Política Nacional de Recursos Hídricos, os **Poderes Executivos do Distrito Federal e dos municípios** promoverão a **integração das políticas locais** de saneamento básico, de uso, ocupação e conservação do solo e de meio ambiente com as políticas federal e estaduais de recursos hídricos.

- **STJ:**

ADMINISTRATIVO. POÇO ARTESIANO IRREGULAR. FISCALIZAÇÃO. OBJETIVOS E PRINCÍPIOS DA LEI DA POLÍTICA NACIONAL DE RECURSOS HÍDRICOS (LEI 9.433/97). COMPETÊNCIA COMUM DO MUNICÍPIO. 1. Hipótese em que **se discutem os limites da competência fiscalizatória municipal relacionada à perfuração de poço artesiano** e sua exploração por particular. 2. O Município autuou o recorrido e lacrou seu poço artesiano, por inexistência de autorização e descumprimento da legislação estadual que veda a exploração dos recursos hídricos, pelo particular, naquela área. 3. O Tribunal de origem entendeu que a competência do Município para fiscalizar refere-se, exclusivamente, à proteção da saúde pública. Ocorre que a lacração do poço não decorreu dessa competência (a água é comprovadamente potável, sem risco para a saúde), mas sim por conta de descumprimento das normas que regem a exploração dos recursos hídricos, editadas pelo Estado. 4. Não há controvérsia quanto à legislação local, que, segundo o Ministério Público Estadual, veda a perfuração e a exploração de poço artesiano da área. 5. O acórdão recorrido fundamenta-se nas competências fixadas pela Lei da Política Nacional de Recursos Hídricos (Lei 9.433/97), ainda que interpretada à luz dos arts. 21, XIX, e 26, I, da Constituição Federal, o que atrai a competência do STJ. 6. **A Lei 9.433/97,** adotada pelo Tribunal de Justiça em suas razões de decidir, **aponta claramente a competência dos Municípios para a gestão dos recursos hídricos (art. 1º, VI) e para a "integração das políticas locais de saneamento básico, de uso, ocupação e conservação do solo e de meio ambiente com as políticas federais e estaduais de recursos hídricos" (art. 31).** 7. Os arts. 1º, VI, e 31 da Lei da Política Nacional de Recursos Hídricos devem ser interpretados sob o prisma constitucional, que fixa a **competência comum dos Municípios, relativa à proteção do meio ambiente e à fiscalização da exploração dos recursos hídricos (art. 23, VI e XI, da Constituição).** 8. A Lei da Política Nacional de Recursos Hídricos significou notável avanço na proteção das águas no Brasil e deve ser interpretada segundo seus objetivos e princípios. (...) 10. Além disso, a Lei da Política Nacional de Recursos Hídricos apoia-se em uma série de princípios fundamentais, cabendo citar, entre os que incidem diretamente no litígio, o princípio da dominialidade **pública (a água, dispõe a lei expressamente, é bem de domínio público), o princípio da** finitude (a água é recurso natural limitado) e o princípio da gestão descentralizada e democrática. (...) É evidente que **a perfuração indiscriminada e desordenada de poços artesianos tem impacto direto no meio ambiente e na disponibilidade de recursos hídricos** para o restante da população, de hoje e de amanhã. Feita sem controle, também põe em risco a saúde pública, por ausência de tratamento, quando for de rigor. 13. **Em síntese, o Município tem competência para fiscalizar a exploração de recursos hídricos, superficiais e subterrâneos, em seu território, o que lhe permite, por certo, também coibir a perfuração e exploração de poços artesianos, no exercício legítimo de seu poder de polícia urbanístico, ambiental, sanitário e de consumo.** 14. Recurso Especial provido. (STJ. REsp 994120/RS. Rel. Ministro Herman Benjamin. DJe 27/04/2011).

TÍTULO II
DO SISTEMA NACIONAL DE GERENCIAMENTO DE RECURSOS HÍDRICOS

CAPÍTULO I
DOS OBJETIVOS E DA COMPOSIÇÃO

Art. 32. Fica criado o **Sistema Nacional de Gerenciamento de Recursos Hídricos**, com os seguintes **objetivos:**

I – **coordenar a gestão integrada** das águas;

II – **arbitrar administrativamente** os conflitos relacionados com os recursos hídricos;

III – **implementar a Política Nacional** de Recursos Hídricos;

IV – **planejar, regular e controlar o uso, a preservação e a recuperação** dos recursos hídricos;

V – **promover a cobrança** pelo uso de recursos hídricos.

Aplicação em concurso:

- **(Prefeitura de Novo Hamburgo – RS/ INSTITUTO AOCP – 2020)**

  "No que tange à Lei Federal nº 9.433/1997, especificamente o art. 32, NÃO é um objetivo do Sistema Nacional de Gerenciamento de Recursos Hídricos:

  A) coordenar a gestão integrada das águas.

  B) promover a cobrança pelo uso de recursos hídricos.

  C) implementar, controlar e fiscalizar a recuperação dos recursos hídricos.

  D) arbitrar administrativamente os conflitos relacionados com os recursos hídricos.

  E) implementar a Política Nacional de Recursos Hídricos.'

  Gabarito: letra "c".

Art. 33. Integram o **Sistema Nacional de Gerenciamento de Recursos Hídricos**:

I – o Conselho Nacional de Recursos Hídricos;

I-A. – a Agência Nacional de Águas;

II – os Conselhos de Recursos Hídricos dos Estados e do Distrito Federal;

III – os Comitês de Bacia Hidrográfica;

IV – os órgãos dos poderes públicos federal, estaduais, do Distrito Federal e municipais cujas competências se relacionem com a gestão de recursos hídricos;

V – as Agências de Água.

1. Agência Nacional de Águas-ANA.

A **Lei 9.984, de 17 de julho de 2000, criou a Agência Nacional de Águas–ANA**, integrando-a ao Sistema Nacional de Gerenciamento de Recursos Hídricos. Trata-se de uma **autarquia** sob regime especial, com autonomia administrativa e financeira, **vinculada ao Ministério do Meio Ambiente**, com a finalidade de **implementar, em sua esfera de atribuições,** a Política Nacional de Recursos Hídricos.[10]

Aplicação em concurso:

- **(MPE/BA 2015 – CEFET – adaptada)**

  "Integram o Sistema Nacional de Gerenciamento de Recursos Hídricos: o Conselho Nacional de Recursos Hídricos; a Agência Nacional de Águas; os Conselhos de Recursos Hídricos dos Estados e do Distrito Federal; os Comitês de Bacia Hidrográfica; os órgãos dos poderes públicos federal, estaduais, do Distrito Federal e municipais cujas competências se relacionem com a gestão de recursos hídricos; as Agências de Água; e o Ministério Público."

  A afirmativa está errada.

CAPÍTULO II
DO CONSELHO NACIONAL DE RECURSOS HÍDRICOS

Art. 34. O Conselho Nacional de Recursos Hídricos é composto por:

I – representantes dos Ministérios e Secretarias da Presidência da República com atuação no gerenciamento ou no uso de recursos hídricos;

II – representantes indicados pelos Conselhos Estaduais de Recursos Hídricos;

III – representantes dos usuários dos recursos hídricos;

IV – representantes das organizações civis de recursos hídricos.

10. Art. 3º da Lei 9.984/00.

Parágrafo único. O número de representantes do Poder Executivo Federal não poderá exceder à metade mais um do total dos membros do Conselho Nacional de Recursos Hídricos.

Art. 35. Compete ao Conselho Nacional de Recursos Hídricos:

I – promover a articulação do planejamento de recursos hídricos com os planejamentos nacional, regional, estaduais e dos setores usuários;

II – arbitrar, em última instância administrativa, os conflitos existentes entre Conselhos Estaduais de Recursos Hídricos;

III – deliberar sobre os projetos de aproveitamento de recursos hídricos cujas repercussões extrapolem o âmbito dos Estados em que serão implantados;

IV – deliberar sobre as questões que lhe tenham sido encaminhadas pelos Conselhos Estaduais de Recursos Hídricos ou pelos Comitês de Bacia Hidrográfica;

V – analisar propostas de alteração da legislação pertinente a recursos hídricos e à Política Nacional de Recursos Hídricos;

VI – estabelecer diretrizes complementares para implementação da Política Nacional de Recursos Hídricos, aplicação de seus instrumentos e atuação do Sistema Nacional de Gerenciamento de Recursos Hídricos;

VII – aprovar propostas de instituição dos Comitês de Bacia Hidrográfica e estabelecer critérios gerais para a elaboração de seus regimentos;

VIII – (VETADO)

IX – acompanhar a execução e aprovar o Plano Nacional de Recursos Hídricos e determinar as providências necessárias ao cumprimento de suas metas;

X – estabelecer critérios gerais para a outorga de direitos de uso de recursos hídricos e para a cobrança por seu uso.

XI – zelar pela implementação da Política Nacional de Segurança de Barragens (PNSB);

XII – estabelecer diretrizes para implementação da PNSB, aplicação de seus instrumentos e atuação do Sistema Nacional de Informações sobre Segurança de Barragens (SNISB);

XIII – apreciar o Relatório de Segurança de Barragens, fazendo, se necessário, recomendações para melhoria da segurança das obras, bem como encaminhá-lo ao Congresso Nacional.

Art. 36. O Conselho Nacional de Recursos Hídricos **será gerido por:**

I – 1 (um) Presidente, que será o Ministro de Estado do Desenvolvimento Regional;

II – 1 (um) Secretário-Executivo, que será o titular do órgão integrante da estrutura do Ministério do Desenvolvimento Regional responsável pela gestão dos recursos hídricos.

1. Ao **Conselho Nacional de Recursos Hídricos** compete promover a articulação dos planejamentos nacional, regionais, estaduais e dos setores usuários elaborados pelas entidades que integram o Sistema Nacional de Gerenciamento de Recursos Hídricos e formular a Política Nacional de Recursos Hídricos.

CAPÍTULO III
DOS COMITÊS DE BACIA HIDROGRÁFICA

Art. 37. Os Comitês de Bacia Hidrográfica terão como área de atuação:

I – a **totalidade de uma bacia** hidrográfica;

II – **sub-bacia hidrográfica** de tributário do curso de água principal da bacia, ou de tributário desse tributário; ou

III – **grupo de bacias ou sub-bacias** hidrográficas contíguas.

Parágrafo único. A instituição de Comitês de Bacia Hidrográfica em rios de domínio da União será efetivada por ato do Presidente da República.

Art. 38. Compete aos Comitês de Bacia Hidrográfica, no âmbito de sua área de atuação:

I – **promover o debate** das questões relacionadas a recursos hídricos e **articular a atuação das entidades** intervenientes;

II – **arbitrar,** em primeira instância administrativa, os conflitos relacionados aos recursos hídricos;

III – **aprovar** o Plano de Recursos Hídricos da bacia;

IV – **acompanhar a execução** do Plano de Recursos Hídricos da bacia e sugerir as providências necessárias ao cumprimento de suas metas;

V – **propor** ao Conselho Nacional e aos Conselhos Estaduais de Recursos Hídricos as acumulações, derivações, captações e lançamentos de pouca expressão, para efeito de isenção da obrigatoriedade de outorga de direitos de uso de recursos hídricos, de acordo com os domínios destes;

VI – **estabelecer os mecanismos de cobrança** pelo uso de recursos hídricos e sugerir os valores a serem cobrados;

VII – (VETADO)

VIII – (VETADO)

IX – **estabelecer critérios e promover o rateio de custo** das obras de uso múltiplo, de interesse comum ou coletivo.

Parágrafo único. Das decisões dos Comitês de Bacia Hidrográfica **caberá recurso ao Conselho Nacional ou aos Conselhos Estaduais** de Recursos Hídricos, de acordo com sua esfera de competência.

Art. 39. Os Comitês de Bacia Hidrográfica são **compostos por representantes:**

I – da **União;**

II – dos **Estados e do Distrito Federal** cujos territórios se situem, ainda que parcialmente, em suas respectivas áreas de atuação;

III – dos **Municípios** situados, no todo ou em parte, em sua área de atuação;

IV – dos **usuários das águas** de sua área de atuação;

V – das **entidades civis de recursos hídricos** com atuação comprovada na bacia.

§ 1º O número de representantes de cada setor mencionado neste artigo, bem como os critérios para sua indicação, serão estabelecidos nos regimentos dos comitês, limitada a representação dos poderes executivos da União, Estados, Distrito Federal e Municípios à metade do total de membros.

§ 2º Nos Comitês de Bacia Hidrográfica de bacias de **rios fronteiriços e transfronteiriços** de gestão compartilhada, a representação da União deverá incluir um **representante do Ministério das Relações Exteriores.**

§ 3º Nos Comitês de Bacia Hidrográfica de bacias cujos territórios **abranjam terras indígenas** devem ser incluídos representantes:

I – da Fundação Nacional do Índio – **FUNAI,** como parte da representação da União;

II – das **comunidades indígenas** ali residentes ou com interesses na bacia.

§ 4º A participação da União nos Comitês de Bacia Hidrográfica com área de atuação restrita a bacias de rios sob domínio estadual, dar-se-á na forma estabelecida nos respectivos regimentos.

Art. 40. Os Comitês de Bacia Hidrográfica serão **dirigidos por um Presidente e um Secretário,** eleitos dentre seus membros.

1. Os **Comitês de Bacia Hidrográfica** constituem órgãos colegiados com **atribuições normativas, deliberativas e consultivas** a serem **exercidas na bacia hidrográfica de sua jurisdição** (artigo 1º, § 1º, da Resolução 05/2000 do Conselho Nacional de Recursos Hídricos-CNRH).

Aplicação em concurso:

- **(Magistratura Federal – TRF 5ª região/2017 – CESPE)**

  "Os comitês de bacias hidrográficas são

  A) competentes para implantar e gerir o Sistema Nacional de Informações sobre Segurança de Barragens.

  B) competentes para outorgar o direito de uso de recursos hídricos em corpos de água de domínio da União, mediante permissão.

  C) incompetentes para aprovar o Plano de Recursos Hídricos da bacia.

  D) incompetentes para arbitrar administrativamente conflitos relacionados a recursos hídricos.

  E) incompetentes para o exercício do poder de polícia."

  Gabarito: letra "e". Os comitês de bacias hidrográficas não são competentes para o exercício do poder de polícia. As ações de competência dos comitês estão previstas no artigo 38 da Lei 9.433/97.

- **(Magistratura Estadual AM 2016 – CESPE)**

  "Com relação aos recursos hídricos, assinale a opção correta.

  A) Compete ao Comitê Nacional de Recursos Hídricos organizar, implantar e gerir o Sistema Nacional de Informações sobre Segurança de Barragens.

  B) Além do representante da FUNAI, os comitês de bacias hidrográficas de rios que abranjam terras indígenas incluirão representante das comunidades indígenas.

  C) Conforme a localização dos corpos d'água, seu domínio divide-se entre a União, os estados (e por analogia o DF) e os municípios.

  D) As competências dos comitês de bacias hidrográficas incluem o exercício do poder de polícia.

  E) Cabe à Agência Nacional de Águas, outorgar, mediante permissão, o direito de uso de recursos hídricos em corpos de água de domínio da União, dos estados e do DF."

  Gabarito: letra "b". (Vide art. 39, parágrafo 3º).

- **(Procurador do Estado BA 2014 – CESPE)**

  "Os comitês de bacia hidrográfica são constituídos por usuários das águas e por entidades civis de recursos hídricos com atuação comprovada na bacia, entre outros membros, conforme dispõe a Lei n.º 9.433/1997."

  A afirmativa está correta. (Vide art. 39, IV e V da Lei 9.433/97).

- **(Magistratura Estadual PA 2012 – CESPE)**

  "Considerando o Sistema Nacional de Gerenciamento de Recursos Hídricos (SINGREH), a Lei de Política Nacional de Recursos Hídricos (Lei nº 9.433/1997) e a Resolução nº 16/2001 do Conselho Nacional de Recursos Hídricos, assinale a opção correta.

  A) Os comitês de bacia hidrográfica são compostos por representantes de usuários e poluidores das águas da área de drenagem de um conjunto de rios.

  B) Nos comitês de bacia hidrográfica de bacias cujos territórios abranjam terras indígenas devem ser incluídos representantes das comunidades indígenas residentes nos estados-membros localizados na fronteira da bacia.

  C) Os comitês de bacia hidrográfica devem ser dirigidos por um conselho de diretores e um secretário, indicados pelo governador do estado cujo território se situe na área de atuação do comitê.

  D) A criação de Agências de Água somente pode ser autorizada pelo IBAMA.

  E) Compete ao Comitê de Bacia Hidrográfica aprovar o Plano de Recursos Hídricos da bacia."

  Gabarito: letra "e", nos termos do artigo 38, III da Lei 9.433/97.

CAPÍTULO IV
DAS AGÊNCIAS DE ÁGUA

Art. 41. As Agências de Água exercerão a **função de secretaria executiva** do respectivo ou respectivos Comitês de Bacia Hidrográfica.

Art. 42. As Agências de Água terão a **mesma área de atuação de um ou mais Comitês** de Bacia Hidrográfica.

Parágrafo único. A criação das Agências de Água será autorizada pelo Conselho Nacional de Recursos Hídricos ou pelos Conselhos Estaduais de Recursos Hídricos mediante solicitação de um ou mais Comitês de Bacia Hidrográfica.

Art. 43. A **criação de uma Agência de Água é condicionada** ao atendimento dos seguintes requisitos:

I – prévia existência do respectivo ou respectivos Comitês de Bacia Hidrográfica;

II – viabilidade financeira assegurada pela cobrança do uso dos recursos hídricos em sua área de atuação.

Art. 44. Compete às Agências de Água, no âmbito de sua área de atuação:

I – manter balanço atualizado da disponibilidade de recursos hídricos em sua área de atuação;

II – manter o cadastro de usuários de recursos hídricos;

III – efetuar, mediante delegação do outorgante, a cobrança pelo uso de recursos hídricos;

IV – analisar e emitir pareceres sobre os projetos e obras a serem financiados com recursos gerados pela cobrança pelo uso de Recursos Hídricos e encaminhá-los à instituição financeira responsável pela administração desses recursos;

V – acompanhar a administração financeira dos recursos arrecadados com a cobrança pelo uso de recursos hídricos em sua área de atuação;

VI – gerir o Sistema de Informações sobre Recursos Hídricos em sua área de atuação;

VII – celebrar convênios e contratar financiamentos e serviços para a execução de suas competências;

VIII – elaborar a sua proposta orçamentária e submetê-la à apreciação do respectivo ou respectivos Comitês de Bacia Hidrográfica;

IX – promover os estudos necessários para a gestão dos recursos hídricos em sua área de atuação;

X – elaborar o Plano de Recursos Hídricos para apreciação do respectivo Comitê de Bacia Hidrográfica;

XI – propor ao respectivo ou respectivos Comitês de Bacia Hidrográfica:

a) o enquadramento dos corpos de água nas classes de uso, para encaminhamento ao respectivo Conselho Nacional ou Conselhos Estaduais de Recursos Hídricos, de acordo com o domínio destes;

b) os valores a serem cobrados pelo uso de recursos hídricos;

c) o plano de aplicação dos recursos arrecadados com a cobrança pelo uso de recursos hídricos;

d) o rateio de custo das obras de uso múltiplo, de interesse comum ou coletivo.

1. As **Agências de Água** são **órgãos com personalidade jurídica**[11] criados para exercer a **função de secretaria executiva do respectivo ou respectivos Comitês** de Bacia Hidrográfica.[12]

▶ **Atenção**: não confundir as **Agências de Água** (art. 33, V, c/c arts. 41 a 44) com a **Agência Nacional de** Águas-ANA (art. 33, I-A). A Agência de Água tem a mesma área de atuação de um ou mais Comitês de Bacia Hidrográfica. Já a Agência Nacional de Águas-ANA é uma autarquia federal que tem a finalidade de implementar, no âmbito da União, a Política Nacional de Recursos Hídricos.

CAPÍTULO V
DA SECRETARIA EXECUTIVA DO CONSELHO NACIONAL DE RECURSOS HÍDRICOS

Art. 45. A Secretaria-Executiva do Conselho Nacional de Recursos Hídricos será exercida pelo órgão integrante da estrutura do Ministério do Desenvolvimento Regional responsável pela gestão dos recursos hídricos.

Art. 46. Compete à Secretaria Executiva do Conselho Nacional de Recursos Hídricos:

I – prestar apoio administrativo, técnico e financeiro ao Conselho Nacional de Recursos Hídricos;

II – revogado;

III – instruir os expedientes provenientes dos Conselhos Estaduais de Recursos Hídricos e dos Comitês de Bacia Hidrográfica;"

IV – revogado;"

V – elaborar seu programa de trabalho e respectiva proposta orçamentária anual e submetê-los à aprovação do Conselho Nacional de Recursos Hídricos.

CAPÍTULO VI
DAS ORGANIZAÇÕES CIVIS DE RECURSOS HÍDRICOS

Art. 47. São consideradas, para os efeitos desta Lei, **organizações civis de recursos hídricos:**

I – **consórcios e associações intermunicipais** de bacias hidrográficas;

II – **associações regionais, locais ou setoriais** de usuários de recursos hídricos;

11. MILARÉ, 2009, p. 515.
12. Art. 41 da Lei 9.433/97.

III – **organizações técnicas e de ensino e pesquisa** com interesse na área de recursos hídricos;

IV – **organizações não-governamentais** com objetivos de defesa de interesses difusos e coletivos da sociedade;

V – **outras organizações** reconhecidas pelo Conselho Nacional ou pelos Conselhos Estaduais de Recursos Hídricos.

Art. 48. Para integrar o Sistema Nacional de Recursos Hídricos, as **organizações civis de recursos hídricos devem ser legalmente constituídas.**

1. O Conselho Nacional de Recursos Hídricos e os Conselhos Estaduais de Recursos Hídricos poderão **delegar às organizações civis de recursos hídricos, por prazo determinado,** o **exercício de funções de competência das Agências de Água**, enquanto esses organismos não estiverem constituídos, nos termos do artigo 51 da LPNRH.

TÍTULO III
DAS INFRAÇÕES E PENALIDADES

Art. 49. Constitui infração das normas de utilização de recursos hídricos superficiais ou subterrâneos:

I – **derivar ou utilizar** recursos hídricos para qualquer finalidade**, sem a respectiva outorga** de direito de uso;

II – **iniciar a implantação ou implantar empreendimento** relacionado com a derivação ou a utilização de recursos hídricos, superficiais ou subterrâneos, **que implique alterações no regime, quantidade ou qualidade dos mesmos, sem autorização** dos órgãos ou entidades competentes;

III – (VETADO)

IV – **utilizar-se** dos recursos hídricos ou **executar** obras ou serviços relacionados com os mesmos **em desacordo com as condições estabelecidas na outorga**;

V – **perfurar poços** para extração de água subterrânea **ou operá-los sem a devida autorização;**

VI – **fraudar as medições** dos volumes de água utilizados ou **declarar valores diferentes** dos medidos;

VII – **infringir normas estabelecidas no regulamento desta Lei** e nos regulamentos administrativos, compreendendo instruções e procedimentos fixados pelos órgãos ou entidades competentes;

VIII – **obstar ou dificultar a ação fiscalizadora** das autoridades competentes no exercício de suas funções.

Art. 50. Por infração de qualquer disposição legal ou regulamentar referente à execução de obras e serviços hidráulicos, derivação ou utilização de recursos hídricos, ou pelo não atendimento das solicitações feitas, o infrator, a critério da autoridade competente, ficará sujeito às seguintes penalidades, independentemente de sua ordem de enumeração:

I – **advertência** por escrito, na qual serão estabelecidos prazos para correção das irregularidades;

II – **multa, simples ou diária,** proporcional à gravidade da infração, de R$ 50.000.000,00 (cinquenta milhões de reais);

III – **embargo provisório,** por prazo determinado, para execução de serviços e obras necessárias ao efetivo cumprimento das condições de outorga ou para o cumprimento de normas referentes ao uso, controle, conservação e proteção dos recursos hídricos;

IV – **embargo definitivo,** com revogação da outorga, se for o caso, para repor incontinenti, no seu antigo estado, os recursos hídricos, leitos e margens, nos termos dos arts. 58 e 59 do Código de Águas ou tamponar os poços de extração de água subterrânea.

§ 1º Sempre que da infração cometida resultar prejuízo a serviço público de abastecimento de água, riscos à saúde ou à vida, perecimento de bens ou animais, ou prejuízos de qualquer natureza a terceiros, a **multa a ser aplicada nunca será inferior à metade do valor máximo cominado em abstrato**.

§ 2º No caso dos incisos III e IV, independentemente da pena de multa, serão cobradas do infrator as despesas em que incorrer a Administração para tornar efetivas as medidas previstas nos citados incisos, na forma dos arts. 36, 53, 56 e 58 do Código de Águas, sem prejuízo de responder pela indenização dos danos a que der causa.

§ 3º Da aplicação das sanções previstas neste título **caberá recurso à autoridade administrativa** competente, nos termos do regulamento.

§ 4º Em caso de **reincidência, a multa será aplicada em dobro.**

Aplicação em concurso:

- **(MPE/BA 2015 – CEFET – adaptada)**

  "Sempre que da infração cometida resultar prejuízo a serviço público de abastecimento de água, riscos à saúde ou à vida, perecimento de bens ou animais ou prejuízos de qualquer natureza a terceiros, a multa a ser aplicada nunca será inferior a 70% (setenta por cento) do valor máximo cominado em abstrato."

  A afirmativa está errada. (Vide art. 50, § 1º da Lei 9.433/1997).

- **(MPE/BA 2015 – CEFET – adaptada)**

  "Constituem infrações às normas legais vigentes, dentre outras, as seguintes condutas: derivar ou utilizar recursos hídricos para qualquer finalidade, sem a respectiva outorga de direito de uso; perfurar poços para a extração de água subterrânea ou operá-los sem a devida autorização; e fraudar as medições dos volumes de água utilizados ou declarar valores diferentes dos medidos."

  A afirmativa está correta.

- **(MPE/BA 2015 – CEFET – adaptada)**

  "Em caso de reincidência quanto às infrações contra as normas referentes à Política Nacional de Recursos Hídricos, a multa será aplicada em dobro."

  A afirmativa está correta.

TÍTULO IV
DAS DISPOSIÇÕES GERAIS E TRANSITÓRIAS

Art. 51. O Conselho Nacional de Recursos Hídricos e os Conselhos Estaduais de Recursos Hídricos **poderão delegar a organizações sem fins lucrativos relacionadas no art. 47** desta Lei, por prazo determinado, **o exercício de funções de competência das Agências de Água**, enquanto esses organismos não estiverem constituídos.

Art. 52. Enquanto não estiver aprovado e regulamentado o Plano Nacional de Recursos Hídricos, a utilização dos potenciais hidráulicos para fins de geração de energia elétrica continuará subordinada à disciplina da legislação setorial específica.

Art. 53. O Poder Executivo, no prazo de cento e vinte dias a partir da publicação desta Lei, encaminhará ao Congresso Nacional projeto de lei dispondo sobre a criação das Agências de Água.

Art. 54. O art. 1º da Lei nº 8.001, de 13 de março de 1990, passa a vigorar com a seguinte redação:

"Art. 1º ....

....

III – quatro inteiros e quatro décimos por cento à Secretaria de Recursos Hídricos do Ministério do Meio Ambiente, dos Recursos Hídricos e da Amazônia Legal;

IV – três inteiros e seis décimos por cento ao Departamento Nacional de Águas e Energia Elétrica – DNAEE, do Ministério de Minas e Energia;

V – dois por cento ao Ministério da Ciência e Tecnologia.

....

§ 4º A cota destinada à Secretaria de Recursos Hídricos do Ministério do Meio Ambiente, dos Recursos Hídricos e da Amazônia Legal será empregada na implementação da Política Nacional de Recursos Hídricos e do Sistema Nacional de Gerenciamento de Recursos Hídricos e na gestão da rede hidrometeorológica nacional.

§ 5º A cota destinada ao DNAEE será empregada na operação e expansão de sua rede hidrometeorológica, no estudo dos recursos hídricos e em serviços relacionados ao aproveitamento da energia hidráulica."

Parágrafo único. Os novos percentuais definidos no *caput* deste artigo entrarão em vigor no prazo de cento e oitenta dias contados a partir da data de publicação desta Lei.

Art. 55. O Poder Executivo Federal regulamentará esta Lei no prazo de cento e oitenta dias, contados da data de sua publicação.

Art. 56. Esta Lei entra em vigor na data de sua publicação.

Art. 57. Revogam-se as disposições em contrário.

CAPÍTULO IX
Política Nacional sobre Mudança do Clima (Lei nº 12.187, de 29 de dezembro de 2009)

Institui a Política Nacional sobre Mudança do Clima - PNMC e dá outras providências.

Art. 1º. Esta Lei institui a **Política Nacional sobre Mudança do Clima** - PNMC e estabelece seus **princípios, objetivos, diretrizes e instrumentos.**

1. O Brasil, sobretudo em razão dos desmatamentos e das queimadas, está entre os cinco maiores países emissores de gases de efeito estufa do mundo. Com o escopo de reiterar a sua intenção de envidar todos os esforços para a redução da emissão e/ou remoção dos GEE da atmosfera o Brasil instituiu, por meio da Lei 12.187, de 29 de dezembro de 2009, a Política Nacional sobre Mudança do Clima-PNMC, onde assume significativas metas de redução de suas emissões.

   Com a publicação da Lei o Brasil compromete-se a adotar, como norteadores da sua Política Nacional sobre Mudança do Clima, as responsabilidades assumidas na Convenção-Quadro das Nações Unidas sobre Mudança do Clima, no Protocolo de Kyoto, no Acordo de Paris e nos demais documentos sobre mudança do clima dos quais vier a ser signatário, obrigando-se expressamente a cooperar para a redução do agravamento das alterações climáticas.

Art. 2º. Para os fins previstos nesta Lei, entende-se por:

I – **adaptação:** iniciativas e medidas para reduzir a vulnerabilidade dos sistemas naturais e humanos frente aos efeitos atuais e esperados da mudança do clima;

Aplicação em concurso:

- **(Magistratura Federal – TRF 2ª região 2017 – adaptada)**

  "O conceito de "adaptação" se refere às medidas necessárias para adaptar o sistema produtivo aos objetivos da política climática, reduzindo o volume de emissões de gases de efeito estufa, e o conceito de "mitigação" se refere às iniciativas para reduzir a vulnerabilidade das populações mais afetadas pelas mudanças climáticas."

  A afirmativa está incorreta.

II – **efeitos adversos da mudança do clima:** mudanças no meio físico ou biota resultantes da mudança do clima que tenham efeitos deletérios significativos sobre a composição, resiliência ou produtividade de ecossistemas naturais e manejados, sobre o funcionamento de sistemas socioeconômicos ou sobre a saúde e o bem-estar humanos;

III – **emissões:** liberação de gases de efeito estufa ou seus precursores na atmosfera numa área específica e num período determinado;

IV – **fonte:** processo ou atividade que libere na atmosfera gás de efeito estufa, aerossol ou precursor de gás de efeito estufa;

V – **gases de efeito estufa:** constituintes gasosos, naturais ou antrópicos, que, na atmosfera, absorvem e reemitem radiação infravermelha;

1. Os **gases de efeito estufa** são:

1) Dióxido de Carbono (CO2);
2) Metano (CH4);
3) Óxido Nitroso (N2º);
4) Hidrofluorcarbonos (HFC);
5) Perfluorcarbonos (PFC);
6) Hexafluoreto de enxofre (SF6).

Aplicação em concurso:

- **(MMA – Analista Ambiental 2011 – CESPE – adaptada)**

  "Com base nas disposições constantes do Protocolo de Kyoto, julgue o próximo item.

  Nesse protocolo, são estabelecidos metas e prazos relativos à redução ou limitação das emissões futuras de dióxido de carbono e de outros gases responsáveis pelo efeito estufa."

  A alternativa está correta.

VI – **impacto:** os efeitos da mudança do clima nos sistemas humanos e naturais;

VII – **mitigação:** mudanças e substituições tecnológicas que reduzam o uso de recursos e as emissões por unidade de produção, bem como a implementação de medidas que reduzam as emissões de gases de efeito estufa e aumentem os sumidouros;

VIII – **mudança do clima:** mudança de clima que possa ser direta ou indiretamente atribuída à atividade humana que altere a composição da atmosfera mundial e que se some àquela provocada pela variabilidade climática natural observada ao longo de períodos comparáveis;

1. Embora a variação da temperatura terrestre sempre tenha ocorrido naturalmente, inúmeros cientistas vêm atribuindo o aumento atípico da temperatura do planeta às **atividades antrópicas**, ou seja, àquelas realizadas pelo ser humano, resultantes do crescimento econômico e demográfico nos últimos dois séculos. O aumento da concentração de gases de efeito estufa (GEE) na atmosfera da Terra estaria provocando alterações irreversíveis do clima e as consequências poderão ser catastróficas.

IX – **sumidouro:** processo, atividade ou mecanismo que remova da atmosfera gás de efeito estufa, aerossol ou precursor de gás de efeito estufa; e

X – **vulnerabilidade:** grau de suscetibilidade e incapacidade de um sistema, em função de sua sensibilidade, capacidade de adaptação, e do caráter, magnitude e taxa de mudança e variação do clima a que está exposto, de lidar com os efeitos adversos da mudança do clima, entre os quais a variabilidade climática e os eventos extremos.

Art. 3º A PNMC e as ações dela decorrentes, executadas sob a responsabilidade dos entes políticos e dos órgãos da administração pública, **observarão os princípios da precaução, da prevenção, da participação cidadã, do desenvolvimento sustentável e o das responsabilidades comuns**, porém diferenciadas, este último no âmbito internacional, e, quanto às medidas a serem adotadas na sua execução, será considerado o seguinte:

1. A lei adota, como pilares, importantes princípios de Direito Ambiental, como os princípios do desenvolvimento sustentável, da precaução, da prevenção, da obrigatoriedade de atuação estatal, da cooperação, da participação cidadã (analisados no Capítulo I desta obra), além do princípio da responsabilidade comum, mas diferenciada.

2. **Princípio da responsabilidade comum, mas diferenciada.** Os países mais industrializados (e maiores poluidores) assumem uma parcela maior de responsabilidade pela redução da emissão de gases de efeito estufa, arcando proporcionalmente com os custos para a redução dos mesmos.[1] De acordo com esse princípio, todos os países são responsáveis pelas mudanças climáticas e sofrerão os seus efeitos, mas a responsabilidade é diferenciada na medida em que alguns países (desenvolvidos) contribuíram mais para o problema devido às suas emissões históricas e atuais, e por terem mais possibilidades de enfrentar o problema, tendo em vista suas capacidades econômicas e tecnológicas. O princípio da responsabilidade comum, mas diferenciada (exceção ao princípio da reciprocidade das obrigações entre as partes), rege as relações entre os países desenvolvidos e os países em desenvolvimento. (THOMÉ, Romeu. Manual de Direito Ambiental. Ed. Juspodivm).

Aplicação em concurso:

- **(Magistratura Estadual PA 2014 – Vunesp – adaptada)**

  "O Protocolo de Quioto estabeleceu compromissos de redução de emissão dos gases de efeito estufa para os países desenvolvidos, tomando por base o princípio das responsabilidades comuns mas diferenciadas".

  A alternativa está correta.

I – todos têm o dever de atuar, em **benefício das presentes e futuras gerações**, para a **redução dos impactos** decorrentes das interferências antrópicas sobre o sistema climático;

1. **Princípio da equidade intergeracional.** Nos termos do *caput* do artigo 225 da Constituição de 1988, "todos têm direito ao meio ambiente ecologicamente equilibrado, bem de uso comum do povo e essencial à sadia qualidade de vida, impondo-se ao Poder Público e à coletividade o dever de defendê-lo e preservá-lo para as presentes e futuras gerações". A Constituição estabelece ao Poder Público e à coletividade o dever de preservação dos recursos naturais em benefício não apenas das gerações presentes mas, inclusive, das gerações futuras, o que configura o alicerce do princípio da equidade intergeracional ou da solidariedade intergeracional.

1. LECLERC, 2001, p. 32.

Aplicação em concurso:

- **(Auditor do Tribunal de Contas/ TCE-MS - PUC-PR – 2013)**

  "De acordo com a PNMC, compete exclusivamente ao Poder Público promover a redução dos impactos decorrentes das interferências antrópicas sobre o sistema climático, observando sempre os princípios da precaução, da prevenção e do poluidor-pagador."

  A afirmativa está errada.

II – serão tomadas medidas para **prever, evitar ou minimizar as causas identificadas da mudança climática** com origem antrópica no território nacional, sobre as quais haja razoável consenso por parte dos meios científicos e técnicos ocupados no estudo dos fenômenos envolvidos;

1. **Atividades antrópicas.** São aquelas realizadas pelo ser humano, resultantes do crescimento econômico e demográfico, especialmente nos últimos dois séculos.

III – as medidas tomadas devem levar em consideração os **diferentes contextos socioeconômicos de sua aplicação**, distribuir os ônus e encargos decorrentes entre os setores econômicos e as populações e comunidades interessadas de modo equitativo e equilibrado e sopesar as responsabilidades individuais quanto à origem das fontes emissoras e dos efeitos ocasionados sobre o clima;

IV – o **desenvolvimento sustentável** é a condição para enfrentar as alterações climáticas e conciliar o atendimento às necessidades comuns e particulares das populações e comunidades que vivem no território nacional;

V – as ações de âmbito nacional para o enfrentamento das alterações climáticas, atuais, presentes e futuras, **devem considerar e integrar as ações promovidas no âmbito estadual e municipal** por entidades públicas e privadas;

VI – (VETADO)

Art. 4º. A Política Nacional sobre Mudança do Clima – PNMC visará:

I – **à compatibilização do desenvolvimento econômico-social com a proteção do sistema climático**;

II – à **redução das emissões antrópicas de gases de efeito estufa** em relação às suas diferentes fontes;

III – (VETADO);

IV – ao **fortalecimento das remoções antrópicas por sumidouros de gases de efeito estufa** no território nacional;

▶ **Atenção:** O art. 4º trata dos OBJETIVOS da PNMC. Para concurso, é importante diferenciar os objetivos dos instrumentos e diretrizes.

1. **Sumidouro de gases de efeito estufa, ou sumidouros de carbono.** Processo, atividade ou mecanismo que remova da atmosfera gás de efeito estufa, aerossol ou precursor de gás de efeito estufa.

   A relevância ambiental dos sumidouros naturais de carbono (como as florestas) é consolidada no Acordo de Paris (2015), que os considera importantes mecanismos de compensação das emissões humanas por queima de combustíveis fósseis.

V – à **implementação de medidas para promover a adaptação à mudança do clima** pelas 3 (três) esferas da Federação, com a participação e a colaboração dos agentes econômicos e sociais interessados ou beneficiários, em particular aqueles especialmente vulneráveis aos seus efeitos adversos;

Aplicação em concurso:

- **(Magistratura Federal – TRF 2ª região 2017 – adaptada)**

  "A implementação da Política Nacional sobre Mudança do Clima é de competência privativa da União."

  A afirmativa está incorreta.

VI – à **preservação, à conservação e à recuperação dos recursos ambientais**, com particular atenção aos grandes biomas naturais tidos como Patrimônio Nacional;

1. **Biomas naturais (ou macrorregiões) tidos como Patrimônio Nacional.** De acordo com o parágrafo 4º do artigo 225 da Constituição de 1988, são considerados patrimônio nacional:
   - Floresta Amazônica brasileira;
   - Mata Atlântica;
   - Serra do Mar;
   - Pantanal Mato-Grossense;
   - Zona Costeira.

▸ **STJ:**

PROCESSUAL CIVIL. AÇÃO REIVINDICATÓRIA. PRAIA. PROPRIEDADE DA UNIÃO. ARTS. 3°, 6°, § 2°, E 10 DA LEI 7.661/1988. ARTS. 5°, 10 E 11, § 4°; DA LEI 9.636/1998. BARRACA. AUSÊNCIA DE AUTORIZAÇÃO DA SECRETARIA DO PATRIMÔNIO DA UNIÃO. PROTEÇÃO DA PAISAGEM. MUDANÇAS CLIMÁTICAS. FEDERALISMO COOPERATIVO AMBIENTAL. ART. 4° DA LEI COMPLEMENTAR 140/2011. LICENÇA URBANÍSTICO-AMBIENTAL. PRINCÍPIO DA MORALIDADE ADMINISTRATIVA. DETENÇÃO ILÍCITA E NÃO POSSE. PRECARIEDADE. DEMOLIÇÃO. SÚMULA 7/STJ. HISTÓRICO DA DEMANDA. 1. O Tribunal a quo, em ação reivindicatória e com suporte em elementos fático-probatórios, consignou que o particular edificou barraca, com finalidade comercial, na Praia de Cacimbinhas, Município de Tibau do Sul-RN, sem autorização da Secretaria do Patrimônio da União (SPU), tendo sido verificada ainda a precariedade das condições sanitárias do empreendimento, razões pelas quais manteve a ordem de demolição. ZONA COSTEIRA 2. Com especial ênfase, nosso Direito protege a Zona Costeira, território que alberga ecossistemas acossados por atividades antrópicas diretas e, mais recentemente, por efeitos deletérios e implacáveis das mudanças climáticas. Trata-se de espaço em que habitat de inúmeras espécies da flora e da fauna ameaçadas de extinção – muitas delas endêmicas, por se encontrarem aqui e em nenhum outro lugar do Planeta – coexiste com ricos sítios históricos e paisagens naturais extraordinárias, exaltadas por brasileiros e estrangeiros. Um inestimável patrimônio nacional e da humanidade que vem sofrendo constante e irrefreável degradação desde o primeiro momento da colonização portuguesa, acentuada nas últimas décadas por conta de desmatamento e especulação imobiliária, além de insensibilidade, desídia e cumplicidade do Poder Público. 3. Atento ao valor transcendental e à gravidade das agressões à Zona Costeira, o legislador prescreveu, em vasto conjunto de normas constitucionais e infraconstitucionais, um intrincado microssistema jurídico próprio e peculiar que, apesar de pouco conhecido e aplicado de modo errático, deve ser observado pelo administrador e pelo juiz, em tudo que se refira a ações ou omissões que ameacem praias, recifes, parcéis e bancos de algas, ilhas costeiras e oceânicas, sistemas fluviais, estuarinos e lagunares, baías e enseadas, promontórios, costões e grutas marinhas, restingas, dunas, cordões arenosos, florestas litorâneas, manguezais, pradarias submersas, além de outras Áreas de Preservação Permanente, como falésias, e monumentos do patrimônio natural, histórico, paleontológico, espeleológico, arqueológico, étnico, cultural e paisagístico (art. 3° da Lei 7.661/1988). 4. Acima de tudo em casos de empreendimento de larga escala (como estrada e avenida, loteamento, porto, marina ou resort), ou daqueles que, por qualquer razão, possam colocar em risco processos ecológicos protegidos ou a paisagem (hipótese de espigões e multiplicidade de barracas), a ocupação e a exploração de áreas de praia e ecossistemas da Zona Costeira demandam elaboração de Estudo Prévio de Impacto Ambiental (art. 6°, § 2°, da Lei 7.661/1988). Impõe-se tal medida inclusive quando o motivo para a ação governamental for, retirando uns, deixando outros, organizar o caos urbanístico caracterizado pela privatização ilícita de espaços que, pela Constituição e por lei, são públicos. (...). (STJ. REsp 1410732/RN. Rel. Min Herman Benjamin. Publ. DJe 13/12/2016).

Aplicação em concurso:

- **(Auditor do Tribunal de Contas/ TCE-MS - PUC-PR – 2013)**

  "A preservação, a conservação e a recuperação dos recursos ambientais, com particular atenção aos grandes biomas naturais tidos como patrimônio nacional, a exemplo do Pantanal Mato-Grossense e da Floresta Amazônica, são diretrizes da PNMC."

  A afirmativa está errada. Não são diretrizes e sim objetivos da PNMC.

- **(Procurador do Estado RN 2014 – FCC)**

  "São objetivos da Política Nacional sobre Mudança do Clima – PNMC:

  A) a redução das emissões de gases expelidos naturalmente em relação às suas diferentes fontes.

  B) o estímulo ao mercado de compensação de reserva legal e ao mercado de compensação de áreas de preservação permanente.

  C) a preservação, a conservação e a recuperação dos recursos ambientais, com particular atenção aos grandes biomas naturais tidos como Patrimônio Nacional.

  D) a união do mercado de carbono com o mercado de compensação de reserva legal.

  E) a interação do mercado de carbono com o mercado de compensação de áreas de preservação permanente."

  Gabarito: letra "c"

VII – à **consolidação e à expansão das áreas legalmente protegidas** e ao incentivo aos reflorestamentos e à recomposição da cobertura vegetal em áreas degradadas;

VIII – ao **estímulo ao desenvolvimento do Mercado Brasileiro de Redução de Emissões** – MBRE.

Parágrafo único. **Os objetivos da Política Nacional sobre Mudança do Clima deverão estar em consonância com o desenvolvimento sustentável** a fim de buscar o crescimento econômico, a erradicação da pobreza e a redução das desigualdades sociais.

Art. 5º. São **DIRETRIZES** da Política Nacional sobre Mudança do Clima:

I – os **compromissos assumidos pelo Brasil na Convenção-Quadro das Nações Unidas sobre Mudança do Clima, no Protocolo de Quioto** e nos demais documentos sobre mudança do clima dos quais vier a ser signatário;

▶ **Atenção:** O art. 5º trata das DIRETRIZES da PNMC. Para concurso, é importante diferenciar os objetivos dos instrumentos e diretrizes.

1. **Convenção-Quadro das Nações Unidas.** Ensina Guido Fernando Silva Soares, a Convenção-Quadro diz tratar-se de um daqueles tratados ou convenções internacionais caracterizadas por texto programático, com dispositivos que deverão ser complementados pelas deliberações do órgão decisório instituído pela Convenção, a Conferência das Partes (COP), ao qual os Estados-partes delegaram os poderes de complementar, regular e, em certos aspectos, inovar os dispositivos da Convenção-Quadro.

   A partir de meados da década de oitenta do século XX as questões relativas às mudanças climáticas começam a fazer parte da agenda política internacional em decorrência das constatações sobre a interferência humana no sistema climático. A Assembleia Geral das Nações Unidas respondeu aos apelos internacionais iniciando formalmente, em dezembro de 1990, negociações relativas a um acordo multilateral denominado Convenção-Quadro sobre Mudanças do Clima[2] que, adotada por consenso pelo Comitê Intergovernamental de Negociação, foi aberta a assinaturas na Conferência das Nações Unidas sobre Meio Ambiente e Desenvolvimento – CNUMAD, a chamada "Cúpula da Terra", no Rio de Janeiro, em 1992, entrando em vigor no dia 21 de março de 1994.[3]

   As Partes signatárias reconheceram a mudança global do clima como "uma preocupação comum da humanidade". A Convenção estabelece como principal meta a estabilização das concentrações atmosféricas de gases de efeito estufa em níveis seguros.[4]

2. **Protocolo de Quioto.** A terceira Conferência das Partes (COP.3) da Convenção-Quadro sobre Mudanças do Clima foi realizada no Japão, na cidade de Kyoto, no ano de 1997. Dentre todas as Conferências, foi esta a de maior repercussão mundial, pois representa um marco histórico

2. UNFCCC: sigla em inglês de *United Nations Framework Conference on Climate Change*.
3. Disponível em: <http://www.mct.gov.br/index.php/content/view/49286/A_Resposta_A_Convencao_de_Mudanca_do_Clima_e_o_Protocolo_de_Quioto.html> Acesso em 16 nov. 2015.
4. Op. Cit., p. 3.

nas discussões ambientais em todo o planeta. Cinco anos após a *Rio 92* elabora-se um Protocolo propondo mecanismos concretos de redução de emissão de gases prejudiciais ao meio ambiente. Surgia o Protocolo de Quioto, documento que prevê o comprometimento dos países para a redução ou limitação quantificada das emissões futuras de dióxido de carbono (CO2) e outros gases de efeito estufa. (THOMÉ, Romeu. Manual de Direito Ambiental. Ed. Juspodivm).

3. **Acordo de Paris.** A vigésima primeira Conferência das Partes (COP.21) realizada em Paris, França, em dezembro de **2015**, foi festejada pela adoção de um novo acordo global que tem como objetivo combater os efeitos das mudanças climáticas e reduzir as emissões de gases de efeito estufa. O documento, denominado **Acordo de Paris**, foi ratificado pelas 195 partes da Convenção-Quadro da ONU sobre Mudanças do Clima e pela União Europeia, e entrou em vigor em 2020, assumindo, assim, o lugar do Protocolo de Kyoto. O documento estabelece que as partes mantenham o aquecimento global "bem abaixo de 2º C", e que prossigam com os esforços "para limitar o aumento da temperatura a 1,5º C acima dos níveis pré-industriais".[5] O acordo prevê um mecanismo hábil a aumentar, no decorrer do período de compromisso, o nível de ambição em relação à limitação do aumento da temperatura terrestre.

Aplicação em concurso:

- **(Analista Ambiental - Prefeitura de Itapevi/SP – 2019 – VUNESP)**

  "O Acordo de Paris é um tratado no âmbito da Convenção-Quadro das Nações Unidas sobre a Mudança do Clima que, a partir de 2020, rege medidas de redução de emissão de

  A) gás metano.

  B) óxidos de nitrogênio.

  C) dióxido de carbono.

  D) clorofluorcarbono.

  E) hidrofluorcabonos."

  Gabarito: letra "c".

- **(Advogado /AFAP – FCC – 2019)**

  "No âmbito das relações internacionais, o Acordo de Paris é um Tratado Internacional no âmbito da Convenção-Quadro das Nações Unidas sobre a

5. Disponível em <https://nacoesunidas.org/cop21> Acesso em 04 jan. 2016.

Mudança do Clima (UNFCCC, sigla em inglês), que rege medidas de redução de emissão de dióxido de carbono a partir de 2020."

A afirmativa está correta.

- **(MMA – Analista Ambiental 2011 – CESPE)**

  "Em virtude das mudanças climáticas constituírem preocupações da humanidade, governos assinaram a Convenção-Quadro das Nações Unidas sobre a mudança do clima. Essa convenção foi criada com o objetivo de desenvolver instrumentos e mecanismos para a promoção de uma gestão sustentável e de condições que possibilitem o alcance da estabilização das concentrações de gases de efeito estufa na atmosfera em nível que não interfira perigosamente no sistema climático."

  A afirmativa está correta.

II – **as ações de mitigação da mudança do clima em consonância com o desenvolvimento sustentável**, que sejam, sempre que possível, mensuráveis para sua adequada quantificação e verificação a posteriori;

III – as **medidas de adaptação para reduzir os efeitos adversos da mudança do clima** e a vulnerabilidade dos sistemas ambiental, social e econômico;

IV – as **estratégias integradas de mitigação e adaptação à mudança do clima** nos âmbitos local, regional e nacional;

V – o **estímulo e o apoio à participação dos governos federal, estadual, distrital e municipal**, assim como do **setor produtivo, do meio acadêmico e da sociedade civil organizada**, no desenvolvimento e na execução de políticas, planos, programas e ações relacionados à mudança do clima;

VI – a **promoção e o desenvolvimento de pesquisas científico-tecnológicas, e a difusão de tecnologias**, processos e práticas orientados a:

a) **mitigar a mudança do clima por meio da redução de emissões antrópicas** por fontes e do fortalecimento das remoções antrópicas por sumidouros de gases de efeito estufa;

b) **reduzir as incertezas** nas projeções nacionais e regionais futuras da mudança do clima;

c) **identificar vulnerabilidades** e adotar medidas de adaptação adequadas;

VII – **a utilização de instrumentos financeiros e econômicos** para promover ações de mitigação e adaptação à mudança do clima, observado o disposto no art. 6º;

1. Os **instrumentos econômicos** têm lugar de destaque na LPNMC que prevê, dentre outros, a utilização de medidas tributárias e fiscais como mecanismos de estímulo à redução e remoção de gases de efeito estufa-GEE.

VIII – **a identificação, e sua articulação com a Política prevista nesta Lei**, de instrumentos de ação governamental já estabelecidos aptos a contribuir para proteger o sistema climático;

IX – **o apoio e o fomento às atividades que efetivamente reduzam as emissões** ou promovam as remoções por sumidouros de gases de efeito estufa;

X – **a promoção da cooperação internacional** no âmbito bilateral, regional e multilateral para o financiamento, a capacitação, o desenvolvimento, a transferência e a difusão de tecnologias e processos para a implementação de ações de mitigação e adaptação, incluindo a pesquisa científica, a observação sistemática e o intercâmbio de informações;

XI – **o aperfeiçoamento da observação sistemática e precisa do clima** e suas manifestações no território nacional e nas áreas oceânicas contíguas;

XII – **a promoção da disseminação de informações, a educação, a capacitação e a conscientização pública** sobre mudança do clima;

XIII – **o estímulo e o apoio à manutenção e à promoção:**

a) **de práticas, atividades e tecnologias** de baixas emissões de gases de efeito estufa;

b) **de padrões sustentáveis** de produção e consumo.

Art. 6º. São <u>**INSTRUMENTOS**</u> da Política Nacional sobre Mudança do Clima:

I – o **Plano Nacional** sobre Mudança do Clima;

II – o **Fundo Nacional** sobre Mudança do Clima;

► **Atenção:** O art. 6º trata dos INSTRUMENTOS da PNMC. Para concurso, é importante diferenciar os objetivos dos instrumentos e diretrizes.

1. **Fundo Nacional sobre Mudança do Clima – FNMC.** Trata-se de um Fundo de natureza contábil, vinculado ao Ministério do Meio Ambiente, que tem como finalidade assegurar recursos para apoio a projetos ou estudos e financiamento de empreendimentos que visem à mitigação da

mudança do clima e à adaptação à mudança do clima e aos seus efeitos.[6] O FNMC foi instituído pela Lei 12.114 de 9 de dezembro de 2009, **regulamentada pelo Decreto nº 9.578 de 22 de novembro de 2018,** tem como objetivo assegurar recursos para apoiar projetos ou estudos e financiar empreendimentos que visem à mitigação da mudança do clima e à adaptação à mudança do clima e aos seus efeitos.

Podem constituir recursos do Fundo, dentre outros, doações realizadas por entidades nacionais e internacionais, públicas ou privadas, além de empréstimos de instituições financeiras nacionais e estrangeiras.[7]

- **(Auditor do Tribunal de Contas/ TCE-MS - PUC-PR – 2013)**

  "A criação do Fundo Nacional sobre Mudança do Clima, cujos recursos serão destinados ao financiamento de pesquisas voltadas à mitigação dos efeitos adversos causados pelo aquecimento do sistema climático, é um dos objetivos da PNMC."

  A afirmativa está errada. O Fundo não é objetivo da PNMC e sim INSTRUMENTO.

III – os **Planos de Ação** para a Prevenção e Controle do Desmatamento nos biomas;

IV – a **Comunicação Nacional** do Brasil à Convenção-Quadro das Nações Unidas sobre Mudança do Clima, de acordo com os critérios estabelecidos por essa Convenção e por suas Conferências das Partes;

V – as **resoluções da Comissão Interministerial** de Mudança Global do Clima;

VI – as **medidas fiscais e tributárias** destinadas a estimular a redução das emissões e remoção de gases de efeito estufa, incluindo alíquotas diferenciadas, isenções, compensações e incentivos, a serem estabelecidos em lei específica;

1. A **extrafiscalidade** apresenta-se como um relevante instrumento para incentivar comportamentos ambientalmente adequadas, podendo o Poder Público, através de lei específica, utilizar alíquotas diferenciadas, isenções, compensações e incentivos àqueles que adotarem ações benéficas ao equilíbrio climático.

6. Art. 2º da Lei 12.114/09.
7. Art. 6º, IV e V do Decreto 9.578/2018.

VII – as **linhas de crédito e financiamento específicas** de agentes financeiros públicos e privados;

VIII – o **desenvolvimento de linhas de pesquisa** por agências de fomento;

IX – as **dotações específicas** para ações em mudança do clima no orçamento da União;

X – os **mecanismos financeiros e econômicos** referentes à mitigação da mudança do clima e à adaptação aos efeitos da mudança do clima **que existam no âmbito da Convenção-Quadro das Nações Unidas** sobre Mudança do Clima e do Protocolo de Quioto;

XI – os **mecanismos financeiros e econômicos, no âmbito nacional**, referentes à mitigação e à adaptação à mudança do clima;

XII – **as medidas existentes, ou a serem criadas, que estimulem o desenvolvimento de processos e tecnologias**, que contribuam para a redução de emissões e remoções de gases de efeito estufa, bem como para a adaptação, dentre as quais o estabelecimento de critérios de preferência nas licitações e concorrências públicas, compreendidas aí as parcerias público-privadas e a autorização, permissão, outorga e concessão para exploração de serviços públicos e recursos naturais, para as propostas que propiciem maior economia de energia, água e outros recursos naturais e redução da emissão de gases de efeito estufa e de resíduos;

XIII – **os registros, inventários, estimativas, avaliações e quaisquer outros estudos de emissões de gases de efeito estufa e de suas fontes**, elaborados com base em informações e dados fornecidos por entidades públicas e privadas;

Aplicação em concurso:

- **(Magistratura Federal – TRF 2ª região 2017 – adaptada)**

  "Os registros, inventários, estimativas, avaliações e outros estudos de emissões de gases de efeito estufa e de suas fontes, elaborados com base em informações e dados fornecidos por entidades públicas e privadas, são instrumentos da Política Nacional Sobre Mudança do Clima."

  A afirmativa está correta.

XIV – as **medidas de divulgação, educação e conscientização**;

XV – o **monitoramento climático nacional**;

XVI – os **indicadores de sustentabilidade**;

XVII – o **estabelecimento de padrões ambientais e de metas**, quantificáveis e verificáveis, para a redução de emissões antrópicas por fontes e para as remoções antrópicas por sumidouros de gases de efeito estufa;

XVIII – a **avaliação de impactos ambientais** sobre o microclima e o macroclima.

Art. 7º. Os **instrumentos institucionais** para a atuação da Política Nacional de Mudança do Clima **incluem**:

I – o **Comitê Interministerial sobre Mudança do Clima**;

II – a **Comissão Interministerial de Mudança Global do Clima**;

III – o **Fórum Brasileiro de Mudança do Clima**;

IV – a **Rede Brasileira de Pesquisas sobre Mudanças Climáticas Globais** – Rede Clima;

V – a **Comissão de Coordenação das Atividades de Meteorologia, Climatologia e Hidrologia**.

Art. 8º. As **instituições financeiras oficiais** disponibilizarão linhas de crédito e financiamento específicas para desenvolver ações e atividades que atendam aos objetivos desta Lei e voltadas para induzir a conduta dos agentes privados à observância e execução da PNMC, no âmbito de suas ações e responsabilidades sociais.

Art. 9º. O **Mercado Brasileiro de Redução de Emissões** – MBRE será operacionalizado em bolsas de mercadorias e futuros, bolsas de valores e entidades de balcão organizado, autorizadas pela Comissão de Valores Mobiliários – CVM, onde se dará a negociação de títulos mobiliários representativos de emissões de gases de efeito estufa evitadas certificadas.

Aplicação em concurso:

- **(Exame de Ordem 2018.3 – FGV)**

  Tendo em vista a elevação da temperatura do meio ambiente urbano, bem como a elevação do nível dos oceanos, a União deverá implementar e estruturar um mercado de carbono, em que serão negociados títulos mobiliários representativos de emissões de gases de efeito estufa evitadas. Sobre o caso, assinale a afirmativa correta.

  A) É possível a criação de mercado de carbono, tendo como atores, exclusivamente, a União, os Estados, os Municípios e o Distrito Federal.

  B) Não é constitucional a criação de mercado de carbono no Brasil, tendo em vista a natureza indisponível e inalienável de bens ambientais.

C) A criação de mercado de carbono é válida, inclusive sendo operacionalizado em bolsa de valores aberta a atores privados.

D) A implementação de mercado de carbono pela União é cogente, tendo o Brasil a obrigação de reduzir a emissão de gases de efeito estufa, estabelecida em compromissos internacionais."

Gabarito: letra "c".

Art. 10. (VETADO)

Art. 11. Os **princípios, objetivos, diretrizes e instrumentos** das políticas públicas e programas governamentais deverão compatibilizar-se com os princípios, objetivos, diretrizes e instrumentos desta Política Nacional sobre Mudança do Clima.

Parágrafo único. **Decreto do Poder Executivo** estabelecerá, em consonância com a Política Nacional sobre Mudança do Clima, os Planos setoriais de mitigação e de adaptação às mudanças climáticas visando à consolidação de uma economia de baixo consumo de carbono, na geração e distribuição de energia elétrica, no transporte público urbano e nos sistemas modais de transporte interestadual de cargas e passageiros, na indústria de transformação e na de bens de consumo duráveis, nas indústrias químicas fina e de base, na indústria de papel e celulose, na mineração, na indústria da construção civil, nos serviços de saúde e na agropecuária, com vistas em atender metas gradativas de redução de emissões antrópicas quantificáveis e verificáveis, considerando as especificidades de cada setor, inclusive por meio do Mecanismo de Desenvolvimento Limpo – MDL e das Ações de Mitigação Nacionalmente Apropriadas – NAMAs.

1. **Políticas públicas sustentáveis.** A Lei 12.187/09 não prevê sanções ao descumprimento de suas diretrizes e objetivos, mas por outro lado vincula a atuação do Poder Público a mecanismos sustentáveis ao estabelecer que as políticas públicas e programas governamentais deverão compatibilizar-se com os princípios, objetivos, diretrizes e instrumentos da Política Nacional sobre Mudanças do Clima.

Art. 12. Para **alcançar os objetivos da PNMC**, o País adotará, como compromisso nacional voluntário, ações de mitigação das emissões de gases de efeito estufa, com vistas em reduzir entre **36,1% (trinta e seis inteiros e um décimo por cento)** e **38,9% (trinta e oito inteiros e nove décimos por cento)** suas emissões projetadas até 2020.

1. **Compromisso nacional voluntário.** De acordo com os Tratados internacionais sobre mudança do clima, os países industrializados/desenvolvidos se comprometeram a reduzir significativamente as emissões globais de seis gases responsáveis pelo efeito estufa. Os países em desenvolvimento, como o Brasil, não têm a mesma obrigação de reduzir suas emissões. Trata-se da aplicação do princípio da responsabilidade comum, mas diferenciada, expressamente previsto no Protocolo de Kyoto, segundo o qual todos os países são responsáveis pelas mudanças climáticas e sofrerão os seus efeitos, mas a responsabilidade é diferenciada na medida em que alguns países (desenvolvidos) contribuíram mais para o problema devido às suas emissões históricas e atuais, e por terem mais possibilidades de enfrentar o problema, tendo em vista suas capacidades econômicas e tecnológicas. Mesmo não tendo a obrigação de reduzir suas emissões de gases de efeito estufa, nos termos dos acordos internacionais, o Brasil se comprometeu, voluntariamente, a adotar ações de mitigação (diminuição) das emissões de gases de efeito estufa.

   Ao adotar voluntariamente tal compromisso quantificado o País se engaja, formalmente, na luta global contra as mudanças climáticas, incentivando a criação de projetos de redução e/ou remoção de gases de efeito estufa no território nacional.

   A Lei de Política Nacional sobre Mudança do Clima (Lei 12.187/2009), calcada nos princípios da prevenção e da precaução, prevê uma série de incentivos à redução das emissões de gases de efeito estufa, como medidas fiscais e tributárias destinadas a estimular a redução das emissões e remoção de gases de efeito estufa, ou linhas de crédito e financiamento específicas, mas em momento algum estabelece obrigações legais às pessoas físicas ou jurídicas nacionais no sentido da adoção obrigatória de ações direcionadas à redução das emissões de gases de efeito estufa.

Aplicação em concurso:

- **(Auditor do Tribunal de Contas/ TCE-MS - PUC-PR – 2013)**

  "Para alcançar os objetivos da PNMC, as emissões de dióxido de carbono (CO2) brasileiras deverão ser reduzidas entre 36,1% e 38,9% até 2020, quando será publicado o 2º Inventário de Emissões e Remoções Antrópicas de Gases de Efeito Estufa não Controlados pelo Protocolo de Montreal."

  A afirmativa está errada. O artigo não menciona a publicação do "2º Inventário de Emissões e Remoções Antrópicas de Gases de Efeito Estufa não Controlados pelo Protocolo de Montreal."

- **(FGV – Exame de Ordem 2016.2 – Prova reaplicada Salvador-BA)**

  "Hugo, advogado, é consultado pela pessoa jurídica Céu Azul Ltda., indústria química de grande porte, acerca da necessidade de redução de emissão de gases de efeito estufa, tendo em vista as disposições da lei que instituiu a Política Nacional sobre Mudança do Clima (PNMC). Com base na hipótese formulada, assinale a opção que apresenta a orientação dada por Hugo ao seu cliente.

A) A pessoa jurídica Céu Azul Ltda. terá que reduzir a emissão de gases de efeito estufa ou adquirir créditos de carbono de outros emissores que reduzirem suas emissões além do legalmente necessário, sob pena de imposição de multa de até 2% (dois por cento) sobre suas receitas brutas.

B) A pessoa jurídica Céu Azul Ltda., por pertencer a ramo industrial inserido no Plano de Desenvolvimento Limpo, terá que reduzir a emissão de gases de efeito estufa, não podendo se valer dos mecanismos de flexibilização, sob pena de imposição de multa de até 2% (dois por cento) de sua receita bruta.

C) A pessoa jurídica Céu Azul Ltda. não estará obrigada a reduzir a emissão de gases de efeito estufa caso formalmente constituída até a data da vigência da lei que instituiu a Política Nacional sobre Mudança do Clima (PNMC), mas terá que pagar pelas emissões além do limite legal, tendo em vista o princípio do poluidor-pagador.

D) A pessoa jurídica Céu Azul Ltda. não tem obrigação legal de redução de emissão de gases de efeito estufa, independentemente da data de sua constituição e do seu segmento de atividade, não obstante a expressa adoção dos princípios da prevenção e precaução pela lei que instituiu a PNMC".

Gabarito: letra "d".

- **(Magistratura Federal – TRF 2ª região 2017 – adaptada)**

  "Com a aprovação da Política Nacional sobre Mudança do Clima, qualquer pessoa, física ou jurídica, responsável, direta ou indiretamente, por emissões de gases de efeito estufa, pode ser obrigada, inclusive judicialmente, a compensar integralmente suas emissões, até por força do princípio do poluidor pagador."

  A afirmativa está errada.

- **(TRE/PE – Técnico Judiciário – CESPE – 2017)**

  "Visando alcançar os objetivos traçados na Política Nacional sobre Mudança do Clima, o Brasil adotou voluntariamente o compromisso de promover ações de mitigação das emissões de gases de efeito estufa."

  A afirmativa está correta.

Parágrafo único. **A projeção das emissões para 2020** assim como o detalhamento das ações para alcançar o objetivo expresso no caput serão dispostos por decreto, tendo por base o segundo Inventário Brasileiro de Emissões e Remoções Antrópicas de Gases de Efeito Estufa não Controlados pelo Protocolo de Montreal, a ser concluído em 2010.

Art. 13. Esta Lei entra em vigor na data de sua publicação.

Referências

ANTUNES, Paulo de Bessa. **Direito Ambiental**. 3ª ed. Rio de Janeiro: Lúmen Júris, 1999.

_________. **Direito Ambiental**. Rio de Janeiro: Lumen Juris, 2000.

AYALA, Patryck de Araújo. **A exploração de atividade econômica em espaços submetidos a regimes de apropriação diferenciados**. *In:* CANOTILHO, José Joaquim Gomes; LEITE, José Rubens. Direito constitucional ambiental brasileiro. São Paulo: Saraiva, 2007.

AZEVEDO, Plauto Faraco de. **Ecocivilização: ambiente e direito no limiar da vida**. São Paulo: Editora Revista dos Tribunais, 2005.

BARROSO, Luís Roberto. **A proteção do meio ambiente na Constituição brasileira.** Cadernos de Direito Constitucional e Ciência Política, out.-dez. 1992. v. 1. p. 115-140.

BENJAMIN, Antonio Herman de Vasconcellos; MILARÉ Édis. **Revista de Direito Ambiental**. São Paulo: Editora Revista dos Tribunais.

BITENCOURT, Cezar Roberto. **Tratado de direito penal**. 8ª ed. São Paulo: Saraiva. 2003.

BOTHE, Michael. Le droit à la protection de l'environnement en droit constitutionnel allemand. **Revue Juridique de l'Environnement.** 1994. v. 4. p. 313-318.

BOTTINI, Pierpaolo Cruz. **Crimes de perigo abstrato**. São Paulo: Revista dos Tribunais, 2013.

BOURG, Dominique. **Cual es el future del desarrollo sostenible?** Traduccíon de Alejandra Perucha Martínez. Madrid: Ediciones Akal, 2005.

CANOTILHO, José Joaquim Gomes; LEITE, José Rubens. **Direito constitucional ambiental brasileiro.** São Paulo: Saraiva, 2007.

CARVALHO FILHO, José dos Santos. **Manual de Direito Administrativo**. Rio de janeiro: Editora Lumen Juris, 2008.

CAVALIERI FILHO, Sérgio. **Programa de Responsabilidade Civil**. 5ª edição, São Paulo: Malheiros, 2004.

CRETELLA JÚNIOR, José. **Comentários à Constituição brasileira de 1988**. 1a edição, Rio de Janeiro: Forense Universitária, 1991.

DEPLEDGE, Joanna. **Um Guia do Processo da Mudança do Clima.** Disponível em: <www.mct.gov.br> Acesso em 10 de maio de 2008.

DERANI, Cristiane. **Direito Ambiental Econômico**. São Paulo: Saraiva. 2008.

DI PIETRO, Maria Sylvia Zanella. **Direito Administrativo**. 21ª Ed. São Paulo: Atlas, 2008.

FERREIRA, Aurélio Buarque de Holanda. **Dicionário Aurélio básico da língua portuguesa**. Rio de Janeiro: Nova Fronteira, 1994.

FERREIRA, Heline Sivini. **Política Ambiental Constitucional.** *In*: CANOTILHO, José Joaquim Gomes; LEITE, José Rubens. **Direito constitucional ambiental brasileiro**. São Paulo: Saraiva, 2007. p. 240.

FERREIRA, Ivette Senise. **Tutela penal do patrimônio cultural**. São Paulo: RT, 1995, p.68.

FIORILLO, Celso Antonio Pacheco. **Curso de Direito Ambiental Brasileiro**. São Paulo: Saraiva, 7ª edição, 2006.

________. **Curso de Direito Ambiental Brasileiro**. São Paulo: Saraiva, 8ª edição, 2007.

FONSECA, João Bosco Leopoldino da. **Direito Econômico**. Rio de Janeiro: Forense. 2007.

FREITAS, Vladimir Passos de; FREITAS, Gilberto Passos de. **Crimes contra a natureza.** São Paulo: Revista dos Tribunais, 2006.

GALVÃO, Fernando. **Responsabilidade penal da pessoa jurídica.** Belo Horizonte: Del Rey. 2003.

GASPARINI, Diógenes. **Direito Administrativo**. São Paulo: Saraiva, 2008.

GOMES, Luiz Flávio. **Crime ambiental e responsabilidade penal de pessoa jurídica de direito público.** Jus Navigandi, Teresina, ano 12, n. 1746, 12 abr. 2008. Disponível em: doutrina 19 jan. 2009.

GRANZIERA, Maria Luíza Machado. **Direito Ambiental**. São Paulo: Atlas, 2009.

GRAU, Eros Roberto. **A ordem econômica na Constituição de 1988**. 9ª ed. São Paulo: Malheiros, 2004.

GRAU, Eros Roberto. **Princípios Fundamentais de Direito Ambiental**. Revista de Direito Ambiental, Ed. Revista dos Tribunais, nº 02.

GUSTIN, Miracy Barbosa de Sousa. **(Re)pensando a pesquisa jurídica: teoria e prática**. / Miracy Barbosa de Sousa Gustin e Maria Tereza Fonseca Dias. Belo Horizonte: Del Rey, 2002.

IBAMA. <www.ibama.gov.br/institucional>. Acesso em 09/12/2008.

LACERDA, Eugênio Pascele. In: BASTOS, Rafael José de Menezes. **Ensaios sobre a Farra do Boi**. Santa Catarina: Editora DAUSC.

LECLERC, Stéphane. La **communauté européenne et le protocole de Kyoto sur les changements climatiques**, 2001.

LEITE, José Rubens Morato. **Dano ambiental: do individual ao coletivo extrapatrimonial**. São Paulo: Editora Revista dos Tribunais.

LEUZINGER, Márcia; CUREAU, Sandra. **Direito Ambiental.** Rio de janeiro: Elsevier, 2008.

LIMA E SILVA, Pedro Paulo de; GUERRA, Antonio J.T. ET AL. **Dicionário brasileiro de ciências ambientais**. Rio de Janeiro: Thex, 1999.

MACHADO, Paulo Affonso Leme. **Direito Ambiental Brasileiro**. 12ª ed. São Paulo: Malheiros, 2004.

MACHADO, Paulo Affonso Leme. **Inovações na legislação brasileira: a proteção das florestas**. *In*: Veredas do Direito, Belo Horizonte, v.10, n.19, p.11-21. Janeiro/Junho de 2013, p. 14.

MILARÉ, Edis. **Direito do Ambiente**. 4ª. São Paulo: Editora Revista dos Tribunais, 2006.

________. **Direito do Ambiente**. 5ª ed. São Paulo: Editora Revista dos Tribunais, 2007.

MORAES, Alexandre de. **Direito Constitucional**. 15. ed. São Paulo: Atlas, 2004.

ORLANDO, Breno Ladeira Kingma; GUDINO, Daniel Mariz. **Instrumentos tributários e financeiros utilizados no Brasil para a proteção do meio ambiente**. In:Direito Tributário Ambiental. Rio de Janeiro: Editora Lumen Juris, 2006.

PARGA Y MASEDA, Patricia Jiménez de. **El principio de prevención en el derecho internacional del medio ambiente**. Madrid: Ecoiuris, 2001.

PRADO, Luiz Regis. **Direito Penal do Ambiente**. São Paulo: Editora Revista dos Tribunais, 2005.

REMÉDIO JÚNIOR, José Ângelo. **Direito ambiental minerário: mineração juridicamente sustentável.** Rio de Janeiro: Lumen Juris, 2013.

RODRIGUES, José Eduardo Ramos. **Sistema Nacional de Unidades de Conservação**. São Paulo: Editora Revista dos Tribunais, 2005.

RODRIGUES, Marcelo Abelha. **Elementos de Direito Ambiental**. 2ª edição, São Paulo: Revista dos Tribunais, 2005.

ROSENVALD, Nelson; FARIAS, Cristiano Chaves de. **Direitos Reais**. Rio de Janeiro: Ed. Lumen Juris. 2006.

SACHS, Ignacy. **Estratégias de transição para o século XXI: desenvolvimento e meio ambiente**. São Paulo: Studio Nobel, Fundação do desenvolvimento administrativo, 1993.

SAMPAIO, José Adércio Leite. **Princípios de Direito Ambiental**. Belo Horizonte: Del Rey, 2003.

SAMPAIO, José Adércio Leite. **Teoria da Constituição e dos direitos fundamentais**. Belo Horizonte: Del Rey, 2013.

SAMPAIO, José Adércio Leite; THOMÉ, Romeu. **A vedação de retrocesso socioambiental e a sociedade de risco.** *In:* I Encontro de Internacionalização do CONPEDI, 2015, Barcelona/ESP. Florianópolis: Fundação Boiteux, 2015.

SANTOS, Marcos André Couto. **Responsabilidade penal das pessoas jurídicas de direito público por dano ambiental.** In: Revista de Direito Ambiental. São Paulo: Ed. Revista dos Tribunais, Vol. 24, 2001.

SILVA, José Afonso da. **Direito Ambiental Constitucional**. São Paulo: Editora Malheiros, 2003.

THOMÉ, Romeu. **Instrumentos "econômicos" públicos e privados de preservação ambiental.** In: Revista Brasileira de Direito Ambiental. Vol. 10. p. 45 a 62. São Paulo: Editora Fiúza. 2007.

THOMÉ, Romeu. **Manual de Direito Ambiental**. 11ª ed. Salvador: Juspodivm, 2021.

THOMÉ, Romeu. **O princípio da vedação de retrocesso socioambiental no contexto da sociedade de risco. Salvador: Juspodivm, 2014.**

VARELLA, Marcelo Dias; BARROS-PLATIAU, Ana Flávia; SCHLEICHER, Rafael T. **Meio ambiente e relações internacionais: perspectivas teóricas, respostas institucionais e novas dimensões de debate**. Rev. bras. polít. int., Brasília, v. 47, n. 2, dez. 2004.

VARELLA, Marcelo Dias; LEUZINGER, Márcia Dieguez. **O meio ambiente na Constituição de 1988. Sobrevôo por alguns temas vinte anos depois**. Brasília: Revista de Informação Legislativa, 2008.

VILLARES, Luiz Fernando. **Direitos e povos indígenas**. Curitiba: Juruá, 2009.

Vocabulário básico de meio ambiente. Rio de Janeiro: Fundação Estadual de Engenharia do Meio Ambiente, 1990.

WOLFRUM, Rüdiger. O princípio da precaução. In: VARELLA, Marcelo Dias; PLATIAU, Ana Flávia Barros. **Princípio da precaução.** Belo Horizonte: Del Rey, 2004.

EDITORA JusPODIVM
www.editorajuspodivm.com.br

Impressão e Acabamento
PlenaPrint
Indústria Gráfica